# 동일성과 차이생성

## 소은 박홍규와 서구 존재론사

소운 이정우 철학 대계 2
**동일성과 차이생성**

초판1쇄 펴냄 2022년 11월 25일

**지은이** 이정우
**펴낸이** 유재건
**펴낸곳** (주)그린비출판사
**주소** 서울시 마포구 와우산로 180, 4층
**대표전화** 02-702-2717 | **팩스** 02-703-0272
**홈페이지** www.greenbee.co.kr
**원고투고 및 문의** editor@greenbee.co.kr
**편집** 이진희, 구세주, 송예진 | **디자인** 권희원, 이은솔
**마케팅** 육소연 | **물류유통** 유재영 | **경영관리** 유수진


**ISBN** 978-89-7682-694-7 93100

# 동일성과 차이생성

## 소은 박홍규와
## 서구 존재론사

이정우 지음

그린비

**일러두기**

1. 본문과 각주에서 희랍어는 고딕체로 표기했다.
   예: 우리는 뒤에서 '불변의 영혼'(psychē akinēton)을 다룰 때 이 점을 정교화할 수 있을 것이다.

2. 본문과 각주에서 국문 고딕체는 지은이의 강조를 의미한다.
   예: 소은은 철저하게 객관성의 철학, 사물의 철학, 데이터의 철학을 강조한다.

3. 작은따옴표는 일반적으로 사용되는 어휘들로서 문맥상 도드라지게 보일 필요가 있을 때 사용했다.
   예: 분리가 성립하지 않는 세계는 파르메니데스의 '일자'의 세계이다.

4. 큰따옴표는 다른 저자들의 표현들을 직접적으로 인용할 때 사용했다.
   예: 소은은 이런 지식을 "행동과 완전히 일치된 지식"이라고 부른다.

5. 인용문 안의 대괄호는 인용자인 지은이가 독자에게 도움을 주기 위해서 삽입한 것이다.
   예: "검증될 수 없는 것은 플라톤에 의하면 억견(doxa)[통념]이야."

# 개정판에 부쳐

이 저작은 2016년에 펴낸 『소은 박홍규와 서구 존재론사: 동일성과 차이생성』을 주제와 부제를 바꾸어 다시 출간한 것이다. 세부적인 표현을 가다듬었을 뿐 거의 고치지 않았다.

소은 선생과의 만남과 배움은 내게 철학적 사유의 지평을 열어젖힌 결정적인 사건이었다. 나는 이 저작을 통해서 다른 사유인들도 소은 철학이라는 한국 철학사의 유니크한 사건을 함께할 수 있기를 희망한다.

2022년 가을

逍雲

## 차례

## 서론

# 소은의 '존재론' 개념

"인간의 윤리적 이상과는 달리 현실적 인간의 행위가 기만, 배신, 무사려(無思慮), 방종 등으로 가득 차 있듯이, 인간의 현실적인 철학적 사고는 부조리 없는 이상적 사고 즉 학(學)으로서 성립하는 진리체계로서 성립하는 것이 아니라 미숙과 오류, 허위와 왜곡으로 가득 차 있다."[1)]

철학'사'는 '철학'을 다루지만 그것이 '역사'인 이상 어디까지나 역사적 지평에서 이해되어야 한다. 존재론을 그 역사적 지평에서 바라보는 소은 박홍규에게 특정한 철학체계 속에 들어가 그 완결성에 함몰되는 일은 경계의 대상이다. 사유의 모든 봉우리들은 아무리 높은 봉우리라 해도 땅 위에 존립하는 것이며, 존재론'사'는 봉우리들의

1) 박홍규, 「서양 고중세 철학사 개관」(이하 「개관」으로 약함), 『희랍 철학 논고』(전집 I), 민음사, 1995/2007, 203쪽 이하. 소은 저작의 인용은 글의 제목, 전집의 권수(I, II, III, IV, V), 쪽수를 명기했다. 소은의 구절을 인용할 때 문장이 어색할 경우 미세한 수정들을 가했다.

높이와 그것들이 서 있는 지반을 동시에 균형 있게 다루어야 한다. 철학 없는 역사는 봉우리들의 고유의 높이를 무시하는 것이고, 역사 없는 철학은 그것들이 서 있는 지반을 무시하는 것이기 때문이다. 이런 관점에서 볼 때, 존재론사는 진리체계의 역사이기만 한 것이 아니라 "미숙과 오류, 허위와 왜곡"의 역사이기도 하다. 철학을 탈-시간적 공간이 아닌 시간 축에 놓고서 볼 때 이런 결론을 피할 수 없으며, 따라서 존재론사는 마땅히 이런 측면들까지 포함해야 한다.

나아가 "존재론을 역사적 지평에서 다룬다"는 것은 그것의 높은 봉우리로 올라가는 것 못지않게 출발점인 지반으로 되돌아오는 것이 중요하다는 것을 뜻하기도 한다. 아나바시스와 카타바시스. 원래 '강단'과는 상관이 없던 철학이라는 행위가 스콜라철학 이후 강단철학으로 자리 잡게 되고, 그 후 철학은 대학의 울타리에 갇히게 되었다. 그러나 소은은 "진정한 철학은 좁은 강단에서 구체적 현실로 자리를 옮겼을 때 그 본연의 모습을 되찾는다"고 말한다. 여기에서 "진정한"이라는 표현은 중요하다. 설사 철학이 구체적 현실로 자리를 옮겼다 해도 그렇게 옮겨간 철학이 진정 철학화의 높이에 도달하지 못했을 때, 그것은 본연의 모습을 되찾지 못할 뿐 아니라 때로는 오히려 악영향을 끼칠 수도 있기 때문이다. 나아가 설사 매우 큰 철학화의 높이를 달성했다 해도, 거기에 어떤 치명적인 윤리적 약점이 존재할 경우 이런 결과를 피할 수가 없다. 하이데거, 니시다 기타로, 박종홍 같은 철학자들의 파시즘 참여는 이 점을 극명하게 보여준다. 소은 자신은 철학화의 큰 높이를 이룩했지만, 구체적 현실로 자리를 옮길 시간을 가지지 못했다. 그렇게 하는 것은 우리 후학들의 책임이다. 그러나 우선 소은이 이룩한 철학적 높이에까지 올라가 보는 것이 필수적일 것이다.

철학사란 바로 이런 오르내림의 과정이기에[2] 거기에는 극히 다양한 갈래들과 문턱들이 존재한다. 철학사를 수놓고 있는 이런 다양성은 각각 인간 사유의 잠재성과 한계, 내적 모순, 각 상황과의 얽힘 등을 보여준다. 이런 과정에는 어떤 인과가 매개되는 것일까? 철학사는 어떤 필연적인 이법에 따라 오늘날까지 이렇게 진행된 것일까? 그러나 소은은 이런 식의 결정론을 긍정하지 않는다. 철학사가 인간이 내포하고 있는 사유의 잠재력(dynamis)이 그 극한까지 펼쳐지는 과정이라는 것은 분명하다. 그러나 그 과정을 기계론적 방식으로든 목적론적 방식으로든 결정론적으로 파악하는 것은 생명 진화를 그렇게 파악하는 것보다 훨씬 곤란하다. 철학이 인간에 내재하는 지적 능력의 소산이라 해도, 그 능력은 늘 복잡한 상황들 속에서 우연성(contingence)을 띠게 되기 때문이다. "가능성이란 것은 그것이 나타날 수 있는 정도(degree)가 있고, 또 그렇게 되지 않을 수도[실현되지 못할 수도] 있는 것이다."(「철학이란 무엇인가?」, III, 80) 따라서 소은에게 어떤 절대적 앎이라든가 초월적 앎은 있을 수 없으며, 철학사를 내재적인 지평에서 이해하는 것이 중요하다.

---

2) 철학에 있어 이런 오르내림이 함축하는 의미는 플라톤의 『소피스테스』에서 가장 분명하게 표현되었다. 이에 대해서는 『신족과 거인족의 투쟁』(한길사, 2008/개정판: 철학 대계 1권, 그린비, 2022)에서 다룬 바 있다. 본 저작은 이 저작의 속편에 해당한다.

존재와 무 사이에는 가능성이란 말을 쓰지 않아. 가능성에는 연속성이 들어가야 돼. 개연성(probability)에는 연속성이 들어가. [유대-기독-이슬람교의 창조 개념에서처럼] 한순간에 탁 이루어지는 것이 아니야. 그러나 존재와 무 사이에는 한순간에 탁 창조돼. 가능성은 […] 빗나갈 수도 있고, 이렇게 갈 수도 있고 저렇게 갈 수도 있어. […] 능력은 연속적으로 그 힘이 발휘될 수 있는 것에 대해서만 실현돼. 모든 것을 다 안다는 것은 의미가 없어.(「철학이란 무엇인가?」, III, 81)

이 때문에 소은은 철학적 행위를 종교적인 믿음이나 신화적인 또는 마술적인[3] 상상으로부터 분명히 구분한다. 종교, 신화, 주술 등은 바로 인간 사유의 'dynamis'에 대한 성실한 검토 없이 무책임한 상상력을 발휘하는 행위들이기 때문이다.[4]

바로 이 때문에 소은의 사유에서 인식 능력에 대한 검토는 큰 비중을 차지한다. 그러나 소은이 다루는 것은 현대적 의미에서의 인식론이 아니라 발생적 맥락에서 논의되는 '철학의 탄생'의 문제이

---

3) '주술적인'이라는 표현이 더 적절할 듯하다.

4) 그러나 종교적, 신화적, 주술적 사유도 사실상 인간존재가 내함(內含)하고 있는 지적 능력들이라고 보아야 하지 않을까. 문제의 초점은 오히려 이 사유들이 우리의 정신 안에서만 부풀려지는 상상의 산물이라는 점에 있으며, 따라서 소은의 생각에서 좀 더 핵심적인 것은 사유가 그 외부로 즉 객관성으로 향할 때에만 충실한 내용을 갖출 수 있다는 것이다. 과학적 사유에서도 때로 상상이 중요한 역할을 하지만, 그 상상은 객관성을 경유해서만 의미를 가지게 된다. 이 문제는 소은의 사유에서 결정적인 역할을 하는 'data' = '주어진 것들'의 문제에 연결된다.

다. 그래서 헬라스 역사에 나타난 갖가지 인식 능력들을 검토하고 어떤 맥락에서 철학, 특히 존재론이 탄생했는가를 해명하는 것이 중요한 과제가 된다. 인식론의 일반적인 문제는 이 과정을 통해서 다루어진다.

## 1절 · 존재론에의 길

인간에게 원초적으로 주어지는 것은 신체이다. 신체 자체만을 추상했을 때 거기에는 다른 사물들과의 물리적 작용이 있을 뿐이지만, 영혼이 깃든 신체에게 타자들과의 접촉은 곧 인식질료의 획득을 함축한다. 이렇게 볼 때, 신체적 접촉은 영혼의 인식활동의 극한으로서 기능하게 된다. 인식행위를 뜻하는 'eidenai' 같은 말도, 또 훗날 형상(形相)이 될 'idea'/'eidos' 같은 말들도 처음에는 눈으로 봄, 눈으로 본 것을 뜻했다. 인식과 관련되는 헬라스어의 대부분의 말들이 이렇게 매우 구체적인 의미에서 추상적인 의미로의 전환을 겪었다. 나아가 '원자'라든가 '일자' 등등의 개념들 역시 구체와 추상의 미분화 상태에서 등장한 개념들이다. 바로 그렇기 때문에 헬라스 철학을 탈-맥락화하지 않고 그 시간적 발달 순서에 따라 이해할 필요가 있다. 이미 말했듯이 소은의 사유는 사유라는 것 자체, 철학이라는 것 자체의 규명에 큰 비중을 두고서 이루어지지만, 그것이 늘 역사적 지평에서 이루어진다는 점 또한 중요하다.

그러나 사적(史的) 지평에서 사유하는 이 사유가 사적 지평에 의해 휘둘려서는 곤란하다. 그럴 경우 그것은 그 자체 사적 지평의 한 성분일 뿐 지평 그것을 적확하게 드러내 주는 인식 주체일 수 없기 때문이다. 어떤 사유도 사적 지평을 완전히 초월할 수는 없다. 그러나 각 사유가 사적 지평에 대해 가지는 거리는 모두 다르다. 그 거리가 상대적으로 클 때에만, 더 적은 거리의 사유들을 올바르게 보는 것이 가능하다. 이 거리를 나는 '철학화의 높이'라 불러 왔다. 이 높이가 더 클수록 그만큼 그 사유는 철학적 깊이를 내포하게 된다. 헬라스 철학사를 놓고 볼 때, 이것은 곧 순수한—본격적인 자기의식/자기반성의 수준에 다다른—철학적 사유가 어떻게 가능했는가의 문제이다.

인식 주체가 사회의 한 성원 이상이 될 수 없을 때, 공동체의 세계관을 완벽하게 내면화한 신민(臣民)에 머무를 때, 철학적 사유는 결코 나올 수 없다. 이런 세계는 종교—닫힌 종교—의 세계이다. 이런 세계는 엄밀한 의미에서의 '사회'가 아니며, 그런 곳은 곧 사제들에 의해 지배된다. 사제들이 주조해낸 세계관—가장 전형적인 것으로, 바라문 계층이 만들어낸 힌두교나 셈족이 만들어낸 일신교적 세계관(유대교, 기독교, 이슬람교)—은 각 개인에게 주입되며, 따라서 철학적 사유의 실마리인 회의(懷疑)가 자라나오지 못한다. 상고 시대에 있어, 이렇게 주조된 세계관은 '신화'의 형태를 띤다. 소은은 신화를 인식론적 맥락에서만 논하고 있지만, 사실 신화는 철저하게 정치적인 성격을 띤 것이었다 해야 할 것이다. '神話'라는 번역어는 'mythos'라는 말의 원래 의미인 '이야기'에 비해 턱없이 좁은 번역이지만, 나름대로의 장점을 가진다. 모든 뮈토스의 주인공들은 신들이기 때문이다. 이 신들은 곧 상고 시대의 귀족들/사제들이며, 신화란 이들이 인민을 지배하기 위해 만들어낸 '역사' 또는 '통치 이데올로기'이다. 신들의 전쟁은 곧 왕권 다툼이라는 역사를 그리고 있으며, 신들에 도전했다가 분쇄되는 인간들의 이야기는 숱한 혁명들의 좌절을 그리고 있는 것이다. 물론 신화에는 또한 원(原)과학적, 원-철학적 세계관도 등장하며, 이런 이야기들은 주술의 형태를 띤다. 인류학적 맥락에서 등장하는 주술 역시 이런 맥락에서 이해할 수 있다. 결국 철학이란 바로 이 종교, 신화, 주술로 구성된 세계에서 빠져나옴으로써 가능했다.

이것을 소은은 영혼이 자기 자신을 찾아낸 것으로 파악한다.

> […] 그 말은 어느 사물에 파묻히지 않고 모든 것을 객관적으로 볼 수 있다는 얘기야. 그 극한치가 영혼의 자기 자신(kath'hautēn)이야. 영혼이 그 자체가 된다는 얘기는 그 얘기야. 내가 독립했다. 인식론적으로 독립했다는 것은 나의 인식 대상이 될 수 있는 모든 것으로부터 벗어났다는 얘기야. 그래야 모든 것을 고찰할 수 있지. […] 타자에 따라다닌다면 인식의 주체자가 될 수 없어. 그것에 종속되니까.(「철학이란 무엇인가?」, III, 91~92)

때문에 소은은 학문의 객관성이라든가 순수사유 자체를 거부하는 생각을 거부한다. 인식은 항상 '관심'에 의해 매개된다는 생각(하버마스를 염두에 둔 듯하다), 상호주관성을 통해 인식의 문제에 다가서려는 입장(후설 현상학을 염두에 둔 듯하다), 토마스 쿤처럼 패러다임에 입각한 '합의'를 중시하는 입장, 기호 또는 명제의 분석에 중점을 두는 입장("분석철학"을 염두에 둔 듯하다) 등등, 모든 형태의 주관주의를 소은은 거부한다. 그러나 소은이 비판하고 있는 이런 입장들을 사실 두 갈래로 나누어 보아야 할 것이다. 하나는 철학/사유를 인간의 상호주관적 현실에서 해소하려는 입장이고, 또 하나는 사물 이전에 언어체계에 중점을 두는 입장이다. 물론 두 입장은 때로 얽힌다(예컨대 쿤의 입장은 사회학적인 방식으로 이해될 수도 있고 또 언어상대주의적인 방식으로 이해될 수도 있다). 전자에 대해 소은은 인식을 물리적 차원에서 해명하려 한다는 점에서 비판하고,[5] 후자에 대해서는 사물로 나아가지 않고 언어 차원에서 빙빙 돈다는 점에서 비판한다. 신체적/현실적("물리적") 차원에 묶여 있을 때 사물을 객관적으로 보는 것은 불가능하며, 또 언어 차원에 갇힐 때 사물 자체에로 나아갈 수 없다. 소은은 철저하게 객관성의 철학, 사물의 철학, 데이터의 철학을 강조한다.

온갖 형태의 손쉬운/게으른 주관주의가 팽배해 있는 오늘날 소은의 이런 지적은 매우 중요하다. 그러나 과연 무엇이 객관적인 것인지 우리가 완벽하게 알 수 있을까? 객관성을 역사적으로 상대화하고 그 상대화를 넘어 다시 그것을 집요하게 구성해 나갈 때 비로소 진정한 객관성에 조금씩 다가설 수 있는 것이 아닐까? 우리는 소은이 강조하는 철학의 객관성 자체를 다시 역사적으로 상대화할 필요가 있다. 그러나 이런 상대화가 철학에는 발전이 없다든가, 철학을 그저 역사적 지평에서 나타났다가 사라져버리는 시류적(時流的)인 것으

---

5) 여기에서(「철학이란 무엇인가?」, III, 92 이하) 소은이 "물리적"이라고 말하는 것은 베르그송적 의미에서의 '실용적'(pratique)을 뜻한다. 또, 현상학적 뉘앙스에서의 '신체적'을 뜻하기도 한다. 사물을 순수 인식의 관점에서 보기보다 어떤 관심, 이해타산, 가치 등등을 투영해서 바라보거나 주관(개인적 주관, 신체적 주관 등)에 입각해서 바라보는 것을 뜻한다.

로 이해해야 한다는 것을 뜻하는 것은 전혀 아니다. 철학은 역사의 검증을 받아야 하지만 또한 동시에 단순한 역사를 넘어섬으로써만 철학이 될 수 있다. 철학은 철학'사'로서 역사적 지평에서 상대화되어야 하지만, 동시에 '철학'사로서 단순한 역사를 넘어서야 하는 것이다. 그때 비로소 그것은 진정한 객관성을 획득해 갈 수 있다. 앞으로도 자주 보겠지만, 소은의 사유는 한편으로 역사적 지평을 중시하는 철학'사적' 성격을 띠지만, 다른 한편 (때로는 놀라울 정도로 완고하고 순진하게) 철저한 객관성에의 강고한 믿음을 드러낸다. 이것은 곧 시간과 인식의 문제이기도 하며 또 플라톤과 베르그송의 관계의 문제이기도 하다. 이 문제는 우리의 논의가 베르그송에게까지 나아갔을 때 온전하게 해명될 것이다.

그렇다면 물리적 흐름을 벗어난 객관성, 언어적 구성 이전의 사물/데이터는 어떤 것인가? 그것은 어떤 동일성이다. "경험적인 오관에서 떨어진 우리의 내면적인 세계, 다시 말해 신체에서 벗어난 내면적인 세계가 있고 그것이 대상화될 때"(「철학이란 무엇인가?」, III, 99) 그것을 '반성'이라고 할 수 있다. 그럴 때에 물리적 흐름 속에 놓여 있는 스스로를 대상화해서 볼 수 있고, 주체가 자신의 인식행위 자체를 점검해 볼 수 있는 수준에 다다른다. 그 수준에서 비로소 감각의 차원을 넘어 사물의 형상(eidos)을 볼 수 있다. 형상이란 어떤 사물/현상이 타자와 섞이지 않은 측면, 그것의 'auto'의 측면이다. 이 'auto'의 측면에서 대상을 파악했을 때 비로소 주관과 객관이 명확히 분리되며, 대상을 '그것 자체'로서 파악할 수 있게 된다. 바로 이 동일성을 확보했을 때 대상은 그 반복되는 측면에서 파악되고 그에 따라 정의(定義)도 가능하게 된다. 그리고 이와 맞물려 "영혼의 자기 자신"도 확보되는 것이다. 이런 영혼/인식주체는 "어떤 의미에서도 대상화되지 않는 주체"이다. 여기에서 "대상화"라는 표현은 주의를 요하는데, 우리는 뒤에서 『파이드로스』편의 '불변의 영혼'(psychē akinēton)을 다룰 때 이 점을 정교화할 수 있을 것이다.

타자들과 얽혀 물리적으로 흐르던 영혼이 자기 자신을 찾았을 때, 그 영혼=인식주체가 던지는 물음은 "ti esti?"라는 물음이다.[6] 이것은 대상과 분리된 주체가 자신에게서 분리되어, 비로소 그 자체로서의 대상이 된 사물에 던지는 물음이다. 그리고 이 그 자체로서의 대상은 주체로부터만이 아니라 다른 대상들로부터도 분리된 대상이다. 이런 분리가 성립하지 않는 세계는 파르메니데스의 '일자'의 세계이고 거기에서는 분명한 대상화가 성립하지 않는다. 플라톤이 친부살해를 통해 다자의 세계를 확보하려 했던 것은 이 때문이다. 다자가 다자로서 성립했을 때, 달리 말해 다자들 사이에 차이들이 명확히 고정되었을 때, "ti esti?" 즉 "그것은 무엇인가?"라는 물음이 성립하며, 이 물음에 대한 대답으로서 '정의'가 성립한다.

다자가 다자로서 성립하고 그것들 사이에 차이들이 분명히 고

6) 소은의 이런 입장은 플라톤의 입장에 근접한다고 할 수 있다. "영혼은 그것이 청각에 의해서도 시각에 의해서도 또 고통에 의해서도 쾌락에 의해서도 휘둘리지 않을 때, 그것이 스스로를 완벽하게 지킬 수 있을 때 가장 잘 사유할 수 있지 않을까. 육신으로 하여금 가버리게 하고 그것과의 교섭과 접촉을 최대한 끊음으로써, 비로소 영혼은 자기 자신을 찾을 수 있지 않을까(oregētai toū ontos)."(『파이돈』, 65c) 앞에서 '인식론 자체'와 '발생적 맥락에서의 인식론'을 언급했거니와, 소은의 철학관은 곧 플라톤에서 절정에 이르는 헬라스 철학사의 흐름에 대한 발생론적 논의와 오버랩된다.

정되었을 때, “있을 수 있는 모든 것이 서로 동시에 주어질 수” 있게 된다. 역으로 말해 이런 동시성의 체계에서만 다자들은 명확히 변별적인(differential) 관계를 맺을 수 있다. 이런 상황에서 동일성과 타자성이 분명히 구분되고 그런 구분에 입각해 세계가 동시적 체계로서 전체적으로 주어질 수 있다. 철학은 ‘탁월한 학문’으로서 이 주어진 전체를 그 총체적인 연관하에서 취급한다. 이것은 곧 철학이 특정한 데이터가 아니라 데이터 일반을 다룬다는 뜻이다. 이런 동시성의 체계가 성립하려면 무엇보다도 우선 다자를 단적으로 부정하는 파르메니데스적 세계를 넘어서야 한다. ‘영원부동의 일자’라는 엘레아적 사유에 대해 ‘친부살해’를 행함으로써만(『소피스테스』, 241d) 다자들의 세계가 성립한다. 그러나 또한 동시에 이 다자들로 하여금 다자들로서 성립할 수 없게 만드는 와류의 세계, 달리 말해 세계의 원초적인 사실인 생성/변화를 넘어서야 한다(이 생성/변화의 근본 원인은 『티마이오스』에 등장하는 ‘방황하는 원인’이다. 우리는 뒤에서 이 개념을 본격적으로 다룰 것이다). 이것은 곧 어떨 때는 엘레아학파를 또 어떨 때는 헤라클레이토스를 써먹는 소피스트들의 양동작전을 분쇄하는 길이기도 하다. 『소피스테스』에서는 파르메니데스 극복이, 『테아이테토스』에서는 헤라클레이토스 극복이 체계적으로 다루어진다.

데이터 일반을 다룬다는 것이 갖가지 경험적 자료들을 모아 놓는다는 것을 뜻하는 것은 아니다. 그런 작업이 일차 요청되지만. 우리가 우선 경험하는 것들은 우연적인 것들이다. 물론 이 우연적인 것들에는 고유명사를 가진 개체들도 포함된다. 우연적인 것들은 그것들 자체로서는 ‘설명’되지 않는다. 어떤 원인에 결부되었을 때 비로소 설명된다. 그러나 이런 원인이 단지 하나만 있는 것은 아니다. 그렇기 때문에 여러 개별 과학들이 성립하며, 각 과학들은 데이터들 중 어떤 부류의 것들을 특정한 '정의'와 '가설'을 통해서 포착한다. 그리고 이런 과학들 자체를 데이터 ― 메타적인 수준에서의 데이터 ― 로 취함으로써 "있을 수 있는 모든 것"을 설명하고자 할 때 존재론(ontology)이 성립한다.[7] 그렇기 때문에 단순히 한 개인이 자신이 경험한 것들을 개념화했을 뿐인 존재론(사실상 주관적인 '가치관')으로부터 (하나의 이상으로서만 성립하지만) 모든 개별 과학들을 관류하는 정합적인 개념체계로서의 위대한 존재론에 이르기까지, 존재론에는 무수한 층차가 존재한다.

> 철학이란 것은 탁월한[eminent] 지식인데, 탁월하다는 것은 정도차가 있어. 그런데 어떤 것이 탁월한 지식이냐 하면 요컨대 그것이 연

---

7) "운동이나 시간은 우리에게 직접적으로 인식이 안 됩니다[지각되지 않습니다]. 그러면 어떻게 할 것이냐? 사물을 정의한다는 것이 문제 해결의 핵심입니다. 정의한 형상(eidos)의 성격을 규정하는 것입니다. […] 정의는 그 형태가 가지고 있는 모든 기능을 전부 기술해야 할 텐데, 과연 그 기능을 전부 기술할 수가 있느냐 하는 문제가 생기기 때문에, 나중에 가서는 가정(hypothesis)이라고 하죠. 그런데 철학이 모든 데이터를 취급하려면 모든 데이터가 들어가는 공간이 있어야 하는데, 모든 것을 정의해버리면 모든 것은 동일한 공간 속에 들어갈 수 있다는 것입니다. 그러고 나면 거기서 모든 데이터의 일반적인 성격이 무엇이냐 하는 것을 정의할 수 있다, 즉 가정할 수 있다는 것입니다."(「고별강연」, II, 23) 데이터들을 하나의 장소로 모으는 것은 소크라테스/플라톤이 소피스트들을 논파하면서 강조했던 바이기도 하다. 이렇게 한 곳으로 모은 데이터들 전반을, 그 일반성만이 아니라 차이들까지도 즉 보편적 지평에서 개별 데이터들/과학들이 왜 다른가까지도 설명하기 위해 제시되는 가설이 '존재론적 가설'(ontological hypothesis)이라고 할 수 있다. 철학의 역사는 이런 존재론적 가설을 기본 축으로 해서 전개되어 왔다고 할 수 있다.

> 속적으로 우리의 실증 과학에 탁월하게 일치하는 것이어야만 해. 그래야 탁월한 형이상학이 돼. 탁월하게 검증할 수 있는 것. 탁월하게 실증 과학과 합치해야만 탁월한 철학이 되지. 검증될 수 없는 것은 플라톤에 의하면 억견(doxa)[통념]이야. 허구적인 것이야. 탁월한 철학은 될 수 없어. […] 데이터 전체를 성격 짓는 것은 무엇이냐는 것을 찾고, 그것을 성립시키는 원인은 무엇이냐를 찾아서 그 원인에 의해서 데이터가 전체적, 일반적, 근본적으로 어떻게 분류되느냐를 탐구해야 돼. 그것이 존재론이야. 그게 기본 문제야. 그래서 구체적인 사물을 거기에다 환원시켜서 보는 것이 모든 사물이 관계를 맺게끔 하는 요인이 돼. 그걸 분명히 해 둬. 그렇지 않으면 전체와의 관계가 차단돼.(「철학이란 무엇인가?」, III, 116, 120~1. 인용자 강조)

소은의 이런 존재론 개념에서 놓치지 말아야 할 긴장의 끈은 데이터에의 강조와 "영혼의 자기 자신"에의 강조 사이에 존재하는 끈이다.

인식이란 인간이 그 자신 물리적 세계의 일부로서 흘러갈 때에는 성립하지 않는다. 인식이란 인식 주체가 대상을 대상 자체로서, 그리고 자신을 주체 자체로서 정립했을 때 비로소 성립한다. 이 점에서 소은의 사유는 인식을 직접적인 경험(감각, 지각)으로 환원시키거나 어떤 물리적 작용으로 환원시키는 입장과 명확히 변별된다. 직접적 경험에의 호소는 그 경험을 넘어서는 차원을 경시하는 입장으로 귀착한다. 누군가가 말을 하고 그것을 타인이 알아듣는 것 자체가 이미 직접적 경험의 차원 이상의 차원을 암시한다. 오감에 국한된 주체들 사이에서는 이런 간단한 소통조차도 불가능하기 때문이다. 인식이란 조잡한 경험주의로 설명될 수 있는 것이 아니라는 점을 아는 데에는 남이 말하는 "여기"를 자신의 "여기"와 구분해 상대화해서 알아듣는 것 같은 극히 간단한 예를 드는 것으로 충분하다. 거기에는 이미 정신, 의미를 비롯한 초감각적 차원이 작동하고 있다. 인식작용을 어떤 물리적 작용으로 환원시키는 입장 또한 마찬가지이다. 물리적 작용은 물리적 작용일 뿐이다. 물리적 작용을 '대상화'하는 주체성이 전제되지 않는다면(그리고 이 '주체성'에는 숱한 함의들이 곁들여 들어간다) '인식'이라는 행위를 이해할 수 없는 것이다. 누군가가 무엇인가를 주장하는 것도, 그 진리 주장까지도 물리적인 작용이라면, 우리는 그 주장의 질량은 얼마이고 속도는 얼마인지, 어떤 색인지 같은 우스꽝스러운 질문을 던져야 할 것이다. 아니, 그것이 물리적인 작용일 뿐이라면 도대체 '진리 주장'이라는 게 무슨 의미를 가지겠는가? 인식이란 주어진 물리적 차원과 경험적 차원을 넘어서 작동하고 있는 비가시적 차원, 어떤 '거리 두기'를 참조해서만 이해할 수 있는 행위이다.

그러나 다른 한편 소은에게는 이 차원과 물리적 차원의 연속성이 지속적으로 강조된다. 따라서 소은이 강조하는 '데이터'는 단순히 지각에 주어지는 무정형의 인식질료 더미가 아니다. 오히려 그것은 그런 더미로부터 떠나 자기 자신을 찾아간 영혼이 심층적 차원에서 찾아낸 것들(원리, 형상, 본질, 법칙, 구조, …)과 더불어 다시 돌아와 새로운 방식으로 만나게 되는 인식질료 = 데이터이다. 이런 되돌아옴, 사물과의 연속성이 확보되지 않은 채 논리공간 내에서, 언어적 차원

내에서, 영혼/정신의 차원 내에서 이루어지는 것들은 객관적 인식이 아니다. 그것은 심리적 산물이거나 형식적 구성체일 뿐이다. 소은이 논리공간과 추상공간을 구분하는 것도 이 때문이다.(「철학이란 무엇인가?」, III, 130) 논리공간은 단순히 정신적 공간이거나 언어적 공간일 뿐이고, 추상공간은 영혼이 찾아낸 보다 심층적인 실재의 공간이기 때문이다. 결국 추상공간과 데이터의 공간을 연결시키는 것이 핵심적이다. 개별 과학들은 한편으로 각 과학의 영역을 형성하는 데이터들에 다른 한편으로 각 과학이 발견해내는 추상공간에 국한된다. 철학은 모든 데이터들과 모든 추상공간이 연결되는 그 전체적 구도를 잡아낼 때 비로소 탁월한 학문으로서의 존재론이 된다. 소은에게는 그렇지 못한 "철학"들은 그저 '사상'들일 뿐이다. 그에게 존재론은 과학 이상의 담론이지만 사상들은 과학 이하의 담론들일 뿐이기 때문이다.

## 2절·헬라스 사유의 기반

소은에게 '존재론'이란 무엇인가를 논했거니와, 소은은 철학의 역사에서 바로 이런 수준의 존재론에 다다른 것이 플라톤에게서였다고 본다. 이미 말했듯이, 소은에게 단순한 지각의 수준에서 존재론의 수준에 이르기까지의 인식 수준들에 대한 분석은 헬라스에서 전개된 철학사의 과정에 그대로 중첩된다. 다시 말해, 플라톤에 이르기까지의 헬라스 철학사는 인식이 존재론의 사유 수준에 도달하기까지의 과정을 그대로 보여준다. 따라서 헬라스 문화사에서 인식에 관련된 개념들/생각들이 어떤 변모를 겪어 왔는가를 논함으로써 앞의 논의를 보충할 수 있다.

'안다'는 말은 극히 넓은 개념적 스펙트럼에 따라 사용되는 말이며, 헬라스 철학사에서도 이 점을 잘 볼 수 있다. '안다'는 말은 어떤 정신적·개념적·언어적 뉘앙스를 풍기지만, 원초적인 앎은 신체와 정신의 미분리, 행동과 그것에 대한 인식의 미분리 차원에서 이루어진다. 어린아이가 엄마의 젖을 빨 줄 아는 것은 이 원초적 층위에서의 앎을 잘 보여준다. 이런 앎은 흔히 '본능'이라 불린다. 베르그송이 적절히 언급했듯이, 본능에서 표상(잠재적 행동)과 행동(실제 행동) 사이의 거리는 제로가 된다. 소은은 이런 지식을 "행동과 완전히 일치된 지식"이라고 부른다. 일반적으로는 '지식'이라고 불릴 수 없는 지식이다. 이런 앎에서 더 나아간 지식으로는 '~할 줄 안다'는 의미에서의 지식이 있다. 인식과 관련된 희랍어 어휘들을 검토해 보면 대부분 본래 '학'(學)이 아니라 '습'(習)의 의미를 띠고 있었다는 사실을 확인할 수 있다. 그리고 이런 차원에서 다시 더 나아간 지식이 학문적 지식, 좁은 의미에서의 지식이다. 플라톤에 이르러 비로소 이런 의미에서의 지식이 성립한 것이다. 학문으로서의 지식은 이렇게 헬라스 문화사가 전개되면서 조금씩 형성되었고, 바로 그렇기 때문에 헬라스 학문의 역사적 전개 그 자체가 "영혼이 자기 자신을 찾아" 간 철학적 과정과 일치한다고 할 수 있다.

## 인식에 관련된 개념들

'Philosophia'에서의 'sophia'는 'sophos'를 형용사로 가지며, 이 말은 본래 특정한 직업들에 관련해 사용되었다. 'Sophistēs'란 "어떤 일을 잘하는 것"을 뜻했으며, 따라서 'sophia'는 'technē'의 성격을 가리키는 어휘로 정착하게 된다.[8] 그러나 처음에 이 말은 제작에서든 정치에서든 생활에서든 어떤 일에 능숙함을 뜻했다고 할 수 있다. 'Epistēmē' 또한 본래 이런 뉘앙스를 띠었으며, 동사형 'epista-

8) 플라톤에서 '소피아'는 철학의 대상이며(『파이드로스』, 278d), 참된 지식 즉 형상에 대한 인식이다(『테아이테토스』, 145e). 아리스토텔레스에서 소피아는 실천적 지혜인 프로네시스와 구분되는 최고의 지혜이며(『니코마코스 윤리학』, VI, 1141a/9 이하), 제일 철학이기도 하다(『형이상학』, I, 981b/28).

mai' 역시 '~을 할 줄 알다'를 뜻했다. 이 말 역시 후대에 보다 이론적인 지식을 뜻하는 말로 변모를 겪는다.[9] 이렇게 본다면 'sophia', 'epistēmē', 'technē'가 유사한 의미를 띠고서 '할 줄 앎'을 뜻했으나, 그 후 의미가 분화되어 각각 현대어에서의 '철학적 지혜', '과학적 지식', '기술적/예술적 솜씨'를 가리키게 되었다고 할 수 있다(영어의 'wisdom', 'knowledge', 'technology/art'에 해당). 물론 현대어와 의미가 엄밀하게 상응하지는 않는다.

이런 식의 개념적 "진화"는 인간의 인식 능력에 대한 헬라스 인들의 자각의 역사와도 맞물린다. 처음에 '안다'는 것은 단순히 '본다'는 것을 뜻했다. 'Eidos'(라틴어 'species')는 지금 우리가 알고 있는 추상적인 어떤 것이 아니라 사물의 가시적 모습을 뜻했다. 'Idea' 또한 마찬가지이다. 독일어 'wissen'의 어간 'wi-'와 라틴어 'video'의 어간 'vi-'가 통한다는 것도 시사적이다. 동사형 'eidenai'(라틴어 'scire')는 '보다'이자 곧 '알다'였다. '분별'을 뜻하는 'gnōsis'(동사형 'gignōskō'), 구경을 뜻하는 'theōria', 목격을 뜻하는 'historia'(이 말의 어간 'hi-'도 앞의 'wi-', 'vi-'와 통한다), 지각행위를 뜻하는 'noēsis' 등이 모두 이런 과정을 거쳤으며, 후대에 가서야 각각 형상, 특별한 지식(훗날의 '그노시스파'를 상기), 관조, 역사/탐구, 순수 사유작용 같은 묵직한 철학적 의미를 부여받게 된다. 따라서 인식을 뜻하

---

9) 플라톤에서 합리적 인식(형상에 대한 인식)인 '에피스테메'는 경험적 인식(감각적 질들에 대한 인식)인 '독사'와 대비된다.(『국가』, V, 476a~480a. VI, 509d~511e. VII, 514a~521b) 아리스토텔레스는 에피스테메를 실천지, 제작지, 이론지로 나누고, 이론지를 다시 수학, 자연학, 신학으로 나눈다.(『형이상학』, VI, 1025b/29 이하)

는 모든 말들이 처음에는 고차원적인 이론적 지식을 뜻한 것이 아니라 실제 사물들과 부딪쳐 가면서 획득하는 실천적 지식을 뜻했다는 점에 주목해야 한다. 따라서 감각적 지식과 초감각적 지식을 대비시키는 플라톤적 이분법을 처음부터 강조하기보다는 오히려 헬라스의 역사를 따라서 인식행위에 대한 헬라스 인들의 자각이 극히 현실적이고 실천적인 맥락에서 시작해 조금씩 그 이론적 근원으로 나아간 과정 전반을 염두에 두고서 논의할 필요가 있다.[10]

헬라스 인들이 인식을 가리키기 위해 썼던 초기의 말들이 대체적으로 시각과 관련되어 있음은 흥미롭다. 이것은 앞에서 했던 말로 하면 '사물과의 연속성'과 관계된다. 거듭 강조한다면, 진정한 인식은 사물들로부터의 떨어져 나옴 즉 "영혼이 자기 자신을 찾아낸 것"과 동시에 사물과의 연속성 즉 데이터의 확보가 이루어져야 성립하기 때문이다. 헬라스에서 본격적인 인식은 모두 데이터에, 헬라스 인들 자신들이 썼던 말로는 'pragma'(사물, 대상, 실재. 라틴어 'res')에 맞닿아 이루어졌다. 지식인들에게 신화, 종교, 주술이 더 이상 받아들여지지 못했던 것도 바로 이런 맥락에서이다. 이 말의 동사형은 'prattein'(라틴어 'ago', 독일어 'wirken')이며, 'pragma'는 이것의 현재완료 수동형이다. 이 'pragma'는 대상을 뜻하는 'objectum' 및 주어진 것을 뜻하는 'datum'과 밀접한 관련성을 가진다. 주체의 무

10) 흥미롭게도 이런 과정은 동북아 철학사에서도 상당히 유사한 형태로 나타난다. 예컨대 'eidos' 개념의 변화 과정과 '理' 개념의 변화 과정을 비교해 보면 이런 점이 뚜렷이 나타난다.(이정우, 「氣란 무엇인가」, 『전통, 근대, 탈근대』, 그린비, 2011, 보론 1)

책임한 상상을 제어하는 것, 즉 주체의 상상에 '저항'하는 것, 그것이 '객관성'이고 이 객관성을 가능케 하는 것이 'objectum'(헬라어의 'problēma')이다. 더불어 역시 상상의 무책임한 확장을 제어하는 것이 'datum' 즉 주어진 것이다. 이런 객관성을 전제하지 않는다면, 학문은 신화, 주술, 종교 등과 구분되지 못할 것이다. 그리고 하나의 학문이 성립한다는 것은 곧 그것의 대상/데이터가 명확히 구분되어 성립한다는 것을 뜻한다. 의학에는 의학의 대상/데이터가, 생물학에는 생물학의 대상/데이터가, 물리학에는 물리학의 대상/데이터가 존재한다. 소은은 이런 식의 학문이야말로 진정한 학문이라고 보며, 그래서 앞에서도 말했듯이 소은의 학문은 'pragma', 'objectum', 'data'의 학문이라고 할 수 있다.[11)]

소은은 헬라스 철학의 전개 과정이 다름 아니라 이런 깨달음으로 나아간 과정이라고 본다. 그래서 헬라스 철학의 출발점에는 '인위적인 것'과 '자연적인 것'의 구별이 놓인다. 철학의 출발점을 자연철학으로 잡는 근거는 무엇일까? 그것은 바로 자연철학에 이르러 비로소 인위적인 것('mythos'의 세계와 'nomos'의 세계)과 자연 = 'physis'를 명확하게 구분했기 때문이다. 예컨대 아낙사고라스가 이리스(무지개의 여신)를 "구름 속의 태양이 반사된 것"이라고 말했을 때, 인위

11) 이런 생각은 다름 아니라 소크라테스/플라톤이 소피스트들을 비판한 가장 기본적인 근거들 중 하나이다. 이들이 소피스트들을 비난한 것은 무엇보다도 그들의 "말이 대상과 괴리되어 허구적으로 될 수 있음"을 잘 보여주기 때문이다. 즉, 이들은 "직업적으로 말을 가지고 유희하는 사람들로서, 그들은 말로만 그럴듯하게 꾸며대어 사람들을 믿게 하고 사물 자체의 진상(眞相)은 등한시한다"는 것이다.(「희랍 철학 소고」, I, 24)

적인 것과 자연적인 것의 대비가 뚜렷하게 부각되고 있다. 그 후 아테네의 철학에서 소피스트들과 소크라테스/플라톤은 '퓌지스'(이 경우는 '자연'이 아니라 '본성')를 두고서 대결을 벌이지만, 사실 노모스의 자의성을 깨닫고 새로운 삶의 방향을 모색했다는 점에서 이들은 일단은 궤를 같이했다고 할 수 있다. 뮈토스와 노모스의 한계를 뚜렷이 자각하면서 철학이 시작된 것이다(여기에서는 다루지 않지만, '뮈토스'와 '노모스' 사이에도 큰 차이가 있음을 기억하자).

따라서 이 퓌지스를 파악할 수 있는 능력의 발견이 헬라스 인식론의 출발점을 형성한다. 처음에 헬라스 인들은 이 퓌지스를 'logos'를 통해서만, 즉 말을 통해서만 파악할 수 있었다. 그러나 인식이 충분히 검증되려면 단지 말의 차원이 아니라 그 대상을 다룰 줄 알아야 한다. 더 나아가 다른 사람들에게 그 대상을 가르칠 줄 알아야 한다. 누군가가 수영을 할 줄 안다고 할 때 그 "안다"는 말의 가장 엄밀한 의미는 그가 다른 사람들에게 수영을 가르칠 줄 안다는 것이다. 좁은 의미에서의 지식도 마찬가지이다. 강의를 해 본 사람은 어떤 것을 그저 자기 자신만 아는 것과 남에게 그것을 가르치는 것이 얼마나 차원이 다른 일인가를 잘 안다. 이 점에서 헬라스의 인식론은 단순히 말로 하는 'logos'/'onoma'와 실질적인 행위로써 검증하는 'ergon'/'praxis'를 대립시킴으로써 세련화되었다고 할 수 있다. 무엇인가를 안다는 것은 무엇보다도 우선 '할 줄 안다'는 것이다. 그러나 인지가 좀 더 고급하게 발달하면서 이제 할 줄 앎 자체를 대상화해서 그것을 지배하는 좀 더 본질적인 차원을 순수 이론적으로 파악하는 단계로 이행하게 된다. 수영을 가르치는 것만이 아니라 그 가르침을 가능케 하는 물의 속성, 인체의 속성, 운동의 속성 등등에 대한 고도의 지식을 추구하는 단계로 접어들게 되는 것이다. 그 결정적인 지도리가 바로 플라톤의 철학이다.[12] 훗날 '철학'이라는 학문은 때때로 너무 "관조적"이라고 비판받았다. 그러나 잊지 말아야 할 것은 이 'thēoria'의 경지는 바로 이런 긴 과정을 거쳐서 비로소 도달한 곳이라는 점이다.

그렇다면 위에서 말한 좀 더 본질적인 차원이란 어떤 차원을 뜻하는가? 그것은 "ti esti?"라는 물음에 상관적인 차원이다. 이 물음은 물음의 주체가 그야말로 막다른 골목 즉 '아포리아'에 빠졌을 때 등장한다. 그때까지 수영을 곧잘 하던 한 사람이 어느 날 갑자기 수영이 어려워지고 두려워졌을 때 그는 새삼스럽게 묻는다. "수영이란 무엇일까?" 그것은 "수영을 어떻게 할까?"라는 물음과는 차원이 다른 물음이다. 그림을 잘 그리는 사람도 때때로 상념에 빠진다. "도대체 예

12) 그러나 플라톤의 철학은 여전히 'ergon'/'praxis'의 성격을 띠었고, 'thēoria'의 철학으로 단적으로 이행한 인물은 아리스토텔레스이다. "아리스토텔레스는 『형이상학』에서 인간은 본성상 앎(eidenai)을 추구한다고 말하고 있지. […] 이제는 현실적인 이익 관계를 떠나서 안다는 것 자체가 우리에게 즐거움을 주며, 인간은 태어나면서부터 지적 추구를 하려는 본성을 가지고 있다는 거야. […] 아리스토텔레스에서는 역사적인 것은 다 빠져버려. 그러면 'eidenai'가 그 자체로서 가지고 있는 내면적인 법칙에 의해서 철학적인 지식체계가 나왔다고 해야 돼. […] 플라톤의 경우는 […] 행동에서 출발해. 아리스토텔레스는 그게 아냐. 우리에게 감각적으로 주어진 대자연으로부터 시작해. 거기에서 형이상학(metaphysics)으로 올라가서 그 속에서 행동이나 윤리를 논의해. […] 이 경우 난문(아포리아)은 행동 차원의 것이 아니라 인간의 앎이 유한하기 때문에 생기는 난문들밖에는 안 돼. […] 소크라테스처럼 행동상의 난문이 아니야."(「앎의 개념」, II, 325~327) 따라서 플라톤의 'pragma'와 아리스토텔레스의 'pragma' 사이에는 간격이 있다. 아리스토텔레스는 플라톤이 실제 'pragma'를 다루지 않았다고 다소 비난조로 말했지만, 정확히 말한다면 플라톤의 'pragma'는 아리스토텔레스가 생각하는 과학적 'pragma'가 아니라 다른 'pragma'였을 뿐이다.

술이란 무엇일까?" 수학적 난제를 멋지게 풀던 사람도 스스로에게 물어볼 때가 있다. "그런데 정말이지 수학이란 뭘까?" 그렇다면 존재론적 차원에서의 아포리아란 어떤 것일까? 어떤 것이 "존재론적" 아포리아일까? 존재론적 아포리아는 우리가 삶 그 자체에 대해서, 나아가 세계 전체에 대해서 어떤 막다른 골목에 처했을 때 등장한다. 그럴 때 우리는 "인생이란 무엇일까?", "인간이란 무엇일까?", "세계란 무엇일까?"라고 묻게 된다. 존재론적 아포리아는 삶의 가장 절박하고 근원적인 막다른 골목에 부딪쳤을 때 파열되어 나온다. 얼핏 추상적인 사유로서 느껴질 수 있는 형상의 이론은 사실은 이런 맥락에서 이해되어야 한다. 그래서 소은이 생각하는 형상은 통상 이해되고 있는 형상 개념과 판이하다.

> 구두를 만들기 위해서는 가죽이 일정한 성질을 가지고 있어야 해. 그렇게 해서 가장 유용한 상태에 도달한 것이 구두의 형상이야. 가장 좋은 상태야. 그러니까 가장 완전한 기술을 요구한다면, 그것의 정의(定義)와 관련하여 설명해야 해. 전체의 연관(Zusammenhang)을 잡아 줘야 해. 이렇게 만들 수도 있고 저렇게 만들 수도 있지만 아무렇게나 만들 수는 없고 반드시 이렇게 만들어야겠다는 것이 나올 때, 그것이 구두를 만드는 기술의 완전한 상태 즉 형상이야. 플라톤을 읽어 보면 기술의 부분은 별로 없고 윤리적인 것이 더 많은데, 윤리적인 것의 경우에도 마찬가지야. 우리가 윤리적으로 가장 완전한 행위를 하기 위해서는 그때그때 거기에 관련된 사물에서 가장 유용한(ophelimon) 상태가 발휘되어야지. 그것이 각 사물의 형상이

야.(「앎의 개념」, II, 310~311)

따라서 형상 개념의 뿌리는 지극히 현실적이다. 그러나 형상의 정확한 인식에 도달하기 위해서는 오히려 지극히 이론적인 사유가 요청된다. 결국 현실적인 뿌리로부터 극히 추상적인 본질의 세계에 이르기까지의 전 과정을 통합적으로 보는 것, 가장 즉물적인 삶의 상황들로부터 가장 고도의 사유의 수준까지 오르내리면서 사유하는 것이 중요하다는 것을 여기에서 다시 한 번 음미하게 된다.

## 인식의 단계들

이런 이유 때문에 인식의 여러 단계를 구분할 필요가 발생한다. 최초의 인식은 직관, 즉 개념에 의해 매개되지 않는 인식이다. 여기에서 중요한 것은 "인식 주관의 한계선상에서 직관되는 것"이다. "접촉에서 두 사물은 공동의 한계를 갖는다. 곧, 인식 주관이 끝나는 한계는 대상의 한계이다. 따라서 인식 주관과 대상의 한계 사이에 제3자가 개입하지 않는다. 이러한 인식은 직관이다."(「희랍 철학 소고」, I, 26) 이렇게 해서 드러나는 대상의 한계—표면—가 'eidos'이며, 이때의 'eidos'란 곧 사물의 윤곽을 뜻한다.

그러나 현실 속에서는 대상도 운동하고 주체 역시 운동한다. 따라서 많은 경우 인식이란 시간 속에서 행위하면서 그리고 공간의 다양한 지역들을 돌아다니면서 많은 대상들을 보고 들음으로써 성립한다. "아는 게 많다"라든가 "견문(見聞)이 넓다"라든가 "정보를 많이 가지고 있다"라든가 하는 것이 이런 경우이다. 이런 지식을 '역사'라고 할 수 있다. 오늘날의 역사 개념과는 다소 뉘앙스가 다르다. 'Historia'는 이렇게 많이 보고 들어서 얻게 되는 지식이다(물론 보는 것과 듣는 것은 인식론적 지위를 달리한다). 헤로도토스의 『역사』가 이러한 유형의 지식을 잘 보여주며, 투퀴디데스의 『펠로폰네소스 전쟁사』가 이런 유형의 지식이 어떻게 세련화해 나갔는가를 잘 보여준다. 역사적 지식은 단순한 지각을 넘어 우리에게 넓은 견문의 지평을 열어 준다. 역사는 우리로 하여금, 단순한 상상 이상의 방식으로, 현존의 장(field of presence)을 넘어설 수 있도록 해 준다.

또, 사물과 주체는 단지 감각적 직관 속에서만 만나는 것이 아니라 서로에게 작용하면서 서로를 변형시킨다. 인식행위는 동시성의 체계 속에서의 정적 직관을 통해서보다는 오히려 시간 속에서의 동적인 상호 작용을 통해서 이루어지는 것이다. 이런 방식의 인식을 소은은 '조작' 또는 '작업'이라고 부르고 있다. 인간이 사물을 심층적으로 알아 가는 것은 정적인 관조를 통해서가 아니라 다양한 형태의 조작/작업을 통해서인 것이다. 그리고 이런 인식의 완성은 바로 그 사물을 사용할 수 있는 능력, 더 나아가 그 사용을 남에게 가르칠 수 있는 능력을 통해서 증명된다. 이러한 유형의 지식은 '기예 = 테크네'로서의 지식이다. 그러나 '테크네'라는 말의 넓은 외연을 잊지 말아야 할 것이다. 현대적인 맥락에서 보면 '실용적 지식'이라고 할 수 있다.

순수 지각, 역사적 견문, 실용적 지식과 구분되는 지식이 철학적 지식이다. 물론 이때의 철학적 지식은 고대적인 의미로서, 오늘날로 말한다면 '과학적 지식 일반'을 뜻한다. 좁은 의미에서의 철학, 즉 오늘날의 철학은 과학적 지식에 대한 '메타적인 지식'이라 할 수 있다. 지금은 이런 구분을 할 필요가 없을 것이다. 과학적 지식은 사물의 본질을 파악한다. 겉으로 보이는 모습이나 여러 가지 정보, 그리고 신체를 통해 성립하는 기예가 아니라 그것을 바로 그것이게끔 해 주는 추상적 본질을 파악한다. 이 본질을 파악할 때에만 그 지식은 과학적인 수준에서의 지식이 될 수 있다.

말[馬]을 예로 들어 보자. 순수 지각은 말을 보는 것이다. 초원에서 있는 말을 보고서 우리는 말이 어떻게 생겼는지, 무슨 색깔인지, 조금 가까이 다가섰을 때 어떤 냄새가 나는지, 만졌을 때 어떤 느낌이 드는지, 말고기를 먹었을 때 어떤 맛이 나는지 등을 알 수 있다. 이 '지각'(perception)이 가장 초보적인 앎이다. 즉, 원초적 앎이란 우리의 오감에 대상이 나타나는 바를 아는 것이다. 그러나 이런 원초적인 지식을 넘어 말을 알기 위해서는 매우 넓은 견문이 필요하다. 어떤 지역에서 말이 많이 나오는지, 아라비아 말과 한혈마(汗血馬)는 어떻게 달랐는지, 말이 새끼를 어떻게 낳는지, 말을 타고서 전투하는 유형들에는 어떤 것들이 있는지, 말이 좋아하는 음식에는 어떤 것들이 있는지, 적토마는 어떤 과정을 통해 관우의 말이 되었는지 등등 수많은 견문이 필요한 것이다. 이런 유형의 지식이 'historia'이다. 그러나 이 두 유형의 지식 외에 또 하나의 지식, 즉 실용적인 지식이 있다. 그것은 바로 말을 탈 줄 아는 것이다. 말에 대해 제아무리 많은 견식을 쌓아도 말을 탈 줄 모르면 말에 대해 안다고 하기가 어렵다. 고삐를 잡을 줄 알고, 말을 타고서 달릴 줄 알고, 말과 대화를 나눌 줄 알고,

말이 지쳤을 때 어떻게 해 주어야 할지 알고, 경주할 때는 어떤 점을 조심해야 하는지를 알고, 무엇보다 특히 타인에게 말 타는 법을 가르칠 수 있는 기술적/실용적 지식들을 가지고 있어야 하는 것이다. 그러나 다시 이렇게 실제 몸을 가지고서 아는 지식과 구별되는 순수 이성적 앎, 지적인 앎이 있다. 그것은 바로 말의 DNA가 어떤 것인지, 그것의 해부학적 구조가 어떻게 되어 있는지, 그것의 혈액이라든가 기타 여러 생물학적 조건들이 어떻게 되어 있는지 등등을 알아서 그 본질적인 지식으로부터 그것의 현상들(그것의 식성, 누워 자지 않는 이유, 피부색, 습성 등등)을 설명해 줄 수 있어야 하는 것이다. 그때에만 우리는 말이 왜 말인지, 말이 왜 다른 방식으로가 아니라 바로 그런 방식으로 존재하는지를 비로소 이해할 수 있게 된다. 이런 지식이 과학적 지식이다.

가장 바람직한 것은 말할 필요도 없이 이 네 가지를 다 아는 것이다. 말에 대한 감각적 느낌들, 말과 관련된 다양한 사실들, 말을 탈 줄 알고 말타기를 가르칠 줄 아는 기술, 그리고 말의 과학적 본질, 이 네 가지를 모두 터득했을 때, 우리는 말을 "잘 안다"고 할 수 있는 것이다.

그러나 사물에 대한 과학적 지식은 다양할 수 있다. 한 과학은 그것에 고유한 대상, 데이터, 개념, 방법 등에 의해 성립한다. 데이터를 확보하는 방식이 달라짐으로써 갖가지의 개별 과학들이 성립한다. 이로부터 특수한 하나의 과학, 즉 과학들을 종합하는 과학이 요청된다. 이 또 하나의 과학이 '존재론'이다. 존재론은 특정한 영역을 다루는 개별 과학이 아니라 개별 과학들을 전제한 상태에서 세계 전체를 파악하고자 한다. 이것은 곧 개별 과학들을 가능케 하는 근본 원리들을 메타적으로 검토하면서 그것들을 종합적으로 개념화함으로써 가능하다. 철학의 출발점에서는 이런 구분이 없었거니와(구분되지 않았다기보다는 과학들과 존재론이 하나의 전체적인 체계를 형성했다), 철학이 다양한 과학들로 분화되면서 좁은 의미에서의 철학 즉 존재론은 담론의 공간에서 별도의 위상을 부여받게 되었다.

그러나 이런 종합적 파악의 현실태는 여럿일 수 있으며, 존재론 역시 인간의 인식능력('뒤나미스')에 상관적으로 성립하는 한 다양하게 나타날 수 있다. 철학의 역사를 그 핵심적인 뼈대에서만 파악한다면 결국 대표적인 '존재론적 가설'들의 역사라고 할 수 있다. 세계에 대해 체계적인 지식을 추구하는 과학들이 있고, 다시 개별 과학들 전체를 메타적-종합적으로 사유함으로써 제시되는 존재론적 가설이 있는 것이다.

소은은 플라톤에 의해 수립된 형상의 존재론과 베르그송에 의해 수립된 지속의 존재론을 서구 존재론사에서 등장한 대표적인 두 존재론으로 파악한다. 그에게 서구 존재론사 전체는 영원의 상하(相下)에서 사유하는 형상존재론과 지속의 상하에서 사유하는 생성존재론이라는 두 축으로 파악된다. 이제 이 근본 가설들의 세계로 들어가 보자.

# 1부
# 존재론의 탄생

# 1장

# 헬라스 존재론의 뿌리와 구도

헬라스의 사유를 그 뿌리로부터 이해하기 위해 우리는 교과서적인 철학사의 하한선(밀레토스 학파) 훨씬 아래까지 내려가야 한다. 메타과학으로서의 존재론을 우리는 늘 그 역사적 지평에서 파악해야 하기 때문이다.

앞에서 소은의 존재론 개념을 보았거니와, 소은이 도달한 결론은 어느 정도까지는 헬라스 철학사가 도달한 결론이기도 하다. 소은에게 헬라스 철학은 종교, 신화, 주술의 세계에서 조금씩 벗어나 "영혼이 자기 자신을 찾아낸" 과정으로 이해되기 때문이다. 그래서 헬라스 철학사를 플라톤 직전의 문턱까지 되짚어 보는 것은 곧 소은 자신이 도달한 철학관을 발생적으로 이해하는 것이기도 하다.

헬라스 존재론의 전사(前史)를 파악하기 위해서는 고고학, 인류학, 미술사학, 신화학, 어원학, 종교학, 역사학을 비롯한 다양한 담론들을 동원해야 한다. 물론 서구 존재론사의 핵심의 파악을 목표로 하는 우리로서는 이 지점에 필요 이상으로 오래 머무를 수는 없다.

소은이 이런 다양한 담론들을 총동원해서, 그리고 어떤 명확한 방법론을 가지고서 존재론의 전사를 파악했다고 하기는 어렵다. 그리고 그런 작업이 소은에게 필수적으로 요구되는 것 또한 아니다. 소은은 주로 인류학과 어원학에 근거해서, 그리고 이 분야의 몇몇 전문가들을 참조하면서 이 작업을 수행하고 있다. 그러나 소은이 아니었다면 이 전사는 지금도 철학자들의 시야에서 비켜가 있을 것이며, 이 사실만으로도 그의 작업은 큰 의미를 띤다.

소은은 우선 이 전사를 인류학적으로 파악한다. 철학을 어떤 추상적인 공간에 놓고서 그 구조만을 보는 것이 아니라 항상 역사적/시간적 지평에서 파악하는 소은에게 존재론의 전사는, 그리고 어떤 면에서는 자연철학자들의 사유 자체도 인류학적인 시선을 필요로 한다. 「서양 고중세 철학사 개관」(이하 「개관」)의 도입부가 상당히 긴 인류학적 논의로부터 시작되는 것도 이 때문이다. 나아가 플라톤 이전의 사유들을 논할 때도 항상 인류학(과 어원학)이 참조된다.

## 1절 · 철학의 '탄생' 문제

핵심적인 문제는 '원시적 사고'와 '학문적 사고'의 대비이다. 이 대비가 분명히 되어야만 '철학의 탄생'에 대해 이야기할 수 있기 때문이다. 소은은 학문적 사고의 핵심적 특징을 사물들을 각각의 동일성을 확보하는 것들로 분별(分別)하고 그것들을 관계 짓는 것으로 이해한다. 분석적인(analytical) 방식으로 세계를 보고 그렇게 분석된 것들을 다시 종합함으로써 그것의 법칙성을 밝혀내는 것으로 이해한다. 이에 비해서 원시적 사고의 핵심은 사물들을 분별하지 않는다는 점에 있다. "내포와 외연의 미분리, 법칙과 사실의 혼동은 순수한 학(學)이 성립되어 있지 않는 곳에서는 어디서나 되풀이되는 공통적 현상이다. 그러나 원시적 사고에서 양자의 혼동은 극단에 달한다."(「개관」, I, 206) 여기에서 내포와 외연의 미분리란 각 사물이 자체로서 가지는 동일성과 다른 사물들과 섞여 타자화되는 과정을 구분하지 못함을 말하고, 법칙과 사실의 혼동은 사물이 드러내는 현상적인 모습들과 그것들을 지배하는 비가시적인 원리의 차원을 구분하지 못함을 말한다.

원시인은 자신과 타자들을 명확히 구별하지 못하며, 자신이 타자들과 유연(類緣) 관계에 있다고 믿는다. 소은의 이런 지적은 '동일화'(identification)로 이해될 수 있을 듯하다. 토템 현상이라든가 무의

(巫醫)의 치료라든가 '초자연적인 힘'에 대한 믿음이라든가 (현대인들이 보기에는 이해하기 힘든) 신비스러운 인과관계 등이 이 동일화의 논리를 잘 보여준다. 자신과 타자를, 또는 서로 상이한 타자들을 동일화하는 것은 분별지의 부재를 뜻한다고 보는 것이다. 원시인들의 세계에서는 "우주 공간 속의 모든 사물은 밀접한 동체감(同體感) 속에 잠겨" 함께 살아갔다고 할 수 있다. 이른바 '애니미즘'의 세계이다. 소은은 이런 무분별의 세계를 갖가지 예들을 들어 상세하게 전달해 주고 있다.(「개관」, I, 206~211)[1] 소은은 이런 상황에 변화가 도래하면서 점차 합리적 사유의 싹이 트기 시작했다고 본다.

> [···] 점차 개인이 자각되고 집단과의 유대가 분열됨에 따라 개인들을 둘러싸고 있는 사물들과 개인과의 신비적인 일체감이 점점 사라진다. 직접적으로 행동 속에서 성립하고 체험되었던 것이 분열되어서 표상화된다. 직접적으로 생활되던 것이 사고된 것, 즉 간접적인 것으로 변화한다.(「개관」, I, 212)

1) 소은이 말하는 이런 이야기들은 특히 인류학자 뤼시앵 레비-브륄에 의해 상세히 다루어진 바 있으며, 사실 레비-브륄의 인류학은 소은 세대의 고전학자들에게 적지 않은 영향을 미쳤다. 그러나 오늘날 상황은 복잡하다. 구조주의 인류학이 등장하면서 이런 논의들은 낡은 것이 되었고, 그 후 구조주의 인류학 역시 여러 각도에서 비판받았다. 특히 레비-스트로스로부터 클라스트르로의 이행이 잘 알려져 있다. 게다가 이런 식의 '원시적 사고'는 사실상 오늘날에까지도 우리 삶의 도처에서 발견된다(미아리를 덮고 있는 점쟁이 집들, 시인들의 언어, 꿈속의 세계, 빨간색으로 칠해져 있는 이삿날, 4층만은 F로 표시된 고층 건물들 등등). 대중문화는 오히려 상당 부분이 이런 원시적 사고에 의해 지배되고 있다. 소은 역시 "얼음이 바닷속에 떠 있는데 위에 나타난 것만 추상적 사고이고, 밑에 있는 건 원시적 사고"라고 지적하고 있다.(「소크라테스 이전의 철학」, II, 241) 이 문제는 또 다른 지면을 요구한다.

여기에서 핵심적인 것은 '표상'(representation)이다. 원시적 사고에서 모든 것은 직접적인 상(象=presentation)이었지만, 이제 인간은 점차 그 상에 대해 거리를 둠으로써 그것을 표(表)하게 되고, 그래서 그것을 다시-나타나게(re-present) 하기에 이른다. 그리고 이런 표상행위는 마치 하나의 사물이 서로 다른 종류의 거울들에 계속 되비치듯이, 다른 방식으로 계속 새롭게 표상된다. 그림으로든 징표로든 문자로든 아니면 다른 무엇으로든, 사물들은 그 자체로서가 아니라 다른 어떤 것들을 매개해서 표상되기에 이르게 되는 것이다. 이렇게 표상하는 과정에서 인간은 현상 자체와 현상을 그렇게 만들어내고 있는 것을 구분하기에 이른다. 대상으로부터의 주체의 거리-둠과 대상을 더-심층에서-봄은 맞물려 성립한다. 앞에서 말한 "내포와 외연의 미분리, 사실과 법칙의 혼동"에서 벗어나게 되는 것이다. 이로부터 현상들을 설명하기 위한 어떤 '심층적인' 것이 요청되었으며, 이러한 요청에 따라 등장하게 되는 것이 '신(神)들'이라는 개념이었다. "[…] 토템과의 동체감에 의해 무아지경에서 살던 시대는 사라지고 토템이 표상으로 객관화되는 시대가 온다. 이리하여 만물의 인식의 중심이 되는 신이 개성을 가지고 나타난다." 신화의 시대가 온 것이다.

이런 변화와 더불어 또 하나의 핵심적인 변화는 개인의 탄생이다. 합리적 사고는 사물들과의 동체감으로부터의 분리와 더불어 공동체로부터의 개인의 분리를 요청한다. 공동체에 매몰되어 있는 인간에게는 합리적 사유의 싹인 회의가 싹틀 리 없고 사물들에 대한 다른 생각이 생겨날 수도 없다. 또, 생겨났다 한들 그것이 용인되고 발전될 리도 없다. 신들이 등장했던 시대는 귀족들/사제들의 시대였으며 가부장제의 시대였다. 그것은 '뮈토스'의 시대였고, 뮈토스는 정확히 귀족들/사제들의 세계관과 가부장적 사회체제를 반영하는 담론이었다. 이런 시대에서 벗어나 개인주의가 등장함으로써만, 스스로의 '로고스'를 믿는 개인들이 출현함으로써만 합리적 사고는 비로소 가능했던 것이다. 헬라스 지역이야말로 이런 사고에 도달할 수 있었다.

이런 합리적 사고의 탄생은 자연철학자들이 뮈토스의 세계를 부정하기 시작하면서 분명한 모습을 드러내기 시작했다. 그렇다면 다음과 같은 물음이 제기된다: 자연철학자들은 이전의 사고로부터 진정으로 '인식론적 단절'을 이루었는가?[2] 이루었다면 어떤 조건에서 그렇게 할 수 있었는가? 아니면 자연철학자들의 사고에서 여전히 뮈토스 시대의 연속성을 발견할 수 있는가? 그렇다면 '철학의 탄생'을 이야기하는 근거는 도대체 무엇인가?

지중해세계, 특히 이집트, 바빌로니아 등과 헬라스의 연속성을 강조하는 대표적인 논자는 프랜시스 콘퍼드이다. 콘퍼드에 따르면, 헬라스의 철학은 그 이전의 종교의 연장선상에 있다. 예컨대 훗날 과학적 '법칙'으로 다듬어지는 원리, 원인, … 개념들은 종교에서 사용하던 개념인 '모이라'의 연장선상에서 등장했다.[3] 이와 달리 지중해세계의 기존 지식과 헬라스적 지식 사이의 인식론적 단절을 주장하

2) '인식론적 단절'에 대해서는 이정우, 『객관적 선험철학 시론』(그린비, 2011)에서 논한 바 있다. 바슐라르 자신의 저작들 중에서는 『'아니오'의 철학』(*La philosophie du non*, PUF, 1940)이 접근하기 용이하다.

3) 콘퍼드, 『종교에서 철학으로』, 남경희 옮김, 이화여자대학교출판부, 1995.

는 인물로는 버넷을 들 수 있다. 버넷은 이오니아 학문의 기원을 신화적인 개념들에서 찾으려 하는 것은 전적으로 오류라고 힘주어 말한다.[4] 베르낭은 두 사람의 의견을 조정해서 철학과 신화의 연속성을 인정하면서도 동시에 그 사이에 존재하는 엄연한 불연속을 강조한다(캉길렘이 말하는 '부분 단절').[5]

이 문제에 관련한 소은의 생각은 이중적이다. 우선 소은은 헬라스 철학의 특이성을 부정하는 입장에 대해서는 동의하지 않는다. 주목할 것은 소은에게 인식론적 단절은 탈레스에게서가 아니라 소크라테스에게서 일어난 것으로 이해된다는 점이다. 그것은 특히 "ti esti?"라는 물음과 정의에 관련해서이다. 이 때문에 소은에게서 자연철학은 인식론적 단절 이전의 사유로 다루어진다. 어쨌든 소은은 추상적이고 보편적인 학문을 세운 것은 헬라스 학문의 고유한 성취라고 본다. 그 이유들에는 물론 여러 가지가 있지만 특히 중요한 것은 추상공간의 발견이다. 사물들이 운동할 때 그것들은 시간 속에서 타자화되면서 연속성을 형성한다. 고도의 추상적 사유가 도래했을 때에만 그것들을 명료하고 분명하게 분석/추상할 수 있으며, 운동하지 않는 어

4) John Burnet, *Early Greek Philosophy*, Adamant Media Corporation, 2005.

5) 베르낭은 특히 이런 불연속이 폴리스라는 환경에서 가능했다는 점을 강조한다. 폴리스라는 환경 속에서 비로소 철학적인 질문들이 일상생활의 다른 질문들과 마찬가지로 "다수의 시민들 앞에서 공표될 수 있고 공개적으로 토론될 수 있는, 명확하게 제시된 문제의 형식을 취하였던 것이다. […] 새로운 우주론을 구성함에 있어서 그들은, 도시에서 인간세계를 코스모스로 만드는 데 성공을 거두었던 법과 질서의 개념을 자연세계에 투사함으로써, 도덕적·정치적 사고에 의하여 정교화된 관념들을 사용하였다."(『그리스 사유의 기원』, 김재홍 옮김, 자유사상사, 1993, 103쪽)

떤 측면을 포착한다는 것은 곧 추상공간을 발견한다는 뜻이다. "운동하지 않는 것이 공존하는 연속성을 우리는 공간이라고 한다." 바로 이런 수준의 사유에 도달한 것이 에우클레이데스 기하학이고 따라서 에우클레이데스 기하학이야말로 다른 어떤 곳에서도 볼 수 없는 헬라스 학문의 성취인 것이다. 아울러 모순율과 동일률이라고 하는 논리학의 가장 기본적인 원리가 확립된다. 동일률과 모순율이 등장하려면, 무엇보다 '존재'라는 개념과 '무'라는 개념, 가장 추상적인 이 개념쌍이 확고하게 정립되어야 한다. 이 단계에 이르러 추상공간의 발견이 일단 완성된다고 할 수 있다.[6] 바로 이런 수준에 도달해, 나아가 그것을 넘어 헬라스 사유가 마침내 정점에 도달한 것이 플라톤의 철학이다.

이런 소은의 관점은 역으로 헬라스 자연철학의 경우를 이전의 사유들과 연속적인 지평에서 고찰하게 만든다. 소은이 볼 때 서구 사유에서의 핵심적인 인식론적 단절은 탈레스에 의해서가 아니라 소크라테스에 의해서 이루어진 것이다. 따라서 그 이전의 "철학"들에 대해서는 다른 접근이 필요하다.

> 서양 사람의 뿌리는 어디 있느냐. 아까도 말한 바와 같이 신석기 시대, 구석기 시대, 몇만 년 올라간다. 뿌리는 그때 다 형성된 거야. 뿌

6) 버넷 같은 사람은 원자론의 등장이 이런 수준의 사유가 완숙한 모습으로 드러난 것이라고 보기도 한다. 그러나 소은의 관점에서 볼 때 원자론은 물리적 세계와 논리적 세계가 아직 뚜렷이 구분되지 않은 단계의 사유일 뿐이다.(「철학이란 무엇인가?」, III, 88)

리가 거기에 있고, 그 뒤의 것은 외부에서 문화가 들어오니까 능력이 발달하고 문화가 서로 섞이고 한 것이야.(「퓌지스 2」, III, 294)

요컨대 소은이 헬라스 철학사를 보는 관점은 소크라테스 이전과 이후로 분명하게 나뉜다. 소크라테스 이전의 철학은 아직 엄밀한 의미에서의 철학에 도달하지 못한 사유들이고, 소크라테스, 플라톤, 에우클레이데스에 의해 비로소 헬라스 고유의 고도의 존재론적 관점이 확립된 것이다. 바로 그렇기 때문에 이 이전의 철학들에 대해서는 오히려 그 역사적 뿌리를 강조하고 있는 것이다.

그렇다면 이제 헬라스 사유의 뿌리에는 어떤 것들이 있을까? 소은이 헬라스 존재론의 뿌리라고 생각하는 것들은 물론 한두 가지가 아닐 것이다. 단적으로 말해, 철학 이전의 삶의 일반적인 구성 요소를 형성하는 모든 항들이 이 뿌리가 될 수 있다. 여기에서는 소은이 실제 상세하게 언급한 것들만을 살펴보자.

## 2절 · 전(前)존재론적 뿌리들

헬라스 존재론이 퓌지스에 대한 탐구에서 시작되었다고 할 때 거기에는 그런 탐구를 가능하게 해 주었던 담론적 장소 즉 '인식론적 장'(champ épistémologique)이 존재했다고 할 수 있다. 소은은 이 뿌리—"~의 가장 구체적인, 비추상적인 사태"—들 중 하나가 나무라고 보고 있다. 그리고 이것은 퓌지스 개념과 연관된다. 소은은 퓌지스를 단지 탐구 대상들 중 하나가 아니라 헬라스 사상의 존립 근거 자체로 보고 있다.[7] 이 근거를 벗어나버리면 그 후에는 기독교사상이 된다. 그렇다면 이 퓌지스 개념은 어떤 뿌리에서 나온 것일까?

소은은 퓌지스 개념을 흔히 이해하는 식으로 영원한 것, 근원적인 것, 자기동일적인 것으로 보는 것은 이미 추상적인 사고가 등장해서 세계의 본질을 사유하기 시작했을 때 성립할 수 있는 것이라고 본다.[8] 그러나 뿌리를 찾는 입장에서는 이와 달리 퓌지스가 본래 '자라는 것'을 뜻했던 것으로 받아들인다. 이런 이해는 'phyomai' 동사

7) 퓌지스의 기본적인 의미는 "Was da ist"이다. 즉, 퓌지스란 존재하는 것 전체라고, 현대식으로 말해 객관성 전체라고 할 수 있다.

8) 소은은 다음과 같은 구절들을 인용하고 있다. "Was primär, grundlegend, dauert."(만스페르거) "Everlasting something of which the world is constituted."(버넷) 이런 입장에서는 'physis'의 'phi-'를 영어의 'be'나 독일어의 ("du bist"에서의) 'bi-'에, 즉 '존재'에 연결시킨다.

에서 실마리를 찾으며(호메로스는 'phyesthai'를 썼다), '자라다'를 뜻하는 이 단어의 어간은 인도-게르만어의 'bheu-'라고 본다.[9] 이것은 퓌지스를 생성의 관점에서 보는 입장이다. '生'이라는 한자의 유래와 맥을 같이한다. 그래서 퓌지스는 본래 '生'과 같은 것을 뜻했으나 후에 정적으로 이해되기 시작했다고, 어떤 불변의 차원이 인식되기 시작했다고 보는 것이다. 요컨대 헬라스 인들의 '自然'='퓌지스' 개념에는 식물의 생장이라는 이미지가 깊이 침윤되어 있다는 것이다. 소은은 이 정태론적 관점과 동태론적 관점에서 후자의 장점을 인정한다.

### 식물과 헬라스 존재론

'퓌지스'라는 개념에는 이렇게 식물에 대한 이미지가 각인되어 있으며, 그중에서도 특히 나무라는 존재가 헬라스적 자연 개념의 형성에 큰 역할을 했다고 한다. 제우스가 참나무 신이라는 점, 프레이저가 말하는 "황금 가지", 헬라스 사람들의 종교가 기본적으로 나무를 믿는 종교라는 점, 더 넓게 말해 인도-게르만족이 믿은 것이 참나무라는 점, 참나무가 유럽을 온통 다 덮고 있었다는 점, 카발라 등에서 이야기하는 '세계수/우주목'(Weltbaum), 숲 속의 나무를 쳐서 예배를

---

9) 이 말의 아오리스트는 'ephyn'이고, 완료형은 'fui'이다. 완료분사(과거분사)는 'phyton'으로서 이것은 식물을 뜻한다.

본 데서 유래하는 'templum'(희랍어 '자르다=temno'에서 유래) 등에서 미루어 볼 때 나무로 대변되는 식물들의 생생(生生)한 이미지들이 'physis'라는 개념에 각인되어 있다고 할 수 있다는 것이다.

소은의 이런 지적에 대해서 그렇다면 왜 헬라스 사람들이 사원소로서 지수화풍(地水火風)을 들면서 목(木)은 들지 않았는지(오히려 동북아의 오행설은 '木火土金水'를 들고 있다), 또 헬라스가 아닌 다른 지역에서도 나무가 많았을 터인데 과연 나무가 헬라스 자연관을 이해하는 핵심적인 변별점이 될 수 있는지 등의 의구심을 제기할 수 있으리라 본다.

아마 'physis'이든 '生'이든 결국 생명에 대한 인간의 원초적인 직관을 표현하는 말이 아니었을까 싶다. 인간이 세계와 자신을 둘러보았을 때 삶과 죽음과 새로운 삶이라는 생명의 순환적 흐름보다 더 강렬한 현실이 무엇이 있었겠는가? 성(性)과 생존(生存) 역시 결국 생명의 문제이다.

어쨌든 중요한 것은 퓌지스라는 개념이 처음에는 생성/생명의 뉘앙스를 띠고 있다가 점차 그 현상적 모습과 심층적 원리가 구분되어 사유되기 시작했다는 점이다. 처음에 그것은 인격성을 부여받아 이해되었다. 그래서 퓌지스와 신들은 오버랩되곤 했다. "대자연이 나타난다, 대자연이 돌려준다, 대자연이 무엇을 낳는다, 생성한다, 대자연이 명령한다, 대자연이 무엇을 첨가한다, 대자연이 무엇을 이룬다." 서구어에서 "Es gibt ~", "Il y a ~" 같은 표현들은 아마 이런 흔적을 담고 있는 말들일 것이다. 자연철학이 발달하면서 인격성이 점차 사라지고 이제 퓌지스는 추상적인 근본 원리로 이해된다. 그러면서 퓌지스에 깃들어 있던 생성과 생명의 뉘앙스는 제거되거나 피상적인 것으로 격하된다.

> 엠페도클레스에 가면, 'physis'는 없고 'mixis'(혼합)만 있다는 말을 하고, 이 우주에 원자들의 'diakrisis'(분리), 'synkrisis'(결합)만 있는 것이지 탄생은 없다고 해. 생성은 없다. 헤라클레이토스 같으면 불에서 물이 나오고 물에서 공기가 나오고 공기에서 흙이 나오고, 이렇게 탄생이 있는데 후기 자연철학은 이런 게 없다. 그래서 엠페도클레스에서는 탄생과 'physis'를 'mixis'하고 대립을 시켜 놨어. 엠페도클레스는 "physis oudenos estin hapantōn thnēton"(가사적인 모든 것에 대해서 탄생=physis는 없다), "oude tis oulomenou thanataio teleutē"(암울한 죽음의 끝도 없다)[고 해]. 탄생의 반대는 죽음이야. "Alla monon mixis te diallaxis te migentōn"(혼합된 것의 섞임과 교환만 있다), 그런 말을 해.(「퓌지스 2」, III, 278)

이런 식의 추상화의 극단(물리적 세계와 논리적 세계의 혼동)은 원자론이다. 원자론은 세계의 질들을 모두 빼버리고 전체를 기하학적 공간으로 파악한다. 이른바 '범-기하학화'(pan-geometrization)의 효시이다. 그래서 핵심은 기하학적 연장—훗날 데카르트의 'res extensa'—이 된다. 방법상으로 볼 때는, 아직 헬라스의 시대에는 기술적으로 불가능했지만, 공간의 외연을 측정하는 것이 핵심이 된다. "재기 위해서는 딱딱 끊어야 한다. 그래서 [잰다는 것은] 운동을 받아들이는 공간과 추상적인 공간의 접경에서 이루어지며, 그것을 운동의 측면에서 볼 때 즉 운동을 받아들일 수 있는 공간에서 볼 때 그런 원자론적인 공간이 나온다."(「소크라테스 이전의 철학」, III, 230) 베르그송 식으로 말해, 이런 식의 사유는 철저하게 고체를 모델로 한 사유일 수밖에 없다. 유체적 세계는 배제되거나 고체적 세계로 환원된다.

다른 한편, 이러한 추상화는 보편성 개념에도 연결된다. 추상적 사유의 발달은 세계를 일반적으로, 보편적으로 보게 만든다. 어린이들이나 미개인들, 다른 동물들 등에게는 공통적으로 일반명사가 결여되어 있다. 이들은 사물에 친근하게 밀착해 있다. 사고가 추상화될수록 보편성이 등장하게 되며, 이런 과정은 헬라스 철학사에서도 그대로 확인된다. 대부분의 어휘들이 처음에는 지극히 구체적인 것을 가리켰지만, 헬라스 문화사가 진전되면서 그 의미가 조금씩 추상화된다. 마침내 플라톤과 아리스토텔레스에 이르러 이런 추상화가 완성되기에 이른다. 'Physis', 'kosmos', 'holon', 'pan', 'on' 같은 말들이 이런 과정을 잘 보여준다. 결국 정적인 의미에서의 'physis' 개념도 이런 과정이 상당 정도 진행되었을 때 나타났다고 보는 것이 자연스러울 것이다. 이렇게 추상화가 진행됨에 따라 이 말에는 통일성, 전체성의 뉘앙스가 보다 강하게 들어가게 된다. 'Universal'이라는 말에는 이렇게 추상화되고 공간화된 뉘앙스가 짙게 깃들어 있다.

이런 과정을 통해 'physis'라는 말에는 또 하나의 핵심적인 의미가 들어앉기에 이른다. '본성'이라는 의미가 그것이다. 한 사물의 동일성을 뜻하기에 이른 것이다. 지금도 'nature'라는 말은 '자연'과 '본성'을 동시에 뜻한다. 그러나 소은의 관점에 따른다면 이 동일성은 시간을 배제한 동일성이 아니다. 모든 사물은 자체의 'dynamis'(잠재력)를 가지고 있고 그것이 발휘되는 데에는 어떤 일정한 길이 엿보이는 것이다. '퓌지스'란 한 존재의 고유한 자신(das eigentliche Selbst), 자신 속에 보유하는(besitzen) 것으로서의 자신이다. 여기에서 'physis'라는 말의 두 의미는 교차한다. 말하자면 그것은 생성하는 본질 또는 본질의 발현인 것이다.

> 그러니까 추상적으로 고립시켜서 이것이 무엇이다, 무엇이다 규정하는 것은 'physis'라고 하지 않아. 이때 'physis'의 기본적인 의미는 어디서 출발하느냐 하면, 구체적인 그 사물이 그 자신의 동일성을 가지고 있다는 것이야. 그 'physis'는 그냥 가만히 있어서 성립하는 것이 아니라, 외부의 사물과 관계를 맺고, 서로 주고받고 함으로써만 성립돼. 우리가 머릿속에서 생각하는 식물과 실제 있는 식물은 달라. 실제 있는 식물은 땅에서 영양분을 흡수하고 공기도 흡수하고, 그럼으로써 속에 들어 있는 힘도 드러나고 하는 것이 구체적인 식물이고, 그것이 가장 밑바탕에 있는 'physis'의 뜻이야. […] 'Physis'라 할 때는 속에 있는 것과 밖에 나타나 있는 것이 합일해야 하고, 그것이 독립해 있는 것이 아니라 외부 사물과 영향을 주고받고 함으로써 존재할 때만이야. 소위 실존(existence)의 문제가 들어가는 거야.(「퓌지스 2」, III, 285~286)

이렇게 퓌지스의 두 계기—생장과 본성—가 만나 보다 성숙한 의미가 형성되었다고 할 수 있다. 퓌지스가 본성을 뜻하면서도 거기에 실존의 맥락이 들어간다는 것은 이 개념이 무척이나 포괄적이고 또 복잡하다는 것을 뜻한다. 'Essentia'와 'existentia'의 대립 이전의 미분화된 개념인 것이다. 이 점에서 소은은 이 개념이 "가장 구체적인 것에서 가장 추상적인 것까지의 모든 과정"을 포괄한다고 말한다. 어떤 것에 대한 "ti esti?"라는 물음에 충분히 답하기 위해서는 그것의 'physis'로 답해야 하는 것은 이 때문이다.[10)]

퓌지스 개념의 이런 발전이 인간존재를 바라보는 시선으로 성숙했을 때 나타난 개념이 '인격'(人格)이다. 인격이란 어떤 추상적인 동일성이 아니라 구체적으로 살아가는 인간에 관련해 성립하지만, 동시에 그런 삶의 과정에서 드러나는 어떤 본질을 가리킨다. 이 인격이란 한 인간에게서 우발적인 요소들을 접어두고서 본질적인 면을 보는 것이지만('nomos'에 대비되는 'physis'), 다른 한편 그 면은 구체적인 발현 속에서만 의미를 가질 수 있다. 그러나 중요한 것은 비본질적인 것들을 솎아내면서 본질에 도달해야 한다는 것이다. 그래야만 역방향의 과정도 순조로울 수 있기 때문이다. 이 본질이 "우리 인간을 존재케 하는 순수한 충족률(充足律), 존재케 하는 그 측면에서 성립하는 인격, 인격성"이다. 소은은 이 퓌지스로서의 인격성을 밑

10) 본성 개념과 생성 개념을 화해시키고 있는 대표적인 개념이 '경향'(tendance) 개념이다. 이 개념은 베르그송에 의해 깊은 철학적 의미를 부여받게 되며(생성존재론의 바탕 위에서 본질을 사유하기), 그 후 브로델을 비롯한 여러 인물들에게서 중요한 역할을 행하게 된다. 헬라어 'physis'가 이미 이런 뉘앙스를 함축하고 있다는 소은의 지적은 매우 큰 의미를 띤다. 그리스의 본질주의 철학에 대한 피상적인 이해를 해체하고 있기 때문이다. 'Dynamis' 개념이 소은의 서구 존재론사 해석에서 중요한 역할을 담당하고 있는 것도 같은 맥락에서 이해된다.

받침으로 하고 있을 때 학문, 정치, 예술, 종교도 보편적 호소력을 갖는다고 본다. 수학에 근거하는 그리스 과학, 유대교의 테두리를 벗어난 기독교, 파르테논 신전의 말[馬], 그리고 개인의 인격성을 최대한 존중하는 정치체제(어떤 체제인지 소은은 명시적으로 말하고 있지 않지만, 헬라스 민주주의를 뜻하는 듯) 등이 그 예로서 열거된다.

소은은 이렇게 헬라스의 사상이 어떻게 가장 구체적인 상황에서 출발해 '본질' 개념을 찾아가는 역사를 보여주는지를 밝히고 있다. 이런 과정의 궁극에서 '존재론'이 성립했던 것이다.

## 군사문화와 헬라스 존재론

철학이 뿌리 두고 있는 것들은 헤아릴 수 없이 많다. 앞에서는 자연이라는 뿌리를 살펴보았다면, 이번에는 헬라스의 사회 구조가 철학에 어떤 영향을 주었는지를 생각해 보자. '사회'라는 말이 포괄할 수 있는 것은 극히 많아 소은의 논의가 다소 소략하다는 느낌이 들지만, 소은이 논한 내용에 한정해서 이 문제를 다루어 보자.

어떤 사회가 담고 있는 무수한 요소들을 실증적으로 검토함으로써 그 사회의 '정신적 구조'를 탐구하는 것(이폴리트 텐의 표현으로는 "영혼의 건축술"을 파악하는 것)을 '역사심리학' 또는 '사회심리학'이라 하며, 소은은 이런 관점에서 문제에 접근하고 있다. 이것은 뒤르켐을 비롯한 '사회 실재론자들'의 입장이기도 하다. 이런 관점에서 접근할 때 그 일차적인 실마리가 되는 것은 언어이다. 한 사회의 정신적 구조를 언어를 실마리로 해서 해명하는 것이 중요하며, 우리의 맥락에서도 헬라스 사회의 정신 구조를 이해하고 그 바탕 위에서 존재론의 탄생을 이해하는 것이 중요하다고 할 수 있다. 아울러 한 사회의 신분 구조, 계급 구조, 직업 구조의 파악 또한 핵심적인 사항들 중 하나이다. 소은은 「희랍 철학의 이면」(III, 355~388)에서 헬라스 사회의 직업 구조에서 논의를 시작해 특히 군사문화(軍事文化)와 철학의 관계를 해명한다.

조르주 뒤메질 등의 연구를 통해 밝혀진 유럽 사회의 직업 구조는 기본적으로 사제, 무사, 생산자로 삼분된다. 이 3분은 플라톤이 『국가』에서 행한 3분과 일치한다. 이것은 고대인들의 삶이 종교적 숭배, 전쟁, 그리고 물질적 삶으로 구성되었음을 시사한다. 사제계층은 문자를 무기로 지배계층을 형성했으며, 무사계층은 무력을 무기로 지배계층을 형성했다. 권력의 이런 이분법은 부르주아사회의 출현에 이르기까지 지속되었다고 할 수 있다. 평민들은 생산자 계층을 이루었다. 그러나 헬라스 사회의 한 특징은 두 지배계층이 대개 한 덩어리를 형성했다는 점이다. '바실레우스'들은 전투만이 아니라 제례도 주관했다. 바실레우스들이 거한 후에 헬라스 사회에서는 종교의 담당자들을 '바실레우스들'이라 불렀다는 사실을 상기하자. 때문에 서구 사회는 근본적으로 무사들의 사회였으며, 헬라스의 바실레우스들로부터 로마의 군벌들을 거쳐 중세의 '기사'들(로마의 'equites' 즉 말 타는 사람들, 전사들에 연결된다)에 이르기까지 무사계층이 사회의 심장부를 차지했다고 볼 수 있다. 중세의 경우에는 사제계층과 무사계층이 두 축을 이루게 된다. 인도의 '크샤트리아' 계층이나 동북아의 '왕후'(王候) 계층—'왕'과 '후' 모두 활과 연관되어 있다—도 마찬가지이다.

이 무사 계층은 전통 사회 최고의 교통수단이었던 말, 모든 기술의 집적체였던 무기들(칼, 창, 활 등)과 전차, 섬유공학의 꽃이었던 갑옷이나 화려한 옷들, 거기에 각종 문화까지 거의 모든 것을 독식했다. 오늘날처럼 각종 '계'(界)들—학계, 정치계, 경제계, 법조계 등등—이 분화되어 있는 세계가 아니었다. 소은은 세계의 모든 인종들 중에서도 서구인들이 특히 맹금류(猛禽類)라는 점을 강조한다.

> 자유라는 게 강자의 세계라는 것을 알아야 해. 희랍 사람, 서양 사람이라는 게 어떤 사람들이냐 하면, 생물 중에서도 인간이 가장 독한 생물인데, 그 인간 중에서도 가장 독종이야. 슈펭글러는 사람을 'Raubtier'(육식수, 맹수)라고 했어. 다른 동물을 잡아먹고 싸우는 동물을 맹수라고 하는데, 서유럽 민족이라는 것은 맹수 중에서도 맹수야. 예전 게르만 민족도 그렇고. […] 자꾸 정복해 들어가는 거야. 그러니까 이건 정복자의 사상이야.(「희랍 철학의 이면」, III, 366~7)

이런 맥락에서 소은은 우리가 흔히 철학적 개념으로 알고 있는 여러 개념들이 어떻게 이런 군사문화에서 유래했는지를 밝혀주고 있다.

가장 쉽게 알 수 있는 것으로는 플라톤이 전사들의 가치로서 내세운 'thymos'이다. 흔히 '기개'(氣慨)로 번역되는 이 말은 『국가』에서는 통치자들의 가치인 'sophia'(지혜) 및 생산자들의 가치인

'epithymia'(욕구)와 대비된다. 시대를 거슬러 올라가면 전사들과 통치자들은 합치하며, 용기(andreia)가 최상의 가치로 인정되는 바실레우스들의 세계를 만난다. 'Thymos'는 독일어로 'Lebenkraft'(생명력), 'Lebenwille'(생명의지), 'Wünsch'(욕구), 'Gemut'(기질), 'Gefühl'(감정), 'Herz'(마음), 'Mut'(용기)로 번역된다. 훗날 니체는 이런 무사-귀족들의 가치를 사제들의 그것에 강렬하게 대비시키기에 이른다.[11]

그러나 시대가 바뀌어 인구가 늘어나게 되고 또 외국과의 대형 전투가 발생하면서 이제 소수의 귀족-무사들만으로는 싸울 수 없는 시대가 도래한다. 보병들의 시대가 도래하고 유명한 '밀집방진'(密集方陣)이 등장하게 된다. 여기에서 가장 중요한 것은 협동정신이며, 그래서 이 경우는 기존의 'thymos'가 아니라 'sōphrosynē'가 등장하게 된다. 훗날 아리스토텔레스에 이르러 '실천적 지혜'로서 이해되는 이 개념의 본래 뜻은 "자기 마음대로 하지 않는 것"이었다. 밀집방진에서 군사들이 제멋대로 한다면 공멸(共滅)할 수밖에 없을 것이다. 양식을 뜻하는 'good sense'나 상식을 뜻하는 'common sense'에서의 'sense'가 원래 방향을 뜻한다는 사실을 상기하는 것도 도움이 될 것 같다.

---

11) 당연히 자유는 지배계층의 특권이었다. 소크라테스의 핵심 가르침인 "네 영혼을 돌보라"라는 말도 원래는 귀족들의 특권을 함축하는 말이었다. 소크라테스의 위대함은 이 가치를 만인의 것으로서(적어도 희랍인들 일반의 가치로서) 주장했다는 점에 있다. 로마인들의 'otium'(여가, 여유)도 같은 맥락에서 이해된다. 미셸 푸코의 『주체의 해석학』(심세광 옮김, 동문선, 2007)을 참조.

다음으로 등장하는 것은 'agora'와 'isonomia'이다. 전쟁을 하면 반드시 전리품이 생기고, 전사들 사이에서 전리품을 사이에 둔 싸움이 벌어진다. 『일리아스』에 나오는 싸움들, 예컨대 미인을 사이에 놓고서 벌어진 아가멤논과 아킬레우스의 싸움, 아킬레우스의 무장(武裝)을 사이에 놓고서 벌어진 아이작스와 오뒤세우스의 싸움 등을 상기하면 될 것 같다. 이렇게 전리품을 놓고서 나누어 갖거나 싸움을 벌인 장소가 '아고라'(라틴어의 'arena')이다. 이 아고라를 통해서 권리 주장, 토론, 논쟁, 설득 같은 '로고스'가 생겨났고, 또 함께 싸웠기에 함께 나누어 가지자는 'isonomia'(평등) 같은 개념도 생겨났다고 할 수 있다. 이런 과정을 통해 귀족사회가 점차 평민사회로 넘어가게 된다. 또 그런 과정을 통해서 'kosmos'(질서. 라틴어 'ordo')[12]라든가 'harmonia'(조화), 'dikaion'(정의로움) 등의 개념도 생겨나기에 이른다.

아울러 'res publica' 개념 또한 중요하다. 폴리스(국가)와 오이코스(가정)는 분명하게 구분된다. '효'(孝)를 최상의 가치로 쳤던 동북아의 농경사회와 대조적으로 서구는 폴리스 중심적이다. 서구인들의 추상적 사고는 이에서 연원한다.

---

12) 이 말은 원래 전투에서 가장 중요한 것들 중 하나인 '전선'(戰線)/'전열'(戰列)을 뜻했다. 역시 질서를 뜻하는 희랍어 'taxis' 또한 본래 전선/전열을 뜻했다. 이와 통하는 희랍어 'tassō'는 명령을 내림을 뜻하며, 이 또한 본래 전선/전열과 관계가 있었다. 소은은 이렇게 서구 문화란 본래 군사문화이며, 서구적 질서, 규칙성, 정확성, …의 밑바탕에는 이런 전통이 깔려 있다고 파악한다. 아울러 소은은 일본 역시 이런 식의 문화를 보여준다고 보며, 그것은 일본 사회가 본래 사무라이 사회였기 때문임을 지적한다. 아닌 게 아니라 일본의 정원, 요리, 디자인, …의 그 "칼 같은" 날카로움을 생각해 보라.

> 군대는 추상적인 인간이야. 추상적인 공간이 나와야 돼. 그것이 나오지 않으면 군대가 안 나와. […] 군대라고 하는 것은 내가 특수한 개인이기 때문에 가지고 있는 모든 것은 다 빠져나가버려. 그리고 무엇만 남느냐 하면 국가라고 하는 것만 남아. 국가라고 하는 것은 내 것도 아니고 네 것도 아니고, 그 누구의 것도 아니야. 요컨대 '공적인 것'이야. 공적인 것이 서양 사람의 아주 중요한 사상이지.(「희랍 철학의 이면」, III, 374~375)

이런 '공적인 것'의 사고는 플라톤의 'politeia'에서 극단적으로 표현된 바 있다. 물론 소은은 인간의 사적인 측면(남녀관계, 가정, 사유재산, 신체, … 등)은 결코 온전히 공공화될 수 없다고 보며, 플라톤 국가론의 문제점도 이런 측면을 너무 무시한 데에 있다고 본다. 인간에게는 사회적 측면과 개인적 측면이 언제나 공존해 있다고 보는 것이다.

아울러 왜 헬라스에서 기하학이 나올 수 있었는가 하는 물음도 지금의 맥락에서 해명된다. 군사적 사고를 통해서 추상공간의 개념을 일찍이 형성할 수 있었던 헬라스 인들은 다른 곳에서는 볼 수 없는 추상적 기하학을 발달시킬 수 있었다. 이런 사고는 항해술의 발달과도 밀접한 관련을 가진다. 바다에는 육지에 존재하는 각종 차이들이 존재하지 않는다. "한번 바다로 나가면 국적이 없어진다. 인종의 차이가 없어진다. 거기서는 풍파를 만나면 서로 도와주어야 한다. 사해동포주의적 사고가 나온다."(「희랍 철학의 이면」, III, 380) 기하학과 항해술은 서로 맞물려 발달했을 것이다. 그리고 항해술에는 당연히 천문학이 큰 역할을 하기 때문에 기하학과 천문학의 상관성도 이런 맥락에서 자라나왔을 것이다.

더불어 화폐 또한 이런 추상적 사고를 반영한다. 서로 비교하기 힘든 사물들을 숫자화해서 화폐로 환원시키는 사고는 반드시 일정 수준 이상의 추상적 사고를 전제한다. 화폐의 발달은 사물들의 세계를 숫자들의 세계로 모두 번역해버리는 사고를 전제하는 것이다. 경제적인 의미에서의 이런 추상성은 정치적인 면에서는 법의 추상성과 연계되어 있다. 로마인들이 자랑했던 법은 이런 추상적 사고를 전제한다. 법이란 인간사의 매 경우를 다룰 수는 없으며 반드시 일정 정도 이상의 추상성을 담지해야 한다. 이런 추상성 또한 군대문화를 통해 길러졌을 것이다.

이상 헬라스에 있어 'thymos', 'sōphrosynē', 'agora', 'isonomia', 'politeia'('res publica') 같은 주요 개념들의 형성, 그리고 기하학, 항해술(과 천문학), 화폐, 법 등의 발달을 헬라스의, 더 넓게는 서구의 군사문화, 군사적 사고를 통해 해명했다. 물론 사회를 구성하는 요소들은 무수히 많고 또 복잡하기 이를 데 없이 얽혀 있어 그중 하나를 원인 삼아서 다른 것들을 설명하는 방식은 여러 허점들을 내포하기 마련이다. 그러나 소은은 일단 헬라스의 군사문화가 그 사회의 다른 요소들, 심지어 과학적-철학적 측면들에까지 어떤 심대한 영향을 끼쳤는지를 인상 깊게 보여주고 있는 것이다. 앞으로 보다 풍부한 논의가 진행되어야겠지만, 소은의 작업을 그 길잡이로 삼을 수 있을 것이다.

서구적 정신이 이렇게 군사적 사고에 깊이 침윤(浸潤)되어 있다면, 그런 맥락에서 전쟁을 이야기하지 않을 수는 없을 것이다. 아닌 게 아니라 소은은 전쟁에 대해서도 상당량의 지면을 할애하고 있다.

## 전쟁과 헬라스 존재론

전통 사회에서 왕의 등극은 시간에 매듭을 주곤 했다. 전통 사회는 매우 긴 통시적 시간보다는 왕들의 출현에 의해 꺾어지는 시간의 매듭들에 예민했다. 매우 긴 시간은 한 왕조의 시간이었고, 그보다 짧은 시간은 한 왕조에 있어 각각의 왕이 통치한 기간이었다. 이런 왕조의 전통을 가지고 있지 않은 헬라스 사회는 어떤 사건을 통해서 시간의 지도리를 체험했을까. 바로 전쟁이라는 사건이었다.

다른 문명들에서도 그렇듯이, 헬라스 인들에게 삶에 있어 가장 큰 사건은 전쟁이었다. 전쟁은 과거와 미래를 날카롭게 가르는 현재였다. 전쟁을 지배하는 것은 죽음이다. 패배하는 경우는 물론이고 승리하는 경우에도 그 대가는 죽음이다. 'Homo bellicus'(전쟁하는 인간)는 'homo mortalis'(죽을 운명의 인간)인 것이다. 죽음은 무(無)를 뜻하며, 따라서 전쟁은 허무주의를 가져온다. 헬라스의 철학이 허무주의의 극복으로부터 탄생했다는 점은 잘 알려져 있거니와, 이 허무주의란 바로 전쟁과 뗄 수 없이 연결되어 있다. 이 허무주의의 극복은 한편으로는 실천철학을 통해서 다른 한편으로는 형이상학을 통해서 이루어진다.

전쟁, 죽음, 허무주의는 모두 '단절'과 관련이 깊다. 기존에 사람들을 묶어 주던 'nomos'는 무너지고 사회는 나사 풀린 기계처럼 덜그럭거린다. 이제 정의는 "강자의 이익"이 되어버린다. 이 세상에 확실한 것은 아무것도 없다는 허무주의, 회의주의, 상대주의가 팽배하게 된다. 각자의 주관만 있을 뿐 사람들을 묶어줄 객관성은 어디에도 없다. 세대 차이가 심해져 시간에는 깊은 이질감의 골들이 파인다. 개인들 사이도 와해되지만 각각의 개인 자신들도 와해된다. 몸이 관련되는 객관적 현실과 영혼의 깊은 내면 사이에 메우기 힘든 간극이 자리 잡는다. 사람들의 마음에는 식욕과 성욕만이 남아 있게 된다. 투퀴디데스의 『펠로폰네소스 전쟁사』에서 우리는 전쟁이 인간을 어떻게 바꾸어 놓는가에 대한 처절한 진실을 만날 수 있다.

소은은 플라톤의 철학이 바로 이런 상황의 타개를 위해 출현한 철학이라고 생각한다. 상기설이 대표적이다. 우선 상기설은 인식론적 맥락을 갖는다. 플라톤은 현실에서 인식을 위한 어떤 객관적인 기준도 발견할 수 없을 때 '대화'를 통해서 객관성을 찾아갈 것을 역설하게 된다. 그리고 메논의 시동이 기하학적 문제 풀이를 따라갈 수 있다는 사실을 중요한 논거로 삼아 인식의 선험적 성격을 강조하기에 이른다. 이 상기설은 『테아이테토스』에 등장하는 산파술과도 밀접한 관련을 띤다. 또 특히 타인의 말이나 사회의 규범이 권위를 가지지 못할 때 사람들은 자신의 내면 깊숙이에서 작동하고 있는 영혼을 발견해야 한다. 거기에서 신체와 갈등을 일으키면서 와해되어 있던 영혼을 비로소 발견하게 되고 드디어 인식 가능성을 확보하기에 이른다. 영혼이 상실되었던 스스로를 되찾게 되는 것이다. "소크라테스적 대화"가 무지의 자각을 바탕으로 행해질 수밖에 없고, 또 대화가 결국에는 기존의 진리를 전달해 주기보다는 스스로가 스스로의 내면에서 진리를 끌어내는 과정일 수밖에 없는 소이가 여기에 있다.

그러나 상기설은 좀 더 깊은 존재론적 함의를 띤다. 그것은 상대주의, 회의주의를 넘어 존재론적 허무주의에 대한 대응이라고 할 수 있다. "존재와 무" 같은 심각한 문제를 고민하는 것은 전쟁을 겪어 보지 않은 사람들에게는 흔한 일이 아니다. 전쟁의 허무 속에서, 절대적인 단절 앞에서 사람들은 "존재냐 무냐"라는 심각한 'entweder-oder'의 물음 앞에 직면한다. 엘레아학파에서 가장 극단적으로 나타나는 헬라스 철학의 기본 성격, 즉 감성적인 세계를 허무로 보는 것("이건 꿈이야!"), 절대 존재만을 인정하는 것, 감성적 세계에 대한 인식을 'broton doxa'(소멸해버릴 통념)로 보는 것, 여기에는 생성하는 현실의 것들은 모두 허무하다는 깊은 상실감에 배어 있다. 플라톤의 상기설 역시 이와 궤를 같이한다.

절대 단절은 존재와 무 사이에서 성립한다. 이것은 절대 모순의 경지이며, 때문에 이 모순을 넘어선다는 것은 "끊은 것을 넘어선다, 연속성으로써 넘어선다"는 것을 뜻한다. 이런 연속성을 제공하는 것이 아페이론이며, 아페이론이 절대 단절을 넘어 존재의 연속성을 가져온다(이것은 뒤에서 논할 "방황하는 원인"에 연결된다).

> 모순은 "이것은 존재고 이것은 무"라고 하면 거기서 딱 끊어져. 타협이 없어. 비약이야. 그 끊어진 것을 넘어서려면 연속성이 나와야 해. 제3자란 말이야. 연속성은 동시에 다 주어지지 않기 때문에, 운동 과정으로만 주어져. 연속성으로서의 운동 과정이란 타자성이야.

타자성이란 A가 있으면 B, B에 대한 C, C에 대한 D, 그런 식으로 무제한하게 가. 타자성의 특징은 항상 연속적으로 나올 수 있다는 가능성이야.(「플라톤과 전쟁」, III, 188)

이런 논리를 통해서 플라톤은 이 세상과 저 세상을 잇는다. 플라톤에게서 존재에서 무로 또는 무에서 존재로의 비약은 성립하지 않는다. 이런 논리는 기독교의 논리이다.[13] 삶과 죽음은 일자에서 타자로 넘어가고 타자에서 일자로 넘어오는 과정일 뿐이다. 이것은 윤회설의 세련화라고도 볼 수 있을 것이다. 삶과 죽음을 절대 단절로 보지 않기 때문에 내가 어떻게 삶을 살았는가는 저 세상의 나에 영향을 주고, 저 세상의 내가 이 세상으로 넘어왔을 때에도 이런 영향관계는 지속된다. 말하자면 '윤리적 인과'(ethical causality)라 하겠다.

전쟁은 또 플라톤의 정치철학에도 깊이 배어 있다. 전쟁은 한 개인을 무력하게 만든다. 군인이 아닌 사람들의 경우에 그런 무력감은 절정에 달한다. 자기 힘으로 어떤 것도 할 수 없는 상황 앞에서 실존의 절망은 극에 달한다. 아테네 같은 민주주의 사회에서는 더욱 그렇다. "민주적 사회의 특징은 전쟁의 충격을 개인이 받아서 각각 자기가 해소하는 것을 요구하는 사회"이기 때문이다. 플라톤의 『국가』편

13) "기독교에서는 있는 것이 없는 것으로 간다는 허무주의는 없는 것이 있는 것으로 간다는 그 역기능에 의해서만 완전하게 사라진다고 생각하더라. 그것이 원상복귀야. 기독교에서는 그것을 '부활'이라고 해. '부'(復)자는 원상복귀의 '복'(復)자하고 똑같은 글자야. 원상복귀한다는데 허무주의고 뭐고 없어. 그런데 그것이 학문의 세계에서 성립하나? 성립하지 않아."(「플라톤과 전쟁」, III, 190)

에 나타난 강한 국가론은 이런 배경하에서 탄생할 수 있었다. 국가의 지도자는 민중을 "구제해 주고, 보존해 주고, 보호해 주고, 도와주는 사람"이어야 하는 것이다. 이런 강력한 지도자 상은 잘 알려져 있다시피 '철인-치자들' 사상으로 구체화된다. 소은은 이런 식의 강한 국가관과 지도자관은 바로 전쟁이 불러일으킨 무정부 상태를 배경으로 한다고 말한다. 내일을 보장할 수 없는 삶, 완전히 무너진 신용, 언제 배반—죽음을 가져오는 소름끼치는 배반—을 할지 모르는 타인들, … 이런 상황을 전제하지 않는다면 플라톤이 왜 그토록 강고한 국가론과 지도자론을 펼쳤는지를 알 수가 없다.

이상과 같이 소은은 식물, 군사문화, 전쟁 같은 헬라스적 문맥들을 밝혀 드러냄으로써 헬라스 존재론의 씨앗들을 밝혀내고 있다. 이는 소은 사유의 중요한 공헌들 중 하나이며, 우리는 소은의 이런 작업을 다른 요소들(헬라스의 건축술, 의복, 남녀관계, 놀이문화, 교육체계, 다른 동물들과의 관계, 농사 기구들 등등)로 확장해서 발전시켜 나가야 할 것이다. 이런 작업은 서구 존재론사의 요람을 잘 이해하기 위해 필수적이며, 특히 서구 존재론의 기초 개념들의 역사적-문화적 뿌리를 이해하는 일은 흥미롭고도 긴요한 작업이라 하겠다.

## 3절 · 동일성의 의미

지금까지 우리는 헬라스 존재론의 성립 배경과 그 뿌리를 보았다. 철학이 전-철학과 어떻게 구분되는지를 생각해 보았고, 또 식물, 군사문화, 전쟁 같은 "가장 구체적인, 비추상적인 상태"가 헬라스 존재론과 어떻게 연계되어 있는가를 보았다.

이제 우리가 논할 것은 헬라스의 본격적인 존재론, "영혼이 자기 자신을 찾아낸" 경지가 구체적으로 어떤 것인지 하는 것이다. 앞에서 추상성, 보편성, 심층적 파악 등의 개념들로 언급했던 헬라스 존재론의 고유한 성취를 이제 좀 더 자세하게 들여다볼 차례이다.

앞에서도 다루었지만, 소은은 헬라스 문화에서 세 가지 종류의 지식을 읽어낸다. 첫 번째 지식은 경험적 지식이다. 이 경험적 지식은 흔히 'historia'로 불렸으며, 오늘날의 역사에 해당한다. 이것은 이오니아에서 탄생한 지식으로서, 무엇인가를 직접 보거나 아니면 본 사람의 이야기를 들음으로써 성립한다. 헤로도토스의 『역사』로부터 투퀴디데스의 『펠로폰네소스 전쟁사』로 이행하면서 역사적 지식이 세련되게 다듬어졌다고 할 수 있다. 오늘날의 '정보' 개념도 이에 해당한다.

두 번째 지식은 기술적 지식이다. 이것은 무엇인가를 '할 줄' 아는 것을 뜻한다. 수영할 줄 아는 것, 말 탈 줄 아는 것, 더 나아가 수영을 가르칠 줄 알고 말타기를 가르칠 줄 아는 것 등이 이에 해당한다. 이것은 대상을 실제 조작해 보고 그 조작을 통해서 지식을 검증하는 경우이다. 소은은 이런 종류의 지식은 "행위와 지식이 미분된 단계"에서 중요하다고 말한다. 이 점에서 이 지식은 순수 이론지가 아니라 실천지에 해당한다. 의학 같은 지식이 대표적이라 할 수 있다. 의학에서는 이론보다는 사람을 낫게 해 주는 것이 중요하기 때문이다.

세 번째 지식은 논증적 지식이다. 대표적인 것이 에우클레이데스 기하학이다. 이 경우 증명의 근거가 외부에 있지 않고 그 지식의 내부에 있으므로 앞의 두 지식과 구분된다. 즉, 기하학이란 내적인 정합성을 생명으로 하는 지식이다. 에우클레이데스 공간은 장소들로 구성된 현실공간이 아닌 추상공간이다. 따라서 그 속에서 모든 도형들은 오로지 그 자체로서만 존재한다. 하나의 삼각형은 세 개의 변과 세 개의 각으로 이루어져 있다는 사실과 그것의 형태 자체가 논리적으로 함축하는 성질들(예컨대 에우클레이데스의 명제 32인 "세 각의 합은 180°이다")만을 가진다. 여기에 원점을 둘 경우 이 공간은 어떤 절대적 규정성을 가지기 시작한다. 원점이 모든 것의 시작이다. 거기에 좌표축이 주어질 경우, 도형들의 위치를 절대적으로 비교할 근거가 주어진다. 게다가 측정 단위가 주어질 경우, 도형들은 위치만이 아니라 크기를 갖추게 되어 현실공간을 기하학적으로 파악할 준비를 마치게 된다. 기하학은 이렇게 점차 현실공간에 가까워지면서 응용되지만, 에우클레이데스 기하학 자체는 응용 기하학이 아니다.

에우클레이데스 기하학에서는 한 삼각형이 어떤 장소[위치]에 있거나[있든] 동일한 삼각형으로 있으며, 또 그 삼각형이 공간 이동을 하여도 동일한 삼각형으로 있다. 즉, 에우클레이데스 기하학적 공간에서는 무수히 많은 위치에 무수히 많은 동일한 삼각형이 있을 수 있고, 또한 그 삼각형들이 공간 이동을 하여 위치를 옮긴다 하더라도 그것에 관계없이 동일한 삼각형으로 있다. 그러므로 위치를 달리하는 무수히 많은 삼각형이 공간 이동을 하여 합동이 되고 하나가 될 수 있다. 이 하나의 삼각형은 연장성(延長性)이 빠진 공간에서 유별된 종(eidos)으로서의 삼각형이며 측량될 수 없다.(「희랍 철학 소고」, I, 31. 인용자 강조)

여기에서 '합동' 개념이 에우클레이데스 공간의 성격을 잘 보여주며(예컨대 에우클레이데스의 명제 4는 "만일 한 삼각형의 두 변 및 그 사잇각이 다른 삼각형의 두 변 및 그 사잇각과 같으면, 그 두 삼각형은 합동"임을 말하고 있다), 측량 가능성이 빠진다는 것 또한 중요하다("눈금 없는 자"를 둘러싼 수학사적 논쟁들을 상기). 이 공간 안에서 기하학적 진리는 순수하게 내적으로 성립한다.[14)]

---

14) "이 삼각형에는 다른 모든 것으로부터 구별되고 삼각형에만 고유한 규정이 있을 수 있다. 이 규정은 밖에서 얻어지지 않고 그 속에 있다. 왜냐하면 종이 된 삼각형은 다른 모든 종으로서의 도형으로부터 완전히 구별되어 있고 그것의 규정은 하나의 전체로 통일되어 있기 때문이다. 이 규정이 삼각형의 정의에 나타난다. 퓌타고라스 정리의 증명은 측량에 의거하지 않고 직각 삼각형의 정의에서 필연적으로 도출된다. 정의에서 결과를 도출하는 증명은 근거와 결과가 하나로 연결됨으로써 통일된 전체로서 한 번에 직관되도록 하는 작업이다. 곧, 엄밀한 논증의 성립은 도형이 합동이 되어 하나가 되고 일의적인 정의가 내려질 수 있음에 기인한다."(「희랍 철학 소고」, I, 31~32)

경험적 지식, 기술적 지식, 논증적 지식을 이어 존재론이 성립한다. 존재론도 논증적 지식이지만 기하학과 다른 성격의 논증적 지식이다.

존재론은 자체의 순수 공간 속에서 성립하는 기하학과 달리 '타자화'의 문제를 다룬다. 타자화를 완벽하게 배제하는, 나아가 기하학적 다자성조차도 배제하는 존재론이 파르메니데스의 존재론이며, 서구 존재론사가 파르메니데스 극복의 역사인 것은 바로 이 때문이다.

다자성이 배제되는 세계는 모든 것이 하나로 수렴되어 합동되어버리는 세계이다. 이런 수렴을 거부하는 것은 '존재' 그 자체에서 배제된다. 배타성의 극치는 모순이며, 모순의 극치는 존재와 무이다. 무는 무이다. 존재는 존재하고, 무는 무이다. 존재와 무야말로 절대 모순을 형성하며, 남은 것은 오로지 절대 존재이다. 이 '영원부동의 일자'의 세계와 달리 기하학의 세계는 다자성을 인정한다. 그 자체로서 성립하는 도형들의 다자성이 기하학의 핵심이다. 여기에서 타자성의 문제가 등장한다. 파르메니데스의 세계에서 타자성은 철저하게 배제된다. 그러나 기하학의 세계에서 각각의 도형들은 타자들로서 성립하며, 이때의 타자성은 순수한 타자성이다. 즉, 각각의 도형들이 모두 자족적으로/즉자적으로 존재한다. 파르메니데스적 일자가 "자체성"을 형성한다면, 에우클레이데스적 다자들은 각각의 "자기동일성"을 형성한다. 훗날 등장하는 엠페도클레스의 사원소, 아낙사고라스의 종자들, 데모크리토스의 원자들, 플라톤과 아리스토텔레스의 형상들도 모두 이런 성격을 띤다. 그러나 기하학의 도형들이 순수 양적 존재들인 데 비해 이 존재들은 질적 존재들이다. 그래서 사원소, 종자들, 원자들 사이에서 질과 양의 문제가 핵심으로 등장하는 것, 흔히 원자론이 이론 물리학의 원형으로 간주되는 것, 플라톤과 아리스토텔레스 사이에서 질료와 형상의 "분리"가 문제가 되는 것 등을 모두 이런 맥락에서 음미해 볼 수 있다. 이 모든 문제들이 자기동일성과 타자성의 문제를 둘러싸고 벌어지고 있다.[15)]

그러나 본격적인 타자성은 생성/변화/운동과 더불어 성립한다.

> 일자가 타자와 관계를 맺으나 일자가 타자에 엉켜서 타자성으로 해체됨이 운동 과정의 기본적 특성인데, 이러한 운동 과정은 단절되고, 고정되고, 비교된다 하더라도 거기에는 완전한 동일함은 없고 비슷함[만]이 있다. 자체성, 자기동일성, 운동의 과정은 무가 아님의 세 방식이다. 그리고 자체성과 자기동일성을 지닌 것은 저마다 일자[파르메니데스의 "一者"와 에우클레이데스의 '일자'들]이므로 존재라고 불리며 타자성에 해체되는 운동 과정과 구별된다.(「희랍 철학 소고」, I, 33)

동일성[16)]에 대한 타자성이 존재하는 곳에서 운동이 존재한다. 운동은 동일성이 계속 와해되는 상태라는 점에서 존재(동일자)도 아

15) 소은 논의의 전체 구도가 자기동일성을 동일자로 놓고 나간다는 사실을 염두에 두자. 이것은 헬라스 사상의 역사가 파르메니데스적 자체성에서 출발했기 때문이다. 때문에 지금의 논의 방향이 필연적인 것은 아니다.

16) 소은의 용어로는 "자기동일적 일자"이다. 이하 소은의 언어를 오늘날 좀 더 익숙한 언어인 '동일자와 타자', '동일성과 타자성'이라는 개념 쌍으로 정리하고자 한다.

니고 무(동일자와 모순된 것)도 아니다. 존재와 무는 절대 단절로서만 관계 맺지만, 운동은 존재와 무의 절대 단절이 허물어지면서 도래하는 연속성을 통해 성립한다. 소은은 이런 연속성의 이면을 결핍으로 포착한다. 동일자로서 빠듯이 채워지는 것도 또 무로서 텅 비워지는 것도 아닌 상태이기 때문에 결핍이다. 소은은 이 결핍을 넘어설 수 있는(동일자가 형성될 수 있는) 두 가지 방식으로서 반복과 보존을 든다. 반복은 개별적 존재들의 고유함을 넘어서서 나타나는 일반성이고 (여기에서의 반복은 시간 속에서의 반복이 아니라 공간적인 반복이다), 보존은 운동의 과정을 거슬러 성립하는 시간적 동일성이다. 반복과 보존의 세계는 운동은 물론 다양성이 허락되지 않는 자체성의 차원도 아니고, 또 모든 것이 타자성으로 완벽하게 해체되는 운동 과정도 아니다.

동일성과 타자성의 문제는 본질과 실존의 문제에 연결된다.

> 자기동일적 존재[동일자]는 타자에 접촉되는 존재이다. 타자에 접촉되는 존재에는 두 부분이 있다. 곧 일자가 타자와 구별되는 부분과 타자와 한계를 같이하는 부분이다. 타자와 구별되는 일자의 부분에는 그것의 고유한 자기동일성적인 내용이 있는데 이 내용이 'essentia'이다. 타자와 한계를 같이하는 일자의 부분에는 타자와의 관계에서 일자의 자기동일성이 확보되는 측면이 있는데 이것이 'existentia'이다. 'essentia'는 일자의 고유한 내용이며 하나밖에 없으나, 'existentia'는 무수히 많은 것과 관계를 맺을 수 있다.(「희랍 철학 소고」, I, 34~35)

자체성(파르메니데스적 '一者')에는 본질이 없다. 본질이란 일자를 타자와 구분되게 만들어 주는 것으로서, '일자'에게는 타자들이 존재하지 않기 때문이다. 물론 실존도 없다. 실존이란 일자가 타자와 관계 맺어 가면서 '우발적'으로 가지게 되는 것들이기 때문이다. 이와 대비적으로 일자들을 연속적으로 타자성으로 해체해 가는 생성/흐름은 본질과 실존의 구분 자체도 해체해버린다. 인식에 관련해서도 똑같이 말할 수 있다. 본질과 실존을 초월하는 자체적 존재는 인식을 초월하며, 본질과 실존의 구별을 해체시키는 운동과정은 인식을 해체한다. 본질과 실존에 대한 유의미한 파악은 이 초월과 해체 사이에서 성립한다.

하나의 존재가 본질의 측면과 실존의 측면을 동시에 가진다 할 때 두 측면 사이의 관계는 무엇인가?

> 'Essentia'와 'existentia'가 어떻게 합일하여 하나가 되는가는 어려운 문제이다. 'Essentia'는 일자의 내용이며 타자로부터 구별됨으로써 이루어지고, 'existentia'는 일자가 타자와 관계 맺음으로써 이루어진다. 따라서 양자는 상반된 성질을 지닌다. 그러나 이 합일에서 한 사물이 'essentia'와 'existentia'로 구별되기 이전의 통일된 즉자적인 존재가 되므로 이 합일을 연구하는 것은 존재를 탐구하는 이론적 학문의 중요한 과제이다.(「희랍 철학 소고」, I, 35)

우리에게 경험적으로 주어지는 것은 실존으로서의 일자들이다. 우리의 경험 자체가 우발적 공간과 시간 속에서 이루어지기 때문이다. 그러나 반복과 보존에 근거해 일자들의 실존과 본질을 구분할 수 있다는 사실이 결정적인 역할을 한다. 이런 근거 위에서 비로소 다와 운동이 있는 세계에서도 엄밀한 학문이 성립할 수 있게 된다. 사물들에 실존의 측면만이 존재한다면 서술만이 가능할 뿐 이론적 학문은 불가능하다. 본질의 측면이 이론적 학문을 가능케 한다. 예컨대 학문적 탐구의 기초인 인과율은 동일성을 전제하지 않으면 성립하지 않는다. 동일한 원인이 동일한 결과를 낳는 데에서 인과율이 성립하기 때문이다.

"모든 이론적 학문은 그 학문의 대상이 지닌 동일성을 다룬다." 물리학, 생물학, 심리학 등등 모든 개별적인 과학들은 이렇게 사물의 본질/동일성의 측면을 다룬다. 세계를 구성하는 동일성들은 각각의 즉자성을 띠고 있기 때문에 유별(類別)될 수 있다. 그래서 매우 다양한 형태의 이론적 학문들이, 즉 개별 과학들이 성립하게 된다. 유별의 맥락은 매우 다양하다. 일례로서 무생명체와 생명체는 유별된다. 예컨대 무생명체의 보존은 그것의 입체성의 지속에 있고 그 반복은 물리적 성질들에서의 반복이지만, 생명체의 보존은 오히려 기존 생명체의 죽음을 통해서 이루어지고 그 반복은 생물학적 성질들(형질들)에서의 반복이다. 개별 과학들 각각의 정체성, 그것들 사이의 관계, 과학 전체의 분류 등은 상당히 어려운 문제이다. 이로부터 존재론의 역할이 성립한다.

존재론은 모종의 근거 위에서 유별된 특정한 동일성을 다루는 개별 과학이 아니라 동일성들의 체계 전체를 다룬다. "개별적 존재를 다루는 이론적 학문은 개별적인 이론적 학이다. 그러나 존재자 일반의 동일성을 다루는 이론적 학문은 이론적 학문 일반의 성립 가능성을 탐구하는 이론적 학문이 되는데, 이러한 학문이 존재론이다."(「희랍 철학 소고」, I, 38~39) 동일성들의 체계 전체를 다루려면 이미 변별되어 있는 체계를 비판적으로 검토해야 한다. 이것은 곧 학문세계 전체의 심층적인 구조를 검토한다는 것을 뜻하며, 존재론은 이런 메타적 작업에서 출발한다. 이런 검토를 통해 동일성들의 전체에 대한 새로운 가설을 제시할 수 있을 때 하나의 독자적인 존재론이 성립하게 된다. 철학사에서 최초로 이런 체계를 수립한 인물이 플라톤이다.

소은은 헬라스 철학의 역사가 바로 이런 존재론 개념의 수립으로 나아간 역사였다고 본다. 탈레스가 만물의 근원을 물로 천명했을 때, 그에게는 아직 이론적 학문 일반이 어떻게 성립하는지에 대한 개념이 없었다. 동일성들을 유별하는 능력이 발달하지 않았던 것이다. 퓌타고라스학파에서도 수의 추상성과 물질성이 혼재되어 있다. 헤라클레이토스 역시 이런 한계를 보여준다. 그에게서는 아직 운동과 정지, 일과 다, 개별자와 법칙, 우연과 필연 등이 구별되어 있지 않다. 추상적인 사유의 선구자로 생각되는 파르메니데스의 경우에도 '일자'는 '존재'이자 동시에 '구'(球)로서 (오늘날의 눈길로 볼 때) 기이하게 표상되고 있다. 엠페도클레스에 이르면 4원소가 구분되기에 이르며, 또 정지하고 있는 사원소와 운동인인 애(愛)·증(憎)이 구분된다. 그러나 이런 구분은 종교 및 신화와 혼재되어 있다. 아낙사고라스에 이르면 사물들을 질적으로 구분하는 능력이 큰 진전을 이루게 된다. 그러나 그에게서도 원리의 차원과 현상의 차원이 명확히 구분되지 못하며, 이것은 원자론의 경우에도 마찬가지이다. 나아가 이 모든 사유들에서 사유 대상과 사유 주체는 공통으로 미분되어 있다. 플라톤에 이르러서야 유별하는 능력이 현대적인 수준에 이르게 된다.[17)]

반복과 보존 같은 동일성들은 타자성으로 해체되지 않을 때에만 동일성으로서 성립한다. 때문에 유별을 무시하는 사유들은 수준 높은 존재론이 될 수 없다.

> 부분을 해체하거나 전체로 환원시키는 전체주의나, 또는 그와 반대로 전체를 부분으로 환원시키거나 또는 단적으로 전체를 해체함도 각 사물의 자기동일성을 근거로 성립하는 이론적 학에서는 성립할 수 없다. 뿐만 아니라 물질 아닌 것을 물질로 환원시키는 유물론이나, 감각 기능만을 중요시하고 다른 인식 기능을 무시하거나 감각으로 해체하는 감각주의, 또는 그와 반대로 감각을 무시하고 이성만을 중요시하는 합리주의는 이론적 학문에서는 성립할 수 없다. 일원론이나 다원론에 대해서도 사정은 동일하며, 말로 상대방을 이기는 것만을 노리는 소피스트의 입장도 이론적 학문의 입장에서는 성립할 수 없다. 소피스트는 말과 대상, 말과 진리, 말과 허위, 말과 이론의 구별을 무시하고 모든 것을 인위적인 말에 환원시킨다.
> 이론적 학문은 "감각은 감각이며, 이성은 이성이며, 물질은 물질이며, 생명은 생명이며, 하나는 하나이며, 다는 다이며, 운동은 운동이며, 정지는 정지이며, 존재는 존재이며, 무는 무이다"라는 원칙, 곧

---

17) 그러나 과연 플라톤이 이런 유별에 온전히 도달했는가는 문제가 될 수 있다. 이정우, 『세계철학사 1: 지중해세계의 철학』, 길, 2011, 6장의 결론 부분을 참조.

> 만유의 어느 것도 해체하지 않는다는 원칙에 서서 사물의 자기동일성을 탐구하고 그것의 한계를 고수하며, 넘어서지 않는다. 한 사물의 자기동일성의 한계를 넘어섬은 곧 타자의 자기동일성의 한계를 침범함이며, 이것은 혼란이 야기되는 원인이다.(「희랍 철학 소고」, I, 42)

이론적 학문에서 가장 중요한 것은 유별과 통합의 결합이다. 예컨대 인간은 물질적 존재이자 생리적 존재이고 또 심리적 존재 등등이다. 이런 변별되는 차원을 구분하지 않고서 하나로 뭉친 상태로 본다거나 어느 한 차원으로 다른 것들을 환원시키는 사유는 아직 성숙한 이론적 학문이 아니다. 따라서 최근까지도 종종 볼 수 있는 각종 형태의 환원주의들은 첨단 과학의 외양을 띠고 있지만 사실상 전(前)플라톤적 담론들에 불과한 독단들이다. 그러나 다른 한편 명확히 변별된 동일성들이 어떻게 결합해서 전체를 이루고 있는가를 설명해 주어야 한다. 예컨대 물질적 인간, 생리적 인간, 심리적 인간 등등이 어떻게 관련되어 인간 전체를 이루는지를 해명해 주어야 하는 것이다. 유별 이전의 사유는 이론에 도달하지 못한 사유이며, 한 차원으로 다른 것들을 환원시키는 사유는 실제로는 개별 과학이면서 존재론 행세를 하는 사이비 존재론이다. 가장 좋은 경우는 유별이 정확히 되어 개별 과학들이 각각의 영역에서 상세한 탐구를 하고, 그런 탐구 결과들의 종합으로서 존재론이 시도되는 일이다. 결국 소은의 사유에서 전과학, 과학, 존재론은 다음과 같은 관계를 맺는다.

전(前)과학: 사물들을 아직 유별해 보지 못하고 뭉친 상태로 본다.

개별 과학들: 사물들의 다양한 동일성들을 명확히 변별해서 영역화하고 각 영역을 상세하게 탐구한다.

존재론: 개별 과학들 전체를 메타적으로 검토하고 동일성들의 총체적 구조를 밝혀낸다.

(사이비 존재론: 개별 과학이면서 존재론 행세를 하려는 과학)

이런 식으로 체계화된 학문을 처음으로 제시한 인물은 아리스토텔레스이다. 그러나 플라톤은 이미 이런 수준에 도달했으며, 소은은 오히려 후자의 철학이 전자보다 좀 더 역동적이고 심층적인 철학이라고 평가한다. 아리스토텔레스는 질료-형상설을 통해 사물을 설명하며, 질료를 형상의 가능태로서 또 형상을 질료의 현실태로서 파악함으로써 유별된 양자를 결합시킨다. 플라톤의 경우 일과 다의 문제는 훨씬 복잡한 형태를 띠고 있으며, 이것은 '사물의 내면적인 구조'의 문제 및 '정의의 성립 가능성의 문제'와도 연관되어 있다.

## 4절 · 충족이유율

헬라스 존재론에서 동일성이 가지는 의미를 살펴본 이제, 어떤 사물의 동일성을 설명한다는 것이 구체적으로 무엇을 뜻하는지 생각해 보자.

동일률, 모순율, 충족이유율(充足理由律)은 서구 존재론의 초입에서 핵심적인 역할을 했으며 지금도 하고 있다. 사물을 추상화해서 보는 능력이 본 궤도에 올랐을 때, 철학자들의 마음을 강렬하게 사로잡았던 개념 쌍은 '존재와 무'였다. 존재와 무야말로 추상화의 극한에서 나타난 근본적인 두 개념이었다.

충족이유율은 "x는 왜 없지 않고 있는가?", "x는 왜 다른 것이 아니고 바로 x인가?"에 대한 답을 형성한다.

충족이유율은 무엇인가가 '무엇'으로서 개별화되어 있음을 전제한다. 아페이론 상태에서는 충족이유율이 성립하지 않는다. 정도의 변화에 의해 지배되는 상황에서는 충족률을 이야기하기 힘들다. 무엇인가가 개별화되어 있다는 것은 곧 어떤 동일성의 존재를 함축하고 그때 충족률에 대한 논의가 가능해진다. 나아가 무엇인가가 그것의 모순을 극복하고서 '존재'할 때 성립한다. 무엇인가가 '존재'할 충족률의 반대는 그것의 '무'라는 모순이다. 철수의 '존재'는 충족률에 의해 설명되고, 철수의 '무'는 모순에 의해 성립한다.[18] 충족률은

"x는 왜 존재할까, 그리고 왜 바로 그렇게 존재할까?"라는 물음에 대한 답으로서 성립하는 것이다. 충족률은 여러 층위에 걸쳐 성립한다. 우리는 '인간'의 존재에 관한 충족률도 논할 수 있다. 이런 층위의 끝에서 우리는 라이프니츠의 물음을 만나게 된다. 충족률의 탐구는 이미 고도의 추상성을 전제한다.

> 그런데 추상화의 극치가 충족률이라 그랬어. 존재와 무로 가. 거기서 존재가 성립할 수 있는 근거를 우리가 충족률이라 그래. 그렇다면 추상화란 것이 무엇이냐? 서로 엉켜 있는 것을 따로따로 떼내어서 내용을 구별하고 그 각각의 자기동일성(identity)이 성립할 수 있는 공간에다 집어넣어 자기동일성이 나와야, 그것을 우리가 추상화한다고 하고, 그 공간을 추상적 공간이라 그래.(「존재의 충족이유율」, III, 317)

여기에서 '추상화'를 설명하기 위해 사용된 "엉켜 있는"이라는 표현은 소은이 즐겨 사용하는 표현이다. 엉켜 있다는 것은 존재들이 자기동일성을 유지하면서 떨어져 존립하는 상태가 아니라 서로 관계 맺으면서, 서로에게 영향을 주면서 변해 가는 상태('synechon' = 'continuum'의 상태)를 말한다. 그것은 곧 운동 또는 과정

18) 사실 여기에는 존재하는 무엇인가는 설명이 되어야 하지만 존재하지 않는 무엇인가가 설명될 필요가 없으며, 없음이 설명되어야 할 경우 그것은 있음과의 모순을 통해서만 설명될 수 있다는 생각이 깔려 있다. 극히 상식적인 대전제이지만, 훗날 베르그송은 이 대전제에 도전하게 된다.

(process)에 다름 아니다. 과정에서는 사물들이 불연속을 통해 구분되지 않으며 연속성을 형성한다. 불연속은 어떤 의미에서든 존재와 무 사이의 단절을 함축한다. 존재와 무가 모순을 형성할 때 연속성은 끊어진다. 따라서 운동(하는 존재들)은 존재도 아니고 무도 아니다. 동일성의 파악은 바로 이 상태를 극복하고 개별자들의 존재(와 무)를 확보하는 일이다. 이것은 곧 존재론적 맥락에서의 '추상공간'의 등장을 뜻한다. 연속적으로 운동하는 현실공간을 넘어서 자기동일적 개별성들을 파악하려면 추상공간을 사유할 수 있어야 한다. 소은은 지금 '분석'(分析)적인 사유의 근간을 가리키고 있다.

이런 추상화의 극치—완벽한 동일성—는 '일자'의 개념이다. 앞에서 자체성, 자기동일성, 운동으로 갔던 과정을 거꾸로 되짚어 보자. 현실세계는 모든 것이 '관계'를 통해서 변해 가는 세계이다. 그래서 일단 거기에서는 동일성도 충족이유율도 성립하지 않는다. 특히 소피스트적 감각주의로서 포착된 세계에서는 그렇다. 현실세계에서는 수학적 대상들도 다른 존재들과 엉켜 있다. 칠판 위에 그린 원은 두께, 색깔, 냄새, …를 가지고 있으며, 칠판이나 백묵의 상태 등과도 엉켜 있다. 여기에서 제2 성질들을 모두 솎아낼 때 기하학적 추상화가 이루어진다. 그리고 다시 거기에서 양적 규정들, 예컨대 눈금 있는 자로 측정되는 길이, 넓이 등을 솎아낸다. 마지막으로 원점을 중심으로 하는 좌표까지 솎아낼 때 에우클레이데스 공간이 도래하며, 거기에서 비로소 '정의'가 가능하게 된다. 이렇게 기하학은 추상화의 극한에서 성립한다. 대수학의 경우 이런 추상화의 극한에서 성립하는 것이 바로 0(제로)이다. 기하학에서 다시 더 추상해서 올라갈 때 파르메니데스적 세계가 등장한다. 경험의 세계를 합리적으로 파악한다는 것은 거기에서 자기동일성을 갖춘 것들을 모두 분류해서 체계화한다는 것을 뜻한다. 이 자기동일성들의 공간을 넘어서 다시 추상화를 감행하면 어떤 종류의 연속성도 끊겨버린 존재와 무의 세계가 등장한다. 여기에서 동일률이 강력하게 작용한다. "있음은 있음이고 없음은 없음이다." 개념적 차원과 현실의 차원이 혼동되는 세계에서는 '없음'은 단지 없음'인' 것만이 아니라 실제 '없다'. 존재는 직관되지만('noein') 무는 직관되지 않는다. 없는 것을 직관할 수는 없다. 존재하는 유일한 것은 오로지 존재인 것, 어떤 형태의 무도 함축하지 않은 것, 오직 자체로서만 존재하는 것, 즉 '영원부동의 일자'이다. 오로지 '일자'의 자기동일성만 존재하는 세계. 이것은 타자성이 완벽하게 배제되는 세계이다.

그러나 이런 식의 동일성은 충족률을 만족시키는 것이라기보다는 차라리 회피한 것이다. 충족률을 찾기 위해서 생성의 세계에서 동일성 쪽으로 올라왔지만, 정상에서 발견하게 된 것은 역설적으로 충족률이 필요 없게 되는 완벽한 동일성의 세계이다. 그래서 다시 내려와야 한다. 충족률이 보다 현실적인 것이 되려면, 즉 다와 운동의 세계에서도 성립하려면 파르메니데스가 극복되어야 했다. 앞에서 말했듯이, 헬라스 철학사는 파르메니데스의 절대 동일성을 극복하고 타자성을 사유한 역사이다.[19] 그리고 타자성의 사유란 무엇보다도 우선 다와 운동의 사유인 것이다.

그러나 파르메니데스의 극복이 엘레아적 사유의 완전한 폐기를 뜻하는 것은 아니다. 절대 생성의 세계로까지 내려오면 다시 충족률은 의미를 잃게 된다. 바로 그렇기 때문에 절대 존재와 절대 생성이라는 이분법 자체를 극복해야 했다. 파르메니데스의 극복은 비-파르메니데스적으로 전개되었다. 서구 존재론은 'kath'hauto on = ens per se'와 더불어 그것의 타자성을 함께 사유하게 된 것이다. 자체적 존재의 충족이유율은 자기원인이다. 그것은 "스스로로부터 존재하는 것"(ens a se)이다. 여기에 타자성(다와 운동)이 도래할 경우, 이제 헬라스 존재론사는 비로소 다자들의 동일성들 및 (뒤에서 이야기할) 운동과정의 동일성을 사유하기에 이른 것이다.[20] 이 과정의 차원은 자기동일성의 차원과는 달리 우연이나 가능성의 범주가 핵심적인 역할을 하는 차원이다. 처음에(서론, 1절) 이야기했던 '뒤나미스' 개념의 중요성을 재음미해 보자. 이 차원에서도 충족률을 논할 수 있어

19) 온갖 형태의 타자성들(차이, 정도, 상황/맥락, …)을 무시하고 동일화의 논리를 구사한 것이 소피스트들의 논박술이다. 소피스트들의 등 뒤에는 늘 파르메니데스가 버티고 있었다. 파르메니데스의 아들인 플라톤이 "친부살해"를 범하지 않을 수 없었던 것은 이 때문이었다.

20) 이것은 현대의 존재론과 어찌 보면 반대의 길을 걸은 것이다. "내가 말한 것 같은 철학이 정상적인 과정(course)을 밟아서 나오려면, 물리적 세계가 있고, 물리적 세계를 정리, 분류하는 이론적인 실증 과학이 나오고, 그리고 그 뒤에 비로소 충족률이 나와야 돼. 그런데 희랍 철학은 반대야. 충족률이 먼저 나왔어. 파르메니데스를 보면, 사물에 대한 분류가 없어. 이러한 사태가 어떤 영향을 미치느냐 하면, 우선 분류를 해서 학문 체계를 다 갖춰 놓고 그것을 넘어설 때에는 충족률이 나오는데, 그렇지 않기 때문에 그것은 말하자면 초월자야. 물론 그것도 동일성의 세계에서 멀리 떨어져 있는 것은 아냐. 동일성을 넘어서는 한계선에서 성립해. 초월적인 존재자지만 넘어서 있기만 하면 우리는 그것이 무엇인지 몰라, 그런 것[은] 규정이 안 돼. 그러니까 동일성이 성립해서 동일성을 넘어서는 그 한계에 즉해서 저쪽은 파르메니데스가 말하는 존재고 이쪽은 분류가 있는 존재야."(「존재의 충족이유율」, III, 322) '일자'에서 출발해서 다자와 운동으로 나아간 고대 존재론과는 달리 현대 존재론은, 들뢰즈가 스피노자를 재구성한 것에서 잘 나타나듯이, 다자와 운동에서 출발해 총체성으로 나아간다. 이것은 과학과 철학의 순서가 뒤바뀌었음을 뜻하기도 한다.

야 비로소 헬라스 존재론은 그 형식에 있어 완성된다.

플라톤의 철학은 충족이유율을 체계적으로 사유한 최초의 경우이다. 그에게서 두 가지 길을 구분할 수 있다. 운동성 자체에는 충족률이 성립할 수 없고, 따라서 운동을 넘어서 영원불변의 형상들을 발견하는 길이다. 이것은 일반적으로 알려져 있는 플라톤이다. 여기에서 운동하는 세계와 영원의 세계의 관계가 문제가 되고 그래서 '관여'(metechein)라든가 '임재'(parousia) 같은 개념들이 등장하게 된다. 그러나 보다 성숙한 플라톤의 길이 존재한다. 그것은 운동성 그 자체에 대해 충족률을 인정하는 길이다. 충족률을 운동 자체에 집어넣음으로써 역설적으로 운동 그 자체가 일종의 동일성을 갖추게 된다. 한 사물의 운동의 충족률을 그 외부에서 구하게 되면 A의 원인은 B, B의 원인은 C, … 하는 식으로 무한 소급을 맞게 된다. 이것을 피하기 위해서는 운동 그 자체에 충족률을 인정할 수밖에 없다. 운동 그 자체에 스스로의 충족률이 내재되어 있다는 것이다.

그러니까 운동의 충족률은 운동 자신의 내부에서 취해야 돼. 그걸 '자기운동'이라고 해. 'Heauton kinoun'(스스로를 움직이는 것). 아까의 'kath'hauto on'(자체 존재)하고 'heauton kinoun'은 맞먹어 들어가. 이것이 획기적인 것이지. 플라톤에서 아주 어려운 대목이지. 이런 것을 우리는 나전어[라틴어]로 'spontanéité', 'sponte sua'(스스로 움직여서), '자발성'이라고 그래. 운동의 충족률. […] 그런 자기운동을 영혼이 가지고 있다고 해. 이 'heauton kinoun', 자기 자신을 움직이는 능력이 생물의 생명이야. 그래서 영혼은 불멸해.(「존재의 충

족이유율」, III, 324)

이것은 동일성 개념이 좀 더 폭넓게 이해될 수 있는 획기적인 계기를 형성한다. 이 대목은 소은의 사유에, 또 본서의 논리 전개에 핵심적인 문제-장이며, '생명' 개념을 풀어 나가는 실마리이다. 우리는 뒤에서 『파이드로스』편을 통해 이 문제를 상세하게 다룰 것이다.

요컨대 헬라스 존재론은 절대 존재와 절대 생성 사이에 충족이유율을 안착시킴으로써 형식상 완성되었다. 파르메니데스의 경우에는 오로지 하나의 동일성만이 견고하게 존립한다. 우리가 뒤에서 특히 『에우튀데모스』편을 통해 확인할 소피스트들의 궤변은 바로 운동과 정도가 지배하는 세계에 이 동일성을 그대로 적용함으로써 성립한다. 때문에 플라톤은 다자의 세계를 분명히 하기 위해 '분할법'(diairesis) 등을 필요로 했으며, 운동의 세계를 분명히 하기 위해 'heauton kinoun'이나 뒤에서 논할 'planōmenē aitia'(방황하는 원인) 등의 논의를 펼친 것이다. 이런 논의들을 통해 플라톤은 파르메니데스적 전체를 운동, 생명, 영혼, 지혜, 이성 등을 포함하는 'pantelōs on'으로서의 전체로 전환시킨다.[21] 충족률은 바로 이 'pantelōs on'으로서의 세계에서 성립해야 하는 것이다. 이 세계에 대한 상세한 논의—사물들의 'aitia'에 대한 논의—는 『티마이오스』, 『필레보스』를 비롯한 후기 저작들에서 펼쳐진다.

21) 이정우, 『신족과 거인족의 투쟁』, 그린비, 2022, 114쪽 이하를 참조.

## 5절·허무주의의 극복

헬라스 존재론의 근간을 살펴본 이제, 한 가지 덧붙일 것은 존재론이라는 담론이 성립하게 된 보다 포괄적인 맥락이다. 이것은 곧 허무주의의 문제와 연관된다.

소은은 헬라스적 허무주의가 무엇보다 우선 전쟁에서 연유했다고 본다. 허무주의는 말 그대로 '허무'(虛無)에 대한 강렬한 감응을 함축하며, 이것은 무엇보다도 우선 삶과 죽음의 모순관계에서 연유한다고 볼 수 있다. 전쟁은 이 모순관계를 그 무엇보다 선명하게 드러낸다. 좀 더 일반적인 맥락에서 볼 때, 인간의 삶은 그 자체 모순의 극복 과정으로 구성된다. 인간은 "자기 내부에 어떤 모순된 것이 들어 있어서" 그러한 모순과 싸우면서 살아간다. 한 인간의 성숙은 모순과의 투쟁 과정을 통해 이루어지는 것이다. 죽음은 이런 모순의 극한적 형태이다. 개체로서의 죽음을 피할 길 없는 인간은 자신의 분신—자연적 분신으로서의 후손들과 문화적 분신으로서의 업적들—을 후대에 남김으로써 다시 모순을 극복한다. 전쟁은 이런 과정마저 불가능하게 만들며, 죽음이라는 모순을 극한적으로 드러낸다. 전쟁터에서 인간은 가장 적나라한 'entweder-oder' 앞에 서게 된다. 헬라스 존재론은 허무주의와 뗄 수 없는 관계를 맺고 있다.

헬라스적 허무주의와 그것에 동반되는 회의주의, 상대주의는 고르기아스에 의해 극적으로 표현되었다. "아무것도 존재하지 않는다. 존재한다 해도 알 수가 없다. 알 수 있다 해도 전달할 수가 없다." 여기에서 "아무것도 존재하지 않는다"는 언표는 두 가지 또는 세 가지 경우를 가리킬 수 있다. 첫째, 절대 무의 허무주의. 아무것도 존재하지 않는 허무의 상태. 둘째, 절대 생성. 이는 사실상 무와도 같다. 이 경우 오로지 절대적 흐름(flux)만 있을 뿐 사실상 아무-것도-없는 것과 같기 때문이다. 셋째, 파르메니데스적 일자의 상태. 이 또한 사실상 일종의 무라고 할 수 있다. 거기에서도 다와 운동은 존재하지 않고 사실상 아무-일도-일어나지-않는 무의 상태와 진배없기 때문이다. 예컨대 생식질의 존속을 주장하는 바이스만 등의 주장이, 그것이 일면 플라톤적 동일자의 발견을 함축하고 있음에도, 어떤 면에서는 '허무'하게 느껴지는 것은 거기에서는 어떤 새로운 생성도 불가능하기 때문이다. 절대 무의 상태, 단적인 생성의 상태, 그리고 어떤 면에서 보면 단적인 '存在'의 상태, 이 모두가 '허무한' 상태이다.

소은은 고르기아스의 허무주의를 단적인 허무의 주장으로 보고 있으나(「플라톤과 허무주의 극복」, III, 137), 이것은 다소 의아하다. 고르기아스의 허무주의는 생성론적 허무주의로 봐야 하기 때문이다. 소피스트들의 허무주의는 그들의 감각주의적 인식론에서 도출된다고 볼 수 있으며, 역사적으로는 자연철학자들의 본질주의를 겨냥하고 있다. 어쨌든 단적인 무를 주장하는 허무주의는 당연히 자기모순적이다. 절대 허무를 주장하고 있는 사람은 존재한다. 보다 중요한 것은 파르메니데스적 일자의 극복과 절대 생성의 극복이다. 이미 보았듯이, 이 양극의 극복으로부터 헬라스 존재론의 기본 형식이 완성된다. 일자의 극복 즉 '친부살해'에 대해서는 뒤로 미루고, 여기에서는 소피스트적 허무주의, 회의주의, 상대주의의 극복을 통해 어떻게 헬라스 존재론이 확고하게 자리 잡게 되는지를 보자.

이 문제를 소은은 우선 인식론적 관점에서 접근한다. 만일 우리가 인식할 수 있는 것이 우리의 감각을 통해 순간순간 확인되는, 그러나 계속 변해 가기 때문에 거기에서 어떤 불변의 것도 발견할 수 없는 'sense-data'뿐이라면, 우리에게는 회의주의와 상대주의만이 남게 되며, 그 존재론적 짝으로서 허무주의만이 남게 된다. 때문에 무엇보다 인식의 객관성을 확보하는 것이 중요하다.

이를 위해서는 우선 인식 주체 자신이 동일성을 유지해야 한다. 플라톤은 인식 주체를 건강한 사람과 병든 사람과 잘못된 사람으로 삼분한다. 눈이 침침하면 사물을 잘못 보고, 귀가 어두우면 소리를 잘못 듣는다. 그러나 이것은 영혼에서도 마찬가지이다. 영혼 역시 자신의 건강을 유지할 수 있을 때에만 인식 주체로서의 동일성을 유지할 수 있다.

> 건강한 사람의 인식은 무엇이냐는 것을 따져야 돼. 영혼이 해. 산파술이란 게 뭐냐 하면 영혼의 기능이야. 『테아이테토스』편에서 하는 얘기가 인식은 인식한다고 해서 외부 대상에 대해 영향을 끼치지는 않는다는 거야. 그러면서도 그 내용이 우리에게 들어와서 그대로 있다가 다시 외부로 그 대상을 찾아가서 일치해. 그동안 하나도 안 변해. 변해버리면 인식이라고 하지 않아. 변해버리면 재인이 되지 않으니까. 그것은 물질 현상과 달라. 물질 현상과 거꾸로 가. 물

질 현상은 연결이 되면 반드시 어떤 영향을 받게 마련이야. 그러니까 인식의 대상은 내가 인식하나 안 하나 언제나 같은 것으로 있어야 돼. 그러니까 'on'이란 말, 존재라는 말을 써.(「플라톤과 허무주의 극복」, III, 139~140)

인식 현상은 단순한 물리적 메커니즘으로부터 벗어날 때에만 성립한다. 물리적 메커니즘에서는 인식 '주체'의 동일성은 확보되지 않는다. 물리적인 운동 속에서는 인식 주체는 존립할 수 없기 때문이다. 물질은 전적으로 수동적 존재로서 물리 메커니즘에 따라 변해 가지만, 인식 주체는 능동성을 그 핵심으로 하며 물리적 운동 과정에서 스스로를 보존하거나 능동적으로 변화시킴으로써 인식 '주체'가 된다. 감각작용만으로는 인식이 불가능한 것은 감각작용은 물리적 메커니즘의 수준에서 충분히 벗어나지 못하기 때문이다. 지각, 기억, 상상, 개념화, 추론 같은 좀 더 심층적인 차원들을 확보해야만 비로소 인식 주체의 동일성도 확보되는 것이다. 이런 주체만이 자기 자신의 내면과 자신이 인식하는 외부 대상을 명확히 구분할 수 있고, 그 대상을 그것 자체로서 인식할 수 있다.[22] 동일성을 갖추지 못하거나 내면을 대상에 투사하는 단계에서는 본격적인 인식이 불가능한 것이다. 앞에서 이야기했던, 영혼이 자기 자신을 발견해 간 과정으로서

22) 그러나 이런 인식은 감각을 사용해서 대상을 확인하는 과정을 필수적으로 요청한다. 때문에 감각을 배제하는 인식론이 아니라 감각의 변덕스러움을 영혼이 통어(通御)하는 인식론이 요청된다. 영혼이 감각을 통어하지 못할 때 앞에서 언급한 병든 사람이나 잘못된 사람이 되고 인식은 불가능하게 된다.

의 헬라스 철학사를 다시 한 번 음미해 볼 수 있다.

이렇게 자기 자신의 동일성에 도달한 인식 주체에게 인식된 대상, 즉 그 자체로서 인식된 대상이 '사유물'(noēton)이다. 순수한 이성의 활동(noēsis)에 의해 파악되는 것이 'noēton'인 것이다. 플라톤은 자기동일성을 갖춘 이 인식 대상을 '형상'(idea/eidos)이라 부르고 있다. 이 형상이 곧 "참된 존재"(ontōs on)이며, 이것이야말로 감각의 대상물인 '감각물'(aisthēton) 또는 "움직이는 존재"(pheromenon on)를 넘어서는 진실재(眞實在)이다. 플라톤의 철학은 이렇게 소피스트들의 감각주의를 넘어서는 인식 기능으로서 'nous', 보다 넓게는 'logos'를 제시하고, 또 그 존재론적 짝으로서 'noēton' 즉 형상을 제시함으로써 허무주의를 극복할 수 있었다. 여기에 이 인식 능력을 모든 사람들이 공유하고 있다는 점이 증명되어야 비로소 허무주의와 회의주의만이 아니라 상대주의까지도 넘어설 수 있으며, 이를 위해서 '상기설'이 제시된다고 할 수 있다.

결국 "아무것도 존재하지 않는다. 존재한다 해도 알 수가 없다. 알 수 있다 해도 전달할 길이 없다"는 고르기아스의 테제에 대해 플라톤은 이렇게 답한 것이다. "형상들이 존재한다. 우리의 이성을 통해 이 형상들을 알 수 있다. 그리고 우리 모두는 이 이성을 공유한다." 이로써 허무주의가 극복된 위대한 철학체계가 모습을 드러내게 되며, 이 사유의 빛은 니체와 베르그송의 생성존재론이 등장해 그것을 바래게 만들 때까지, 그러나 어떤 면에서는 그 이후까지도 끊어지지 않고 있다.

그러나 허무주의를 극복하는 또 하나의 길이 있다. 앞에서 충족률이 운동에까지 적용됨으로써 비로소 본격적인 존재론이 가능했음을 논했다. 운동에 충족률을 인정한다는 것은 그것이 연속적이라고 해서, 아페이론이라고 해서 부정하지는 않음을 뜻한다. 오히려 존재와 무가 단적으로 대립하는 경우에는 모순밖에는 존재하지 않는다. 연속성을 통해서 이런 단적인 'entweder-oder'의 상태가 극복될 수 있는 것이다.

> 무한정자는 모순으로 빠지는 것을 방해하는[막아주는] 방파제야. […] [운동하는] 연속성이라는 것은 동시에 주어지는 것이 아니야. 항상 과정으로서만 주어져. 한 번에 주어지지 않아. 그러니까 연속성에는 항상 과정이 들어가. 과정이나 연속성이나 철학적으로 보면 똑같은 것의 양면이야. 그런데 과정은 그 자체 연속성의 원인으로서 한정되어(definite) 있지 않기 때문에 한정적인 것의 보충을 받아야 되는데, 그렇게 보충해 주는 것이 형상과 제작자(dēmiourgos)야. 다시 말하자면 무한정자 속에서 드러나는 한에 있어서만 존재가 드러나고 그럼으로써 모순은 극복된다는 말이야. […] 그러니까 정적인 측면에서 보면 무한정자는 존재를 분열시키는 원인이 되지만, 동적인 측면에서 보면 모순을 극복하는 방파제야. 제삼자야. 밖에 있어.(「플라톤과 허무주의 극복」, III, 148. 인용자 강조)

이러한 연속성은 시공간 속에서 나타난다. 때문에 학문적 담론들은 시공간 속에서 나타나는 데이터의 연속성에 충실할 것을 기본 전제로 한다. 이런 데이터에서 비약해/초월해 나아갈 때 종교가 성립한다. 앞에서 논한 플라톤의 두 길에서 전자의 길이 종교적인 길이다. 이 길에는 운동이라는 현실로부터의 비약이 함축되어 있다. 그러나 여기에서 다시 비약할 경우 기독교가 성립한다. 여기에서는 "creatio ex nihilo"(무로부터의 창조)라는 교설이 등장하게 되고, 철학을 위한 전제들이 파기된다. 이것은 논증이나 검증이 불가능한 교설이며 따라서 "도그마"(믿음)의 대상이다. 물론 이 믿음을 위한 최소한의 인식론적 뒷받침은 필요하다. 그러나 기독교적 교설들에 대한 인식은 철학적으로 논증/검증하기가 불가능하다. 그래서 인식론에서도 비약이 요청된다. 그것은 바로 "계시"라는 개념으로서 나타난다. 기독교적 진리/실재는 곧 계시를 통해 얻게 되는 것이다. 그리고 이런 존재론과 인식론을 공유하는 "신국"(神國)의 존재를 통해서 "형제들과 자매들" 사이의 소통이 가능하게 된다.

고르기아스의 테제에 대해 기독교는 이렇게 답한다. "신의 섭리에 의한 창조가 존재한다. 우리는 그것을 계시(나 은총)에 의해 알 수 있다. 신의 나라에서는 모든 형제들, 자매들이 이 진리를 공유한다." 허무주의를 극복하기 위한 서구의 전통 철학은 이렇게 소크라테스-플라톤의 길과 예수(와 바울)의 길을 두 핵심적인 길로서 제시했다고 할 수 있다.

# 2부
# 플라톤의 존재론

# 2장

# 소피스트들, 소크라테스, '아레테'

플라톤을 이야기하기 위한 땅고르기가 마무리되었고 이제 본격적으로 플라톤의 사유세계로 들어간다. 플라톤의 사유세계는 일반적으로 알려져 있는 것 이상으로 거대하고 근본적이다. 본격적인 현대가 도래하기 이전의 서구 사유, 나아가 서구 문명은 공자가 동북아 사유/문명에 끼친 영향만큼이나 큰 영향을 플라톤으로부터 받고 있다. 소은 사유의 본령은 플라톤이다. 우리는 소은의 플라톤을 읽음으로써 서구 사상사 전체, 나아가 서구 문명사 전체를 읽어낼 확고한 기반을 가지게 된다. 소은과 더불어 플라톤의 사유세계를 한 걸음씩 터득해 보자.

플라톤의 대화편들에 대한 소은의 글들 중 우선 「『프로타고라스』편에 대한 분석」(I, 52~85)을 보자. 비교적 평이한 이 글에서 소은은 소크라테스와 덕의 문제가 잘 다루어져 있는 『프로타고라스』의 논제들을 분석한다.

## 1절 · '소피스트'란 누구인가?

철학자의 강연을 듣기 위해 새벽에 문을 두드리다니. '철학'의 의미가 지금과는 사뭇 달랐다 해도 말이다. 가수의 공연이나 할리우드 영화 또는 스포츠 경기를 위해 줄을 서는 현대 한국인과 소피스트(지혜로운 자)와의 만남에 가슴 설레는 고대 헬라스 인 사이에는 동해와 지중해 사이의 거리만큼이나 먼 거리가 놓여 있는 듯하다. 전자가 일반 대중의 경우이고 후자가 일부 교양인 집단의 경우인 것이 사실이지만, 그런 점을 고려해도 그 거리가 온전히 좁혀지지는 않을 것 같다. 어떤 집단의 '민족성'으로 그 집단의 행위를 설명하는 것은 이미 낡은 관점이 되었다. 하지만 고대 헬라스 인들의 호학(好學) 앞에서는 이 의구심 나는 개념을 다시 떠올리게 된다. 어떤 맥락에서 형성되었건 학문에 대한 고대 헬라스 지식인들의 열정에는 존경스러운 점이 있다. 이 점은 "나는 페르시아의 왕이 되기보다는 단 하나라도 원인 규명(aitiologia)을 해내고 싶다"는 데모크리토스의 말에 압축되어 있다. 『프로타고라스』는 이 고대 헬라스적 호학을 극명하게 보여주면서 시작된다.

플라톤의 많은 대화편들이 그렇듯이, 이 대화편 역시 '액자 형식'을 취하고 있다. 플라톤에 의해 본격화된 액자 형식의 글쓰기는 어떤 긴 이야기를 통째로 외워서 들려주는 이야기꾼을 상기시킨다.

소크라테스는 자신의 빈약한 기억력을 능청스럽게 호소하고 있지만(『프로타고라스』, 334d), 그의 압도적인 지적 능력을 가능케 한 하나의 요건은 바로 그의 놀라운 기억력이었을 것이다. 문자의 기록이 극히 희귀했을, 로고스가 늘 현존(現存)의 장에서 빛을 발했을 그 당시이기에 말이다. 『프로타고라스』는 액자 형식을 통해서 소크라테스의 경험을, 그와 프로타고라스의 흥미진진하면서도 예민하고 까다로운 만남을 들려주고 있다.

히포크라테스가 그의 출현으로 말미암아 꼭두새벽에 소크라테스를 깨우게 된, 그리고 자신의 돈이나 심지어 친구의 돈까지 빌려 써버려서라도 그에게 배우고 싶다고 고백하게 된 이 인물, 프로타고라스라는 인물(더 넓게 말해 소피스트들), 이 사람은 도대체 어떤 사람이었을까? 어떤 사람(들)이길래 히포크라테스로 하여금 다음같이 원망조로 호소하게 만들고, 또 소크라테스로 하여금 그 말을 받아 빈정거리게 만드는 것일까?

> 히포크라테스　예, 신들께 맹세코 소크라테스, 그는 자신만 지혜를 품고 있으려 할 뿐 내게는 나눠 주지 않는다니까요.
>
> 소크라테스　제우스에게 맹세하네만, 그에게 돈을 좀 드리고서 설득해 보게. 그는 자네도 지혜롭게 만들어 줄 걸세.
>
> (『프로타고라스』, 310d)

우리는 '지혜'(sophia)라는 것이 극도로 대접받는 사회를 목도하고 있다. 아무리 그 지혜가 주로 정치 연설이나 재판정에서의 변론을 위한 것이었다 해도 말이다.

지혜를 '가르친다'는 것, 여기에 초점을 맞추고서 보아야 한다. 지혜는 과연 가르치고 배울 수 있는 것일까? 히포크라테스는 그렇게 생각하고 있는 것 같다.

그런데 지혜가 가르치고 배울 수 있는 것이라 할 때, 그 가르침이 과연 돈—단순한 감사의 표시가 아니라, 히포크라테스가 시사하듯이 막대한 금액—을 받고 파는 상품 같은 것이 될 수 있는가? 소크라테스의 비난조의 말은 이 점을 겨냥하는 듯하다.

지혜, 가르침, 돈, 여기에 소피스트들과 소크라테스를 둘러싼 어떤 복잡한 이야기의 복선이 깔려 있다. 그래서 대화편은 아직 이들의 만남이 벌어지기도 전에 "소피스트란 어떤 존재인가?"라는 물음을 둘러싸고서 전개된다. 따라서 이 대화편에서 소피스트들을 둘러싼 물음은 두 단계에 걸쳐 전개된다. 프로타고라스를 만나기 이전과 프로타고라스를 만난 이후의 두 단계.

무엇인가를 배우고 그 대가를 지불하는 것은 보편적인 인간사이다. 의사가 되기 위해 코스의 히포크라테스 같은 유명한 의사에게 배우고, 조각가가 되기 위해 폴리클레이토스나 페이디아스에게 배운다. 그래서 소크라테스는 히포크라테스에게 묻는다: 프로타고라스에게 수업료를 내면서 정확히 무엇을 배우려 하는가, 그래서 무엇이 되려 하는가? 그렇다. 당연히 소피스트술을 배워 소피스트가 되려는 것이다. 그렇다면 소피스트가 된다는 것은 도대체 무엇을 뜻할까?

소피스트에게 배우는 것은 어떤 직업적 지식은 아니다. 희랍어

선생, 음악 선생,… 등에게서 배우는 것이 직업 교육이 아니듯이 말이다(물론 이들에게 배워 이들의 직업을 바로 이어받고자 하는 경우는 이야기가 다르겠지만). 소피스트에게 배우는 것은 문법이라든가 음악 같은 것들로서 이른바 '교양'(paideia)이다. 소크라테스는 바로 이 때문에 경계의 말을 발한다. 소피스트에게 교양교육을 받는다는 것은 그로서는 그 교육받는 학생의 영혼에 관련되는 문제이기 때문이다. "네 영혼을 돌보라"라는 말을 평생의 모토로 삼았던 그에게(『알키비아데스』, 128b 이하) 교양교육 즉 영혼의 교육은 무엇보다 중차대한 일이고, 그래서 누군가가 소크라테스 자신이 의심쩍은 지식인으로 생각했던 소피스트들을 찾아간다면 그로서는 가만있을 수 있는 일은 아니었기에 말이다. 그는 이렇게 묻는다. "자네는 자신의 영혼 돌보기를 소피스트라 불리는 사람에게 맡기려는군 그래. 그런데 도대체 소피스트라는 사람은 어떤 사람인가. 설마 자네의 영혼을 맡기려는 사람이 어떤 사람인지, 그가 좋은 이인지 나쁜 이인지 모르고서 그렇게 하는 것은 아니겠지?"(『프로타고라스』, 311c) 소크라테스의 이런 우려에 대해 히포크라테스는 소피스트란 뛰어난 언어를 구사하는 법을 가르쳐 준다고 답한다. 그렇다면 소피스트들은 도대체 무엇에 관해서 뛰어난 언어를 구사하는 것일까? 소피스트들이 가르쳐 준다는 지식은 도대체 어떤 지식일까? 히포크라테스는 여기에서 말문이 막힌다. 그는 소피스트들의 뛰어난 언변이라는 이미지를 가지고 있지만, 그 이미지가 책임져야 할 실상(實相)이 무엇인지에 대해서는 명확한 개념을 가지고 있지 못하다.

우리는 뒤에서 바로 이 물음에 대해 프로타고라스가 직접 답하는 현장을 맞닥뜨리게 될 것이다. 그러나 우선 히포크라테스를 책망하는 소크라테스의 말부터 들어보자. 소크라테스는 여기에서 훗날 『소피스테스』에서 상세히 논의될 '소피스트 분류'를 간단히 언급하는데, 그 핵심은 소피스트를 일종의 문화상품, 영혼상품 판매자로 보는 것이다. 소피스트들이 가르쳐 준다는 지식이 진정한 지식이기보다는 상품일 뿐이라는 말은 일종의 수사적 표현일 수 있겠지만, 우리는 『에우튀데모스』에서 그 실질적인 예들을 보게 될 것이다. 어쨌든 소크라테스에게 소피스트란 타향에서 온 이방인들로서 "영혼을 겨냥하는 상품들을 팔러 다니는 사람"이다.(『프로타고라스』, 313c) 소크라테스는 아직 프로타고라스를 만나기 이전이기 때문에 자신에게는 적어도 그렇게 "보인다"(phainetai)고 말하고 있다.

소은은 이 대목을 참된 인식의 사전 절차인 '정화'와 관련시킨다. 소크라테스의 책망은 "히포크라테스의 영혼을 무지와 수치로부터 정화한다는 윤리적 성격을 띠고 있다. 즉 소크라테스는 히포크라테스의 잘못된 판단에 기인한 동기를 제거하고, 히포크라테스의 영혼을 정화하는 카운슬러의 역할을 하고 있다. […] 즉, 스스로 안다고 생각하는 사람에게 대화를 통하여 그 견해(doxa)를 조사하고 그 말을 한군데로 모아 동일한 대상에 관하여 동시에 동일한 관점에서 모순에 빠지게 한다.[1] 그렇게 함으로써 스스로 안다고 생각하는 사람

---

1) 『파이드로스』편은 이 방식을 이데아론으로 연결시켜 세련되게 다듬어내고 있다. '모음'(synagōgē)의 방식은 이미 나왔듯이 "여러 군데 흩어져 있는 것들을 하나의 이데아로 모아서 봄으로써"(265d) 논의의 대상을 분명히 하고 명확히 정의하기 위한 방법이다. 그래야만 분명하고 일관된 논의가 가능해진다.

으로 하여금 그 무지를 자각하도록 한다. […] 이러한 정신위생학적인 대화는 행동의 동기가 지식을 따르는 데에 그 설 자리가 마련된다. 영혼이 행복해지려면 올바른 용기와 정열이 필요하지만 이는 올바른 행위의 동기에서 나와야 한다. 그리고 올바른 행위의 동기는 올바른 지적 기능의 안내를 받을 때 가능하다."(「『프로타고라스』편에 대한 분석」, I, 57~60) 여기에는 소크라테스의 과업의 핵심이 정확하게 포착되어 있다.

### '파이데이아'의 의미

그러나 사실 우리는 아직 만나지도 않은 사람에 대한 소크라테스의 일방적인 폄하를 접하고 있다. 그렇다면 그런 폄하의 대상이 되고 있는 당사자는 스스로를 즉 '소피스트'라는 존재를 어떻게 이해하고 있을까? 그 자신의 이야기를 들어봐야 논의가 균형을 잡을 수 있을 것이다. 칼리아스의 집에서 프로타고라스는 소크라테스에게 무엇을 말했을까?

그가 가는 곳이라면 어디든 따르는 열성 당원들을 거느린 채 프로타고라스가 아테네로 오자 다양한 소피스트들이 한곳에 모이게 되는데, 그 광경이 자못 위풍당당하다. 플라톤의 대화편에 등장하는 웬만한 사람들이 총집합한 것을 보면 프로타고라스의 위상이 얼마나 컸는지를 짐작할 수 있다. 소크라테스를 만난 프로타고라스는 그에게 자신이 생각하는 소피스트란 어떤 존재인지를 말한다. 그는 '소피스트술'(sophistikē technē)을 매우 오래된 것으로 파악한다. 이것은 그가 자신의 직업이 매우 오래된 어떤 전통의 연장선상에 있을 뿐 신종의 직업으로 보고 있지 않음을 뜻한다. 그렇다면 왜 '소피스트술'은 최근에야 나타난 것으로 오해받고 있는가. 그것은 소피스트들이 "사람들의 적개심을 피하기 위해서 여러 종류의 가면을 통해서 자신들을 위장해 왔기"(『프로타고라스』, 316d) 때문이다. 호메로스, 헤시오도스, 시모니데스 등은 시인으로, 오르페우스와 그의 교단에 관련되는 무사이오이들은 예언자로, 아가토클레스, 퓌토클레이데스는 음악가로, 타라스와 이코스는 체육선생으로 스스로를 위장했으며, 유명한 소피스트인 헤로디고스 등도 자신들의 본색(本色)을 가려 왔던 것이다. 그러나 프로타고라스 자신은 어떤가. 그는 스스로를 당당하게 공중에 밝혔고, 그러나 그 때문에 어떤 해도 입지 않았다. 그러면서 그는 누구라도 자신의 가르침을 받게 된다면 당장에라도 좀 더 지혜로운 자가 되리라 단언한다.

소피스트술이 매우 오래되었다는 프로타고라스의 말은 무엇을 뜻할까? 소은은 이렇게 설명한다. "본래 sophos(현명하다)라는 말은 사물을 지적으로 다루는 데 유능한 사람을 뜻한다. 그 속에는 손재주가 있는 사람(cheirosophos)이란 말이 뜻하듯이, 기술적 지식에서 뛰어난 사람도 포함되며, 7현인의 경우처럼 윤리적 지혜에 뛰어난 사람도 포함되고, 또 사물의 진상을 다루는 데 뛰어난 사람도 포함된다."(「『프로타고라스』편에 대한 분석」, I, 64) 이로써 우리는 소피스트술이 고래로부터 전문가, 지식인, 현인, 기술자 등을 고루 뜻하는 넓은 개념이었음을 알 수 있다.

그렇다면 기존의 "소피스트들"이 스스로를 위장했다는 말은 무엇을 뜻할까. "[그들은] 실은 인간교육을 목표로 삼았으나 그러한 교육을 은폐하기 위하여 전문적인 기술인 시, 음악, 종교적 예식, 체육 등을 내세웠음에 반해, 프로타고라스 자신은 당당히 공개적으로 자유인이 배우는 교육, 즉 인간의 영혼의 전체적인 능력을 발휘하게 하는 교육을 베푸는 사람이라는 것이다. 이렇게 프로타고라스는 그 이전의 시인, 종교가, 체육가 등에게 안하무인격으로 도도한 자세를 취했는데 […]."(「『프로타고라스』편에 대한 분석」, I, 63)

그러나 소은의 설명으로는 이해되지 않는 점이 남는다. 도대체 '인간교육'의 무엇이 문제여서 그렇게 많은 사람들이 스스로를 위장해야 했을까? 그리고 무슨 이유로 프로타고라스는 자신의 지식이 '전문 지식'이 아니라 '교양교육'이라는 것을 자랑하듯이 말하고, 또 그것을 공중에게 떳떳하게 밝힌다는 점을 분명히 하고, 또 그로써 아무런 해도 입지 않았다는 것을 확인하고 있는 것일까? 여기에는 뭔가 예민하고 간과할 수 없는 점이 숨어 있는 듯하다. 플라톤 자신도 또 소은도 별다른 설명을 제공하고 있지 않은 이것은 도대체 무엇일까?

우리는 이 점을 헬라스의 역사—특히 정치사—에서 찾을 수 있다. 소은이 "인간교육"이라 표현한 것은 'paideia'임이 틀림없다. 고대에 이 교양교육은 결코 오늘날의 의미에서의 교양교육이 아니었다. 그것은 귀족들이 자신들을 평민들과 부르디외적 뉘앙스에서 변별하기(discriminate) 위해서, 두 집단 사이에 차이를 두기 위해서(differentiate) 실시했던 교육이었다. '아레테'라는 것 역시 모든 사람이 갖추어야 하는 어떤 것이 아니라 귀족들이 갖추어야 할 고유의 가치였다. 그것은 "거리의 파토스"(니체)에서 나온 구별 짓기의 대표적인 행위였다. 고대의 '현자들'(소피스트들)이란 바로 이런 귀족정치와 투쟁하면서 민주주의로 나아가는 과정에서 등장했던 문화적 혁명가들이 아니었을까. 그래서 이들의 소피스트술 즉 파이데이아는 혁명적 맥락을 띠고 있었고, 이 때문에 이들은 본색을 감추고서 자신들의 교육을 전문 교육으로 위장했던 것이다.[2)]

그러나 이제 프로타고라스의 시대에 이르러 귀족정치는 무너졌으며 이에 따라 파이데이아와 아레테 역시 귀족들의 특권이 아니라 일반적인 '인간교육'으로 자리 잡기 시작했고, 그런 맥락에서 바로 이 새로운 교양교육을 담당하게 된 새로운 뉘앙스에서의 '소피스트들'이 등장하기 시작한 것이다. 이들에 이르러 비로소 '인간교육'은 공적인 것이 되었고 따라서 핍박의 대상에서 벗어나기에 이른 것이다. 프로타고라스는 바로 자신을 이러한 흐름의 선두에 위치시키고 있다. 그리고 이는 사실이다. 그렇다면 앞에서 언급한 "사람들의 적개심"은 사실은 '귀족들의 경계'였다 해야 하리라.

흔히 소피스트들은 "궤변론자들"로서 폄하되지만, 사실 이런 종류의 사람들이 등장한 것 자체가 커다란 역사적 발전이었다는 사실을 잊으면 곤란하다. 소피스트들 '이후'의 소크라테스와 플라톤의

2) 귀족들은 전문교육은 용인했던 것으로 보인다. 인간교육이 사람들의 영혼을 바꾸어 놓음으로써(이는 뒤에서 중요하게 다루어진다) '의식화'를 행할 것인 데 반해, 전문교육은 그럴 위험이 없고 또 자신들에게도 필요한 것이기 때문이었다. 이것은 진시황이 사상서들은 불태우되 실용서들은 남겨 놓았던 것과 같은 맥락이다.

비판만이 아니라 그 '이전'에 관련해 이들이 가지는 정치적 의의도 함께 음미해 보아야 한다. 그러나 본래는 긍정적이었던 이런 흐름이 새롭게 형성된 퇴폐적 흐름을 타면서 급기야는 파이데이아를 일종의 장사판으로 만들었고, 당대 소피스트들에 대한 소크라테스/플라톤의 비판은 바로 이런 맥락에서 탄생한 것이다.

바로 이런 정치사적 맥락에서 우리는 프로타고라스의 드높은 자의식을 이해할 수 있다. 그리고 바로 이런 맥락에서만 소크라테스가 왜 뒤이어 덕의 교육 가능성에 대한 물음을 던지는가를 이해할 수 있다.

## 아레테는 가르칠 수 있는 것인가?

이 물음은 바로 아레테가 귀족의 타고난 힘(Macht) 또는 귀족만이 배울 수 있는 힘[3]이 아니라 만인이 마땅히 갖추어야 할 무엇—한 인간으로서의 뛰어남, 그리고 특정한 분야에서의 뛰어남이 아니라 '영혼의 뛰어남'—이라는 대전제 위에서 나올 수 있는 물음이다. 그리고 바로 이런 교육을 자임(自任)했던 것이 다름 아닌 당대의 소피스트들이었다. 바로 그렇기 때문에 소크라테스는 정곡을 찔러 묻

3) 아레테라는 말은 원래 힘을 뜻했다. 이 말의 라틴어 'virtus' 역시 마찬가지이며, 이 말은 힘을 뜻하는 'vis' 및 남자를 뜻하는 'vir'와 통한다. 한자어 '德'—원래 '悳'으로 썼다—역시 그 본래 의미는 힘이었다는 사실은 우리의 맥락에서 시사적이다.

고 있는 것이다. 아레테는 가르칠 수 있는 것이냐고.

물론 소크라테스 자신은 이런 교육 가능성을 확고하게 믿고 있다. 젊은이들의 영혼을 바꾸어 놓는 데 평생을 바친 그가 아닌가. 따라서 소은은 이런 소크라테스의 물음은 일종의 "유도 작전"임을 지적한다. 소피스트들과 소크라테스는 어쨌든 동업자들이다. 그래서 소크라테스는 타인들이 보기에 그의 대(大)선배라 할 수 있을 프로타고라스로 하여금 그 자신도 하고 싶은 어떤 이야기를 하도록 유도하고 있는 것이다. 사실 아레테는 가르치기 힘들다. 뛰어난 인간인 페리클레스도 자식의 영혼을 바꾸어 놓지는 못하지 않았는가. 한 인간이 타인에게 음악을 가르칠 수 있고, 수학을 가르칠 수 있고, 경영학을 가르칠 수 있다. 그러나 과연 아레테, 즉 인간적 뛰어남, 영혼의 뛰어남을 가르칠 수 있을까? 만일 가르칠 수 있다면, 이 진정한 의미에서의 '파이데이아'는 과연 어떻게 가능할까?

소크라테스의 물음에 프로타고라스는 신화를 끌어들여 답한다. 왜 신화일까? 귀족들의 타파를 전제하는 덕성교육을 근거 짓기 위해 왜 귀족들의 담론인 신화를 인용하는가? 적의 무기로 적을 공격하기. 플라톤은 귀족들의 무기인 신화를 활용해서 오히려 그 본래의 맥락을 바꾸어 놓고 있는 것이 아닐까? 적의 생각을 오히려 적을 공격하는 데 활용하고 있는 것이 아닐까? 그리고 어쨌든 당대에 이미 신화는 얄궂게도 헬라스의 교양과목으로 자리 잡고 있었기에!

어쨌든 프로타고라스는 유려한 일장 연설을 통해서 신들이 인간에게 준 선물들을 설파한다. 프로메테우스는 우선 인간에게 기술을(entechnon sophian) 그리고 더불어 기술의 작동 조건인 불을 선사

했다. 이 기술과 불이 생존의 기본 조건이다. 그러나 인간은 자연 속에서 생존하는 것만으로는 삶을 영위할 수 없다. 그래서 제우스는 인간에게 사리분별과 정의로움을(aidō te kai dikēn) 주었다. 이로써 인간이 폴리스를 이루고서 살아갈 수 있기에 이르렀다. 인간이 갖추고 있는 능력들에 대한 이런 신화적 설명의 끝에서 프로타고라스는 소크라테스의 물음에 답한다. 제우스는 사리분별 능력과 정의 능력을 모든 인간에게 골고루 나누어 주었다는 것이다.[4] 신들은 전문 능력의 경우 특정한 사람들에게 배분했다. 어떤 사람에게는 의사의 능력을, 어떤 사람에게는 목수의 능력을, 어떤 사람에게는 광대의 능력을. 그러나 분별력과 정의에 대한 판단력은 모든 사람이 갖춘 보편적 능력인 것이다. "이에 반해서[전문 영역들에 반해서] 정치적 덕성에 관련된 경우, 정의와 절제/사리분별에 관한 논의의 경우, 누구에게나 기회를 주어야 하겠지. 폴리스에서 살고 있는 사람이라면 누구나 이런 덕성을 공유하고 있다고 보아야 하지 않을까?"(『프로타고라스』, 322e~323a) 이것은 대다수의 사람들이 타인의 어떤 행동이 옳은지 그른지를 판단할 수 있다는 사실을 볼 때에도 확인된다. 데카르트의 말처럼 "세상에서 가장 공평하게 분배되어 있는 것이 바로 양식(bon sens)"인 것이다.(『방법서설』, I) 바로 그렇기 때문에 전문교육과 교양

4) 인간의 능력들(human faculties)이 어디에 근거하는가는 고래로 철학자들의 관심이 되어 왔다. 지적 능력(지각, 기억, 상상, 추론 등), 윤리적 능력(도덕적 판단 능력 등), 심미적 능력(아름다움을 느낄 줄 아는 능력 등)의 유래에 대한 이론은 크게 본유설(本有說)과 진화론이 있거니와, 여기에서 플라톤은 신화를 빌려 와 본유설을 설파하고 있다. 아울러 덕성에 관한 한 능력의 보편성을 강조하고 있다.

교육이 구분되며, 교양교육이란 바로 인간이 보편적으로 갖추고 있는 영혼에 대한 교육이다. 그리고 결국 그런 교양교육을 담당하는 것은 바로 프로타고라스 자신을 포함한 소피스트들인 것이다.

그러나 이렇게 신들이 선물한 능력들이 가르침을 필요로 하지 않을 정도로 현실적인 것들은 아니다. 실제 사람들을 관찰해 보면 사리분별과 정의로움에 있어 모두 다른 층차를 보임을 확인할 수 있다. 이것은 신들이 인간에게 선물한 것이 잠재적인 덕성들이지 현실적인 덕성들은 아니라는 사실을 뜻한다. 사람들은 선천적인 것과 후천적인 것을 분명히 구분할 줄 알지 않은가? 누군가가 신체적 결함이 있다고 해서 비난하거나, 반면 그르게 행동했는데도 그럴 수밖에 없다고 용인하지는 않는다. 이것은 곧 덕성이란 잠재적으로 주어진 것이긴 하지만, 열심히 노력해서 현실화해야 할 것이라는 점 또한 분명히 보여준다. 그리고 바로 그렇기 때문에 '교육'이라는 것이 필요한 것이 아니겠는가. 독서, 예능, 체육 같은 교양교육들, 그리고 가정과 사회가 행하는 인성교육이라는 것이 바로 이런 것이 아닌가. 다만 덕성의 교육을 행하는 능력은 사람마다 달라서, 훌륭한 아버지라 해서 꼭 그 자식을 훌륭하게 키울 수 있는 것은 아니다. 때문에 다른 전문교육에 전문가들이 존재하듯이 교양교육에도 전문가들이 존재한다. 사람마다 잠재적 덕성은 갖추고 있지만 그것을 현실화하기 위해서는 교육을 받아야 하고 그런 교육에 능한 사람들이 따로 있는 것이다. 바로 프로타고라스 자신을 포함한 소피스트들이 그런 사람인 것이다. 그런 소중한 교육을 실시하고 그에 적절한 보수를 받는다면 그것은 충분히 정당한 일이 아니겠는가.

이렇게 프로타고라스는 '덕의 본유성과 보편성',[5] 그럼에도 필수적으로 요구되는 '교양교육', 그리고 그런 교육에서의 '소피스트들의 역할'을 역설하면서 긴 연설을 끝낸다. 여기에서 우리는 "덕은 가르칠 수 있는가?"라는 소크라테스의 물음에 대한 당대 최고 소피스트의 답변을 볼 수 있다.

---

5) 덕의 본유성과 보편성은 소크라테스가 메논에게 '상기설'을 설파하면서 "온 자연이 동족관계에 있고 또한 혼은 모든 것을 배웠으므로"(『메논』, 81c~d)라고 말하는 데에서도 잘 드러나고 있다.

## 2절 · 덕은 하나인가 여럿인가?

프로타고라스의 유려한 강연에 경의를 표하면서 소크라테스는 사태를 좀 더 치밀하게 분석해 보기를 원한다. 겉으로 보기에는 그럴듯하지만 세밀하게 분석하기 시작하면 무너져 내리는 이야기들을 자주 볼 수 있기에 말이다. 소크라테스가 제시하는 물음은 이것이다: "덕은 하나의 전체이며 정의, 지혜, 경건은 그것의 부분들일 뿐인가, 아니면 이 덕들은 하나의 동일한 덕을 상이하게 부르는 이름들일 뿐인가?"(『프로타고라스』, 329c~d)

현상적으로 본다면 덕은 분명 여럿이다. 그러나 그 모든 것들이 '덕'이라 불린다는 점에서 그것들은 하나이기도 하다. 그러나 여기에서 "하나이다"라는 말은 정확히 무슨 뜻일까? 덕은 오로지 하나일 뿐인데 그 하나가 여러 얼굴로 나타나는 것일까? 아니면 덕이란 여러 덕들의 집합체인 것일까? 프로타고라스는 일단 후자로 길을 잡는다. 다시 문제가 발생한다. 덕이 집합체라면 그것은 등질적인 집합체인가 다질적인 집합체인가? 프로타고라스는 후자로 길을 잡는다. 눈, 코, 귀, 입 등이 얼굴의 부분이듯이 지혜, 절제, 경건, 정의 등등은 덕의 부분들이라고 할 수 있다. 우리는 여기에서 하나와 여럿의 문제 및 등질적 여럿과 다질적 여럿의 문제를 만나고 있다.[6]

다시 좀 더 어려운 문제가 제기된다. 덕이 집합체라면 개별 덕들은 모두 함께 움직이는가, 아니면 따로 움직이는 경우도 있는가? 전자의 경우라면 덕이란 하나의 동일성을 갖춘 실재이고, 후자의 경우라면 좀 더 유명론적으로 이해되어야 하는 셈이다. 전자의 경우 덕은 여러 종류가 있지만 어디까지나 하나이고, 후자의 경우 덕이란 단지 여러 덕들을 모아 놓은 것 이상은 아니게 된다. 직관적으로 볼 때, 한 사람의 영혼은 하나이다. 영혼을 매우 복잡하게 생각하기 시작한 것은 현대에 이르러서이다. 한 사람의 영혼은 일단 하나라고 볼 때, 한 사람의 영혼에 내포되어 있는 덕성들이 통일되어 있는가 그렇지 않은가는 중요한 문제이다. 특히 후자가 사실이라면. 소크라테스는 지금 이런 문제의식을 가지고서 문제를 제기하고 있다. 이에 대한 프로타고라스의 답변은 덕성들의 이질성을 강조하는 쪽으로 움직인다. 용기는 있지만 부정의한 사람도 있고, 정의롭기는 하지만 지혜가 없는 사람도 있다. 프로타고라스에 따르면, 덕성들은 각각의 본질을 가지고 있으며 서로 이질적이다. 그래서 덕은 다질적이다.

프로타고라스의 이런 생각에 반해서 소크라테스는 덕성들의 통일성을 강조하려 한다. 소크라테스가 볼 때, 덕은 다질적이지만 통일적이다. 예컨대 그는 경건함과 정의로움은 동일하거나 유사하다고 말한다. 이 대목에서 부정(negation)의 문제가 함축적으로 다루어진다. 경건함은 정의로움이 아니다. 정의로움은 경건함이 아니다. 그런

6) 'Homogeneity'와 'heterogeneity'는 다자의 맥락에서는 '동질성'(同質性)과 '이질성'(異質性)으로, 일자의 맥락에서는 '등질성'(等質性)과 '다질성'(多質性)으로 변별해서 번역할 수 있다. 지금 소크라테스의 논의는 덕을 여러 덕성들의 집합체로 보고 있기 때문에, 문제가 되는 것은 등질성(금 덩어리와 금 조각들의 관계)과 다질성(얼굴과 눈, 코, 귀, …의 문제)이다.

데도 소크라테스는 두 덕성을 일치시키려 한다. 프로타고라스는 소크라테스의 고집에 마지못해 찬성하지만, 두 사람이 제시하는 근거들은 사실 서로 빗나가고 있다. 백과 흑, 딱딱함과 부드러움 같은 대립자들이 어떤 면에서는 유사하다고 말하지만, 이것은 동일성/유사성의 문제가 아니라 단지 그것들이 색이라든가 경도(硬度) 같은 한 개념에서의 정도를 뜻하는 것일 뿐이기 때문이다. 따라서 프로타고라스가 경건함과 정의로움의 동일성 내지 유사성을 마지못해 인정했다 하더라도 그 인정의 이유는 소크라테스 자신이 염두에 두고 있는 것과는 다르다. 프로타고라스 식으로 생각한다면, 정의로움과 경건함은 덕의 양끝 = 대립자들이어야 할 터이니 말이다.

소크라테스는 다른 논증을 시도한다. 부정은 여집합의 의미와 대립자의 의미를 동시에 함축한다. "이것은 사과가 아니다"라는 말은 그것이 배일 수도 있고, 딸기일 수도 있고 또 다른 어떤 과일일 수도 있음을 뜻한다. 반면 "그것은 길지 않다"라는 말은 그것은 짧다는 것을 뜻한다. 그러나 대립자의 경우는 다시 택일의 경우와 정도의 경우로 나뉜다. "저 사람은 여자가 아니다"라는 말은 당연히 그가 남자라는 것을 뜻하지만(택일), "저 책은 두껍지 않아"라는 말은 그 책이 '상대적으로' 얇다는 것을 뜻한다(정도). 그리고 후자의 경우 한 책의 두께는 상대적으로, 동시에 두껍고 얇을 수도 있다. 소크라테스는 부정과 대립, 택일과 정도의 문제가 복잡하게 얽혀 있는 문제-장을 (충분히 정교하지는 않은 방식으로) 논하면서, 경건함과 정의로움이 같거나 비슷하다는 자신의 논지를 밀고 나간다. 소크라테스는 1) 한 항에 대한 대립자는 하나가 있을 뿐이다(따라서 여기에는 택일의 구조가 함축되어 있다). 2) 어리석음(aphrosynē)은 지혜(sophia)의 대립자이다. 3) 어리석음은 또한 분별(sōphrosynē)의 대립자이다. 4) 따라서 1)의 원리를 포기하거나, 지혜와 분별이 결국 하나라는 사실을 인정해야 한다(여기에서 '하나'는 완전히 같다는 것을 뜻할 수도 있고, 구분은 되지만 결국 어떤 하나에 속한다는 것을 뜻할 수도 있다). 이런 논지를 통해 소크라테스는 지혜와 분별이, 경건함과 정의로움이 결국 같거나 비슷하다는 자신의 논지를 관철시키고자 한다. 소크라테스는 어떻게든 덕성들의 통일성을 논증하고자 하는 것이다.

자신의 논지를 더 강하게 밀어붙이려던 소크라테스는 프로타고라스와 문답하는 과정에서 그의 방식에 의문을 표시한다. 이런 문제 제기로부터 논의는 갑자기 긴 우회로로 들어선다. 그래서 길게 연설하는 것과 짧게 문답하는 것의 대비라든가 시모니데스의 시에 대한 논의 등이 전개된다. 앞에서 덕의 일자성과 다자성을 둘러싼 논의도 사실 정치하다고는 하기 어렵지만, 특히 이 대목에서의 긴 우회는 드라마의 전체 구성을 매우 엉성하게 만들고 있다. 전체적으로 『프로타고라스』는 플라톤의 극작술(劇作術)이 아직 서투르다는 것을 보여준다. 하지만 사태를 반대로 볼 수도 있을 것이다. 우리의 실제 대화가 어디 그리 매끄럽게 진행되던가? 서로의 말을 오해해서 엉뚱한 이야기를 늘어놓고, 기본 개념을 달리 사용해 혼란에 빠지고, 상대방을 넘겨짚어 자꾸 논의의 흐름을 방해하고, 자존심에 사로잡혀 억지를 부리고, 급기야는 언성을 높이거나 책상을 뒤엎곤 하지 않는가. 그렇다면 이 대화편은 플라톤의 극작술이 무르익지 않았다는 것을 보여주는 것이 아니라 오히려 역사적 소크라테스를 충실하게 보여주고 있다고도 해석될 수 있으리라. 이 대화편이 '구성의 서투름'을 보여주는지 아니면 '묘사의 충실함'을 보여주는지를 판단하기는 어렵다.

어쨌든 상당히 긴 우회를 통해서 소크라테스는 덕의 일자성과 다자성의 문제를 재개한다. 우선 소크라테스는 앞에서의 논의를 상기시키면서 정리한다. 1) 우선 소크라테스는 지혜, 분별, 용기, 정의, 경건 같은 덕성들이 하나인가 여럿인가의 물음을 던졌다. 2) 프로타고라스는 이것들 모두가 덕이라는 개념으로 포괄되긴 하지만 그 각각은 엄연히 다른 것이라는 입장을 제시했다. 이렇게 논의를 정리했을 때, 프로타고라스는 새로운 논의의 물꼬를 튼다. 그에 따르면, 여러 덕성들 중에서 용기만은 특히 다르다는 것이다. 프로타고라스의 이런 주장은 사실상 이미 지혜, 분별, 정의, 경건은 같거나 비슷하다는 것을 전제하는 것이다. 사실 논의가 충분히 이루어지지 않았음에도 플라톤은 일단 논의가 여기까지는 진행된 것으로 설정하고 있다. 그리고 이제부터는 용기라는, 다른 덕성들과는 다소 이질적인 덕성의 문제를 집중적으로 다룬다.

아닌 게 아니라 용기라는 덕성은 다른 덕성들과 다른 것 같다. 동북아에서도 문관의 덕성은 지혜, 분별, 정의, 경건 등이지만, 무관의 일차적인 덕성은 용기가 아니던가. 프로타고라스는 무지하고 무분별하고 부정의하고 불경건한 어떤 사람이 남다른 용기가 있을 수 있음을 말한다. 프로타고라스의 이런 생각은 덕성들 사이의 이질성, 적어도 다른 덕성들과 용기의 이질성을 극명하게 표출하고 있다. 그래서 소크라테스는 용기라는 덕성을 이렇게 이질화하려는 프로타고라스를 논박하면서 어떻게든 덕성들 간의 통일성, 아니면 적어도 유기적 연계성을 논증하려 한다. 영혼의 통일성을 부정한다면 '영혼 돌보기'라는 그의 고귀한 소명에도 문제가 발생하기 때문이다. "유능성[아레테]을 지닌 영혼은 그 전체에 있어서 분열이 없으며 조화로 가득 차 있는데 용기는 이렇게 아름다운 영혼의 능력의 일부분으로서 다른 능력과 충돌하지 않고 조화를 이룩할 때만 진정한 용기가 될 수 있음"(「『프로타고라스』편에 대한 분석」, I, 70)을 강조하고 있는 것이다.

그 첫 번째 논지는 용기에는 반드시 지혜가 동반되어야 한다는 것이다. 물에 대한 지혜(지식)가 없는 사람이 무턱대고 물에 뛰어들었다가는 익사할 터이니 말이다. 소크라테스는 이것이 일반적인 진리임을 설파한다. 어떤 경우가 되었든 지혜가 동반되어야 한다는 것이다. 이것은 다자를 통일시키는 한 방법을 시사한다. 다자를 그 다양성을 무시하고 어떤 일자로 용해해버리는 방식 대신, 어떤 매개자를 도입해서 그것들 사이의 통일성을 꾀하는 방식이다. 그러나 이 경우 매개자는 기존의 다자 외에 어떤 새로운 것이 아니라 다자에서의 어느 하나(지혜)로서 설정되고 있다. 이 점에서 매개자라기보다는 중심이다. 요컨대 덕성들의 다자성을 인정하면서도 그것들 중 지혜를 특권시하고, 지혜가 다른 덕성들을 이끌게 함으로써 그것들 간의 통일성을 마련하려는 전략이다. 그러나 지혜가 없는 용기가 과연 무의미한 개념 또는 불가능한 개념인지는 미묘한 문제이다. "무모한 용기"라는 말도 엄연히 있지 않은가. 게다가 소크라테스가 아예 지혜와 용기를 동일시해버리는 데 이르면, 고개를 갸우뚱하게 된다. 우리는 지금 소크라테스의 가장 유명한 철학적 주장, 즉 "아레테=덕은 곧 지혜이다"라는 주장에 맞닥뜨리고 있는 것이다. 당연히 소크라테스의 이런 주장은 프로타고라스의 승인을 받지 못한다. 프로타고라스가 볼 때 용기란 배워서 획득하는 것이 아니라 선천적인 것이며, 다른 조건이라곤 단지 좋은 양육만이 있을 뿐인 그런 덕성인 것이다.

그래서 소크라테스는 다른 방식의 논변을 제시하게 된다. 그에 따르면, 기쁘게 사는 것은 좋은 것이고 그 반대는 나쁜 것이다.[7] 우리는 살면서 좋은 것과 나쁜 것, 기쁜 것과 슬픈 것을 구분하며, 기쁜 것(쾌락)은 좋은 것(선)이고 슬픈 것(고통)은 나쁜 것(악)이다. 우리는 쾌락에 굴복해서 좋은 것을 행하지 않기도 하고(예컨대 살찔 줄 알면서도 과식하는 경우), 나중의 쾌락/기쁨을 위해서 나쁜/힘든 것을 행하기도 한다(예컨대 건강을 위해서 운동하는 경우). 이런 경우들에 있어 중요한 것은 좋음과 나쁨의 경중(輕重)을 헤아리는 것이다. 그리고 경중을 잘 판단하기 위해서 결정적으로 중요한 것은 역시 지혜이

---

7) "To men ara hēdeōs zhēn agathon, to d'aēdōs kakon."(351c) '좋음과 나쁨'(agathon kai kakon)을 '선과 악'으로 번역하는 것은 이 말을 너무 무겁게 만드는 것이다. "선과 악"이라는 개념이 극히 무거운 뉘앙스를 띠게 되는 것은 헬레니즘 시대, 특히 유대-기독교의 등장과 궤를 같이한다. 헬라스 사람들에게 '선'과 '악'은 동북아의 경우와 마찬가지로 좋음과 나쁨일 뿐이다(한자문명권에서는 '不善'을 많이 썼다). 물론 '좋음과 나쁨'과 '선과 악'을 선명하게 대립시키기는 어렵고 그 경계가 꽤 모호한 것은 사실이다. 그러나 전체적으로 볼 때 헬라스 사유가 좋음과 나쁨의 윤리였다면 유대-기독교 사유는 선과 악의 도덕이었다고 볼 수 있다. 아울러 'hēdonē'를 '쾌락'으로 번역할 경우, 이 번역어는 '快樂'이라는 한자어 본연의 의미와는 상응하지만 일상어의 뉘앙스와는 맞지 않는다. 실제 소크라테스주의의 한 갈래는 바로 이런 뉘앙스에서의 쾌락주의로 나아갔다. 일상어의 뉘앙스를 염두에 둔다면, 이 말은 '기쁨' 또는 보다 가벼운 번역어로서 '즐거움'에 더 가깝다고 해야 할 것이다.

다. 이로써 소크라테스는 좋은 삶을 위해서는 역시 지혜가 핵심적이라는 사실을 집요하게 주장하고 있는 것이다. 그리고 지금의 맥락에서 지혜의 발휘는 곧 '측정술'(metretikē technē)이다. 측정술이란 헤아리는 기예이다. 우리의 삶은 상황 변화, 변덕, 기분, 감정, 방황, 후회, … 로 점철된다. 그래서 "좋음과 나쁨을 비교하여 계량하는 기예[측정술]는 지혜에 속하며 감각적으로 사람에게 영향을 미치는 현상의 영역에 속하지 않는다."(「『프로타고라스』편에 대한 분석」, I, 74) 이렇게 소크라테스는 좋음과 나쁨(선과 악)을 측정술을 통해서 헤아릴 수 있는 능력, 즉 지혜의 능력이 우리 삶에서 얼마나 중요한지를 강조하며, 자기에게 지는 것, 쾌락의 유혹에 빠져 무엇이 좋음/선인지 판단하지 못하는 경우도 '의지'의 문제보다는 '무지'의 문제로 본다. 나쁜 것을 나쁜 것으로 올바로 인식하면서도 그것을 행하는 사람은 없다는 것이다. "덕은 지혜이다"라는 그의 논지가 여기에서도 굳세게 관철되고 있다.

'용기 = 지혜'의 논변이 막히자 측정술로서의 지혜에 대한 논변으로 방향을 틀었으나, 이제 논변의 방향은 다시 용기의 문제로 돌려진다. 논의가 진행될수록 프로타고라스와 소크라테스 사이에 끼어들었던 날카로운 대립각은 점점 무디어지고, 대화편의 말미에 이르면 마침내 두 사람은 화기애애하게 맞장구를 치기에 이른다. 가장 핵심적인 것은 '지혜'의 우선성에 대한 강조이며, 이것은 소피스트들과 소크라테스가 결국 동업자—교양교육의 담당자—임을 강하게 암시하고 있다 하겠다. 어쨌든 문제가 되는 것은 특히 용기라는 덕성이며, 용기라는 것이 과연 다른 덕성들과 어떤 관계에 있는가가 초미의 관심사가 된다. 소크라테스는 이어지는 논변에서도 역시 용기를 지혜와 무지의 문제로 환원시키는 논변을 펼친다.[8] 소크라테스가 볼 때, 비겁함은 무지에서 온다. 하지만 인식과 의지를, 지혜와 용기를 구분해 보는 사람들에게 비겁함은 무지에서 오는 것이 아니다. 무엇이 용감한 것인지 알면서도 비겁하게 행동할 수 있기 때문이다. 그리고 바로 그렇기 때문에 그런 사람은 비난의 대상이 되는 것이다. 누군가가 무지해서 비겁하게 행동한다면 아마 많은 사람들이 그를 비난하지 않을 것이다. 소크라테스의 논변이 더 설득력 있는 것이 되려면 용기 앞에 "진정한"을 넣어 '진정한 용기'를 논해야 할 것이다. 진정한 용기는 단지 용기가 있다/없다의 문제가 아니라 무엇이 정말 용기를 발휘해야 할 것인가에 대한 명확한 인식을 전제하기 때문이다. 소크라테스와 플라톤 사유 전체에서 핵심은 항상 이 '진정한'이라는 말이다. 소크라테스는 이렇게 덕=아레테의 통일성, 따라서 영혼의 통일성을 강조한다. 그리고 지금의 대화편에서는 별달리 논의되지 않았지만, 이 통일성에 근거해서 즉 다른 모든 덕성들이 결국에는 지혜/지식에 의해 통어(通御)된다는 점에 근거해서 아레테의 교육 가능성, 교양교육의 가능성, 결국 영혼 돌보기의 가능성을 확보하고자 한 것으로 볼 수 있다.

대화편의 말미에서 소크라테스는 프로타고라스와 자신의 입장

8) 이 논변은 용기를 특화해서 다루고 있는 『라케스』에도 등장한다. 이 대화편에서 라케스는 지혜와 용기는 별개의 것임을 주장하고(195a), 소크라테스는 용기는 결국 지혜이며 최소한 지혜의 인도를 받아야 한다고 주장한다.

이 뒤바뀌었음을 확인한다.[9] 소크라테스가 아레테의 교육 가능성을 역설하기에 이르렀다면, 프로타고라스는 영혼의 다질성(덕성들의 이질성)과 용기의 특수성을 강조함으로써 아레테의 교육 가능성을 함축적으로 부정하기에 이르렀으니 말이다. 소크라테스는 이 얄궂음을 지적하면서, 그리고 탐구의 여지를 열어두면서 대화를 마친다.

소은은 소크라테스의 생각과 프로타고라스의 생각을 다음과 같이 대비시킨다. 이런 대비를 어느 정도는 소크라테스와 소피스트 일반의 대비로 확장해 생각할 수도 있을 것이다('유능성'을 '아레테'로 바꿈).

> 아레테가 가르쳐질 수 있으며 지적 파악의 대상이 될 수 있는 까닭은 그 작용 이전에 작용을 지배하는 본질이 있기 때문이다. 이러한 본질은 현상계를 넘어서 있으며 현상계[에 사는] 영혼이 끊임없이 동경하고 지향하는 대상이다.
>
> 따라서 사람의 아레테가 회복되기 위해서는 현상계에서 오는 여러 가지 방해물이 제거되어야 한다. 영혼의 정화도 이러한 제거의 일면이다. 영혼의 정화에서 주도적인 역할을 하는 것은 지혜이며 지

---

9) "용기는 아름답게 조화를 이룬 영혼의 기능이라고 위에서 소크라테스는 말했거니와 지혜야말로 아름다운 영혼의 내실을 이루며 정의, 경건, 절제, 선과 더불어 용기도 지혜에서 연유한다. 그러나 위와 같은 대화의 결론은 사람의 유능성[아레테]이 가르쳐질 수 없다고 주장했던 소크라테스와 가르쳐질 수 있다고 했던 프로타고라스의 입장을 바꾸어 놓았다. 주지주의의 입장에서 사람의 유능성이 가르쳐질 수 있다는 소크라테스의 견해는 사람의 유능성이 지식과는 다르다고 주장한 프로타고라스의 견해와 상치되는 것이다."(「『프로타고라스』편에 대한 분석」, I, 76)

혜를 통하여 조화로 가득 차고 분열이 없는 일자로서의 영혼의 모습이 나타난다.

[…]

그러나 프로타고라스의 신화에 의하면 모든 사람에게 공통적인 영혼의 일정한 원형이 이념적인 세계에 있을 수 없다. 영혼은 현상계를 넘어서는 이념계에서 현상계로 하강한 것이 아니라, 끊임없이 변화하는 물질로 만들어졌기 때문이다. […] 지상의 동물들은 지상에서 소멸되지 않고 자기 보존을 도모한다는 지상의 과제를 안고 있다. 이 점에 있어서 동물과 사람은 동일하다. […] 사람은 동물처럼 불과 흙과 같은 물질로 만들어졌으나 물질적인 존재로서 필요한 위와 같은 생존의 기본적인 조건[힘, 빠른 속도, 큰 몸뚱이, 발톱, 날개, 두꺼운 털과 표피 등등]을 갖추지 못하고 있다. 따라서 사람은 다른 동물과 동일한 보조로 생존할 수 없으며 동일한 보조로 생존하기 위해서는 동물들이 지니지 않은 다른 방법으로 사람의 결함을 메워야 한다. 그 제1차적인 방법이 프로메테우스가 갖다준 불을 사용하는 방법과 기술이며, 제2차적인 방법은 정치술이다.(「『프로타고라스』편에 대한 분석」, I, 81~82)

소은은 이들의 입장을 이렇게 대비시키면서 이 대화편이 프로타고라스의 주장에 대한 소크라테스의 주장의 승리를 뜻하지는 않는다고 본다.

그렇다면 이 문제, 영혼의 통일성과 덕의 교육 가능성은 플라톤의 다른 대화편들에서는 어떤 식으로 해결될까? 소은의 논의를 보완해서, 특히 『메논』편을 읽어 보자. 소크라테스적 대화편들에서 플라톤 자신의 사유로 넘어가는 모습을 보여주는 이 대화편에서는 어떤 영혼론과 덕론이 전개되고 있을까?

### 형상 이론의 등장

여기에서도, 고르기아스를 지적 배경으로 가지고 있는 메논은 덕성을 다질적인 맥락에서 규정하고자 하고 소크라테스는 그것에 일자성을 부여하려 한다. 이 맥락에서 'eidos'라는 말이 서서히 플라톤적 뉘앙스를 띠고서 사용되기 시작하고 있다.(『메논』, 72c) 덕성들의 다양성과 다양한 맥락들을 이야기하는 메논에게 소크라테스는 집요하게 "일반화해서"(kata holou) 이야기할 것을 요구한다. 이 대화편에 이르면 이른바 '플라톤적 실체화'가 본격적인 모습을 드러내고 있는 것이다. 여기에서 플라톤이 영혼의 본유성과 보편성을 강조하기 위해서 사용한 논법은 훗날 '상기설'이라 부르게 되는 논법이다.

플라톤은 이 상기설을 "종교에 밝은 남녀들"에게서 들었다고 말하는데, 이들은 아마 오르페우스교나 퓌타고라스교 계통의 사람들일 것이다. 이들은 다음과 같이 주장한다. "혼은 불사하며 여러 번 태어났고, 또한 이승의 것들과 저승의 것들을 모두 다 보았다. 따라서 무엇이나 배우지 못한 것이 없다. 그래서 아레테에 대해서도 또 그 밖의 다른 것들에 대해서도, 혼은 이미 그것들을 알고 있는 것이다. 혼이 그것들을 상기할 수 있다는 것은 조금도 놀랄 일이 아니다.

온 자연이 동족관계에 있고 또한 혼은 모든 것을 배웠으므로, 하나만이라도 상기하게 된 — 바로 이걸 사람들이 배움(mathēsis)이라고 일컫는데 — 사람은 다른 모든 것을 찾아낼 수 있는 것이다."(『메논』, 81c~d) 이 인용문에서 우리는 영혼의 윤회, 인식의 본유성, 그리고 이로부터 자연히 따라 나오는 상기의 역할, 영혼의 동족성 즉 보편성,[10] 학문의 가능성[11]에 대한 생각을 두루 엿볼 수 있다. 따라서 상기설은 플라톤이 스승 소크라테스에게 물려받은 영혼의 통일성과 아레테의 교육 가능성이라는 물음에 대해 그 자신의 확고한 답변으로서 제출한 설이라고 볼 수 있다. 그러나 모든 본유설들이 그렇듯이 (바로 플라톤 자신의 설이 모든 본유설들의 원조이거니와) 본유 그 자체는 검증될 수도 없고 논증될 수도 없다. 그래서 플라톤은 이것을 신화의 형식을 빌려 말할 수밖에 없었다.[12]

상기(anamnēsis)의 신화를 증명할 수는 없어도 상기를 통한 인식의 예를 증명한다면 상기설은 꽤 개연성 높은 가설이 될 수 있다. 그래서 소크라테스는 별다른 교육을 받지 못한 메논의 시동(侍童)에

---

10) 하나의 영혼이 수없이 윤회를 거듭하게 되면 다른 영혼들과 수없이 접촉하게 되고 따라서 어떤 것의 상기는 그것과 접촉했던 무수히 많은 다른 것들의 상기를 함축하게 된다. 이 생각은 라이프니츠의 '공가능성'(compossibilité)과 '상호 표현'(s'entr'expression)이라는 생각에 일정 정도 영향을 주었을 것으로 짐작된다. 공가능성과 상호 표현에 대해서는 『접힘과 펼쳐짐: 라이프니츠와 현대』(저작집 4, 그린비, 2012), 3부, 8~9강에서 논한 바 있다.

11) 이 문제는 『에우튀데모스』를 논하면서 자세히 다룬다.

12) 본유설과 대립하는 것은 진화설이다. 진화설은 인간의 능력들이 진화의 과정에서 서서히 생겨났다고 주장한다. 이것은 본유설처럼 형이상학적 가설이 필요 없다는 장점이 있지만, 이 설 역시 궁극에는 어떤 불연속에, 우연에, 요행에 호소할 수밖에 없다는 점에서 꼭 사정이 나은 것은 아니다.

게 "하나의 정사각형이 주어져 있을 때, 그것의 두 배의 면적을 가진 정사각형을 구하라"는 수학 문제를 풀게 함으로써, 그 시동이 "스스로 제 안에서 앎을 되찾아 가진다는 것(analambanein)" 즉 상기를 통해 인식한다는 것을 증명한다. 진리는 상기이며, 잊어버린 것을 되찾는 것(alētheia)이다.

플라톤에게 이런 인식 가능성을 확보하는 것은 중요하다. 인식 가능성은 지혜의 문제이고, 지혜가 곧 덕이라는 그의 가설이 맞는다면 덕은 교육 가능한 것이 되기 때문이다. 아울러 덕은 지혜를 통해서 통어될 수 있으며, 따라서 영혼의 통일성이 확보된다. 『프로타고라스』편에서도 그랬듯이 이 점은 특히 용기를 지혜에 복속시킬 때 두드러지게 나타난다. "사람이 지성(nous)은 없이 대담하기만 하면 해를 입지만, 지성을 갖추고서 대담하면 이롭게 되지 않겠는가? […] 영혼의 모든 시도와 인고(忍苦)도 지혜(phronēsis)가 선도할 경우에는 행복으로 귀착되지만, 어리석음이 선도할 경우에는 그 반대의 것으로 귀착되지 않겠나? […] 영혼과 관련되는 모든 것은 그것들 자체로는 이롭지도 않으며 해롭지도 않으나, 지혜가 덧보태어지는가 아니면 어리석음이 덧보태어지는가에 따라 해롭기도 하고 이롭기도 하기 때문이다."(『메논』, 88b~d) 소크라테스/플라톤은 이런 논법으로 지혜를 다른 덕성들을 통어하는 특별한 덕성으로 격상시킨다.[13]

플라톤의 상기설은 영혼의 통일성 및 덕의 교육 가능성, 그리고

---

13) 플라톤은 'nous', 'phronēsis', 'sophia', 'epistēmē', 'technē' 등 여러 어휘들을 구사하지만, 편의상 지혜 또는 지식으로 통일했다.

지혜의 중심적 역할에 대한 소크라테스의 주장을 형이상학적으로 뒷받침하기 위해 제시되었다. 그것은 플라톤 존재론의 핵심인 형상 이론의 출발점을 이룬다. 우리 논의의 본령도 존재론이기 때문에 이제 형상 이론을 본격적으로 다루어야겠으나, 그 이전에 또 하나의 초기 대화편인 『에우튀데모스』를 읽으면서 소크라테스와 소피스트들의 대립을 더 자세히 들여다보자.

## 3절·소크라테스와 소피스트들의 대결

흔히 소피스트들의 '궤변'(詭辯)을 이야기하지만 그 궤변의 구체적 양상이 어떤 것이었는지는 종종 생략되는 듯하다. 이 구체적 양상이 잘 나타나 있는 대화편이 『에우튀데모스』이며, 소은은 이 대화편에 대한 글을 한 편 남기고 있다.

소피스트들과 소크라테스를 단적인 대립의 관계로서만 파악할 경우, 아테네의 철학을 단순화할 위험이 있다. "그러나 그들은 소크라테스에게 해결해야 할 문제를 던져주는 사람들이기도 하다. 플라톤의 철학이 이해되기 위해서는 소피스트의 사상과 방법이 어떻게 극복되는지 그 과정이 검토됨이 중요하다."(「『유티데모스』편에 대한 분석」, I, 87) 이런 검토를 하기에 매우 유용한 대화편이 『에우튀데모스』이다. 이 대화편에서 "신종 소피스트들"인 에우튀데모스와 뒤오뉘소도로스는 각종 궤변들을 사용해서 젊은이들(클레이니아스, 크테십포스)을 미궁에 빠트리고, 이 상황을 타파하기 위해 소크라테스가 개입해 논박만을 목표로 하는 거짓 지혜와 진정한 진리 탐구를 목표로 하는 참 지혜가 어떻게 다른지를 보여준다. 이 점에서 소피스트들과 소크라테스의 차이를 파악하는 데 큰 도움을 주는 대화편이다.

## '배움'을 둘러싼 대결 — '뒤나미스'의 의미

전체적으로 3개의 큰 논변으로 구성된 이 대화편의 첫 번째 논변은 '배움'을 둘러싸고 벌어진다. 이 점에서 논변의 맥락이 다르긴 해도 앞에서 논했던 『프로타고라스』, 『메논』의 문제의식에 직결된다. 에우튀데모스는 대화 상대자인 클레이니아스를 다음과 같이 곤경에 빠트린다.(『에우튀데모스』, 275d~277c. 간추린 번역임)

> 에우튀데모스 배우는 사람은 아는 사람일까, 모르는 사람일까?
>
> 클레이니아스 아는 사람이죠.
>
> 에우튀데모스 누군가를 가르치는 사람은 선생이고 배우는 사람은 학생이지. 선생은 아는 자이고 학생은 모르는 자이니까.
>
> [⋯]
>
> 클레이니아스 그러면, 모르는 사람입니다.
>
> 에우튀데모스 선생이 음송(吟誦)하면 학생들은 따라하지. 아는 자만이 따라할 수 있으니까, 배우는 사람은 아는 자가 아닌가.[14]

우리는 소피스트들의 논법이 '제논의 역설'의 구조를 띠고 있음

---

14) 아리스토텔레스는 이 궤변을 다음과 같이 정리해 주고 있다. "말의 다의성을 이용한 [궤변적] 논변으로는 다음이 있다: 아는 자들은 배운다, 왜냐하면 '그들에게 음송된 것'을 배우는 것은 문자를 사용할 줄 아는 자들이기 때문이다. 여기에서 '배운다'는 말은 다의적으로 사용되고 있다. '지식을 사용해서 이해한다'는 의미와 '지식을 획득한다'는 의미로."(『소피스트적 논박』, 165b/31~34)

을 눈치챌 수 있다. 소피스트들이 'eristikē'를 구사할 때 그들이 즐겨 응용하는 것은 바로 엘레아학파의 논법이다. 위의 내용은 소피스트적 궤변의 전형을 보여준다. 이제 이에 대한 소크라테스의 대응은 그의 사상 전반을 요약하고 있다 할 수 있을 정도로 중요하다.

소피스트들의 유희는 말의 다의성과 밀접한 관련을 가진다. 하나의 말이 두 의미를 품고 있을 때, 이들은 그 두 의미 사이를 오가면서 상대방을 함정에 빠트리는 것이다. 때문에 프로디코스의 말처럼 무엇보다 우선 말의 올바른 용법을 배워야 한다. '배운다'(manthanein)는 말에는 두 가지 의미가 있다. 1) 처음에는 지식을 가지고 있지 않다가 나중에 그것을 얻는 경우. 2) 이미 가지고 있는 지식을 통해 동일한 대상을 더 자세히 이해하는 경우. 처음 논변에서 에우튀데모스는 2)의 맥락으로 대답한 클레이니아스를 1)의 맥락으로 논박하고, 두 번째 논변에서는 정확히 반대로 논박했다. 소은은 이에 대한 소크라테스의 응대를 다음과 같이 풀이해 준다.

> 지식은 무로부터 한꺼번에 나타나지 않으며, 결핍된 상태에서 점진적으로 축적된다. 무지자를 표시하는 희랍어 'amathia'의 a는 결핍을 뜻하며, 무를 뜻하지 않는다. 무에서 지식이 나온다면, 그 지식은 저절로 나올 것이다. 따라서 배운다는 행위가 불필요하다. 결핍의 이면은 가능성이다. 따라서 결핍 상태에서 점진적으로 지식이 축적되는 경우에, 그 지식은 가능성을 통해서 얻어진다. 가능성을 통해서 이루어지는 것은 존재할 수도 있고, 존재하지 않을 수도 있으므로, 존재하게 하려는 노력이 필요하다. 배움은 이러한 노력의 일

종이다. 가능성을 통해 얻어지는 것에 대해서만 얻으려는 노력 및 진지한 추구가 요구되고, 또 그러한 것에 대해서만 권고를 할 수 있다. 그런데 한 사물의 가능성은 여러 방향에서 성립한다. 그리고 방향성은 사물이 접근되는 측면이므로 한 사물에 대한 배움은 그 사물의 여러 측면에서 이루어진다. 배우는 사람은 한 사물의 어떤 측면에 대해서는 무지하며, 어떤 측면에 대해서는 이미 지식을 가지고 있다. 그리고 이 두 상태는 모순된 상태가 아니라, 사물의 측면의 차이 때문에 생기는 지식의 결핍과 충만이 대립된 상태이다. 모순은 공존이 불가능하지만 사물의 측면의 차이 때문에 생기는 지식의 결핍과 충만의 대립은 공존이 가능하다.(「『유티데모스』편에 대한 분석」, I, 90~91. 인용자 강조)

이 인용문에는 이미 언급했던 많은 주제들이 한꺼번에 등장하고 있다. '뒤나미스'의 의미, 결핍으로서의 운동과 그것의 함축, 종교와 철학을 비교하면서 언급했던 단적인 비약과 연속성의 대비 등. 그러나 지금 핵심적으로 등장한 것은 측면의 개념 및 모순과 대립의 구분이다. 사물의 여러 측면들을 인정하지 않고 평면적인 동일성을 강조하는 것, 연속적인 차이생성의 양끝에서 성립하는 '대립'[15]을 덮어놓

---

15) 대립자들은 연속성을 형성할 수도 있고 불연속성을 형성할 수도 있다. 인간은 남성과 여성으로 양분되며 두 항은 불연속적인 대립자들, 배타적인 '택일'의 대상이다. 반면 뜨거움과 차가움은 '정도'를 형성하는 연속성을 이루며, 뜨거움과 차가움은 개념적인 양끝일 뿐이다. 소은은 배운다는 것을 후자의 경우로 파악한다. 소피스트들은 문제를 엘레아적 모순으로 끌어감으로써 궤변을 농한다고 볼 수 있다.

고 단적인 대안으로서의 '모순'으로 취급하는 것이 비판적으로 검토되고 있다.

소크라테스는 이렇게 에우튀데모스의 논변을 논파하고, 이어서 배움만이 아니라 행위 일반을 주제화해 평소의 지론을 펼친다. 영혼의 돌봄이 핵심적으로 중요하다는 것, 무엇인가를 잘하는 데에, '좋음'을 창출하는 데에 지혜가 필수적이라는 것, 그 어떤 것이든 지혜에 입각해 실질적으로 활용/실천되어야 한다는 것, 지혜는 가르쳐질 수 있다는 것 등이 자상하게 언급되고 있다.

소크라테스의 이런 건강한 비판은 상대방을 궁지에 빠트리는 것만을 목표로 삼는 소피스트들의 논박술과 선명하게 대조된다. 소피스트들의 논박은 클레이니아스를 궁지에 빠지게 했고, 사태는 거기에서 끝날 뿐 더 이상의 개선이라든가 교정, 진정한 배움은 없다. 반면 소크라테스의 경우 과오는 모순으로 끝나지 않는다. 그에게 과오란 결핍으로서의 운동이 필수적으로 포함하는 과정이다. 따라서 과오는 막다른 골목이 아니라 오히려 새로운 깨달음의 징검다리이다. 따라서 인간이란 '중간자'임을 인정하고, 과오를 통해 자신의 잠재력을 현실화해 나가는 것이 중요하다. 이것은 일반적인 행위 이론을 배경으로 한다. 앞에서(1장, 4절) 운동 자체에 충족률을 집어넣음에 대해 논했거니와, 행위에 있어서는 운동에 '목적'을 스며들게 하는 것이 핵심적이다. 행위는 행위 주체와 대상과 목적 사이에서 이루어지며, 이 세 항을 올바르게 연결시켜 주는 것이 곧 지혜이다. '뒤나미스'의 운동에는 우연과 성공/실패, 잘됨과 잘못됨 등이 정도차를 형성하면서 깃든다. 이 과정을 지혜가 이끌어갈 때 최대한의 성공이 기약된다. 요컨대 "행위는 교정될 수 있으며 교정은 지식에 의해서 가능하다." 배움의 두 의미를 양극으로 몰아넣고서 궤변을 즐기는 것은 이로써 논파된다. 인간이란 중간자, 가능태라는 것, 모순과 대립은 다르며 정도차가 중요한 역할을 한다는 것, 행위는 목적에 입각해, 지혜에 인도되어, 노력을 통해 교정되어 갈 수 있다는 것이 밝혀짐으로써, 배움의 진정한 의미가 드러났다.[16]

## '존재'를 둘러싼 대결 — '타자(성)'의 의미

이제 논의는 두 번째 단계로 접어든다. 첫 번째 대결이 '배움'을 둘러싼 대결이라면, 두 번째 대결은 존재를 둘러싼 대결, 그러니까 철학의 핵심을 둘러싼 대결이다. 우리는 이 대목에서 후에 전개될 플라톤 사유의 주요 단초들을 여럿 발견할 수 있다.

1) 소크라테스의 논변을 들은 디오뉘소도로스는 새로운 논변을 준비한다. 여기에서도 우리는 소피스트들의 등 뒤에서 엘레아학파의 그림자를 엿볼 수 있다(이하 인용되는 대화는 간추린 형태임).

디오뉘소도로스　클레이니아스는 지혜롭겠소, 지혜롭지 않겠소?

---

16) 플라톤은 앎 자체도 중간자로서 파악한다. 지식과 무지를 간단히 양극으로 대립시키기보다는 정도의 문제로 봄으로써, 올바른 판단을 지혜와 무지의 중간자로 위치 짓고 있다. 아름다움이라든가 훌륭함 등도 모두 마찬가지이다.(『향연』, 202a~b)

소크라테스　아직 지혜롭지 않지요.

디오뉘소도로스　그가 지혜롭기를, 무지하지 않기를 바라오?

소크라테스　물론입니다.

디오뉘소도로스　그가 더 이상 그가 아니기를 바란다니, 그렇다면 그가 죽기를 바라고 있구먼.

디오뉘소도로스는 'einai'를 파르메니데스 시대의 용법으로, 즉 '이다'와 '있다'를 구분하지 못하는 용법으로 구사하고 있다. 물론 이런 구사는 그 자신은 이런 구분을 알고 있다는 사실을 전제한다. 이런 문법적 사항들을 정리한 것이 소피스트들의 공헌이다. 지금 그들은 그 지식을 악용하고 있지만.

'Einai'는 우선 '이다'를 의미할 수 있다. 클레이니아스는 지혜롭지 않았으나 지혜롭게 될 수 있다. 그러나 이런 용법(계사로서의 용법)을 억지로 '있다'의 용법으로 해석할 때, 지혜롭지 않았다가 지혜롭게 되는 과정/생성에서의 부정은 무로 해석된다. 클레이니아스라는 실체/주어가 존속하면서 그 성질/술어가 변화하는 상황을 즉 부정이 매개되는 상황을 (그 부정을 무로 해석함으로써) 클레이니아스가 존재하다가 소멸해버리는 상황으로 해석하고 있는 것이다. 다시 말해, 클레이니아스가 더 이상 이전의 그가 '아니기'를 바라는 상황을 그가 '없기'를 바라는 상황으로 바꾸어버리고 있다. 엘레아학파에서는 나름의 맥락에서 제시된 논변이 여기에서는 논박을 위한 논박의 무기로서 악용되고 있다.

2) 자신이 사랑하는 사람의 죽음을 농(弄)하는 것을 본 크테십

포스가 분노에 차서 디오뉘소도로스의 거짓말을 비난한다. 그러자 이 소피스트는 이제 존재의 문제와 맞물려 있는 인식의 문제, 지금의 경우는 거짓말(오류, 거짓)의 문제를 붙잡고 늘어진다. 그는 다음과 같은 논변을 편다.

> 디오뉘소도로스 말한다는 것은 그 말의 대상(pragma)에 관해 말하는 것이다. 다시 말해, 그 대상 이외의 것에 대해 말하는 것이 아니다. 그런데 말의 대상은 분명 하나의 존재이다. 따라서 그 대상을 말하는 사람은 곧 어떤 존재에 대해 말하는 것이다. 결국 존재에 대해 말하는 사람은 참을 말하는 것이다.

이 논변은 매우 복잡한 것 같지만 사실은 단순한 논변이다. 'einai' 동사는 앞에서 언급한 계사로서의 용법과 '있다'로서의 용법 외에 "~은 참이다"를 뜻하는 말로서도 사용된다. 그래서 'to on' 역시 단순히 '있는 것', '~인 것'만이 아니라 '참된 것'을 가리키기도 한다. 이런 다의성을 이용할 경우, 있는 것은 그 자체로서 무조건 참이 되어버리고, 따라서 어떤 대상에 대해 말하는 사람은 늘 참을 말하게 되어버린다. 이런 식의 논리로 한다면 거짓/오류란 존재하지 않는다. 후에 『소피스테스』편은 바로 거짓/오류의 존재를 증명하려 시도하게 된다.

3) 거짓/오류가 존재하기 위해서는 '비존재'(to mē on)가 존재해야 한다. 비존재를 존재로 말하는 것, 즉 없는 것을 있다고 하는 것 또는 아닌 것을 그렇다고 하는 것이 거짓/오류이다. 비존재의 존재를

인정하지 않는다면 누군가의 말이 거짓/오류라고 할 수 있는 전제가 성립하지 않는다. 에우튀데모스가 위의 논변을 이어 곧 '비존재'는 존재하지 않는다는 것을 주장하는 것은 바로 이 때문이다.

에우튀데모스 존재하지 않는 것에 대해 말할 수는 없겠지.

크테십포스 물론입니다.

에우튀데모스 말하는 것은 분명 어떤 존재에 대해 말하는 것이라네. 따라서 거짓을 말한다는 것은 불가능하지.

비존재의 존재를 인정하지 않는 한, 비존재에 대해 말할 방법이 없다. 말한다는 것은 언제나 존재에 대해 말하는 것이고, 또 거짓/오류란 비존재에 대해 말하는 것이기 때문에, 결국 거짓/오류는 불가능하다. 물론 여기에서도 '이다'/'아니다'를 단적으로 '있다'/'없다'로 보는 생각과 '존재하는 것'은 그대로 '참된 것'이라는 생각이 배후에 깔려 있다. 이런 논변을 논파하려면 실체와 성질이 정확히 구분되어야 한다. 그럴 때에만 어떤 실체는 "있고", 그런데 그 실체는 "~이다"/"~이 아니다"라고 말할 수 있으며, 참/거짓을 후자에 귀속시킬 수 있게 된다. 현대 철학에 들어와 실체-성질 구도는 여러 각도에서 비판의 대상이 되었지만, 이 구도는 사실 이런 절실한 맥락에서 형성되었던 것이다.

4) 크테십포스는 에우튀데모스의 궤변을 듣고서 사물들에 대해 "있는 그대로" 말하는 사람들이 존재한다는 사실을 역설한다. 그리고 "아름답고 훌륭한" 사람들이 그런 사람들임을 천명한다.

크테십포스는 문제의 본질을 헛짚고 있다. "있는 그대로" 말한다는 사실을 논하려면 에우튀데모스의 논변에 들어 있는 존재론적/인식론적 난점들을 짚어내야 했다. 그러나 그는 문제의 초점을 말하는 주체들의 속성의 차원으로 이전시켜버렸다. 그래서 그는 다시 농변의 희생물이 된다.

크테십포스  아름답고 훌륭한 사람들은 참을 말합니다.

에우튀데모스  그렇다면 그들은 좋은 것을 좋게 말하고 나쁜 것을 나쁘게 말하겠군. 그러니까 그들은 나쁘게 말하는 사람들이란 이야기가 되는군.

나쁜 것을 "나쁘게" 말하는 것은 대상의 성격에 관련한 것이고 누군가가 "나쁘게" 말하는 것은 그렇게 말하는 사람의 성격에 관련한 것이다. 에우튀데모스는 지저분한 대상을 보고서 "더럽다"고 말하는 사람을 '더럽게 말하는' 사람으로서 규정하고 있는 것이다. 대상의 속성이 어느새 그 대상에 대해 말하는 사람의 속성으로 둔갑해 있다.

5) 대화는 점점 더 희극적으로 꼬여 간다. 크테십포스가 디오뉘소도로스에게 반박하는 것을 욕하는 것으로 왜곡하지 말라고 하자, 디오뉘소도로스는 이번에는 '반박하다'라는 개념을 붙들고 늘어진다.

디오뉘소도로스  말을 한다는 것은 어떤 대상에 대해 말하는 것이라네. (앞에서 논했듯이) 있지 않는 것에 대해서는 말을 할 수야 없겠지.

크테십포스 그렇다고 하죠. 어쨌든 서로를 반박할 수 있지 않습니까?

디오뉘소도로스 만일 우리가 같은 대상에 대해 말한다면 서로 같은 것을 말하고 있는 것이라네. 그리고 다른 대상에 대해 말한다면, (서로에게는 없는 것에 대해 말하고 있으므로) 서로 상관없는 것을 말하고 있는 것이라네. 그래서 누군가를 반박한다는 것은 불가능하지.

디오뉘소도로스는 같은 대상에 대해 같은 말을 하는 경우와 다른 대상들에 대해 다른 이야기를 하는 경우만을 인정할 뿐, 같은 대상에 대해 다른 말을 하는 경우를 배제하고 있다. 달리 말해, 두 사람이 다른 이야기를 할 경우 그것은 무조건 서로 다른 두 대상에 대해 이야기하는 것이 된다. 여기에서도 부정과 무의 문제가 가로놓여 있다. 무엇인가에 대해 한 사람은 "~이다"라고 다른 한 사람은 "~가 아니다"라고 말할 경우, 후자는 그 대상이 "없다"고 말한 셈이 된다. 없는 것에 대해서는 말할 수 없다. 따라서 그는 어떤 다른 대상에 대해 말하고 있는 것이 된다. 결국 같은 대상에 대해 같은 말을 하거나 서로 다른 대상들에 대해 다른 말을 하는 것만이 가능할 뿐, 같은 대상에 대해 다른 말을 하는 것은 불가능하게 된다.

6) 보다 못해 개입한 소크라테스에게 다시 디오뉘소도로스는 새로운 논변을 펼친다.

| | |
|---|---|
| 디오뉘소도로스 | 뜻을 가진(noein) 것들은 영혼을 가지고 있다오. |
| 소크라테스 | 그렇습니다. |
| 디오뉘소도로스 | 영혼을 가진 구절을 알고 있소? |
| 소크라테스 | 그런 건 알고 있지 않습니다. |
| 디오뉘소도로스 | 그러면 그대는 왜 내 말의 뜻을 물었소이까? |

이것은 아주 단순한 논변으로서 늘 그렇듯이 말의 다의성을 가지고 장난을 친 것이다. 'noein' 동사는 의미를 가짐을 뜻하고 이것은 의미를 '품는' 것으로도 이해할 수 있다. 이 경우 '품는다'라는 말의 뉘앙스를 이용해 뜻을 영혼과 동일시할 수 있다. 디오뉘소도로스는 이 두 의미를 오가면서 말장난을 하고 있다.

이상과 같이 여러 논변들을 펼치는 소피스트들에 지친 소크라테스는 그들과의 대화를 잠시 중단하고 크테십포스와 클레이니아스를 상대로 앞에서 했던 긍정적인 논의들을 보충한다. 소은은 그 내용을 다음과 같이 짚어주고 있다.

> 존재의 어떤 방식 가운데서 가장 중요한 방식은 사물의 정의에서 드러난다. 정의는 각각의 사물이 있는 대로 규정한다.(285e) 곧, 정의는 일자와 타자를 엄밀히 구분해 준다. 다시 말해서 정의가 구별해 주는 것은 일자의 자기동일성과 타자의 타자성이다. 따라서 어떤 존재방식들은 동일성과 타자성으로 구분된다. 클레이니아스는 자기동일적인 것으로 남아 있고, 다만 무지의 상태가 그것의 타자인 지식을 소유하고 있는 상태로 바뀔 따름이다. 모든 행위와 제작

은 주어진 어떤 사태에 타자성을 부여하는 것이다. 소피스트가 말한 것처럼 행위와 제작은 허무를 상대하지 않지만, 또 존재 자체를 상대하지도 않는다. 자체적인 것[파르메니데스의 '일자']에 대한 말은 없다. 그것은 그것을 말하려고 하자마자 행위의 대상으로 곧 타자로 변하고, 말하는 사람은 무엇[인가]에 관해서 무엇[인가]을 말한다. 자체적 존재는 행위나 제작의 대상이 되지 않으므로 자체적이다.(「『유티데모스』편에 대한 분석」, I, 105~106)

요컨대 소은은 소크라테스의 소피스트 논박에서 핵심적인 것은 타자/타자성이라고 보고 있다. 엘레아학파를 배경으로 한 소피스트들의 논리는 타자성의 의미를 격하시키고 모든 것을 동일성과 모순으로만 몰고 감으로써 궤변을 전개한 것이다. 후에 『소피스테스』편이 무를 타자로 대체하기 위한 논변을 펴는 것도 이 때문이다. 앞에서 강조했던 '뒤나미스' 개념과 지금 강조되고 있는 타자(성) 개념은 소크라테스가 소피스트들을 넘어서 가는 데 중요한 역할을 담당하고 있다.

## '인식'을 둘러싼 대결—'철학'의 의미

미궁에 빠진 대화를 구하기 위해 소크라테스는 좀 더 건설적인 논의를 요청한다. 그는 그런 논의의 하나로서 정치술을 언급하지만, 이내 정치술에 관련된 난관에 빠지게 된다.[17] 그는 이 사유의 난관을 극복하기를 바라며 할(喝)을 발한다. 그리고 소피스트들이 도움을 주기를 요청한다. 그러나 소피스트들은 그의 이런 바람을 묵살하면서 다시 그것을 궤변으로 받는다.

1) 에우튀데모스는 소크라테스의 고민을 듣더니 그(소크라테스)가 이미 그것을 알고 있노라고 말한다.

에우튀데모스 그대는 아는 것이 있소이까?

소크라테스 물론이지요.

에우튀데모스 그대는 어떤 것이 그것이 아닐 수 있다고 보시오?

소크라테스 그럴 수야 없지요.

에우튀데모스 바로 그렇소. 당신이 아는 상태인 한 당신은 모든 것을 알 수밖에 없다오.

소크라테스 어째서죠? 나는 모르는 것도 있는데요.

에우튀데모스 그러면 당신은 당신 자신이 아닌가보오.

에우튀데모스는 동일률을 확보한 다음, 하나의 술어를 단적인

---

17) "정치술을 지닌 사람이 있어도 실제로 전 국민이 선해지지는 않고, 정치술을 지닌 사람이 증가하여도 선한 사람이 증가하지 않는다. 그 결과 정치술과 그것의 성과는 완전히 구별된다. [···] 정치술은 인간 전체의 선을 실현시키는 지식이므로 정치술을 실현시키는 데는 가장 큰 행동력이 필요하다. 그러면 무엇이 지식과 행동력의 일치를 보장해 주는가? 지식이 선이라면 이러한 모든 문제를 해결해 주어야 할 것이다. 그러나 지식이 있어도 행동력이 없으면 그것의 기능은 없다. 학을 위한 학은 외적인 행동력과 다를 뿐만 아니라, 그것에 대립된다. 소크라테스는 이 문제를 해결하지 못하고 정치술의 기능에 관하여 미궁에 빠진다."(「『유티데모스』편에 대한 분석」, I, 119)

동일률로서 강변하고 있다. 'A = A'이다. 따라서 소크라테스가 '안다'면, 이 '안다'에는 그것의 타자가 들어설 자리가 그 어디에도 없다. 아는 것은 오로지 아는 것이다. 소크라테스는 오로지 '아는 자'로서만 존재할 수 있다. 따라서 그에게 모르는 것이 있다면 그는 그 자신이 아닌 것이다. 소크라테스의 동일성을 인정하면서도 그의 '안다'는 성질에 타자성이 깃들 수 있다는 점만 인정하면 논변은 간단하게 풀린다. 여기에서도 실체-성질의 구분이 왜 중요했는가를 알 수 있다.

뒤따르는 논변(『에우튀데모스』, 294e~296d)도 같은 맥락으로서 이번에는 시간의 문제를 개입시키고 있다. 융통성 없는 동일률을 고집하는 소피스트에게 '안다'는 것은 반드시 "언제나 안다"는 것이다. 여기에서도 역시 '안다'는 것에는 타자성이 들어설 여지가 없다. 몰랐다가 안다든가, 알았다가 모른다든가(잊어버린다든가) 하는 가능성은 배제된다. 여기에서도 동일성과 모순만이 있을 뿐 과정이나 정도가 없다.

2) 유사한 논변이 이번에는 명사에 관련해 제시된다.

디오뉘소도로스　당신은 돌과 다르지 않소?

소크라테스　물론입니다.

디오뉘소도로스　돌과 다르다면 돌이 아니겠구려.

소크라테스　당연하지요.

디오뉘소도로스　그렇다면 아버지가 다르다면 아버지가 아니겠구려.

소크라테스　아니죠.

디오뉘소도로스 어쨌든 당신은 아버지가 없겠소이다.

여기에는 '이다'와 '있다'의 문제도 들어 있고, 또 타자성의 문제도 들어 있다. A의 아버지는 B의 아버지가 아니다. 그렇다고 A가 아버지가 없는 것은 아니다. 아버지는 늘 누군가의 아버지이고, 이 '누군가'에는 타자성이 깃들 수 있는 것이다.

마찬가지로 동일성을 강변할 경우 '아버지'는 오로지 아버지이며, 따라서 그는 모든 것의 아버지가 된다. A의 아버지는 A의 여집합의 아버지가 아니다. 그러나 오로지 아버지일 수밖에 없다면, 그는 모든 것의 아버지가 된다. 개의 아버지, 소의 아버지도 되는 것이다. 분노한 크테십포스가 당신의 아버지는 돼지이고 개라고 욕하자, 에우튀데모스는 똑같은 논리로 응수한다. 이제 이야기는 논박을 넘어 욕설의 지경으로 넘어가버렸다. 원래 희극의 방식으로 쓰인 대화편이지만, 이 정도에 이르면 희극이라기보다는 거의 개그에 가깝게 되었다.

더 나아가 디오뉘소도로스는 하나의 주어에 붙는 여러 술어들을 동일화하고 또 주어와 술어를 동일화하는 논변을 펼친다. 그럴 경우 "크테십포스의 개는 아버지이다"와 "크테십포스의 개는 크테십포스의 것이다"에서 "크테십포스의 것은 아버지이다"라는 결론이 도출된다. 이로부터 다시 "크테십포스의 것[개]은 아버지이다"라는 결론이 도출되고, 따라서 그 개를 때린다면 그것은 아버지를 때리는 것이라고 강변한다.

3) "당신네 아버지는 좋을 꼴을 많이 봤겠네요"라고 크테십포

스가 빈정거리자, 에우튀데모스는 새로운 논변을 펼친다.

에우튀데모스 좋은 것은 많이 필요한 게 아닐세.

크테십포스 그래요?

에우튀데모스 아플 때면 약을 먹지. 자네 말대로라면 거기에 독풀 한 마차 분을 갈아 섞으면 되겠나? 전쟁터에서도 창과 방패를 무더기로 가져야 하고?

크테십포스 그야 물론 (머리가 셋 달린) 게뤼오네스나 (팔이 백 개인) 브리아레오스 같으면 그래야 하겠죠.

"좋은 꼴을 많이 봤겠다"는 크테십포스의 말꼬리를 잡고서, 에우튀데모스는 좋은 것이라 해서 많이 필요한 것이 아니라고 응수한다. 여기에서도 역시 '경우에 따라서'라는 조건이 들어설 자리가 없다. 크테십포스가 게뤼오네스와 브리아레오스의 예를 들자 에우튀데모스는 말을 못한다.

그러자 이번에는 디오뉘소도로스가 나와 "좋은 것은 언제 어디서나 가지고 있어야 한다"는 생각을 무차별적으로 적용해 뱃속에는 3탈란톤의 금을, 두개골에는 1탈란톤의 금을, (죽은 자들이 그렇게 하듯이) 각 눈에는 금화를 가지고 있다면 행복하겠냐고 비웃는다. 그러자 크테십포스는 스퀴티아(스키타이) 사람들은 두개골에 금덩이를 많이 가진 사람이 행복하다고 보며 심지어 자신들의 두개골=황금 잔으로 술을 마시고 때로 머릿속을 들여다보기까지 한다고 응수한다. 그러자 에우튀데모스는 다시 말꼬리를 잡고서 희랍어의 애매

함을 이용해서[18] "너의 옷을 볼 수 있다"를 "너의 옷이 볼 수 있다"는 농변(弄辯)을 펼친다. 이런 식의 농변이 몇 가지 더 펼쳐진다.

처음에 에우튀데모스와 디오뉘소도로스에게 하릴없이 당하던 크테십포스와 클레이니아스가 이제 제법 노련한 두 소피스트들에게 '맞짱을 뜨는' 광경을 볼 수 있다. 이 점에서 얄궂게도 소피스트들의 농변은 젊은이들의 논리 훈련에 도움을 주고 있다고도 볼 수 있다. 그러나 그것이 젊은이들의 머리를 좀 좋게 만들지는 몰라도 궁극적으로는 로고스를 사용하는 아주 못된 방법들만 가르쳐 준다는 것은 분명하다. 머리가 좋으면서 윤리적인 인간은 훌륭하다. 머리가 나쁘면서 비윤리적인 인간은 그래도 엄청난 해는 끼치지 않는다. 머리가 나쁘면서 윤리적인 인간은 가끔씩 엉뚱한 일을 벌이기는 하지만 그래도 정(情)이 간다. 가장 불행한 경우는 머리가 좋으면서 비윤리적인 인간이다. 세상의 모든 비극은 바로 이런 자들에게서 나온다. 그래서 소피스트들의 가르침은 독(毒)이 든 위험한 가르침인 것이다.

4) 보다 못한 소크라테스는 어떻게든 대화를 건설적인 방향으로 이끌고자 하지만, 소피스트들은 그마저 농변으로 몰고 간다. 그러나 이 즈음 되면 소피스트들도 밑천이 드러나게 되고, 이제 한계가 빤히 보이기에 이른다.

소피스트들의 패배를 보고서 웃는 클레이니아스에게 소크라테

18) 희랍어에서는 동명사와 부정사의 주어가 목적격 형태를 취하거니와, 이 경우 주어와 목적어를 구분하기 힘들게 되어 있다. 예컨대 "dynata horan himatian"이 "옷들을 볼 수 있다"와 "옷들이 볼 수 있다"로 동시에 해석될 수 있다. 아리스토텔레스, 『소피스트적 논박』, 166a/8 이하를 참조.

스는 논변의 진지함과 아름다움을 일깨운다. 그러자 디오뉘소도로스는 다시 "아름다운 것을 보았습니까?" 하고 묻는다. 소크라테스가 많은 아름다운 것을 보았다고 말하자, 그는 다시 그것들이 아름다움 자체와 같은가 다른가를 묻는다. 이 대목은 얄궂다. 평소 같으면 소크라테스(/플라톤)가 바로 이런 반문을 던지곤 했기에 말이다. 아름다운 것들과 아름다움 자체는 다르다는 것이 소크라테스 자신의 평소의 지론이 아닌가. 그러나 여기에서 디오뉘소도로스가 이데아론의 맹아를 보여주었다고 보기는 힘들다. 지금까지의 흐름 전체로 볼 때, 그가 그런 진지한 목적으로 이 물음을 던졌으리라고는 생각되지 않기 때문이다. 그는 소크라테스가 "같다"고 말하면 아름다운 것은 하나일 뿐이라고 함으로써 "많은 아름다운 것들을 보았다"는 것을 논박하고, 반대로 "다르다"고 말하면 '아름다움 자체'를 '아름답다'로 해석해 "아름다운 것은 아름다움과 다르다" 즉 "아름다운 것은 아름답지 않다"는 모순에 빠트릴 생각이었을 것이다.[19] 이 물음에 대한 소크라테스의 답변은 중요하다.

> 소크라테스　　아름다운 것들과 아름다움 자체는 다르지요. 하지만 그것들 각각에 아름다움 자체가 임재(臨在)합니다.
>
> 디오뉘소도로스　그러면 소가 당신 곁에 오면 당신이 소가 되고, 내가 당신 곁에 오면 당신이 내가 되겠소그려.

---

19) 한글본(『에우튀데모스』, 김주일 옮김, 이제이북스, 2008, 138쪽)의 역주 169를 참조.

여기에 등장하는 'parousia'는 이데아와 구체적 사물들 사이의 관계를 표현하기 위해 플라톤이 사용한 용어들 중 하나로서, 이후의 대화편들에서, 나아가 서구 전통 철학의 흐름 전체에서 중요한 역할을 담당하게 된다.

그러나 디오뉘소도로스는 다시 이 말을 붙들고 늘어진다. 소크라테스가 이데아(의 맹아처럼 보이는 것)와 개별자들의 관계에 대해 말한 'pareinai'(같은 자리에 있다, 곁에 있다) 동사를 가지고서 장난을 침으로써 이 용어를 개별자와 개별자의 관계에 적용한 것이다. 이데아가 개별적 사물들에 임재하는 것과 개별자들이 자리를 함께함으로써 같게 되는 것은 전혀 다른 것이다. 이것은 소피스트적 농변이라고도 할 수 있겠지만, 개별자들만을 인정하는 것(후대의 용어로 유명론)이 소피스트들의 입장이기에 소크라테스의 이야기를 알아듣지 못했다고도 할 수 있다. 소피스트들은 이 외에도 이미 앞에서 등장했던 것과 같은 형식을 띠는(주격과 목적격을 바꾸어 놓기, 주어와 술어를 동일화하기) 몇 가지의 궤변들을 더 늘어놓는다.

에우튀데모스와 디오뉘소도로스가 펼친 논변들은 농변들, 나아가 궤변들로서 진실한 철학과는 거리가 멀다. 그래서 대화편은 진정한 철학에 대한 이야기로 마무리된다. 지금까지의 대화를 듣고서 가다가 크리톤을 만난 어떤 사람—이소크라테스로 추정하는 사람들이 많다—이 철학의 무용(無用)함을 주장하고 크리톤은 그 말을 소크라테스에게 전한다. 소크라테스는 그 사람이 철학자들과 정치가들의 중간 지대에 속한 사람이라고 본다. 이런 부류의 사람들이 어떤 사람들인지는 대화편에 명확히 나오지 않고 있으나, 아마 오늘날로 말하면 시사평론이나 언론, 또는 실용적인 사회과학을 하는 사람들에 가깝다고 볼 수 있을 것이다. 이들은 한편으로 철학 즉 "이론"을 비웃으면서 다른 한편으로는 일반 대중에 비해 자신들이 지혜롭다고 생각한다. 즉, 그들은 자신들이 정치가들보다 더 지식이 있다고 보지만 철학적인/이론적인 지식에 대해서는 현실성이 없다고 비웃는다.

그러나 이런 사람들이 잘 보지 못하는 것은 소피스트들의 농변과 진정한 철학의 차이이다. 이런 구분 능력이 없기 때문에 그들은 진정한 철학함이 무엇인지 알지 못하는 것이다. 소피스트들의 농변을 비웃는 이 사람들은 분명 소피스트들의 유치한 말장난과는 다른, 보다 현실적인 가치를 지니는 일에 종사하는 사람들이었을 것이고, 그래서 플라톤은 이들을 언급했을 것이다. 그러나 그들이 무엇을 구별하지 못하는가를 강조함으로써, 소피스트라는 부류와 철학자라는 부류의 구분이 당대의 똑똑하다는 사람들에게서조차도 이루어지고 있지 않았음을 보여주려 했다고도 할 수 있다. 그리고 이 분류의 구체적인 시도가 말년의 대화편들인 『소피스테스』, 『정치가』와 (쓰이지 못한) 『철학자』에서 시도되기에 이른다.

## 파르메니데스의 극복

『에우튀데모스』는 소피스트들의 궤변이 어떤 것들이었는지를 다각도로 보여주면서, 보다 근본적으로는 그 뒤에 버티고 서 있는 파르메니데스와의 대결을 펼치고 있는 저작이다. 소은은 이 대화편의 전체적 의미를 다음과 같이 해명해 준다.

소피스트들은 상대방의 말을 모순으로 환원시켜 논박한다. 그렇다면 모순에는 어떤 존재론적 성격이 깔려 있을까.

> 모순은 존재와 무가 구별되는 한계선에서 성립한다. 왜냐하면 존재가 존재이며 무는 없다면[무라면], 무는 저절로 없어지므로 존재와 무의 한계선은 있을 수 없다. 없는 것과 있는 것 사이에 한계가 과연 있을 수 있는가? 없는 것의 한계는 없다. 그것의 한계가 있다면 무를 존재와 동등하게 취급한 것이다. 무를 존재와 동등하게 취급하는 데서 모순이 나오며, 이때 존재가 한계를 지니게 된다. 무가 없다면 존재만 있게 되고 존재의 유한성[무와의 모순]을 뜻하는 한계는 없으므로, 존재와 무의 한계는 존재의 유한성 즉 존재가 무에 의해서 부정되고 있음을 뜻한다. 무의 존재성은 바로 존재의 무화(無化)에서 성립한다.(「『유티데모스』편에 대한 분석」, I, 120)

여기에서 절대적 무와 상대적 무를 구분해야 한다. 모순이란 존재와 무가 구분되는 한계선에서 성립하거니와, 무란 아예 없음이기 때문에 존재와 대등하게 맞서 모순을 형성할 수 없다. 절대 무는 오로지 무일 뿐인 것이다. 따라서 문제가 되는 것은 절대적 무가 아니라 상대적 무이다. 상대적 무는 어떤 면에서는 존재한다. 이 무는 단적인 무가 아니라 존재와 함께 얽혀 있고, 그것에 대해 논의 가능하고, 현실에서 나름대로의 역할을 하는 무이다. 이때 무는 '부정'으로서 역할하게 된다. 그리고 이 부정을 통해서 다와 운동이 성립한다. 분절적 부정을 통해 다양성이 성립하고, 연속적 부정을 통해 생성/운동이 성립한다.

다양성 자체는 동일성을 핵심으로 하고 있고 따라서 부정, 모순을 핵심으로 하고 있다. A는 A이다. A는 B가 아니다. A와 B는 양립 불가능하다. 따라서 보다 진전된 존재론은 연속적 부정을 통한 생성/운동의 성립 가능성을 긍정한다.

> 소크라테스가 소피스트의 모순의 이론을 배제하고 지식이 결핍에서 점진적으로 축적되며 가능성을 통해서 얻어진다고 말할 때, 소크라테스는 바로 존재와 무의 한계에서 부정되는 존재 대신에 동시에 존재도 무도 아닌 것을 통해서 성립할 수 있는 존재가 있음을 보여주었다. 동시에 존재도 무도 아닌 것은 그것 자체는 무규정적이지만 존재로의 가능성을 받아들일 수 있다. […] 그[소크라테스]는 한편으로 결핍에서 충만으로 향하는 동적 목적론을 주장할 뿐 아니라, 또 한편으로 우연적으로 이루어진 존재 대신에 일정한 관계로 맺어진 다의 존재를 주장하게 된 것이다. 행위는 동적 목적론에 따라서 끊임없이 결핍에서 충만으로, 곧 선으로 향하는데, 한편 행위는 존재의 일정한 관계 맺음을 통하여 이루어지므로, 선은 존재의 관계 맺음과 일치하는 지식의 지도를 받고 실현된다. 결핍을 충만시키는 행동이 없거나 지식 대신에 무지가 행위를 인도할 때, 행위는 목적에 도달하지 못하고 실패한다. 목적이 도달되기 위해서는 행동력과 올바른 지식이 필요하다.(「『유티데모스』편에 대한 분석」, I, 120~121.

인용자 강조)

이미 논했듯이 결핍, 가능성, 무규정성 등이 행하는 역할은 심대하다. 그리고 이런 개념들은 바로 파르메니데스 극복이라는 맥락에서 솟아올랐던 것이다. 이런 사유를 완성시켜 주는 것은 바로 목적론이다. 목적론은 우선 절대적 우연성을 배제한다. 절대적 우연성은 존재와 무가 맞닿는 곳에서 성립하며, 절대적 탄생이나 죽음의 우연성이다. 여기에서는 절대적 단절만이 있다. 목적론은 이런 단절을 배제한다.

그러나 융통성 없는 단절의 세계를 극복하기 위한 이 목적론은 다른 한편으로 세심한 분절을 통해서 보완될 때에만 의미를 가지게 된다. 예컨대 소피스트들의 농변에 대항해 개별자들의 엄연한 구분이나 이데아와 개별자들의 구분을 행할 때 이 점이 분명히 드러난다. 소크라테스의 논의에서 타자성 개념이 중요한 역할을 하는 것은 이 때문이다. 요컨대 다자를 논하되 그것을 운동성으로, 특히 목적론적 운동성으로 가져가는 것, 역으로 말해 운동성을 논하되 거기에서 다자를 구분할 줄 아는 것이 중요하다. 이로써 파르메니데스를 극복해 다자와 운동을 사유하려 했던 헬라스 철학의 전통은 자연철학자들의 생경(生硬)한 사유 단계와 소피스트들의 해체적인 사유 단계를 거쳐 소크라테스/플라톤에 이르러 비로소 일정한 경지에 오르게 된다. 우리는 파르메니데스 극복이라는 이 중요한 테제를 특히 『소피스테스』편에서 다시 만나게 된다.

3장

# '자기운동자'에서 '생명'으로

소은 사유의 본령은 존재론이다. 이 점에서 『파이드로스』편을 논한 「자기운동」은 소은 사유의 본격적 면모를 유감없이 드러내 주는 강의이다. 앞의 두 글에 이미 소은 사유의 면모가 일정 정도 드러나 있지만, 우리는 이 논문에서 비로소 소은 사유의 본령에 접어들었다는 느낌을 받게 된다. 게다가 이 글의 후반으로 가면 논의는 베르그송으로 넘어간다. 소은 사유의 백미가 플라톤과 베르그송을 잇는 존재론적 통찰에 있다면, 이 강의야말로 그러한 깊이를 일차적으로 맛볼 수 있게 해 주는 강의라 아니 할 수 없다.

『파이드로스』는 에로스에 관한 세 편의 연설문(뤼시아스의 연설 하나와 소크라테스의 연설 둘)으로 된 전반부와 수사술에 관한 논의로 구성된 후반부로 나뉜다. 전반부와 후반부의 연관성에 관련해 논쟁이 있는 대화편이다. 전반부만 놓고서 보면 『뤼시스』, 『향연』 등과 관련되는 대화편이고, 후반부만 놓고 보면 『고르기아스』나 아리스토텔레스의 『변증론』, 『수사학』 등과 관련된다. 소은이 이 대화편 자체를 다루는 것은 아니기 때문에 우리는 논의의 초점을 소크라테스의 두 번째 연설에 맞출 수 있다. 아름다움과 사랑에 관한 두 번의 연설을 펴는 과정에서 소크라테스는 영혼론을 펼치게 된다. 245b 이하에서 전개되는 논의에서 영혼의 본성, 여행, 운명에 대한 논의를 시적으로 펼치고 있으며, 이 대목은 이후 두고두고 (기독교적 세계관에 의해 덧칠되기도 하면서) 인구에 회자되면서 문학 작품들이나 현대에 와서는 대중문화에 의해서도 형상화되곤 했다.

그러나 우리가 초점을 맞출 곳은 245b~246a에 해당하는 한 문단이다. 이 문단은 곧 영혼의 불멸성을 논증하는 문단으로서, 소은은 여기에서 플라톤 이데아론의 또 다른 성격을 읽어내고 또 그것을 베르그송의 생명철학으로 잇는다. 문제가 되는 단락을 우선 번역하면 다음과 같다.

"모든 영혼은 불사이다. 사실상 항상적으로 자기운동하는 존재는 불멸이다, 하지만 타자를 운동케 하거나 타자에 의해 운동하게 되는 존재는 운동이 그칠 경우 살아 있기를 그친다. 자기운동하는 존재만이 스스로 와해되는 일이 없으며 따라서 움직임을 정지당하는 일도 없다. 더욱이 그것은 움직임을 당하는 모든 것에 대해 그 운동의 원리이자 원천이다. 시원은 생겨나는 것이 아니다. 사실상 생겨나는 모든 것은 당연히 어떤 시원으로부터 생겨난다. 반면 시원 자체는 어떤 것으로부터도 결코 생겨나지 않는다. 왜냐 하니 시원이 다른 것으로부터 생겨난다면, 그것은 시원 노릇을 할 수 없게 되기 때문이다. 시원은 생겨날 수 없기에 소멸될 수도 없다. 시원이 소멸해버린다면 그것이 다른 것에서 생겨날 일도 없을 것이요 또 (모든 것은 시원에서 생겨나야 하므로) 다른 아무 것도 생겨나지 못할 것이다. 그래서 자기운동하는 존재는 운동의 시원이다. 그리고 이 존재는 소멸되지도 생겨나지도 않는다. 그렇지 않다면 만물 생성의 터전인 천지가 와해되고 정지했을 때 새로운 개벽을 가져올 운동의 원천을 찾지 못할 것이다. 자기운동하는 존재의 불멸성이 논증되었기에, 그것이 영혼의 실재, 정의라고 주저 없이 말할 수 있게 되었다. 따라서 외부로부터 운동을 받는 모든 물체에는 영혼이 없다, 하지만 [운동을] 내부로부터 스스로로부터 받는 존재에는 영혼이 있다, 영혼의 본성[정의] 자체가 바로 그렇기에 말이다. 이와 같이 자기운동하는 존재가 바로 영혼이라면, 당연히 영혼은 생겨날 수도 없고 죽을 수도 없다고 결론 내려야 할 것이다."

이 문단을 좀 더 이해하기 쉽게 분절해 놓으면 다음과 같다.

1. 모든 영혼은 불사이다.
2. 사실상 항상적으로 운동하는 존재는 불멸이다. 하지만 타자를 운동케 하거나 타자에 의해 운동하게 되는 존재는 운동이 그칠 경우 살아 있기를 그친다.
3. 자기운동하는 존재만이 스스로 와해되는 일이 없으며 따라서 움직임을 정지당하는 일도 없다. 더욱이 그것은 움직임을 당하는 모든 것에 대해 그 운동의 시원이자 원천이다.
4. 시원은 생겨나는 것이 아니다.
5. 사실상 생겨나는 모든 것은 당연히 어떤 시원으로부터 생겨난다. 반면 시원 자체는 어떤 것으로부터도 결코 생겨나지 않는다. 왜냐 하니 시원이 다른 것으로부터 생겨난다면, 그것은

시원 노릇을 할 수 없게 되기 때문이다.

6. 시원은 생겨날 수 없기에 소멸될 수도 없다. 시원이 소멸해버린다면 그것이 다른 것에서 생겨날 일도 없을 것이요 또 (모든 것은 시원에서 생겨나야 하므로) 다른 아무 것도 생겨나지 못할 것이다.
7. 그래서 자기운동하는 존재는 운동의 시원이다. 그리고 이 존재는 소멸되지도 생겨나지도 않는다. 그렇지 않다면 만물 생성의 터전인 천지가 와해되고 정지했을 때 새로운 개벽을 가져올 운동의 원천을 찾지 못할 것이다.
8. 자기운동하는 존재의 불멸성이 논증되었기에, 그것이 영혼의 실재, 정의라고 주저 없이 말할 수 있게 되었다.
9. 따라서 외부로부터 운동을 받는 모든 물체에는 영혼이 없다. 하지만 [운동을] 내부로부터 스스로로부터 받는 존재에는 영혼이 있다. 영혼의 본성[정의] 자체가 바로 그렇기에 말이다.
10. 이와 같이 자기운동하는 존재가 바로 영혼이라면, 당연히 영혼은 생겨날 수도 없고 죽을 수도 없다고 결론 내려야 할 것이다.

## 1절 · 자기운동자 = 영혼의 불멸성

플라톤의 논변은 세 부분으로 나뉠 수 있다. 우선 1, 2, 3은 영혼은 자기운동자이며 자기운동자는 불멸한다는 것을 논증하고 있다. 4, 5, 6, 7은 시원에 대한 논의이며 시원으로서의 영혼 = 자기운동자의 불멸을 논한다. 8, 9, 10은 자기운동자와 타자에 의해 운동을 겪는 존재를 대비시키고 있다.

헬라스 문화사에서 'psychē'는 본래 생명을 뜻했다. 따라서 여기에서의 프쉬케도 생명의 뉘앙스로 읽어야 한다. 때문에 여기에서의 영혼론은 곧 생명철학을 뜻한다고 할 수 있다.

플라톤의 철학은 흔히 운동의 존재론적 위상을 폄하하고 영원부동의 형상들을 제시하는 철학으로 알려져 있다. 그러나 소은은 플라톤이 운동 개념에 입각해 그의 존재론을 전개하기도 했음을 강조한다.

> 플라톤은 사물을 규정하는 방식이 두 가지 있는데, 하나는 형상(eidos)을 통한 규정이고 다른 하나는 운동 방식을 통한 규정이야. 플라톤은 이 양 방식을 왔다 갔다 하지. 사람, 개, 기타 동물이나 사물들의 형상이 있다, 또 그 형상을 보고 만들었다 해. 또 생명을 무생물처럼 나눠. 그런가 하면 또 생명의 중심인 영혼은 운동을 가지고 규정하거든.(「자기운동(I)」, II, 98)

이것은 플라톤이 다루는 대상이 영혼/생명이기 때문이다. 플라톤의 이데아들은 영원부동의 자기동일자이다. 그렇다면 그것들은 생명이 없는 것들이 아닌가. 생명이란 끝없이 차이화(差異化)하는 운동성이다. 그것은 이데아의 기본 규정에 들어맞지 않는다. 그러니 이 기본 규정만을 가지고서는 생명 = 영혼을 부정적으로 평가할 수밖에 없다. 이 점이 플라톤 사유가 부딪쳐야 했을 핵심적인 딜레마가 아니었을까? 형상을 수학적 방식으로만 이해할 때 끝없는 차이화를 특징으로 하는 영혼을 폄하해야 한다. 영혼을 중심으로 사유하고자 한다면 이데아의 성격을 바꾸어야 한다. 『파이돈』에서의 플라톤은 아직 영혼을 생성론적으로 파악하고 있지 않다. 이때의 영혼은 어떤 면에서는 생명의 일반적 과정에서 유리된, 생성을 초월한 형상이다. 다만 윤회가 이 과정을 대체하고 있다. 그러나 영혼을 실체화하고 윤회를 통해 돌아다니는 것으로 파악했던 『파이돈』에서와는 달리 『파이드로스』에서는 영혼의 본질을 (자기)운동으로 보고 있다. 이 점은 생명으로서의 영혼에 대한 보다 경험론적인 파악이다. 영혼은 생성을 초월한 자기동일적 실체가 아니라 그 내부에 영원한 운동을 내장하고 있다. 그러나 두 경우 모두 영혼이 "불멸한다"는 주장을 내포하고 있다. 『파이돈』의 경우에 영혼은 (외부적으로 옮겨 다닐 수는 있어도) 내적으로 자기동일적이기 때문에 영원하며, 『파이드로스』의 경우에는 거꾸로 '자기운동자'이기 때문에 영원하다. 영혼불멸이 이중의 논거를 통해 전개되고 있는 것이다. 후자의 논거가 좀 더 복잡하고 오늘날까지도 더 유의미하다.

1. "모든 영혼은 불사이다(psychē pāsa athanatos)." 논증되어야

할 명제가 우선 제시되었다. 여기에서 'pāsa'는 '모두'를 뜻할 수도 있고 '각각의'를 뜻할 수도 있다. 다음에 이 명제에 대한 일차적인 증명이 제시되고, 이어서 부연 설명이 첨가된다.

2. 일차적인 증명은 이것이다. "사실상 항상적으로 운동하는 존재는 불멸이다. 하지만 타자를 운동케 하거나 타자에 의해 운동하게 되는 존재는 운동이 그칠 경우 살아 있기를 그친다(to gar aeikinēton[1] athanaton. to d'allo kinoūn kai hyp'allou kinoumenon, paulan echon kinēseōs, paulan echei zōes)."

"항상적으로 운동하는 존재는 불멸이다", 이것은 거의 동어반복적인 문장이다. 로뱅처럼 'autokinēton'으로 읽을 경우 논증은 좀 더 복잡해진다. 이 경우 "스스로 움직이는 것은 불멸이다"로 번역된다. 영혼 개념에 좀 더 적절한 규정이 "스스로 움직이는 것"이라는 점에서 로뱅처럼 읽는 것이 낫다. 그러나 이 경우 "스스로 움직인다"는 것과 "불멸이다" 사이에는 논리적 매개 고리가 들어가야 한다. "스스로 움직이는 것은 항상적으로 움직인다"가 그것이다. 이 매개 고리는 그 다음 문장을 통해서 확보된다.

타자에게 운동을 주거나 타자에게서 운동을 받는[2] 존재들은 스스로 움직이는 존재들이 아니다. 이런 존재들은 (직역할 경우) "운동

---

1) 레옹 로뱅은 'autokinēton'으로 읽고 있다.

2) "To d'allo kinoūn kai hyp'allou kinoumenon"에서 'kai'는 반(半)설명적 'kai'로 보아야 한다. 타자에게 힘을 가하는 것은 그 자체 필연적으로 타자로부터 힘을 받아야 하며, 따라서 힘을 주고받는 인과관계의 장 속에 들어 있게 된다. 이것은 스피노자에게 있어 '양태'(modus)가 가지는 성격에 해당한다.

의 정지를 가질 때면 생명의 정지를 가지게 된다." 이 문장에서 '운동한다'는 것이 '살아 있다'는 것과 동일시되고 있음을 알 수 있다. 여기에서 우리는 플라톤이 '살아 있다'는 말을 매우 넓은 의미로 사용하고 있음을 알 수 있다. 중요한 것은 스스로 움직이는가/살아 있는가 아니면 타자에 의해 움직여지는가/살아 있는가이다. 타자에 그 움직임/생명을 의존하고 있는 존재는 타자에 의한 운동이 그칠 경우 당연히 그 생명도 그친다. 반면 스스로 움직이는 존재는 자신의 생명을 타자에 의존하지 않기 때문에 운동/생명을 그칠 이유가 없다. 이렇게 해서 "스스로 움직이는 존재는 항상적으로 움직인다/살아 있다"라는 매개 고리가 만들어지고, 위의 명제 전체도 논증된다.

그런데 스스로 운동하는 존재가 타자에 의해 운동을 그칠 일은 없다 해도 스스로가 자신의 운동을 그칠 일은 있지 않을까? 그 다음 문장은 이 문제를 다루고 있다.

3. "자기운동하는 존재만이 스스로 와해되는 일이 없으며 따라서 움직임을 정지당하는 일도 없다. 더욱이 그것은 움직임을 당하는 모든 것에 대해 그 운동의 시원이자 원천이다(monon dē to auto kinoūn, hate ouk apoleipon heauto, oupote lēgei kinoumenon, alla kai tois allois hosa kineitai touto pēgēkai archē kinēseōs)."

자기운동자는 결코 스스로 와해되지 않는다. "Ouk apoleipon heauto"를 직역하면 "자신을 떠나지 않는다"는 뜻이다. 자기운동자는 스스로 운동하는 자이고, 이 운동자가 자신을 떠난다면 운동은 멈출 것이다. 그러나 자기운동자는 자기를 떠나지 않으며 따라서 운동을 멈추는 일도 없다. 자기운동자는 스스로를 운동하게 하는 존재인데, 그 스스로를 떠나버릴 이유가 없다. 타자에 의해 움직여지는 것은 타자와의 관계 속에서 그럴 수 있지만. 이렇게 자신을 떠나지 않음으로써 자기운동하는 존재는 운동의 시원/원천이 된다. 타자와 상호 작용하는 존재들은 능동적 역할을 할 때도 또 수동적 역할을 할 때도 있지만, 자기운동자는 멈춤 없이 오로지 운동하기에 다른 모든 운동의 시원/원천이 된다.

논변의 끝에서 자기운동자는 모든 운동들의 '시원'이라는 결론이 도출되었다. 그래서 이 '시원'에 대한 논변이 보충적으로 이어진다.

### 시원 = 영혼의 불멸성

논변 4, 5, 6, 7은 시원으로서의 자기운동자가 함축하는 성격으로부터 불멸성을 이끌어냄으로써 앞의 논의를 보충하고 있다.

4. "시원은 생겨나는 것이 아니다(archē de agenēton)." 아르케는 모든 것의 근원, 시원이다. 그것으로부터 다른 것들이 생겨날 수는 있어도 그것 자체는 생겨나지 않는다. 그것이 무엇인가로부터 생겨난다면 또는 그것이 무엇인가에 의해 소멸되어버릴 수 있다면 그것은 아르케라고 할 수 없을 것이다(5, 6은 이 점을 언급한다).[3] 이것은

---

3) 5. "사실상 생겨나는 모든 것은 당연히 어떤 시원으로부터 생겨난다. 반면 시원 자체는 어떤 것으로부터도 결코 생겨나지 않는다, 왜냐 하니 시원이 다른 것으로부터 생겨난다면, 그것은 시원 노릇을 할 수 없게 되기 때문이다(ex archēs gar ananchē pan to gignomenon gignesthai, autēn de mēd'ex henos. ei gar ek tou archē gignoito, ouk an ex archēs gignoito)."

헬라스 철학의 기본 논리이고 또 아르케가 진짜 존재하는가의 문제를 접어둔다면 논리 그 자체는 여전히 유효하다.

그러나 중요한 것은 지금 논의가 되고 있는 이 시원은 자기운동자라는 점이다. 즉, 시원이 영원부동의 자기동일자가 아니라 자기'운동자'라는 점이다. 물론 여기에서의 운동이 탄생과 소멸을 뜻하지 않는 것은 분명하다. 앞에서 자기운동자는 "자기를 떠나지 않는다"고 했고 따라서 그것은 탄생과 소멸을 초월하는 것이기 때문이다. 소은은 이 논리의 문제점을 다음과 같이 지적한다.

> 운동과 정지를 완전히 고립시켜(isolate) 운동이 있거나 정지가 있거나 양자택일로 생각하니까 이런 소리를 하는 거야. 운동과 정지가 동시에 있다는 경우에는 이런 얘기가 성립하지 않아. 운동이 있거나 정지가 있거나 그 어느 하나일 때 하는 얘기야. […] 어딘가 [운동의] 끝이 있어야 되고 시초(아르케)가 있어야 한다는 거야. […] 무한소급은 불가능하니까 시초가 있어야 되겠다는 얘긴데. […] 어디선가 끊어져야 한다는 얘기야.(「자기운동(I)」, II, 103)

그러나 여기에서 문제는 미묘하다. 인과의 연쇄를 어디엔가 귀

6. "시원은 생겨날 수 없기에 소멸될 수도 없다. 시원이 소멸해버린다면 그것이 다른 것에서 생겨날 일도 없을 것이요 또 (모든 것은 시원에서 생겨나야 하므로) 다른 아무 것도 생겨나지 못할 것이다(epeidē de agenēton estin, kai adiaphthoron auto ananchē einai. archēs gar de apolomenēs oute autē pote ek tou, oute allo ex ekeinēs genēsetai, eiper ex archēs dei ta panta gignesthai)."

착시키는 것, 어떤 '아르키메데스의 점'으로 환원시키는 것은 니체 이전의 서구 존재론의 전통이다. 지금의 맥락에서도 논리적으로는 이런 구도가 전형적으로 나타난다. 그러나 내용상으로 이 아르케는 자기'운동자'이다. 그것은 단순한 어떤 '점'(点)이 아니라 계속 운동하고 있는 어떤 것이다. 이 점에서 이 대목에서의 플라톤의 논의는 전형적인 서구 형이상학의 구도를 뛰어넘고 있다(그러나 소은은 오히려 그 이전의 구도로 이 대목을 해석하고 있다). 따라서 여기에서의 시초란 시간적으로 무한히 소급해 '세계의 끝'에서 발견할 수 있을 그런 것이 아니다. 무한소급의 문제가 아닌 것이다. 자기운동자는 세계에 생명이 늘 존재하게 하는 근원이며 생명 그 자체라고 할 수 있다. 'Agenēton'을 "비생성적"이라고 번역할 경우 오해가 생긴다. 자기운동자는 늘 운동하며 생성하기 때문이다. 여기에서의 'agenēton'은 "비탄생적"을 뜻한다. 탄생과 소멸을 겪지 않는다는 뜻이다. 이 점에서 영원하다. 하지만 정적으로 영원한 것이 아니라 동적으로 영원하다. 시간을 초월한 '영원'이 아니라 시간 속에서 '항구적'이라는 뜻이다. 그래서 7은 세계 자체가 소멸과 재탄생을 겪어도 자기운동자 그 자체는 항구적임을 확인하고 있다.

7. "그래서 자기운동하는 존재는 운동의 시원이다, 그리고 이 존재는 소멸되지도 생겨나지도 않는다. 그렇지 않다면 만물 생성의 터전인 천지가 와해되고 정지했을 때 새로운 개벽을 가져올 운동의 원천을 찾지 못할 것이다(houtō dē kinēseōs men archē to auto auto kinoun. touto de out'apollusthai oute gignesthai dynaton, ē panta te ouranon pasan te genesin sympesousan stēnai, kai mēpote authis echein

hothen kinēthenta genēsetai)."

천지가 와해되어 세계가 소멸해도 새로운 개벽이 일어난다. 여기에서 플라톤은 영겁회귀 그 자체를 강조하려는 것은 아니다. 주안점은 자기운동자의 항구성에 두어진다. 플라톤이 말하려는 영혼불멸은 곧 생명의 항구성을 뜻하는 것이다. 따라서 이미 말했듯이 여기에서 '시초'를 찾기 위해 인과를 거슬러 올라간다든가 무한 소급을 한다든가 어디에선가 끊어야 한다든가 하는 식으로 보는 것은 문제를 잘못 보는 것이다. 생명의 항구성이 문제의 핵심이다.

그러나 생명이 일정한 '정도'를 함축할 수는 있다. 생명이란 그 안에 생로병사(生老病死)의 과정을 함축하고 있다. 따라서 여기에서의 '운동'이란 물리적인 맥락에서의 운동으로 볼 수 없다. 그것은 운동과 정지의 문제가 아니다. 소은은 이 대목에 관련해 운동과 정지가 모순 개념이 아니라 대립 개념이라는 것, 따라서 서로 연결되어 있고[4] 이 연결을 통해서 '속도'가 성립함을 논한다.(「자기운동(I)」, II, 113) 그러나 이 대목에서 문제의 초점은 운동과 정지보다는 삶과 죽음의 문제로 보인다. 생명이 정도를 함축한다는 것은 삶과 죽음이 상관적 정도로 얽혀 있음을 말하며, 그러나 자기운동자의 항구성을 통해서 궁극적으로는 생명의 승리를 역설하고 있다고 볼 수 있다. 물론 운동과 정지의 의미를 보다 넓게 잡을 경우 두 이야기는 합치할 수 있다.

---

4) 소은이 "연결되어 있다"고 표현한 것은 운동과 정지가 사실상 한 사태의 두 측면이고 그 상관적 정도(correlative degree)의 조합을 통해서 하나의 사태를 형성함을 뜻한다.

## 영혼-전체와 개별 영혼

논의가 마무리되면서 영혼과 비-영혼의 차이가 강조된다. 그러나 개별 영혼의 문제인가 영혼-전체의 문제인가라는 아포리아가 발생한다.

8. "자기운동하는 존재의 불멸성이 논증되었기에, 그것이 영혼의 실재, 정의라고 주저 없이 말할 수 있게 되었다(athanatou de pephasmenou tou hyph'eautou kinoumenou, psychēs ousian te kai logon touton auton tis legōn ouk aischyneitai)." 영혼은 자기운동자이고 자기운동자는 불사이다. 그래서 영혼의 본질은 불사라 할 수 있다. 영혼을 영혼이게 하는 것, 영혼의 실재는 곧 불사인 것이다. '영혼=자기운동자=불멸의 존재'라는 공식이 성립한다. 따라서 다음에는 자기운동자와 타자에 의해 운동을 겪는 것들 사이의 차이가 강조된다.

9. "따라서 외부로부터 운동을 받는 모든 물체에는 영혼이 없다. 하지만 [운동을] 내부로부터 스스로로부터 받는 존재에는 영혼이 있다. 영혼의 본성[정의] 자체가 바로 그렇기에 말이다(pan gar sōma, hō men exōthen to kineisthai, apsychon. ō de endothen autō ex autou, empsychon, hos tautēs ousēs physeōs psychēs)." 자기운동자는 운동의 원인을 그 내부에 가진다. 이것이 영혼이다. 그러나 비-영혼은 그 바깥에 운동의 원인을 가지며, 따라서 스스로 운동하기보다는 운동을 받는다. 즉, 운동을 "겪는다". 자기운동자는 스스로 운동하며 "자기를 떠나지 않기" 때문에 자기동일성을 상실하지 않는다. 그러나 외부적인 원인에 의해 운동을 겪는 존재들은 운동을 통해 타자화된다. 공

간 이동으로서의 운동이든, 질적 변화로서의 운동이든, 아니면 양적 증감으로서의 운동이든, "운동의 법칙은 'hetereomai'(다른 것으로 되다)에 있다. 즉, 타자화되어야만 운동이 성립한다"는 것이 중요하다. 달리 말해, 비-영혼은 영혼과 달리 운동을 통해서 스스로를 "떠난다"(apoleipon)고 할 수 있다. 이에 비해 자기운동자는 스스로를 떠나지 않는다. 즉, 불멸이다. 플라톤은 이 점을 확인함으로써 논증을 끝맺는다.

10. "이와 같이 자기운동하는 존재가 바로 영혼이라면, 당연히 영혼은 생겨날 수도 없고 죽을 수도 없다고 결론 내려야 할 것이다(ei d'esti touto outōs echon, mē allo ti einai to auto heauto kinoun ē psychēn, ex ananchēs agenēton te kai athanaton psychē an aiē)."

여기에서 제시될 수 있는 한 가지의 물음은 불멸하는 것이 각각의 영혼들인가 아니면 어떤 보편적인 영혼인가 하는 점이다. 이것은 "자기를 떠나지 않는다"에서 '자기'(heauto)가 정확히 무엇인가 하는 점이다. 이것이 개별적 영혼이라면 '운동하는 것/존재'로 이해할 수 있고, 보편적 영혼이라면 '운동 자체'로 이해할 수 있다. 소은은 "양자역학에서 양자를 에너지로 보듯이 여기에도 운동 자체로 봐야" 한다고 말하고 있다.(「자기운동(I)」, II, 101) 이것은 곧 보편적 영혼의 관점에서 보는 것이다. 그러나 이럴 경우 9에서 자기운동자와 타자에 의해 운동을 겪는 자가 명확히 구분되고 있다는 사실이 문제가 된다. 이 대목은 자기운동자로서의 생명-전체와 무생명체들을 대비시키고 있기보다는 생명체들과 무생명체들을 대비시키고 있는 것으로 보이기 때문이다. 'Apsychon'과 'empsychon'의 대비는 헬라스 인들에게는 매우 일상적인 대비였다. 생명-전체에 대한 사변은 『티마이오스』와 『창조적 진화』의 주요 주제이지만, (246a 이하의 논의 전체를 감안해 봐도) 아직 이 대화편에서는 개별적 영혼들을 논하고 있는 것으로 보인다.

어쨌든 영혼=생명의 불사를 논하는 데 '자기운동자' 개념이 핵심적인 역할을 한다. 그러나 이 개념에는 분명 모순이 내포되어 있다. 운동자는 타자화된다. 자기운동자는 "스스로를 떠나지 않는다." 여기에 명백한 모순이 있고, 따라서 영혼=생명이란 그 안에 모순을 소화하고 있는 존재이다. 생명은 모순율을 넘어서는 존재인 것이다.

> 가장 중요한 점은 운동을 하면 반드시 타자화된다는 점이야. 형이상학적으로 이야기하면 외부에서 받아들여진 운동은 모두 타자화돼. "떠나야" 돼. 원상태를 버려야 무엇이 변화한다고 할 수 있어. 그런데 원상태를 버려야 함에도 불구하고 안 버린다는 것이 가능하냐 그 말이야. […] 불가능하지. 그런데 불가능한 것이 현실적으로 존재한다면 그것을 뭐라고 하지? […] 불(不)자를 빼고 가능이니 우연이니 그래. […] 물질적인 운동에서는 분명히 "떠난다"는 것이 성립하지. 그런데 운동하면서 "떠나지" 않는 상태가 현실적으로 있느냐, 이것이 문제야.(「자기운동(I)」, II, 120)

## 2절 · 기억으로서의 생명

그러나 베르그송에 이르러 플라톤의 이런 통찰은 더욱 역동화된다. 모순의 소화를 현실적으로 보여주는 것이 바로 기억이다. 운동이란 타자화를 함축하는데도, 운동하면서도 기억을 통해서 타자화로 빠져들어 가지 않는 존재를 플라톤은 '능동자'(poioūn)—'자기운동자'(heauton kinoūn)—라 했다. 능동자는 시간이 가져오는 차이화를 겪으면서도 스스로의 동일성을 잃지 않는다. 그러나 이 자기운동자는 시간의 철학을 통해서 보다 역동적으로 이해되어야 한다. 시간의 흐름 속에서 와해되기보다 수축(contraction)을 통해 차이생성을 보듬음으로써 모순—존재와 무의 모순—을 극복하는 존재, 그것이 생명이다. 그래서 플라톤이 이미 지적했듯이 생명은 'to auto'이지 'to kath'hauto'가 아니다. 후자는 오로지 그 자신일 뿐이지만, 전자는 타자들 속에서 반복되는 자신이다. 생명의 본질을 파악하기 위해서는 추상적 동일성인 'to kath'hauto'가 아니라 타자화를, 차이생성을, 모순을 겪음에도 불구하고 스스로를 반복할 수 있는 'to auto'이다. 그런 존재가 곧 능동자 = 생명(체)이다. 이런 능동자를 가능케 하는 것이 바로 기억이다. 생명(체)이란 시간을 초월하는 존재가 아니다. 그것은 시간과 투쟁하는 존재이다.

물체들의 운동은 타자화하는 운동이거니와, 우주의 흐름 전체를 볼 때에도 그것은 근본적 타자화의 운동이다. 이것은 곧 물체들 자체의 와해, '제일 질료'에로의 완전한 와해를 뜻한다. 현대에 이르러 이 운동은 '엔트로피의 상승'이라는 이름을 부여받았다. 그렇다면 시간과 투쟁하는 생명의 의미란 곧 생명이 이 하강운동과의 투쟁을 통해서 존속됨을 뜻한다. 그러나 이러한 존속은 플라톤적인 정적인 방식으로, 즉 본체론적인 생명을 상정함으로써는 가능하지 않다.

> 베르그송의 입장에서 보면 이 우주는 동적인(dynamic) 세계인데, 물질세계의 필연적인 법칙은 타자화되는(heterousthai) 운동으로서의 하강운동이야. 『파이드로스』편에서도 날개가 있어서 형상(形相)으로 가는 상승운동과 무거워서 밑으로 처지는 하강운동, 둘을 구분하지? 그때 원천으로 올라가는 운동은 [베르그송에게는] 어디까지나 가능적인 것, 비결정적인 것이고, 우연적인 것이야. 따라서 여기서 세계는 가능적인 체제로 변하게 돼. 어떤 고정된 세계가 따로 있는 것이 아니라, 있을 수도 있고 없을 수도 있어. 물질의 세계도 그래. 그러니까 그런 비결정성이 생명의 세계뿐 아니라 물질의 세계에까지 있다는 것이 베르그송의 입장이야.(「자기운동(I)」, II, 123)

그래서 실제 세계는 'existentia'의 세계이다. 중세 철학에서 신 바깥의 피조물 또는 그 성격인 'contingentia'를 뜻했던 이 말은 우리의 맥락에서는 말 그대로 'ex-istentia'로 즉 바깥으로 향해 있는 존재로 이해할 수 있다. 그것은 모든 것은 반드시 타자와 관계 맺음으로써만 존재할 수 있는 세계, 어떤 절대적 동일성도 성립하기 힘든 세계이다. 따라서 이것은 존재의 세계와 생성의 세계가 날카롭게 갈라지는 세계도 또 항구적인 자기동일자가 가정되는 세계도 아니다. 실존의 세계는 역동적인 생성의 세계이며 관계의 우발성이 지배하는 세계이다. 바로 이 때문에 베르그송에게 생명의 근거는 자기운동자를 넘어서 무와 투쟁하는 보다 역동적인 힘이라고 해야 한다. 생명체의 본질은 모순을 보듬는 것에 있고, 따라서 그것은 언제라도 무로 화할 수도 있고 역으로 새로운 형식을 창조해낼 수도 있다. 이것이 앞에서 생명이란 '시간을 초월하는 존재'가 아니라 '시간과 투쟁하는 존재'라고 했던 말의 또 다른 뉘앙스이다. 생명은 자기운동자에 의해 편안하게 그 동일성이 확보되는 존재가 아니라 절대 무로부터 절대적 창조에 이르는 삶의 밧줄을 붙들고서 길항(拮抗)하는 역동적인 존재인 것이다.

이런 투쟁을 가능케 하는 존재론적 근거가 바로 기억이다.[5] 그러나 생명의 기억은 단지 과거의 보존으로 그 역할을 다하지는 않는다. 현재는 과거 위에 존립하지만 과거는 현재 없이는 의미를 상실한다.[6] 차이생성을 소화해내면서 스스로의 동일성을 계속 수선해 나가는 능력, 이 현재의 능력은 순수기억의 잠재성에 의해 근거지어지지

---

5) 베르그송은 신체에 각인되어 자동적으로 반복되는 습관-기억(mémoire-habitude), 기억-이미지들로 보존되었다가 현재의 상황에 맞물려 의식적으로 떠올리게 되는, 상식적인 의미에서의 기억인 이미지-기억(mémoire-image), 이미지-기억으로는 소진되지 않는, 습관-기억과 이미지-기억의 선험적 조건으로서 언제나 존속하는, 현실적인 상황들 때문에 오히려 억압되어 있지만 무의식 속으로 깊이 내려갈 때 발견할 수 있는, 사실상 생명의 흐름 그 자체인 순수 기억(mémoire pur)을 구분한다. 이 점에서 베르그송적 무의식 = 순수기억은 뇌의 신경-생리학적 상태와도 또 프로이트적인 무의식 개념과도 다르다.

만 또한 동시에 이 역동적 현재가 없다면 순수과거 역시 의미를 상실한다. 베르그송은 이 능력, 즉 차이생성으로 인해 계속 타자화되는, 더 근본적으로는 무의 비탈길을 따라 하강운동하는 생명(물질에 굴복하는 생명)을 다잡아서 그 역방향=상승운동을 가능케 하는, 현금의 동일성에 머물지 않고서 '차이'를 자기화하는(그래서 스스로의 동일성을 더 풍부하게 만드는) 능력/운동을 '약동'이라고 표현한다(이것이 앞에서 플라톤의 자기운동자를 더 역동적으로 이해해야 한다는 말의 의미이다). 말할 필요도 없이 이런 약동의 능력은 생명체들만이 가지는 능력이며 그래서 이 '약동'은 곧 '생명의 약동'이다. 이 말은 그저 생명에 대한 막연한 낭만적 예찬을 발하는 개념이 아니라, 이런 엄밀한 존재론적 맥락에서 제시된 개념이다. 이 '생명의 약동' 개념이야말로 "스스로를 떠나지 않는다"는 생각의 새로운 버전, 더 적극적인 버전이라 할 수 있을 것이다.

> 베르그송[의] 입장에서는 플라톤의 '자기운동[자]'은 이치에 안 닿는다는 거야. 시초가 없다면[7] 솔직하게 무에서 나왔다고 해야지 어

6) 이는 단지 위의 각주에서 언급한 두 번째 의미의 기억(이미지-기억)의 역할을 뜻하는 것이 아니라, 선험적 조건=무의식으로서의 순수과거와 현재의 삶이 맺는 보다 근본적인 존재론적 관계를 말한다(순수기억은 밑으로부터 솟아올라 오히려 이미지-기억의 통상적인 연쇄에 차이를 도래케 하며, 이런 차이생성을 통해서 시간에 복잡성과 비결정성을 도래케 한다. 이런 복잡성과 비결정성이 미래의 열림을 가능케 한다는 점에서, 순수과거는 이미 미래의 열림까지도 잠재적으로 함축하고 있다고 볼 수 있다). 현재-과거-미래의 이 베르그송적 구도는 여러 가지 역설들을 내포하게 되는데, 이것이 앞에서 생명체의 본질은 모순을 보듬는 것에 있다고 했던 말의 존재론적 의미이다. 이 역설들(네 가지 역설)은 들뢰즈에 의해(『차이와 반복』, 2장) 상세하게 분석된 바 있다.

째서 자신을 움직이는 것이라고 하느냐, 그 자체가 잘못이라는 거야. 그것은 희랍적 사고인데, 그걸 넘어서야 된다는 거야. 그래서 비약(élan)이라고 해. 무를 극복하고 나온 것은 무로 가야 하는 것을 무로 가지 않게 하려는 능력이 있다, 그것이 기억능력이라는 거야. […] [플라톤에서는] 영혼은 영원해서 불사적이고 죽는 법이 없어. 베르그송 이론은 안 그래. 생명체는 한순간에도 죽을 수 있다. 그러나 또한 영원히 살려고 한다. 그 두 개의 모순, 딜레마가 있어. […] 그러니까 플라톤과 베르그송은 "떠나지 않는다"의 의미가 달라. 기억까지는 같아. 그러나 "떠나지 않는" 원인이 달라. 베르그송에서는 그것이 허무에서 허무를 극복하고 나왔기 때문에 허무로 가려는 것을 붙잡고 허무로 안 가게 할 수 있는 능력이 있다는 것이고, 그것이 그의 기억이야.(「자기운동(I)」, II, 125~126)

다시 말한다면, 기억과 약동은 맞물려 있다. 약동은 기억을 받침대로 해서만 의미를 가지며, 기억은 약동이 없다면 그 순간 죽어버리기 때문이다. 약동은 차이생성을 보듬어 온 역사 전체를 터로 해서 의미를 가지며, 기억은 약동(élan) = '자기차이화'(différence avec soi)를

---

7) 이것은 앞에서 나온 시원으로서의 자기운동자를 뜻한다. 그러나 이에 대한 무한소급에 입각한 소은의 이해는 문제가 있음을 지적했다. 자기운동자 개념의 한계는 그것이 단적인 동일자 개념을 못 박음으로써 (소은이 강조하는) 생명의 역동성을 개념화하고 있지 못한다는 점에 있다. 다른 한편, 여기에서의 '시초'를 시간상의 시초가 아니라 운동의 시초라고 이해할 수도 있다. 그럴 경우 소은이 말하고자 하는 것은 모든 운동이 자기운동자에 애초에(아프리오리하게) 들어 있는 것이 아니라 '약동'에 의해 완전히 새로 생성할 수 있다는 점에 있다.

통해서 매순간 되살아남으로써만 소멸되지 않는 것이다.

소은은 이렇게 분석하면서 플라톤의 사유에는 양상(modality)의 문제가 결여되어 있다고 지적한다. 물론 플라톤에서도 양상의 문제는 중요한 역할을 맡고 있다. 오히려 앞의 장에 이르기까지는 플라톤 사유가 바로 양상을 사유한 점에 중요한 의미가 있음이 강조되었다. 여기에서 소은이 '양상'이라 말한 것은 베르그송에서와 같은 급진적인 시간론을 뜻한다고 볼 수 있으며, 더 나아가 '가능적인 것과 현실적인 것'에 관한 베르그송의 혁명적인 사유('élan'의 사유)를 염두에 둔 표현일 것이다.[8] 플라톤은 자기동일자에서 자기운동자로 사유를 역동화했지만, 베르그송에 이르면 자기운동자 개념은 무의 극한까지 내려가 투쟁하는 훨씬 역동적인 개념으로 화한 것이다. 소은의 사유는 이렇게 플라톤에서 베르그송으로 넘어간다. 자기동일자→자기운동자→자기차생자(약동하는 생명)로 이어지는 이 과정을 잘 음미해 볼 필요가 있다.

이상의 논의를 통해서 플라톤과 베르그송의 관계가, 더 넓게 말해 서구 존재론사를 관류하는 하나의 문제-장(problématique)이 소략하게나마 정리되었으며, 그로써 소은 사유의 골격도 어느 정도 드러났다. 그러나 소은 사유에 대한 본격적인 이해는 오히려 이제부터라고 해야 할 것이다. 이 본격적인 이해를 위해서는 이제 플라톤 사유의 좀 더 심층적인 부분으로 들어가 보아야 한다.

---

8) 베르그송, 『사유와 운동체』(*La Pensée et le mouvant*)에 수록된 「가능적인 것과 현실적인 것」을 참조.

## 4장

# 이성적 존재로서의 자연

소은은 플라톤의 대화편들 중에서 『티마이오스』를 특히 중시했고, 또 사실 이 대화편에 대한 글과 논의를 가장 많이 남기고 있다. 그것은 소은의 주된 관심이 존재론의 근본 문제들에 있었고, 이 대화편이야말로 그런 관심사에 부합하는 대화편이기 때문일 것이다. 이 대화편을 읽음으로써 우리는 비로소 플라톤이 생각하는 세계 전체의 모습을 일관되게 이해할 수 있게 된다.[1)]

이 대화편에 대한 소은의 분석은 주로 '아낭케' 또는 '방황하는 원인'에 집중되어 있다. 전집 I에 실린 논문 「『티마이오스』편의 〈필연〉에 대한 아처-하인드의 견해를 음미함」(이하 인용 시 '아처-하인드의 견해'), II에 수록된 강의록인 「필연」과 「방황하는 원인」이 이 경우에 해당하며, IV에도 『티마이오스』론이 포함되어 있다. 그 외에도

1) 이 대화편에 대한 기초적인 풀이는 『세계철학사 1』(길, 2018), 6장에서 행한 바 있다.

전집 도처에서 아낭케/방황하는 원인에 대한 논의가 등장한다. 이것은 앞으로 차차 드러나겠지만 소은이 늘 플라톤과 베르그송을 타원의 두 초점으로 삼아 서구 존재론사 전체를 논한다는 사실과 관련된다. 이 점에서 앞의 장에서 논한 내용과 계속 연관시키면서 볼 필요가 있으며, 이 문제는 바로 '약동', '자기차생자', '우연'의 문제에 직결된다. 그리고 이 모든 논의들의 기본 구도가 제시된 것은 바로 『티마이오스』에서이다. 『티마이오스』에서의 '방황하는 원인'에 대한 심오한 분석이 『창조적 진화』의 생명철학에 관한 면밀한 논의로 이어지는 대목이야말로 소은 사유의 백미일 것이다.

이 대화편에서 중요한 역할을 하는 개념은 'paradeigma' 즉 '본'(本)이다. 잘 알려져 있듯이 플라톤의 근본 관심은 정의로운 폴리스를 설계하는 것이었다. 이런 설계를 위해 핵심적인 것은 곧 이상적인 모델이고, 그 모델을 '본'떠서 인성과 국가를 만들어 나갈 때 인간은 행복할 수 있다는 것이 플라톤의 근본 신념이다. 이 모델의 역할을 한 것은 물론 형상들이거니와, 『티마이오스』에서는 좀 더 구체적으로 이 우주 자체가 형상들을 본떠서 만들어진 것임이 천명되고, 바로 그렇기에 우주가 인성과 국가의 모델이 될 수 있음이 천명된다. 그래서 크리티아스는 우주에 관한 이야기에서 시작해 인간과 정치에 관한 이야기로 나아가자고 제안한다.(27a) 현대식으로 말해, 존재론과 자연철학을 수립한 후 인성론/주체론으로 나아가고 다시 윤리학과 정치철학으로 나아가는 순서라고 할 수 있다. 이렇게 본다면 비교적 후대에 쓰인 이 대화편이 논리적으로는 플라톤 사유의 앞머리에 오는 저작이라고 할 수도 있을 것이다.[2)] 또, 이 우주론 저작의 첫

머리가 오히려 『국가』에 대한 요약으로 시작되는 이유도 충분히 짐작이 간다.

『국가』에서 플라톤은 사람들이 각자의 '퓌지스 = 본성'에 따라서 직업을 가지게 되는 나라를 꿈꾸고 있다. 소피스트들이 기존의 퓌지스를 무너뜨리고 노모스의 상대성을 드러낸 이후, 나아가 퓌지스의 내용 자체를 '음식남녀'(飮食男女)로서만 규정한 이후, 역으로 플라톤은 다시 이 퓌지스의 의미를 재규정함으로써 소피스트들을 넘어서고자 했다. 퓌지스(자연, 본성, 소질, 경향)에 입각해 국가를 건설할 때 그 국가는 우주를 반영할 수 있을 것이고 따라서 우주처럼 정연할 수 있을 것이다(플라톤에게서 '퓌지스'는 언제나 형상들이었지만, 이제 『티마이오스』에 이르면 이 말의 보다 상식적 의미 즉 '自然'을 뜻하게 된다). 따라서 "퓌지스에 입각해 수립된 나라"라는 『국가』(428e)에서의 언급에는 이미 『티마이오스』와의 연관성이 함축되어 있었다 하겠다.[3]

『국가』에서 무엇보다 중시되는 것은 통치자들의 선발이다. 엄격한 교육과정을 거치면서 살아남은 사람들을 통치자로 삼아야 한

---

2) 소은 선생과 나누었던 대화에서 선생은 "플라톤의 대화편들은 『티마이오스』를 먼저 읽고서 거꾸로 거슬러 가는 것이 좋다"는 취지의 말씀을 한 적이 있는데, 이것은 아마 이 점을 염두에 둔 지적일 것이다.

3) 플라톤의 "kata physin" 개념에는 최소한 세 가지의 문제점이 내포되어 있다. 1) 과연 각 인간에게 본래적인 본성/소실이 내재하는가? 2) 도대체 누가 각인(各人)의 퓌지스를 파악하고 규정할 수 있는가? 3) 설사 각인이 퓌지스를 타고난다 해도 살아가는 과정에서 변할 수 있지 않은가? "Kata physin"은 한 인간을 고착화시키는 것은 아닌가? 이 난점들이 『국가』에서 설득력 있게 다루어져 있는가는 논의거리가 된다.

다는 생각이 이 두꺼운 대화편 전체를 가로지르고 있다. 체육과 시가 같은 기초 교육에 (시민으로서의 의무인) 군사 훈련, 그 후 다양한 지적 교육들(대수학과 기하학, 천문학과 화성학)을 받은 후 마지막으로 철학(변증법)을 배움으로써 경쟁자들은 마침내 통치자의 자격을 얻게 된다. 게다가 이들에게는 높은 도덕적 경지는 말할 것도 없고 심지어 처자의 공유 같은 극한적인 장치들까지 감수해야 한다. 이렇게 해야만 "시인들"(뮈토스의 담지자들)이나 소피스트들(논박술의 담지자들)이 아닌 철인-치자들—애지자(愛智者)인 동시에 정치가인 인물들—이 통치자들로서 선별될 수 있다. 이런 폴리스만이 이상적인 폴리스이다.

이제 『티마이오스』에 이르러 플라톤은 이런 이상적인 폴리스가 현존했었다는 이야기를 전해 준다. 이른바 아틀란티스 이야기로, 9000년 전 서쪽으로부터 밀려온 위협을 퇴치한 용감한 아테네 선조들의 "역사"가 현실 개혁이 지향해야 할 모델로서 제공되고 있다.[4] 이상적이었던 '선왕(先王)의 도(道)'—이 경우에는 헬라스의, 특히 아테네의 시민들의 도이겠지만—를 제시함으로써 후손들을 부끄럽게 만드는 이야기의 전형이라고 할 수 있다. 중요한 것은 이런 도를 이루기 위해서는, 플라톤이 늘 그렇게 생각하듯이, 반드시 진리를 아는 사람, 우주의 이치를 깨친 사람, '선(善)의 이데아'를 인식한 사람의 인도를 받아야 한다는 점이다. "Kata physin"의 원리가 일관되

4) '아틀란티스 이야기'의 여러 측면들에 대해서는 플라톤, 『크리티아스』(이정호 옮김, 이제이북스, 2007)에 수록된 역자의 「아틀란티스에 관하여」를 참조.

게 작동하고 있다. 그래서 이제 이야기는 우주의 본성에 관한 논의로 넘어간다. 플라톤은 티마이오스의 입을 빌려 논의를 전개하기 전에 우선 신들에게 도움을 청하는데, 이것은 『일리아스』의 도입부에서도 볼 수 있는 "시인들"의 전형적인 절차이다. 플라톤에게 『티마이오스』는 확고한 과학이 아니라 "그럴 수도 있는 이야기(뮈토스)"였음을 이런 절차로부터도 짐작할 수 있다.

## 1절·세 가지 근원

우주에 대한 논의에서 티마이오스/플라톤이 가장 일차적으로 제시하는 것은 이데아 차원과 코라 차원의 구분이다. "우선 다음과 같은 구분이 필수적입니다. 하나는 '영원히 존재하는 것'(to on aei)이고, 다른 하나는 '영원히 생성하는 것'(to gignomenon aei)이죠. 전자는 생성을 넘어서 있는 것이고, 후자는 존재한다고 할 수 없는 것입니다. 전자는 자기동일적 존재로서 이성과 엄밀한 추론을 통해서 파악되며, 후자는 탄생/소멸을 겪는 비-실재로서 감각과 경험적 지식을 통해서 파악됩니다."(『티마이오스』, 27d~28a) 소은은 다음과 같이 정식화해 주고 있다.

> 우주가 형성되기 이전에 1) 영원히 있으나[있을 뿐] 생성하지 않는 것(to on aei genesin de ouk echon), 2) 영원히 생성하며[생성할 뿐] 존재하지 않는 것(to gignomenon aei on de oudepote)이 있었다. 전자는 영원히 동일한 상태에 있으므로(aei kata tauta on) 로고스와 더불어 이성에 의해서 파악될 수 있으며(noēsei meta logou perilepton) 후자는 생성 소멸하며(gignomenon kai apollumenon) 참으로 존재하지 않으므로(ontōs de oudepote on) 감각과 더불어 억견(doxē meta aisthēseōs)으로 파악될 수 있다.(「아처-하인드의 견해」, I, 162)

이런 식의 양분법은 플라톤 대화편의 곳곳에서 등장한 바 있거니와, 여기에서 다시 한번 확고하게 정립되고 있다. 뒤에 나올 용어로 간단히 말한다면, 한편에는 이데아들이 있고 다른 한편에는 물질적 터(코라)가 존재한다고 할 수 있다. 우주를 채우고 있는 모든 것들을 추상함으로써 그 궁극적인 두 측면을 뽑아낸다면 결국 형상과 질료로 귀결한다는 것이다. 역의 방향으로 말할 때 우주는 형상과 질료의 결합을 통해서 만들어졌다고 할 수 있다.

이데아들의 차원과 코라의 차원이 환원 불가능한 이원성을 형성한다는 사실은 플라톤 우주론에서 기본적이다. 플라톤 철학은 질료적인 것은 정신의 착각에서 유래하는 '환'(幻)이거나 기껏해야 정신의 외화(外化)된 가상에 불과하다고 보지 않는다는 점에서 '유심론'이 아니다. 마찬가지로 비물질적인 것들 즉 이데아, 영혼(과 이성)이 결코 물질적인 것의 '부대효과' 정도의 존재가 아니라고 본 점에서 '유물론'도 아니다. 플라톤은 형상들의 실재성과 물질의 실재성을 동시에 인정하는 이원론자이다. 그렇다면 그에게 중요한 것은 이 두 차원이 어떻게 관계 맺음으로써 이 우주를 구성하는가가 된다. 여기에서 그는 이 둘을 관계 맺게 해 주는 제3의 존재, 즉 '조물주'를 이야기한다. "이 세상에 태어나는 것은 반드시[5] 어떤 원인에 의해 태어납니

5) "반드시"는 "pan de au to gignomenon hyp'aitiou ex anankēs gignesthai"에서 "ex anankēs"를 번역한 것이다. 아낭케를 일반적으로 '필연'으로 번역하나 그럴 경우 오해를 야기할 수 있다(이에 대해서는 이정우, 『개념-뿌리들』, 그린비, 2012, 1부, 3강에서 다루었다). 이성과 짝을 이루는 핵심 개념으로 사용된 경우에는 '아낭케'로 번역했으며, 보다 일상 어법적으로 사용된 경우에는 "필연적으로", "반드시", "필히", "어쩔 수 없이" 등으로 번역했다.

다. 원인 없이 무엇인가가 생겨난다는 것은 있을 수 없죠. 이 만드는 이(데미우르고스)는 늘 '영원히 존재하는 것'에 눈길을 맞추고 그것을 본으로 삼아서 자기의 작품을 만듭니다. 그렇게 함으로써 그 작품에 '영원히 존재하는 것'의 형태('이데아')와 역능('뒤나미스')을 심을 수 있게 되는 것이죠. 이렇게 만들어진 것이라야 진정 아름다운 작품이라 할 수 있습니다. 반면 이미 만들어진 것에 눈길을 맞추어 거꾸로 그것을 본으로 삼는다면, 그로부터는 필히 아름답지 못한 작품이 결과할 것입니다."(『티마이오스』, 28a~b)

플라톤에게서는 형상으로부터 질료가 나오는 것도 아니고 또 질료로부터 형상이 나오는 것도 아니다. 그렇다고 두 차원이 저절로 만나 세계를 형성하는 것도 아니다. 플라톤은 세계를 만들어진 것으로 본다. 이 점에서 그의 퓌지스는 이전 철학자들의 퓌지스와 결정적으로 다르다. 그래서 형상은 말하자면 설계도이고 질료는 재료이다. 그렇다면 자연스럽게 "만든 이" 즉 제작자가 상정되기에 이른다. 결국 조물주가 형상들의 차원을 설계도로 삼아서—그러나 이 차원이 조물주 자신이 설계한 것은 아니라는 점에 조심하자—그것을 본떠서 질료를 빚은 것이다. 이로써 사유의 역사에 거의 항구적인 그림자를 던질 파천황(破天荒)의 거대 서사가 만들어졌다.

플라톤의 이 이야기를 문자 그대로의 의미에서 받아들여야 할지 아니면 일종의 비유에 불과한지에 대해 고래로부터 숱한 논의들이 이어졌다. 우선 "우주는 언제나 존재해 왔을 뿐 탄생한 것이 아닌 걸까요, 아니면 그것은 탄생한 것이며 어떤 시초에서 시작되었던 것일까요?"(『티마이오스』, 28b)라는 물음—이후 서구 존재론사에서

끈질기게 이어질 물음—에 대해 어떤 답을 내릴까가 문제이다. 요컨대 우주론인가 우주발생론인가? 플라톤은 명백히 탄생설을 제시한다. 왜인가? 우리가 살고 있는 우주는 생성하는 세계이며 생성하는 세계는 당연히 탄생과 소멸을 겪는 세계이기 때문이다. 요컨대 우주는 탄생했다(그러나 이 '탄생'이 시간적 의미에서의 탄생인지, 아니면 논리적 의미에서의 탄생인지는 좀 더 논의해 보아야 할 문제이다. 플라톤의 설명 그 자체는 오히려 구조론적 설명에 가깝기 때문이다). 그렇다면 이 탄생을 가능케 한 원인, 즉 우주를 만든 조물주가 존재할 것이다. 그러나 이 제작자를 찾아내기는 힘들며, 또 찾아낸다 해도 설명하기 힘들다. 그래서 플라톤은 단지 본래 '장인'(匠人)을 뜻하는 'dēmiourgos'를 (현대식으로 말하자면 대문자로 써서) 'Creator'의 뜻으로 쓴다. 그래서 문제의 초점은 이 조물주의 존재에 맞추어진다. 결국 이 대화편의 아포리아는 세 가지로 정리된다.

1. 형상의 존재. 플라톤은 우주 자체는 탄생한 것이며 생성하는 것이라는 점을 말하고 있지만, 사실상 더 핵심적인 것은 이 생성이 '본'에 따라 이루어진다는 사실이다. 이것은 플라톤이 일차적으로 주목하는 것은 곧 세계가 '코스모스'라는 사실, 아름답게 질서 잡힌 곳이라는 점이라는 사실이다. 그래서 그는 이 우주가 "생겨난 것들 중 가장 아름다운 것"이라고 말한다. 세상에 하고 많은 아름다운 것들이 있지만, 우주 자체보다 더 아름다운 것은 없으리라. 이것은 곧 우주의 생성이 무질서한 것이 아니라 어디까지나 형상의 세계를 본떠서 이루어진 것이기 때문이다. 형상계의 존재야말로 플라톤 우주론의 초석이다. 이 형상을 어떻게 정당화할 것인가?

2. 질료의 존재. 그러나 현실적인 우주와 형상계는 어디까지나 구분된다. 그렇다면 형상계를 본떠서 생성하지만 형상계 자체와 엄연히 구분되는 이 우주를 그렇게 형상계와 변별해 주는 차원이 요청된다. 편의상 오히려 아리스토텔레스가 자주 사용하는 '질료'라 불렀지만, 플라톤은 이 차원에 대해 다양한 표현들을 구사하며, 소은이 집중적으로 분석하는 것도 이 차원이다. 이 질료란 도대체 어떤 것일까?

3. 제작자의 존재. 마지막으로 복잡미묘한 것은 데미우르고스의 존재이다. 플라톤이 생각하는 조물주는 어떤 존재일까?

무엇인가가 생겨났다면 그것을 생겨나게 한 원인이 존재한다는 것은 플라톤의 믿음이고 또 상식적인 믿음이기도 하다. 이런 원인을 총칭해서 '만든 이' 또는 '제작자'라 한다면, 이 우주 자체를 만든 조물주야말로 가장 위대한 제작자("ho aristos tōn aitiôn", 29a)라 하겠다. 플라톤이 이 조물주를 상정하는 무엇보다도 일차적인 이유는 형상과 질료를 갈라놓았기 때문이다. 그럴 경우 형상이 질료에 구현되지 않고서는 우주의 질서가 불가능할 것이고(따라서 질료 홀로는 질서를 낳지 못한다는 점이 함축되어 있다), 따라서 무엇인가가 그런 구현(embodiment)을 실행해야 한다고 생각할 수밖에 없다. 문제는 플라톤이 이 조물주라는 존재를 설명의 정합성을 위해서 철학적으로 상정(想定)할 수밖에 없었는지, 아니면 인격적인 성격을 띤 신의 존재를 실제 믿었는지 하는 점이다. 플라톤의 설명 자체만 놓고 본다면 후자로 생각되지만, 플라톤이 여러 번에 걸쳐 자신의 논의를 "개연적인 논변", "그럼직한 이야기"로 표현하고 있기 때문에 조물주라는 존재를 너무 심각하게 다룰 필요가 없다고 할 수도 있을 것이다.

가장 일차적인 문제는 조물주가 왜 우주를 구성했는가 하는 것이다. 플라톤은 조물주가 선한 존재이며 질시하지 않는 존재라는 점을 제시한다. 조물주는 우주의 가장 위대한 'aitia'이기에, 그는 '선의 이데아'를 본 존재라 할 수 있다. 그렇다면 그는 왜 자신이 본 것을 질료에 구현했는가? 조물주가 질시하는 존재였다면 우주를 자신처럼 위대한 존재로 만들지 않았을 것이다. 질시하는 자는 타자가 자신보다 못하기를 열망하는 자이기 때문이다. 그래서 조물주는 그 타자를 '최선'(最善)으로 구성해내었다. 여기에서의 타자란 곧 질료이다. 형상이란 그가 본떠야 할 차원이고 그가 그 본을 따라 최대한으로 구성해내어야 할 것은 바로 질료이기 때문이다. 이런 이유에서 조물주는 질료의 차원이 최대한 자신과 비슷해지기를 바랐고, 여기에서 자신과 비슷해진다는 것은 곧 질료계가 형상계를 본떠서 생성하려 한다는 것을 뜻한다. 결국 조물주는 질료의 차원이 최대한 형상에 따라서 생성하기를 바란 것이다.

플라톤의 조물주는 전능하지 않다. 그는 자신의 바깥에 엄존하는 형상계를 본떠서 작업해야 하며, 또한 동시에 질료—카오스/무질서—와 말하자면 투쟁을 벌여서 거기에 질서를 각인해야 하기 때문이다. 다만 그는 "최선을 다해서"(kata dynamin) 무질서한 질료를 질서 잡힌 존재로 변환시킨다. 여기에는 기하학자, 조각가, 장인, 건축가 등의 이미지가 투영되어 있는데, 조물주에 대한 이런 이미지는 서구인들을 거의 항구적으로 지배하게 된다. 이로써 아낙사고라스의 기획이 잠정적으로 완성되기에 이른다. 우주가 이성('누스')에 의해 지배된다고 믿었으나 소크라테스가 실망했듯이 그런 기획을 구체화하지 못했던 그의 비전이 플라톤에 의해 일정한 모양새를 갖추기에 이른 것이다.

조물주는 어떻게 우주를 만들었을까? 그는 이성을 영혼 안에 넣고, 다시 이 영혼을 신체(sōma) 안에 넣어서 사물들을 만들어냈다. 그래서 생성하는 세계를 채우고 있는 사물들은 각각의 신체를 가지고 있으며, 영혼을 담고 있기에 살아 있으며, 나아가 이성까지도 담지하고 있다. 따라서 여기에서의 이성은 인간 고유의 인식론적 능력으로서의 이성을 뜻하지 않으며, 또 조물주의 경우에서처럼 형상계를 보고서 그에 따라 질료를 빚을 수 있는 능력을 뜻하지도 않는다. 그것은 '理'와 '性'이라는 성리학적 의미 그대로에 있어서의 '理性'이다. 조물주는 이런 과정을 어디까지나 합리적 방식(logismos)에 따라서, 더 구체적으로는 기하학적 방식에 따라서 행했기에, 모든 사물들은 생명을 가지고 있을 뿐만 아니라 '理'를 갖춘 존재가 될 수 있었던 것이다. 요컨대 모든 사물들은 "생명과 이성을 갖춘 존재"(『티마이오스』, 30b)가 될 수 있었다. 세계가 "코스모스"일 수 있는 것은 이 때문이다. 이런 '합리(合理)주의'적 세계관은 이후 서구 문화(종교, 과학, 예술, 윤리/정치 등)의 근간에 자리 잡게 된다.[6]

조물주의 작업을 좀 더 자세히 들여다볼 때 우리는 플라톤의 세계관이 철저하게 미메시스=재현/모방의 세계관임을 알 수 있다.

이 우주는 조물주가 형상계를 보고서 그것을 본떠서 만든 것이다. 바로 그렇기 때문에 이 우주는 바로 형상계의 "eikōn" 즉 '모상'(模像)이다.(29b) 우주에 대한 설명이 "[이데아 차원의 설명에] 근접하는 설명(eikotes logoi)"일 수밖에 없는 것도 이 때문이다. 따라서 플라톤적 세계의 관건은 코라가 얼마나 형상화되는가에 달려 있다. 때문에 세계—좁은 의미에서의 '우주'와 구분되는 세계 전체—는 삼분되어 논의된다.

1. 형상계를 가장 닮은 것: 우주.
2. 형상계와 가장 먼 것: 코라.
3. 그 사이에 있는 것: 개체들.

이런 구도에 입각해, 플라톤적 세계는 형상과 질료의 투쟁을 통해서 개체들이 산출되어 나오는 세계라고 잠정적으로 지적해 놓자. 형상들은 완벽한 자기동일적 존재들이다. 코라는 매 순간 생성하는 물질적 흐름이다. 이 두 차원의 '타협'을 통해서 가변적인 동일성으로서의 개체들이 탄생한다. 『티마이오스』의 첫 번째 부분은 형상계 및 그것을 가장 닮은 것인 우주공간 및 천체들을 다루며, 두 번째 부분에서는 형상계를 가장 닮지 않은 것인 코라를 다루며, 세 번째 부분에서는 그 중간에서 산출되는 생명체들을 다루고 있다. 결국 모든 논의

6) 여기에는 이성주의적 인간관이 자연스럽게 함축되어 들어가게 된다. 현실적으로 이 세계의 이법(理法)을 파악할 수 있는 것은 인간이다. 따라서 인간은 '누스'를 통해 우주를 만든 존재는 아니지만 적어도 자신의 '누스'—현대적 의미에서의 이성—를 통해서 세계를 인식할 수 있다. 이것은 인간의 이성(理性)은 조물주의 이성에 근접하는 빼어난 이성이라는 사실을, 그리고 이성을 통해 세계를 합리적으로 파악해 나갈 때 조물주의 경지에 근접할 수 있다는 사실을 함축한다.

의 구도와 내용이 미메시스 개념에 입각해 있다고 할 수 있다. 소은의 논의는 주로 두 번째 부분 즉 코라에, 특히 그 "방황하는 원인"이라는 성격('아낭케')에 초점이 맞추어져 있다.

## 2절 · 아낭케는 무엇이 아닌가

우선 관건이 되는 것은 'ananchē'의 번역이다. 이 말의 다의성은 '필연'이라는 번역을 주저하게 만든다. '아낭케'는 눈먼 섭리—운(運)—를 뜻하기도 하고, 눈먼 인과—우발적인 물리적 필연(physical necessity)—를 뜻하기도 하며(원자론자들), 추론에서의 논리적 필연(logical necessity)을 뜻하기도 한다(아리스토텔레스). 그러나 플라톤에게 이 말은 목적론적 구도하에서의 '어쩔 수 없는 것'을 뜻한다. 라틴어 'necessitas'는 '물러서지-않는-것'(nec-cedere)을 의미한다. 조각가가 돌을 쫄 때 돌의 저항은 조각가에게 '어쩔 수 없는 것'이다. 화강암을 대리석처럼 쪼는 것은 불가능하다. 주체의 목적에 부딪쳐 오는 질료의 완강한 저항, '아낭케'의 플라톤적 용법에는 이런 이미지가 투영되어 있다. 아낭케의 짝은 목적/의도이지 우연이 아니다. 이 맥락에서, 굳이 말한다면 아낭케는 필연보다는 차라리 우연에 더 가깝다. 현대적인 맥락에서, 그것에는 필연의 뉘앙스보다는 운명의 뉘앙스가 깃들어 있다. '필연'이라고 번역하기보다 '아낭케'로 쓰는 것이 오해의 여지가 없을 것이다.[7)]

7) 소은은 "필연은 방황하는 원인과 동일시되는데 필연과 방황성은 상반될 수 있다"고 말하고 있으나(「아처-하인드의 견해」, I, 158), 사실 이런 상반성의 느낌은 "필연"이라는 번역어에서

소은은 「『티마이오스』편의 〈필연〉에 대한 아처-하인드의 견해를 음미함」에서 아낭케에 대한 아처-하인드의 풀이[8]를 비판적으로 고찰하고 있으며, 소은의 논변으로부터 이 개념을 둘러싼 난점들을 풀어 나갈 수 있다. 우선 소은은 아처-하인드의 풀이를 다음과 같이 정리해 주고 있다.

1. 아낭케는 이성('누스')의 바깥에 독립되어 있는 힘이 아니다. 플라톤의 중심 사상에는 운동의 유일한 원천('아르케')이 영혼('프쉬케')이라는 사상이 있다. 이런 이유 때문에 물질 속에는 이성의 힘을 거역하는 힘이 없다. 영혼 없는 물질은 그 자체만으로는 어떤 종류의 힘도 간직하지 못하며, 모든 힘은 영혼에서 나온다.

2. 아낭케는 "이성에 의하여 발생한 물질의 힘"(forces of matter originated by noūs)을 뜻하며, 물질적 "우주를 지배하는 물리적 법칙의 전체"(the sum total of the physical laws which govern the material universe)를 뜻한다. 이 법칙은 복수 형태로 되어 있다. 이 법칙은 본성을 지니고 있고 그 본성에 따라서 작용한다. 그렇지 않으면 우연적인 작용을 하게 되고 이성은 자기모순에 빠진다. 그러므로 자연의 힘은 그때그때의 조건에 따른 고유한 충동을 가지고 있으며 이 충동에 따라서 일정한 작용을 한다. 예를 들어 마른 풀이 불과 부딪치면 타는 것이 필연적이다. 그러나 이 힘은 물질에서 발생하지 않고, 이성

유래한다고 해야 한다. '어쩔 수 없는 것'이라는 아낭케의 원래 의미와 방황성은 상반되지 않는다.

8) R. D. Archer-Hind, *The* Timaeus *of Plato*, 1858. 1973년 보퍼트(Beaufort)에서 새로운 판본이 출간된 바 있다.

의 힘이 "복수의 형태로 전개된 것이며"(evolved itself in the pluralized form) 그 법칙은 일정하다. 그러나 이성은 이 작용의 하나하나를 점검하거나 교정하지 않는다. 복수로 전개된 물질의 법칙은 모조리 최선의 것을 향해서 작용하지는 않는다.

3. 방황하는 원인은 아낭케의 작용에 조금이라도 불확실성이나 자의가 있음을 뜻하지 않는다. 모든 물질의 운동은 인과법칙을 따른다. 만약 우리가 모든 것을 안다면 인과관계를 어디서나 추적할 수 있고 미래를 예언할 수 있다. 그러나 우리가 살고 있는 이 세계에서는 물질적 힘의 작용이 우리에게 분명하지 않고 그것들이 타자에 미치는 영향이 너무 복잡하다. 그래서 결과에서 원인으로 소급하기 힘들며 미래를 예언할 수 없다. 플라톤이 필연을 방황하는 원인이라고 규정함은 이러한 이유에 기인한다. 곧, 물질의 작용이 일정한 법칙을 따르기는 하지만 우리에게는 탐지될 수 없다. 그 결과 그것은 자의적으로 움직이는 것처럼 보인다. 원인과 결과의 관계가 직접적으로 이성적 힘에 부합하는 경우에는 쉽게 인식될 수 있으나, 간접적으로 부합하는 경우에는 쉽게 인식될 수 없다.

4. 플라톤에 있어서 자연의 힘은 불가항력적이며 냉혹한 것이기는 하나 그 힘은 선한 목적을 위해서 이성에 의해서 의도적으로 계획된다. 그 힘은 도달할 수 있는 선을 만들도록 규정되어 있다. 필연이 이성에 의해서 설복당함은 필연이 이성작용의 한 방식임을 뜻한다. 데모크리토스의 필연은 전능하나 비이성적이며 계획 없이 작용한다. 그 작용 속에서 선이 나오든 악이 나오든 그것은 우연에 속한다. 플라톤에서 악은 계획적으로 최소한에 국한된다.(이상 「아처-하인드

의 견해」, I, 159~161)

소은은 아낭케에 대한 아처-하인드의 이런 풀이를 하나씩 검토하면서 논박한다.

I. 우선 아처-하인드의 첫 번째 주장은 다음과 같이 풀 수 있다. 1) 아낭케에는 독자적인 힘이 없다. 아낭케는 전적으로 이성을 따른다. 2) 영혼만이 운동의 원천이며, 영혼이 없는 물질은 힘을 가질 수 없다.

1)에서 관건이 되는 것은 '힘'이라는 말이다. 힘이라는 말을 넓게 사용할 경우, 아낭케에는 당연히 힘이 있다. '어쩔 수 없는 것'이라는 뜻 자체가 어떤 형태로든 그 안에 독자적인 힘을 내포하고 있다는 점을 함축한다. 코라의 성격이 아낭케이고, 코라는 무규정적 운동을 하는 존재—자체 내에 질서를 함축하고 있지 않은 존재—이다. 그리고 조물주의 이성은 이 코라를 설득해 우주를 만들어 나간다(형상계의 규정성들을 코라에 구현해 나간다). 따라서 아낭케는 독자적인 힘을 내포한다. 아낭케에 나름의 힘이 없다면 이성이 그것을 "설득할" 필요가 있을까. 다만 코라는 혼돈스러운 힘만을 간직하고 있으며 그것을 형상계를 참조해서 조형(造形)하는 것은 조물주인 것이다. 아낭케는 무형의 힘/운동을 띠고 있으며, 그것을 조형해 '宇宙'를 만드는 것은 조물주 그리고 그가 근거하는 형상계라는 점이 중요하다.

아처-하인드는 오로지 영혼만이 운동의 원천이라고 말한다. 플라톤은 조물주가 이성을 영혼 속에 넣고, 영혼을 신체 속에 넣어 우주를 만들었다고 했거니와, 이렇게 생각할 경우 2)에서처럼 영혼만이 운동의 원천이고 영혼 없는 물질은 힘을 가질 수 없다는 말은 정확한 생각이다. 그러나 소은은 "이성과 더불어 아름답고 좋은 것을 만드는 자(데미우르고스)로서의 원인과 사려 없이 아무것이나 되는 대로 질서-없는-것(to tychon atakton)을 일으키는 원인, 이 두 종류의 원인이 구별되어야 한다"고 말한다.(「아처-하인드의 견해」, I, 163) 다시 말해, 조물주, 형상계와 더불어 코라 역시 어디까지나 우주의 원인인 것이다. 그것은 '부원인'(副原因 = synaitia)이다. 요컨대 신체 역시 하나의 원인으로서 기능하며, 영혼/이성의 힘은 신체의 힘과 "타협"하여 질서 있는 물체들을 만들어낼 수 있다.

II. 아처-하인드의 두 번째 주장은 다음과 같다. 1) 아낭케는 "이성에 의하여 발생한 물질의 힘들"을 뜻하며, 2) 물질적 "우주를 지배하는 물리적 법칙의 전체"를 뜻한다. 3) 이 법칙은 복수 형태로 되어 있다. 그러나 이성은 이 작용의 하나하나를 점검하거나 교정하지 않는다. 그래서 복수로 전개된 물질의 법칙이 모조리 최선의 것을 향해서 작용하지는 않으며, 이로부터 '방황하는 원인'의 개념이 성립한다.

아처-하인드는 이성만이 힘을 가진다고 했으므로, 물질의 힘들은 그 근원을 이성에 두고 있다. 그는 이렇게 이성으로부터 힘을 받아 성립한 물질의 힘들이 아낭케라고 생각한다. 그러나 이미 보았듯이, 아낭케는 코라의 성격으로서 본래적인 것이다. 플라톤은 우주의 성립을 이해하기 위해 "이성에 의해 만들어진 것들"만이 아니라 "아낭케의 활동에 의해 태어난 것들"도 논해야 한다는 점을 지적하면서, "[그 나름 어디까지나 원인인] 방황하는 원인도 그리고 그것의 본래의 운동도" 다루어야 함을 지적한다.(『티마이오스』, 48a) 따라서 물질의 힘들은 이성에서 유래하는 것이 아니라 본래적인 것이다.

코라의 성격 즉 '방황하는 원인'으로서의 아낭케는 이렇게 본래의 운동성을 띠고 있지만, 이 운동성은 무규정적이다('아페이론'으로서의 성격). 그것은 수용자(hypodochē), 장소(hedra), 보모(titthē), 어머니(mētēr)로 불리며, 형상을 받아들이는 터이다. 이 터에 형상들이 새겨질 때, 즉 형상들의 흔적(ichne)이 새겨질 때 질서 있는 우주가 형성된다. 때문에 형상계와 코라 그리고 코라에 새겨진 형상계의 흔적들이 구분된다. 이렇게 생겨난 우주는 기본적으로는 형상을 본떠 만들어진 '우주'이지만, 코라가 본래 띠고 있는 무규정성이 이성에 의해 완전히 제압되는 것이 아니기에(이성의 "설득"을 받아들인 것뿐이기에) 우주에는 늘 어떤 비결정성(indeterminacy)이 존재하게 된다. 따라서 아낭케란 "우주를 지배하는 물리적 법칙의 전체"를 뜻할 수 없다. "우주를 지배하는 물리적 법칙의 전체"는 다름 아닌 'natural laws'를 뜻하며, '자연법칙들'이란 다름 아닌 코라 안에서 작동하는 형상계의 질서이기 때문이다.

이 경우에도 'physical necessity'라는 말이 문제가 된다. 아낭케를 이렇게 번역할 경우, 이 번역어는 오늘날의 '물리적 필연'을 뜻할 수 없다. '물리적 필연'은, '물리'라는 말을 매우 넓게 잡을 경우, 우주를 지배하는 형상들의 질서 이외의 것이 아니다. 이 번역어가 아낭케의 번역어이기 위해서는 'physical necessity'라는 말이 이성의 설득에 저항하는 코라의 성격('어쩔 수 없음')을 뜻하는 말이어야 한다. 이 경우 'physical necessity'는 필연보다는 차라리 우연에 가깝다. 여기에서도 아낭케를 '필연'으로 번역하는 것이 왜 혼동을 가져오는지가 드러난다.

아처-하인드의 생각에서 특히 흥미로운 것은 3)이다. 이에 따르면, 'physical necessity'는 하나가 아니라 여럿이다. 그리고 이성은 이 여럿을 전부 통어하지 못한다. 따라서 이성의 일의적 계획과 'physical necessity'의 복수성 사이에는 일정한 간극이 생기며, 바로 이 간극이 '방황하는 원인'으로서 기능한다. 이 생각은 결국 형상계의 통일성/연속성과 코라의 다원성/불연속성을 말하고 있다. 그러나 플라톤에게서 형상계는 자기동일적 이데아들이 불연속적으로 존재하는 데 비해, 코라는 혼돈스러운 연속체이다. '방황하는 원인'으로서의 아낭케의 활동은 오히려 형상들의 자기동일성이 코라 안에서 온전하게 확보되지 못하게 만드는 'flux'로서 기능한다. 따라서 방황하는 원인은 오히려 형상들의 불연속성과 물질의 연속성 사이의 간극에서 발생하는 것으로 보아야 한다.

그러나 반대로 형상들의 통일성을 그것들이 코라에 구현되었을 때 결과적으로 나타나는 우주의 조화 전체로 보고(현대적으로 본다면, 이것이 오히려 'physical necessity'일 것이다), 'physical necessity'의 복수성을 '어쩔 수 없는 것들'의 복수성으로 본다면, 아처-하인드의 지적은 유의미하다. 이 경우 아낭케의 복수성이란 같은 법칙성에 의해 지배되어도 경우에 따라 나타나는 차이들, 오차들, 예외들이 될 것이다. 이는 플라톤에 대한 유의미한 해석이라고 볼 수 있다.

III~IV. 아처-하인드의 세 번째 주장은 다음과 같다. 1) 모든 물질의 운동은 인과법칙을 따른다. 2) 우리가 살고 있는 이 세계에서는 물질적 힘의 작용이 우리에게 분명하지 않고 그것들이 타자[들]에 미치는 영향이 너무 복잡하다. 이 점에서 아낭케는 방황하는 원인이다. 물질의 작용이 일정한 법칙을 따르기는 하지만 우리에게는 탐지될 수 없다. 바로 그 때문에 그것의 운동이 자의적인 것으로 보이는 것이다. 3) 인과관계가 직접적으로 이성적 힘에 부합하는 경우에는 쉽게 인식될 수 있으나 간접적으로 부합하는 경우에는 쉽게 인식될 수 없다. 아처-하인드의 네 번째 주장은 다음과 같다. 1) 자연의 힘은 불가항력이며 냉혹한 것이다. 2) 이성은 그 힘을 선한 목적을 위해 의도적으로 계획한다. 아낭케가 이성에 의해 설복당함은 그것이 이성작용의 한 방식임을 뜻한다. 3) 데모크리토스의 아낭케는 전능하나 비이성적이며 계획 없이 작용한다. 그 작용 속에서 선이 나오든 악이 나오든 그것은 우연[우발성]에 속한다. 플라톤에서 악은 계획적으로 최소한에 국한된다. 이상을 종합하면 다음과 같다. 1) 물질의 운동 또는 자연의 힘은 인과적이고 냉혹하다. 2) 자연은 결정되어 있지만 너무나도 복잡하며, 우리의 충분치 못한 인식으로부터 방황하는 원인의 존재가 성립한다. 3) 데모크리토스의 우주는 우발적으로 운동할 뿐이지만, 플라톤의 우주는 이성에 의해 이끌려가는 우주이다.

소은이 볼 때 물질의 힘이 불가항력적이고 냉혹한 것이라면, 이성은 그것을 선한 것으로 인도할 수 없다. 코라가 무규정적 운동을 하는 존재이고 거기에 이성에 의해 형상들의 흔적이 새겨짐으로써 우주가 만들어진다면, 코라는 무엇보다 우선 '가능태'로 이해될 수 있다. 물질의 힘이 "불가항력적이고 냉혹한" 것이라면 거기에 설득의 여지는 없다. 설득이란 가능태로서 존재하는 어떤 것을 일정한 방향으로 이끌어가는 것이기 때문이다.

> 이성이 필연을 설득한다고 할 때, 이성은 능동자이고 필연[아낭케]은 수동자이다. 따라서 필연은 수동적인 가능태에 있으며 이 가능성은 타자성에 내포되어 있다. 그런데 능동자는 자기동일성을 지님이 특징이며 수동자는 외부의 원인에 의하여 그 자신의 성격이 타자로 바꾸어질 수 있음이 특징이다. 따라서 이성이 필연을 설득함은 자기동일성을 지닌 작용이 수동적인 가능태에 있는 것에 대하여 영향을 미치고 능동적인 작용에 따르게 함을 포함한다. 그리고 이러한 작용은 필연의 수동적인 가능태로서[의] 성격을 인정하고 이루어지기 때문에 강제와 다르다. 강제는 상대방이 지닌 가능태로서의 능력을 무시한다. 필연이 지닌 수동적인 능력은 타자성에 근거한다.(「아처-하인드의 견해」, I, 168)

이성이 아낭케를 강제적으로 틀 짓는 경우도 존재한다. '우주의 영혼'을 만드는 대목이 그 예이다. 그러나 이성이 아낭케를 설득하는 경우, 아낭케는 자체의 타자성을 계속 보존한다. '우주의 영혼'에 의해 지배되는 우주는 항구적이다. 그러나 이성의 '설득'을 받아 틀 지어진 코라는 그 본성을 여전히 발휘하며, 때문에 자연은 완벽한 조화를 이루지 못한다. 자연재해, 신체적 또는 정신적 병, 죽음, 무질서, 오차 등등이 존재할 수밖에 없다. 따라서 방황하는 원인은 주체가 물질의 엄밀한 복잡성을 인식하지 못한 데에서 나오는 것이 아니다. 그것은 물질 그 자체가 애초에 띠고 있는 본성('아낭케')에서 나오는 것이다. 이성으로서는 '어쩔 수 없는' 측면, 그것이 곧 아낭케/'방황하는 원인'인 것이다.

이상의 논의로부터 다음을 알 수 있다.

1. 물질에는 어떤 힘도 없고 모든 힘은 이성으로부터 온다고 말할 수 없다.
2. 물질이 이성에서 힘을 받아 물리적 필연으로서 작동한다고 말할 수 없다.
3. 아낭케를 'physical necessity'로 번역할 경우, 이것이 오늘날의 자연법칙을 뜻하는 것이 아니다.
4. "방황하는" 원인이 자연에 대한 우리의 무지로부터 연유하는 것은 아니다.

그렇다면 아낭케란 정확히 무엇인가?

## 3절·아낭케란 무엇인가 1: 공간성

이제 소은이 생각하는 아낭케 개념을 해명해 보자. 우선 다음 구절이 중요하다.

> [본래의 코라의] 이러한 질적인 변화는 연속적이기 때문에 거기에는 반드시 연속적인 결핍이 있다. 연속성의 이면은 결핍이기 때문이다. 그리고 연속적인 결핍은 공간으로 변한다. 연속적인 결핍에서는 그만큼의[결핍의 정도에 비례하는 만큼의] 질의 자기동일성이 성립하기 때문에 흔적이 성립한다. **질의 방황성과 공간성은 연속성의 두 측면이다.** 존재와 무의 모순관계에는 단절이 있었으나 존재도 무도 아님, 곧 무규정성, 타자성에는 연속성이 포함되는데 운동성과 공간은 연속성의 두 측면이다. 질의 방황성은 질의 자기동일성이 연속적으로 타자화되는 과정이다.(「아처-하인드의 견해」, I, 173~174. 인용자 강조)

하나의 동일성은 결핍의 부재, 충족이유율의 온전한 성립을 함축한다. 하나의 동일성이 다른 하나의 동일성으로 순간적으로 변환될 경우에도 결핍이나 충족이유율의 불완전함이 끼어들 소지는 적다. 그러나 질적 변화는 연속적으로 일어나며, 거기에서 동일성의 연속적인 붕괴가 즉 연속적으로 타자화되는 과정이 성립한다. 동일성이 온전히 충족되지 못하고 연속적으로 붕괴할 때, 거기에는 연속적인 결핍이 있다. 연속적 운동은 즉자성의 결핍을 함축한다. 우리는 뒤에서 베르그송이 '연속적 운동'을 어떻게 반대로 해석하는가를 보게 될 것이다.

연속적인 질적인 변화 즉 연속적 결핍의 두 양상은 방황성과 공간성이다. 방황성은 완벽한 자기동일성의 성립 불가능성을 말하며, 공간성은 연속적인 타자화가 이루어지는 터가 공간임을 뜻한다. 요컨대 코라의 근본 성격은 방황성과 공간성, 즉 무규정적 운동성과 공간적 외연으로 펼쳐져 있음이다. 이성의 설득을 코라가 받아들일 때 한편으로 일정한 질적 동일성이 다른 한편으로 공간적 연장(기하학적 형태)이 성립한다. 물론 코라의 완전한 설복은 불가능하며, 그 잔여의 '어쩔 수 없는'(설득되지 않는) 성격은 질적 동일성과 외연적 동일성의 불완전성을 담게 된다. 이것이 '모방 = 미메시스' 개념에 함축되어 있는 뉘앙스이다. 조물주는 코라가 형상의 흔적들을 최대한 따르도록 설득한다. 조각가가 단단한 돌로 하여금 자신의 디자인에 따르도록 최대한 설득하듯이.

그렇다면 우주를 설명하는 데 왜 아낭케가 필요한가, '방황하는 원인'을 도입해야 하는 이유는 무엇인가가 또 하나의 중요한 문제가 된다. 이는 달리 말해 조물주가 코라를 빚을 때 왜 코라의 아낭케적인 성격이 필수적으로 등장하는가의 문제이다. 그러나 이 문제를 논하기 위해서는 우선 연속과 불연속의 문제를 논해야 한다. 코라와 형상계가 관계 맺을 때 이 문제는 예민한 문제가 된다. 그리고 이 문제는 『티마이오스』만이 아니라 『파르메니데스』, 『필레보스』 등 다른 주요 대화편들에도 연결되는 문제이며, 나아가 베르그송을 비롯한 서구 존재론사 전체를 관류하는 핵심 아포리아이기도 하다. 이하 우리의 논의도 이 문제—'아페이론의 문제'라 부를 수 있다—를 중심축으로 전개된다.[9)]

소은은 연속성과 불연속성의 문제를 우선 필연과 우연의 문제로서 정리한다.

> 필연이라는 것은 두 사물이 연결되는 측면에서 성립해. […] 앞의 한 자[尺]와 다음의 한 자 사이가 떨어져 있으면, 이 길이를 두 자라고 하지 않겠지? 이 떨어져 있는 상태를 무엇이라고 하느냐 하면 비약이라고 해. 따라서 필연적이다, 결정론적이다 하는 말은 그 내부에 비약이 없다는 이야기야. […] 한 자 끝에 다른 한 자가 이렇게 자기동일성을 지니면서도 비약이 없이 연결되었을 때, 그때 두 자가 나타날 수 있지. 만약에 한계선을 긋는다면, 즉 양자 사이에 한계성을 갖고 들어간다면, 이때 두 사물은 여기에서 우연(偶然)한다[우연히 만난다], 접촉한다(contact)고 하지. 그러나 반대로 한계성[경계]을 떼어내버리면 그것들은 하나가 되어버리는 것이지. 엄격히 하나가 돼. […] 2인 3각으로 간다는 이야기야. 요컨대 필연은 우연과 대립되어 있고, 우연이 근거하고 있는 것은 비약이야. […] 결국 필

9) 나 자신의 사유 역시 이 대목에서 출발했다. 베르그송과 바슐라르를 비교한 논의의 밑바탕에는 이런 문제의식이 깔려 있었다.

연에 대한 반대에는 두 가지가 있는데, 하나는 "A가 있을 적에 B가 나오는 것은 모순이다" 하는 경우고, 다른 하나는 "A가 있을 적에 B가 나오는 것은 우연이다" 하는 경우지.(「필연」, II, 62~64. 인용자 강조)

인용문의 마지막 두 경우는 불연속의 대표적인 경우들이다. 전자는 (가장 단적인 경우로 말해) 존재에서 무가 나오거나 무에서 존재가 나오는 경우로서, "ex nihilo nihil fit"의 입장에서 보면 불가능한 경우이다. 후자의 경우는 서로 필연적 연관성이 없는 두 존재가 '마주침'(rencontre)을 통해서 만나는 경우이다. 이 두 경우에는 필연성이 존재하지 않는다. 필연성이란 둘 이상의 존재가 어떤 내부성 속에서 관계 맺음을 뜻한다. 예컨대 "A가 오면 필연적으로 B가 온다"는 말은 A와 B 사이에 내적 연결성이 있어 그 둘이 하나의 내부성을 형성함을 뜻한다. A와 B가 어떤 의미에서는 하나일 때 필연성이 성립한다. '불이 남'과 '연기가 남'이 어떤 하나를 형성할 때 그 사이에 '인과관계'가 있다고 할 수 있고, 한 남편/아버지와 그 가족이 모종의 필연성을 형성할 때 그들은 하나 즉 "한" 가족으로서 다루어진다.

플라톤은 "모든 생성된 것은 필연적으로 어떤 원인[조물주]의 작용에 의해 생성된다"(pan de au to gignomenon hyp'aitiou tinos *ex anankēs* gignesthai)고 했다.(『티마이오스』, 28a, 인용자 강조) 여기에서 '필연적으로'라는 말은 무엇을 뜻하는가? 이는 위의 인용문과 밀접히 연관된다. 조물주와 형상계와 코라가 서로 즉자적으로 존재할 뿐 필연을 이루고 있지 않다면, 즉 어떤 의미에서는 하나를 형성하지 않는다면, 우리가 살고 있는 생성세계는 존재할 수 없었다. 따라서 우리가 형상과 질료가 결합되어 있는 세계 속에서 살고 있다는 사실 자체, 그리고 (그러한 결합이 함축하듯이) 조물주가 만든 세계에서 살고 있다는 사실 자체, 그리고 그렇게 만들어진 세계가 조화롭다는 사실 자체가 이 세 원인이 필연을, 하나를, 정합성을 형성했다는 점을 시사한다. "필연성, 곧 불가피성은 연결성에 내포된 규정의 하나이며, 연결성이 단절됨으로써 성립하는 우연성과 대립한다. 우연성은 회피될 수 있고 물러설 수 있다. [그렇지만] 이성, 곧 우주의 제작자와 타자성의 동적인 부분은 사물의 원인으로서 연결되어 있다. 연결되어 있는 것은 회피될 수 없다."(「아처-하인드의 견해」, I, 175) 이는 곧 조물주, 형상계, 코라가 우발적 마주침이 아니라 어떤 필연적인 연관성을 통해서 맞물려 있음을 뜻한다.

그러나 이때의 '필연'은 아낭케로서의 필연이 아니라는 점에 주의하자. 이때의 필연은 코라의 성격으로서의 아낭케가 아니라 조물주, 형상계, 코라 사이에 성립하는 논리적/존재론적 관계가 띠는 성격으로서의 필연이다. 우리의 맥락에 보다 직접적으로 관련되는 아낭케 개념은 코라에서의 아낭케이다. 앞에서 "질의 방황성과 공간성"이라 했던 것에서 실마리를 찾아 논의를 전개해 보자. 우선 질의 공간성은 곧 질들(qualities)이 공간에 자리 잡고서 나타남을, 달리 말해 질들이란 항상 어떤 외연을 띠면서 존재함을 함축한다. 질들이란 코라를 그 선험적 조건으로 한다. 형상계에는 질들의 이데아들은 있어도 질들 자체는 없다. 노란색의 이데아 그 자체는 노랗지 않다. 개의 이데아는 꼬리를 흔들지 않는다. 따라서 질들은 코라의 존재감을 느끼게 해 주는 결정적인 요인이다. 코라의 공간성은 바로 이 질들과 형상계 사이에 위치한다. 이제 논해야 할 것은 이 공간성이다. 소은의 다음 지적을 음미해 보자.

> […] 다른 형상(eidos)과는 달리, 수가 이 연속성에 가장 가까운 것이고 동시에 모든 질이 빠진 곳에서 성립하는 것이지. 형상이라는 것은, 이렇게 자르고, 다른 것과 구별되고, 서로 다르다는 측면이 강조되는 것이기 때문에 그곳에서는 관계가 성립하지 않아! 관계를 자꾸 벗어나려고 한단 말이야. 형상이 즉자적(kath'hauto)이라는 것은, 그것이 법칙에서 그리고 로고스(logos)에서 자꾸 벗어나는 측면을 말하는 거야. 다시 말해 즉자적인 것은 법칙을 벗어나는 측면이고, 로고스는 그 반대이지. 거꾸로 가. 로고스는 즉자성으로 가지 않고, 형상들이 서로 관계를 맺을 때만 성립해. 그때의 관계란 어떤 관계냐? 비약이 있으면 관계가 안 맺어지는 것 아냐? 비약이 있어도 안 되며, 서로 친해도 안 되고, 서로 접촉만 되어 있는 관계 즉 연속(synechēs)이 되어야 해. 이것도 자기동일성(identity)을 갖고 이것과 접촉한 다른 것도 자기동일성을 유지하면서 하나의 한계선에 의해서 묶여야 되거든. 따라서 이것과 저것이 서로 자기동일성을 가지면서 관계를 맺는 방법은 그것뿐이지. 이런 방식으로 수가 관계를 맺어야 돼. 그래야 우리가 수학의 법칙을 이야기할 수 있어. 한 자, 두 자, 세 자, … 등으로 잴 수가 있단 말이야. 그것은 비약을 해서는 안 된다는 뜻이지.(「필연」, II, 66~67)

공간성은 방황성과 더불어 코라의 기본 성격('아낭케')이다. 그것은 질적 규정성들과 형상들 사이에 위치해 있으며, 형상들이 코라에 새겨질 때 수학적 파악 특히 기하학적 파악을 가능케 하는 선험적 조건이기도 하다. 달리 말한다면 그 자체는 즉자성들인 형상들이 코라에 새겨지려면 반드시 공간이라는 조건을 통과해야 한다. 즉자적 형상들은 단적인 불연속을 형성한다. 그것들 사이에 연결이 있다면 오로지 논리적 연결—'koinōnia'—이 있을 뿐이다. 이 형상들이 코라에 새겨질 때 공간이라는 선험적 조건이 매개된다. 이때 불연속성으로부터 연속성으로의 이행이 발생한다. 상호 불연속적인 즉자적 존재들인 형상들은 코라에 새겨지면서 연속적인 공간에 의해 굴절된다.

공간이 연속적이라 함은 'partes extra partes'를 형성함을 뜻한다. 공간의 조각들은 불연속을 형성해도 안 되며(그럴 경우 공간적 관계는 철저히 우연적인 것이 되며, 자연의 법칙성은 성립하지 못한다), 또 상호 침투적 연속성을 형성해도 안 된다(그럴 경우 공간의 가장 기본적인 특성이라 할 조각들 사이의 상호 구분이 불가능해진다). 공간의 조각들, 더 핵심적으로는 단위들은 불연속이어도 또 상호 침투적이어도 안 된다. 그것들은 'partes extra partes'를 형성함으로써만 기하학적 법칙성을 담지할 수 있다. 그렇지 않았더라면 우리가 사는 우주는 그야말로 뒤죽박죽이 되었을 것이다. 요컨대 공간은 갈라져도 안 되고 중첩되어서도 안 되며, 정확히 분절되어야(articulated) 한다.

이런 선험적 조건 위에서 이제 사물들 사이의 법칙성('로고스')이 성립한다. 공간의 조각들('장소'들)을 차지하고 있는 사물들 사이에 법칙성/질서가, 지금의 맥락에서는 기하학적 질서가 성립하려면, 그것들이 기하학적으로 연속을 형성해야 한다. 여기에서의 '연속'이란 모두 이어져 있음을 뜻하기보다 사물들 사이에 일정한 관계가 성립할 수 있음을 뜻한다. 다시 말해, '연속'이란 즉물적인 공간적 이어짐이 아니라 메타적인/선험적인 차원에서의 공간적 관계-맺음의 가능성을 뜻한다. 형상들 자체에는 이런 가능성이 존재하지 않으며 오로지 논리적인 연속성만이 존재한다. 형상들이 코라에 새겨짐으로써 그것들 사이에는, 더 정확히 말해 그것들의 구현체들 사이에는 공간적 관계-맺음이 성립하게 된다. 구현의 선험적 조건으로서 코라의 공간성이 작동하기 때문이다. 이 공간성이 코라의 '어쩔 수 없음'= 아낭케의 일차적인 측면을 형성한다.

이제 왜 플라톤의 우주론에서 아낭케가 도입되어야 하는지에 답할 수 있게 되었다. 형상계가 코라에 그 흔적을 새긴다는 것은 곧 코라의 필수적인 한 성격인 공간성을 띠게 됨을 뜻한다. 그로써 질들=규정성들은 공간을 선험적 조건으로 해서 분포되기에 이른다. 이 공간성은 형상계와 코라가 관계 맺을 때 필수적으로, 어쩔 수 없이 끼어들어가는 근본 조건인 것이다.[10)]

그러나 형상계가 맞닥뜨려야 할 코라의 '어쩔 수 없는' 측면에는 공간성만 있는 것은 아니다. 또 하나의 측면은 곧 방황성이다.

---

10) 아울러 이는 왜 형상계에서의 하나가 현실계(형상들이 구현된 코라의 세계)에서는 여럿이 되는가를 설명해 준다. 말[馬]의 형상은 하나지만, 코라=공간에 새겨질 때 그 말은 각 공간(추상적 공간이 아니라 물질-공간)에서 조금씩 다른 형태의 말들로 구현된다고 할 수 있다.

## 4절·아낭케란 무엇인가 2: 방황성

플라톤의 우주가 성립하기 위한 가장 일차적인 조건은 형상계와 코라가 어떤 식으로든 관계 맺어야 한다는 점이다. 형상계와 코라의 이런 관계 맺음을 소은은 '접촉'이라는 말로 표현하고 있다.[11] 그리고 이 두 상이한 차원의 접촉을 설명하기 위해 '조물주'가 동원된다고 본다.

예컨대 구체적인 삼각형들과 기하학적 삼각형들과 형상계의 삼각형들은 연결되어 있다. 가지적인 것과 감각적인 것, 그리고 그 사이의 기하학적인 것이 연속되어 있기 때문에 'methexis'/'parousia'가 성립할 수 있다. "즉자적인 형상(形相)이 있으면 반드시 구체적인 형상[기하학적 形狀들 또는 구체적 形狀들]이 있게 된다면 제작자가 왜 필요하게 되느냐의 문제가 나온다. […] 추상적인 것과 구체적인 것은 따로 떨어져 있는 것이 아니라 하나로 연결되어 있다. 연결되어

---

11) 플라톤의 경우와 달리 아리스토텔레스는 코라=질료에 형상이 이미 들어가 있는 상황에서 논의를 시작한다. 아리스토텔레스는 플라톤에 있어서의 형상계의 '분리'(chorismos)에 대해 비판하지만, 코라의 자율성은 전자에게서보다는 오히려 후자에게서 보다 큰 의미를 띤다. 아리스토텔레스의 경우 질료는 어디까지나 형상의 구도 안에서 움직일 수밖에 없지만, 플라톤의 경우 코라는 어디까지나 (자신과 전적으로 이질적인) 형상계와 대결/"타협"을 통해서 관계 맺기 때문이다.

있기에 우연히 있는 것이 아니라 필연적으로 성립하게 된다. 상기설이 성립할 수 있는 이유도 여기에 있다."(「필연」, II, 74) 이 접촉이란 결국 코라의 차원과 이데아의 차원 사이에서 "타협"이 이루어지는 과정이며, 조물주는 이 타협을 최대한 이성에 유리하게 이끌어가는 존재로서 상정된다.

여기에서 "타협"이란 결국 코라가 이성에 최대한 양보할 수 있도록 이끌어가는 조물주의 행위와 연결된다. 이는 조물주의 행위가 대칭적인 타협이기보다는 이성에 의한 코라의 "설득"이라는 비대칭적인 행위임을 함축한다. 플라톤의 사유를 '합리'주의라고 말할 수 있다면, 그것은 이런 측면에서이다. 다시 말해, "이성에 의하여 설득될 수 없는 부분도 설득될 수 있는 부분과 연결되어 필연적으로 우주 질서의 형성에 부정적인 요인으로서 들어온다. 이러한 사정은 필연이 설복됨에 의해서 이루어진 질서가 불안전함[/불완전함]에서 드러난다."(「아처-하인드의 견해」, I, 176. 인용자 강조) 코라에서 설득되지 않는 부분은 우선 위에서 논한 공간성이지만, '부정적인' 성격이 결정적으로 두드러지는 것은 곧 그 시간성이다. 소은은 『티마이오스』에는 시간성의 역할이 거의 없다고 보지만, 사실 코라의 시간성은 핵심적인 것이다. 그리고 공간성과 더불어 등장하는 '방황성'이란 바로 시간성에 다름 아니다.

시간성으로서의 방황성은 우선 코라의 근본 성격에 직결된다. 코라는 정적인, 단지 기하학적 연장성만을 가지는 물질-공간이 아니다. 그것은 유동하는 물질-공간이다. 바로 그렇기 때문에 형상들은 코라에 완벽하게 새겨질 수 없다. 형상의 흔적들(세계의 기하학적 질서)은 미세한 떨림 위에 새겨지며, 현대식으로 말해 모든 대수학적-기하학적 양들은 오차를 동반한다. 이는 하이젠베르크의 '불확정성 원리'에도 연결되는 내용이다. 이것이 '어쩔 수 없는 것'으로서의 아낭케의 핵심 성격이다. 이 성격은 우선은 공간적인 것이지만, 공간의 떨림 자체는 시간적인 것이기에(떨림 자체가 완벽하게 규칙적이라면 사실상 유의미한 떨림이 아니다), 시간성/방황성은 우선 코라 전체의 공간적 불안정성에 관련된다고 할 수 있다.

그러나 코라의 시간성/방황성은 본격적인 시간적 측면에서도 작동한다. 어째서 그러한가? 형상계에는 시간이란 존재하지 않는다. 그것은 영원의 차원이다. 그러나 코라는 시간성을 띤다. 형상들이 코라에 새겨지면서 거기에 시간도 새겨진다. 사물들은 형상들의 그림자이다. 시간 역시 그림자이다. 영원의 그림자, "영원의 움직이는 그림자"이다. 형상들의 순수 논리적 관계는 현실세계에서 공간적 관계로뿐만 아니라 시간적 관계로 화한다. 이 시간적 관계 역시 이성에 의해 최대한의 질서를 부여받는다. 그러나 여기에서도 '어쩔 수 없는 것'으로의 아낭케의 성격이 발휘된다. 시간은 영원의 "움직이는" 그림자이다.

아낭케의 어쩔-수-없음을 배제하고 볼 때, 세계는 법칙성 = '로고스'를 통해서 드러난다. "로고스(logos)라는 것은 운동과 다(多)가 서로 연결될 수 있는 측면에서 본 것이며, 반면 형상(eidos)은 다에 있어서 연결되지 않는 측면에서 본 것이다."(「필연」, II, 77) 로고스는 공간적 질서이자 시간적 질서이다. 시간적 질서란 결국 조물주가 이 세계를 선(善)으로 이끌어가는 과정, 사물들 사이의 공간적 목적론을 보충하는 시간적 목적론에 다름 아니다. 여기에 아낭케의 어쩔-수-없음이 작용한다는 것은 앞에서 언급한 공간적 '떨림'에 상응하는 시간적 떨림이 존재한다는 것을 뜻한다. 이는 곧 우주(의 생성)에서의 비결정성의 문제, 우연의 문제에 다름 아니다. 우연이란 시간의 선이 어느 지점에서 흐트러지는 것을 뜻하며, 사물들 사이의 로고스를 결한 마주침(con-tingency)을 뜻한다. 문자 그대로 번역하면 '偶接'이다. 근본적으로 보아, 형상계와 코라의 만남 자체가 우연적이다. 그 우연성에서 파열하는 어쩔-수-없는 측면들을 다독여서 가능한 한 질서 있는 우주를 만들어내는 것이 조물주의 역할이다.[12] 조각가가 머릿속의 '관념들'과 자기 앞에 놓여 있는, 관념과는 전혀 이질적인 돌이라는 두 존재를 최대한 잘 만나게 하듯이. 이런 "설득"의 산물이 우주의 공간적/기하학적 질서/법칙성과 시간적/물리적 질서/법칙성인 것이다.

플라톤은 이 방황하는 원인을 형상계 및 조물주와 더불어 우주를 구성하는 또 하나의 원인으로 본다. 방황하는 원인은 "방황하는 원인이라는 eidos"이며, 이때의 '에이도스'(형상, 부류, 종, …)는 방황

12) 인간이 형상들의 세계를 보았으나 레테(망각의 강)의 물을 마심으로써 잊어버리게 되었다는, 그러나 상기를 통해서 그 세계를 다시 떠올릴 수 있다는 낭만적/신화적 설명은 조물주에 의한 두 세계의 만남이라는 생각에 의해 새롭게 정초될 수 있다. 인간의 영혼, 특히 그 이성적 기능은 바로 조물주에 의해 형상계와 코라가 만나게 되는 그 극한에서 성립한 후 코라의 세계로 떨어졌다고 볼 수 있다(이 점에서 인간의 이성은 조물주의 이성의 한 조각이라 할 수 있다). 그렇다면 상기는 곧 코라의 세계로부터 다시 두 차원이 만났던 그 극한으로 올라감을 뜻하며, 그 극한에서 조물주적 질서와 나아가 형상계와 재회할 수 있다. 플라톤의 이런 생각은 훗날 서구의 종교와 과학에 지울 수 없는 영향력을 각인하게 된다.

하는 원인이 그 자체의 성격은 우연적임에도 우연적인 어떤 것이 아니라 우주를 구성하는 데 객관적으로/필연적으로 들어가는 원인/원리임을 뜻한다. 양자역학이나 분자생물학을 비롯해 미시적인 물질세계를 다루는 담론들에는 늘 우연이 발생한다. 우리가 던져야 할 물음은 다음이다: 우연은 세계의 객관적 성격인가, 아니면 우리의 무지에서 비롯된 잔여 즉 현재 수준의 지식이 포섭하지 못한 인식론적 잔여일 뿐인가? 방황하는 원인이 "planōmenē aitia eidos"라는 표현은 이것이 '원인에 속하는 부류'임을 분명히 나타내고 있다. 그러나 그것은 "방황하는" 원인-부류이다. 하지만 원인이 어떻게 방황할 수 있는가? 더 정확히 말해, 방황하는 어떤 것이 어떻게 원인이 될 수 있는가? 원인/원리란 그 본성상 한정된(definite) 것이다. 그래야만 아페이론을 다스려 질서를 가져올 수 있다. 그렇다면 그 자체가 방황하는 것이 어떻게 원인/원리가 될 수 있는가?

> 이 우주에는 한정된 것도 있지만 한정되지 않은 것도 있어. 그런데 이 한정되지 않은 것의 순수한 상태를 뽑아 보자. 그러면 'eidos'가 나와. 그러니까 방황하는 원인은 무엇에 대해서 원인이 되냐 하면 방황하는, 헤매는 측면에 대해서 그것이 확실하게 원인(aitia)이 된다는 뜻이야. 그래서 'eidos'라는 말을 여기서 사용해. 그러나 어떤 한정된 것에 비해 보면 그것이 원인이 된다는 것 자체가 방황해(planōmenē). […] 그러니까 뒤에 방황하는 원인을 "amydron eidos"(불분명한 종류)라 했어. 불투명하다(obscure), 분명하지(saphēs)가 않다는 뜻이야. 그것은 또한 "사생아적 논리"(nothos

logos)에 의해 파악되는 것이지, 감성적으로는 파악이 안 된다는 거야.(「방황하는 원인」, II, 253)

요컨대 방황하는 원인은 우주의 모든 비결정성/우연을 가능케 하는 선험적(존재론적) 조건이다. 조물주는 이 방황하는 원인을 최대한 "설득"해 조화로운 우주를 창조해냈다. 그렇다면 조물주는 방황하는 원인을 완벽하게 설득할 수는 없었을까? 우주를 완벽하게 질서지을 수 없었던 것일까? 아니, 그런 완벽한 설득이 좋은 결과를 가져왔을까? 완벽한 질서란 결국 '기계적'임을 뜻하지 않는가? 완벽한 기계로서의 세계는 좋은/아름다운 세계인가? 하지만 또한 방황하는 원인 때문에 질병, 기형아, 지진, 해일, 광기, 부조화 같은 이 모든 것들이 연유하지 않는가? 완벽한 질서를 갖춘 그러나 기계적인 세계와 우발성을 갖춘 그러나 인간적인/주관적인 고통들을 감내해야 할 세계, 어떤 세계가 '좋은' 세계인가? 이는 삶, 죽음, 운명을 둘러싼 근본적인 딜레마들 중 하나이다. 어쨌든 경험은 우리에게 후자의 세계를 보여준다. 그러나 후자의 세계 역시 이성이 방황하는 원인을 "대부분" 설득한 세계이다. 여기에서 "설득"의 의미는 무엇인가?

철수가 영희를 설득한다는 것은 우선 영희의 '뒤나미스'를 전제한다. '뒤나미스'를 가지고 있지 않은, 오직 충족이유율만을 가지고 있는 돌멩이를 설득한다는 것은 난센스이다. 또 강아지를 설득한다는 것도 난센스인데, 설득이란 이성과 언어를 통해서 하는 것이기 때문이다. 강아지와 함께 논다든가 감정의 교류를 하는 것 등은 가능하겠지만 논쟁이나 설득은 불가능하다. 철수가 영희를 설득한다는 것은 최소한 영희가 '뒤나미스'를 갖춘 존재라는 점과 철수와 영희 사이에 이성적 관계가 가능함을 함축한다. 조물주에 의한 방황하는 원인의 설득에서도 이 두 가지 점이 전제되어야 한다. 우선 방황하는 원인은 일종의 가능성으로 파악되어야 한다. 방황하는 원인이 그 자체 완전히 결정되어 있다면 조물주는 그것에 형상들을 각인할 수 없을 것이다. 후자의 경우는 미묘한데, 플라톤에게서 "설득"이라는 말 자체가 은유이기 때문에 방황하는 원인과 조물주 사이에 철수와 영희의 관계와 같은 관계가 성립할 수는 물론 없다. 여기에서의 관계는 결국 앞에서 언급했던 연속성의 문제, 즉 조물주, 형상계, 코라 사이의 연속성에 다름 아니다.

조물주의 이성이 코라를 설득한다는 것은 모든 것을 'flux'로 만들어버리는 코라에 일정한 페라스들이 주어지고 생성—여기에서 '생성'은 방황하는 원인과 이성이 합작함으로써 이루어지는 생성이다—이 성립한다는 것을 뜻한다. 그래서 퓌지스는 이성적인 측면과 방황하는 측면을 동시에 보여준다. 그러나 전체를 이끌어가는 것은 이성적인 측면이다. 이성은 영혼의 기능이고 그 자체가 '뒤나미스'이다. 달리 말해, 조물주 또는 "세계영혼"은 일종의 생명체이고 선택이라는 행위를 한다. 그는 질시할 수도 있었고 질시하지 않을 수도 있었다. 그러나 그는 질시하지 않았고 자신의 작업을 최대한 선으로 가져가고자 했다. 그러나 코라 또한 '뒤나미스'이며, 조물주의 설득에 전적으로 따르지는 않는 독자적인 존재이다. 이 때문에 조물주는 코라를 "설득"해야 했다. 그 때문에 생성/퓌지스는 질서의 측면을 가지면서도 그로부터 벗어나는 측면을 가지게 된다.[13] 그리고 핵심적인 것은 이 두 측면이 상추(相推)하면서 우주를 이끌어간다는 점이다. 이것이 '조-물'(造-物)의 의미이다.[14]

플라톤의 이런 작업은 '파르메니데스 극복'이라는 그리스 존재론의 흐름에서 결정적인 지도리를 형성하고 있다. 파르메니데스의 엘레아학파에게 다와 운동 즉 우주/자연은 허상이다. 그것은 실제 존재하는(einai) 것이 아니라 단지 그렇게 보일(dokei) 뿐인 무엇이다. 다와 운동은 (제논이 보여주었듯이) 모순을 낳는다. 파르메니데스를 극복하고 자연철학을 수립하려면 무엇보다 우선 다와 운동의 존재를 증명해야 한다. 논의의 출발점은 다와 운동이 낳는 것, 즉 모순이다. 모순이란 무엇인가?

> 모순은 존재와 무가 부딪칠 때 성립하는 것이지. 즉, 존재와 무의 한계에서 성립해. 그 한계가 없으면 모순이 성립하지 않아. 그 한계가 무너질 때에는 모순이 성립할까 하지 않을까? 성립하지 않아. […]

---

13) 『티마이오스』에서 전자의 측면이 두드러지는 곳은 천체들의 경우이다. 이는 천문학적 현상들이 다른 것들에 비해 특히 질서정연함을 가리킨다. 후자의 측면이 두드러지는 곳은 카오스적 현상들(유체들의 흐름 등등)이다. 두 측면이 공통으로 잘 드러나는 곳은 생물학적 현상들의 경우이다. 『티마이오스』는 각각 이 세 영역을 다루는 세 부분으로 구성된다. 이 구도는 그 자체로서 매우 흥미롭고 시사해 주는 바가 많다.

14) 뒤에서 논하겠지만, 베르그송에게서 코라와 조물주의 상추는 물질과 생명의 상추로 바뀐다(결국 조물주는 생명이 된다). 그리고 형상들은 영원의 상하에 존재하면서 코라에 새겨지는 것이 아니라 물질과 생명의 투쟁의 결과들로서, 생명이 물질과 투쟁해서 우연적으로(contingently) 만들어내는 것들로서 이해된다. 플라톤으로부터 베르그송으로의 이런 변환은 서구 존재론사의 가장 극적인 변환들 중 하나이며, 소은이 서구 학문의 역사 전체를 조망하는 틀이기도 하다.

여기에서 여기까지는 존재이고 여기까지는 무라고 했을 때, 그 한계는 뛰어넘을 수가 없어. 그것은 가장 한정적인(definite) 것이야. 즉 가장 근본적으로 언제나 한정적인 것은 존재와 무야.(「방황하는 원인」, II, 261~262)

단적인 모순이 극복되려면 존재와 무의 경계선이 무너져야 한다. 존재와 무의 대립만이 있을 경우 모순만이 덩그러니 존재하게 된다. 다와 운동의 세계가 논리적으로 구제되기 위해서는 존재와 무의 경계선이 무너지고 연속성이 도래해야 한다. 사실상 우리는 늘 이를 확인하고 있다. 하지만 파르메니데스의 세계가 바로 연속성의 세계가 아닌가? 그러나 여기에서의 연속성은 파르메니데스적 연속성 즉 존재와 무가 모순을 형성할 때의 존재-연속성(이 연속성이 무너지면 다가 도래하게 된다)이 아니다. 그것은 존재와 무의 경계선이 고착될 수 없도록 계속해서 그 경계선을 무너뜨려 가는 운동-연속성—운동하는 연속성 또는 연속적인 운동—이다. 이런 연속성이 바로 생성/과정이다. 이 연속적인 운동의 성격이 곧 방황성이다. 이성은 아페이론에 페라스를 부여하는 것 즉 '분석'하는 것이거니와, 연속성 = 아페이론은 이 페라스를 끊임없이 무너뜨리면서 방황성을 도래케 한다.

제논은 다자성과 운동이 모순을 낳는다고 보았다. 그의 논증은 운동하는 연속성을 기하학적 연속성으로 환원할 수 있다는 것과 기하학적 연속성에서는 무한분할이 가능하다는 것을 전제한다. 제논에게서 모순은 이 두 전제 위에서 나타난다. 이런 전제 위에서 제논은 존재와 무가 모순을 형성하는 그리고 무는 결국 무가 되는 파르메니데스의 세계로 귀착한다. 그러나 플라톤적 연속성 즉 방황하는 원인으로서의 코라를 전제할 때 존재와 무의 경계는 매 순간 무너지면서 생성이 도래하게 된다. 그리고 현실세계의 생성은 이 "planōmenē aitia eidos"와 형상들의 합작품인 것이다. 때문에 생성의 세계에서는 절대 단절이란 없다. 절대 단절이란 존재와 무가 접촉할 때에만 성립한다. 이때 가능한 것은 무로부터 존재로의 이행과 존재와 무의 병치 두 가지이다. "Ex nihilo nihil fit"를 전제할 때 전자는 성립하지 않는다. 가능한 것은 단순 병치이다. 그러나 무는 무이다. 결국 무의 소멸과 존재의 절대적 즉자성(in-itself-ness)만이 가능하다. 이때 생성은 성립하지 않는다. 이 파르메니데스적 세계에서 벗어날 수 있는 것은 운동하는 연속성, 연속적 운동을 즉 방황하는 원인을 도입하는 것뿐이다.

그러나 방황하는 원인만이 존재하는 곳에는 동일성이 존재할 수 없다. 생성의 세계는 방황하는 원인과 형상들의 합작품이며, 자연철학이란 이 생성의 세계에서 형상들의 흔적들을 즉 동일성들을 잡아내는 작업이다. 생성하는 세계에서의 동일성 즉 "타자와 관계를 맺으면서도 존재가 갖고 있는 일자의 성격"에 주목할 때, 동일성의 파악을 전제하는 학문적 작업이 성립할 수 있다. 플라톤은 이런 경우를 "동일한 것에 따라서 동일한 방식으로"(kata tauta hōs autōs) 파악하는 것이라고 말한다.

결국 이 물리적 세계는 자기동일적인 것과 방황하는 원인이 서로 관계를 맺어서 성립시키는 것이야. 그런데 그것은 모순하고는 다른 제3자의 세계이지. 다시 말하면 이 우주에는 모순을 넘어서는, 즉 모순을 회피하는 측면이 있더라는 것이야. 그것은 과정(process)에서 성립하고, 다와 운동에서 성립해. 우선 연속성이 있게 되고, 연속성이 [형상들과 함께] 있으면 다와 운동이 성립하게 되며, 다와 운동이 나오면 모순을 극복하게 된다는 것이지. 그리고 모순이 극복되면 그 위에 한정된(definite) 것이 나오게 되고, 그때 비로소 이 물리적 세계의 질서가 성립하게 돼.(「방황하는 원인」, II, 263~264)

플라톤에게서 물리세계가 존재한다는 것, 자연철학이 가능하다는 것은 이렇게 논증된다. 물리세계는 형상 또는 형상들의 흔적들을 받아들이는(앞에서 "연속성의 이면은 결핍"이라 했던 것을 기억하자) 터 = 코라와 거기에서 그 흔적들이 새겨지는 형상계 그리고 그런 '조-물'을 행하는 조물주를 전제했을 때 비로소 설명된다는 것이 플라톤의 생각이다. 물론 여기에서 '설명된다'는 것은 물리세계의 어떠어떠함을 자연철학적으로 설명한다는 것이 아니라, 그러한 설명의 가능성의 조건 즉 물리세계가 '존재한다'는 것 자체를 설명한다는 것을 뜻한다.[15]

파르메니데스를 극복하고서 자연철학으로 나아가는 이 과정은 서구 존재론사에 있어 도래한 결정적인 지도리들 중 하나이며, 또 이

15) 거꾸로의 방향에서 논한다면, '방황하는 원인'(과 조물주 그리고 형상들의 多)을 전제하지 않은 동일성이 곧 파르메니데스의 동일성이다.

후의 사유들을 이끌어간 논리적 기저이기도 하다. 그리고 플라톤 자신도 분명히 하지 않은 이 지도리를 치밀하기 이를 데 없이 분석한 지금의 대목은 소은 사유의 백미들 중 하나를 형성한다.

'파르메니데스 극복'을 통해 존재론을 새로운 지평으로 열어젖힌 플라톤의 작업은 아리스토텔레스, 플로티노스, 일신교 사상들(유대교, 기독교, 이슬람교) 등으로 이어진다. 우리는 3부에서 이 문제를 계속 이어 다룰 것이다.

# 5장

# 아페이론의 문제

극히 다채롭고 또 적지 않게 부정합적이기도 한 플라톤의 세계를 이해하는 작업은 어떤 각도에서 그에게 접근하는가에 따라 다른 결과를 가져온다. 『파이드로스』의 생명철학과 『티마이오스』의 자연철학에 대한 소은의 독해에서도 보았듯이, '소은의 플라톤'은 아페이론 개념을 그 한 축으로 해서 진행된다. 그리고 이런 문제의식은 『파르메니데스』, 『필레보스』 독해로까지 이어진다.

소은의 이런 시각은 그가 플라톤을 베르그송으로 이어 독해한다는 점에서 기인한다. 플라톤과 베르그송은 아페이론이라는 끈으로 이어지고 있는 것이다. 그리고 이 아페이론의 개념은 연속과 불연속의 문제는 물론이고 시간과 공간, 물질과 생명/기억, 유한과 무한, 무한정과 비한정/비일정, 가능과 현실과 필연 등등 많은 근본 개념들, 존재론의 거의 모든 개념들과 복잡하게 얽혀 있다. 이 장에서는 이 아페이론 개념을 특화해서 다룬다.

## 1절·물질성으로서의 아페이론—『티마이오스』

아페이론을 아르케로 보았던 아낙시만드로스와 아페이론과 페라스를 존재의 근본 원리로 놓은 퓌타고라스학파 이래 무규정/비한정의 터에 규정/한정이 가미되어 개별화된(individualized) 사물들이 나온다는 것은 그리스적 존재론/사물관의 핵심으로 자리 잡았다. 이 점은 플라톤에게서도 분명하게 확인된다. 코라에 형상들이 새겨짐으로써 우주가 성립했다는 그의 구도는 그대로 퓌타고라스적 구도이다.

아페이론은 우선 방황하는 연속성이다. 때문에 'pathos'와 관련된다. '파토스'로서의 겪음은 연속적인 겪음, 소은의 예로는 술에 취하는 경우, '기분'(氣分)의 경우와 같다. 정확히 언제부터 술에 취했는지를 분절하기가 어렵듯이, 아페이론은 분절 이전의 연속성이다. 아페이론의 성격을 띤 질들은 대개 양적으로는 정도(degree)의 성격을 띤다. 색의 명도나 채도가 대표적이다. 명도나 채도가 고정된다는 것은 아페이론에 페라스가 주어진 것을 뜻한다. 아페이론이 온전히 제압되지 않은 세계에서는 동일성이 아닌 유사성(homoion)만이 성립한다. 코라의 터 위에서 성립한 이 세계에서 온전한 동일성을 발견하는 것이 불가능한 것은 이 때문이다(앞에서 이야기한 '떨림'을 상기). 온전한 동일성은 코라의 바깥 즉 형상들에게서만 성립한다. 그리고 그 사이에 기하학적 공간이 존재하며, 기하학적 공간에서의 동일성은 '합동'에 의해 성립한다. 그러나 형상들은 코라라는 터 위에 새겨지며, 그 새겨진 것들 즉 형상들의 흔적들은 형상들의 동일성을 온전히 지켜내지 못한다. 아페이론 속에 들어가기 때문이다. 그때 모든 것들은 유사성의 관계에 놓이게 된다.

유사성은 동일성과 차이로 분석된다. 동일성과 차이의 극한, 절대적 차이를 이루는 것은 존재와 무이다. 존재와 무에서 차이는 극단화되며, 절대 모순만이 존재한다. 존재와 무의 경계가 무너질 때 연속성 = 아페이론이 성립한다. 연속성은 차이들이 생성하는 터이다. 그리고 차이들이 연속으로 생성할 때 지속(durée)/과정(process)이 성립한다. 앞에서 논했듯이, 이는 우주의 성립 조건 자체이다. 아페이론은 연속적 운동/차이생성(differentiation)의 선험적 조건이다. 또는 이미 생성의 차원 — 형상들과 코라가 만난 차원 — 에 들어서서 이야기할 경우 그 운동/차이생성을 가리키기도 한다.

> 일자가 들어갈 때 일단 동일성이었다가 비슷해져. 왜냐하면 동일성이라는 것은 타자성(otherness)이 항상 붙어 다니니까. 일자는 타자성 그 자체가 없는 것이지만, 무한정자[아페이론]와 관계를 맺을 때는, 이를테면 타자하고 접촉(contact)하는 순간에는 동일성(tauton)이고, 들어가서 무한정자의 성격을 받아들이면 비슷한 것(homoion)이 되는 것이지.(「『티마이오스』편 강의」, IV, 86)

여기에서의 일자는 형상계 전체를 가리키는 것으로 보아야 한다. 코라와 만난 형상들은 동일성으로서 성립하지만, 생성의 세계에서의 동일성들은 타자와 관계를 맺게 되고 또 아페이론의 터 위에서 유사한 것들로 화한다. 가장 어려운 문제는 형상과 아페이론/코라의 만남에 있다.

강아지의 이데아는 꼬리를 흔들지 않는다. 그러나 현실의 강아지는 꼬리를 흔든다. 강아지의 이데아와 현실의 강아지는 어떻게 연결되는가? 현실의 강아지는 아페이론에 구현된 강아지-이데아이다. 꼬리를 흔드는 강아지와 흔들지 않는, 더 정확히 말해 흔들지 못하는 강아지 사이의 관계는 무엇인가? 앞에서 이 아포리아를 제시했었다. 이는 곧 'metechein', 'parousia', 'koinōnia'의 문제이다.

> 참여(metechein)라는 것은 양적인 의미야. 그러니까 플라톤 철학에서 굉장히 어려운 문제가 가령 희다는 색깔이 있다면 이것이 논리적인 것인지 감성적인 것인지 하는 것인데, 그것과도 연관이 돼. 논리적인 의미에서 동일성인 흰 색깔이 물리적인 자연세계, 생성 속에서 경험적으로 나타나면 분명히 색깔이 있거든. 그러나 논리적으로는 없는 것이잖아. 없어. 그러면 이런 것을 색깔이라고 할 것이냐 하는 문제가 나와. 감성적인 이것이 과연 형상(eidos)으로서의 흰 색깔과 닿아 있느냐, 참말로 닿아 있느냐 하는 문제가 나와. 확인할 수가 없어. 규정할 수 없는 그런 문제가 생겨. 그래서 플라톤은 감성적인 세계에 대한 것은 "그럴듯한 이야기"(eikos logos)라고 말하는 거야. 만약 거기서 확인하고자(verify) 한다면 비슷함만 확인하는 것이지. 공식화해서 동일함(equal)이 성립한다는 것은 곤란하다는 것이야.(「『티마이오스』편 강의」, IV, 89)

결국 전혀 이질적인 두 차원이 관계를 맺기 위해서는 그 사이에 제3자가 매개될 수밖에 없다. 형상과 구분되는 한에서의 '파라데이그마', 기하학적 존재들, 형상의 흔적들이 그런 역할을 한다.[1] 이 존재들이 자연을 형상계와 비슷한 것으로 만든다. 그러나 아페이론에 있어 작동하는 한 현실세계는 이데아계를 모방하는 것 이상이 될 수 없다.

형상계는 불연속적인 세계이다. 각각의 형상들은 확고한 자기동일성을 가지고서 항존한다. 아페이론의 세계는 연속성의 세계이다. 조물주는 '파라데이그마'(本)에 입각해 아페이론을 빚지만, 아페이론은 이미 그것에 일정 정도 양보하고 들어선 '파라데이그마'에도 온전히 따르지 않는다. 하나의 형상이 아페이론에 구현됨으로써 다양한 '정도'를 가지게 된다. 붉은색의 형상은 아페이론 속에서 다양한 붉은색으로서 현상하게 된다.[2] 이 때문에 형상이 아페이론에 구현될 때 그 순수성—타자를 배제하는 자기동일성—을 상실하게

1) 아리스토텔레스로서는 이런 해결책이 만족스럽지 않았다. 만일 제3자를 매개시킨다면, 그 제3자와의 접촉을 위해서 제4자가 그리고 다시 같은 논리로 제5자, 제6자, …가 필요하게 되어 "regressus ad infinitum"에 빠지게 되기 때문이다. 그의 해결책은 "kata tinos"를 "en tini"의 관계로 바꾸는 것, 즉 형상을 질료에 집어넣는 것이었다. 때문에 플라톤에게서 세계는 형상과 유사함의 관계밖에는 가질 수 없지만, 아리스토텔레스에게서 형상은 질료에 있어 실현된다. 이로써 "metechein", "parousia"의 관계가 가능태와 현실태의 관계로 바뀐다.

2) 소은은 "붉은색의 형상, 조금 덜 붉은 색의 형상, 더 덜 붉은 색의 형상 등 형상이 여러 개 있는데, […]"라고 말하고 있으나(「『티마이오스』편 강의」) 이는 오류인 듯하다. 형상 자체에 '정도'가 들어간다면 붉은색 계통의 형상들만 무한개가 있어야 되어 곤란해진다. 붉은색의 형상은 단 하나이다. 현실의 붉은색들이 그 정도에 따라 붉은색의 형상을 더/덜 구현하고 있다고 해야 한다.

된다. 정도에 따라 미끄러지는 붉은색은 붉지-않은-색과 그 어디에서 날카롭게 끊어지지 않기 때문이다. 더 나아가 자연계에서는 연속적 변화가 일어난다. 푸른 잎사귀는 가을이 되면 노랗게 물든다. 푸름의 형상과 노랑의 형상은 연속될 수 없다. 그러나 푸른 잎사귀와 노란 잎사귀는 연속될 수 있다. 두 형상들의 흔적들은 아페이론 안에서 관계 맺기 때문이다.[3)]

그러나 이런 물리적 아페이론과 더불어 기하학적 아페이론도 생각할 수 있다. 이 기하학적 아페이론은 운동이 빠진 아페이론이다. 훗날 베르그송이 역설하게 되겠지만, '제논의 역설'은 물리적 아페이론을 기하학적 아페이론으로 환원시켜 놓고서 진행된 역설이다. 물리적 아페이론과 기하학적 아페이론은 구분되어야 한다. 물리적 아페이론에서는 모든 것들이 생성의 와류에 놓인다. 때문에 거기에 다자의 동일성을 보장해 주는, 다자들이 서로 구분될 수 있도록 해 주는 동일성의 측면이 가미되어야만 한다. 그래야만 현세계에서와 같은 생성이 가능하다. 이 동일성의 측면을 보장해 주는 것이 형상들의 일자성(oneness)이다. 기하학적 아페이론을 그 연속성의 측면에서만 본다면 제논이 행한 무한 분할되는 연속체이다. 그러나 물리적 아페

---

3) 앞에서 플라톤의 물질이 아리스토텔레스의 그것보다 더 자율적이라고 했거니와, 이 대목에서도 그 점을 음미해 볼 수 있다. 아리스토텔레스에게서는 노랑의 형상이 푸름의 형상을 대체하지만(이때의 형상은 '규정성'의 의미이다), 플라톤에게서 푸름은 노랑으로 연속적으로 변해 간다. 아리스토텔레스에게서 코라/연속성/질료는 범주화된(categorized) 구조 안에서 움직인다. 아리스토텔레스의 사유에서 '대립자'들이 그토록 중요한 역할을 하는 것은 이 때문이다. 아리스토텔레스에게서 잠재성은 현실성의 '플랜' 속에서 움직이지만, 플라톤에게서 형상의 전달자인 조물주는 코라와 '타협'해야 한다.

이론에 동일성들을 각인하기 위해서는 기하학적 아페이론에서 어떤 형상들(figures)이 성립해야 하고, 물리적 아페이론을 이 형상들에 맞추어서 조-물해야 한다. 이 형상(形狀)들—기하학적 형상들—은 형상(形相)들 = 이데아들과 코라 사이에 존재하는 존재들이다. 바로 이런 구도하에서 플라톤은 원소들을 기하학적 도형들을 가지고서 설명코자 했다.

이렇게 물리적 아페이론이 기하학적 아페이론에 관련함으로써, 근본적으로는 이데아들의 하나-임들에 관련함으로써 개별적 존재들이 존립하게 된다. '개별화의 원리'를 이렇게 공간에서 찾는 태도는 서구적 합리주의의 원형을 이룬다. 그리고 이 개별자들 사이에 통일성[4]이 존재할 때, 그 통일성으로서의 '전체'(holon)를 '조화'(harmonia)라 할 수 있다. 그리고 이런 구도는 『국가』를 떠받치는 주요 구도이기도 하다.[5] 이런 통일성은 물론 우주의 이성적 질서로부터 온다. 플라톤의 존재론은 비물질적 질서가 선재하고 그것이 물질에 구현되는 존재론이며, 이 구도는 이후 서구 사유 전반을 지배하게 된다. "이성을 영혼 속에다 넣고 그런 다음 영혼을 물질('소마') 속

---

4) 소은은 "단위"라는 표현을 쓰고 있다. 이 말은 'unité'의 번역어로 보인다. 전반적 논의의 흐름으로 볼 때 단위보다는 '통일성'이라는 표현이 더 좋을 듯하다. '단위들'이라는 표현은 개별자들의 개별성/개체성을 가리키는 표현이다. 물론 존재론적으로는 큰 차이가 없다. 하나의 단위는 그 단위에 속한 내용의 통일성을 전제하기 때문이다.

5) 이때 생기는 핵심적인 한 문제는 우주 전체의 통일성을 어떻게 이해해야 할 것인가 하는 문제이다. 이 통일성은 개체의 통일성은 물론 보편자, 예컨대 생물학적 종들의 통일성을 넘어서 세계 전체의 통일성을 찾는 작업이다. 이는 "kosmos"는 어떻게 가능한가의 문제이며, 결국 "세계영혼"(world soul)의 문제, "천체"(world body)의 문제이다. 『티마이오스』에서의 천문학과 세계영혼 문제가 중요한 것은 이런 배경하에서이다.

에 집어넣은 것이지, 물질 속에 영혼을 넣고 그 다음에 이성을 영혼에 넣은 것은 아니다. 만약 그렇게 넣었다면 영혼은 질서를 따를 수도 있고 안 따를 수도 있[기 때문이]다."

바로 그렇기 때문에 아페이론은 이 구현의 문제에 가장 중요한 요인이라고 할 수 있다. 구현이란 바로 조물주가 형상을 아페이론에 각인하는 과정이기 때문이다. 조물주는 자기동일성을 가진 형상들을 아페이론에 통일적으로 구현해야 한다. 바로 '코이노니아'의 문제이다. 이 두 가지 조건이 충족되어야 세계에는 불완전하나마 동일성을 갖춘 개별자들의 생성과 거시적인 차원에서의 통일성 = 조화가 가능하게 된다. 우리가 경험하는 우주와 사물들의 질서는 이런 선험적 조건에서 가능했다는 것이 플라톤의 생각이다. 그러나 이런 질서는 어디까지나 아페이론에 구현된 한에서의 질서이다. 이 때문에 형상들의 개별성은 아페이론에 구현될 경우 입체들로 화한다. 입체들의 개별성은 형상들 자체의 개별성의 모방물들이다. 앞에서 아낭케의 두 가지 성격으로서 공간성과 방황성을 든 것을 상기하라. 마찬가지로 "영원의 움직이는 그림자"로서의 시간이 형상들을 모방할 때 그것은 '주기'(period)로 나타난다. 형상들의 동일성 또는 일자성[6]과 아페이론의 방황성은 서로 역-기능하지만, 이렇게 형상들이 아페이론에 구현됨으로써 공간, 시간, 물질성이라는 세 가지 근본 조건 즉

6) 소은은 형상들의 일자성과 그것이 아페이론에 구현될 때의 동일성을 구분한다. 동일성은 '파라데이그마'의 수준에서의 일자성이다. 그리고 아페이론에 구현된 동일성은 유사성으로 화한다.

아페이론의 조건을 가지게 된다.

이 맥락에서 영혼 개념 역시 중요한 역할을 한다. 이성이 물질에 직접 구현되는 것이 아니라 영혼에 들어가 영혼이 물질에 구현된다. 이 구조는 무엇을 뜻하는가?

> 플라톤은 무한정자로 가는 것, 무질서로 가는 것에 역-기능하는 것을 영혼이라고 하거든. 이 점은 베르그송도 마찬가지야. 하강에 대해서 상승하는 것은 항상 영혼의 기능이라고 해. 그런데 사실 여기서 이성을 가지고 있는 무질서에 역-기능하는 영혼이 물질과 합쳐져 있다고 보는데, 사실 물질은 물질대로 놀고 영혼은 영혼대로 따로따로 떨어져 있는 것 아냐? 그래서 이것이 철학상의 중대한 문제가 돼. 즉 그것이 단위가 되어야 할 텐데 그 자신 내부는 단위가 아니라는 것이지.(「『티마이오스』편 강의」, IV, 136)

이성은 순수한 질서이다. 이성이 물질에 구현되기 위해서는 어떤 힘이 요청된다. 물질의 힘에 이성이 구현되기 위해서는 이성을 담지한 힘이 요청되며, 이 힘을 갖춘 존재는 영혼으로 파악된다. 이 영혼은 결국 생명이다. 영혼이란 아페이론의 방황성과 싸우면서 이성을 구현하는 생명에 다름 아니다. 베르그송에게서 아페이론은 엔트로피의 법칙에 따라 해체되어 가는 물질성이다. 이 하강 운동과 싸우면서 상승 운동을 해 가는 힘이 생명의 힘이며, 이 과정을 통해 이성이 구현된다. 물론 베르그송에게서 이성의 질서는 철저히 내재화되며 플라톤과는 달리 파악된다. 플라톤에게서는 코라와 형상계가 애초에 단적으로 구분된 후 조물주의 힘으로 만나게 되지만(소은은 이런 구도가 중대한 철학적 난점을 담고 있다고 본다), 베르그송의 경우는 전혀 다른 구도하에서 논의가 진행된다.

『파이드로스』에서의 "auto kinoun"을 논하면서 언급했듯이, 영혼이 아페이론에 역기능해 생명체들을 만들어낸다는 것—그래서 생명 현상의 기본은 "그 기능이 외부로 나갔다가 그 기능 자신에게로 돌아오는" 것이다(엔트로피 법칙에 대한 저항)—은 플라톤과 베르그송에게 공통된 생각이다.[7] 그러나 이렇게 사물들을 만들어내는 질서의 존재론적 위상이 무엇인가에 관련해 두 사람은 대조적이다. 플라톤의 경우 형상들은 현실계에서의 성질들과 대응한다. 때문에 그의 사유는 성질들의 체계가 형상들의 체계를 모방하는 공간적 사유를 구사한다. 반면 베르그송의 경우, 사유의 대상은 기능들, 경향들, 과정들에 있다. 그에게 문제가 되는 것은 성질들/형상들의 공간적 체계가 아니라 기능들/생명의 시간적 과정이다. 따라서 플라톤에게서

---

7) "기능(function)이라는 것은 무엇을 의미하냐면 외부 대상으로 나가야 돼. 나감으로써 자기동일성(identity)을 유지한다는 거야. 그러면 나가는 것은 외화하는 것(s'extérioriser)이고, 나가면 이것은 깨지기 마련이야. 외부 대상은 여러 질(quality)이 있고, 다(多)의 세계니까. […] 그러면 나가지 않으면 어떠냐? 죽는단 말이야. […] 그러니까 나가야 돼. 빨리. 빨리 가서 하나(unit)가 되어야 해[자기동일성이 해체되지 않도록 해야 해]. 그런데 그냥 하나만 되는 것이 아니고 여기서는 나간다는 것 자체가 자기의 동일성을 유지한다는 관점에서 나가는 거고, 물질이나 다른 수하고 달라. 기능이 다른 것이 바로 그거야. 생명 현상은. 그러니까 반드시 나간다는 것은 무엇이냐 하면, 동시에 그것이 자기 자신으로 되돌아온다는 것이고, 결합(association)이 전부 되돌아옴(reflexion)이야. 되돌아와서 자기 자신의 동일성을 유지한다는 관점에서만 나가. […] 두 가지 측면은 항상 서로 보완적이니까. 그러니까 엔트로피와 그것을 거슬러 올라가는 것은 같이 따라다녀. 좋고도 나빠. 나가는 것이 좋고도 나빠."(「강독 15」, V, 365~366) '자기차생자'로서의 생명 개념이 선명하게 나타나 있다.

시간은 주기/반복으로서 나타나고 세계는 목적론적으로 이해되지만, 베르그송에게서 시간은 열려 있고 세계는 비결정론적으로 이해된다.[8)]

8) "그러니까 베르그송은 뭐라고 말하느냐 하면, '그것 봐라. 플라톤이 생명체를 성질로 논했는데 그게 어디 성질이냐. 사실 살아 있는 것이니까 제작자의 측면에서 본 것이지. 그러니까 형상이란 죽은 것뿐이지 어디 살아 있는 것에 대한 형상이 있느냐? 성질을 놓고 나가려면 생명 현상에서 죽은 측면만 놓고 나가야 할 것이다'라는 거야. […] 제작자에다가 단위[통일성]를 놓자. 그래서 기능적으로 설명해 보자. 그렇게 나가면 베르그송 철학이 나와. 요컨대 결정론을 공격하는 것이지. 그 대신 자유를 놓자. 비결정론으로 가자는 것이지."(「『티마이오스』편 강의」, IV, 156~157) 소은의 『창조적 진화』 강의는 바로 이 문제를 축으로 전개된다.

## 2절 · 유동성으로서의 아페이론—『파르메니데스』

『파르메니데스』는 순수 존재론(pure ontology)의 극치를 보여준다. 존재론의 주요 개념들이 넓고 깊게 분석되고, 플라톤 자신의 핵심 이론(형상 이론)에 대한 자기비판적 재검토가 이루어지며, 파르메니데스의 '일자' 개념과의 치열한 대결이 펼쳐지고 있다. 플라톤 사유의 원숙한 경지를 만끽할 수 있는 대화편이며 많은 논의거리들을 만들어내는 대화편이기도 하다.

소은은 이 대화편에서도 아페이론에 대한 중요한 통찰들을 제시한다. 논의는 '분석'(analysis) 개념에서 출발한다. 플라톤의 철학은 '分析'의 개념을 처음으로 정립했다. 이전의 철학자들도 사물들을 분석해 왔지만, '분석' 개념 자체를 심오하게 분석한 인물은 플라톤이다. 소은은 환원(reduction) 개념과 분석 개념의 차이에 대한 중요한 논의를 제시한다. 분석 개념이 서구 존재론사, 더 넓게 말해 학문의 역사 전체에서 행한 역할을 규명하고 그 한계를 설득력 있게 드러냈을 때, 비로소 플라톤으로부터 베르그송으로 나아가는 길을 잡아낼 수 있다.

우리에게 주어지는 사물들은 복합체들이다. 그것들을 이해 또는 조작하기 위해 사람들은 분석을 행한다. 정확한 분석은 각 사물들에 들어 있는 마디들, 매듭들, 분절들을 살펴서 분석할 때 이루어진다. 한 사물의 표면은 질적 특성들을 비롯한 여러 가지로 분석되지만 그 심층은 알 수가 없다. 심층을 알기 위해서는 그 사물을 해부해야 한다. 한 사물을 분석했을 때 그것은 요소들로 화한다. 그러나 그 사물이 그 요소들로 환원되는 것은 아니다. 그 요소들을 아무렇게나 재조립할 경우 원래의 사물이 복원되지 않기 때문이다. 이는 그 요소들 이전에 그 사물의 통일성이 먼저 존재했음을 시사한다. 때문에 요소들만으로 그 전체를 설명할 수는 없다. 먼저 그 전체의 조리(條理)가 존재하며, 요소들은 그 조리에 따라 존재한다고 해야 한다. 그러나 근대 이후 과학의 역사는 사물들 아래로 끝없이 내려가는 해부의 역사였다. 이는 미시적인 것들로 거시적인 것들을 설명코자 하는 '환원'의 길이다. 이런 맥락에서 다음 물음이 제기된다: 전체도 살리고 부분도 살리는, 전체와 부분이 공존할 수 있는 방식의 규정은 무엇인가?

환원은 사물을 그것의 최소 구성 요소들로 쪼개고 그 구성 요소들로 전체를 설명하려는 것이다. 이때 전체는, 설사 요소들의 재조합을 통해 전체를 복구시킬 수 있다 해도, 어디까지나 요소들의 잠정적인 합 이상의 것이 되지 못한다. 그것은 그 고유의 통일성, 개체성, 실체성을 상실하고 요소들의 조합이 빚어내는 외관에 불과한 것으로 전락한다. 이는 물리적 환원의 경우는 물론이지만, 예컨대 후설의 경우와 같은 '선험적 주관성'으로의 환원에서도 마찬가지이다. 이 경우 사물들은 그 객체성을 상실하고 의식 속으로 집어넣어져버린다. 그렇게까지 가지 않더라도 그것들은 항상 의식-상관적으로만 존재하는 것들로서 전락한다. 환원의 사유는 존재하는 것들(entities)을 그것들 자체의 실재성을 인정하지 않고 그것의 타자에 복속시켜버리는 사유이다. 어떤 초월적 존재를 도입해 현실의 존재들을 그것에 복속시켜버리는 경우도 마찬가지이다. 자연주의적 환원주의이든 주체철학적 환원주의이든 형이상학적 환원주의이든, 환원주의는 사물들을 해체해 그 어떤 극단(물질, 의식, 초월자 등)에 복속시킴으로써 세계를 빈약하게 만들어버린다. 소은은 '분석의 사유'를 이런 '환원의 사유'와 명백하게 구분한다.

> A와 B가 관계를 맺고 있을 때 A를 B로, 즉 어느 일부분을 희생시키고 다른 일부분만을 갖고 그 A와 B의 전체를 설명하려고 하는 것이 […] 환원이야. 축소야.
> 분석은 그런 것이 아니라 환원하고는 반대돼. […] A와 B가 관계를 맺고 있을 적에 분석은 각각 A 자체, B 자체로 나누어서 A 자신의 입장에서 한 번 보고, 또 B 자신의 입장에서도 한 번 보고, 또 관계 맺는다는 요소가 들어가니까 관계 맺음의 요소에서도 보는 것이야. […] 분석은 축소하는 것이 아니라. 그것과 관계 맺고 있는 것이 가지고 있는 모든 측면에서 보자는 얘기야.(「『파르메니데스』편 강의」, IV, 181~182)

사유의 역사, 특히 근대 이후의 역사는 거의 환원주의의 역사라 해도 과언은 아니다. 근세 유물론으로부터 오늘날 위세를 부리는 천박한 생물학적 환원주의, 그리고 근대 주체철학에서 나타나는 의식으로의 환원주의, 또 "분석철학"의 역사에서 나타났던 언어에로의 환원주의, 사회학자들에게서 자주 나타나는 사회학적 환원주의(와 각종 사회과학들의 환원주의) 그리고 역사주의 형태의 환원주의, 정신분석학에서 잘 볼 수 있는 조야한 환원주의,… 등 숱한 형태의 환원주의들이 근대 학문을 수놓아 왔다.[9] 이런 흐름을 극복하고서 진정한 의미에서의 존재론—그 자체도 복수적일 수 있고 생성해 간다는 것을 잊지 말자—을 사유하는 것, 즉 각종 형태의 사이비 존재론으로서의 환원주의를 극복하고 진정한 의미에서의 존재론을 사유하는 것이 오늘날의 사유의 핵심 과제일 것이다.

소은은 환원과 분석이 같지 않다는 점을 강조한다. 분석이란 사물의 규정성들을 그 모든 측면에서 보려는 태도이기 때문이다. 이 분석에서 두 차원 또는 그 이상의 차원을 구분해야 한다. 첫 번째 차원은 현상 서술의 차원이다. 인식 객체는 인식 주체에게 일정한 차이들로서 분절되어 있는 존재로서 다가온다. 하나의 책은 네모난 모양, 표지의 색깔, 만져 보았을 때의 촉감, 펼쳐 보았을 때의 글씨체 등등 숱한 질적 차이들의 총화로서 다가온다. 이런 질적 차이들은 형용사로써, 그것들의 총화인 그 사물 자체는 명사로써 표현된다. 때로 서술은 운동의 서술이기도 하다. 우리는 걸어가는 강아지를 보고 그 운

9) 환원주의를 강한 환원주의와 약한 환원주의로 구분해 볼 수 있다. 강한 환원주의는 A가 실재이며 다른 것들은 외관일 뿐이라고 주장하는 데 비해, 약한 환원주의는 A를 중심으로 놓고서 다른 측면들을 그것에 복속시킨다. 학문적 사유에서 약한 환원주의는 사실 피할 수 없는 방편(方便)이라고 할 수 있다. 그러나 다음에 주의해야 한다. 1) 그러한 중심들이 매우 많다는 것(이를 망각하고 어느 한 중심에 다른 모든 것들을 복속시키고자 할 때 앞에서 말한 '사이비 존재론'이 도래한다), 2) 이 중심들이 시대에 따라 변해 간다는 것(이를 망각할 때 비역사적 사고들이 등장하게 된다).

동의 질적 차이들을 동사로써 표현한다. 또 때로 서술은 관계의 서술이기도 하다. 책은 책상 위에 놓여 있고, 그 책을 보는 사람은 누군가의 친구이다 등등. 관계는 명사, 형용사, 동사 이외의 품사들로 표현된다. 일상 언어—물론 일상 언어도 생각만큼 등질적인 것은 아니다—에는 이런 존재론이 깔려 있다. 이를 "일상 언어의 존재론"이라 할 만하며, 인간의 자연적인 지각 구조에서 유래한다고 볼 수 있을 것이다.

그러나 사물의 보다 온전한 이해는 그 심층에 대한 이해까지 포함한다. 물론 이때의 심층은 반드시 해부학적인 심층, 공간적인 심층을 뜻하는 것만은 아닐 것이다. 한 사물에 있어 단순한 현상 서술의 대상을 넘어서는 모든 측면들을 뜻한다. 사실 명사로 표시되는 실체 개념 자체가 이미 심층적 이해이다. 표면적으로만 볼 때 우리가 확인할 수 있는 것은 질들과 운동들뿐이기 때문이다. 관계는 보다 심층적인 이해이다. 관계 자체는 감각적으로 확인되는 것이 아니기 때문이다. "A 때문에 B가 생겼다"고 할 때의 "때문에"도 이미 심층적인 이해이다. A와 B 사이에서 인과관계를 읽어낼 수 있는 능력을 전제하기 때문이다. 이런 심층적인 이해는 인지의 발달에 따라 점차 확장되어 왔다.

이렇게 표층적이든 심층적이든 한 사물 또는 여러 사물들 나아가 세계 전체에 관련해 변별적 차이들로서 읽어낼 수 있는 모든 것들이 '규정성'들이다. 이 규정성들을 낱낱이 구별해서 파악하는 것이 분석이다. 환원과는 전혀 다른 종류의 작업이라 하겠다. 그러나 이런 낱낱의 구별이 쉽지는 않다. 현실세계는 아페이론이라는 터 위에서 성립하기 때문이다. 따라서 규정성들을 그 미세한 떨림, 모호한 중첩, 유동적인 흐름, 세세한 변이를 제거하고서 명확한 동일성들로서 파악할 필요가 있다. 달리 말해, 아페이론을 제거하고서 각 규정성들의 완벽한 동일성의 상태, 그 이상태를 생각할 필요가 있다. 이로부터 플라톤의 이데아론이 성립하게 된다. "Idea" 또는 "eidos"라는 말은 사실 이 과정 전체를 담고 있는 말들이다. 흔히 생각하는 이데아/형상 개념은 이 과정의 마지막 국면에서 성립한 귀결이다. 본래의 이데아/형상은 바로 우리가 경험적으로 파악하는 규정성들에 다름 아니었다. 따라서 "이데아/형상"에 대한 교과서적인 이해를 가지고 들어가는 사람은 플라톤의 대화편들을 읽으면서 혼란에 빠지게 된다. 이 개념들은 규정성들에 대한 플라톤적인 사유로 서서히 나아가면서 그 의미가 감각적 규정성들로부터 오늘날 이해하는 바의 이데아/형상들로서의 규정성들로 변해 간 것이다. 이 과정은 정확히 현실세계로부터 아페이론을 제거했을 때의 상황을 상상해 감으로써 가능했다.

이런 분석은 실제적 해체나 분해와는 다른 것이다. 해체나 분해는 사물을 실제 물리적으로 분해해버리는 것을 뜻하지만, 분석이란 그 사물을 논리적 공간, 사유의 공간에 옮겨다 놓고서 그 변별적 차이들을 이론적으로 해부해 보는 것을 뜻하기 때문이다. 이론상 그런 해체/분해를 모델로 해서 사물을 보면서 어떤 극단으로 치달을 때 환원주의로 가게 된다. 소은은 이런 식의 길이 자연철학자들의 길이었다고 보며, 플라톤은 그런 길을 비판하면서 등장한 사유임을 강조한다.

초기 자연철학자들이 모든 것을 해체하고, 이걸 물이다, 공기다 하니까, 후기 철학은 점점 물 갖고 이것이 다 설명될까, 공기 갖고 다 설명될까, 그런 의문이 생긴 거야. […] 나중에는 원자론으로 가. 원자론으로 가면 제2 성질(secondary quality)은 제1 성질(first[primary] quality)로 다 환원되고, 그냥 다 축소돼버려. 우주도 간단한 요소로 그냥 다 설명된다고 하게 돼. 플라톤 철학은 이제 그것에 대한 반대야. […] 그 사람들은 물질적인 것에서 출발했기 때문에 결국 물리학에 머문다는 점이야. 생명 현상을 전부 물리학, 물리 현상으로 축소, 환원해버려. 소크라테스가 "너의 영혼을 항상 돌보라"라고 한 것은 기본 명제야. 환원되지 않는다는 말이야. […] 해체를 따라가는 철학하고 해체를 반대하는 철학하고 항상 두 개가 나와. […] 다(多)란 해체가 되지 않는다는 거야. 많은 것이 적어질 수는 있어. 그렇지만 하나로 축소되지는 않는다는 거야. 거기로 가면 일원론으로 가. 그러니까 모든 규정성을 모조리 다 살려보자는 얘기야. 그래서 형상이론은 축소하지 말자, 해체하지 말자는 거야. 그러니까 "sozein"[구제하다]이라고 해. 다(多)를 구제하는 거야. […] 사물을 최대한에서 보자는 거야.(「『파르메니데스』편 강의」, IV, 187~8)

이렇게 사물들을 어떤 최소한으로 환원시켜 빈약하게 만들기보다는 반대로 그 최대한으로 가져가 이해하기를 지향하는 철학은 실천적으로는 '아레테'(~다움)의 윤리학으로 귀결한다. 예컨대 한 인간을 세포니 DNA니 더 나아가 소립자 등등으로 축소시키기보다는, 오히려 그의 현재 상태보다 더 완전한 탁월함을 사유하고 또 그 탁월함으로 나아가게 만들려는 것이 플라톤의 철학이다.

그러나 플라톤의 철학은 형상들의 동일성에 기반하는 철학이기에, 그러한 동일성을 이상태로 놓고 나가는 철학이기에, 다자성을 최대한 구제하려는 철학이기에, 생성/변화/운동을 파악하는 데에는 취약하다. 다자들의 구분을 추구하는 사유, 동일성을 추구하는 사유는 필연적으로 사물들을 고정시켜 놓고서 보는 사유, 공간적인 사유이다. 공간적으로 고정시켜 놓았을 때 변별적 차이들을 최대한 구분해낼 수 있기 때문이다. 나아가 형상들을 이상태들로 놓는 한, 그 현실적 모방물들은 본성상 불완전한 것임을 면치 못하며, 다자를 구제하려 하지만 사실상 현실의 다자들을 형상의 동일성과 보편성으로 환원시켜버리는 결과를 가져오게 된다.[10] 다자를 구제하고 탁월성을 실현하려 한 그의 철학의 의의에도 불구하고, 플라톤적 존재론은 사물들을 공간적으로 고착시켜 놓고 본다는 점 그리고 형상들을 이상태로 놓음으로써 현실적 차이들 — 동일성으로 수거되는 차이들이 아니라 그러한 수거를 위해서는 깎아내버려야 할 미세한 차이생성들 — 을 제거해버린다는 점을 문제점으로 내포하게 된다.

이는 플라톤의 사유에서 아페이론이 맡고 있는 역할에 대한 이

10) 그러나 문제는 복잡하다. 세상에 존재하는 모든 사과들은 사과의 이데아들로 환원되어 이해된다는 점에서 ("多의 구제"의 노력에도 불구하고) 플라톤에게도 환원적인 면은 존재한다. 그러나 다른 한편으로 하나의 사과는 붉은색의 이데아, 동글동글함의 이데아, 신맛의 이데아, … 등 숱한 이데아들의 현실태들이 결합해 있는 존재이기도 하다. 개별 사물들이 하나의 이데아로 환원되기도 하지만, 숱한 이데아들을 모방해 개별 사물이 존재하기도 한다. 플라톤 사유에는 이런 뫼비우스 띠와도 같은 구조가 내재한다.

해를 통해 보다 분명해진다. 앞에서 아페이론(/아낭케)의 두 성격이 공간성과 방황성에 있다고 했거니와, 아페이론의 이런 성격은 경험적 현실을 시간, 공간, 물질로 구성한다. 분석한다는 것은 연속체이자 유동성인 이 아페이론을 제거하고 단순한 존재들로 세계를 분절해 본다는 뜻이다. 그러나 세계가 아페이론 자체라면, 그저 등질적인 "flux"라면 분절/분석이란 단지 등질적인 공간—그것도 물질의 흐름으로 차 있는 공간—을 임의적으로(randomly) 이리저리 분할해 본다는 것에 불과하게 된다. 분석이 사물에 즉해서 이루어지려면 아페이론의 와류에 이미 어떤 분절선들이 불완전하게나마 그려져 있지 않으면 안 된다. 그때에만 우리는 포정(庖丁)이 해우(解牛)하듯이 사물들의 마디를 따라서 잘 분절할 수 있을 것이다. 그러나 이렇게 물을 수 있다. 유동적이긴 하지만 세계에 엄존하는 이 분절선들은 도대체 어디에서 유래하는 것일까?

아페이론 자체에 이런 분절선들이 존재할 이유가 없다면 그것들은 아페이론의 외부에서 왔음에 틀림없다. 형상들의 존재와 조물주의 활동이라는 플라톤의 가설은 이 문제를 풀기 위해 제시되었다. 조물주에 의해 현실세계는 형상들이 아페이론에 구현된 세계가 되며, 따라서 형상들의 흔적에 따라 분절되어 있게 된다. 역으로 말해 우리는 세계를 세밀하게 분석해 봄으로써 형상계로 올라갈 수 있는 교두보를 마련할 수 있다. 이것이 앞에서도 논한 형상계와 코라 사이의 연속성 문제에 대한 또 하나의 답이다. 플라톤에게서 "나눔"(diairesis)의 문제가 그토록 중요한 것은 이 때문이며, 그에게 "변증법"(dialektikē)이 최고의 학문인 이유 또한 이 점에 있다. 그런데 이런 분석은 논리적 사유를 통해서 가능하며, 이 논리적 사유에서 성립하는 것이 곧 이론적 사유이다. 이론적 사유는 곧 연속성과 유동성에 들어 있는 사물들에게서 얽힌 관계들을 풀어서 모든 규정성들을 따로따로 형상들에 비추어 보는 작업이다. 이것이 플라톤에게서 '분석'이 가지는 의미이며 따라서 그의 사유는 '환원'과는 거리가 멀다.

> 형이상학(metaphysics)이란 무엇이냐? 아리스토텔레스가 학[문]을 세 개로 나눠서 운동하는 한에서 학을 자연[철]학(physics)이라 하고, 그 다음에 수학과 신학이 있지? 그런데 자연학이라는 것은 인식론이든 생물학이든 전부 다 특수 과학에 해당해. 그러면 아리스토텔레스가 보통 형이상학—그것은 지금으로 보면 존재론이야—이라는 말을 쓴다는 것은, 개별적인 학이 다른 것으로 환원되지 않고 동시에 모조리 다 성립할 수 있는 기본적인 요건을 취급하는 것이 바로 형이상학이라는 것을 뜻해.(「『파르메니데스』편 강의」, IV, 184)

플라톤과 아리스토텔레스에게 형이상학/존재론은 학문의 체계 전반을 정초해 주는 것이었지 어떤 한 분야로 다른 분야들을 환원시키는 것이 아니었다. 그렇기 때문에 이들에게 예컨대 원자론은 모든 것들을 오늘날로 말하면 물리학으로 축소시켜버리는 환원이었지, 다양한 학문들을 보편적으로 정초해 주는 분석이 아니었던 것이다. 앞에서도 말했듯이, 환원주의란 곧 사이비 존재론에 다름 아니다. 이는 풍부한 것에서 덜어내 빈약한 것으로 가기보다는 빈약한 것들을 모아 풍부한 것을 설명하려 한다. 전자의 경우 질들을 덜어냄에 따라 결정적인 것들, 예컨대 생명체에서 '살아-있음'이 붕괴된다. 그렇기에 후자의 과정을 취할 경우, 빈약한 것들에 그 이상을 부가해 가면서 진행해야 한다. 그러나 빈약한 것들에는 '그 이상'이 존재하지 않는다. 따라서 그-이상의-부가들을 행하면서 진행하기보다 빈약한 것들을 그 자체 차원에서 모아 풍부한 것을 설명하려 할 때 반드시 문제가 발생한다. 환원주의가 사이비 존재론으로 귀착하는 것은 이 때문이다.

그러나 분석의 입장에서도 아포리아가 존재한다. 이미 논했던 형상계와 코라의 연속성 문제이다. 형상계에서 형상들은 논리적으로만 관계 맺는다. 그러나 현실계에서 형상들은 실제 관계를 맺어야 한다. 여기에 아페이론의 역할이 있다. 그러나 형상들이 코라에 '구현'된다는 것이 어떻게 가능한가? 이 가능성은 곧 조물주에게 있다. 조물주는 코라가 아페이론으로만 화하지 않도록, 즉 거기에 형상들이 구현될 수 있도록 힘을 가한다. 그러나 조물주라는 가설을 접고서 들뢰즈 식으로 말해 '내재면'(plan d'immanence)에서 사유한다면 어떻게 될까? 이때 조물주를 무엇으로 이해해야 할까?

플라톤 식의 사유를 거꾸로 뒤집어 봄으로써 시작할 수 있다. 그때 제기해야 할 물음은 이것이다: 세계에서 분석 불가능한(un-analyzable) 것은 무엇일까? 플라톤에게서 분석의 가능조건은 형상들에 있었고, 그 형상들의 현실성은 조물주의 구현에서 유래했다. 분석 불가능한 것에 대해 물어 본다는 것은 곧 이런 구도에 따르지 않는 측면에 대해 물어 보는 것이 된다. 그리고 더 나아가 만일 세계가 "원칙적으로" 분석 불가능한 것임을 증명한다면, 이는 곧 '분석'이라는 작업이 '근본적으로'는 자의적인 것일 수밖에 없음을 주장하는 것이 된다. 이 논제가 우리를 플라톤으로부터 베르그송으로 인도하는 논제이다.

분석 불가능한 것은 무엇일까? 우선 떠오르는 것은 생명체이다. 생명체는 개념적으로는 분석 가능해도 실제로는 분석 불가능하다. 분석(분해)할 경우 이미 그 생명체는 죽어버려 "그 생명체를 분석했다"고 할 수 없겠기에 말이다. 그러나 더 정확히 말해 생명체의 분석 불가능성은 그 복원 불가능성을 뜻한다고 볼 수 있다. 무생명체 역시 분해했을 때 그 본성을 잃어버린다. 라디오를 분해할 경우 소리를 들을 수 없다. 그러나 라디오는 재조립이 가능하다. 이 복원 가능성, 가역성이 무생명체를 특징짓는다. 생명체는 복원 불가능하고 따라서 실질적 분석이 불가능하다. 이론적 공간으로 옮겨놓았을 때에만 분석 가능하다. 물론 플라톤이 생각했던 것도 이론적 분석이다. 그러나 그는 그 이론적 분석의 결과를 존재론화/실체화했다. 여기에서 논점은 형상들은 실재하는가 인식 주체에 의해 추상된 것들인가 하는 점이다.

분석 불가능한 또 하나의 경우는 운동의 경우이다. 운동을 분석하고자 할 경우 우선 그 운동을 정지시켜야 한다. 운동이란 아페이론의 성격을 띠고 있고 그것을 분석하려면 즉 페라스들을 부여하려면 우선 그 아페이론적 성격—공간성을 포함해서의 연속성과 시간성을 포함해서의 방황성—을 접어두어야 한다. 거기에 구체적 아페이론은 항상 물질성을 띤다는 점을 감안한다면, 사실상 명료한 분석이란 물질성을 접어둔 기하학적 공간에서만 이루어질 수 있다고 할 수 있다. 바로 이 때문에 (오늘날 과학들의 사유가 근본적으로 전제하고 있는) 분석적 사유는 대상들—'대상들' 자체가 이미 특정한 분석의 결과이지만—을 공간 속에 옮겨놓고서 사유하는 것이다. 이때 시간축은 이미 공간화된 시간일 뿐이다. 시계는 이런 사유양식을 가장 일상적으로 보여준다. 요컨대 분석적 사유는 아페이론을 제거했을 때 가능하며, 역으로 말해 아페이론을 부차적인 존재 또는 접어두어야 할 존재가 아니라 세계의 본성 자체로서 받아들일 경우 분석적 사유는 그 근본 측면에서 자의적인 것일 뿐이라는 점을 뜻한다.

베르그송은 제논의 역설에서 바로 분석적 지능의 이 근본적 한계를 간파했다.

> 베르그송에서는 운동을 운동의 입장에서 보자는 건데, 운동에서는 모든 것이 엉켜 있잖아. 엉켜 있으면 다(多)이다. 만일 플라톤처럼 구별하면(separation) 전부 해체되는데, 다 해체되면 다가 안 된다는 거야. 다란 무엇인가? 그것이 연관될 때에만 보존이 되는 것이지, 연관이 풀리면 그것이 어디 다냐, 다가 안 된다. 플라톤이 틀렸다. […] 연관이 될 때만 다로서 보존이 되지 연관을 맺지 않고 다가 되냐. 그럼 그 연관을 맺어주는 것이 뭐이냐는 거야.(「『파르메니데스』편 강의」, IV, 202~203)

여기에서의 다(多)는 다수성/복수성이 아니라 다양체를 뜻한다. 다양체는 질적 복수성(multiplicité qualitative)이다. 그것은 분석을 통해 분리된 '단순한 것들'의 다수/복수가 아니라 생성의 세계 속에서 성립하는 "엉켜 있는" 다양체이다. 베르그송이 볼 때 진정한 다자는 사물들을 분석해서 얻는 다자가 아니다. 분석했을 때 얻는 것은 불연속적으로 떨어져 자체로서 존재하는 다수이다. 그 각각은 다양체가 아니라 단순한 것이다. 베르그송이 생각하는 다자는 수적으로 따로 떨어진 다자가 아니라 서로 "엉켜 있는" 다질적인(hétérogène) 다자, 하나와 여럿이 헤겔적인 방식이 아니라 리만적 방식으로 지양된 다양체로서, 이 다양체야말로 진정한 다자라고 본 것이다.

여기에서 "진정한" 다자는 수적, 공간적/외연적 다자가 아니라 질적, 시간적 다자이다. 이 다자는 곧 아페이론에서만 가능한 다자이다. 플라톤의 경우, 본래 형상계의 다자는 아페이론에 들어옴으로써 어쩔 수 없이 "엉키게" 된 다자이다. 분석이란 이를 다시 "풀어서" 본래의 모습을 되찾는 작업이다. 그러나 아페이론을 아페이론 자체로서 인정할 때 이 '분석'이란 다자의 "본래의" 모습을 되찾는 것이 아니라, 다양체를 인간의 지능을 통해서 작위적으로 분석해 보는 것에 불과하다. 물론 이 작위가 억지를 뜻하지는 않는다. 분석이 제대로 이루어지려면 사물의 마디들에 따라 이루어져야 함은 베르그송에게서도 마찬가지이다. 그러나 이제 그 마디들은 지속을 전제한 마디들로서 이해되어야 한다. 아페이론을 세계의 일차적 실재로서 인정할 때, 형상들은 아페이론에 구현되는 것이 아니라 아페이론으로부터 생성해 나오는 것으로 이해되어야 한다. 이제 '분석'이란 이 생성의 마디들 — 우리는 이를 리듬으로 개념화해 나갈 수 있다 — 을 분석하는 것이어야 한다.

그러나 이런 생성은 어떻게 가능한가? 아페이론/코라는 물질성, 방황성, 공간성을 그 특징으로 갖는다. 그것은 기본적으로 흐르는 것이고 이완하는 것이다. 흐른다는 것은 극히 짧게 명멸(明滅)한다는 것이고, 이완한다는 것은 공간적으로 퍼져 나간다는 것을 뜻한다. 그렇다면 무엇이 이 명멸과 이완을 넘어 형상들—이제 초월적 형상들이 아닌, 나아가 내재적 형상들조차 아닌, 생성해 나오는 형상들—을 가능케 하는가? 이것은 곧 생명의 문제로서, 『파이드로스』의 "auto kinoun"을 잇는 문제의식이기도 하다. 일종의 결여로서의 아페이론에서 생성해 나오는 형상들의 충족이유율로서 이제 생명이 요청되며, 이는 플라톤적 조물주 개념의 현대적 변용이기도 하다.

## 3절 · 연속성으로서의 아페이론—『필레보스』

『파르메니데스』가 순수 존재론의 지평에서 아페이론을 다루고 있다면, 『필레보스』는 아페이론의 문제를 윤리학적 차원에서 다루고 있다는 점에서 무척 흥미롭다. 플라톤 만년의 이 대화편은 베르그송의 『시론』으로 직접 이어지며, 특히 '정도'— 더 정확히 말해, 정도의 운동, 정도-화(化)— 개념을 이해하는 데 결정적인 대화편이기도 하다. 정도란 결국 아페이론의 또 하나의 측면이다.

플라톤은 이 대화편에서 '善 = 좋음'은 무엇인가, 더 정확히는 어떤 것이 선 = 좋음인가를 묻고 있다. 그리고 선은 '쾌락'(hēdonē)이라는 필레보스의 생각과 '지혜'(phronēsis)라는 소크라테스의 생각이 격돌하게 된다.[11] 쾌락을 추구하는 삶이 좋은 삶인가, 지혜를 추구하는 삶이 좋은 삶인가?[12] 결론을 미리 말한다면, 플라톤은 오히려 제3의 대안 즉 적도(適度 = metron)에 따른 혼화(混和 = krasis)야말로 진

11) '쾌락'과 '지혜'는 대표어로 쓴 것이고, 실은 쾌락, 유쾌, 향락, … 등과 지혜, 지식, 현명, 학문, … 등이 대비되고 있다.

12) "소크라테스— 필레보스에 의하면, 쾌락이야말로 모든 생명체들의 통상적인 목적, 목표이며 따라서 보편적인 선 = 좋음이라는 것이지. 그래서 '좋음'과 '즐거움/기쁨[快樂]'은 당연히 어떤 공통된 하나를 가리킨다네. 반대로 나는 이 두 개념을 동일시할 수 없다고 보아 '좋음'과 '즐거움/기쁨'은 (두 단어 자체가 구분되듯이) 각각 상이한 두 가지를 가리킨다고 보는 것이며, 좋음과 가까운 것은 지혜이지 쾌락이 아니라고 보는 것일세."(『필레보스』, 60a~b)

정한 선 = 좋음으로 결론 내리고 그러나 쾌락보다는 지혜가 이 적도/혼화에 더 가깝다는 점을 지적하게 된다.

『소피스테스』편이 그렇듯이, 이 대화편도 철학함의 모범적인 예를 보여준다. 제기된 문제는 가장 일상적, 보편적이면서도 또 가장 근원적이고 중요한 문제이다. 우리는 도대체 무엇을 위해 살까? 삶을 이끌어가는 것, 우리가 '좋다'/'행복하다'고 생각하는 것, 그것은 도대체 무엇일까? 이 물음을 개인적 체험과 주관, 시대의 분위기, 문화적 편견, … 에 의해서가 아니라, 그 물음의 근저로 파고들어갔을 때 만나게 되는 가장 근본적인 문제들을 붙들고 씨름하고 다시 그 씨름의 결과를 가지고서 본래의 문제로 돌아와 해답을 찾아내는 것, 이것이 바로 철학적 사유이다. 가장 일상적이고 절실한 차원에서 출발해 존재의 근원에까지 올라갔다가/내려갔다가 그렇게 얻어낸 사유의 열매를 가지고서 다시 내려오는/올라오는 이 왕복운동이 곧 철학적으로 사유하는 것이다. 이런 오르내림 없이 표피적 차원에서 해답을 추구할 때 만나게 되는 것은 "철학"이라는 이름을 가장한 통속적 담론들이고, 다시 돌아옴 없이 오르기만/내려가기만 할 때 만나게 되는 것은 출발점을 망각한 채 끝없이 이론의 숲을 헤매고 돌아다니는 유령들과도 같은 담론들이다. 플라톤의 대부분의 대화편들은 철학함의 진정한 모습을 보여주지만, 이 『필레보스』 또한 그 전형적인 대화편이다.

여기에서 플라톤은 도대체 우리 삶에서 진정으로 '좋은' 것은 무엇일까, 쾌락에 따라 사는 삶이 좋은가 지혜에 따라 사는 삶이 좋은가 아니면 다른 제3의 대안은 있는가라는 절실한 물음을 던진다.

이 물음을 풀기 위해 그는 문제의 근원으로 나아가며 거기에서 1) 하나와 여럿의 문제 그리고 2) 페라스와 아페이론의 문제를 만나게 된다. 이 문제에 대한 사유의 열매를 가지고서 그는 다시 본래의 문제로 돌아가 자신의 해결책을 모색한다. 소은은 이 대화편에서 특히 '페라스와 아페이론'의 문제를 집중적으로 다룬다. 『필레보스』가 제시하는 존재론적 화두는 우선 소크라테스의 다음 말에서 잘 나타난다(평서문으로 요약함).

> 모든 존재자들은 하나[一]와 여럿[多]으로 이루어져 있으며, 자체 내에 페라스(peras)와 아페이론(apeiron)을 함축하고 있다. 따라서 무슨 논의를 하든 우리는 하나의/단일 형상(mia idea)을 찾아 정립해야만 한다. 그리고서 그 하나 안에 둘이 있는지, 또 그 이상이 있는지를 검토한다. 그리고 다시 각각의 하위 형상도 같은 식으로 검토해, 처음의 하나가 하나[유적 형상]이면서 여럿[종적 형상들]이며 또 아페이론이라는 것을 밝히고, 나아가 [더 이상 나눌 수 없는 최하위 종에 이를 때까지] 얼마만큼의 나눔이 필요한지도 밝힌다. 하나와 아페이론[막연한 여럿] 사이에 여럿을 확정하고 나서야[나눔의 횟수를 확정하고 나서야] 비로소 여럿을 [싸잡아서] 아페이론으로 간주할 수 있다. 그때에만 각 층위에서의 하나를 각각 아페이론으로 취급할 수 있는 것이다. […] 이런 과정을 거치지 않은 채 '하나'와 '여럿'을 말하면 곤란하다. '하나'를 나눔의 과정을 거치지 않은 채 곧장 '아페이론'[막연한 여럿]으로 취급해버릴 때 '변증법'이 아닌 '논쟁술'에 몰두하게 되는 것이다.(『필레보스』, 16c~17a)

플라톤은 여기에서 하나/아페이론—'하나'는 그 안에 아직 분석되지 않은 여럿을 담고 있다는 점에서 아페이론이기도 하다—과 여럿을 둘러싼 가장 초보적인 인식을 지적하고 있다. 예컨대 '좌파'와 '우파'라 할 때, 이 각각은 '하나'이다. 그러나 이 하나는 사실상 그 안에 미규정의 '여럿'을 담고 있는 아페이론이기도 하다. 따라서 단순한 사고는 하나와 아페이론 사이를 간단히 건너뛴다. 즉, '하나'이거나 막연한 여럿(아페이론)으로 사고한다. 플라톤은 그 사이에 정확히 어떤 분절을 그어야 하는지를 파악해야만 정확한 사고를 할 수 있음을 말하고 있다. 담론들을 말할 때에도, 예컨대 "과학은 ~", "철학은 ~", "예술은 ~" 등등으로 말할 때에도 이런 문제가 발생하며, 사람들의 대화가 대개 혼란스럽고 성과 없이 끝나는 것은 이 문제를 분명히 하지 않아서이다. 현재의 맥락에서, 이는 '지혜'와 '쾌락'을 단지 하나/아페이론으로 다룰 것이 아니라 이 개념들이 포함하는 하위 개념들을 정확히 분석해 보자는 제안이다. 일자, 유사자, 동일자(하나인 것, 비슷한 것, 같은 것)와 다자, 비유사자, 타자(여럿인 것, 비슷하지 않은 것, 다른 것)에 대한 정확한 인식이 결여될 경우, 지금의 문제와 같은 섬세한 문제에 대한 의미 있는 대화는 불가능할 것이다. 이런 논의는 "쾌락"에도 "지혜"에도 사실상 여럿이 내포되어 있으며, 그 여럿을 세심히 분절해 보아야 함을 지적하고자 한다. 특히 '좋은 쾌락'과 '나쁜 쾌락'의 분절이 핵심이다.

플라톤이 볼 때 '선 = 좋음'의 기준은 완전성/자족성이다. 즉, 다른 것들을 위한 과정이나 도구가 아니라 그 자체로서 추구되어야 할 것이다. 여기에 실현 가능성이 추가되는데, 왜냐하면 제아무리 좋은 것도 아예 실현 가능한 것이 못 된다면 의미가 없을 것이기 때문이다. 그런데 지혜라곤 전혀 없는 쾌락도 또 쾌락이라곤 전혀 없는 지혜도 이 조건을 충족시키지 못한다. 최소한 쾌락을 음미하기 위해서도 지혜가 필요하고, 지혜로움을 음미하기 위해서 쾌락이 필요하다. 따라서 제3의 대안이 요청된다. 지혜와 쾌락이 "혼합된 삶"(ho meiktos bios)/"결합된 삶"(ho koinos bios)이 그것이다. 그러나 '가장 좋은 것'이 혼합된/결합된 삶이라 해도, 플라톤이 생각하는 그 삶은 쾌락과 지혜가 반반 섞인 삶은 아니다. 간단히 말해 그는 삶에는 지혜도 쾌락도 함께 필요하지만 어디까지나 지혜가 주도권을 쥐어야 한다고 생각한다. 이는 아레테들에 여러 가지가 있지만 그 통일성을 확보하기 위해서는 지혜가 우선시되어야 한다는 『프로타고라스』 등에서의 논의를 상기시킨다. 이제 이 점을 논증하기 위해 아페이론에 대한 본격적인 논의가 펼쳐진다.

우선 세계에 대한 다음과 같은 존재론적 구도가 제시된다. 세계는 다음 네 측면으로 구성되어 있다.

1. 아페이론.
2. 페라스.
3. 아페이론과 페라스의 혼합(symmeixis/symmixis).
4. 이 혼합의 그리고 분리 ='diakrisis'의 원인.

아페이론의 차원은 곧 '정도'의 차원이다. 더 정확히 말해, 아페이론은 무한정의 '정도'를 가능케 하는 연속체이며, 거기에 어떤 페라스가 주어졌을 때 '일정한 정도'가 성립한다. 아페이론은 '더와 덜'(to mallon te kai hētton)의 운동 — 현대식으로 말해 '미끄러짐' — 을 허락하는 연속체이다. 여기에 페라스(limit) — 동일성(identity), 등가성(equality), 척도(measure) — 가 주어질 때 일정한 '정도'가 형성된다. 사물들은 대개 이 아페이론과 페라스의 혼합체라고 할 수 있다. 아페이론만 있을 경우 이상한 나라의 앨리스처럼 될 것이고, 페라스만 있다면 모든 것이 고정되어 운동/변화란 불가능할 것이기 때문이다. 아페이론이 분절되려면 페라스가 필요하고, 페라스가 작용하려면 그 터로서의 아페이론이 필요하다. 아페이론과 페라스의 관계는 코라와 이데아들의 관계와 유비적임을 알 수 있다. 그렇다면 조물주는 어떤 존재인가? 곧 혼합(과 분리)의 원인이 될 것이다. 이 조물주의 유비물을 플라톤은 바로 이성('누스')이라고 말한다. 그런데 진정 좋은 것은 아페이론만이 유동하는 세계가 아니라 아페이론과 페라스가 혼합되는 세계이다. 그런데 이런 혼합을 가능케 하는 것은 바로 '이성'이다. 이는 『티마이오스』에서 코라와 이성이 각각의 역할을 하지만, 우주에 조화를 주는 능동적 역할을 하는 것은 결국 이성이라는 사실과 유비적이다.

이제 현실의 차원으로 돌아와 생각해 보자. 쾌락은 아페이론의 성격을 가진다. 좋은 삶이란 아페이론만이 유동하는 삶이 아니라 거기에 페라스가 혼합되는 삶이다. 이 페라스는 곧 이성이 주재한다. 이성은 당연히 지혜, 영혼, 지성, 인식, … 의 부류에 속한다. 따라서 좋은 삶이 쾌락과 지혜가 혼합되는 삶이라면 그것은 쾌락이라는 아페이론에 지혜가 페라스를 부여하는 삶일 것이다. 지혜만으로는 좋은 삶이 못 되지만, 쾌락과 지혜가 혼합되는 좋은 삶에서 주도적 역할을 해야 하는 것은 지혜인 것이다. 이로써 『필레보스』의 논변이 일단락된다.

그러나 이상의 논의는 대화편의 전반부라 할 수 있고, 이제 후반부에서는 전반부 논변의 부족함을 보충하면서 보다 정치한 논변이 보완된다. 플라톤이 우선 집중적으로 논하려는 것은 '나쁜 쾌락'이 존재한다는 것이다. 하나/아페이론에서 여럿을 변별해내는 것이 중요하다고 했거니와, 쾌락에서 좋은 쾌락과 나쁜 쾌락을 변별해내는 것이 논변의 핵이다. 하나와 여럿의 문제 및 아페이론과 페라스의 문제는 결국 이 변별을 위해 준비해야 할 존재론적 수순이었다 하겠다. 윤리학에서 출발해 존재론(과 인식론)으로 갔다가 다시 윤리학으로 돌아오는 빼어난 철학적 사유의 전형을 보여주는 대목이다. 그러나 다시 '나쁜 쾌락'이 존재한다는 것을 논증하기 위한 몇 가지의 존재론적 논변들이 추가된다.

1. 쾌락과 고통은 상관적으로 생겨난다. 조화로운 상태가 깨질 때 고통이 생기고, 다시 조화로운 상태로 돌아올 때 쾌락이 생겨난다. 다시 말해 자연스러운(kata physin) 상태로부터 벗어나 부자연스러운(para physin) 상태가 될 때 고통이 생겨나고, 자연스러운 상태를 되찾을 때 쾌락이 생겨난다. 이 관점은 훗날 프로이트에 의해 계승된다.
2. 쾌락이나 고통이 아직 오지 않았을 때에도 영혼은 그것들을 예기(豫期)하며, 이 예기만으로도 쾌락이나 고통이 생길 수

있다. 즉, 주도권은 신체가 아닌 영혼에 있다. 신체적으로 고통을 겪고 있으면서도, 영혼이 그 상태를 벗어남을 상상함으로써(기억이 이를 가능케 한다) 쾌락을 얻을 수 있다. 그러나 벗어남이 불가능한 상황에서는 고통이 가중된다.

3. 욕망은 부재(不在)를 지향함으로써 고통을 느끼게 되고, 그 부재가 채워지면 쾌락을 느낀다. 따라서 욕망에 지배되지 않는 신적인 존재들은 고통도 쾌락도 없는 삶을 산다. 이런 삶이 신적인 삶이다. 그러나 인간에게 이런 상태는 불가능하다. 차선책을 강구해야 한다.[13)]
4. 쾌락은 그 자체만으로는 좋다고 볼 수 없으며, 좋은 것을 받아들이는 쾌락의 경우에만 좋은 것이 된다. 판단에 바름과 그릇됨이 있듯이, 쾌락에도 바른 쾌락과 그릇된 쾌락이 있다. 쾌락은 흔히 그릇된 판단과 더불어 생기지만, 개중에는 바른 판단과 더불어 성립하는 쾌락들도 있다.[14)]

이런 근거 위에서 제기되는 핵심 논제는 다음이다: 옳은(/좋은) 판단/지식과 연합되어 있는 쾌락과 그릇된(/나쁜) 판단/지식과 즉

13) 고통도 쾌락도 없는 '중성적 삶'과 쾌락과 지혜가 '혼합된/결합된 삶'은 다르다. 전자가 신적인 삶인 데 비해, 후자는 인간이 추구할 수 있는 최선의 삶이다.

14) 판단에는 '판단의 질'—진과 위—이 있다. 쾌락과 고통은 그저 쾌락과 고통일 뿐인가, 아니면 그 각각에도 어떤 질이 있을까? 플라톤은 쾌락에 크다/작다, 강렬하다/약하다, … 등의 질이 붙을 수 있듯이 좋다/나쁘다라는 질이 붙을 수 있다고 본다. '강한 쾌락과 약한 쾌락'이라는 개념이 가능하듯이, '좋은 쾌락과 나쁜 쾌락'이라는 개념도 가능한 것이다. 플라톤은 명시하고 있지 않지만, 고통의 경우도 마찬가지일 것이다.

거짓/무지와 연합되어 있는 쾌락은 다르다. 플라톤은 매우 긴 논변을 통해서 순수한 쾌락들을 이끌어내는데, 저급한 쾌락으로부터 순수한 쾌락으로 점차 올라가는 이 과정은 『향연』에 나타나는 점차 고양되는 논법을 연상시킨다. 나아가 쾌락은 그 자체로서 좋은 것이 아니라 선=아가톤으로 이끌려야 좋은 것이 되며(쾌락은 도달해야 할 '실재'가 아니라 단지 중간의 '과정'이다[15]), 쾌락과 혼효해서 바로 그렇게 이끌어가는 것이 다름 아닌 지혜—그 정점에는 물론 이데아들에 대한 인식이 놓인다—라는 점이 역설된다. 이는 지혜가 용기를 이끌어야 한다고 주장하는 『라케스』의 논법을 연상시킨다. 플라톤이 소크라테스의 지혜 중심의 사유를 정의 중심으로 바꾸긴 했지만, 윤리학적 맥락에서는 여전히 지혜가 중심 역할을 함을 알 수 있다.

요컨대 쾌락이란 지혜를 동반하지 않을 경우 아페이론 상태에 처하게 되어 'hybris'나 'mania' 상태에 처해버린다. 물론 쾌락을 동반하지 않은 지혜도 메마르고 고원(高遠)한 것이 되어버리겠지만, 이 문제는 지혜 없는 쾌락에 비하면 한참 덜 심각하다고 할 수 있는 것이다. 쾌락과 지혜가 혼합된 삶이 중요하지만, 혼합은 늘 '적도'와 '균형'을 동반하는 '혼화'여야 하는 것이다. 플라톤에게서 이 혼화는 어디까지나 지혜가 쾌락을 이끎으로써 도달할 수 있다.

---

15) 플라톤은 사물들을 목적론적 연관성으로 파악한다. 두 사물에 있어 하나가 다른 하나의 목적이 되며, 이런 관계는 존재 일반에 걸쳐 주장된다.(『필레보스』, 53e) 이는 아리스토텔레스로 이어져, 『니코마코스 윤리학』의 기조가 된다.

『필레보스』의 이런 논변 구도에서 소은은 특히 아페이론의 문제를 집중적으로 다루고 있다. 우선 위에서 인용한 구절(16c~17a)을 재음미해 보자. 여기에서 핵심은 연속성—비한정적인 연속성—에 어떻게 페라스를 줄 것인가의 문제, 삶에서의 최적의 'degree'를 찾는 문제이다. 아페이론에 페라스를 준다는 말은 곧 차이들을 분절해낸다는 말이다. 소은은 이것이 결국 '질들'을 변별해내는 문제라고 생각한다. 일자/아페이론을 다자로서 분절했을 때, 그 다자의 내용이 곧 질들이다. 원래의 일자도 포함해서 이 각각의 질들이 곧 '하나의 이데아'(mia idea)이다. 하나의 이데아를 단지 아페이론으로 취급하는 데 그치지 않고, 거기에서 분절의 수를 찾아내는 것이 핵심이다. 물질성-아페이론에 형상이 구현되어 개별자들이 생성되고, 운동성-아페이론에 분석이 가미되어 존재요소들이 파악되듯이, 연속성-아페이론에 페라스가 부여됨으로써 일정한 '정도'들이 생성되고 거기에서 구체적인 '질들'이 성립한다. 아페이론은 이중적 의미를 띤다. 그것은 각종 형태의 분절들을 어렵게 만드는 유동성이지만, 모든 형태의 분절들이 그 터 위에서 이루어진다는 점에서는 존재의 궁극원리들 중 하나이기도 하다.

『티마이오스』에서의 분절은 조물주의 몫이다(세계 자체). 『파르메니데스』에서의 분절은 존재론자의 몫이다(세계의 이치). 그러나 『필레보스』에서의 분절은 윤리학자의 몫인 것이다(삶의 이치). 세 경우 모두에서 '누스' 즉 조물주의 이성과 인간의 이성이 핵심이지만, 마지막의 경우에는 특히 실천적 지혜('프로네시스')가 요청된다. 실천적 지혜는 '질들'의 문제와 연관성을 가진다. 질들을 일반명사로서 취급할 경우 나오는 것은 '부류'(class)이다. 이는 곧 '분류'(classification)의 문제이며, 보편자('토 카톨루')의 문제이다. 반면 질들을 고유명사로서 취급할 경우, 각 질들은 추론의 대상이 아니라 직관의 대상이다. 후대의 표현으로 한다면 '판단력'(Urteilskraft)의 문제인 것이다. 실천적 지혜에서 요청되는 것은 판단력이다. "'하나의 형상'은 직관의 대상이라고 하며, '본다'(synhoraō)고 하지 '설명한다'고 하지 않는다."(「『필레보스』편 강의」, IV, 219) 이 '하나의 형상'이 다자일 때 거기에 수가 들어가고 또 비교와 분석의 대상이 된다.

질들은 아페이론을 터로 하며 거기에 페라스가 부여될 때 성립한다. 질들은 기본적으로 서로 불연속적이며, 따라서 직관적인 비교의 대상이다. 그런 불연속성을 접어두고서 그 연속적 측면을 파악하기 위해서는 그 아래의 터로 내려가야 하며, 터를 이루는 아페이론을 공간성으로서 고정시켜 양화해야 한다. 이때 수리물리학이 성립한다. 이른바 '제1 성질들'만을 파악하고자 하는 사유이다. 이것은 앞에서 말한 '환원주의'의 전형적인 예이다. 플라톤에게서도 이런 양적/수적 사유가 중요한 위상을 차지하지만, 그러나 그의 사유는 환원주의와는 거리가 멀다. 그에게서는 질들 하나하나가 '미아 이데아'로서 파악되며, 그것들 사이의 관계가 문제시되기 때문이다. 때문에 그가 파악하는 '질서'는 정지공간으로의 환원에 기반해 파악된 '질서'와는 판이한 질서이다. 특히 『필레보스』가 다루는 주제와 같은 주제들에 있어 이런 질적 접근은 중요하다.[16] 이 질서는 또한 아리스토텔레스의 것과도 다르다. 아리스토텔레스의 경우 아페이론(질료, 운동성, 연속성)과 페라스(형상, 정지, 불연속성)는 가능태와 현실태로서 언제나-이미 혼합되어 있으며, 문제가 되는 것은 플라톤에서처럼 이질적인 두 존재의 결합 가능성이 아니라 오히려 아페이론에 스며들어 있는 페라스들의 전반적인/유기적인 체계이다.

또 하나 문제가 되는 것은 쾌락과 지혜의 혼합이다. '자체로서 존재하는 것'을 우선적으로 고려하는 것이 파르메니데스의 지적 아들인 플라톤의 출발점이고, 바로 그 때문에 그에게는 늘 이질적인 것들의 혼합이 문제가 되곤 한다. 그리고 이 혼합에서 핵심적인 역할을 하는 것은 아페이론이다. 부동의 불연속적 형상들은 논리적 관계는 맺을 수 있어도, 현실에서와 같은 연속적이고 동적인 관계들을 맺을 수는 없기 때문이다. 『티마이오스』에서 이런 혼합의 주체는 조물주였다. 그렇다면 보다 현실적이고 윤리적인 맥락에서 논의되는 『필레보스』에서 혼합의 주체는 누구인가? 그 주체는 물론 윤리적 문제로 고민하는 우리 인간들이다. 쾌락과 지혜를 혼합하고자 하는 주체가 가장 고민해야 할 것은 그 비율, 즉 '적도'이다. 적도에 따라 혼합해야만 '혼화'가 가능하기 때문이다.

그러나 쾌락은 아페이론이다. 그것은 '실재'(우시아)가 아니라

---

16) 물론 플라톤에게서도 양화는 중요하다. 'mallon kai hētton'(더와 덜)은 배수(倍數)를 통해서 측정된다. 단, 이때의 측정은 쾌락/고통의 강도가 아니라—강도에 대해서는 'spodra kai mallon'을 쓰고 있다—그 지속시간을 통해 측정된다. 19세기에 이르러 자연과학을 심리학에 적용한 환원주의적 심리학이 등장하게 되고, 그 후 이런 흐름에 대한 극복으로서 베르그송, 제임스, 후설 등의 철학이 등장하게 된다. 이들의 원리 특히 베르그송의 '지속'이나 제임스의 '의식의 흐름'은 환원주의는 물론 플라톤의 그것과도 다르며, 이들이 볼 때 플라톤의 접근 역시 '합리주의'의 틀 안에 제한되어 있다. 플라톤을 자연과학적 심리학과 베르그송 등의 심리학 사이에 놓고서 읽는 것도 흥미로운 독해일 수 있다.

'생성'이며, 따라서 그 자체로서는 인식되지 않는다. 인식이란 어떤 형태로든 규정성을 통해서 이루어지기 때문이다. 플라톤은 아리스토텔레스적 낙천주의를 공유하지 않는다. 가능태가 특별한 방해만 받지 않는다면 그 현실태로 나아가는 아리스토텔레스의 안온(安穩)한 세계와는 달리, 플라톤의 세계는 조물주와 인간의 '이성'이 노력하지 않을 경우 엉망진창이 되는 세계이다. 폴리스의 황혼을 산 플라톤이 어떻게 안온한 세계를 그릴 수 있었겠는가. '실존'의 세계, 우연적이고 관계적인 생성에 따라 표류하는 세계에서 '본질'의 차원을 읽어내고 이성적인 질서를 찾아내지 않는 한, 우리의 삶은 아페이론/휘브리스의 어두운 힘에 휘둘릴 수밖에 없다는 절박한 상황을 염두에 두어야 플라톤 철학의 이해는 길이 잡힌다. 혼합이 지혜에 의해 주도되어야 한다는 그의 판단은 이 점에 근거를 두고 있다. 하지만 이런 과정을 통해서 시간/생성은 극복의 대상일 뿐 그 자체로서는 긍정되지 못하고, 오로지 공간적인 분석을 통해서 다스려질 때에만 의미 있는 것으로 파악되는 것도 사실이다. 때문에 생성을 따라가면서 삶을 변화시키는 철학보다는 어떤 본질을 모범답안으로 놓고서 그리로 회귀/환원하려는 경향이 강하게 노출된다. 소은은 이 점을 지적한다.

> 계산은 무엇으로 하냐면 본질을 가지고 해. 현존[실존]을 가지고 하지 않아. 현존은 빼버리라는 거야. 여기도 그래. 가령 배고프다, 목마르다, 물이 얼어서 녹여야 된다. 또 습기가 없을 때 습기를 넣어주어야 한다는 것은 이 속에 들어 있는 지수화풍의 조화(harmonia)

가 깨졌다는 얘기고, 조화가 깨졌다는 것은 본질 측면에서 본 거야. 만약에 그것을 행동적(active)으로 보면 그렇게는 되지 않지. 다른 입장에 서면, 가령 배고플 때는 결핍을 채우기 위해 먹는 동작이 들어가야 된다고 보지. 조화에서 보지 않고, 본질에서 보지 않아. 또는 노동! 노동을 해야 한다고 보거든. 그런데 여기에서는 그렇게 보지 않아. "노동을 하라" 같은 말 없어. 노동을 하고 돈을 벌어야 하는데, 노동이란 것은 무엇이냐? 여기 이 입장에서 보면 그것은 전부 본질의 어떠한 구조의 변화로서밖에는 파악이 되지 않아. […] 능동인(poioun)을 보지 않는 것이지. 물을 길어와야만 우리가 밥을 먹을 수 있는 것이지. 그 활동(activity), 능동성은 보지 않는 것이야. 빼버렸어.(「『필레보스』편 강의(III)」, IV, 235~236)

그러나 이렇게 말한다고 해서 소은이 '노동'(Arbeit)을 강조한 헤겔-마르크스의 변증법에 공감하는 것은 아니다. 소은은 대체적으로 근대 철학 전반을 부정적으로 평가하며, 그 근본 이유는 근대의 철학들이 '주관적'이라는 점에 있다. 소은은 중세 철학도 또한 매우 부정적으로 평가하는데, 바로 이 때문에 그의 사유는 플라톤, 아리스토텔레스로부터 곧바로 베르그송으로 넘어간다. 중세의 특히 근대의 철학들은 플라톤처럼 삶의 모든 측면들을 공평하게 보기보다는 어떤 특정한 가치(민족주의, 공산주의 등등)를 내세워 삶을 일면적으로 재단한다고 본 것이다. 이런 이유로 그는 본서의 모두에서도 언급했듯이 '이데올로기'적 성격을 띠는 담론들을 비판적으로 보며, '실증 과학'을 강조한다. 사실 '실증 과학'이라는 말은 어울리지 않는 말이다. 개별 과학들은 그것들이 '개별적'이라는 이유 때문에 이미 편파적이라고 해야 할 것이며, '존재론'이라 해야 할 것이다. 어떤 개별적인 실증 과학이 아니라 실증 과학 전체, 그리고 그 전체에 대한 존재론적 사유가 소은이 생각하는 진정한 철학이다.

어쨌든 소은이 볼 때 플라톤은 인간을 어떤 단위들로 분석해 보고 그것들의 성공적인 조합에서 조화를 보고 있다는 점에서, 공간적-합리주의적 사유의 전형을 보여준다. 그리고 핵심 문제는 쾌락과 지혜라는 두 이질적인 요소를 어떻게 조합할 것인가 하는 것이다. 성공적인 조합은 조화를 향한 조합이거니와, 바로 이런 구도에서 볼 때 쾌락의 아페이론적인 성격은 극복의 대상이 된다. 좋은 삶이란 쾌락과 지혜를 동시에 필요로 하거니와, 중요한 것은 어떻게 아페이론-쾌락에 페라스를 부여해 '적도', '혼화'에 이르는가 하는 것이다. 페라스는 당연히 지혜를 요청하는 문제이다. 결국 생성은 지혜에 기대어 실재를 향해 갈 때 조화를 가질 수 있으며, 그러한 척도로서의 실재로 기능하는 것은 곧 형상들이다. 플라톤은 형상을 인식하는 지혜가 쾌락을 이끌 때 양자의 혼화가 가능하다고 본 것이다.

## 4절·플라톤 철학에 있어 아페이론의 의미

소은에게 아페이론의 문제는 매우 중요하다. 그것은 플라톤 철학—넓게는 그리스 철학—의 최대 아포리아들 중 하나이며(어쩌면 가장 핵심적인 아포리아이며), 그리스 철학의 한계를 극복하고 현대 철학—특히 베르그송—으로 나아가는 결정적인 매듭이기 때문이다. 소은의 철학에 이름을 붙인다면, 그것은 '아페이론의 철학' 또는 맥락에 따라서 "'방황하는 원인'의 철학', '우연성의 철학' 등이 될 수 있을 것이다.

모든 것은 '파르메니데스 극복'에서 시작된다. 파르메니데스의 '일자'는 영원하고 자기동일적인 존재의 극한적 형태이다. 그것은 어떤 타자성도 또 불연속, 시간, … 도 내포하지 않는다. 때문에 관계라는 것도 존재하지 않는다. 유일한 관계가 있다면 무와의 절대 모순의 관계만이 있을 뿐이다. 파르메니데스에게는 무란 없다. 존재만이 있을 수 있고 무는 있을 수 없다. 따라서 존재와 무의 절대 모순이란 사실상 '일자'의 위상에 대한 개념적 구도일 뿐이다. 이런 파르메니데스의 세계를 극복하고 현세계를 '구제'하려면, 무엇보다도 우선 '다자'와 '운동', '여럿'과 '움직임'이라는 두 측면이 복권되어야 한다. 플라톤에게 이는 곧 존재도 아니고 무도 아닌 것(mēdeteron)의 요청에 다름 아니다. 이 요청에 답하는 개념이 곧 아페이론이다.

규정할 수 없다[존재도 아니고 무도 아니다/인 것도 아니고 아닌 것도 아니다]는 것은 무슨 얘기냐면 거기에 같은 것이 하나도 나올 수 없다는 얘기야. 같은 것이 나오면 한정자(peras)가 나와. 그러니까 자기 자신에 대해서 하나도 동일한 것이 없어. 그러니까 그것이 방황하는 원인(planōmenē aitia)이야. 그것은 자기 자신에 대해서 항상 달라져(différent). 방황하는 원인이라는 것은 타자에 대해서뿐만 아니라 자기 자신에 대해서도 항상 다른 것이야. 어떻게 규정을 못해. 그러니까 방황하는 원인이야. 그러면 거기에 연속성이 나오는데, 연속성에는 연속적인 측면하고, 아무 규정이 없으니까 결여(privation)의 측면이 나와. 그러면 공간하고 시간, 운동이 나오는데, 그것은 사물을 받아들일 때 하는 말이고, 진정한 무한정자[아페이론]라고 하는 것은 그 이전, 갈라지기 이전이야. 운동도 아니고, 정지도 아니고, 공간도 아니고, 시간도 아니고. 그 이전이야. 거기에 동일성[형상]이 들어올 때 갈라져.(「『필레보스』편 총정리」, IV, 244)

존재와 무의 절대 모순은 아페이론이 개입함으로써 해체되고, 이제 파르메니데스의 '일자'는 이 일자의 계승자인 이데아'들'과 아페이론의 관계로 대체된다. 형상들은 아페이론과 관계 맺는 순간 타자화된다(diapheresthai). 즉, 자기동일적인/순수한 존재들, 타자성을 배제하는 존재들이 아페이론과 만나는 순간 비한정적인(indefinite) 흐름에 영향을 입게 되면서 타자성을 받아들이게 된다. 이로써 사물들 및 운동이 성립하게 된다. 생성은 존재의 계기와(어쨌든 절대 무는 아니기에) 무의 계기(확고한 동일성들이 존재하지 못하고 일정 측면들에서 무화되어 가기에)를 함께 가진다. 그리스인들은 이런 연속적 운동, 운동하는 연속성을 '결여'(privatio)로 이해했다. 무언가가, 즉 어떤 확고한 동일성이 안착하지 못한 어중간한 상태로 이해한 것이다. 결여는 아페이론의 한 양상으로서 지중해세계의 철학에서 중요한 역할을 하게 된다. 소은은 다자와 운동이 긍정된 세계를 다음과 같이 파악한다.

> 사람 아닌 것을 가령 말[馬]이라고 하면, 사람에는 말이 없어. 말의 부재(apousia), 사람의 현재(parousia)가 돼. 이제 타자(heteron)가 나왔어. 모든 존재가 관계를 맺어서 전부 타자로 변하는데, 변할 때 존재는 같음(sameness)이 되고 무는 다름(otherness)이 돼.[17] 이때 동일성(identity)이 들어오는 방식은, 하나는 되풀이되는 것이고[반복] 다른 하나는 지속, 보존되는 것이지. 동일성을 받아들일 때 연속성이 깨지는 거야. 그러니까 실제로는 공간과 시간을 딱 가르지만 그 사이에 사실은 무수한 단계가 있어. 명사, 형용사, 부사, 동사로 갈라져. 우리는 딱 분류(classify)해서 극한치만 보니까, 명사, 동사 쪽만 보는 것이지. 사실은 그 사이에 형용사, 부사가 있다는 거

---

17) 파르메니데스적 '존재'와 '무'는 다자와 운동이 긍정되는 세계에서는 '동일자(성)'과 '타자성'으로 바뀐다. 이 세계에서는 '존재'한다는 것은 동일한 어떤 것으로 머무른다는 것이고, '무'라는 것은 타자로 바뀜으로써 기존의 어떤 것이 무-화(化)된다는 것을 뜻한다. 생성은 절대 존재도 아니고(무엇이든 계속 타자로 변해 가기에), 절대 무도 아니다(단적으로 없어지는 것이 아니기에). 이 세계는 아페이론이라는 터 위에 존립하면서도 거기에 동일자성과 타자성이 공존하는 세계이다. 그러나 이 세계가 순수 아페이론의 세계가 아닌 것은 어째서일까? 이로부터 형상들의 존재가 이해된다.

야. 그렇게 갈라지고 나눠져.

그 차이 나는(diapheron) 것이 어떤 내용을 가지고 있다면,[18] 그것을 질이라고 해. 질(poiotēs)이라고 나왔어. 가령 희다, 사람이다, 나무다 하는 것이야. 그것이 우리 인식의 대상이야. 그러니까 여기서 한정자라고 하는 것은 그런 내용을 가지고 있는 것으로서 공간에서 파악이 돼. 형상(eidos)의 측면에서. 이제 이성하고 대립이 되어 있거든. 이성도 사실 어떤 기능이고 존재자인데 지금 여기서는 한정자와 대립되어 있어. 우리 인식에 들어올 수 있는 것은 한정자지. 이성같이 동적인(dynamic) 것, 기능은 들어오지 않아.[19]

그러면 이제 문제가 생겨. 타자화(diapheron), 타자화되는데, 그것을 그대로 가만 놓아두면 어떻게 될 것이냐? 공간적으로 흩어져버려. 『파이돈』편에서는 'diaphtein'(흩어지다, 비산하다)이라고 했지. 또 그것이 운동할 적에는 무질서한(ataktos) 것으로 가지. 그러니까 그것을 막기 위해서는 어떤 작업이 필요한데, […].(「『필레보스』편 총정리」, IV, 245~246)

---

18) "차이가 난다"는 것은 세계가 순수 아페이론도 아니고 또 순수 형상들의 세계도 아니기에, 그 양자의 투쟁의 결과이기에, 순수 존재도 순수 생성도 아닌 현실적인 생성의 세계이기에 결과한다. 세계에 어떤 형태로든 다양한 분절들이 나타나고, 또 그 분절들이 변해 간다. 이렇게 분절됨으로써 다양한 방식의 질들이 등장한다. 차이 나는 것들의 '내용'이 곧 질들이다.

19) 이는 형상계와 코라를 관계 맺어 주는 조물주의 존재에 해당한다. 형상계는 순수 동일성들의 세계이며 따라서 그 자체는 어떤 능동인(agent)이 될 수 없다. 창조자로서의 조물주가 형상계를 코라에 구현하는 것이다. 이 점에서 조물주의 '이성'(nous)은 관조적 이성이기만 한 것이 아니라 역동적인 능동인이기도 하다. 이 문제는 중세 철학에도 중요한 함축을 던지게 된다. 조물주가 아페이론에 형상을 구현함으로써 비로소 세계는 단순한 'flux'가 아니라 구체적 사물들과 그 운동들로 가득 찬 '코스모스'가 된다.

아페이론에서의 산일(散逸)을 거슬러 어떤 질서가 발생하려면 무엇보다도 어떤 형태로든 '묶음'의 작용이 있어야 한다. 묶는다는 것은 다자들이 어떤 틀을 통해서 정합적으로 관계 맺음을 뜻한다. 이 정합적 틀은 '코라', '아낭케', '방황하는 원인', '아페이론' 등으로 표현되는 무질서에 질서를 부여할 수 있는 틀이며, 따라서 '물질성', '유동성', '연속성'을 극복할 수 있는 틀이다. 이 틀이 확보될 때 반복, 질서, 규칙성, 법칙성이 성립하게 되며, 이를 가능케 하는 선험적 조건으로서 상정된 것이 바로 형상들의 존재다. 형상들이 페라스의 역할을 함으로써 아페이론과 함께 세계를 이끌어간다.

'물질성'을 넘어가기 위해서는 단순한 물질이 아닌 탈-물질적 차원이 요청된다. 이는 곧 영혼과 이성이고, 이성의 이상태는 곧 조물주의 이성이다. 이런 이성을 확보함으로써만 세계는 맹목적인 물질의 아무 의미 없는 생성을 넘어서 정신적 차원이 성립할 수 있다. 유동성을 넘어가기 위해서는 어떤 동일성이 요청된다. 동일성의 극한은 파르메니데스의 '일자'이다. 그러나 세계의 다자성을 이해할 수 있으려면 많은 동일성들이 존재해야 하며, 이것이 형상계를 이룬다. 마지막으로 '연속성'을 넘어가기 위해서는 '미아 이데아'들을 통한 분절이 요청된다. 그리고 이런 분절의 체계가 정합적일 때 '조화'가 확보된다. 이때 결여로서의 연속성도 또 무의미한 불연속들도 아닌 '분절된' 다자들의 긍정적 관계 맺음이 성립한다.

물질성, 유동성, 연속성을 특징으로 하는 아페이론에 페라스가 부여되었을 때 일차적으로 도래하는 것은 질들이다. 어떤 '규정성들'인 것이다. 이런 규정성들이 결여되었을 때 세계는 인식 가능성을 결여한 '화이트 노이즈'일 뿐이다. 언급했듯이, 가지성(可知性)이라는 뉘앙스를 함축하는 '이데아', '에이도스'도 본래 이런 질들, 규정성들을 가리켰다. 질들은 '제1 성질들'과 '제2 성질들'로 구분된다. 제1 성질들은 공간적 파악이 가능한 질들이고, 따라서 기하학적 인식의 대상이 된다. 기하학적 인식은 우리의 시각적 직관—가장 명료하고 분명한 직관—에 바탕하고 있기 때문에 엄밀한(exact) 인식이다. 어려운 것은 제2 성질들이다. 플라톤 철학의 두드러진 특징은 제2 성질들을 인식에서 배제하거나 (근대의 과학에서처럼) 제1 성질들로 환원시키기보다 그것들 자체로서 인식하려 했다는 점이다.[20]

이런 인식에 도달하려면 규정성들을 가능케 하는 것들, 규정성들의 원형으로 거슬러 올라가 그것들을 밝혀내야 한다. 이 작업은 곧 물질성을 넘어서는 것, 오로지 맹목적이고 무의미하기만 한 물질을 솎아내고 그것을 일정한 질서로 만들어 주고 있는 비물질적인 것을 찾아내야 하며, 유동성을 넘어서는 것, 유동성에 브레이크를 걺으로써 개별화된 사물들의 존재를 가능케 하는 부동의 존재들을 찾아내야 하며, 연속성을 넘어서는 것, 연속성에 페라스를 부여함으로써 일

20) "연장성[extension/extensity]을 규정하는 공간 그 자체를 다루는 것, 즉 양을 규정하는 수나 기하학은 쉽지만, 제2 성질 즉 '단 것이란 무엇이냐?', '흰 것[백색]은 무엇이냐?', 이런 것들은 정의하기가 매우 힘들어. 그러니까 플라톤이 해 놓은 이야기는 뭐냐 하면 어떻게 제2 성질을 기준으로 해서 에우클레이데스 기하학 같은 학이 성립할 수 있느냐의 문제야. 그 말은 또 '제2 성질이 구성되는 그 관점이 무엇이냐?', '어떻게 정의할 것이냐?', '질서가 무엇이냐?', '법칙이 무엇이냐?'가 문제라는 거야. 제2 성질에 대해서 '도대체 그 법칙(law)이 무엇인가?' 하는 문제야."(「『필레보스』편 총정리」, IV, 258)

정한 '정도'를 가능케 하는 '적도'를 찾아내야 하는 것이다. 그때에만 우리는 코스모스를, 존재요소들을, 혼화를 가능케 하는 선험적 조건을 이해할 수 있게 된다. 이 선험적 조건에 대한 가설로서 제시된 것이 바로 '이데아들'인 것이다. 우리가 이데아를 무매개적으로가 아니라 반드시 아페이론 개념을 경유해서 이해해야 하는 것은 바로 이 때문이다.

6장

# 인식, 존재, 가치

지금까지 논한 플라톤 존재론의 총괄로서 플라톤에게서의 인식, 존재, 가치의 문제를 정리해 보자. 우선 인식과 존재의 문제를 논하고, 다음으로는 존재와 가치의 문제를 논한다.

## 1절 · 인식과 존재

이제 소은이 본 플라톤 철학의 근본적 구조와 의미를 전체적으로 조망해 보자. 한 철학자의 사유는 매우 많은 요소들로 구성되지만 그 궁극은 '존재론'과 '윤리학'에 있다. 존재(와 그 상관항으로서의 인식)에 대한 이론적 천착과 윤리에 대한 실천적 모색이 한 사상가를 철학자로 만든다. 여기에 일종의 예비적 작업으로서, 자신에 이르기까지 전개되어 온 철학사를 어떻게 보는가의 문제 즉 '철학사 해석'이 덧붙여질 수 있다. 물론 한 철학자의 '철학사'와 그 자신의 '철학'은 서로 순환적으로 엮인다. 플라톤의 경우 이런 기본 구도를 읽어내기가 유난히 어렵다. 소은이 읽어낸 플라톤은 어떤 철학자일까?

우선 인식의 문제로부터 시작해 보자. 소은은 그의 저작들 전반에 걸쳐 인식론 중심의 철학을 비판한다. 인식론은 궁극적으로 존재론에 근거할 수밖에 없다는 것이 소은의 생각이며, 이 때문에 그는 칸트 식의 철학과 그것을 이어받은 경향들(예컨대 주로 영미에서 행해지고 있는 "분석철학"이라든가 사회학적 인식론 등등)에 대해서는 비판적 입장을 취하고 있다. 소은의 강의 「인식과 존재」는 『테아이테토스』편과 『소피스트』편을 중심으로 이 문제를 논하고 있다. 소은은 「『소피스트』편에 대한 분석」에서도 이 대화편을 다루고 있다.

인식론 즉 인식의 이론에는 여러 측면들이 포함된다. 지각의 문

제: 인식이란 오감을 통해서 사물들을 지각하는 과정을 포함하기에(심리학, 신경생리학 등과 연계된다). 의미와 진리의 문제: 인식이란 '의미 있다'고 주장되는 또는 '진리이다'라고 주장되는 생각들과 관련되기에(논리학 및 언어학/언어철학 등과 연계된다). 학문체계의 문제: 인식이란 다양한 학문들 사이의 관계의 문제이기도 하기 때문에(과학철학, 사회학 등과 겹친다). 역사(학문사/담론사)의 문제: 인식이란 그 자체 역사를 가지며, 그 역사를 놓고서 이야기할 때 인식론이 정확해질 수 있기에(과학사, 철학사, 문화사 등과 겹친다). 그러나 인식론과 가장 직접적인 연계성을 가지는 것은 물론 존재론과 윤리학이다. 인식, 존재, 윤리를 철학적 사유의 삼각형으로 볼 수도 있겠지만, 소은의 입장에서는 철학은 존재론과 윤리학이며, 인식론은 존재론에 흡수되어 이해되어야 한다. '인식'이란 그 자체 존재의 어떤 양상일 뿐이기 때문이다.[1] 이 점에서 소은의 사유는 근대 이래의 인식론 중심의 흐름이 아니라 베르그송 이래 형성된, '존재론적 전회'가 성립한 이후의 입장에 서 있다고 볼 수 있다.

소은이 검토하고 있는 『테아이테토스』는 고대의 대표적인 인식론 저작이다. 본격적인 의미에서의 '인식론'이라는 것 자체가 이 책

1) 각각의 과학이 각각의 데이터를 가지고서 이론을 구성하듯이, 인식론 역시 자체의 데이터를 가지고서 이론을 구성한다. 그렇다면 인식론의 데이터는 무엇일까. 그것은 곧 과학들 자체이다. 과학들의 인식행위가 바로 인식론의 데이터라고 할 수 있다. 때문에 소은은 인식론이란 어디까지나 그것의 데이터가 될 실제의 인식 성과들, 과학들을 전제한다고 본다. 인식론을 다듬어야만 그것에 기초한 과학들이 발달한다는 생각을 소은은 비판한다. 그것은 데이터도 없이 이론을 구성하는 것과 마찬가지의 방식이기 때문이다.

에서 유래했다고 해야 할 것이다. 때문에 학문체계의 문제라든가 학문사의 문제가 두드러지게 다뤄지고 있지는 않다. 이 주제들이 특화된 것은 아리스토텔레스에 의해서이다. 플라톤의 인식론은 영혼과 신체, 그리고 그 상관자인 형상적인 것과 감각적인 것의 관계에 초점이 맞추어져 있다. 플라톤에게서 신체는 감각적인 것에 대응하고, 영혼 그리고 그 인식론적 알맹이인 이성은 형상적인 것/가지적인 것에 대응한다. 이런 '존재와 사유의 일치'의 이중적 구도에서 후자(합리적인 것)에 의해 전자(감각적인 것)가 극복됨으로써 참된 인식에 도달할 수 있다. 이 구도는 그 후 인식론의 역사에 거의 항구적인 영향을 각인하게 된다.

그러나 우선 이 대화편 역시 소크라테스적 물음("ti esti?") 즉 "인식이란 무엇인가?"라는 물음에서 시작한다는 점이 지적되어야 한다. 플라톤은 어떤 인식이 아니라 '인식/지식'이라 불리는 모든 것들에 대해 공통적인 것을 파악해 인식의 본질("여럿을 관통하는 하나")을 해명코자 한다. 실제 인식의 과정들이 다양하게 존재하거니와, 그런 인식 과정들을 데이터로 해서 '인식'이라는 것 자체에 대한 가설을 세워 보는 것이 인식론이다. 플라톤의 시대에 이런 작업이란 결국 인식의 대상과 인식 주체 사이의 관계를 파악하는 것에 다름 아니었다. 즉, 인식론이란 "대상과 주체에 대한 가설(hypothesis)과 정의가 성립하고, 이 둘 사이에 어떤 관계가 이루어지는데 그 관계 속에서 인식이라는 관계란 무엇이냐를 찾는 것이다."(「인식과 존재」, II, 178) 요컨대 인식론 역시 하나의 과학이지만, 실증 과학들을 그것의 데이터로 삼는 메타과학인 것이다.

우선 논의되는 것은 감각 이론이다. 감각에 대한 설명이, 특히 전통적인 인식론에서, 인식론의 기초를 형성하기 때문이다. 『테아이테토스』의 맥락에서 감각의 주체는 신체를 가지고 있는 한에서의 '영혼'이고 인식 대상은 매우 넓은 의미에서의 '물질'이기에, 결국 요구되는 것은 영혼의 정의와 물질의 정의이며 또 그것들 사이의 관계이다. 감각 이론의 이런 구도는 고전적인 인식론의 기본 구도이며, 오늘날의 지각론에 해당한다. 또, 인지과학, 현상학, 심신 이론… 등과 밀접하게 연관된다.

첫 번째 논의할 것은 '영혼'의 개념이다. 소은은 영혼 개념을 우선 '능력'의 관점에서 접근한다. 플라톤이 세계를 보는 기본적인 관점은 매우 다양하지만 특히 기본적인 것은 활동, 능력, 역할, 잠재력/가능성, 활동, … 의 관점이다. 소은은 영혼 역시 이런 관점에서 보려 하며, 그 핵심을 '뒤나미스'에서 찾는다. 영혼은 온전히 결정된 존재, 즉 '충족률'에 입각해 활동하는 존재가 아니다. 때문에 그것의 활동에는 '직관하다'를 뜻하는 'eidenai'나 '식별해내다'를 뜻하는 'gignōskein'보다는 인식의 능력, 과정, 결과를 모두 포함하는 'epistasthai'가 가장 어울린다 하겠다. 영혼은 결정되어 있는 존재가 아니라 이런 열린 잠재력으로서 이해되며, 이 잠재력을 이끌어내는 과정이 곧 소크라테스의 '산파술'이다. 요컨대 현대식으로 말해서 영혼을 물화(物化)하지 않고서 보는 것이 중요하며, 영혼의 '활동'에 초점을 맞추어 보는 것이 핵심이다. 이 점에서 영혼에 대한 자연주의/환원주의적 이해는 거부된다. 그러나 "영혼의 활동"이라는 개념은 극히 넓은 의미를 내포한다. 여기에서 문제가 되는 영혼의 활동은 지각 그리고 지각을 넘어서는 인식적 차원에 관련된 활동이다.

'감각'(aisthēsis) 자체는 순수 물리적 활동일 뿐일 수도 있고 '인식'(epistēmē)이 될 수도 있다. 우선 감각이 인식이 되려면 그것은 존재하는 것에 대한 감각이어야 한다. 환영, 환각, 환상 등은 영혼의 감정이나 행동 등에 관련될 수는 있어도 인식에 관련될 수는 없다. 인식이란 객관적 대상들(pragmata)에 대한 인식이다. 이 객관적 대상들은 '동일성'(tauton)을 가져야 한다. 대상이 동일성을 가지지 않는다면, 주체는 그것을 감각할 수 없다. 대상이 생성을 겪는다면 주체는 그것을 감각할 수 없으며, 더 정확히 말해 감각할 수는 있으나 그것을 '무엇-이다'라고 말할 수 없게 된다. 플라톤에게 인식이란 항상 어떤 동일성에 대한 인식이다. 그러나 현실 속의 사물들은 어떤 행태로든 모두 생성한다. 따라서 감각이 인식으로 승화되기 위해서는 거기에서 어떤 동일성의 측면을 잡아내야 한다. 그렇게 포착되는 동일성은 두 가지, 즉 '지속' 또는 '반복'의 형태로 성립한다. A가 타자화되면서도 어떤 측면에서는 A로서 지속해야만, 또는 A가 사라지곤 한다 해도 다시 A로서 반복되어 나타나곤 해야만, 동일성에 대한 감각과 인식이 가능하다고 할 수 있다.

> [지속이란] 그것[어떤 대상]이 나에게 나타나서(phainetai) 상(phantasia)으로 들어오고, 나의 표상(doxa)이 되어서 다시 재인될[re-cognized] 때까지 그대로 있어야 돼. 그렇지 않으면 재인(再認)이 안 되는 것 아냐? […] [대상만이 아니라 주체도 지속되어야 해.] 인식할 때 내가 변해버렸다면 어떻게 지속이 있고, 존재가 되고, 재인(anag-

nōrisis)이 돼?(「인식과 존재」, II, 192)

소은은 인식 대상의 동일성만이 아니라 인식 주체(영혼)의 동일성도 확보되어야 함을 말하고 있다. 건강한 사람에게는 사탕은 항상 달다. 즉, 인식 주체가 건강해서 영혼의 능력을 유지하고 또 사탕이 대상으로서의 동일성을 유지하는 한에서, "사탕은 항상 달다"는 사실이 성립한다. 인식 주체가 병이 들어 맛을 보는 능력을 상실했거나 인식 대상인 사탕이 그 본성을 잃어버린다면, 사탕에 대한 감각과 그것을 통한 인식은 불가능할 것이다. 인식 대상이 주체에 의해 영향받았다고 그 본성이 변해서는 안 되며(누군가가 사탕을 맛보았다고 사탕의 본성이 변하지는 않는다), 인식 주체가 대상에 의해 영향받았다고 그 본성이 변해서는 안 된다(영혼의 능력은 계속 유지되어야 한다). 이런 동일성/지속이 전제되어야 인식이 가능한 것이다.[2)]

영혼과 대상에 대한 이런 규정('뒤나미스'로서의 영혼, 영혼 및 대상의 동일성이라는 인식론적 전제)을 토대로 이제 논해야 할 것은 인식 주체와 인식 대상, 영혼과 대상 사이의 일치라는 주제이다. 플라톤은 『소피스트』에서 '존재하다'를 '작용을 주고-받다'로 정의한 바 있다. '존재'가 작용함과 작용받음(poiein-paschein)으로 정의되기에 그 자체 존재의 한 양상인 인식 또한 이 구도에서 검토될 수 있다.

---

2) 여기에서 소은은 지속만을 논하고 있지만 반복 또한 중요하다. 그리고 반복은 반드시 시간의 단절과 재-종합을 전제한다는 점에서, 인식 대상의 반복과 인식 주체의 반복은 더욱 흥미로운 문제들을 내포하고 있다.

인식 능력은 모방의 범위에 속한다. 모방은 다와 운동 속에 들어 있는 것의 관계 맺음에서 일어나는 사태의 하나이다. 그런데 인식이란 대상의 진상(眞相)의 모상(模像)이 영혼을 지닌 것 속에 들어옴으로써 성립하며, 영혼을 지닌 것에 의하여 대상이 변화되거나 사고의 상이 대상 속에 들어가는 것을 뜻하지 않는다. 대상의 진상의 동일성이 영혼을 지닌 것 속에 성립할 수 있도록 도와주는 작용만이 인식 능력이다. 그러므로 인식 작용은 궁극적으로 대상의 존재에 대한 일방적인 모방이다. 그리고 이러한 대상과 인식 능력의 관계는 즉자적으로 존재하는 것[동일성]을 요구한다. 즉, 인식 기능의 존재는, 존재 일반에 있어서 즉자적으로 존재하는 것이 있으며, 일방적으로 그 즉자적인 것을 모방하는 다와 운동의 체계가 있음을 요구한다. 즉, 진리의 내용은 즉자적으로 존재하는 것에서 오며 허위는 즉자적으로 존재하는 것의 존재성의 사실로서 비존재에 도달한다. 사상(似像), 그럴듯하게 보이는 지식, 허위, 비존재 등의 규정은 인식 기능이 모방이라는 존재론적 규정에 환원된 결과 야기된 것, 즉 진상이 결핍되어 가는 과정을 표현한 것이다. 허위는 비존재의 문제로 직결되며 허위의 실재성은 비존재의 실재성에 직결된다.(「『소피스트』편에 대한 분석」, I, 141. 인용자 강조)

인용문이 잘 보여주듯이, 플라톤에게 인식이라는 인식론적 문제는 모방=재현이라는 존재론적 문제의 한 측면이다. 그리고 인식이란 대상의 동일성과 그 동일성을 받아들일 수 있는 능력을 가진, 그 자체 일정한 동일성을 갖춘 어떤 존재 즉 영혼을 전제하며, 대상의 모상(이미지)이 영혼에 의해 모방됨으로써 성립한다.

영혼이 '대상의 진상의 모상'을 받아들이려면 영혼 그 자체는 마치 밀랍과 같이 타자를 수용할 수 있는 결핍의 성격을 띠어야 한다. 영혼이 온전히 차 있다면 모상을 받아들일 바탕이 될 수 없기 때문이다. 플라톤은 이렇게 모상이 영혼의 밀랍에 받아들여지는 것을 "도장을 찍는다"(ekmageion)고 표현한다. 밀랍서판에 글이 새겨지는 것을 생각하면 될 것이다. 이는 영혼에 어떤 물질적 성격('tabula rasa' 같은 측면)이 있음을 함축한다고 볼 수 있다. 소은이 볼 때, 이런 설명은 많은 문제점을 내포한다. '도장을 찍는다'는 것은 '제1 성질들'의 경우 가능하겠지만, '제2 성질들'의 경우는 어떠할 것인가? 밀랍에 새겨진 것이 계속 동일성을 유지할 수 있겠는가? 좀 더 현대적으로 말해, 기억이란 매우 역동적인 것인데 이런 기계적인 구도로 이런 역동성을 어떻게 설명할 것인가? 나아가 영혼과 대상이 작용을 주고받는다면, 대상의 동일성도 변하지 않겠는가? 다시 말해, 작용을 준 대상도 변하겠기에, 온전한 재인이란 불가능하지 않겠는가? 소은은 이런 문제들은 위의 설명이 영혼의 탈-물질적 성격을 고려하지 않은, 유물론적인 설명이기 때문에 발생한다고 본다.[3)]

3) "외부에서 들어온 지각 내용이 적어도 재인될 때까지는 그대로 있어야 돼. 그러나 밀랍에다 찍는다는 것은 상식적으로는 될지도 모르지만, 엄격히 원칙적으로 보면 물리 현상이고, 물리 현상에서 작용함-작용받음 이론은 작용자가 가지고 있는 성질이 작용받는 것으로 넘어가야 할 것 아니냔 말이야. 그러니까 여기의 존재가 밀랍의 비유로 상징되는 작용함-작용받음 이론과는 상관없는 존재가 되거나, 그렇지 않으면 밀랍에서 성립하는 작용함-작용받음 이론으로는 설명이 안 된다고 해야 될 거야."(「인식과 존재」, II, 198) 소은의 설명은 간단한 관찰로서도 확증될 수 있다. 누군가가 다른 사람에게 물리적인 것을 줄 경우, 준 사람의

유물론의 이런 오류에 빠지지 않고서 인식을 설명하려면 우선 대상의 동일성을 확보해 주어야 한다. 그래야만 재인의 가능조건이 성립하기 때문이다. 이는 곧 생성하는 대상에서 생성하지 않는 측면을 확보하는 문제이다. 이 동일성은 곧 '참으로 존재하는 것', '진정한 존재'(ontōs on), '단일 형상'(mia idea)이다. 사물에게서 단일 형상에 관여하고 있는 측면, 이 측면이 동일성으로서의 재인의 대상이다. 마찬가지로 영혼 역시 동일성을 확보해야 한다. 이는 곧 신체에 얽혀 생성하는 측면으로서의 영혼이 아니라 자체적인 것으로서 존재하는 측면으로서의 영혼의 동일성이다. 현상적인 생성의 와중에서 이런 주객의 동일성이 확보되고 일치할 때 인식이 성립한다.[4] 요컨대 대상이 주체에게 인식되는 것은 물리적인 전달과는 다른 어떤 것이며, 주체가 대상을 받아들이는 것도 물리적인 어떤 것이 아니다.[5] 대상

---

그 물리적 대상은 반드시 줄어든다. 그러나 누군가가 다른 사람에게 정신적인 것(예컨대 생각)을 주었다고 해서, 준 사람의 정신적 자산이 줄어드는 것은 전혀 아니다. 대화가 소중한 것도 이 때문일 것이다.

4) "감각이 존재에 대한 것이었을 때 인식이 되는데, 그때 절대적인 단일 형상으로서 언제든지 자기동일성을 갖는 지식은 아니지만 항상 되풀이되는(repeat) 부분이 있어. 그러나 반면에 거기에는 상대성이 따르고, 끝에 가서는 재인 자체가 안 되는 부분이 있더라는 거야. 이것이 전체적인 감각 구조야."(「인식과 존재」, II, 201)

5) "재인한다는 것은 심리적 사실(psychological fact)이야. 그런데 이 심리적 사실이 여기서 말하는 물질적인 작용함-작용받음 이론을 가지고 설명이 되느냐 그 말이야. 지금 하나는 물질이고 하나는 영혼이야. 그러니까 두 개의 기능이 무엇이냐에 대한 가설이 나와야 된다는 것이야. 그래야 설명이 되지. […] 인식론의 가장 중요한 부분은 지적 능력인 재인인데, 그 재인이 먼 데 떨어져 있는 소크라테스와 연관해서 어떻게 이루어지느냐, 이 지적인 기능을 무엇이라고 규정할 수 있느냐 하는 문제야. 먼 데 있는 사람이 기준이 되는데 어떻게 그로부터 떨어져 있는 내 표상을 거기다가 집어넣어서 볼 수 있느냐 그 얘기야."(「인식과 존재」, II, 207~208) 감각은 대상으로부터 주체로 오는 것이지만, 재인은 주체로부터 대상으로

이 물리적으로 주체에게 들어오는 것도 아니며, 주체가 밀랍 같은 존재도 아니다. 이것은 감각에서의 물리적 측면을 부정하는 것이 아니라, 생물학적-심리학적 더 나아가 존재론적 측면을 도외시한 물리학적 설명은 곤란하다는 점을 말하는 것이다.

멀리 떨어져 있는 소크라테스를, 감각 자체만 놓고서 보면 소크라테스인지 알 수 없음에도, 그가 소크라테스일 것이라고 생각하면서 다가갈 때가 있다. 이는 재인이 단순한 물리적 메커니즘의 문제가 아니라, 대상의 동일성과 더불어 영혼의 동일성에 입각해 가능함을 시사한다. 인식이란 물리적 메커니즘만의 문제가 아니라 무엇보다 우선 영혼의 기능을 참조해서만 이해할 수 있는 현상인 것이다. 소은이 감각의 문제에 있어 생물학적-심리학적 연구의 중요성을 강조하는 것도 이 때문이다. 그러나 감각만으로 인식이 이루어지지는 않는다. 인식이란 언어의 문제이기도 하다. 주관적이고 개인적인 감각이 객관적이고 보편적인 인식의 수준으로 승격되려면 반드시 영혼의 또 다른 기능, 곧 '이성'(로고스/누스)이 개입해야 하며, 이는 또한 인식이 언어로 표현되어야 함을 뜻하기도 한다. '진과 위'는 무엇보다 우선 명제의 속성, 판단의 속성인 것이다. 『테아이테토스』편이 주로 근대적인 뉘앙스에서의 인식론, 즉 주체와 객체의 관계를 다룬다면, 『소피스트』편은 명제를 논의의 실마리로 삼고 있으며 더 핵심적

---

가는 것이다. 재인은 주체에게 표상된 것(doxa)과 주체의 기억을 비교해 보는 것이 아니라, 'doxa'의 허위 여부를 확인하기 위해 대상으로 나아가 확인해 보는 것이다. 그것은 주체/영혼의 활동이며 단순한 물리적 메커니즘의 문제가 아니다.

으로는 인식론을 존재론으로 정초하고 있다. 소은이 볼 때 후자가 좀 더 근본적인 대화편인 것은 이 때문이다.

플라톤은 말년에 『소피스트』, 『철학자』, 『정치가』로 구성되는 3부작을 구성했으며, 『철학자』를 미완으로 남긴 채 『소피스트』와 『정치가』를 남겼다. 들뢰즈가 지적한 바 있듯이, 플라톤 철학의 중심 추동력들 중 하나는 '선별'(sélection)에의 의지에 있다. 플라톤 철학의 핵심 용어는 "진정한"이며, 그가 필생의 사업으로 삼은 것은 진정한 정치가, 진정한 철학자, … 등 진정한 존재들을 찾는 것이었다. 『소피스트』는 이런 작업의 반면(反面)으로서 소피스트라는 존재를 규명하고자 한다. 소피스트에 관련해 'ti esti?'를 묻는 작업이다. 이 대화편은 이 문제를 인식론으로 끌고 가 진리와 허위의 문제를 다루는데, 이는 소피스트들이 파르메니데스를 끌어들여 허위란 없다는 주장을 일삼기 때문이다. 플라톤은 이 문제를 해결하기 위해 다시 이를 존재론으로 끌고 가 존재와 비-존재의 문제를 다룬다. 그리고 이 존재론적 탐구를 근거로 인식론으로 다시 내려와 허위의 존재를 논증한 후, 출발점으로 되돌아와 소피스트들이란 바로 허위를 일삼는 존재들임을 논한다. 소은에게 이 대화편은 앞에서 언급한 인식론 중심주의를 비판하고 인식론을 존재론으로 정초하는 데 중요한 시사를 주는 대화편이다. 앞에서 단순한 유물론적 인식론을 극복하려면 대상의 동일성과 영혼의 동일성이 확보되어야 한다고 했거니와, 『소피스트』편은 대상의 동일성, 달리 말해 인식의 객관성을 확보해 주는 결정적인 대화편이다.

플라톤에게 인식이란 일종의 모방이다. 반복해서 인용하자면,

"인식이란 대상의 진상의 모상이 영혼을 지닌 것 속에 들어옴으로써 성립하며, 영혼을 지닌 것에 의하여 대상이 변화되거나 사고의 상이 대상 속에 들어가는 것을 뜻하지 않는다. 대상의 진상의 동일성이 영혼을 지닌 것 속에 성립할 수 있도록 도와주는 작용만이 인식 능력이다. 그러므로 인식 작용은 궁극적으로 대상의 존재에 대한 일방적인 모방이다." 다시 말해, 인식이란 기본적으로 '재현'이라고 할 수 있다. 재현은 재현의 대상의 동일성을 전제한다. 대상의 동일성 자체가 확보되지 못한다면 더/덜 잘 재현했다는 개념은 성립하지 못한다. 좀 더 일반적으로 말해 인식의 가능성은 허위/오류의 가능성도 포함해야 한다. 진리와 허위의 구분이 불가능할 경우 인식 역시 불가능하다. 이 차이를 정초해 주는 것이 곧 대상의 동일성, '존재'이다. '있는'/'인' 것을 '있다'/'이다'라고 하고 '없는'/'아닌' 것을 '없다'/'아니다'라고 하는 것이 참/진리이고, 역으로 말하는 것이 거짓/허위이다. 허위는 존재(/~임)와 비-존재(/~이 아님)의 구분을 전제할 때 성립하는 것이다. 플라톤에게 대상의 객관성을 확보하는, 존재와 비-존재의 구분을 확보하는 존재론적 작업이 인식론의 정초인 것은 이 때문이다.

『소피스트』편은 소피스트들이 거짓/허위의 가능성 자체를 부정함으로써 인식의 의미—진리와 허위의 구분—를 무너뜨리고 있음을 고발한다. 이들은 비-존재는 없다는 파르메니데스의 생각을 등에 업고서, 비-존재를 전제하는 허위 역시 없다고 전제한다. 그리고 이에 근거해 자신들은 그 어떤 것도 논박할 수 있으며 "따라서" 모든 것을 안다고 강변한다. 이들은 인간의 인식이란 유한할 수밖에 없다는 사실과 인식에는 반드시 어떤 구체적인 조건들(시간, 공간, 관점, 상황 등등)이 전제된다는 점을 무시한다. 따라서 플라톤으로서는 우선 비-존재의 존재를 증명해야 하며("친부살해"), 그에 입각해 허위의 존재를 증명해야 한다. 그때에만 소피스트들의 기만을 폭로할 수 있기 때문이다. 결국 비-존재의 존재를 증명함으로써 허위를 정초하는 것이 핵심이다.

허위를 정초한 후 핵심은 소피스트들이 멋대로 행하는 언사들을 그들이 무시하는 인식의 조건들로 소집해서 거기에서 모순을 증명해야 한다. 다시 말해, "말로써 그들의 사고내용(doxa)을 한곳으로 모으면서(synagontes eis tauton) 서로 대립시킨다(para allēlas). 그 결과 그들의 사고내용이 서로 동일한 것에 관해서 동일한 관점과 동일한 측면에서 동시에 모순되어 있음을 보여 준다(peri ton auton pros ta auta kata tauta hama enantias)."(『소피스트』, 230b) 소은은 이 구절에 대해 다음과 같이 부언한다. "다와 운동의 일정한 관계 속에 들어 있는 것은 유한하며 서로 상대적으로 규정하고 모순관계에 빠질 수 있는데, 그 상대적 규정은 시간, 공간, 관점 등이 된다. 소피스트를 논박함에 있어서 그들의 말을 한곳에 모아서 동일한 시간, 공간, 관점 속에서 모순된 것을 지적하는 이유는 무는 없고 존재만 있는 세계와 현실적인 다와 운동의 일정한 관계 속에 있는 세계를 혼동함으로써 저질러진 소피스트의 오류를 명시하려는 데 있다."(「『소피스트』편에 대한 분석」, I, 140)

존재와 비-존재를 분명히 함으로써 허위를 정초한다는 것은 결국 인식의 가능근거로서 대상의 동일성, 대상의 객관성을 확보한다는 것을 의미한다. 이것이 존재론으로써 인식론을 정초한다는 의미이다. 이로써 우리는 본 저작의 출발점으로 되돌아가 볼 수 있게 되었다. 소은의 사유는 'data'의 사유, 'pragma'의 사유, 'objectum'의 사유라 했거니와, 방금 행한 논의는 결국 소은 자신의 사유의 정초를 플라톤에게서 확인해 본 과정이기도 하다.

『소피스트』편을 통해서 대상의 동일성, 인식의 객관성을 존재론적으로 정초하는 과정을 보았거니와, 인식의 존재론적 정초에는 또 하나의 축 즉 영혼의 동일성, 다시 말해 영혼 고유의 기능에 대한 논의가 보완되어야 한다. 이는 우리로 하여금 앞에서(6장) 행했던, 플라톤(특히 『파이드로스』)과 베르그송의 관계에 대한 논의로 회귀하게 만든다. 『테아이테토스』의 인식론이 『소피스트』의 존재론과 『파이드로스』의 생명론으로 정초되면서 또한 베르그송으로 이어지는 이 구도를 잘 음미해 볼 필요가 있다.

『파이드로스』 독해에서 영원의 또 다른 의미, 즉 운동을 하되 "자신을 떠나지 않는" 특성을 음미한 바 있다. 운동은 반드시 타자화를 가져오거니와 끊임없이 운동을 겪으면서도 스스로를 떠나지 않는 것이야말로 생명체의 핵심이다. 이는 특히 '기억'에 의해 가능함을 보았다. 타자화를 겪으면서도 자신을 떠나지 않는 존재인 생명체는 물질의 시간과는 판이한 자신의 고유한 시간을 가지며, 현재, 과거, 미래라는 세 차원 및 그것들 사이의 입체적이고 역동적인 관계를 통해 삶을 영위한다. 그로써 생명체들은 죽음조차도 넘어선다.[6]

인식론적 맥락에서 영혼은 물리적 메커니즘을 넘어서는 인식을 보여준다. 한편으로 영혼은 (현대식으로 말해) 공간을 넘어서는 지향성(Intentionalität)을 통해서 대상으로 향하며, 다른 한편으로 순수 개념들(무, 운동, …)을 사유하며, 다시 언어와 의미의 차원을 영위한다. 이는 조잡한 물리학적 설명으로 불가능한 차원을 드러내며, '인식과 존재'의 이해를 위해서 왜 『소피스트』의 존재론만이 아니라 『파이드로스』의 생명철학도 필수적인지를 말해 준다.

6) 이 대목에서 플라톤과 헤겔, 베르그송을 비교해 볼 필요가 있다. "플라톤은 생명 현상을 '불사적'(athanaton)이라고 했는데, 베르그송은 불사라 하지 않고 영원하려고 한다고 하는데, 그것이 더 논리적이야. 그냥 '불사'라고 하는 것이 헤겔이야. 헤겔은 가능적인 것을 필연화시켰어. 베르그송은 반대로 불가능한 것이 가능화된다고 해. 불가능한 것에서 가능한 자신을 만드니까. '영구 운동'(aeikinēton)이 아니고, '자기창조'(se créer)라는 말을 써. 자신의 실존(existence)을 창조해. 창조란 불가능한 것을 가능케 하는 것이야."(「인식과 존재」, II, 243~244)

## 2절·존재와 가치

플라톤의 인식론과 존재론의 관계를 논했거니와, 이제 그의 존재론과 가치론의 관계를 논해 보자. 앞 절에서 언급했듯이, 플라톤의 실천철학에 있어 '선별' 개념은 중요한 위상을 차지한다. 플라톤이 본 당대의 폴리스 특히 아테네는 그릇된 정치가들, 그릇된 지식인들, 그릇된 대중 등으로 인해 타락의 극치를 걷고 있는 곳이었다. 자신의 조국이 자신의 위대한 스승 소크라테스를 처형했다는 얄궂은 사태에 직면해, 타락한 철학(소피스트들의 등장), 타락한 정치(민주주의의 몰락), 타락한 예술(저질화된 드라마) 등 모든 것이 타락한 시대에 자신의 조국을 재건하고 싶어 했던 플라톤에게 핵심적인 문제는 어떤 정치가가 참된 정치가인가, 어떤 철학자가 참된 철학자인가, … 하는 문제였다. 요컨대 진정한 정치가, 철학자, …를 어떻게 선별해낼 수 있는가 하는 문제였다. 그의 철학 전체가 이 '진정한'이라는 개념을 둘러싸고 전개되었다고 하리라.

정치에의 직접적인 참여를 포기함으로써, 또 쉬라쿠사에서 모처럼 맞이한 정치적 실천의 기회들도 모두 수포로 돌아감으로써, 그의 이상은 좌절을 겪게 된다. 이런 상황에서 그는 두 가지 갈래로 자신의 삶에 매진했거니와, 그 하나는 '철학'을 수립함으로써 후대의 정치를 위한 이론적 토대를 마련해 주는 것이고 다른 하나는 '교육'

을 통해 그 자신이 못다 한 꿈을 이어갈 후학들을 양성하는 것이었다. 이로써 '플라톤의 대화편들'이라는 불후의 명작들과 '아카데메이아'라는 불후의 교육 전통이 성립하게 된다. 그의 이데아론은 바로 "도대체 '진정한' 것들은 어떤 것들인가?"에 대한 답/가설이며, 그의 국가론과 법률론은 "국가/법은 어떤 근거에 입각해 성립되어야 하는가?"에 대한 답/가설인 것이다. 다시 말해 그의 이데아론은 진정한 정치가, 진정한 철학자, … 등을 선별하기 위한 객관적 근거로서 제시된 것이며, 그의 국가론과 법률론은 이 근거에 입각해 실천적 문제들을 다룬 결과들이다.

이데아론과 선별의 문제가 특히 흥미롭게 다루어지고 있는 대화편이 말년에 저술된 『소피스트』, 『정치가』이다. 이미 언급했듯이, 『철학자』는 쓰이지 못했다. 결국 '진정하지 못한' 철학자에 대해서만 논의된 셈이다. 예컨대 『정치가』는 진정한 '정치가'(ho politikos)는 누구인가를 화두로 삼고 있다. 『국가』와 『법률』을 존재론적으로 뒷받침하고 있는 이 대화편에서 플라톤은 선별의 문제를 상세하게 다룬다.

> 상인과 농부, 또는 방앗간 주인, 게다가 체육인, 의사, 이들 모두가 자신들이야말로 보통 사람들의 양육은 물론 통치자들의 양육까지도 책임진다고 자임(自任)함으로써, 우리가 정치가/치자라고 불렀던 '인간의 목동'과 경합한다는 사실은 아시오?(『정치가』, 267e~268a. 인용자 강조)

모든 논의에서 가장 중요한 것은 정의이다. 정의가 분명하지 않은 모든 논의들은 사상누각이다. 플라톤이 『정치가』를 비롯한 대화편들에서 '분할법'을 동원해 복잡한 변증법적 논변을 전개하는 것도 이 때문이다. 플라톤은 이 대화편에서 긴 논의 끝에 정치술을 '보살핌'(epimeleia) — 폴리스의 보살핌 — 으로 정의한다. 그리고 이 보살핌은 참주들에게서 볼 수 있는 강제적 보살핌이 아니라 자발적 존재들의 보살핌이다. 물론 이런 정의는 일단 윤곽을 잡아주는 정의일 뿐, 아직 충분한 내용이 채워지지 않은 헐거운 정의이다. 핵심적인 것은 도대체 누가 진정한 보살피는 자인가, 누가 자발적 존재들로서의 민중, 좁게는 시민을 보살필 수 있는가이다. 위의 여러 후보들 및 명기되지 않는 숱한 경쟁자들 중 누가 진정한 '인간의 목동'인가?

플라톤 실천철학의 중핵에 놓여 있는 이 물음에 답하기 위해 플라톤이 한평생 갈고닦은 이론이 곧 이데아론이다. 그러나 중요한 것은 이데아론 자체라기보다 이 이론이 그의 사유에서 작동하는 구체적인 방식이다. 플라톤의 사유를 일이관지(一以貫之)하는 이 방식, 그것은 바로 모방=미메시스 — 근대 이래의 'representation' — 의 논리이다. 플라톤 사유의 핵심은 이데아론이라기보다 이데아들에의 모방이라는 개념이다.[7] 미메시스 개념이야말로 플라톤 철학의 기본적인 작동 원리이다.

이제 문제의식으로서의 선별의 문제, 철학적 근거로서의 이데

7) 『사건의 철학』(그린비, 2011)을 비롯한 이전의 저작들에서 이 논리를 '가치-존재론'으로서 포착한 바 있다.

아론, 그리고 사유의 기본 방식으로서의 모방의 논리를 이어서 네 번째로 핵심적인 물음은 다음이다: 도대체 어디에서 출발해 플라톤을 이해할 것인가? 물론 "대화편의 순서에 따라서"라든가 여러 가지 답변들이 가능하다. 그러나 다음과 같은 출발점을 잡아 나아가는 것도 가능하다. 플라톤이 사물들을 보는 일차적인 눈길은 그것들의 물질적 바탕이라든가, 그 수학적 구조나 운동의 법칙성이라든가, 그것들의 인과관계의 규명이라든가 하는 것들이 아니다. 그는 항상 사물들의 기능, 활동, 쓰임새, 목적, 능력, '~다움'에서 실마리를 잡는다. 앞에서도 몇 번 언급했듯이, 그의 사유는 늘 'ergon', 'dynamis', 'aretē', 'telos'에서 출발하는 것이다. 결국 플라톤 사유를 다음과 같이 바라볼 수 있다.

1. 선별이라는 문제의식.
2. 이데아론이라는 존재론적 기초.
3. 사유 전반을 관류하는 모방의 논리.
4. 사유의 실마리를 제공하는 '에르곤', '뒤나미스', '아레테', '텔로스'.

그러나 인간은 이데아를 온전하게 모방할 수 없다. 온전하게 모방한다면, 그것은 더 이상 '모방'이 아닐 것이다. 앞에서 여러 번 논의되었던, 형상계와 코라의 불연속성 그리고 조물주의 역할에 관련된 논의에 이미 이 점이 함축되어 있었다 해야 하리라. 불연속적인 양자의 관계를 논할 때 항시 등장하는 것은 바로 매개자이다. 이런 맥락에서, 조물주라는 존재를 잠시 접어둘 때, 하나의 중요한 개념이 등장한다. '파라데이그마'가 곧 그것이다.

'본', '전형', '범례'로서의 파라데이그마는 다섯 개의 '최상위 유' 중에서 동일성과 타자성에 관련된다. 어떤 것을 그 자체로서 드러내기 힘들 때 그것과 유사성의 측면을 가진 다른 것을 제시함으로써 본래의 것에 다가서게 하는 파라데이그마('비교된 것'이라는 뜻)는 이데아 자체와 그것의 그림자들 사이에 위치한다. 그것은 현대식으로 말해 이데아의 은유라고 할 수 있다. 전형은 유나 종이 아니다. 유나 종은 일반성-특수성 구조를 따라 집합론적으로 정리된 틀이지만, 파라데이그마는 일반/특수의 문제가 아니라 볼 수 없는 것을 볼 수 있는 것으로 바꾸어 말하는 방식이다.[8] 플라톤에게서 종종 등장하는 '뮈토스'의 역할 또한 여기에 있다. 파라데이그마는 순수 이데아가 아니라 이데아의 타자성이 섞인 것이지만, 생성하는 이 세계에서 우리가 실제 도달할 수 있는 이데아이다. 이런 생각은,

> 세계가 동일한 것(das Selbe)과 시공간이라는 두 가지로 이루어져 있기 때문에, 즉 동일성(sameness)과 타자성이 합쳐져 있기 때문에, […] 이 세상이 지금 단순히 양상도 아니고[오로지 생성하기만 하는 것도 아니고] 그렇다고 [세계에 대한 아리스토텔레스의 총체적인 형

8) 때문에 이 말을 단순히 'example'로 번역하면 곤란하다. 예란 일반-특수의 틀을 전제했을 때 어떤 보편자가 띨 수 있는 한 '경우'(case)를 말하는 것으로(물론 단순한 한 경우가 아니라 전형적인 경우를 뜻하지만), 아리스토텔레스적인 총체적으로 합리화된 세계에서 적절한 표현이기 때문이다. '파라데이그마'는 일반적인 것의 한 경우로서의 특수한 것/개별적인 것이 아니라, 현대의 은유, 모델, 패러다임, 구조와 더 가까운 개념이다.

상적 파악이라든가] 포르퓌리오스의 나무에서 보는 것처럼 논리적 공간 속에서 그 본질, 그 진상을 파악할 수도 없다는 가정(hypothesis) 속에서만 의미가 있는 것이지. 그렇지 않으면 전형은 의미가 없어.(「『정치가』편 강의」, IV, 12)

플라톤에게 이상적인 정치가란 곧 신들이다. 물론 신들이 인간세를 직접 통치하지는 않는다. 그렇다면 신들에 가장 가까운, '신들을 모방하고 있는 정치가'라는 파라데이그마를 찾아야 한다. 물론 이는 실증적으로 논할 수 있는 문제는 아니며, 늘 그렇듯이 이 대목에서 플라톤은 신화를 끌어들인다. 소은은 이 신화를 일종의 역사철학(역사형이상학)으로 이해한다. 현실적인 정치가를 논하기 전에 우선 그의 파라데이그마[本]를 찾아내기 위해 역사를 일별해야 하는 것이다.[9] 플라톤의 이 역사철학은 다음과 같은 구도를 깔고 있다.

1) 역사는 퇴행의 과정이다. 신적 차원에서 우주적 차원으로 그리고 인간적 차원으로 계속 퇴행한 과정이다. 그러나 바로 그런 과정에서 인간은 'automaton'(수동적으로 양육되던 상태)에서 'autokraton'(자신의 삶을 스스로 만들어 가는 상태)으로 이행할 수 있었다. 신

9) 『정치가』에서 플라톤은 유와 종이라는 구도를 취하는 분류법 — 이는 아리스토텔레스의 전형적인 사고법이다 — 으로는 자신이 찾는 정치가를 찾을 수 없음을 밝힌다. 그러고서 신화를 끌어들이며, 또 씨줄과 날줄에 관한 논의를 전개한다. 이는 유·종적인 분류법/집합론으로는 파라데이그마를 찾을 수 없음을 함축하며, 파라데이그마를 찾기 위해서는 역사철학으로 가 시원과 현재의 관계를 밝혀야 함을, 그리고 형식논리학적으로는 허용되지 않는 대립자들을 결합시켜야 함을 함축한다.

→우주→인간으로 가는 퇴행의 역사는 그러나 역으로 인간의 자율성의 증대의 역사였다.

2) 역사는 단절되기보다 단계적인 이행을 겪어 왔다. 우주는 신을 모방하고, 인간은 우주를 모방한다. 뒤의 것들은 앞의 것들의 모상(eikōn)이 됨으로써 앞의 것들의 가치를 이어받을 수 있다. 이 과정은 아페이론과의 투쟁의 과정이다. '존재'는 '아페이론'과의 투쟁을 통해서 성립하며, 그 투쟁에서의 승리의 정도가 곧 '에이콘'의 위상을 결정한다.

3) 가치—'에이콘'들의 존재론적 위상—는 기본적으로 이상과 현실의 거리를 통해서, 에이콘들이 이상을 얼마나 잘 모방하고 있는가에 따라 측정된다. 이 거리가 선별의 기준이다.

결국 플라톤에게 역사란 퇴락의 과정, 에이콘들의 존재론적 위상이 낮아지는 과정, 아페이론에 굴복해 가는 과정이다.[10] 그러나 이런 투쟁의 과정을 통해서 인간은 진정 인간이 될 수 있었다("pathei mathos", 겪음으로써 배운다). 이런 맥락에서 플라톤은 역사를 1) 신들이 만물을 직접 양육했던 시대, 2) 신을 모방한 우주—이 과정에는 아페이론과의 투쟁이 매개된다—가 만물을 돌보던 시대, 3) 인간이 자족성을 가지고서 스스로의 삶을 영위해야 하게 된 시대로 나

10) 그러나 이는 단순한 퇴락의 논리라기보다 오히려 현실의 만만치-않음에 진지하게 대처하려는 사유라고 보아야 할 것이다. 그리고 이는 곧 아페이론 개념을 너무 쉽게 처리해버리지 않음을 함축한다. 일반적인 철학사가 말하는 바와는 달리, 플라톤은 아리스토텔레스보다 더 나아가 고중세의 그 어떤 사상가보다도 더 신중한 인물이다. 아리스토텔레스가 경험적인 사상가이고 플라톤이 사변적인 사상가라는 통속적 견해는 다분히 피상적인 인상일 뿐이다.

누고 있다. 여기에서 핵심적인 것은, 아들이 'autokraton'을 가지고 있어야 아버지가 떠났을 때에도 생존해 갈 수 있듯이, 보호자가 떠났을 때 피보호자가 절멸하지 않으려면 후자가 자율성을 갖추어야만 한다는 사실이다. 즉, 피보호자가 보호자를 모방해야만 또는 거꾸로 말해 보호자가 피보호자를 자신의 '에이콘'으로 만들어야만 한다. 이런 모방의 관계를 통해서만 현실의 정치가는 이상적인 정치가와 유사해질 수 있다. 이것이 파라데이그마의 논리이다.

자율성 또는 자족성(autarkeia) 개념은 『파이드로스』의 '자기운동'을 잇고 있다. 자족성을 가진다는 것은 타자들에 의해 좌우되는 것이 아니라 자기운동을 행한다는 것을 의미하며, 따라서 자족성 개념에는 『파이드로스』의 생명 개념이 깃들어 있다. 『파르메니데스』에서는 이런 성격을 '자체성'(kath'hauto) 개념에 입각해 설명한 바 있다. 또, 『소피스트』편에서는 아페이론으로 가는 운동과 동일자로 가는 운동을 구별함으로써 이런 흐름을 잇고 있다. 이렇게 볼 때, 자율성, 자족성, 자체성 등의 개념들은 플라톤 철학 전체를 관류하는 주요 개념들이라 볼 수 있다.[11] 그리고 이제 『정치가』에서 플라톤은 자

11) "시간 좌표에서 성립하는 자율성은 무엇이냐 하면, 'autokraton', 자기 자신이 자기 자신을 이긴다는 것이야. 여기서는 운동 과정에서 동일성(sameness)이 드러나는 것, 존재가 드러나는 것을 말해. 운동이란 자꾸 타자화하는 것이 필연적인 논리적 성격인데, 그것은 그에 역행해서 동일성 운동을 한다는 거야. 사실 동일성 운동이란 것은 성립하지 않아. 논리적으로는 모순이야. 운동이란 반드시 타자화, 타자화하는 것이지. 동일성, 동일성으로 가는 것은 운동이 되지 않아. 그러니까 운동이란 것은 사실 논리적 공간에서 성립이 되질 않아. 우리의 인식, 정신의 세계에서도 성립하지 않아. 그것에 대한 반대 운동이거든. 거기서는 자기운동이 성립하지 않아. 자발성(spontaneity)이 성립하지 않아."(「『정치가』편 강의」, IV, 31) 여기에서 소은이 논의하는 것은 곧 '자기차이성'(différence avec soi)으로서, 『파이드로스』, 『소피스트』

족성 개념을 역사형이상학적으로 정초하고 있는 것이다.

인간으로 하여금 자족성을 가지고 살 수 있게 해 주는 능력, 다시 말해 생존에 있어서의 인간의 핵심적인 '뒤나미스'는 무엇인가?[12] 인간은 신이나 우주가 아니지만 단순히 결정되어 있는 사물도 아니다. 인간은 자신의 '뒤나미스'(가능성, 잠재력)를 가지고 있다. 그렇다면 인간의 잠재력을 발휘할 수 있도록 신들이 준 선물은 무엇인가? 인간은 어떤 능력들(faculties)을 가지고서 험한 세상을 헤쳐 갈 수 있는가? 그것은 곧 '기예'(technē)이다. 아페이론으로서의 삶을 극복해 가면서, 인간적 한계들을 스스로 넘어가면서 문명을 구축하기 위해서는 기예가 필수적이다. 'Automaton' 상태에서 인간의 자율성은 영점(Zeropunkt)에 불과하다. 인간은 이 영점에서 출발해 'autokraton'을 증가시켜 왔다. 이를 가능케 한 것이 기예, 달리 말해 학(學)과 습(習)이라 할 수 있는 것이다. 흔히 플라톤이 아리스토텔레스보다 더 "진화론적"이라고 하는 이유도 이런 대목에서 그 근거를 발견할 수 있다. 플라톤에게서 신적인 정치가란 바로 신들을 모방하는 정치가, 즉 신들이 준 선물인 기예를 가지고서 통치하는 정치가를 뜻한다. 그렇다면 구체적으로 이 신적인 정치가는 어떤 정치가인가?

---

를 잇는 이 개념을 우리는 베르그송에게서 다시 만나게 된다.

12) 플라톤에게 이 '인간'이란 헬레니즘 시대에서와 같은 보편적인 인류 또는 실존적인 개인을 뜻하지 않는다. 인간은 항상 특정한 폴리스의 인간이다. 개인들이 신을 모방한다면 그것은 늘 '함께-모방하기'(symmimein)이다. 즉, 국가/공동체 내에서 함께 살아가는 사람들의 모방인 것이다. '근대적 개인' 개념이 등장하기 이전의 대부분의 사상들이 그렇듯이, 플라톤의 사상도 항상 공동체적 맥락에서 보아야 한다.

우선 현실 차원에서 이상적이라고 할 수 있는 이 정치가를 플라톤은 지혜와 용기를 겸비한 인물이라고 생각한다. 전기 대화편들(『프로타고라스』, 『메논』 등)에서 소크라테스를 따라 지혜가 다른 덕들을 주재해야 한다고 했고, 『국가』에서는 정의가 다른 덕들(지혜, 용기, 절제)을 조화롭게 한다고 했던 플라톤이지만, 이제 『정치가』에서는 지혜와 용기의 겸비를 강조하고 있다. 이런 변화의 맥락들을 세심히 추적해 볼 필요가 있을 것이다. 일단, 초기 대화편들은 소크라테스적 윤리학을 밑에 깔고 있고, 『국가』는 '이상국가'를 논하고 있으며, 『정치가』는 보다 현실적인 '선별'의 문제에 입각해 있다는 점을 염두에 두어야 할 것이다. 그러나 지혜와 용기는 서로 대립의 관계에 있다. 따라서 "지혜와 용기를 겸비한다"는 말은 그 근거를 뚜렷이 하지 않으면 그야말로 말만 그럴듯한 것이 될 것이다. 플라톤은 이 근거를 마련하기 위해 또 하나의 파라데이그마(하위 파라데이그마)로서 '씨줄과 날줄'의 논리를 전개한다.[13]

대립하는 것들을 최대한 적절히 통합할 수 있는 능력, 이것이 위대한 정치가의 능력이다. 지혜와 용기라는 전혀 이질적인 두 요소를 결합하는 일은 하나를 다른 하나에 종속시키는 방식도 아니며(이 경우 필수적인 두 요소 중 하나가 의미를 상실하게 될 것이다), 그 사이에 제3의 매개자를 두는 방식도 아니며(이 경우 두 요소와 동등한 제3자가

13) 여기에 등장하는 직조술의 예는 『소피스트』에 등장하는 '낚시의 기예'라는 예보다 더 의미심장하다. 후자는 좀 더 단순한 의미에서의 예라면(물론 이 예도 뒤에서 전개될 논의의 복선이긴 하다), 전자의 예는 "대립하는 것들을 어떻게 결합할 수 있는가?"라는 매우 중요한 물음에 대한 해결책으로 전개된 본격적인 예이기 때문이다.

존재해야 하는데, 그럴 경우 지혜와 용기의 위상이 죽어버린다), 또 둘을 섞어버리는 방식도 아니다(이 경우 지혜도 용기도 아닌 아페이론이 나와버린다. '文'도 '武'도 아닌 어정쩡한 상태가 되어버리는 것이다). 플라톤은 이 대목에서 대립자들 각각을 살리면서도 그것들을 통합하는 방식으로서 '씨줄과 날줄의 교차'라는 구도를 제시한다. 씨줄-날줄의 구도야말로 형식논리학적 대립관계를 넘어 정지와 운동, 동일성과 타자성, 지혜와 용기가 관계 맺을 수 있도록 해 준다. 그리고 씨줄과 날줄은 대립자들을 묶어 주는 것이기에 직각을 이루어야 한다. 이렇게 대립적인 두 능력을 씨줄-날줄과 같은 구도로 겸비하는 존재만이 신적인 정치가일 수 있다는 것이다.

또, 신적인 정치가는 기예와 법률을 함께 구사해야 한다. 정치는 기본적으로 '보살핌'/'돌봄'이거니와, 돌봄의 측면에서 지식을 구사할 때 그것이 기예라고 할 수 있다. 이 기예가 정치가가 갖추어야 할 필수 능력이다. 기예는 법률에 우선한다. 법률은 융통성 없는 틀에 불과하지만, 기예는 현실의 변화에 유연하게 대처하면서 최선의 결과를 이끌어내는 능력이기 때문이다. 그러나 플라톤은 이상적인 정치가가 꼭 나오라는 보장이 없으므로 기예만으로 국가를 다스릴 수는 없으며, 차선책으로서 법률의 중요성 또한 강조한다. 후에 『법률』에서는 법에 대한 찬사들이 등장한다. 『정치가』에서의 '人治'에 대한 강조가 『법률』에서는 '法治'에 대한 강조로 이행한다고 할 수 있다.

이렇게 『정치가』의 플라톤은 법률보다 기예를 우선하고 있지만, 기예와 법률을 대등하게 중시할 경우 여기에서도 씨줄-날줄의 논리가 성립할 수 있다.

자율성을 위해서는 기술[기예]이 나오지 않으면 안 된다는 것, 이것이 굉장히 중요한 사상이야. 헤겔처럼 기술은 빼버리고 그냥 정신적인 차원에서만 자유니 자율성이니 하는 것을 취해 봤댔자 소용없다는 것이 플라톤의 생각이야. […] 로마가 몰락한 이유가 뭐야? 기술이 없기 때문이야. 기술은 노예라든지 농민들이 가졌거든. [하지만] 그들은 완전히 착취의 대상[일 뿐]이야. 그러니까 가령 농민들은 너무도 착취를 당하니까 아예 땅을 바쳐버리고 말아. 그리고 나중에 가면 결국, 나는 소작만 하겠소. 먹여 살려만 주시오. 그렇게 된다는 거야. […] 다시 말해 자립농[자영농]은 없어지고 지주가 직접 먹여 살리는 시대로 돌아가. 그것이 로마 말기의 장원 시대야. 그렇게 해서 중세의 장원 시대가 시작되는 것이지.(「『정치가』편 강의」, IV, 47)

지혜와 용기의 통합, 기예와 법률의 통합과 더불어, 신적인 정치가는 또한 인식과 기예(실천)를 통합해야 한다. 인식이란 객관적이어야 한다. 이는 곧 객관적 실재인 형상을 있는 그대로 받아들이기 위해서 주관은 '백지'가 되어야 한다는 뜻이다. '카타르시스'도 이런 맥락에서 나왔다고 할 수 있다. 이 상태에서만 객관적 실재를 있는-그대로 볼 수(idein) 있기 때문이다. 반면 기예는 주체가 처해 있는 상황에서 요구되는 주관적 인식-실천이다. 이는 보살핌/돌봄에 해당한다. 기예란 돌봄의 측면에서 지식을 조작하는 것이기 때문이다. 인식은 동일성에 대한 인식이며 형상과 상관적이지만, 기예는 운동 과정에서 성립하는 것이며 기능과 상관적이다. 따라서 씨줄과 날줄의 방법론에는 형상(/구조)과 기능의 통합, 정지/동일성과 운동/타자화의 통합 또한 포함된다. 아리스토텔레스는 공간 위주이고 베르그송은 시간 위주이지만, 플라톤의 경우 공간과 시간은 씨줄과 날줄의 형식으로 통합된다.

플라톤에게 가치는 이상태의 존재론에 의해 정초된다. 가치는 이상태의 존재와 그것의 모방을 통해 이해되는 것이다. 모방의 정도는 곧 '진정성'(authenticity)의 정도이며, 모방의 정도를 정확히 측정해서 '진정성'을 파악해내는 것, '진정한' 정치가, 철학자, … 등을 정확히 선별해내는 것이 플라톤적 가치론의 핵심을 이룬다. 여기에서 '진정성의 정도'라는 개념이 시사하듯이, 인간은 비-결정론적으로 이해된다. 인간은 '뒤나미스'로 이해되며, 신들과 짐승들 사이에 존재하는 '중간자'(中間者)로 이해된다. '뒤나미스'란 비-존재에서 존재로 가게 하는 힘, 창조의 역능으로서, 인간은 자신의 삶을 창조해 나갈 수 있는 자율적 존재인 것이다. 플라톤의 사유는 한편으로 이상태의 존재와 모방이라는 're-presentation'의 구도를 보여 주지만, 다른 한편으로는 인간의 역능과 창조의 힘, 자율성을 강조하는 비결정론의 구도를 보여주기도 한다. 인간은 미메시스를 추구해야 할 존재이지만 그 미메시스의 정도는 인간의 자율적 노력에 달린 문제이며, 역으로 말해 인간은 자율적 삶을 영위하지만 그 자율성은 미메시스의 구도 내에서 이해되는 것이다.

이런 일반적 구도에서 특히 『정치가』에서 중요한 역할을 하는 것은 '씨줄과 날줄'의 사유이다. 이상태 즉 신적 존재는 현실적 존재들에게 모순으로 나타나는 것들을 비-모순으로서 영위하는 존재이다. 따라서 신적 존재를 보다 잘 모방하고 있는 존재일수록 모순된 것들, 대립된 것들을 통합하는 능력에서 뛰어난 존재일 것이다. 지혜와 용기, 기예와 법률, 인식과 실천, … 같은 대립적인 것들을 섞는다거나 하나로 만든다거나 제3자를 매개시킨다거나 하는 방식이 아니라 '씨줄과 날줄'의 방식으로 통합할 수 있는 능력이야말로 신적 존재의 모방자, 특히 정치가가 갖추어야 할 능력인 것이다. 이것이 정치가의 파라데이그마이고, 현실의 정치가들을 선별할 수 있는 기준은 바로 그들이 이 파라데이그마에 얼마나 가까운가를 통해서 이루어질 수 있다. 그런 선별이 제대로 이루어질 때 국가 또한 이상국가에 좀 더 근접해 갈 수 있기 때문이다.

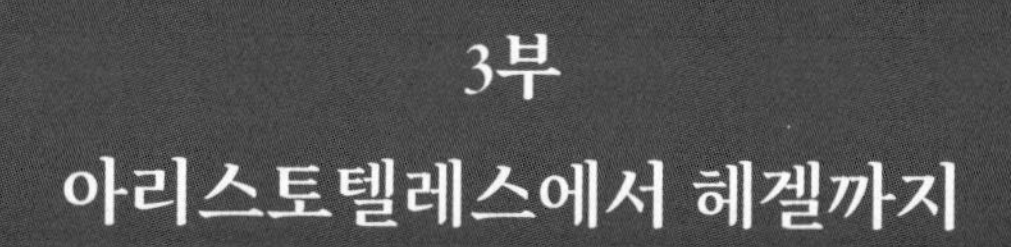

# 3부
# 아리스토텔레스에서 헤겔까지

❧

소은은 플라톤과 아리스토텔레스 이래의 헬레니즘 시대와 중세의 철학들을 전반적으로 낮게 평가한다. 아리스토텔레스의 철학에 대해서도 일정 정도 비판적이거니와, 그 이후 근대 자연과학이 도래하기 이전까지의 철학들에는 큰 의미를 두지 않는다. 이것은 바로 그의 사유가 곧 'pragmata'의 사유, 'data'의 사유이기 때문이라고 봐야 할 것이다. 소은이 볼 때 아리스토텔레스 이후의 철학들은 사실상 문헌학이거나 종교사상일 뿐이다. 즉, 세계로부터 새로운 '프라그마타'/'데이터'를 얻고 또 그것들을 개념화하기보다는 이미 주어진 지식 — 플라톤과 아리스토텔레스, 경우에 따라서는 플로티노스 — 에 대해 주석을 다는 문헌학이거나, 아니면 객관적이고 보편적인 학문으로서의 철학이 아니라 주어진 독단('도그마')과 그것에 대한 주관적인 믿음을 근간으로 하는 종교사상일 뿐이다.

소은에게 철학은 'meta-physica'이다. '퓌지카'가 없는 '메타-퓌지카'는 문헌학이나 종교사상/신학일 뿐이라는 것이 소은의 생각이다. 소은에게 철학은 '퓌지카' 즉 세계에 대한 실증적인 연구들의 성과를 광범위하게 종합하면서 그것들을 일관되게 이해할 수 있는 근본적인 가설, 존재론적인 가설을 제시하는 행위이다. 때문에 '퓌지카'가 없는 철학 즉 '프라그마타'/'데이터'가 없는 철학은 문헌학이나 종교사상이 될 수밖에 없다는 것이다. 소은은 헬레니즘 시대와 중세의 철학들은 이 범주를 벗어나지 못한다고 본다. 뒤에서 논하겠지만, 소은은 근대 철학도 폄하한다. 근대 철학은 철학이라기보다 주관적 믿음, 이데올로기, [철학이 아닌] 사상, 정치이념에 가깝다고 보기 때문이다.

이런 연유로 소은이 남긴 글들/강의들은 아리스토텔레스에서 베르그송으로 건너뛰고 있음을 확인할 수 있다. 아리스토텔레스 이후의 철학들은 위의 같은 이유로 적극적으로 다루어지지 않으며, 플라톤으로부터 곧바로 이어서 베르그송이 다루어지고 있는 것이다. 이는 소은이 베르그송을 근대에 이루어진 각종 과학적 성과들을 해명할 수 있는 존재론적 가설을 던진 거의 유일한 인물로 평가하기 때문이다. 헬레니즘 시대와 중세에 대한 평가는 일반적인 평가와 부합하지만, 근대 철학에 대한 평가는 소은 특유의 평가라 할 수 있다. 많은 사람들이 근대의 철학은 중세 철학의 빈약함과 독단성을 넘어서 새로운 시대를 연 것으로 평가하고 있기에 말이다. 이 점은 소은 사유의 이해에서 매우 흥미로운 점이며, 뒤에서 다시 자세히 논하게 될 것이다.

소은의 이런 철학관은 지나치게 엄격하다고도 할 수 있다. "철학"이라는 말에는 항상 그 경계를 둘러싼 이견들이 존재하기 마련이다. 소은에게서와 같은 매우 엄격한 규정들로부터 사람들이 "철학"이라는 말을 엉뚱하게 남용하는 경우들에서와 같은 매우 느슨한 규정들에 이르기까지, 이 말을 둘러싼 이해의 상이한 폭들이 있어 왔다. 아마도 '철학'에 대한 가장 적절한/원만한 규정은 1) 일반적으로 '학문' 또는 '사상'이라 불리는 행위의 범주에 속하되, 2) 특히 '메타적인' 성격을 강하게 띠는 담론이라는 규정일 것이다. 철학은 메타적인, 흔히 말하듯이 "비판적이고 종합적인" 학문, 달리 말해 선험적인(transcendental) 학문 즉 존재, 인식, 가치/실천의 가능근거를 탐구하는 학문인 것이다. 이 점에서 철학은 분명 '메타-퓌지카'이다. 소은의 규정이 가지는 문제점의 핵심은 그가 철학을 '메타-퓌지카'로 규정한 데 있는 것이 아니라, 오히려 '퓌지카'의 범위를 너무 좁게 잡고 있다는 점에 있다고 해야 할 것이다. '퓌지카'는 과학만을 뜻하는 것이 아니라 인간이 획득한 경험적 성과들 일반으로 보아야 하기 때문이다. '퓌지카'는 소은에게서처럼 자연과학으로만 이해되어야 하는 것이 아니라, 사회과학, 정치·역사, 문화예술, 종교·이념, 대중문화, 더 나아가서는 어린아이들, 광인들, 미개인들 등등의 경험까지도 모두 포괄하는 인간의 경험적 성과들 일반으로 이해되어야 할 것이다. 철학은 경험의 어떤 특정한 영역이 아니라 경험 일반의 선험적 기반을 명료화하는 작업일 것이다.

이렇게 본다면, 헬레니즘 시대의 철학, 중세의 철학, 근대의 철학도 각각 그 시대가 행했던 경험들을 포괄적으로 이해하면서 그 근간을 철학적으로 해명했던 노력들로서 반추해 볼 필요가 있다. 그러나 소은이 보기에 이 시대의 철학들은 "철학"이라는 말의 엄밀한 의미에 값하지 못하는 사상들, 즉 고대의 철학에 대한 훈고학이거나 종교사상('퓌지카'가 없는 공허한 '메타-퓌지카')이며, 이 때문에 소은은 이 시대의 사상들에 대한 논의를 거의 남기지 않았다.[1] 그러나 소은의 글들과 강의들에는 이 시대에 관련된 대목들이 산발적으로나마 들어 있으며, 이 산발적인 언급들에 유심히 주목하고 그것들을 어느 정도 해석해냄으로써 소은의 '서구 존재론사'에 연속성을 부여해 볼 수 있을 것이다.

---

1) 비교적 체계적인 글로는 「서양 고중세 철학사 개관」이 있으나(전집 1, 202쪽 이하), 이 글은 교과서를 위한 입문적인 글로서 소은 사유의 정수에 육박해 들어가는 글은 아니다. 물론 이 글에서도 우리는 '서양 고중세 철학사'에 대해 많은 것을 배울 수 있다.

## 7장

# 플라톤 이후의 서구 존재론사

소은이 플라톤에서 곧장 베르그송으로 넘어가지 않고 아리스토텔레스에 관한 강의를 하나 남긴 것은 연구자들에게는 다행한 일이다. 이 글을 통해서 '소은의 서구 존재론사'에 대한 많은 시사점들을 얻어낼 수 있기 때문이다. 특히 플라톤→아리스토텔레스→플로티노스로 이어지는 사유의 끈을 분명히 이해할 때, 대부분 이 세 사람의 그림자를 벗어나지 않는 헬레니즘 시대 및 중세의 사유도 분명해질 것이다.

## 1절 · 아리스토텔레스의 '우시아' 개념

아리스토텔레스 철학에서 가장 두드러지는 점들 중 하나는 곧 '개체'의 위상에 있다. 아리스토텔레스는 개체에 강한 존재론적 실재성을 부여한 인물이고, 존재론과 상식의 거리를 최소화한 인물이라고도 할 수 있다. 개체는 그것이 '자연적' 개체인 한에서 대개 생명체들이다. 따라서 개체의 실재성에 대한 강조는 곧 생명체들의 실재성에 대한 강조에 다름 아니다. 이데아 같은 영원한 존재들도 아니고 그렇다고 유체 같은 생성하는 존재도 아닌, 차이생성을 겪으면서도 스스로의 동일성을 유지해 나가는 개체/생명체의 실재성을 빼고서는 아리스토텔레스의 존재론을 이해할 수 없을 것이다. 우리는 특히 자주 언급했던 '파르메니데스 극복'이라는 주제, 그중에서도 '방황하는 원인'/'아낭케'가 맡았던 역할을 기억하면서 아리스토텔레스를 읽을 필요가 있다.

희랍어 'atomos'의 번역어인 'individuum'은 말 그대로 쪼갤 수 없는 것을 뜻한다. 그것은 '하나'—수에 있어 하나—의 성격을 가지며, 그 '하나-성'이 무너질 때 스스로도 와해되는 존재이다. 그러나 개체는 다질적인(heterogeneous) 존재, 복합체이다. 예컨대 우리 몸을 보라. 또, 마음까지도 함께 생각해 보라. 따라서 개체는 이질적인 것들을 '하나'로서 굳세게 응집시키고 있는 존재이며, 그 이질적인 것들로 환원될 수 없는 문자 그대로의 '개'(個)이다. 때문에 각 개체들은 서로 불연속적으로 존재할(chōris) 수밖에 없으며, 그런 점에서 개'별'(別)자이다. 이렇게 불연속적으로/명확히 구분되어 존재하기에 우리는 각 개체를 'tode ti'(여기 이것)로서 지시할 수 있으며, 그 각각(各各 = hekaston)에 이름(고유명사)을 붙여 줄 수 있다.

아리스토텔레스는 이 개체들에 실재(ousia)의 위상을 부여했다는 점에서, 개체들의 차원을 '외관'으로서 처리했던 이전의 자연철학자들과, 나아가 개체들을 이데아들의 구현체들로 보았던 플라톤과 변별된다. 『범주론』은 개체들이야말로 '제1 실체'라고 말한다. 그리고 보편자들은 '제2 실체'들이다. 아리스토텔레스 존재론의 한 아포리아는 그의 생각이 『형이상학』에 이르러 바뀐다는 점에 있다. 여기에서 제1의 우시아로서 최종 낙점되는 것은 '에이도스'(형상) 또는 'to ti ēn einai'(본질)이다. 아리스토텔레스에게서 진정한 실재는 개체인가 형상/본질인가? 소은은 「아리스토텔레스의 우시아」에서 이 중요한 아포리아를 해명한다.

우시아는 'einai'(있다, 이다) 동사의 현재분사인 'ousa'에 명사형 어미 '-ia'가 붙은 것이다. 영어로 'be' → 'being' → 'beingness'의 과정에 해당한다. 우리말로는 '있다/이다' → '있는/~인' → '있음/~임'에 해당하며, 마지막의 경우는 보다 정확히 말해 '있다고 할 수 있는 것', '~이다라고 할 수 있는 것'에 해당한다. '존재' 또는 '실재'라고 번역할 수 있다. 'Substance' 즉 '실체'라는 번역어는 1) "무엇이 우시아라 할 수 있는가?"라는 물음에 대해 'hypokeimenon' 또는 'hypostasis'라는 대답을 전제하고서 이 말들을 번역한 것이라는 점에서, 2) 현대어에서 '실체'라는 말은 이미 넓은 의미에서의 물질적 실재성이라는 뉘앙스를 띠고 있다는 점에서(예컨대 "chemical substance")[1] 오해의 여지가 있다. '존재'라는 번역어는 너무 일반적이어서 변별력이 약하다. 완전치는 못하지만 '실재'(매우 무거운 뉘앙스에서)라는 번역어가 비교적 가깝다고 하겠다. 따라서 우시아에 대한 물음은 곧 "실재란 무엇인가?" 그리고 "무엇이 실재인가?"에 관련된 물음이다. '있음/임'에 "진짜로", "진정으로"라는 뉘앙스가 붙은 경우라 할 수 있고, "있다는 것/~이다라는 것은 무슨 뜻인가?", "진짜 있다고/~이라고 할 수 있는 것은 어떤 것인가?"에 관련된 물음이다.

'있다'라는 것은 무엇보다 우선 '없다'와 대비되어 이해된다. 프로이트의 "Fort-Da" 놀이가 잘 보여주듯이, 현존과 부재 특히 자신에게 소중한 존재의 현존과 부재가 존재와 무의 일차적인 맥락을 형성한다. 이 현존과 부재의 가장 두드러진 경우는 삶과 죽음이다. 삶과 죽음, 특히 소중한 존재들의 삶과 죽음의 갈마듦이야말로 우리에게 '존재와 무'에 대한 가장 강렬한 경험으로서 다가온다. 우시아의 의미들('내가 가진 것', '있는 것'['있다'고 할 수 있는 것], 존재감, 실재성, …)에는

---

1) 물론 반드시 그렇지는 않다. "우리 모임의 실체를 인정해라!", "이 사건의 실체가 뭔가?", "실체적 진실", … 같은 표현들에 이 말의 본래 뉘앙스가 남아 있다. 그러나 오늘날 '실체'라는 말에는 어떤 방식으로든 구체적으로 확인될 수 있는 것이라는 뜻이 들어 있다. 이는 'reality'라는 말의 경우도 마찬가지인데, "리얼하다"라는 말은 매우 현실적으로 확인된다는 것을 뜻한다. 때문에 서구에서도 학문적 맥락에서의 'reality'와 일상적 맥락에서의 'reality'는 매우 다른, 거의 상반된 의미로 혼돈스럽게 사용된다. 다행히 우리말의 경우 '실재'라는 번역어와 '현실'이라는 번역어가 매우 분명하게 구분되기 때문에, '실재'라는 말을 무난히 사용할 수 있다.

이런 경험들이 묻어 있다. 또 '있다'는 생성과 대비되어 이해되기도 한다. 생성은 '이다'가 '아니다'로, '아니다'가 '이다'로 이행함을 뜻하고, 이는 서구어의 특성을 고려할 때 '있다'에서 '없다'로 또는 '없다'에서 '있다'로의 이행을 함축하기 때문이다. 때문에 생성은 '무'를 동반한다. '존재'는 단적인 무, 존재와 모순을 형성하는 무와도 대비되지만, 또한 생성에 포함되는 무,[2] 존재의 동일성을 무너뜨리는 무와도 대비된다. 이 점은 파르메니데스를 통해서 분명히 언표되었고, 훗날 '계사'(copula)로서의 'einai' 동사에 대한 논의로 이어진다.[3]

파르메니데스는 생성에 개입되어 있는 무를 끄집어내어 존재와 분리했으며, 존재와 무를 절대 모순으로 상정함으로써 무를 절대 불가능성으로 만들었다. 말하자면, 존재에 삽입되어 있는 작은 무들을

2) 이는 존재의 사이사이에 끼어들어 생성을 낳는 무이다. 그러나 생성이 성립하기 위해서는 이 무가 존재를 단적으로 단절시키지 않아야 한다. 이 점에서 이 무는 존재와 모순을 이루는 무가 아니라 그 자체도 일종의 존재인 상대적 무이어야 한다. 생성이란 결국 존재의 사이사이에 상대적 무가 삽입됨으로써 성립한다.

3) 이미 논했듯이, 그리스의 '존재론'이라는 담론에는 '있음과 없음'에 대한 절박한 체험이 깃들어 있었다고 볼 수 있다. "그것[존재론]이 유난히 문제가 되는 것은, 특히 무(無)에 대해서 특별히 분리되어 나오는 것은 '지금까지 있었던 성벽이 없어졌다'든지 '도시가 멸망했다'든지 하는 파국(catastrophe)으로부터 나오지. 가령 불교에서는 무와 대립되는 것이 아니라 생성(Werden)과 유전(流轉), 희랍철학적으로 말하면 생성(genesis)과 대립되지. 반면에 희랍철학이 존재와 무를 대립시킨다는 것은, 그만큼 그 역사가, 그 사람들의 생존이 존재와 무 사이에서 동요하고 있었다는 것을 알아야 돼. 이것이냐 저것이냐의 양자택일(entweder-oder) 속에서 항상 움직이고 있[었]다는 것을 가정해야만 존재론이 나오지. 존재와 무 사이에서 양자택일을 하지 않고 사는 사람에게는 존재가 문제가 되질 않아."(「아리스토텔레스의 우시아」, III, 38~39) 소은처럼 볼 경우, 플라톤에게서 절박한 형태를 띠었던 존재론이 왜 아리스토텔레스에 이르러서는 보다 지적이고 논리학적인(계사의 문제 등) 형태를 띠게 되는지도 이해할 수 있을 것 같다.

모두 솎아내어 거대한 무를 만듦으로써 존재와 모순을 이루게 만들었다. 그러나 무는 무이므로, 이 거대한 무는 사실상 없다! 상대적 무들이 모인 거대/절대 무는 순수 무가 되어버린다. 이후 철학자들의 과제는 어떻게 생성의 세계를 이해할 것인가에 두어졌고, 이 과제를 수행하기 위해 무에 "어떤 의미에서라면" 존재하는 것으로서의 위상이 부여되어야 했다. 엠페도클레스, 아낙사고라스, 데모크리토스, 플라톤, 아리스토텔레스, 플로티노스 등, 포스트-파르메니데스의 대표적인 철학자들은 모두 이 문제에 맞서야 했다. 데모크리토스의 '공허'는 그 자연철학적 대안의 좋은 예이다. 플라톤의 경우를 다시 한번 음미해 보자.

파르메니데스에게서 존재와 무는 절대 모순을 형성하며 존재만이 인정된다. 이 세계에서는 생성이란 단적으로 환(幻)이라는 존재론적 위상을 부여받는다. 플라톤은 『소피스트』를 비롯한 대화편들에서 '타자로서의 무' 개념을 제시함으로써 이 문제에 맞선다. 절대무가 아닌 타자로서의 무를 생각함으로써, 다자의 존재와 운동의 존재를 사유한 것이다. 또 하나, 생성을 사유할 경우 생성에 깃들어 있는 무를 개념화해야 한다. 이는 아페이론 개념에 의해 수행된다. 아페이론 개념은 존재와 무의 'para-doxa'만이 존재하는 파르메니데스-제논의 세계에 연속성을 도입하는 것을 뜻한다.

> 존재와 무는 양자택일이야. 제3자가 없어. 어떤 한계가 나와야 돼. 딱 끊어져야 돼. 끊으면 항상 존재와 무가 들어가. 모순은 그 끊은 한계에서 성립해. 따라서 모순을 넘어서려면, 그 한계를 넘어서야

돼. 그 한계를 넘어서는 것을 우리는 연속성이라고 해. 연속성은 항상 생성(Werden) 속에서만 성립하고, 한 번에 다 주어지지 않는 것이 연속성의 특징이야. 과정(process) 속에서만 주어지는 것이지. 그러나 만약에 어떤 사물이 연속성 속에서 주어진다고 가정하더라도, 그것이 존재하기 위해서는 끊어져야 되겠지? 사실상, 한 사물이 변화했다는 것도 여기에서 여기까지 끊어져야 설명이 되는 것이지. 그렇지 않으면, 아까 헤겔의 말대로 그야말로 순수한(reine), 즉 아무 규정도 없는 것이 돼. 그렇게 되면 뭐가 뭔지 모르게 돼.

한편, 연속성에 어떤 것이 들어가느냐 하면, 예를 들어 "A에서 B까지 갔다"고 할 때, A에서 B로 가기 직전까지는 그 무엇이 변하지 않았다는 것이 들어가게 돼. 그래야 연속성이라고 하지. 그래서 B에 들어가면 A는 없어져. 그러나 그것이 돌연히 없어지는 것이 아니라, 과정을 통해서 어느새인지 모르게 없어지게 돼. 이 두 가지가 다 들어가. 그리고 A에서 B로 갈 때, B 직전에 이르기까지는 변하지 않는 측면과 또 B로 들어가는 순간에 변하는 측면, 이 양 측면이 서로 구별되지 않는 상태에서 주어지는 것이 순수한 과정이야. 그런데 그것이 딱 끊어지면, 서로 비교할 수 있잖아? 그 변하지 않는 측면을 잘라서 볼 때, 무수히 많은 잘라진 부분들이 동시에 공존(共存)할 수 있어. 그것을 공간이라고 해.(「아리스토텔레스의 우시아」, III, 41)

파르메니데스의 절대적 불연속의 세계는 다자와 운동이 인정되는 세계에서는 상대적인 불연속으로 바뀌어야 한다. 상대적인 불연속은 그 아래의 연속성을 전제한다. 즉, 존재에 무들이 삽입된다 해도 이 무들은 상대적 무들이어야 하고 그래서 단적인 단절은 일어나지 않아야 한다. 이 연속성은 공간적 연속성과 시간적 연속성이다. 세계에는 공간적으로 또 시간적으로 단절이 없다. 플라톤에게서 특히 중요하게 개념화된 것은 공간적 연속성이다. 코라는 생성의 가운데에서도 계속 유지되는 것, 생성의 터이다. 그것의 근본 성격은 결여(sterēsis)이다. 결여란 "연속성에서 드러나는 무", 정도차를 동반하는 무이다. 플라톤은 『소피스트』에서 존재-함의 규준을 "작용을 가하고 받는 것"으로서 파악했다. 무는 어떤 작용도 가하거나 받지 않는 것이다. 아페이론—『티마이오스』의 경우 물질-공간('플레눔')—은 '존재'/'사물'은 아니지만 무도 아니기에 그 안에 들어오는 것들에 대해 일정한 작용을 가한다(그리고 받는다). 이는 곧 형상들이 유동성 안으로 들어감을 뜻한다. 플라톤에게서 '공간'이란 이 유동성을 제거했을 때 남는 불연속성의 터이다. 유동성의 작용을 받는 정도에 따라 형상들, 논리적 사유의 대상들, 원소들, 생성하는 것들이라는 플라톤적인 '존재론적 위계'가 성립한다. 불의 경우 불의 형상, 추론 대상으로서의 불, 원소로서의 불, 12면체로서의 불, 흔적으로서의 불, 불의 성격을 띤 아페이론이 존재한다.

플라톤의 이데아론은 물리적 공간의 극한에서 추상적 공간을 상정함으로써 성립한다. 그리고 물리공간은 이 추상적 공간을 근거로 해서 설명된다. 이 이데아론은 어떤 작용도 받지 않는 존재들의 상정을 통해서 성립하며, 따라서 공간을 실마리로 해서 이루어진다. 앞에서 보았듯이, 플라톤에게서 에우클레이데스 기하학이 중요했던 것도 이 때문이다. 다른 한 갈래는 오히려 운동의 불멸성에서 영원한

—더 정확히 말해 항구적인—것을 찾아낸 『파이드로스』 등의 생명철학이다. 현대에 이르러 전자는 프레게 등의 합리주의적 철학으로, 후자는 베르그송 등의 경험주의적 철학으로 이어진다. 이데아란 "아페이론에서 영향을 받지 않는 측면의 극한치"인 것이다.

> 공간에서는 사물이 무수히 쪼개져서 다 분리돼. 서로 영향을 받지 않으니까. 공간에서는 운동이 빠지니까 사물을 구성하고 있는 여러 가지 질들이 서로 엉키는 것이 아니라, 모두 분리되어서 독립되어버려. 그것이 바로 형상의 세계야. 그곳에서는 모든 것이 분석되어버려. 논리적 공간에서는 분석(analysis)이란 말을 쓰고, 물리적 공간에서는 해체란 말을 쓰지. 대상의 세계는 실재로는 완전히 엉켜 있는데, 엉켜 있다는 것은 무한정자의 과정으로 들어간다는 뜻이야. 운동은 두 사물이 엉켜야 되는데 엉키는 것, 즉 과정이 빠져버렸으니까, 그 속에 들어 있는 존재자, 질들이 모두 다 해체되어버려. 해체된 것들이 전부 형상(idea)의 세계에 들어가면 죽 일렬로 나란히 서. 일렬로 섰다 해서 어떤 것이 앞에 있고, 어떤 것은 뒤에 있고 하는 것은 없어. 그래 갖고 그것들이 연속이 되어 있어.(「아리스토텔레스의 우시아」, III, 45)

아리스토텔레스가 볼 때 플라톤은 사물들을 그 심층적 측면에 비추어 빼어나게 분석했으나, 그 분석된 결과들을 다시 경험적 대상들로 회귀시켜 설명하지 못했다. 이 지점이 스승을 넘어서려는 아리스토텔레스의 문제의식이 발아한 곳이다. 그러나 그는 '아나바시스'

와 '카타바시스'라는, 플라톤의 실천적인 원환이 가지는 의미를 충분히 음미하지 못했다고 해야 할 것이다. 플라톤에게 개체들은 다자로 '분석'되며, 이데아의 차원으로 수렴되어 이해된다. 아리스토텔레스에게는 이데아의 차원으로부터 어떻게 개체들의 차원으로 회귀하느냐가 문제이다. 그에게 형상들은 그리고 수학적 존재들은 이 세계를 이해하기 위해 동원하는 장치들이지 그 자체로서 실재인 것들은 아니다. 플라톤에게 있어 한 개체에 참여하는 형상들은 그것들 자체로서는 탈-물질적 존재들이며, 다만 그 개체의 질료에 잠정적으로 결합해 있는 것에 불과하다. 반면 아리스토텔레스에게 한 사물의 규정성들은 오로지 '하나'가 될 때에만 의미를 가진다. 붉음이라는 규정성은 '붉음의 이데아'라는 독립적인 것으로서 존재할 수는 없으며, 그 붉음이 붙어 있는 표면에 또 그 표면이 전제하는 어떤 사물에 "달라붙어서만" 존재할 수 있다. 하나의 사물을 논리적으로 분석할 수는 있다. 그러나 그것은 문자 그대로 'atomos' 즉 'individuum'이다. 포스트-파르메니데스 철학자들은 원소, 종자, 원자, 이데아로 '일자'를 대체해 왔거니와, 이제 아리스토텔레스에 이르러서는 개체들 하나하나가 '일자'를 대체하기에 이른다.[4]

---

4) 아낙사고라스의 종자는 원소, 원자, 이데아처럼 순수한 즉 타자성이 혼합되어 있지 않은 존재가 아니라 역으로 모든 존재들이 혼합되어 있는 존재이다. 다만 한 사물을 구성하는 요소들의 혼합 비율에 따라 그 사물이 어떤 종자이냐가 결정될 뿐이다. 이 점에서 아낙사고라스의 사유는 '순수한 하나'를 기저로 했던 그리스 사유의 흐름에서 매우 독특한 경우를 형성하며, 아리스토텔레스의 경우와 비교된다. 아낙사고라스의 경우 혼합되는 하나하나가 온전한 종자-개체들인 반면, 아리스토텔레스의 경우 온전한 개체들 하나하나가 이런 혼합을 통해서 성립한다.

이 문제는 우리를 앞에서 계속 부딪쳤던 문제—"형상의 세계가 무한정자와 합쳐져서 어떻게 개별자들의 세계가 되느냐"의 문제—로 다시 회귀하게 만든다. 이미 논했듯이 플라톤은 이 상이한 차원들에 연속성을 마련함으로써 세계를 이해하고자 했다. 그에게 중요했던 것은 형상계 전체와 아페이론 전체였고, 형상들 사이의 관계는 오로지 형상계에서의 그것들 사이의 논리적 관계로서만 성립했다. 아리스토텔레스가 주력했던 것은 형상들—더 이상 '형상들'이 아니라 '규정성들'이라 해야겠지만—사이의 존재론적 차이였다. 플라톤의 경우 모든 명제는 명사-동사의 형식으로 표현된다.(『소피스트』) 다시 말해, 형상의 상태와 형상이 아페이론에 구현된 상태만이 구분된다. 아리스토텔레스의 경우, 명사로서의 존재와 형용사 등으로서의 존재 사이에는 큰 존재론적 차이가 존재하며, 나아가 10종류의 범주들 각각이 모두 상이한 존재론적 성격을 띠게 된다. 실체범주만이 "자체로서" 존재할 수 있으며, 다른 범주들은 오로지 실체범주에 부대해서 존재할 수 있다고 본 것이다. 따라서 이 범주들 각각이 형상들이 될 수는 없으며, 형상이란 오로지 그것들이 '하나'로서 결합해 있는 그 개체의 동일성 = 일자성(一者性)—훗날의 본질—에 대해서만 말할 수 있는 것이 된다.[5)]

---

5) 이 '결합'은 완전한 결합이어야 하며, 단순한 '조합'이어서는 곤란하다. 조합된 것들은 언제라도 조건이 주어지면 다시 해체될 수 있지만, 개체는 그런 방식의 결합체가 아니기 때문이다. "존재란 것은 파르메니데스가 말한 것처럼 하나가 되어야 돼. 문제는 거기에 있어. 다(多)가 존재한다는 것은 하나가 되어야 한다. 하나가 되지 않는 것이 어디에 있느냐? […] 그 하나가 되는 방식, 즉 그 하나에 접근하는 방식이 범주(category)야. 여러 부분들로 되어 있

이런 개체—'결합된 전체'(synholon)—는 하나의 입체로서, '신체'를 가진 존재로서 성립하며, 또 고유명사를 가질 수 있는 개별자로서, '여기 이것'(tode ti)으로서 성립한다. 물리적으로는 (영혼과 하나가 되어 있는) 한 신체로서 그리고 문화적으로는 한 고유명사로서 존재할 수 있는 것, 그런 것이 실체이다. 이런 실체들의 세계는 '아페이론을 극복한 세계'의 또 하나의 모습이다. 그러나 여기에서 어떤 긴장관계가 도래한다. 한편으로 앞에서 논했듯이, 아리스토텔레스의 세계는 플라톤에 비해서 아페이론이 충분히 극복된 세계이고 내재적 형상들의 위계적/유기체적 조화에 아페이론이 흡수되어 있는 세계이다. 다른 한편 방금 보았듯이, 아리스토텔레스에게는 개체의 실체성에 대한 믿음이 존재한다.

소은에 따르면, 이 문제에 대한 실마리는 위에서 말한 '타자로서의 무'와 '생성에 깃들어 있는 무'의 구분에서 실마리를 찾을 수 있다. 1) 실체란 '진정으로 있는 것'이므로 그 근본 의미는 '무를 온전히 극복한 것'이다. 파르메니데스는 이 실체를 단적인 '존재'로 보는 즉각적인 입장을 취했으나, 후기 자연철학자들과 플라톤은 타자로서의 무를 인정함으로써 다자와 운동의 세계를 적극적으로 사유하

---

으니까 서로 맞춰져야 될 것 아냐? 조화(harmony) 사상이야. 요컨대 범주 사상은 조화 사상이야. 어떻게 해서 하나 속에 다가 공존할 수 있느냐? 다가 공존하면서도, 거기에서 하나가 나올 때 그것을 조화라고 해. 어떻게 부분들이 서로 조화되어서 하나가 될 수 있느냐의 문제야. 플라톤도 『티마이오스』편 앞부분의 우주론에서 가장 완전한 우주는 생물과 같다고 해. 하나밖에 없어. 외부에 아무것도 없어. 하나, 파르메니데스적인 일자가 거기 들어가 있어!"(「아리스토텔레스의 우시아」, III, 56)

려 했다. 무를 타자로 봄으로써, 동일자와 타자의 결합을 사유하려 한 것이다. 아리스토텔레스 철학의 핵심은 이 철학자들에게서도 여전히 '외관'으로서만 인정되는 생성의 세계가 그 자체로서 존재론적으로 인정된다는 점이다. 질료, 우발적인 존재들, 우연적 산물들, … 등 모두가 '존재'로서 인정된다. 또 하나 이 모든 것들이 따로따로 존재하다가 나중에 결합하는 것이 아니라 본래적으로 결합되어서만 존재한다는 점이다. 달리 말해, 이 개념들은 실체들을 개념적으로 분석했을 때 등장하는 것들일 뿐, 실체란 이것들로 분석되기 이전의 그 복합체—사후적으로 조합되는 복합체가 아니라 사후적으로만 분석되는 복합체—이다. 이 실체들이란 바로 개체들인 것이다. 형상, 질료 등등이 모여서 개체가 되는 것이 아니라, 본래적 실체인 개체가 이런 개념들로 분석되는 것일 뿐이다. 따라서 타자들은 사후적으로 결합될 뿐이지만, 아리스토텔레스의 경우 타자들은 애초에 결합되어 있으며 논리적-개념적으로만 분리될 수 있다. 아리스토텔레스의 경우 타자로서의 무는 타자로서 머물러 있기보다 실체=개체들 속으로 흡수되어버린다.

2) 그러나 다른 한편으로 생성에 깃들어 있는 무 즉 아페이론[6]

---

6) 아페이론이 무형의(amorphous) 연속체 또는 흐름(flux)이라면, "생성에 깃들어 있는 무 즉 아페이론"이라는 말은 모순으로 느껴질 수 있다. 무가 개입하지 않고 존재만이 지속한다면 거기에는 생성이 불가능하다. 하지만 무가 단적으로 개입해버리면 연속성이 파괴되고 거기에서도 역시 생성은 불가능하다. "도-도-솔-솔-라-라-솔"이라는 멜로디는 사이사이에 무가 개입되어야 성립하지만(도와 도 사이, 도와 솔 사이 등등. 도와 도 사이에 무가 개입하지 않는다면 도~~만이 지속될 것이다), 반대로 무가 단적으로 개입해버리면 도·도·솔·솔·라·라·솔은 각각 분리되어 단독으로만 존재할 것이다. 생성이 성립하려면 한편으로 무들이 존

의 극복이라는 점에서 실체에 접근할 경우, 복합체로서의 개체로부터 아페이론적 측면들을 제거할 필요에 부딪치게 된다. 플라톤에게서는 아페이론과 형상은 애초에 별개의 차원에 존재하며, 따라서 두 차원의 결합이 문제가 된다. 따라서 형상을 찾는 작업은 사후적으로 섞이게 된 두 차원을 다시 갈라서 보는 데에서 성립한다. 반면 아리스토텔레스의 경우 두 차원은 본연적으로 결합되어 있으며, 따라서 아페이론으로서의 무의 극복이란 개체들의 생성을 접어두고서 그 생성의 와중에서 확인되는 본질의 파악이라는 문제가 된다. 이 경우 아페이론을 극복한 실체란 곧 본질/형상이 된다. 이때 그의 형상은 플라톤적 형상에 근접하지만, 이 형상은 별도의 차원에 존재하는 무엇이기보다는 복합체에서 보다 본질적인 측면으로서 존재하는 측면을 골라낸 결과를 뜻한다. 이는 곧 아페이론으로서의 무를 극복하기 위해 그 아페이론을 모양짓고 있는 존재를 뜻하며, 이것이 곧 형상/본질이다.

결국 아리스토텔레스의 철학은 타자성으로서의 무와 아페이론으로서의 무가 온전하게 제압되어 존재의 질서에 편입된 철학이다. 그러나 타자성으로서의 무가 극복되는 사유 갈래와 아페이론으로서의 무가 극복되는 사유 갈래는 서로 상이한 실체 개념을 낳기에 이르며, 이 두 사유 갈래가 아리스토텔레스 철학에 공존하게 된다.

---

재 속으로 기입되어야 하지만, 다른 한편으로 그 무는 상대적 무이어야 하며 절대 단절을 가져오면 안 된다. 아페이론은 무형의 연속체이기 때문에 연속성을 가져다주며, 동시에 무규정적인 것이기에 규정성들 사이사이에 무를 도입시켜 준다. 아페이론이야말로 생성을 가능케 하는 무, 생성에 깃든 무라는 것은 이런 이중적 의미에서 이해되어야 한다.

여기서 등장하게 되는 하나의 아포리아는 개체화(individuation)의 원리이다. 하나의 개체를 개체로 만들어 주는 것은 무엇인가? 소은의 표현으로 "무엇이 이렇게 개체로서 딱 오려내 주느냐?", "무엇이 이렇게 입체(sōma, body)로서 딱 독립시켜 오려내 주느냐?" 하는 것이다.[7] 이는 철학사를 관통해—둔스 스코투스의 'haecceitas', 라이프니츠의 '완전개념'을 거쳐 오늘날의 가능세계론자들, 시몽동, 들뢰즈 등에 이르기까지—끝없이 사유되어 온 난문들 중 하나이다.

우선 형상은 운동인/능동인이 될 수 없다. 형상은 운동에서 벗어나는 극한치로서 그 자체로서 항구적으로 존재한다. 다른 것들이 형상을 앙망(仰望)하면서 변해 갈 수는 있어도 형상이 능동인으로서 개입하는 것은 아니다. 질료 역시 곤란하다. 질료는 아페이론 즉 연속적 운동성/물질성이며, 지금 문제는 도대체 무엇이 이것을 마름질해 주느냐이기 때문이다. 능동인/운동인조차도 아니다. 대부분의 경우 능동인은 그 자체 개체이고, 지금 문제는 개체 자체의 존재론적

---

7) "플라톤에서 형상이란 본래 이 테이프를 분석해 보면 색깔이니 크기니, 테이프니 하는 것들이 분석되어 나오고, 그것들이 모두 '하나의 형상'(미아 이데아)으로서 동일한 위치에 선다는 것을 의미해. 하지만 이제 그 각각이 합쳐질 때에는 어떤 것들은 형용사로, 또 어떤 것들은 명사로 되거든. 그러니까 아리스토텔레스에 의하면 본래적으로 명사인 것하고, 본래적으로 형용사인 것은 다르다는 거야. 그것은 생성의 세계에서 곧바로 모든 것이 형상으로 비약할 수 없다는 뜻이야. 그 중간 단계가 모두 메워져야지. 본래 최후에 있는 것은 명사로서만 성립할 수 있는 것이고, 그 중간에 있는 것은 운동과 정지의 관계에 있어. 그것이 바로 형용사, 부사거든. 그런 것들이 그 사이를 다 메워줘야 된다는 거야. 그래서 개체를 형성하게 돼. 딱 오려내져야 된다는 거야. 그래서 형상이 성립하지. 그렇지 않으면 형상의 자기동일성이 사라진다는 거야. 만약에 오려지지 않고 운동 속에서 변화한다면 형상은 나중에 소멸해 버리고 말거든. 그러면 이것을 누가, 무엇이 오려내 주느냐의 문제야."(「아리스토텔레스의 우시아」, III, 62)

원리이기 때문이다. 목적인 또한 아니다. 목적인은 개체화의 원리가 아니라 오히려 개체들로 하여금 서로 연관성을 가지면서 일정한 방향으로 나아가게 만드는 연속성의 원리이기 때문이다. 플라톤에게서 개체들이란 이데아의 '그림자들'의 잠정적인 결합체일 뿐이며, 존재론적으로 심각한 설명의 문제를 제기하지는 않는다. 하지만, 아리스토텔레스의 경우 개체란 개념적으로만 분석되는 온전한 '하나'이다. 그렇다면 개체를 온전한 '하나'로 만들어 주는 원리는 과연 무엇인가?

플라톤은 이런 작업을 행하는 능동인(조물주)을 아예 별도로 상정함으로써 이 문제를 해결하지만, 아리스토텔레스의 신은 사물들을 자신에게로 끌어당기는 정적인 존재이지 사물들에게로 나아가는 동적인 존재가 아니다. 이 문제는 중세 철학에서도 내내 문제가 된다. 형상을 보편자로 볼 때, 개체화의 원리는 질료라고 할 수도 있다. '인간'이라는 보편자와 철수, 영희, … 등 개별자들의 차이는 바로 그 체(體)에 있기 때문이다. 그러나 질료는 개체화되는 것이지 개체화하는 것은 아니다. 하나의 해결책은 보편자로서의 형상이 아니라 개체들 각각의 형상, 개체들에 내재해 있는 개별화된 형상들을 생각하는 것이다. 이럴 경우 개별화된 형상이 질료를 "오려낸다"고도 할 수 있다. 이는 훗날 둔스 스코투스의 'haecceitas', 라이프니츠의 '모나드(의 완전개념)' 등과 같은 개념들로 구체화되거니와, 아리스토텔레스에게서도 이런 해석의 여지를 발견할 수 있다.[8] 소은은 이 문제에 대한 해결책을 아리스토텔레스에게서 발견하기는 힘들다고 보며, 그의 철학이 상식으로서는 설명력이 있지만 "학문적으로 따지고 들어

가면 난문(aporia)에 빠지는 경우가 많다"고 결론 내리고 있다.

소은은 아리스토텔레스의 형상을 철저히 고착적인 것으로 해석하고 있으나, 사실 아리스토텔레스의 형상은 질료라는 잠재태를 일정한 방향으로 현실화하는 현실태—더 정확하게는 완성태—로서의 형상이다. 따라서 형상은 분명 사물들을 운동시키는 면모가 내포되어 있다. 다만 앞에서도 몇 번 지적했듯이, 아리스토텔레스의 형상이 플라톤의 그것보다 더 닫혀 있음은 분명하다. 플라톤에게서는 존재의 모든 요소들, 언어적으로는 모든 품사들이 각각의 형상들을 가지고 있고, 때문에 다양한 방식으로 조합되어 존재할 여지가 있지만, 아리스토텔레스의 경우 존재 요소들, 언어적으로는 품사들은 항상 일정한 방식으로만 결합되어 개체를 형성할 수 있으며 또 그런 형성의 원리인 형상들 자체도 전체적으로 둥그런 위계적인 조화를 띨 수밖에 없게 되어 있다. 현대 학문이 아리스토텔레스보다는 플라톤에 더 가깝다고 할 수 있는 이유가 이 점에 있다. 이런 점이 소은으로

---

8) 또 한 가지 중요한 점은, 이태수 교수가 지적하고 있듯이, 아리스토텔레스의 형상은 그 자체 운동/활동을 함축하고 있다는 점이다. 이는 형상 그 자체가 운동함을 뜻하기보다는(동북아 철학의 개념으로 말해, '理' 자체가 운동하지는 않는다) 형상의 내용에는 개체의 구체적인 활동 내용이 반드시 포함되어 있다는 것을 뜻한다. "아리스토텔레스가 자기동일성을 가진 것이 현실성(energeia)이라고 할 때, 중요한 것은 움직이지 않는 것이고 타자로부터 전혀 영향을 받지 않으면서도, 운동인 것이 있거든요. 예를 들어, '내가 무엇을 본다'고 할 때, 눈이 바로 눈일 수 있는 이유는 그것이 보는 운동을 하는 바로 그것 때문이거든요. [⋯] 형태(morphē)와 형상(eidos)을 구별해 가지고, 석고의 손과 산 사람의 손이 다른 점은, 산 사람의 손은 만질 수 있는 형상이 있고 석고의 손은 만질 능력이 없으니까 손이 아니라고 했잖아요. 그러니까 벌써 형상이라는 것이 어떤 만지는 힘이죠."(「아리스토텔레스의 우시아」, III, 67) 그러나 이런 설명들이 개체가 하나의 물질적 입체라는 사실에 대한 직접적 설명이라고 단언하기는 힘들다.

하여금 아리스토텔레스를 비판적으로 보게 만들었다고 해야 할 것이며, 보다 넓게 보면 서구 존재론사 전체의 흐름에서 이미 그 한계가 충분히 노정된 체계라고 판단하게 했을 것이다.

소은이 제시한 '개체화의 원리' 문제는 이후에도 존재론의 주요 문제로서 이어지며, 우리는 베르그송을 논하면서도 이 문제를 다시 접하게 될 것이다. 사실 개체라는 이 존재양식이 결코 만만치 않은 존재론적 설명을 요구한다는 사실을 제시했다는 점 하나만으로도 서구 존재론사에 있어 아리스토텔레스가 행한 역할은 매우 컸다고 보아야 한다. 그리고 훗날 이븐 시나, 이븐 루쉬드, 토마스 아퀴나스, 둔스 스코투스, 윌리엄 오컴 같은 중세 철학의 거장들 역시 아리스토텔레스의 이런 문제의식을 이어가게 된다.

## 2절 · 존재론의 몰락: 윤리와 종교의 시대

앞에서도 지적했듯이, 소은은 아리스토텔레스에서 베르그송에 이르는 긴 철학사적 여정에 대해서 대체적으로 긍정적이지 않은 평가를 내린다. 특히 아리스토텔레스 이후로부터 근대 과학의 출현 이전까지의 사유들은 적극적 관심의 대상이 되지 않는다. 이 기간의 철학들은 기본적으로 종교의 그림자 아래에 있었고, 따라서 소은이 추구하는 '데이터'의 철학과는 거리가 멀었기 때문이다.

그러나 헬레니즘 시대에 플라톤과 아리스토텔레스의 철학과는 다른 양식의 사유들을 펼친 사조들—에피쿠로스학파, 스토아학파, 회의주의학파, 신플라톤주의, 그리고 유대-기독교 사상 등—의 기본 윤곽을 짚어 보아야 이후의 철학사적 흐름을 순조롭게 이해할 수 있는 것이 사실이다. 그리고 9세기 이래에 중세의 학문을 일으킨 여러 철학자들, 특히 위에서 언급한 12~14세기의 거장들의 사유는 플라톤과 아리스토텔레스를 잇는 빼어난 사유들이며, 나아가 12~14세기의 사유들을 터득하지 못할 경우 사실상 근대 철학의 이해도 쉽지 않다는 점을 잊지 말아야 한다.

다행히도 소은은 이 시대에 관련해 남긴 「개관」이 있으므로, 여기에서는 이 문헌을 참조해 거기에 살을 붙여 가면서 논의를 진행해 보자.

소은이 볼 때 헬레니즘 시대는 철학이 몰락한 시대이다. 이 몰락은 양극화의 형태를 띠는 몰락이다. 철학은 한편으로는 객관세계에 대한 엄밀한 인식을 결한 '인생철학', 내면으로 움츠러드는 철학이 되었고, 다른 한편으로는 삶에 대한 근본적 반성은 제쳐둔 채 개별 과학들과 기술들로 파편화되었던 것이다. 다시 말해, 한편으로는 논리학과 형이상학을 결한 윤리적-종교적 사상들로 전락하고, 다른 한편으로는 실천철학 및 메타과학을 결한 개별적인 과학/기술들로 화한 것이다. "구심점을 잃고 독립적으로 연구된 분과 과학[들]은 현실의 요청에 따라서 더욱 더 철저히 연구되고 확대되었다. 개별 과학[들]과 유리된 철학의 체계는 날개를 잃은 새처럼 비상하지 못하고 더욱 마음속으로 도피하여, 인간의 내면적인 고통을 해결하려고 하였다."(「개관」, I, 248) 한 마디로 헬레니즘 시대, 넓게 보아 로마 시대는 한편으로 윤리와 종교로서의 철학이 전개되었고 다른 한편으로는 개별 과학들이 전개된 시대로서, 결국 존재론이 몰락한 시대인 것이다.

왜 이런 양극화가 벌어졌을까? 소은은 "협소한 도시국가 내부의 문제는, 개인이 기댈 도시의 성벽이 무너졌기 때문에, 개인의 내면적인 문제로 움츠러들었다"고 말한다. 폴리스들의 벽이 무너지면서 헬레니즘적인 보편, 로마적인 보편(universum)이 등장했다. 사람들은 훌쩍 넓어진 세계에서 기댈 곳 없이 서 있는 자신을 발견했고, 때문에 개인적 내면으로 들어가거나 '세계'—지중해세계 전체(대개 동방의 페르시아나 인도는 배제되었지만)—전체를 주시하는 양극으로 분화된다. 이로써 한편으로는 '사해동포주의'라든가 로마적 보편주의 등과 같은 담론들이, 다른 한편으로 매우 종교적이고 내면적인 담론들이 등장하기에 이른다. 학문적으로 볼 때, 한편으로 그리스—그것도 대개 아테네—라는 협소한 지역에 국한되었던 사상들이 알렉산드리아를 비롯한 다양한 도시들로 퍼져 나가면서 일반화되고 이로써 희랍적 교양은 오늘날의 "서양" 전체의 교양으로 자리 잡게 되지만, 다른 한편으로 '철학'이라는 이름에 값할 만한 사상들이기보다는 협소한 "학파"의 울타리에 갇힌 사상들이 병존(竝存)하게 된다.

또 하나, 소은은 이 시대가 매우 피폐한 시대였음을 지적한다. "잔인한 약탈과 노예제도로 지탱되었던 고대에서는, 알렉산드로스 대왕의 정복이나 로마의 정복은 많은 사람들에게 불행과 고통을 안겨주었다. 어둡고 눈물로 가득 찬 골짜기에서 헤매면서 신음하는 사람들의 소원이 철학에서 꽃을 피웠다. 에피쿠로스학파, 스토아학파, 회의주의 학파가 모두 이러한 종류의 철학이다."(「개관」, I, 249) 전쟁은 지배자들에게는 낭만과 모험으로, 군인들에게는 무용담과 야심으로 다가오지만, 일반 민중들에게는 고통과 죽음으로 다가온다. 헬레니즘 시대는 정복과 파괴의 시대였고, 많은 사람들에게 고통과 절망을 안겨준 시대였다. 이런 시대에 엄밀한 논리적 증명이라든가 세계에 대한 거창한 사변이라든가 세계를 개조해 나가려는 적극적인 실천철학은 매력적이지 못했다. 헬레니즘 시대의 전반적인 정조(情調)는 체념이었다. 사람들은 이 힘겨운 삶을 헤쳐 나갈 수 있도록 그들을 위무해 주고 이끌어 줄 철학들, 윤리적-종교적 철학들을 필요로 했던 것이다. 또, 이런 분위기에서 '교파'의 성격이 강한 학파들이 이 시대를 수놓았다. 헬레니즘 시대의 철학은 한마디로 논리학-존재론적이고 정치철학적인 철학들이 아니라 종교적이고 교파적인 철학들이었다고 할 수 있다.

첫 번째로 논의될 학파인 에피쿠로스학파를 소은은 아페이론 개념에 연관시켜 독창적으로 해석한다. 서구 존재론사에 대한 소은의 깊은 통찰력을 만끽할 수 있는 대목이다. 에피쿠로스학파가 볼 때 아페이론은 마음의 안정을 깨뜨리는 존재론적 요인이다. 이 때문에 아페이론이 세계의 양대 추동력 중 하나로 작동하는 아리스토텔레스의 철학은 그다지 매력적이지 못했다. 사실 이 시대에 중요했던 것은 한 철학의 이론적 참/거짓이 아니라 윤리적-종교적 고뇌에 대한 그것의 치유력이었다. 이들에게는 플라톤의 이데아 같은 "어둠도 교란도 없는 세계"가 필요했다. 그러나 이들은 플라톤적 세계로 비상해 오르기보다는 세계 내에서 이데아적인 존재를 찾았다. 이런 내재적인 경향은 헬레니즘 시대의 일반적 경향이었고, 이 때문에 이 시대를 높이 평가하는 인물들도 있다. 어떤 것이 이 내재적 이데아인가? 바로 원자들이 그런 것들이었다. 그리고 아페이론 대신에 허공이 원자들의 짝으로서 채택되는데(소은은 허공을 '운동인'으로 보지만, 이는 다소 과한 해석이다), 이는 원자들이 운동할 수 있는 조건으로서 이해된다. 에피쿠로스학파는 원자들의 영원한 세계를 앙망하면서, 현실세계의 헛됨을 넘어서고자 했던 것이다.[9] 이런 철학은 결국 현실을 가상으로서밖에는 간주하지 않게 되며, 그 존재론은 내재적 성격을 띠고 있음에도 자연스럽게 초월적-종교적인 성격을 띠게 된다.

두 번째 학파인 스토아학파는 "자연의 법칙과 일치해서 사는 것"을 이상으로 삼았으며, 이는 또한 인간이 "스스로의 본성에 일치해서 사는 것"을 뜻하기도 했다('퓌지스'의 두 의미를 상기). 헬레니즘 시대에 이르면 플라톤과 아리스토텔레스에 의해 수립된 "kata physin"의 세계가 무너진다. 이제 따라야 할 퓌지스의 의미가 약화되며, 이 때문에 오히려 개별 인간의 체험이 부각된다. 예컨대 헬레니즘 시대의 두 대조적인 개인들이라 할 디오게네스와 알렉산드로스의 고유한 체험 같은 것이 강렬한 인상을 남긴다. 디오게네스 같은 인물에게서 '퓌지스'는 플라톤 등에게서와 같은 거창한 이념이 아니라 인간의 적나라한 '자연적' 모습 자체, 그저 주어진 대로의 '벌거벗은 인간'이었다. 그러나 스토아학파는 '퓌지스'에 다시금 형이상학적 무게를 부여하게 되며, "퓌지스에 따라 사는 것"에 디오게네스 등과는 판이한 의미를 부여하기 시작했다. 이런 맥락에서 이 학파는 '퓌지스'를 둘러싸고서 본격적인 우주론적 사유를 전개했고, 플라톤과 아리스토텔레스를 잇는 세 번째의 위대한 철학체계를 구축할 수 있었다.

이런 사유를 전개하는 과정에서 전범이 되었던 것은 헤라클레이토스였다. 스토아학파는 헤라클레이토스의 로고스에 입각해 우

---

9) "원자는 소리 없이 끝없는 옛날부터 끝없는 훗날까지 변하지 않고 있다. 그러나 원자로 구성된 사물들은 변화무쌍하다. 인간의 생(生)도 원자의 복합 현상의 일종이다. 따라서 삶은 일시적이고 죽음은 영원하다. 이러한 유물론에는 이상주의적인 노력이 있을 수 없다. 다만 고통을 피하고 쾌락을 얻는 것만이 중요하다. 그에 있어서 자연철학은 마음의 편안함(ataraxia)을 얻기 위한 수단이었다."(「개관」, I, 250)

주와 인간과 윤리를 통일적으로 사유했다. 정치철학에서조차도 마르쿠스 아우렐리우스는 "로고스는 인간으로 하여금 법에 의한 우주국가(宇宙國家)를 형성하도록 한다"고 했다.[10] 평온하고 우발적인 데모크리토스의 원자들의 세계와 뜨겁고 섭리적인 헤라클레이토스의 불-로고스의 세계 사이의 차이는 그대로 에피쿠로스학파와 스토아학파 사이의 차이로서 나타났다. 소은은 "에피쿠로스학파가 노력 없는 귀족계급의 사상인 데 비하여, 노력과 자제와 엄격한 결백주의로 탈속(脫俗)을 실행하려는 스토아학파의 사상은 적극적인 측면을 지니고 있기 때문에 그 뒤에 서양 사상에 많은 영향을 미친다"라고 두 학파를 비교한다. 물론 에피쿠로스학파가 귀족계급의 사상이라는 생각에는 검토의 여지가 있다.

세 번째 학파인 회의주의 학파는 존재론적인 탐구를 비판하면서 '판단 중지'를 제시함으로써 기존의 존재론사에 경종을 울린다. 소은이 전해 주고 있는 티몬(B.C. 325~235)의 사상은 세 가지를 주장한다. 1) 사물 자체에 관해서 우리는 전혀 알 수 없고, 지각은 현상만을 알려주며, 우리들의 인위적인 습관에 의거하는 모든 주장은 동등한 힘을 가지고서 서로 맞선다. 2) 우리는 무엇이든지 확실하게 주

10) 정치철학적으로 이는 지중해세계를 통합한 '하나의 국가'라는 사상으로 귀결된다. "['하나의 국가'라는 사상이 나오려면] 인류라는 개념이 나오고 해야 할 텐데, 플라톤에서는 아직 그런 것이 나오지 않거든? 그러니까 이 하나의 국가라는 것은 스토아학파, [지중해세계가 통일된] 로마 시대부터 나와. 마르쿠스 아우렐리우스는 인간이 이성을 가지고 있다는 것은 우주에 단 하나의 국가를 형성한다는 것이라고 말하고 있어. 그 사람은 그것이 로마라는 것이지. 다른 나라들은 로마의 지배를 받는 나라들이고. 로마를 그런 위치에 놓고 하는 얘기야."(「『정치가』편 강의」, IV, 42~43)

장하여서는 안 된다. 즉, 모든 판단을 중지하여야 한다. 3) 이러한 판단 중지에서 마음의 편안함이 이루어진다. 또, 아이네시데모스(B.C. 1세기경)는 아래의 열 가지를 주장한다. 1) 모든 동물은 생김새가 다르며 지각도 또한 다르다. 2) 사람도 개인에 따라서 생김새가 다르다. 따라서 지각도 다르다. 3) 한 사람의 감각은 각각 다른 성질을 가진다. 가령 그림은 눈에 보기에는 부조(浮彫)가 있지만 촉각에는 없다. 4) 사람이 처해 있는 상태가 다르다. 가령 사람이 배고플 때와 술 취해 있을 때에는 지각이 다르다. 5) 상황, 거리, 장소에 따라 다르다. 가령 배는 멀리서 볼 때와 가까이에서 볼 때 다르다. 6) 사물을 결합시키고 있는 방식이 다르다. 사물은 독자적으로 나타나지 않으며 항상 변화하는 공기, 열, 차가움 등과 결합하여 나타나므로 사물 자체는 모른다. 7) 사물의 내용은 질이 시시각각 다르다. 8) 모든 사물은 다른 사물과 시시각각 달라지는 관계 속에서 나타난다. 9) 사물은 자주 나타나느냐 드물게 나타나느냐에 따라서 다르게 느껴진다. 10) 관습, 법, 의견의 차이에 따라서 사물은 다르게 나타난다. 경험적 개연성만 받아들일 뿐 경험을 넘어서는 존재론적 사변을 일체 거부하는 회의주의는 밀레토스학파로부터 스토아학파에 이르기까지 전개된 그리스 존재론의 역사를 와해시킨다. 그리고 이런 회의주의의 반대편에서는 오히려 예전의 형이상학들보다 더욱더 독단적이라 할 종교적인 사상들이 등장하게 된다.

로마 제정기에 등장했던 네 번째 학파인 신플라톤주의는 다음과 같은 배경에서 성립하게 된다. "일찍이 플라톤도 현실의 세계에서 이데아의 세계로 도피하는 것을 말하고 있지만, 이 시대에는 후기 스토아학파에서 볼 수 있듯이 우주를 지배하는 신의 섭리에 기대며 체념하는 태도가 더욱 짙어졌으며, 일자에 매달려서 구제를 받으려고 하는 욕구가 더욱 심해졌다. 여기에서 인간의 유한성과 갈등을 강조하는 플라톤 철학을 일원적으로 정리하는 것이 필요하게 되었다."(「개관」, I, 257) 이런 맥락에서 플로티노스는 일자=선(善), 이성('누스'), 영혼, 물질이라는 통일된 위계를 제시하게 된다. 일원론의 구조를 유지하면서도 여러 층의 존재론적 층위들(ontological layers)을 논하려 한 플로티노스는 자연스럽게 '유출'의 존재론으로 흘렀다. 또 반대 방향으로 말한다면, 플라톤에게서도 그렇듯이 '미메시스=모방' 개념이 핵심이 된다.[11]

일자로부터 처음 유출된 것은 이성이다. 여기에서는 주-객의 대립이 성립한다. 이성의 인식 대상은 이데아들로서, 그 최상위 유들은 『소피스트』의 플라톤을 따라서 존재, 정지, 운동, 동일성, 차이성이다. 그 다음 다시 유출되는 것은 영혼으로서 영혼은 "이데아의 세계를 원형으로 삼고 질료로부터 감성적인 생성하는 세계를 만든다". 그리고 마지막으로 유출되는 것은 무규정적인 아페이론이다. 소은의 지적에 따르면,

---

11) "그러니까 우주의 역사가 뭐야? 지금 신, 우주, 인간의 자족성이 정도차를 가지고 나타나 있어. 말하자면 신플라톤학파 사상이 나와. 신, 우주, 영혼, 개체영혼같이 점점 불완전해져. 플라톤에서 우주는 하나뿐이고, 자기운동, 동일성의 운동을 할 수 있는 충분한 자족성을 가지고 있어. 신은 운동을 하지 않아. 신은 운동하지 않는 순수한 자족성이고 우주는 운동하되 원운동을 하면서 자족성을 갖는 것이지. 그 속에 들어 있는 인간은 더 적은 자족성을 가지고 있는 것이고. 그런 식이야. 그러니까 인간은 우주를 모방하는 거지."(「『정치가』편 강의」, IV, 36)

> 플라톤 철학의 체계는 동적인 일원론으로 변형되고 사람은 일자에서 타락되어 떨어져 나왔으나 끊임없이 일자로 돌아가려고 노력하는 존재로 나타났는데, 그것은 다름 아닌 내면적인 세계로 들어가는 것을 뜻하는 것이었다. 즉, 내면적인 세계로 들어가서 자아를 넘어선 곳에 자리 잡은 선 자체로 향하는 길이 구제의 길이며, 영혼의 고향을 향해 비약하기 위해서는 신체적인 것을 버려야 한다. 신체와 더불어 작용하는 정욕을 버리고 영혼을 정화하는 것이 행복으로 가는 것이다. 영혼을 넘어서 이성의 세계로 들어가야 일자에 대한 순수한 사색이 이루어지는데, 이 사색까지도 넘어서서 무의식적, 망아적[忘我的] 상태에 들어가서 초월적인 일자에 도취하거나 침잠하면 근원적으로 일자와의 합일이 성립한다. 이때에 외부의 세계뿐만 아니라 자기 자신도 망각된다. […] 이렇게 유한자를 생산하는 일자로 가려는 시도는 지성의 한계가 자각이 되자 신앙을 통해서 성취되는데, 우리는 그것을 기독교에서 볼 수 있다.(「개관」, I, 259. 인용자 강조)

플로티노스의 이런 형이상학적 상상력은 지중해세계의 중세에 깊고 넓은 영향력을 행사하게 되며, 많은 사람들이 '플라톤'의 이름으로 플로티노스의 사상에 경도되었다. 특히 저 멀리 있는 일자와 합일하기 위해 오히려 내면으로 들어간다는 것, 그리고 그 내면은 자아가 아니라 자아를 넘어선 곳에 자리 잡고 있는 일자로 가는 길이라는 것은 중요하다. 내면과 초월이 그 중간영역을 건너뛰면서 갑자기 공명한다. 아울러 순수 이성의 차원이 아니라 오히려 그것조차

버린 차원에서 일자와 합일한다는 생각 또한 중세 내내 큰 영향을 끼치게 된다.

이런 영향이 우선 두드러진 경우는 기독교의 경우이다. 소은은 기독교 등장의 배경을 헬레니즘 당대의 힘겨운 삶에서 찾고 있으며, 플라톤 철학과 기독교 사상은 공히 절망에 빠진 인간들에게서 나온 사상들임을 지적한다.[12] 이 사상은 희랍 철학의 불문율인 모순율을 벗어나버리게 되며, 이로써 예컨대 '무로부터의 창조'(creatio ex nihilo) 같은 교리('도그마')들을 전개한다. 이는 오로지 신앙으로써만 받아들일 수 있는 것으로서, "순수한 신앙은 누구에게나 강요할 수 없으며 모순을 통한 창조는 순수한 자발성의 극치이므로 신앙은 개인의 순수한 자발성의 극치에서 이루어져야 한다."(「개관」, I, 260) 철학적 태도와는 다른 이런 신앙적 태도에 입각해 기독교는 삼위일체설, 로고스[聖靈]설, 원죄설, … 등을 만들어내었으며, 교회주의를 세움으로써 'kata holon→katholou' 즉 로마적 보편성을 등에 업은 가톨릭을 확립했다. 이런 흐름은 은총에 의한 구원, 땅의 나라와 하늘의 나라의 투쟁, 교회 중심주의, 예정론 등을 확립한 아우구스티누스에

---

12) "그[플라톤]의 철학의 기본에 놓여 있는 문제는 행위가 완전히 난관(아포리아)에 빠져 있을 때 어떻게 정상적(normal)으로 행위를 할 수 있느냐는 거야. 완전하게 난관에 빠졌다는 상황은 고대에서 대표적으로 둘이 나오는데, 하나는 기독교이고 하나는 플라톤이야. 기독교도 완전히 난관에 빠진 상태야. 그런데 거기에서는 신학이 나오고 플라톤 철학에서는 법('노모스')이 나와. 플라톤에서는 인간 본성('퓌지스')에 따를 때 가장 완전한 법이 세워진다는 것이고, 기독교에서는 본성 이전에 인간의 존재(existence) 자체가 문제가 되니까 거기서도 행동이 철저히 난관에 빠졌을 때 완전한 행동은 어떻게 해야 될 것이냐가 문제야."(「앎의 개념」, II, 311)

서 절정에 달한다. 소은은 이런 흐름을 다음과 같이 압축해 주고 있다. "고대 철학은 신화적 사고에서 경험의 독립으로, 경험적 사고에서 이성의 독립으로, 이성적 사고에서 초이성적 신앙의 독립으로 발달했음을 볼 수 있으며, 아우구스티누스는 이러한 발달의 최후의 단계에 있다고 할 수 있다."(「개관」, I, 266) 이로써 존재론은 신앙의 그늘 아래로 들어가게 된다.

## 3절·중세 존재론에서 근세 존재론으로

제정 로마의 쇠퇴는 마침내 5세기의 혼란을 가져왔고 서구인들이 이 혼란에서 깨어나 정신을 차리려면 9세기 정도가 되어야 했다. 그 전에 7세기에는 이슬람 문명이 도래했고, 이슬람의 철학자들은 그리스의 과학들과 철학을 이어받아 중세 학문의 윤곽을 만들어냈다. 529년 비잔티움 제국의 유스티니아누스 황제가 아테네의 네 학원을 폐쇄해버리자 철학자들은 페르시아, 쉬리아, 아라비아 등지로 옮겨가 활동을 계속하게 되며, 이로써 그리스 고전들이 페르시아어, 쉬리아어, 아랍어 등으로 번역되기 시작해 이슬람 철학의 토양이 마련된다. '이슬람 철학'이 반드시 아랍 민족의 철학을 뜻하지는 않는다. 이슬람에 의해 정복된 지역 전체—아라비아 반도만이 아니라 페르시아, 메소포타미아, 이집트, 아프리카, 히스파니아(지금의 이베리아 반도) 등을 모두 포함해서—내에서 활동한 모든 종류의 철학들을 일컫는다.

소은은 이슬람의 철학자들 중 알 파라비, 이븐 시나(아비센나), 이븐 루쉬드(아베로에스), 마이모니데스를 언급한다. 알 파라비(900~950)의 핵심적인 공헌은 '실존'(existence)—소은은 '현존'으로 번역하고 있으나 너무 좁은 번역이다—과 '본질'(essence)의 구분이며, 이는 스콜라철학의 핵심 어휘로 자리 잡게 된다. 실존은 본질에 대하여 우연적(contingent)이며 신에서 연유한다. 모든 유한한 존재는 그 자신의 실존을 신에게서 받을 뿐 자기 내부에 포함하고 있지는 않다. 요컨대 '자기원인'(causa sui)이 아니며, 실존을 자신의 본질로 내포하지 않으며, 따라서 필연적으로 존재하는 것이 아니다. 우연적으로만 존재한다. 이런 식의 사유 방식은 이후 지중해세계의 철학에서 스피노자에게서까지도 확인되는 기본 논리로 자리 잡게 된다. 알 파라비는 이런 구도에 입각해 신플라톤주의적 철학/신학을 전개했다.

이븐 시나(980~1037) 역시 신플라톤주의를 매우 포괄적인 영역에 걸쳐 펼쳐냈다. 완전하고 필연적이며 전지전능한 신으로부터 이성적인 질서에 따라 우주가 나오며, 다시 우발적 존재들 즉 예지, 영혼, 신체 등이 유출된다. 이는 곧 알 파라비도 지적했듯이 필연성으로부터 그 정도가 점점 더 커지는 우발성으로 이행하는 과정이다. 이븐 시나는 인식론에서도 중요한 공헌을 했다. 이븐 시나에 따르면 인간의 인식은 우선 개체를 향하며, 그 결과로서 '직관상'(直觀像)을 얻어낸다. 그리고 이를 기초로 해서 사유 속에서 보편적인 유와 종의 개념을 파악한다. 보편자 실재론의 입장에 섰던 이븐 시나는 이 개념적 존재들은 정의에 의해 규정되며 실재하는 본질에 엄밀히 상응한다고 보았다. "따라서 보편자는 그것들이 신에서 유래하는 한 개체 이전에 있었고, 추상적 사고 속에서도 있는 한 개체 이후에도 있는 것이다."(「개관」, I, 278) 이런 명확한 실재론은 서구로 전파되어 보편자 논쟁에 기름을 붓기도 했다.

아리스토텔레스의 위대한 주석가였고 서구에 전파된 후 "그 주석가"로 불리기도 했던 이븐 루쉬드(1126~1198)는 스콜라철학에 결정적인 영향을 준 중세 철학의 거장이다. 이븐 루쉬드가 "이성과 계시를 구별하고 신학자는 개연적인 논증을 일삼지만 철학자는 필연적인 논증에 종사한다"(「개관」, I, 278)고 봄으로써 철학을 신학 위에 놓은 것은 중세의 전반적 경향에서 볼 때 특이한 경우에 해당한다. 그는 "개인 영혼의 불멸을 부인"하고, 만인에 공통적인 단 하나의 이성만이 불멸한다고 보았다('단일이성론').[13] 그리고 알 가잘리(1058~1111)에 대항해 "세계는 영원하다"는 논리를 전개했다. 소은은 이를 '자연주의적 입장'으로서 이해한다. 이븐 루쉬드는 신플라톤주의에 의해 지배되던 그때까지의 철학을 아리스토텔레스주의에 입각해 일신함으로써 중세 철학의 수준 자체를 향상시켰으며, 그의 이런 노력의 연장선상에서 알베르투스 마그누스, 토마스 아퀴나스, 둔스 스코투스, 윌리엄 오컴 등 거장들의 사유가 펼쳐졌다고 할 수 있다.

이미 언급했듯이, '이슬람 철학'이란 이슬람 지역에서 생성한 모든 철학들을 가리킨다. 즉, 이슬람교의 맥락에서 전개된 철학적 흐름만을 가리키는 말이 아니다. 그 외에도 많은 다양한 흐름들이 존재했다. 소은은 이런 흐름들 중 마이모니데스의 유대교 철학을 언급한다. 유대교 철학자 마이모니데스는 아리스토텔레스의 '제일 원동자'의 이론을 원용해서 신 존재 증명을 시도했고, 그 과정에서 가능태와 현

13) 이 문제는 3장, 1절에서 논의한 '영혼-전체와 개별 영혼'의 문제와 연관된다.

실태 개념 또한 원용했다. 또, 부정신학을 이어받아 신의 본질에 대한 직접적 인식은 불가함을 강조하기도 했다. 마이모니데스는 유대교 성서에 대한 축자적 해석, 철학적 해석, 우의적(寓意的) 해석을 모두 허용함으로써 여러 형태의 문화를 포용할 수 있는 유대교 문화를 수립하고자 했다. 유대인들이 「출애굽기」의 모세와 모세 마이모니데스를 두 사람의 모세로 추앙했다는 사실은 유대교 사상에 있어 그가 어떤 위상을 차지하는가를 잘 보여준다.

이슬람 문명이 흥기하고 있었을 때 혼란의 세월을 보내던 서구는 9세기에 이르러 깨어나게 되고 서서히 철학을 발전시키게 된다. 이 시기부터 스콜라철학이 발달하기 시작했으며, 소은은 이 철학의 성격을 다음과 같이 요약해 주고 있다. "이 두 철학[희랍 철학과 로마 철학]은 희랍 문화와 로마 문화의 몰락이라는 세계사적인 사건에 바탕을 두고 태어났지만, 중세에는 이러한 인간 문화의 몰락이란 비극적인 사건이 없었으며 혼돈에 빠진 암흑사회로부터 광명을 바라보고 정돈되어 가는 사회의 생성 과정을 바탕으로 하여 중세 철학이 이루어졌다. 중세 철학은 전형적인 강단 철학이기 때문에 문제를 다루는 방식이 번거롭다. 그런데 이러한 방식은 단적으로 인간의 심성에 육박하는 힘이 없기 때문에, 직접적으로 사람들의 심정에 호소하는 신비주의자나 신앙을 위주로 살려고 하는 사람들에게는 실망을 안겨주었다. […] 그러나 번거로운 과정을 통하여 논리적으로 사고하는 스콜라철학은 서양의 합리적 사고를 육성하는 데 지대한 공헌을 하였다. 중세에 이러한 논리적 훈련이 없었던들 근대 이후의 합리적인 학문이 성립할 수 있었을지 의문스럽다."(「개관」, I, 269)

소은이 볼 때 스콜라철학의 체계는 경험세계에 대한 아리스토텔레스적 설명 위에 이념의 세계에 대한 플라톤의 설명을 얹어놓고서, 다시 그 위에다가 기독교 신학을 얹어놓은 꼴을 하고 있었다. 이렇게 함으로써 경험의 세계로부터 절대 초월의 세계에 이르기까지의 위계('하이어라키')를 구축하는 전형적인 스콜라철학 사상들이 산출된다. 이런 위계가 해체되면서 근세 철학이 도래하는바 소은은 이를 다음과 같이 말한다. "기도교의 신, 플라톤의 이념설[이데아론], 아리스토텔레스의 철학의 종합은 해체되고 따라서 철학, 신학, 자연학은 각기 다른 길을 가게 되었다. 즉, 신학과 철학은 분열되고 자연학은 신학이나 철학보다 경험적인 실증을 그 성립 기초로 요구하게 되었다. 만약 중세기의 문화의 이념이 모든 것을 화해시키려는데 있다고 한다면, 근대 문화는 분열과 고립으로 가는 문화라고 하겠다."(「개관」, I, 271)

중세의 이런 위계가 성립되기 위해 반드시 거쳐야 했던 문제는 이념적 존재의 실재성 문제였다. 포르퓌리우스의 『이사고게』에서 이미 제기되었던 이 문제는 9세기의 에리우게나가 '유리적'(唯理的) 사유를 전개함으로써 본격화되었다. 보편자 논쟁은 사변 능력이 떨어졌던 게르만 민족들이 플라톤, 아리스토텔레스, 플로티노스 같은 추상도가 높은 사유들을 만났을 때 필연적으로 발생할 수밖에 없었던 논쟁이라 하겠다. 11세기에 본격화된 이 논쟁은 안셀무스의 실재론, 로스켈리누스의 유명론, 아벨라르두스의 절충안[14]으로 이어지게 된다. 이 논쟁을 통해서 서구 철학자들의 사유 능력이 비약적으로 증폭되고 12~13세기의 전성기를 맞이하게 된다. 특히 'Reconquista'(이

베리아 반도의 재탈환)를 통한 이슬람 철학서들의 발견은 이런 흐름에 강력한 추동력이 된다. 이렇게 도래한 중세 철학의 전성기는 알베르투스 마그누스에 의해 초석이 깔리고, 토마스 아퀴나스에 의해 완성된다. 아퀴나스는 아리스토텔레스 철학과 기독교 신학을 통합해 장대한 체계를 이루었으며,[15] 현실세계, 이념세계, 초월세계의 위계 구조가 완성되기에 이른다.

이렇게 완성되었던 중세 존재론은 14세기 이래 로저 베이컨의 경험과학적 탐구들, 둔스 스코투스의 주의주의(主意主義), 오컴의 유명론 등을 통해서 무너지게 된다. 이에 따라 교회의 절대 권위도 무

---

14) 소은은 그의 절충안을 다음과 같이 정리해 주고 있다. "그에 따르면 인간의 지성은 개체가 가지고 있는 공통의 성질을 추상적으로 파악한다. 형상과 질료는 합해서 동시에 주어지지만 사람은 형상과 질료를 따로 구별해서 고찰할 수 있다. 인식은 감각에서 시작하여 추상적인 작용을 통하여 보편적인 것을 파악한다. 보편자는 추상적 작용의 결과이므로 사물 자체는 아니며 그렇다고 단순히 말도 아니다. 개체 속에 내재해 있는 보편자가 개념 속에 반영된 것이며 보편자는 여러 대상을 지시하는 까닭에 말이 될 수 있다. […] 보편자는 단순히 개념 속에만 있는 것이 아니며, 그렇다고 해서 소리의 바람도 아니며, 개체에 나타나 있는 보편자를 인간이 추상하여 받아들인 것이다."(「개관」, I, 276)

15) 그의 철학의 이런 성격은 예컨대 신 존재 증명의 집대성에서 잘 나타난다. 소은은 다음과 같이 정리해 주고 있다. "1) 경험적으로 주어진 것은 우연적으로 존재하며 우연적으로 존재하는 것은 필연적으로 존재하는 것에 매달려서 존재하는데, 필연적으로 존재하는 것이 신이다. 2) 경험적으로 주어지는 것은 운동을 한다. 운동은 가능태에서 현실태로 옮겨가는데, 운동의 근원이 되는 것은 가능태가 없는 순수한 현실태이며 이것이 바로 신이다. 3) 운동을 현실적으로 일으키기 위해서는 능동인이 필요한데, 능동인의 계열을 무한히 소급하여 갈 수 없으며 최초의 능동인이 주어져야 하는데 이것이 신이다. 4) 경험적으로 주어지는 사물에는 선의 많은 단계가 있고 이 선의 단계는 불완전한 단계를 초월하여 완벽한 상태에 있는 선에 매달려서 존재하는데, 완전한 선은 단계를 통해 나타난 선의 원인이며 이것이 신이다. 5) 우주 내의 모든 사물에는 목적인이 작용하고 있다. 인식 능력이 없는 사물도 하나의 목적을 향하고 있으며 목적은 궁극적으로 의도적인 것이다. 이 의도의 주인공이 신이다."(「개관」, I, 281)

너져 내리게 된다. 앞에서도 말했듯이 소은은 이 과정을 다음과 같이 특징짓는다. "자연적인 세계와 초자연적인 세계를 화해시키려는 노력은 퇴색해 갔다. 중세기의 세계관이 자연적인 세계와 초자연적인 세계의 화해에 있었다면, 근대의 세계관은 중세기에 있어서 화해된 여러 요인들이 분열한 데에서 시작된다고 말할 수 있다."(「개관」, I, 284) 이렇게 해서 점차 근세적인 철학들이 도래하게 되거니와, 데카르트는 그 전형을 보여준다고 하겠다.[16] 그렇다면 고중세 철학과 근세 철학의 핵심적인 차이는 어디에서 찾을 수 있을까? 소은은 「고대 철학과 근대 철학」이라는 글에서 소크라테스와 데카르트를 대표자들로 선정해서 이 문제를 다룬다.

소은은 특히 소크라테스의 '무지'와 데카르트의 '회의'를 대조시킨다. 소크라테스에 있어 무지의 자각이란 인식 능력 속에 내재한 모순의 발로를 뜻하며, 데카르트에게 있어 회의란 인식 능력의 타당

---

16) 하나의 중요한 예로서 플라톤이 앞에서 논했던 '씨줄과 날줄'의 입체적 체계가 해체된다는 점을 들 수 있다. 플라톤은 씨줄과 날줄의 논리에 입각해 동일성과 타자성을 두 고리로 만들어 십자가처럼 교차시켰다. 그리고 동일성을 바깥에 놓음으로써 봉쇄된 우주를 보여주었고, 그 결과 타자성은 불규칙성의 대명사가 된다(그 결과 황도가 생긴다). 데카르트는 이를 무한정한(indefinite) 공간으로 펴 놓는다. 그 결과 평평한 데카르트 좌표가 된다. 이로써 우주를 모방하는 인간사라는 고대적 모델은 종말을 고한다. "그런 것[봉쇄적인 우주관]이 없어지니까 데카르트 철학에서처럼 씨줄과 날줄을 분리하는 사고가 나와. 데카르트의 우주론에서는 인간에게서만 자율성을 찾아. 우주는 다 없어지고 인간에서만 찾는다고 얘기했잖아. 그래서 법치국가가 나와. 유럽 전체의 사상을 이야기할 때 이 대화편[『정치가』]은 굉장히 중요해. 근대는 모방할 우주가 없어. 그런 우주가 다 없어지니까 하나의 가톨릭교회도 없고, 하나의 인류사회, 국가사회 이런 것도 다 없어지고 법치국가가 나오는 것이지."(「『정치가』편 강의」, IV, 69. 인용자 강조)

성의 필연성에 대한 부정을 뜻한다. 소은이 볼 때 데카르트의 회의는 사실상 자기 확신을 위한 절차에 불과하다.

> 데카르트의 회의의 가장 깊은 곳에서는 자기 능력의 진리에 대한 타당성의 필연성에 부정을 던진 의식 자체의 자기 귀환이 실현된다. 이 자기 귀환 속에서 의식적 존재는 그 자체의 존재의 필연성을 재확립하고 따라서 회의는 지양되고 가장 명료하고 판명한 진리를 얻게 된다는 것이다. 만약 우리가 이 과정을 분석해 본다면 의식이 회의에 빠지지 않는 긍정적 상태와 그 다음에 다시 회의주의에서 벗어나서 자기 존재의 필연성을 긍정하는 상태가 있다.
> 즉 자기 존재의 필연성의 긍정이, 부정을 거쳐 다시 긍정으로 돌아오는 것이다. 비존재를 통하여 자기 귀환하는 존재가 문제인 것이다. 문제는 이 과정이 동일한 의식 능력의 내면적인 성격으로써 필연적으로 이루어진다는 것이다. 그리고 여기서 전환점은 의식의 자기 귀환점에 존재한다.
> 문제는 이 과정이 필연적인 과정이 될 수 있느냐에 있다.(「고대 철학과 근대 철학」, I, 287. 인용자 강조)

소은이 볼 때 이런 과정은 필연적 과정이 아니다. 회의에 빠졌다가 높은 성취를 이루는 경우도 있지만, 염세적이 되어 자살할 수도 있다. 또, 완전한 회의가 완전한 불가능성과 완전한 가능성 사이를 동요하는 것이라면, 한번 필연성의 완전한 부정을 받아들인 의식적 존재가 다시 부정의 상태에서 빠져나온다는 것은 모순을 돌파하는 것이기에 불가능하다고 해야 하지 않는가? 이 때문에 소은은 데카르트의 회의는 사실상 진정한 회의가 아니라고 본다. "그는 회의한다고 스스로 말한다. 말하는 이상 그 말이 상대자에게 정당하게 이해된다는 것을 가정하고 있으며 바로 그 점에서 데카르트의 이성은 그러한 말을 이끌어내는 의식의 내면적 활동에 대하여 회의하고 있지 않은 것이다./ 존재의 회의의 종말은 회의 그 자체의 전면적 포기, 즉 완전한 의식적 존재의 자기 부정으로 이행한다. 데카르트에서 회의는 부분적인 부정을 의미할 따름이다. 그것이 부분적인 부정인 까닭에 회귀가 가능하다."(「고대 철학과 근대 철학」, I, 289)

소은은 "존재와 무의 대결에서 무로 결말지어지는 때는 필연에 의한 것이요, 존재로 결말지어지는 때는 우연에 의한 것"이라는 점을 지적한다. 무엇인가가 무너지는 것은 필연에 의한 것이지만 무엇인가가 만들어지는 것은 우연이라는 지적이다. 이는 곧 존재에서 무로 가는 것은 '어쩔 수 없는 것'이지만 무에서 존재로 가는 것은 '그럴 수도 있지만 그렇지 않을 수도 있는 것'이라는 이야기이다. 있던 것이 와해되어 가는 것은 필연이지만 없던 것이 만들어지는 것은 그 어떤 'contingence'를 통해서이다. 소은은 이런 생각에 입각해서 "비존재를 통한[거친] 존재의 자기 귀환이 정신의 고유한 능력이기는 하나 그 근저에는 비존재와의 우연성[접촉]이 깃들어 있다"고 말한다. 그렇다면 데카르트는 'contingence'에 입각해 있는 목적론(회의를 거쳐 귀환하려는 목적론)을 자연 이성의 기본 성격으로서 필연화하고 있는 것이다. 이런 필연화가 가능할까 하는 것이 소은의 비판이다. 요컨대 데카르트는 우발적인 성공을 필연적인 과정으로 승격시키고 있는 것이다.

소은은 데카르트의 이런 독단에 소크라테스의 '무지의 지'를 대비시킨다. 무지의 지는 "인식 능력 속에 들어 있는 자기모순의 발로"를 하나의 사실로서 인정한다. 이 무지를 넘어 다시 참다운 지식을 진수시키고자 하는 것이 근세 철학이라면, 고대 철학은 이 사실을 허심탄회하게 사실로 인정하고 필연적 사태로서 받아들인다. 때문에 모순에 빠진 인식 능력이 다시 그 모순에서 즉 부정적 상태에서 빠져나온다는 데카르트의 생각은 소크라테스로서는 받아들이기 힘든 생각이다. 소은은 여기에서 고대 철학과 근대 철학의 핵심적인 한 차이점을 본다.

> 희랍 철학에 있어서는 필연이 거의 전부다. 우연은 불완전한 필연, 즉 성숙되지 못한 필연이거나 부패된 필연인 것이며 그 자체 독립성을 유지할 수 없고 필연에 대하여 대항할 수 없다. 단 하나의 길밖에 없는 필연의 길이 그들의 전 철학적인 이성을 중압(重壓)하고 있는 것이다. 희랍 철학은 필연이란 개념의 감화(甘化) 과정이다. 필연의 극복은 초기 스토아학파에서야 비로소 이성의 자기 문제로 나타난다.
>
> 그러나 데카르트에서 문제되는 긍정적 목적론, 즉 비존재를 통한 존재의 자기 귀환은 필연의 극복으로서 […] 이제 이 우연에 의한 긍정적 목적론을 필연화하려는 것이다. 여기에서 근대 철학의 근본적 문제의 하나가 성립한다. 필연적 존재에서는 선택과 자유, 관심과 비약 그리고 가치가 문제되지 않기 때문이다. 우연과 가능의 개

념만이 이들의 개념에 기초를 제공할 수 있다.(「고대 철학과 근대 철학」, I, 290)

여기에서 '필연' 개념은 우리가 논의해 왔던 '아낭케'를 뜻하는 것이 아니라 세계의 객관적 질서를 뜻한다. 결국 소은은 고대 철학에는 주체 개념이 빈약했다는 일반적인 생각에 동의하고 있다고 볼 수 있다. 소은의 이런 해석은 플라톤 등에 대한 긍정적인 해석과는 다소 거리가 있어 보이며, 이 글이 초기(1959년)에 쓰였다는 점을 감안해서 이해해야 할 것이다. 혹은 여기에서 소은이 고대적인 필연 = '아낭케'와 근대적인 필연 = 'necessity'를 혼동하고 있을 수도 있다. 여기에서 소은은 고대 철학을 운명의 지배를 감내하는 철학으로, 근대 철학을 독단적인 철학으로 그리고 있지만, 소은 사유가 발전해 가면서 이런 상투적인 해석은 극복된다고 볼 수 있다(다만 근대 철학을 주체성을 독단적으로 수립하는 철학으로 보는 시각은 상당 부분 유지된다). 오히려 (본 저작의 모두에서 인용했던) '뒤나미스' 개념의 분석을 비롯한 여러 개념들을 분석하면서 고대 철학의 역동성을 발견해 나갔다고 할 수 있을 것이다.

소은은 근대 철학자들을 다음 두 부류로 구별하고 있다.

1) 우연이 필연화된다고 생각하는 사람들: 스피노자, 헤겔, 니체 등등.

2) 필연의 근저에는 필연성을 넘어서고 그것보다 더 우월한 우연이 있다고 생각하는 사람들: 칸트, 신칸트학파의 여러 사람들, 생의 철학자 베르그송, 실존철학.

니체를 1)에 넣는 것과 칸트 및 신칸트학파를 2)에 넣는 것은 많은 검토를 필요로 한다. 니체를 2)에, 칸트 및 신칸트학파를 1)에 넣는 것이 나을 것이다. 단, 칸트 및 신칸트학파는 스피노자와 헤겔처럼 우연을 완전히 필연화하는 철학이 아니다. 사람들마다 다르지만, 물자체의 차원을 인정하기 때문이다. 그렇다고 소은처럼 이 물자체의 차원을 우연으로 보는 것도 적절치 않다. 그렇게 본 사람들은 니체와 베르그송, 실존주의자들이다.

## 4절·근대 존재론 비판

소은은 서구 근대 철학을 명시적이지는 않지만 두 갈래로 나누어 본다. 하나는 갈릴레오 등에게서 출발한 실증적 전통이고 다른 하나는 데카르트 등에게서 출발한 사변적 전통이다. 물론 이런 구분은 매우 거친 구분이 되겠지만, 소은은 대체적으로 데카르트와 그를 잇는 독일 이념론을 비판적인 눈길로 바라본다. 이는 "데칸쇼"(데카르트, 칸트, 쇼펜하우어)와 실존주의로 대변되는 소은 당대의 철학과의 일반적인 분위기와도, 또 헤겔과 마르크스를 중심으로 하는 변증법적 분위기와도 다른 소은 고유의 시선이라 할 수 있다. 그렇다고 그가 영미적 형태의 과학철학이나 분석철학을 지향한 것도 아니다. 소은은 플라톤을 중심으로 하는 그리스 존재론을 근본 축으로 삼고 그가 추구한 '프라그마타', '데이터'의 철학에 입각해서 철학사를 바라본다. 다시 말해, 좁은 의미에서의 철학 사조/전통이 아니라 과학과 철학이 혼효하고 있는 사유의 전통—담론계의 실제 분류에서는 존재하지 않는 어떤 전통, 즉 비-전통적 전통, 비-사조적 사조—에 주목한다. 이 때문에 독일의 사변적 철학이나 영미의 분석적 철학보다는 프랑스의 실증적 철학에 주목한다.[17] 소은은 근대 이후에 성립한 '과학'과 '철학'이라는 이분법에는 전혀 눈길을 주지 않는다. 그는 일차적으로 철학보다는 오히려 과학들에 주목하며, 과학들 전반을 정초할 수 있는, 당대까지의 과학적 성과들 전반과 정합적인 존재론만을 진정한 존재론으로 간주한다. 이런 소은의 존재론관에 부합할 수 있는 존재론자는 매우 드물며, 소은은 베르그송이야말로 바로 그가 생각하는 의미에서의 존재론자라고 본다.

소은은 이런 시선에 입각해 특히 근대의 내면적 철학들(의식의 철학, 반성의 철학, 주체성의 철학)을 비판한다. 그러나 아쉽게도 소은이 근대 철학자들에 대해 본격적으로 분석한 글은 없다. 다만 데카르트, 칸트, 헤겔 등이 강의록들의 중간에 가끔씩 언급되고 있을 뿐이다. 근대의 "관념론적인" 철학들에 대한 소은의 비판은 다음의 칸트 비판에서 두드러지게 나타난다.

> 인식 주관은 어떤 의미에서도 대상화되지 않는 것이야. 그래야 진정한 인식 주관이 될 것 아냐? 어떠한 의미에서도 대상화되지 않는 것, 아까도 말했듯이 모든 대상을 다 빼버리고 난 나머지야. 그래야 모든 것이 들어가지. 칸트처럼 선험적인 형식이 들어 있다고 하면 그것에 맞는 것만 들어갈 것 아냐? 현대 수학이니 다른 것, 그 형식에 맞지 않는 것은 모른다는 얘기가 돼. […] 그러니까 모든 대상화될 수 있는 것은 다 빼버린 나머지가 진정한 인식 주관이야.(「철학이란 무엇인가?」, III, 104~105. 인용자 강조)

17) 사실 이는 적절하지 않은 생각이라고도 볼 수 있다. 소은이 추구하는 비-전통적 전통은 독일이니 프랑스니 영미니 하는 언어권/국민국가의 분류와도 무관하기 때문이다. 다만, 소은은 근대 철학의 흐름에서 소은이 추구하는 형태의 철학이 꾸준히 이어져 온 갈래는 프랑스의 실증적 형이상학(베르그송이 그 대표이다)의 갈래라 보고 있다.

칸트 이래 많은 철학자들이 칸트를 비판해 왔고, 헤겔과 마르크스의 변증법적 비판, 니체와 베르그송의 생성존재론적 비판, 후설과 하이데거 이래의 현상학적-해석학적 비판 등이 대표적이다. 이들이 거의 공통으로 지적하는 것은 칸트에서의 '선험적 주체'의 고착화된 구조 및 선험적인 것에 대한 형식주의적 이해이다. 소은 역시 이런 비판의 흐름을 잇고 있다. 인식의 가능조건을 의식의 구조에, 그것도 고정되어 있는 구조에 한정시킬 경우 진정한 의미에서의 '새로움'에 대한 파악은 불가능해지고, 이는 곧 학문의 역사를 인식론적으로 이해할 수 없게 만들어버린다는 것이다. 소은의 철학은 '프라그마타'/'데이터'의 철학이다. 소은에게서는 객관으로부터 우리에게 다가오는 것이 우리의 주관을 변형시키는 것이지, 우리의 주관의 틀이 그것을 구성해버리는 것이 아니다. 이 점에서 소은의 철학은 칸트의 그것과는 거의 대척점에 존재한다고 하겠다.

그러나 칸트에 동정적으로 이해할 경우, 우리는 칸트가 『순수이성 비판』을 쓰기 전에 현상세계 중에서 물리세계에 대한 연구를 상당 수준으로 행했다는 사실을 잘 음미해 보아야 한다. 칸트는 『순수이성 비판』의 인식론을 우선적으로 구성해서 그것을 과학들에 독단적으로 투영한 것이 아니다. 그 자신이 과학자로서 물리세계는 '~하다'라는 존재론적 인식 아니면 적어도 입장에 도달한 후에, 달리 말해 과학들을 전제하고서 나아가 그 자신이 과학들에 참여하고서(실제 과학사에서 그의 이름은 '칸트-라플라스 성운설'에 남아 있다), 그 후에 그 성과들을 근거로 '인식' 자체를 다루기 시작한 것이다. 이런 과정은 오히려 소은이 생각하는 인식론 개념에 부합하는 것이다.[18] 칸트 역시 '프라그마타'에 충실했고, 그것에 걸맞는 인식론을 구성한 것이다. 그러나 그의 사유가 새로운 '프라그마타'의 출현 가능성—단순히 새로운 자료가 아니라 기존의 인식-틀을 바꿀 수밖에 없도록 만들 근본적으로 새로운 자료—을 고려하지 않고 고착적인 의식의 틀을 구성한 것은 사실이다.

소은은 헤겔 역시 '프라그마타'에 충실하지 못하고 사변을 일삼은 철학으로서 비판한다.

> 헤겔이 『논리학』에서 말하는 '순수한 존재'에는 '순수'라는 말이 이미 들어 있거든? 요컨대 '순수'를 갖고 하는 거야. '순수한 존재'나 '순수한 무규정성'(reines Apeiron)이나 '순수한 무'(reines Nichts)나 모두 '순수'인 것은 마찬가지야. 그러니까 존재건 무건 '순수'인 것에 요점이 있어. […] '순수'에 요점이 있지만, 그 '순수'라는 것 자체가 존재의 기본적인 정의 혹은 규정이 될 수 있느냐 그것이 문제야! 그러니까 빗나가면 곤란하다는 얘기야.(「아리스토텔레스의 우시아」, III, 21)

---

18) 칸트는 이 인식론을 전개하는 과정에서 그가 그 전에 도달했던 실증적 인식이 세계 전체가 아니라 현상계(특히 물리계)일 뿐임을 명시하게 된다. 때문에 그는 그 세계의 나머지 반쪽인 본체계에 대한 사유로 들어가게 되며(그러나 그 탐구 결과가 통상 생각하는 존재론이 아니라 오히려 도덕으로서 나타난다는 점에 주목하자) 그 후 다시 그 두 세계의 연결고리가 되는 제3의 차원을 사유하게 된다(유기체들의 세계). 이로써 물리계, 생명계, 정신계라는 삼원 구조의 존재론적 구도가 완성된다. 결국 칸트의 사유는 물리계의 탐구→인식론적 정초→정신계 및 생명계의 탐구의 과정을 밟았으며, 결국 그가 도달한 존재론적 입장은 당대의 실증과학들과 일치하는 수준의 존재론이었다고 할 수 있다. 요컨대 칸트의 철학은 '존재론의 일부'(당대 과학들과 합치)→'인식론'→'고유의 존재론의 완성'으로 나아갔다고 할 수 있다.

그러나 이러한 비판 역시 좀 더 신중한 형태로 이루어져야 할 것이다. 헤겔의 『논리학』은 그가 실재 탐구(Realphilosophie)와 그 과정에 대한 반성(『정신현상학』)을 거친 후에 쓴 저작, 즉 '발견의 질서'가 아니라 '정당화의 질서'에 입각해 쓴 저작이다. 따라서 헤겔을 '프라그마타'를 결여한 사변적 사상가라고 비판하기보다는, 그가 자신의 '프라그마타'를 어떤 방식으로 개념화하고 이론화했는가에 대해 구체적인 검토를 해 보아야 할 것이다. 사실 '사변적 학문'과 '경험적 학문'은 사변과 경험을 섞는 정도에서의 차이를 가질 뿐이다. 모든 학문은 경험과 사변의 결합체이다. 헤겔의 경우 후자의 비중이 다소 과한 것은 사실이지만.

전반적으로 볼 때, 근대 철학자들에게는 자신들에게 주어지는 것들에 어떤 틀을 부과하려는 '입법자'적인 성격—중세가 무너진 세계에서 모든 것을 새롭게 '정초'하려는 성격—이 강하게 나타났던 것은 사실이다. 그리고 오늘날 탈근대 사상들에 의해 이런 식의 사유의 한계가 다각도로 드러난 것 또한 사실이다. 소은의 사유 역시 이런 흐름 속에 있다. 그러나 모든 사상은 일단은 그 사상이 배태된 그 시대에 입각해 이해되어야 하며, 그 이후에 다른 관점에서 그 한계가 비판되어야 할 것이다. 중세 철학과 근대 철학에 대한 소은의 비판은 앞으로도 좀 더 신중하게 검토되어야 한다.

사실 소은에게서 근대 철학에 대한 분석의 부재는 가장 아쉬운 대목이다. 소은은 중세 철학은 물론이고 근대 철학 전반을 그다지 중요한 것으로 평가하지 않았고, 때문에 그의 '서구 존재론사' 연구에서 아쉬운 비약이 나타난다고 할 수 있다.[19] 그러나 다행히도 이 부재를 대신해 줄 내용들이 존재한다. 그것은 바로 소은의 베르그송 강의로서, 베르그송이 보는 근대 철학에 대한 소은의 해설은 소은의 근대 철학 이해가 어떤 것인지를 잘 보여주기 때문이다.

---

19) 소은과의 대화에서 스피노자와 라이프니츠의 의미를 여쭈어 봤을 때 소은은 이들에게 별다른 의미를 부여하지 않았다. 그러나 20세기 후반에 이루어진 '스피노자 르네상스'와 '라이프니츠 르네상스'를 감안한다면, 이들의 철학 역시 보다 적극적인 독해의 대상이 되어야 할 것이다.

# 4부
# 베르그송의 존재론

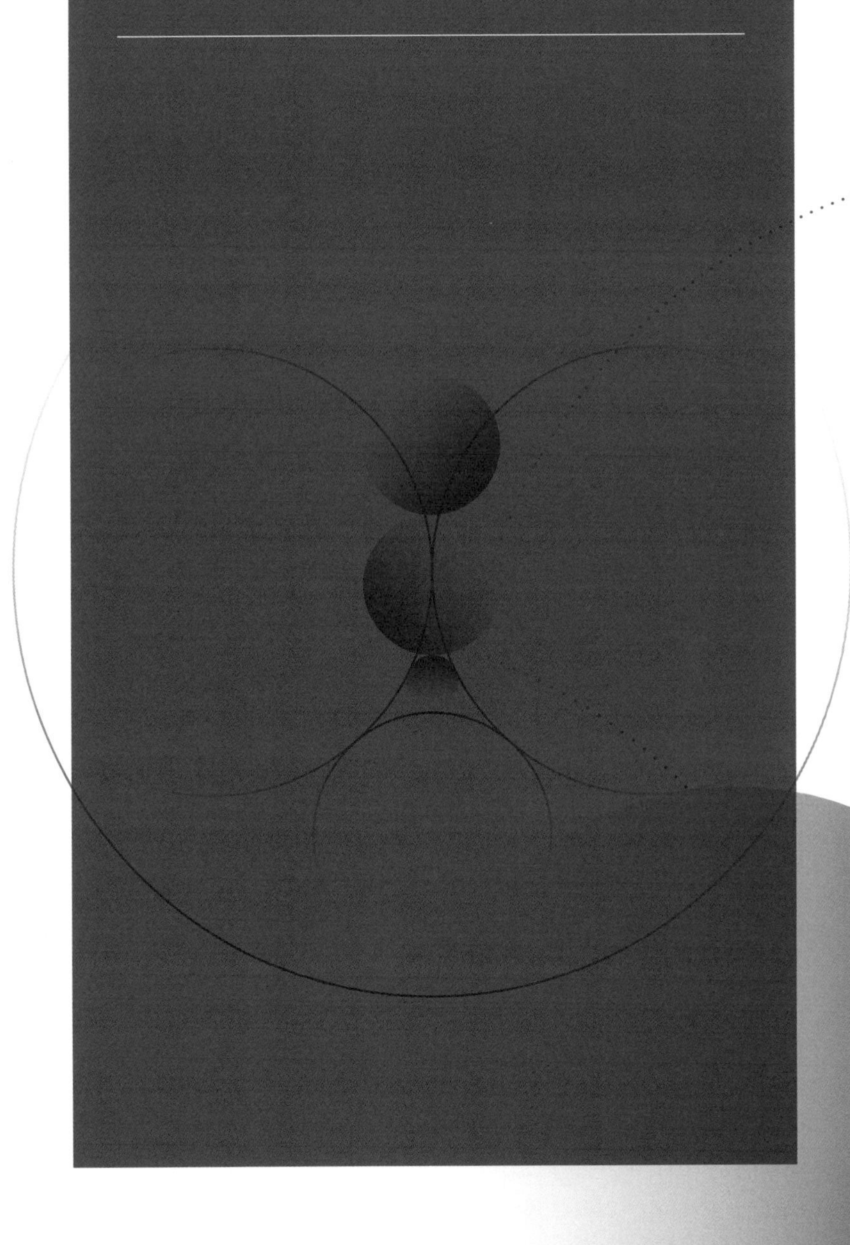

8장

# 서구 존재론사로부터의 탈주

이제 우리 논의의 마지막 지점이자 사실상 플라톤과 더불어 '소은의 서구 존재론사'의 두 축을 이루는 베르그송에 이르렀다. 〈소은 박홍규 전집〉의 마지막 권은 『베르그송의 『창조적 진화』 강독』이며, 이 저작을 통해서 소은이 바라보는 서구 존재론사의 한 귀결점에 이르게 된다. 베르그송 사유의 가장 큰 장점들 중 하나는 바로 서구 철학의 역사, 더 나아가 학문의 역사 전체를 바라보는 그의 넓은 시선에 있다. 그리고 그 전체를 그 자신의 핵심적인 문제의식—시간—에 입각해 일관되게 읽어내고 있다는 점에서 지성의 놀라운 경지를 보여준다.

『창조적 진화』의 4장은 베르그송의 이런 학문사 이해가 체계적으로 정리되어 있는 장이다. 따라서 이 장에 대한 소은의 독해를 통해서 우리는 지금까지 우리가 해 온 존재론사 논의를 베르그송의 시각에서 다시 한 번 재검토할 수 있는 기회를 가지게 된다. 아울러 베르그송과 소은이 서구 존재론사의 전통을 어떻게 극복해 나가는가를 확인할 수 있다. 지금까지의 서구 존재론사 논의에 다시 베르그송의 시각과 소은의 시각을 중첩시키면서 중요한 사항들을 확인하고, 다른 한편으로 그 중첩에서 나타나는 간극들이나 어긋남들을 찬찬히 음미해 보는 것은 서구 존재론사를 보는 우리의 시각을 보다 예리하게 만들어 줄 것으로 본다.[1)]

1) 베르그송에 대해서는 이미 『객관적 선험철학 시론』의 1부 보론 및 『신족과 거인족의 투쟁』, 2부, 4~6장에서 다루었다. 빈약한 반복을 피하기 위해 이하의 논의는 다소 높은 추상도를 유지하면서 진행할 것이다.

## 1절 · 고전적 존재론의 극복

베르그송의 사유가 서구 고중세의 사유와 맺는 관계는 그가 고중세적 사유의 알파요 오메가라 할 플라톤과 맺는 관계를 해명함으로써 그 윤곽을 드러낼 수 있다. 보다 추상적으로 접근할 때, 플라톤에게서 비로소 뚜렷이 정식화되는 그리스 존재론의 기본 원리들에 대한 베르그송의 비판적 시각을 통해서 서구 존재론의 대전환을 음미할 수 있다.

### 동일성과 차이생성

서구 존재론사의 요람에서 벌어진 사건, 서구 존재론사의 원점을 이룬 사건이 이 사유의 역사를 오래토록 모양지어 왔다. "파르메니데스"라는 사건이 그것이다. '파르메니데스 극복'이라는 면을 떠나서는 서구 존재론사를 이해할 수 없다. 하지만 우리가 물어야 할 것은 이것이다. '파르메니데스' 그리고 '파르메니데스 극복'이라는 사건은 일종의 존재론적 필연에서 유래한 것인가, 아니면 그리스 문명이라는 어떤 문명에서 일어난 역사적 사건일 뿐인가? 파르메니데스 극복이라는 존재론사의 흐름에는 어떤 이유가 있는 것일까? 아니면 그저 그리스에서 파르메니데스라는 사람이 우연히 태어남으로써 빚어진 결과일 뿐인가? 아마도 근본적으로는 후자로 답해야겠지만, 어떤 면에서는 다행스럽게도 이 역사적 우발성과 ('파르메니데스 극복'이라는) 존재론적 논리 연쇄는 일치한다. 다시 말해, 파르메니데스는 존재론의 한 극단을 제시함으로써 이후 이루어지는 그것의 극복의 역사가 우연이지만 또한 필연적이게도 논리적 순서에 따라 진행되도록 한 것이다. 이것은 "역사의 아이러니"가 아니라 차라리 '철학사의 행운'이라 해야 할 것이다.[2)]

파르메니데스 극복의 단초가 다자성과 운동의 긍정에 있었고, '후기 자연철학자들'이 각각의 방식으로 이를 수행했다는 점은 잘 알려져 있다. 하지만 소크라테스를 이어 논증적인 지식을 지향했던 플라톤에게 보다 중요했던 것은 에우클레이데스의 기하학이었다. 에우클레이데스의 기하학은 추상공간에 즉자적으로 존재하는 기하학적 다자를 명료화함으로써 논증적 지식을 확립했다. 파르메니데스의 일자는 모든 것이 하나로 수렴되어 원형으로 합동되는 세계이나, 에우클레이데스 기하학에서는 다양한 수학적 대상들(도형들)이 서로 똑같은 것들끼리만 합동을 이룬다. 또, 흥미로운 것은 닮은꼴들

---

2) 물론 이는 전(前)-파르메니데스 시대의 자연철학들을 전-존재론적 담론들로 간주하는 한에서이다. 또 하나, 헤라클레이토스의 존재를 감안할 경우 존재론의 출발점은 파르메니데스가 아니라 '파르메니데스 vs. 헤라클레이토스'라는 대립 구조로 보아야 한다고도 할 수 있다. 하지만 헤라클레이토스 사유는 반(反)파르메니데스적인 절대적 생성존재론이 아니기 때문에(오히려 베르그송의 사유가 바로 이에 해당한다), 이런 대립은 얼핏 보기만큼 인상적이지 않다. 또, 서구 존재론사는 '파르메니데스 극복'의 방식으로 진행되었지 '파르메니데스와 헤라클레이토스의 대결'의 방식으로 진행되지 않았다.

의 경우이다. 기하학의 역사가 잘 보여주듯이. 이로써 다자의 세계가 분명하게 모습을 갖추게 된다. 그러나 기하학과 달리 존재론은 필히 타자화의 문제를 다루어야 한다. 파르메니데스의 세계에서 존재와 무는 절대 모순을 형성한다. 운동에서는 이 절대 모순의 경계가 허물어진다. 존재와 무 사이에서의 경계 와해는 연속성을 도래시키고, 연속적인 타자화가 운동을 가능케 한다.

물론 파르메니데스 극복은 여전히 파르메니데스의 그림자 아래에서 이루어진다. 플라톤은 다자성을 긍정하나 결국 그가 찾는 것은 다자성들을 극복한 일자성이고, 생성을 긍정하나 결국 그가 찾는 것은 생성을 길들이는 본질들이기 때문이다. 그러나 보다 핵심적인 것은 이 일자성은 이미 다질화된 일자성이고, 이 본질들은 '뒤나미스' 개념을 매개한 역동적 본질들이라는 점이다. 플라톤이 파르메니데스를 극복하면서 세운 이 서구 학문의 이념은 오늘날까지도 그 영향력을 잃지 않고 있다. 본질의 추구란 한 사물의 고유한 자기동일적 내용이며, 그것을 타자들과 구분해 주는 것이다. 그것은 그 사물의 실존에서 본질을 구분해냄으로써, 즉 우발적이고 관계적으로 변해가는 사물에게서 '반복'과 '보존'에 의해서 드러나는 동일성을 잡아냄으로써 가능하다. 각 학문은 그 대상에서의 이런 동일성을 탐구하며, 존재론은 그런 동일성들의 전체 체계를 파악하고자 한다. 플라톤이 최고 단계의 학문으로 놓은 '변증법'은 바로 이런 체계의 파악을 목표로 한다.

하지만 아페이론을 혼란스러운 것, 타락한 것, 거기에서 보석을 발견해내야 할 모래와 자갈 같은 것으로 보는 눈, 그리고 발견해낸 '본질'들을 논리적 언어들, 변증법의 틀로 정리했을 때에만 사물의 진상을 드러낼 수 있다는 생각은 혹시 존재—생성으로서의 본질—에 대한 사유와 언어의 폭력이 아닐까? "사물들의 생성을 앞에 놓고서, 그리스 철학자들은 사유와 언어가 취하는 태도를 오류로 보기보다는 오히려 사물들의 생성에 문제가 있다고 생각했다."(EC, 313)[3] 이 말에는 베르그송이 전통 존재론에 던지는 시각이 압축되어 있다. 베르그송의 이 생각을 다음 두 가지 명제로 제시할 수 있다.

1. 존재만이 존재한다. 무란 없다. 그러나 사람들은 각인의 주관을 투영해('부정'의 논리에 입각해) 무를 만들어낸다. 나아가 사람들은 (대개 행동의 필요에 의해) 주관적으로 만들어낸 무를 실재에 투영해 세계를 본다.
2. 존재 = 실재는 차이생성—운동하는 연속성 또는 연속적 운동—이다. 그러나 사람들은 여기에 무를 개입시켜 불연속적 존재들을 만들어내며, 그 불연속적 존재들을 이어붙임으로써 본래의 차이생성을 설명할 수 있다고 생각한다.

"운동하고 정지는 [⋯] 데카르트 좌표의 X축과 Y축처럼 나간다는 거야. [⋯] 그러니까 Y좌표에 평행으로 아무리 그려 봐라. 만약 Y좌표를 공간좌표라 하고 X좌표를 시간좌표로 한다면, X좌표로 아무

3) EC = Henri Bergson, *L'Evolution créatrice*, PUF, 1907.

리 Y좌표에 평행으로 그려 봐. 그럼 시간 다 빠져버리는 것이지? 이건 그 이론이야. 시간하고 공간은 반대적(opposite)이다. 운동과 정지는 반대적이라는 이론이야. 이게 누가 말한 것이냐 하면 전부 플라톤이 한 소리야. 여기 철학은 『소피스트』편에서 존재론(ontologie)의 기초 이론이 딱 주어져."(「강독 18」, V, 423) 소은은 공간과 시간에 대한 베르그송의 분석을 x-좌표와 y-좌표의 구도로 풀어주고 있다. 이것은 『정치가』편에서 "신적인 정치가"를 논하면서 등장했던 좌표 이론(통합의 이론)의 구도이다. 소은은 공간과 시간은 좌표 자체를 달리하는 것이며, 서로 대립적임을 말하고 있다. 그러나 더 정확하게 말한다면, 베르그송에게서 공간과 시간은 대립적 존재가 아니다. 실재는 어디까지나 시간이며 공간은 그로부터 파생되는 것이기 때문이다. 베르그송에게 실재는 차이생성(différentiation)이며 동일성은 이 차이생성의 과정에서 파생한다.[4] 물론 이런 파생의 선험적 조건을 공간이라 할 때, 공간 역시 존재론적 실재이다. 그러나 이 경우에도 공간은 시간과 대등하게 설 수 없다. 『소피스트』편에 관련해서도 마찬가지이다. 여기에서 플라톤은 운동과 정지를 최상위 유에 나란히 포함시키지만, 베르그송에게서 운동과 정지는 결코 대등한 존재가

---

4) 플라톤에게서도 물론 차이생성은 존재한다. 그러나 차이생성은 반드시 동일성의 테두리 내에서만 이루어져야 한다. 지구가 태양을 돎으로써 매일 차이가 생성한다. 그러나 이 차이생성은 일정한 궤도를 이탈하지 않는다. 이와 유비적으로, '뒤나미스' 개념을 아무리 역동적으로 이해한다 해도(우리는 앞에서 소은의 해석을 보았다) 그것은 어디까지나 '에이도스'의 테두리 내에서 역동적이다. 대조적으로 베르그송의 경우, 동일성은 차이생성의 과정에서 성립한다. 그에게서 천문학적 동일성은 오히려 지속의 가장 퇴화된 형태를 보여준다.

아니다. 정지란 극한 상태(속도가 0에 수렴하는 상태)의 운동일 뿐이다. 그리고 그에게 개념적인 정지는 특히 인위적인 것이다. 좀 더 정확한 지적은 다음이다.

> 형이상학이 해결할 수 없는 아주 가장 아픈 곳을 찌른 것이지. [···] 에이도스는 전부 분류해 주지만, 최종적으로는 분류해서 다시 현실 세계로 돌아가는 데 연결시켜 주는 것이 운동이야. 다시 현실의 세계로 돌아가려면 운동이 연결시켜 주는데, 운동이라는 것은 어떤 것이냐면 개념화할 수 없고, 딱딱 끊어서 생각할 수 없고, 우리가 실제 거기서 살고 참여(engagement)하고 뭐하고 하는 속에서만 주어지더라는 거거든. [···] 단순히 분리해서(separate) 에이도스 분석만 하는 것은 형이상학의 절반이지, 종점은 아니야. 다시 현실로 돌아와서 연결시켜 줘야지.(「강독 18」, V, 424)

운동을 공간적 요소들로 분해하고 그것들을 다시 조합해 재현코자 하는 것("영화적 기법")은 실재=지속 사이사이에 무를 개입시킴을 전제한다. 베르그송은 실재가 지속임을 논증하기 위해 무란 없다는 것을 증명코자 한다. 그렇다면 베르그송은 파르메니데스로 재귀하는 것인가? 상황은 복잡미묘하다. 플라톤이 무—상대적 무 즉 '타자로서의 무'—의 존재를 증명코자 한 것은 "무란 없다"는 파르메니데스를 극복코자 한 것이었다. 상대적 무를 인정했을 때, 타자로서의 무 개념을 기반으로 다자가 인정되고 존재 사이사이에 깃든 무 개념을 기반으로 운동을 인정할 수 있기 때문이다. 베르그송은 무를 부정함으로써, 더 정확히 말해 무를 주관화함으로써(뱅상 데콩브는 "무의 인간화"라고 했다) 객관적으로-본-세계는 어떤 무도 없는 연속체임을 논증하려 했다. 하지만 이 연속체는 운동하는 연속체이다. 또는 연속적 운동체이다. 하지만 이상하지 않은가? 운동이 성립하려면 존재 사이사이에 무들이 끼어들어가야 한다. 어떻게 "운동하는 연속체"라는 개념이 성립할 수 있는가? 베르그송은 생성을 곧 질적 생성으로 생각한다. 새로운 질들의 계속적인 탄생으로 이해한다. 하지만 질들 사이에서는 무의 개입에 의한 불연속이 아니라 '상호 침투'가 일어난다. 베르그송에게서 상호 침투 개념이 중요한 것은 이를 통해 무들의 존재에의 개입을 통해서만 생성이 가능하다는 생각이 극복되고 있기 때문이다. 요컨대 베르그송이 무 개념을 실재에의 주관적 개입의 문제로 보는 것은 실재가 연속적인 질적 변이체임을 역설하기 위해서이다. 베르그송에게 실재는 '차이생성'이요 '연속적 변이'(variation continue)이다.

그럼에도 사람들은 왜 흔히 존재 앞에 무를 놓는가? 절대 모순인 존재와 무에서 존재가 무를 이기고 도래했다고 믿기 때문이다. 무는 존재의 터 같은 것이 되고, 존재는 이 터를 점령해 자리를 잡는다. 그래서 사람들은 "어째서 무가 아니라 무엇인가가 존재하는가?"라고 묻는다. 무는 설명의 필요 없이 전제되는 것이지만, 존재는 그 이유를 설명해야 한다는 듯이.[5] 그래서 사람들은 무를 더 강력하게 극

5) "존재(l'existence)는 내게 무의 정복으로 보인다. 나는 생각한다. [그 어떤 것도] 존재하지 않을 수도 있었을 거라고, 나아가 그래야 했을 거라고. 그래서 나는 무엇인가가 존재한다는 사

복하는 존재야말로 그만큼 '더 존재하는' 존재라는 생각을 하게 된다. 따라서 생성은 불완전한 존재이다. 생성이란 어떤 형태로든 동일성을 깨는 무의 개입을 함축하기에 말이다. 하지만 순수한 동일성(들)을 찾을 수 있다면, 확고하게 무를 물리치고 영원 속에 각인된 존재(들)를 찾을 수 있다면.—베르그송은 서구 존재론의 이런 단초 안에는 논리적인 것과 실재적인 것의 혼동이 깃들어 있다고 생각한다. 이것이 앞에서 인용했던, "사물들의 생성을 앞에 놓고서, 그리스 철학자들은 사유와 언어가 취하는 태도를 오류로 보기보다는 오히려 사물들의 생성에 문제가 있다고 생각했다"는 말의 또 다른 의미이다.

하지만 순수하게 경험적인 입장을 취해 보자. '무'(néant)/'부재'(absence),[6] '부정'(négation) 같은 개념들은 어디에서 연원하는가?

---

실에 놀라게 된다. 나는 모든 실재를 무 위에, 마치 양탄자 위에처럼, 펼쳐져 있는 것으로 표상하거나(따라서 우선 무가 있었고, 존재는 덧붙여짐으로써 도래했다), 아니면 무엇인가가 지속되어 왔다면 무가 그것의 기체(substrat) 또는 수용자로서 지속했을 것이라고(따라서 무는 그 언제든 존재의 앞쪽에 있어야 한다) 표상한다. […] 결국 나는 [존재하도록] 채워진 것은 텅 빈 화폭 위에 수놓아진 것이며 존재는 무 위에 포개어진 것이라는 생각, '아무것도 없음'(rien)에 대한 표상에는 '존재하는 무엇'(quelque chose)에 대한 표상보다 더 적은 것이 들어 있다는 생각에서 벗어나지 못한다. 이로부터 모든 신비가 시작된다."(EC, 276)

6) 『소피스트』편의 분석에 관련된 부분에서 보았듯이(2부, 6장, 1절), 절대무가 아닌 상대무는 곧 부재로 이해할 수 있다. 베르그송도 이 논법을 따른다. 그리고 이런 논법에서는 무와 부정은 상호 교환된다. 그리고 베르그송에게서 부정은 단지 긍정의 대립항인 것이 아니다. 이는 P와 ~P라는 형식적 관계가 전혀 아니다. 긍정은 순수한 지각 자체이지만, 부정은 대상에의 모든 인간적인 것의 투영이기 때문이다(긍정은 하나의 판단이지만, 부정은 어떤 판단에 대한 판단, 메타적인 판단이다). 일찍이 헤겔도 (베르그송과는 다른 방식으로) 지적했듯이, 인간적인 삶이란 부정을 통해서 성립한다. 부정이란 인간의 본질에 육박하는 개념이다. 어떤 텅 빈 방에 갔을 때 우리는 "아무것도 없군!"이라고 말한다. 이는 그 방에 공기가 차 있다는 사실을 몰라서가 아니다. 우리는 그 말을 통해서 사라진 사람들, 가구들 등에 대한 그리움을 또는 그 방을 채우고 싶은 우리의 기대를 표현하고 있는 것이다. 무/부정은 이렇게 인간의

과거에 대한 기억 능력도 미래에 대한 기대 능력도 없는 어떤 존재를 생각해 보자. 그에게는 오로지 현존(présence)만이 있을 뿐이다. 우리 주관에서 연원하는 기억과 기대를 접어놓고서 경험을 생각해 보자. 그것은 곧 현존에 대한 지각일 뿐이다. "영희가 없네?"라든가 "이건 어제 그게 아니잖아!" 같은 표현들은 어디에서 유래하는가? 경험에서 유래하는가? 아니다. 그것은 그렇게 말하는 사람의 주관, 기억(그리움, 후회/회한, 안타까움 등등)과 기대(기다림, 희망, 상상 등등)에서 유래한다. 그의 앞에 존재하는 것은 철수이며, 어제의 것과는 다른 무엇이다. 인간이란 무와 부정을 객관에 투영하는 존재, 무와 부정을 매개해 객관을 구성하는 존재이다.[7]

앞에서 다음 논리를 보았다. 생성에는 무/부정이 깃들어 있다.

---

본성인 욕망(désir)을 통해서 성립한다.

이러한 설명은 불완전한 것으로 느껴지기도 한다. 그렇게 이해한다 해도 "세계는 왜 존재할까?"라는 물음이 없어지지 않기 때문이다. 그러나 베르그송/소은은 이런 논리 전개 자체가 '지능'의 구조로부터 유래한다고 생각한다. "[왜] 있게 되느냐는 것은 지능이 주어진 것을 분석해서 그 이론을 끄집어내서 그 원칙하에서 어떻게 있게 되느냐를 논하는 것이지, 그 이전으로 소급해서 있게 되느냐 아니냐는 것은 논하지 않아."(「강독 14」, V, 318. 인용자 강조)

7) 그래서 무·부정에는 존재·긍정보다 더 적은 것이 아니라 더 많은 것이 들어 있다. "'존재하지 않는' 것으로 생각되는 대상의 관념에는 '존재하는' 것으로서 생각되는 그 대상의 관념보다 더 많은 것이 들어 있다. 왜냐하면 '존재하지 않는' 대상의 관념은 필연적으로 '존재하는' 대상의 관념에다 (주어진 상황에서의) 이 대상의 부재의 표상이 덧붙여진 것이기에."(EC, 286)

튜링머신은 애초에 부정을 긍정의 마이너스로 봄으로써(형식적 사유에서 긍정과 부정은 그저 A와 ~A, 0과 1(또는 1과 0)일 뿐이며), 위와 같은 측면은 애초에 배제된다. 그런 연후 튜링머신(/튜링 테스트)을 통해 인간을 재구성하고자 한다. 논의가 결국 피상적으로 흐를 수밖에 없는 이유가 여기에 있다. 가장 정확한 듯이 보이는 것이 가장 피상적인 것이라는 사실을 우리는 사유의 역사 도처에서 발견할 수 있다.

따라서 참 존재가 아니다. 무/부정을 솎아내고 순수 동일성을 이룬 존재야말로 참된 존재이다. 그러나 베르그송의 입장에서는 이렇게 말할 수 있다. 무/부정이란 주관이 객관에 투영하는 것이다. 위에서 논증해야 할 테마로서 제시했던 구절을 상기하자: "존재만이 존재한다. 무란 없다. 그러나 사람들은 각인의 주관을 투영해('부정'의 논리에 입각해) 무를 만들어낸다. 나아가 사람들은 대개 행동의 필요에 의해 주관적으로 만들어낸 무를 실재에 투영해 세계를 본다." 그렇다면 베르그송에게 실재란 무엇인가? 논의 과정에서 미리 말해버렸지만, 그것은 곧 차이생성이다. 두 번째 테마를 기억하자: "존재 = 실재는 차이생성—운동하는 연속성 또는 연속적 운동—이다. 그러나 사람들은 여기에 무를 개입시켜 불연속적 존재들을 만들어내며, 그 불연속적 존재들을 이어붙임으로써 본래의 차이생성을 설명할 수 있다고 생각한다." 불연속이란 세계의 객관적 속성이 아니다. 그것은 주관이 무/부정을 세계에 투영함으로써 생겨나는 주관적 속성이다.[8] 이 차이생성을 베르그송은 잘 알려져 있듯이 '지속'(durée)이라 부른다. 지속은 연속적 운동 또는 운동하는 연속성이다. 베르그송

---

8) 물론 세계에는 현상적인 불연속성이 존재한다. 사실 우리의 일상은 '이' 책상, '저' 소나무, '그' 정치인, … 등 거의 개체들로 이루어진 세계 속에서 이루어진다. 그러나 베르그송에게 있어 이 개체들은 결국 개체-화(individuation)의 과정을 통해서 성립한 결과들이다. 세계의 심층에서 우리는 개체'화'하는 그 과정 = 실재를 읽어내야 한다(베르그송은 세계의 표층에서조차 이런 과정을 보아야 한다고 말한다). 베르그송과 그를 잇는 철학자들에게서 '개체화의 문제'가 그토록 중요한 위상을 띠는 것은 이 때문이다. 질베르 시몽동의 『개체와 그 물리-생물학적 발생』, 『심리적-집단적 개체화』, 들뢰즈의 『차이와 반복』, 베르나르 스티글레르의 『기술과 시간』 같은 책들이 대표적이다.

에게 실재는 근원적으로는 연속적이며, 질적 다양체이며, 더 근본적으로는 절대적 생성을 가져오는 시간이다.[9)]

베르그송의 이상의 논의에 대해 소은은 다음 몇 가지를 지적한다. 첫째, 만일 무가 인간의 주관이 객관세계에 투영하는 무엇이라면, 이번에는 무의 실재성이 아니라 그 주관성을 설명해 주어야 한다. '무'와 '부정'은 인간의 주체성에서 어떻게 발생하는 것일까? 소은은 '자발성'과 '분열'을 언급하면서(「강독 18」, V, 440) 문제만을 제기하고 있지만, 다음과 같이 생각해 볼 수 있다고 본다. 주관에서의 무는 시간의 종합을 통해서 성립한다. 현재가 오로지 현재이기만 할 때 주체는 지각을 통해 대상을 받아들이거나, 축적된 습관에 따라 행동한다. 전자가 능동적 종합이라면, 후자는 수동적 종합으로서의 습관이다. 그러나 주체 — 무의식적 주체까지 포괄한 의미에서의 주체 — 의 현재는 한편으로 베르그송이 역설했듯이 늘 과거 전체와 공존하며(능동적 종합으로서의 'souvenir'와 수동적 종합까지 포괄하는 'mémoire'), 다른 한편으로 하이데거가 역설했듯이 미래를 예기하고 또 수동적 종합의 측면에서 영원회귀를 함축한다.[10)] 현재만이 존재할 때 주체는 오로지 '유'(有)만을 지각한다. 그러나 현재와 공존하는 과거와 미래는 현존하는 유와 대비되는 '무'(無)를 주체에게 끊임없이 도래시킨다. 이 무는 시간의 종합을 통해 삶을 살아가야 하는 주

---

9) 이정우, 『객관적 선험철학 시론』의 1부, 보론 1에서 베르그송의 지속 개념을 연속성, 다질성, 창조성이라는 세 가지 속성을 통해서 해명한 바 있다.

10) 베르그송에서의 기억의 문제는 『물질과 기억』에서, 하이데거에서의 예기 개념은 『존재와 시간』에서, 시간의 세 가지 종합의 문제는 들뢰즈의 『차이와 반복』에서 발견할 수 있다.

체에게 그 무에 대한 욕망을 가져온다. 또는 인간의 본성인 욕망은 이 무를 지향하게 된다.[11] 베르그송은 무를 논했지만, 이를 시간의 종합에 연결시키지 못했다. 들뢰즈는 시간의 종합을 논했지만, 이를 무에 연결시키지 못했다. 우리는 무와 시간의 종합을 연결시킴으로써 베르그송과 들뢰즈 사이의 빈 곳을 메울 수 있고, 결과적으로 소은의 물음에 답할 수 있다.[12]

또 하나 소은은 『필레보스』에 대한 논의에서 언급했듯이 플라톤의 경우 이데아들이 "mia idea"로서 독립-자존적으로 존재할 수 있으나 베르그송의 경우 하나의 실존에는 "전 우주가 관여한다"는 점을 지적하면서,[13] 베르그송에게서 '명제'가 어떻게 성립하는가를 묻고 있다. 베르그송은 "이것은 흰 고양이가 아니다"라는 부정판단에는 "이것은 검은 고양이이다"라는 긍정판단보다 오히려 '더 많은' 것이 들어 있다고 했거니와(긍정명제는 단순히 사실의 지각이지만 부

11) 무가 먼저이고 욕망이 그 결과인지, 아니면 욕망이 먼저이고 무가 그 결과인지는 스피노자, 헤겔, 사르트르, 라캉, 들뢰즈/가타리 등등과 관련시키면서 논의해 볼 만한 매우 흥미로운 주제이다.

12) 이런 구도에서 볼 때, 소은이 설명 없이 제시한 두 개념에 있어, '자발성'(spontanéité)은 주체가 대상을 지각할 때 작동하는 기억을 뜻한다고 볼 수 있고 또 '분열'(dissociation)은 주체가 정적인 동일성이 아니라 (들뢰즈 식으로 말해) "je fêlé"(균열되는 나)로서 존재함을 뜻하는 것으로 볼 수 있다.

13) "우리가 있기 위해서는 전체 우주가 다 있어야 돼. 그러니까 실존이란 것은 무슨 얘기야? [실존이란 항상] 다른 타자와의 관계에서 성립하는데, 특히 베르그송 철학은 실존의 철학이야. 왜냐? 한 사물을 독자적으로 딱 규정지을 수 없고 다른 모든 우주에 있는 사물과 연관해서만 규정이 돼. 어떤 기능(function)의 어떤 관계 속에서만 무엇이 주어져. 어떤 단위(unit)가 성립할 때, 플라톤 같은 에이도스 학설은 그것만으로 되지만 베르그송은 안 돼. 전체의 기능과의 관계 맺음 속에서만 어떤 단위가 딱 나와. 이것은 에이도스하고 완전히 다른, 정반대되는 학설이야."(「강독 20」, V, 452)

정명제는 긍정명제에의 주관의 개입이기에), 그렇다면 애초에 긍정명제 자체를 어떻게 말할 수 있는가 하는 물음이다. 이 물음은 사실 베르그송의 논의 자체에 관련해서 볼 때 다소 핀트가 엇나간 물음이다. 문제는 긍정명제와 부정명제 사이의 관계가 아니라 그것이 담고 있는 인간존재론적 함의이기 때문이다. 그러나 소은의 지적은 그 자체로서는 유의미하다.

> 이론적 공간이나 이런 물리적 세계의 공간이 따로 떨어져서 있지 않다는 걸 알아둬야 돼. 대단히 중요해. 왜냐하면 경험론자들은 [이론적 공간 같은 것은] 객관적으로 없다고 말하는데 그건 난센스야. 왜냐하면 단지 에우클레이데스 기하학을 생각해. […] 에우클레이데스 기하학이 연장성[extentionality]의 공간과 더불어 이론적 공간의 협력 없이는 성립하지 않아. […] 전혀[오로지] 연장성만 있어 봐라. 추상한다는 것은 난센스야. […] 추상적 공간하고 물리학의 연장성이나 이론적 공간이 항상 관계를 맺고 있기 때문에 구체적인 공간에서 어떤 질이 추상화되지. 만약 맺지 않았다고 해 봐라. 무슨 놈의 추상이야? 우리는 그런 것을 추상이라 하지 않고 뭐라고 말해? 허구(fiction)라고 해. […] 에우클레이데스 기하학에서 이론적 공간이 말하는 공간은 상상적인 공간이 아니라 연장성과 더불어 있는 공간이야. 그러니까 우리가 추상이라는 말을 써. […] 요컨대 모든 이론의 근본 이론은 공간의 어떤 객관성을 놓고 나가지 않으면, 공간의 어떤 연속성을 놓고 나가지 않으면, 객관적으로 공간의 연속성을 놓고 나가지 않으면 성립하지 않아. 공간은 우리가 분석을

해 보면 그 이론이 나와. 구체적인 공간에서 공간의 정도(degree)가 나와. 정도가 나와서 전부 다 연속이 되어 있어. 그 속에서만 우리가 무엇을 사고해. 이것은 대단히 중요해. 한 공간만 딱 떨어져서 어디 없어. 절대 그런 것은 성립하지 않아.(「강독 20」, V, 455~457)

본질과 생성을 함께 사유하는 것은 학문적 사유에서 매우 중요하다. 앞에서 소은이 플라톤적 '본질주의'를 어떻게 역동적으로 읽어내는지, '뒤나미스' 개념의 진정한 의미가 무엇인지를 여러 대목들에서 보았다. 그러나 '뒤나미스' 개념을 아무리 역동적으로 해석한다 해도 그것이 해당 에이도스의 테두리를 벗어나버리면 곤란하다. 이에 비해서 베르그송에게서 하나의 '기능'—플라톤·아리스토텔레스의 '뒤나미스'/'에이도스'에 해당한다—은 다른 모든 기능들과의 착종을 통해서만 성립한다. 그렇기 때문에 영국 경험론을 필두로 베르그송을 포함하는 경험론자들에게 각종 형태의 '본질'들은 결국 추상물들에 불과하다. 하지만 소은은 이 점에 대해 의문을 표하고 있다. 그러한 추상 자체가 이미 실재로서의 본질들에 의해 인도되고 있다는 것이다. 추상은 결코 자의적인 것이 아니라는 지적이다. 순전히 자의적이라면 그것은 '허구'일 뿐이다. 본질 개념을 단적으로 부정한다면 '명제'라는 것 자체도 성립하기 어렵다는 것이다. 이 대목에서 소은은 베르그송과 거리를 두면서 다분히 실재론적 입장을 취하고 있다.[14] 물론 두 가지 유보가 필요하다. 1) 소은의 논변은 자연과학적 탐구들의 양상을 이미 암묵적으로 전제하고 있고, 그런 양상들로 미루어 보건대 이론적 공간의 실재성을 인정할 수밖에 없음을 말하고 있다. 이 논변을 강화하려면 자연과학적 탐구들에 대한 실재론적 해석이 우선 확보되어야 한다. 2) 에우클레이데스 기하학을 예로 드는 것은 적절치 않을 수 있다. 에우클레이데스 기하학은 경험주의적 '추상' 개념으로 상당 부분 이해할 수 있기 때문이다. 오히려 현대 물리학 등에서 나타나는 고도의 심층적 공간구조(예컨대 리만 공간, 텐서 공간, 편미분방정식의 공간 등)를 예로 드는 것이 나을 것이다.

정리해 보자. 플라톤과 베르그송에게 공히 문제가 되는 것은 존재의 비-모순성(존재와 무가 공존하면서 존재가 스스로의 무에 대해 비-모순성을 유지하는 것)을 어떻게 확보하는가 하는 것이다. 존재의 모순성이 확립된다면(그 전형은 파르메니데스의 경우에 나타난다), 우리는 아무것도 할 수 없으며 우리가 지금 이런 세계에서 살고 있는 사실 자체가 이해하기 힘들게 된다. 존재의 비-모순성을 확보한다는 것은 우리의 삶을 이해 가능한 방식으로 근거지음을 뜻한다. 소은은 그 두 가지 핵을 플라톤의 정적 근거지음과 베르그송의 동적 근거지음으로 이해한다. 이는 결국 무를 어떤 식으로 취급하느냐의 문제이다.

---

14) 베르그송 자신 본질주의와는 다른 방식으로 경험에서의 항상성, 동일성, 동질성의 성립 근거를 탐구했다고 할 수 있다. 『의식에 직접 주어진 것들에 관한 시론』에서는 지속이 다소 배타적으로 강조되지만, 이미 『물질과 기억』 4장에서 이 점에 관한 탐구가 시도되고 있다. 논의의 실마리는 '유용성'(utility)에 있으며, 『창조적 진화』 2장의 '지능'에 대한 논의에 이르러 완성된다. 이 문제는 베르그송과 현상학 사이의 관계에 관련해서도 중요하다(베르그송의 경우 개체란 개체-'화'를 통해 이해되는 2차적 존재이지만, 후설의 경우 "개별자의 명증한 소여성"이 전제된다). 다음을 보라. 川瀨雅也, 『經驗のアルケオロジー』, 勁草書房, 2010.

존재가 있어야 돼. 부정은 존재에 대한 무의 기능이니까. 그러니까 제1차적 부정(primary negation)은 그것이란 말이야. 제1차적 부정은 존재가 있고 그것에 대한 부정이 있는 거니까, 요컨대 존재가 부정당하는 것이야. 그런데 그것은 모순이거든. 없는 것이 어떻게 해서 타자[있는 것]의 존재를 없애느냐, 이것이 모순이란 말이야. 그러나 그것을 인정하지 않으면 곤란하단 말이야. 그러니까 만약에 정적인 입장에서 본다면 무는 없어지고 존재만 남는데, 그 존재의 어떤 성격을 'Kath'hauto', 즉자적이라 그래. 'In itself'니, 'per se', 'en soi'라 하지. 그런 성격이 대상에 주어진다고 가정할 적에 그것이 쭉 우리의 이 현상계까지 연결되어 있는 한에서[parousia] 그것이 우리에게 인식이 돼. 그리고 추상이라고 하는 것은 요컨대 바로 그것이 연결되어 있는 선을 따라간다는 얘기야.(「강독 21」, V, 479)

정적인 입장에서 볼 때, 무는 없어지고 존재만 남는다. 무는 존재에 작동할 수 없기 때문이다. 결국 존재만이 존재하며, 이것을 '초월적 동일성'(즉자적 존재)이라 할 수 있다. 그러나 동일성은 현상계에로 연결되어 있는 한에서 인식의 대상이 된다. 그리고 현실로부터의 본질의 추상이란 곧 이 연결선을 따라서 이루어진다. 따라서 동일성의 초월성—무는 사라지고 존재만 남은 상태—자체만으로는 학문적 설명이 성립하지 않는다. 그리고 무는 오로지 '타자로서의 무'만이 가능하며, 무란 항상 어떤 존재자에 대한 다른 존재자의 상대적 무일 뿐이다. 결국 무의 문제는 존재자의 부재의 문제로 환원된다. 세계의 이해는 존재자와 그것의 부정으로서의 무, 그러나 사실상 어떤 타자가 엮어내는 변증법의 문제가 된다. 플라톤에게 '차이생성'이 있다면, 그것은 동일자와 타자 사이의 변별적 구조를 뜻한다. 하지만 이런 구조는 순수한 형태로는 나타나지 않는다. 그런 구조는 아페이론 속에 들어 있고, 때문에 세계에는 동일자와 타자의 체계를 벗어나는 생성들, 시뮬라크르들이 존재하게 된다. 플라톤의 사유는 시뮬라크르들의 차이생성—동일자들의 논리적인 차이생성을 무너뜨리는 어떤 미세하고 절대적인 차이들의 생성—을 떨어버리고, 현실적인 동일자들로부터 즉자적인 동일성들로 올라간다. 그래서 이데아는 저 아래 질료와 등급(grade)을 갖고 연결되어 있다. 그로써 존재의 위계를 형성한다. 그리고 무는 타자—수평적 타자만이 아니라 수직적 타자—가 되며, 그로써 존재의 비-모순성이 확보된다.

베르그송에게서 동일자이든 타자이든 명확하게 개별화된 존재들은 어디까지나 개별-화의 산물들로서만 존재한다. 따라서 그의 차이생성은 동일자와 타자의 차이화와는 판이한 그 무엇이다. 베르그송에게 실재는 항상 연속적 운동 또는 운동하는 연속성이며, 개별자들은 그 위에서 형성되는 존재들이다. 따라서 그에게 '타자로서의 무'는 객관적으로 존재하는 구조가 아니라, 이미 개별화된 세계에서 벌어지는 어떤 사건이다. 그것은 객관적 실재가 아니라 어떤 작용/기능에 의해 일어나는 사태이다. 이미 언급되었듯이, 무는 존재에 작용할 수 없다. 베르그송이 무란 인간적인 그 무엇이라 했을 때, 이는 무란 결국 인간의 부정'의 행위'에 의해 도래케 됨을 뜻한다.

존재에 대해서 아무런 영향력을 줄 수 없다는 것이 무의 특징이야.

부정은 무에 대해서 모순돼. 부정하고 무는 모순관계에 있다는 것을 알아야 돼. 부정은 존재를 없애는 것이고, 거꾸로 무는 존재에 대해서 아무것도 영향을 주지 않는다는 얘기야.[15] [···] 무를 정적으로 고찰하면 [주관의 행위로서의] 부정은 없어. 부정판단이 나오지 않는다는 것을 알아야 돼. 그러니까 객관적인 세계에서 만약에 모든 것이 정적이라고 가정을 하면, 무는 우리에게 [···] 인식되지 않아. 그래서 플라톤 같은 사람은 이데아는 무 속에 들어 있는데, 우리에게 가장 분명하게(clear) 주어진다 그래. 왜냐? 외부에서[객관적으로] 이데아를 방해하는 것이 없으니까. "Kath'hauto"라 그래. [하지만] 우리 경험적인 세계로 오면 자꾸 방황하는 것이 있어. [···] 외부의 세계[객관세계]에서 만약에 부정이 주어진다고 해 보자. [···] 그러면 외부의 세계에서 어떤 사물이 부정으로서 주어진다. 그것은 모순이 있다는 얘기거든. 무가 어떤 사물을 부정한다는 것은 결국 그 자체로서는 아까도 말한 바와 같이 모순이라고 해. [···] 그런데 베르그송은 외부의 세계[객관적 실재]는 플럭스지. [···] 무는 없다는 거야. 왜냐? 무가 있다면 반드시 거기에 대응하는 존재가 드러나야 돼. 그렇다면 플라톤의 에이도스 같은 것이 나와야 돼. 그런 세계는 없다는 얘기야. 그러면 존재와 무가 언제 맞부딪히느냐? 여기 자발성(spontanéité)에서만 가능해. [···] 그러니까 여기서 부정이 나오

---

15) 이때의 '부정'은 객관적 부정, 즉 B가 A의 타자인 한에서의 A의 무 즉 부정이라 할 때의 부정(지금까지 종종 이렇게 써 왔다)이 아니다. 베르그송이 논하는 맥락에서의 주체의 행위로서의 부정을 뜻한다. 이 경우 객관적 사태로서의 무와 주관적 행위로서의 부정은 모순된다('모순된다'는 표현은 다소 강한 표현인 듯하다. '성격이 크게 다르다' 정도가 적절할 것이다).

는 것은 우리의 작업(operation)에서 나와. 작업하는 방식이야. 지성(intelligence)을 가진 존재에 대해서만 나오지.(「강독 22」, V, 524~5)

플라톤에게 존재의 비-모순성은 아페이론으로부터 이데아들에 이르기까지의 존재론적 위계를 통해서 확보된다면, 베르그송에게서는 부정의 주관화('무의 인간화')로부터 확보된다.[16] 베르그송에게서 존재의 비-모순성이 확보되는 방식은 플라톤과 다르다. 존재의 비-모순성은 존재가 무와 모순을 이룰 때, 존재가 승리해야만 함을 뜻한다. 하지만, 지금 우리는 존재하는 세상을 따라서 이미 존재가 승리한 세상을 살고 있고, 따라서 여기에서 정확히 문제가 되는 것은 존재 안에서 작동하는 무(타자로서의 무, 부정으로서의 무)가 존재 전체와 어떻게 비-모순을 이룰 수 있는가 하는 것이다. 이에 대한 설명의 대조적인 두 형태를 플라톤과 베르그송이 보여준다고 할 수 있다. 플라톤에서 무는 1) 타자로서의 무, 즉 부정으로서의 무이며, 이는 결국 존재함의 한 방식이다. 결국 존재와 무란 동일자와 타자의 문제인 것이다. 2) 그리고 이데아에서 시뮬라크르로 '전락'하는 것은 이데아가 타자화되는 것으로 이해되며, 여기에서 부정이란 이데아의 완전

16) 그렇다면 주관과 객관은 모순되지 않는가? 주관과 객관의 모순이 해소되려면(그렇지 않을 경우 객관이 사라지거나 주관이 사라져야 한다), 양자의 (모순이 아닌) 대립을 가능케 하는 공통의 터가 존재해야 한다. 이 터는 유물론의 방식으로 주어질 수도 있고, 유심론의 방식으로 주어질 수도 있다. 항간에서 말하는 바와는 달리, 베르그송은 유심론보다는 유물론에 가깝다. 하지만 그는 정신을 물질로 환원시키려는 유물론과는 거리가 멀다. 그에게 물질과 정신은 생명의 두 추상물에 불과하다. 그는 물질과 정신이라는 양극을 생명의 성격을 띠는 실재에로 통합해 가는 스피노자적 존재론자인 것이다.

성에 대한 부정으로 이해된다. 그 결과 위계적인 세계관이 도래해 존재의-비-모순성이 확보된다. 베르그송의 경우는 1) 부정은 주관의 소관으로 이전된다. 세계를 분절해 동일자와 타자의 놀이로 파악하는 것은 결국 인간 주관이다. 2) 객관적 무는 오로지 생성 속에 존재하는 무로서 지속은 이 무를 매 순간 메우면서, 존재와 무의 경계선을 매 순간 무너뜨리면서 '존재의 충만성(plénitude)'을 이룬다.

## 충족이유와 우발성

전통 존재론은 충족이유율을 기반으로 사유를 전개했다: 모든 것에는 이유가 있다. 이는 다음과 같은 물음들로 표현된다. "x는 어째서 없지 않고 있는가?"[17] "x는 왜 다른 것이 아니라 x인가?" 요컨대 "x는 왜 존재하는가, 또 왜 달리가 아니라 바로 이렇게 존재하는가?" 무엇인가가 존재한다는 그것이 자신의 무/모순을 극복하고서 존재함을 뜻한다. 이는 곧 그것의 '존재'를 정당화해 주는 이유(ratio existendi)가 반드시 존재해야 함을 뜻한다.[18] 이는 곧 x가 다른 어떤 것도 아닌

---

17) 이 물음을 세계 전체에 대해 적용할 경우 "어째서 무가 아니라 무엇인가가 존재하는가?"가 된다.

18) 라이프니츠의 경우, 이는 "모든 참된 명제는 분석적이다"라는 원리로 표현된다. 한 모나드에 대해 참인 모든 명제는 분석명제, 즉 그것의 완전개념(notion)으로부터 필연적으로 연역되어 나오는 명제이다. 따라서 한 모나드의 '존재 이유'(raison d'être)는 그것 안에 내장되어 있다.

x 자신임, 즉 x의 '자기동일성'이 확보되어야 함을 말한다. 그리고 이 자기동일성은 현상적인 타자화 가운데에서도 꿋꿋이 그 본성을 잃지 않아야만 자기동일성일 수 있다. 현상적으로 타자들과 엉켜 있다 해도(이 차원에서는 동일성도 충족이유율도 성립하지 않는다. 모든 것은 관계의 생성에 따라 변해 간다) 본질적 차원에서는 자기동일적인 그런 존재가 충족이유를 가진다. 하지만 절대 동일성의 세계(파르메니데스의 세계)에서는 역설적으로 다시 충족이유가 파기되어버린다. "다른 것이 아닌 바로 그"라는 개념 자체가 소멸되어버리기 때문이다. 따라서 충족이유율은 절대 존재와 절대 생성이라는 이분법을 벗어나 "kath'hauto on"과 그것의 타자성을 함께 사유할 때 성립한다. 타자들과 관계 맺음'에도 불구하고' 또 생성하고 있음'에도 불구하고' 그 동일성을 유지하는 존재들에 대해서 충족이유율이 성립한다. 이때 비로소 다자들의 동일성 및 운동 과정의 동일성을 사유할 수 있다.

베르그송은 '본질' 위주의 사유를 '실존' 위주의 사유로 전환코자 했다. 소은의 용어로 하면 '기능' 위주의 사유를 전개하고자 했다. 소은이 기능이라 칭하는 것은 플라톤의 자기운동자 개념에서 유래한다. 플라톤이 운동을 이데아의 그림자와도 같은 것으로 폄하하고 부동의 이데아들만을 강조한 것은 아니다. 교과서적인 플라톤이 아닌, 말년의 성숙한 플라톤이 존재한다. 플라톤이 고민했던 것은 운동 자체의 동일성을 찾는 것이었다. 이는 곧 운동 그 자체에 충족률을 부여하는 길이다. 바깥에서 동력을 얻는 운동이 아니라 내부적인 동력을 통해서 스스로 운동을 유지해 가는 존재가 '자기운동자'이다. 자기동일성을 유지하는 운동은 그 운동을 다른 타자로부터 받아들이는 것이 아니라 스스로의 힘으로 행한다. 그래서 그것을 '자기운동자'라고 말한다. 이 자기운동성이 훗날의 '자발성'이 된다. 이 자기운동자(heauton kinoun)가 곧 생명=영혼이다. 또, 플라톤에게서 이 자기운동자는 자기동일성을 유지하기에 영원하다. 즉, 생명=영혼은 불멸이다.

베르그송에게 이르러 이 자기운동자는 '자기차생자'로 화한다. 자기운동자도 자기차생자도 동일성과 차이생성을 화해시키고 있다. 하지만 전자에서 차이생성은 동일성에 오롯이 통어되며 '동일성과 차이의 동일성'의 논리에 따라 자기동일성이 유지된다. 그리고 이 논리는 훗날 헤겔에게로 이어진다. 하지만 베르그송에서 동일성은 오로지 차이생성을 따라가면서 성립하며 '동일성과 차이의 차이'의 논리에 따라 자기차이화한다. 자기차이성(différence avec soi)은 생명의 기본 논리로 파악된다. 전자의 경우 동일성의 테두리 내에서 차이생성이 이루어지지만, 후자의 경우 차이생성이 이루어질 때 동일성은 그 뒤를 따라가면서 차이들을 수습한다. 그리고 그런 수습이 실패할 경우 생명은 끊어진다. 이는 곧 충족이유와 우발성의 문제에 연관된다.

> 정적으로 보면 우연이라는 것은 하나의 예외자이죠. 99퍼센트가 그런데 하나가 다르다는 것입니다. 그러나 동적인 입장에서 보면, 정반대의 이론이 나옵니다. 나머지의 1퍼센트가 문제가 아니라, 99퍼센트가 모두 변치(變置)뿐인데, 즉 다른(different) 것뿐인데, 다

른 것은 그 이면에 비슷한 것이 있어서 [동일한 것이란] 그 비슷한 것을 주워 모은 것이라는 이론이 나옵니다.(「고별 강연」, II, 40)

베르그송은 생명 개념을 물질 개념과 맞세워서 사유한다. 이는 곧 열역학 제2 법칙과 진화론의 대결이기도 하다. 베르그송에게 생명이란 편안하게 주어진 불멸의 영혼을 가지고서 살 수가 없는, 살기 위해 끝없이 투쟁해야 하는 존재이다. 이 투쟁을 위한 두 가지 조건으로 소은은 '조절 기능'과 '기억'을 든다. 생명체는 변화하는 환경에 맞서 끝없이 스스로를 조절해 가야만 하며, 또 계속 변해 가는 스스로를 흩어지지 않도록 잡아야 한다. 전자는 공간적인 자기차이화이고 후자는 시간적인 자기차이화라 할 수 있다. 이렇게 차이생성을 겪으면서도 그것을 동일성으로 정돈해야만, 달리 말해 동일성을 상실하지 않기 위해서도 스스로의 동일성을 바꾸어 나가야만 하는 존재가 생명체이다. 따라서 이는 생명체의 어떤 특권적인 순간, 이상태를 중심에 놓고서 사유하는 아리스토텔레스적인 목적론과는 판이한 사유이다. 생명체란 늘 어떤 상황에-처하는 존재이고, 시간 속에서 자신의 '실존'/'생존'을 끝없이 수선해 나가야 하는 존재이다.[19]

---

19) 이는 특히 인간에 있어서 그렇다. 다른 동물들에게서 자발성은 '본능'의 형태로 주어진다. 연어 등의 경우에서 확인할 수 있듯이 본능은 참으로 불가사의하다 싶을 정도의 자발성을 보여준다. 동물들의 본능은 '자기운동자'의 개념에 더욱 근접한다. 인간의 경우 이런 본능의 능력이 매우 약하기 때문에 오히려 '자기차생자'로 더욱 나아가게 된다. 인간이 문명을 구축할 수밖에 없는 소이가 여기에 있다. 인간은 '조형적인'(form-giving) 존재가 됨으로써만 스스로의 한계를 계속 초월해 가면서 살아갈 수 있다.

플라톤적 본질주의에서는 상황이 아니라 공간이 기본적이다. 공간적 동일성을 기본으로 해야, 즉 기하학을 기본으로 해야, 비로소 엄밀한 형태의 인식이 가능하다. 때문에 플라톤을 이은 서구의 과학 전통은 측정을 기본으로 한다. 측정해서 데이터를 뽑아냈을 때에만 과학적 법칙화/함수화가 가능하다. 측정이 가장 용이한 경우는 곧 공간의 경우이다. 공간을 잴 때보다 더 명료하게 양화할 수 있는 경우가 어디에 있겠는가? 하지만 베르그송에게 공간이란 시간의 역동성이 저하됨으로써 성립하는 것일 뿐이다. 생명의 '약동'이 빠질 때에만 공간적 동일성이 성립한다. 때문에 베르그송에게 질들은 근본적으로 잴 수 있는 것이 아니다. 질들은 서로 다르기 때문에 비교할 수 없으며,[20] 또 우리가 '하나의' 질이라고 부르는 것도 사실상 이미 등질화된(homogenized) 질에 불과하다. 우리는 "이 잎사귀는 붉다"고 말한다. 하지만 자세히 들여다보라. 충족이유율 역시 사물들에게서 작동하는 미세한 우발성들을 제거하고 그것들을 어떤 본질로 깎아 다듬을 때 성립한다. 베르그송은 본질이란 단지 '평균치'일 뿐이라고 말한다.

차이생성에는 항상 우연이 동반된다. 차이생성은 결국 한 존재가 타자들과 관계 맺음으로써 생겨난다. 하지만 그런 관계 맺음을 미리 결정하고 있는 법칙성은 없다. 라이프니츠가 모든 빈위들을 모나

---

20) 과학은 이 이질적인 존재들에 양을 억지로 부과함으로써만 양화할 수 있다. 사회과학에서의 억지스러운 양화를 상기해 보자. 또, 현대 자본주의는 모든 사물들에 화폐량을 부여함으로써 작동되고 있다. 모든 것을 양화하려 한다는 점에서 과학기술과 자본주의는 친연성을 가진다.

드 내부에 위치시킨 것은 바로 관계 맺음을 필연적인 것으로 사유코자 한 것이었다. 그러나 이는 받아들이기 어려운 생각이다. 흄이 강조했듯이 관계란 외부적이다. '관계의 외부성'이야말로 경험주의의 초석이다. 만약 충족이유가 가능하다면, 이는 한 존재의 변화 과정을 계속 따라가면서 그 경향을 읽어낼 때만 가능할 것이다. 이는 모든 것을 항상 시간에 입각해 보려는 태도이다. 베르그송이 말하는 '직관'이 바로 이런 방식의 인식이다.[21]

베르그송에게 필연적 인과란 대개 '사후적'(retrospective) 관점에 불과하다. 시간 그 자체에 충실할 때 세계는 우연의 연속이며, 새로움의 지속적인 창조이다. 하지만 인간은 사태가 이미 확정된 이후 거기에 사후적으로 인과를 부여함으로써 "이 사태, 이렇게 되도록 되어 있었던 거야"라고 말한다. 베르그송은 사람들이 세계를 필연적 인과를 통해서 보려 하는 것은 바로 이런 사후적 관점을 가지고 있기 때문이라고 역설한다. 베르그송의 '사후'는 프로이트의 그것과 다르다. 프로이트의 경우, 사후적 인식이란 무의식에 억압되어 있던 사건이 시간이 흐른 후에 어떤 계기를 통해서 발견되는 것을 말하며 원인과 결과의 시간적 전복에 핵심이 있다. 반면 베르그송에게 사후적 인식이란 시간의 흐름을 충실하게 따라갔을 경우에는 부여하지 않았을 필

21) 들뢰즈는 직관 개념을 명쾌하게 정리해 주었다. "규칙 1: 참과 거짓의 증거를 문제들 자체 내에 위치시키고, 사이비 문제들을 제거함으로써, 진리와 창조를 문제들의 층위에서 화해시키라. 규칙 2: 착각(illusion)과 싸워, 진정한 본성상의 차이들 또는 실재의 분절들을 찾아내라. 규칙 3: 공간에 입각해서가 아니라 시간에 입각해서 문제들을 제기하고 해결하라."(Gilles Deleuze, *Bergsonisme*, PUF, 1966, ch. 1)

연성을 과거에 투영하는 것을 말한다. 철수는 t라는 시간에 a로 갈 수도 있었고 b, c, d, …로 갈 수도 있었다. 그 순간 a로 가야 할 필연은 없었다. 하지만 철수는 a를 선택했다. 그 후에 그는, 이미 벌어진 사건들을 사후적으로 공간 위에 늘어놓은 후, 말한다. "그래 그때 나는 a로 갈 수밖에 없었던 거야." 이 점에서 이 논리는 결국 제논의 역설에서 확인되는 '시간의 공간화'의 양상론적 버전이라고 할 수 있겠다.

이런 생각의 밑에는 가능성과 현실성에 대한 일정한 전제가 깔려 있다. 바로 이런 생각이다: 무엇인가가 현실화된 것은 그것이 가능했기 때문이다. 만일 그것이 불가능했더라면 어떻게 현실화되었겠는가? 가능성이 있었기에 그것이 현실화된 것이 아닌가? Ex nihilo nihil fit! 하지만 베르그송은 철학의 역사 자체만큼이나 오래된 이 대전제를 파기한다. 이 전제는 다음을 함축한다: 무엇인가가 현실화되었다는 것은 그것을 현실화하게 해 준 제반 조건들이 완벽하게 갖추어졌기 때문이다. 하지만 베르그송이 볼 때 이 또한 전형적인 사후적 추론이다. 무엇인가가 현실화되는 과정의 사이사이에서 우연이 작동한다. 그것의 가능성이 완벽하게 갖추어진 것이 아니다. 중요 국면들에서 그 다음 단계는 가능할 수도 있었고 가능하지 않을 수도 있었다. 가능하기 때문에 현실화된 것이 아니라 가능성 그 자체가 시간 속에서 태어난다. 바로 진화 과정이 이를 잘 보여주지 않는가. 베르그송은 말한다. "시간이란 망설임 자체이거나, 아니면 아무것도 아니다. […] 시간이란 모든 것이 단번에 주어질 수 없도록 하는 것이다."[22] 시간 속에서는 항상 절대적인 의미에서의 창조가 이루어진다. "Creatio ex nihilo"로서의 창조도, 또 "모든 것이 주어졌다"—현실성이 반드시 가능성을 전제한다면, 이 세계의 현실적인 전개는 이미 가능성의 양상으로 완성되어 있었다는 이야기가 된다—는 대전제하에서의 창조도 아닌, 순수 내재적인 창조가. 시간에는 우연의 양상이 짙게 배어 있고, 이로부터 차이생성이 유래한다. 이는 동일성을 전제하는 차이들의 운동이 아니라 절대적으로 새로운 것의 탄생을 긍정하는 차이생성이다.

## 허무주의의 해체

서구 존재론이 허무주의에서 출발했다는 점은 잘 알려져 있다. 소은은 이 허무주의가 일반적인 허무주의—존재란 끝없는 생성이며 영원한 것은 어디에도 없다는 생각—가 아니라 전쟁에서 유래한 것으로 본다는 점을 앞에서 논했다. 전쟁을 포함해서 삶과 죽음의 모순관계는 인간에게 필연적으로 허무감을 가져온다. 허무주의는 절대 존재와 절대 생성이라는 양극에서 발생한다. 어떤 일도 벌어지지 않는 파르메니데스적 절대 존재의 상황도 어떤 것도 지속할 수 없는 '플럭스' 상태도 모두 허무하다. 특히 파르메니데스의 존재론이 무너진 이후 그리스에서 문제가 되었던 것은 생성의 허무주의였다. 서구

22) Bergson, *La pensée et le mouvant*, PUF, 1934, pp. 101~102. 다른 곳(EC, 341)에서는 "시간이란 발명(invention)이거나, 아니면 아무것도 아니다"라고 말하고 있다. 앞의 표현은 시간의 비결정성에 초점을 맞추고 있고, 뒤의 표현은 시간에서의 창조에 초점을 맞추고 있다.

존재론은 고르기아스의 테제를 극복하는 과정에서, 플라톤과 아리스토텔레스에게서 볼 수 있는 그 원형이 만들어졌다고 할 수 있다.

이미 충분히 논했듯이, 플라톤의 사유는 인식 주체의 자기동일성(앞에서 이를 "영혼이 자기 자신을 찾아낸 것"이라 했다), 인식 대상의 자기동일성(이데아), 그리고 이들 사이의 일치('노에시스'와 '노에마'의 일치)가 허무주의에 대한 플라톤의 응답이라 할 수 있다. 이 정적인 해결책과 더불어 플라톤에게는 동적인 해결책도 존재한다. 이는 곧 운동의 충족률을 인정하는 방향으로서, 아페이론의 동일성('자기운동자')을 토대로 생명의 철학을 구축하는 경우이다. "정적인 측면에서 보면 무한정자는 존재를 분열시키는 원인이 되지만, 동적인 측면에서 보면 모순을 극복하는 방파제"인 것이다.(「플라톤과 허무주의 극복」, III, 148) 그러나 반대 방향으로 나아가 '무로부터의 창조'와 예수를 통한 '대속'이라는 도그마를 대전제로 놓을 때, "대중을 위한 플라톤주의"(니체)인 기독교가 성립한다. 서구 문명은 이렇게 플라톤적-기독교적 관점을 통한 허무주의 극복이라는 초석 위에 세워져 지속되어 왔다.

14세기 이래 서양의 전통은 갖가지 맥락에서 흔들리기 시작했고, 18세기 계몽사상을 통해서 '근대'로의 전환이 마련된다. 19세기 정도가 되면 근대와 탈근대의 움직임이 복잡하게 착종되며 그 과정에서 허무주의의 기운이 강하게 뻗어 나오기에 이른다. 19세기의 철학은 이런 시대에 대한 응답들로서 등장했다. 칸트는 기계론적 물리세계와 도덕적 정신세계의 이분법을 구성한 후 그 사이에 유기체들의 세계를 끼워 넣음으로써 물질, 생명, 정신이라는 3원론적 세계를 구성했다. 그로써 학문, 도덕, 예술의 3원적 활동, 이른바 진·선·미가 삶을 구성하도록 만들었다. 헤겔은 칸트의 삼원 구도를 일원적 구조로 전환시킴으로써 '정신진화론'(spiritual evolutionism)이라 불러 볼 법한 진보론적 세계관을 마련했고, 그 꼭대기에 예술, 종교, 학문을 놓음으로써 19세기 전체를 지배할 거대 서사를 구축했다. 마르크스, 콩트, 스펜서는 각각 변증법, 실증주의, 진화론의 방식으로 이 구도를 비판적으로 이어갔다.[23] 그러나 이런 식의 거대 서사들은 이미 19세기 말에 이르러 그 한계를 노정하기 시작했고, 세기말의 허무주의의 팽배는, 매우 많은 요인들이 복합적으로 작용했지만, 이런 사정과 무관하지 않다. 니체는 누구보다도 이 상황을 예민하게 받아들였고 치열하게 사유했다.

허무주의는 어떻게 도래했는가? 니체는 세 가지의 생각이 모두 붕괴했을 때 허무주의가 도래한다고 본다: 1) 삶에는 어떤 목적, 이유가 존재한다는 것, 2) 세계에는 그 모든 부분들을 연결해 주는 조화와 섭리가 깃들어 있다는 것, 3) 생성을 넘어서는 어떤 영원한 것이 존재한다는 것. 이 세 가지 전제가 무너질 때 허무주의가 도래한다. 삶에는 어떤 목적도 이유도 없다. 그저 우발적인 사건들이 끝없

23) 정치적으로 마르크스의 변증법에 입각한 공산주의 이념과 콩트와 스펜서, 밀의 실증주의·진화론에 입각한 자유주의-자본주의 이념 사이의 각축이 이어져 왔다. '사회주의'라는 말은 그 의미론적 스펙트럼이 무척이나 넓어 모호함과 오해를 불러일으키는 용어이나, 어쨌든 공산주의에 더 가깝다 해야 할 것이다. 오늘날의 관점에서 본다면, 두 흐름 모두 19세기적 '거대 서사'의 성격을 띤 사상들이다. 1960년대 말에 일어난 새로운 형태의 사회사상들과 운동들은 이전의 흐름과는 다른 새로운 사유들과 실천들을 쏟아냈다.

이 이어질 뿐이다. 세계를 지배하는 섭리 같은 것은 없다. 그저 자연적 법칙성에 따라 흘러가는 세계가 있을 뿐이다. 생성을 넘어서는 그 어떤 것도 없다. '실재'라는 게 있다면 바로 생성이 실재이다. "생성이라는 실재가 유일한 실재로 다가오고, 저편의 세계나 허구적인 신성(神性)으로 향하는 온갖 형태의 샛길들이 금지되기에 이른다——그러나 사람들이 집착하는 이 세계는 이미 사라져버렸다."[24] 이는 곧 플라톤적-기독교적 세계관의 붕괴를 뜻하기도 한다. 니체는 서양의 역사가 앙심(세계/삶을 고통으로 보는 것), 가책(고통과 죄의식을 내면화하는 것), 금욕(고통을 벗어나고자 욕망-없음을 지향하는 것)이라는 유대적 가치에 의해 지배되어 왔음을 고발하면서, '생성의 무죄'와 생성하는 세계에 대한 인식('힘에의 의지'와 '영원회귀') 그리고 창조하는 삶에의 지향('초인')을 설파했다. 니체에게 생성은 허무한 것이 아니다. 오히려 생성의 긍정이야말로 해석, 조형, 창조의 전제이다.

베르그송에게는 허무주의에 대한 본격적인 논의가 없다. 『100주년 기념판』의 색인에 '허무주의' 항목은 없다. 그러나 우리는 베르그송의 철학 전체를 니체와 유사한 맥락에서의 허무주의 극복, 즉 실재로서의 생성——베르그송의 경우 '지속'——을 허무한 것으로서가 아니라 오히려 새로움, 열림과 창조의 조건으로 삼으려는 노력으로 이해할 수 있다. 베르그송에게서 창조는 두 가지 맥락에서 논의된다. 우선 창조는 세계 자체에 내재화된다. 세계는 절대적 새로움

24) Friedrich Nietzsche, *Kritische Studienausgabe*, herausgegeben von Giorgio Colli und Mazzino Montinari, de Gruyter, Bd. XIII, 1999, S. 48.

이 생성하는 장이며, 언제나 미래의 시간으로 열려 있다. 곧, '창조적 진화'이다. 다른 한편, 창조는 인간의 창조라는 맥락에서 논의된다. 그러나 후자의 경우도 전자의 맥락을 전제해서만 성립한다. 창조라는 것이 어떤 청사진을 만들어서 그것을 그대로 실현시키는 것이라면, 거기에 시간과 신체의 역할은 없다. 베르그송에게서는 인간의 창조도 반드시 지속을 통해서 이루어지며, 인간의 정신적인 것이 물질적인 것에 그대로 구현된다는 것은 있을 수 없다. 구현은 반드시 지속 안에서 신체를 통해서 이루어지며, 그 과정은 객관적인 지속의 리듬에 영향을 받기 때문이다.[25] 베르그송에게 중요한 것은 지속을 사는 것이고, 인간적인 행위들도 지속의 리듬을 따라갈 때 진정한 의미에서 성공적일 수 있다. 베르그송에게서 지속으로서의 세계는 허무한 세계가 아니라, 오히려 시간의 리듬을 타면서 새로운 삶을 창조해 나갈 수 있는 선험적 조건인 것이다.[26]

---

25) "조각그림들을 맞추어 하나의 전체 이미지를 재구성하는 놀이를 할 때, 아이는 반복함에 따라 점점 더 빨리 성공한다. 게다가 그 재구성은 아이가 상자를 열었을 때 완성되어 있었다. [...] 그러나 자신의 영혼의 밑바닥에서 하나의 이미지를 끄집어내 창조하는 예술가에게 시간은 더 이상 부수적인 것이 아니다. [...] 여기에서 발명의 시간은 발명 자체와 하나를 이룬다. 그것은 발명이 구체화됨에 따라서 변화하는 사유의 발전이다. 결국 그것은 생명적 과정이며, 하나의 관념의 성숙과도 유사한 어떤 것이다./ 화가가 캔버스 앞에 있고 그림물감이 팔레트 위에 있으며 모델이 포즈를 취하고 있다. 우리는 이 모든 것을 보고 있으며, 화가도 그리는 방식을 알고 있다. 그렇다고 캔버스 위에 나타날 것을 예측할 수 있겠는가?"(EC, 339~340. 인용자 강조)

26) 베르그송에게서 공간은 늘 시간과 대비적으로 논의되며, 주로 기하학적 맥락에서만 논의된다. 그러나 공간——더 정확히는 장소——도 시간과 유사한 방식으로 추구되어야 할 것이다. 예컨대 인간적 장소들의 구축도 모더니즘 건축에서처럼 기하학적 질서를 일방적으로 강요하기보다 주어진 대로의 자연적 장소의 리듬에 따라서 이루어져야 할 것이다. 아울러 기하학적 공간이 아닌 문화적 장소들을 사유할 때면 거기에 시간은 필수적으로 얽혀 들어간다(마

베르그송에 이르면 '허무주의를 극복하려는' 노력이 보이지 않는다. 그에게서는 허무주의란 이미 해체되어버렸기 때문이다. 그에게서는 오히려 생성이 없는 결정론적 세계야말로 핏기 없는 죽음의 세계인 것이다.

찬가지로, 시간 역시 그것이 추상적인 것에 그치지 않으려면 반드시 구체적인 장소들과 엮어서 논의되어야 한다). 베르그송적 이분법을 넘어 시공간 다양체/배치 — 자연과학적 맥락에서의 시공간 연속체가 아니라 구체적 삶의 맥락에서의 다양체 — 를 사유하는 것이 하나의 과제이다.

## 2절·근대적 결정론의 극복

일반적으로 근대적 사유는 고중세적 사유와 대비적으로 이해된다. 베르그송의 학문사 이해가 보이는 두드러진 특징들 중 하나는 바로 그가 고중세 사유와 근대 사유를 연속적으로 파악한다는 점이다. 여기에서의 연속성은 물론 상대적인 연속성이며, 당연히 고중세 사유와 근대 사유는 큰 차이를 보인다. 그러나 베르그송은 근대의 사유는 그가 말하는 시간 망각이라는 점에서 고중세와 큰 차이가 없으며, 사실상 고중세보다 그 정도가 훨씬 심하다고 본다. 그에게 근대적인 결정론은 사상사에서의 '괴물'(키메라)이다. 베르그송의 지속 이론은 이렇게 근대적 사유와의 뚜렷한 변별을 통해서 성립했다고 할 수 있다. 근대 사유에 대한 베르그송의 비판은 고전 역학적 세계상에 대한 비판과 근대 철학에 대한 비판으로 나누어 살펴볼 수 있다.

### 고전 역학의 결정론에 대한 비판

베르그송이 고중세 과학과 근대 과학—핵심적으로 문제가 되는 것은 '고전 역학'(classical mechanics)이다—을 연속선상에 놓는 것은 곧 두 과학 모두 베르그송이 파악하는 지능의 핵심적 특성을 공유한다는 것을 말한다. 과학적 인식—베르그송과 소은이 염두에 둔 근대 과학 특히 고전 역학—이란 현상을 공간화해 기하학적 공간 위에 올려놓은 후 그것을 조작하는 것을 기초로 한다.[27] 이는 곧 사물을 그 양적 측면에서, 공간적 측면에서 바라봄을 함축한다. 때문에 가장 일차적인 작업은 대상에 있어 양적으로 의미 있는 변항들을 잡아내어 그것들을 측정해 데이터를 구하는 것이고, 그 후에 그것들 사이에 함수관계를 찾아내어 수학적으로 공식화하는 것이다. 이 과정에서 공간적인 형상화가 동원되는데 가장 대표적인 것이 그래프이다. 이 모든 작업이 시간적인 변화를 공간화하고 양적으로 조작하는 과정을 전제한다. 사실 이는 지금도 마찬가지이며, 앞으로도 계속될 과학의 본질적 성격이다.

베르그송은 지엽적인 문제가 아니라 과학의 본질, 그 핵심을 정곡을 찔러 비판함으로써 새로운 존재론을 진수시켰다. 그러나 과학 자체도 시간에 따라 계속 변해 왔고 그 성격조차도 상당 부분 변했기에, 논의의 맥락을 분명히 하지 않으면 혼란스러울 수 있다.[28] 이 장

---

27) 사실 그 이전에 이루어지는 것은 대상의 획정(劃定)이다. 어떤 과학이든 그것이 다루어야 할 대상(소은의 용어로 '데이터')을 획정함으로써 성립한다. 그런데 이런 획정은 학문세계의 구조, 각 과학자들의 관심사, 당대를 지배하는 패러다임, 정치경제적 맥락 등 매우 다양한 맥락에서 성립한다. 소은은 과학적 탐구를 매우 순수하고 중성적인 그 무엇으로 이해하면서 다른 측면들은 배제하고자 하지만(「강독 26」, V, 600 이하), 이는 과학에 대한 추상적인 이해라고 해야 할 것이다.

28) 예컨대 베르그송의 말년에 발달한 양자역학은 베르그송적인 통찰을 상당 정도 포함하고 있으며(이는 루이 드 브로이의 저작들에 잘 설명되어 있다), 베르그송 역시 이 과학의 의의를 인지하고서 그에 공감을 표하고 있다. 베르그송이 상대성 이론은 비판하면서 양자역학에는 공감했다는 사실은 베르그송 철학의 성격에 대해 많은 것을 시사한다.

에서 논의될, 베르그송이 주로 비판하는 과학은 뉴턴으로 대변되는 고전 역학 그리고 이 역학의 패러다임을 다른 영역들에 적용한 과학들이다. 아울러, 베르그송의 형이상학은 과학 비판을 통해서만이 아니라 특정한 과학들—가장 중요한 것은 열역학과 진화론이다—의 흡수를 통해서도 성립했다. 지금의 맥락에서는 주로 고전 역학에 대한 비판을 결정론 문제에 초점을 맞추어 논한다.

앞에서 분석적 지능은 "영화적 착각"에 의해 작업한다는 점을 논했다. 운동 자체와 그것이 주파한 궤적은 다르다는 것, 부동의 단면들을 가지고서 운동을 재구성하는 것은 부질없는 짓이라는 것. 베르그송은 고대의 과학과 근대의 과학이 이런 영화적 착각을 공유한다고 본다. 고대적인 목적론과 근대적인 기계론을 대조시키는 상식적인 생각과 대조적으로, 그에게 두 과학은 그 근저에서 같은 원리에 따라 움직인다. 고대의 과학이 '장인의 관점'을 띠고 있다는 점은 잘 알려져 있다. 하지만 베르그송은 근대 과학 역시 이런 성격에서 벗어나지 못한 것으로 파악한다. 설사 과학이 잠시 순수한 인식을 목표로 매진하더라도, 거기에는 항상 실용적 목표가 내재되어 있으며 그것은 이내 현실화된다. 물론 고대 과학과 근대 과학은 차이를 보여준다. 베르그송은 이에 관련해 "고대인들이 물리적 질서를 생명적 질서로 즉 법칙들을 유들(genres)로 환원했던 반면, 근대인들은 유들을 법칙들에로 용해시키려 했다"고 말한다.(EC, 329) 생명적 질서는 개체성, 질적인 차이, 종과 유 등의 위계, 그리고 플라톤과 아리스토텔레스가 '형상' 개념을 통해 포착하고자 했던 특권적인 순간들로 이루어진다. 반면 물리적 질서는 비-개체성, 양적인 규정, 등질적인 공간, 근대 과학자들이 수학적 공식들로서 포착하고자 했던 규칙적인 운동으로 특징지어진다. 고대인들은 후자를 전자로 환원해 사유했다면, 근대인들은 전자를 후자로 환원해 사유했다.[29] 때문에 베르그송은 고대의 과학이 사물의 '특권적인 순간들'을 포착하고자 했다면, 근대의 과학—그가 염두에 두고 있는 것은 무한소미분이다—은 사물을 "어느 순간에서나"(à n'importe quel moment) 포착하고자 했다고 말한다.

고대 과학에서 사물들은 그 본질에 무게중심을 두고서 파악되었다. 다른 측면들은 그 본질을 둘러싸고 있는 것들이며, 본질로부터 떨어진 거리에 따라서 그 존재론적 위상이 결정되었다. 예컨대 인간은 이성적 동물이므로, 수학 문제를 풀 줄 아는 것이 노래를 부르는 것보다 더 인간 본질에 가깝다. 세계는 크고 작은 본질들이 질적으로, 불연속적으로 그러나 유기적 전체를 이루면서 분포되어 있는 곳이었다. 고전 역학에 이르러 탐구의 초점은 등질적인 물리세계에 맞추어지며, 연속적 운동의 순간 속도를 계산해내는 것에 몰두하게 된

---

29) "질(quality)을 빼놓고 연장을 연장되는 것으로서만 생각한다면 두 개의 물체(corpus)가 하나가 될 것 아냐?# 그러니까 아리스토텔레스가 그걸 방지하기 위해서 반드시 물체가 있는 거기에 그것을 통일해 주는 질이 나와야 된다는 얘기야.## 아리스토텔레스 이론이 그거야. 그래서 물리학은 절대로 수학은 아니라고 얘기해. 옳은 말이야. 아리스토텔레스 이론도 옳은 말이야. 그런데 어떤 문제가 생기느냐면, 그렇게 되어버리면 질에 대해서 수학을 못 쓴단 말이야. 그러면 아리스토텔레스 이론처럼 물건이 가지고 있는 운동을 질이 통제해야(control) 돼. 그래서 목적론 같은 것이 나와. 그러나 근세 물리학은 그것 다 빼자는 것 아냐? 실체적 형상(substantialis forma)을 다 빼자는 거야. 그래 가지고 플라톤으로 돌아가자는 거야."(「강독 14」, V, 332)

# 기하학적 합동이 된다는 뜻. 라이프니츠의 '식별 불가능자 동일성의 원리'와 연계된다.

## '실체적 형상'을 뜻한다. 근세 물리학에서 물체들을 위치와 질량을 가진 '질점'(質點)으로 환원한 것과 비교된다.

다. 이 점에서 근대 과학은 운동의 연속성을 정복했다고 할 수 있다. 시간을 무한히 분할해 $dx$로 포착했다는 것, 그리고 시간을 독립변수로 삼았다는 것(모든 운동은 시간에 대한 운동이다. 고전 역학의 교과서들에서 잘 볼 수 있듯이, 모든 변항들은 $\frac{dx}{dt}$의 형식으로 환원된다. 고대 과학에서 시간이란 본질이 실현되는 과정이거나 본질로부터 이탈되는 과정을 통해서 이해되었다), 몇 개의 변항들—기계론이 전제하는 변항들(위치, 질량, 속도 등)—을 가지고서 모든 물리적 운동들을 통일적으로 파악했다는 것, 결국 연속적 운동을 미분방정식을 통해서 파악했다는 것(후에 이 방정식들은 시각화되는데, 데카르트의 해석기하학이 그 실마리가 된다)에 고전 역학의 특징이 있다. 이런 과정을 통해 물리세계를 파악하는 근대 과학의 고유한 사유문법이 탄생하게 된다.

근대 과학의 성과에 대해 과장된 담론들이 존재해 왔다. 고전 역학의 패러다임을 통해 적절히 기술될 수 있는 것은 '질점' 개념이 시사하듯이 개체성이 전혀 문제시되는 않는, 양적인 규정성이 사태의 핵심을 드러낼 수 있는, 질적 차이를 무시할 수 있는 등질적인, 그리고 큰 규칙성을 보여주는 그런 영역일 뿐이다. 고전 역학이란 그런 영역 즉 단순한 고체들의 영역을 서술할 수 있는 몇 가지 새로운 언어를 개발해낸 데에 그 성과가 있다고 해야 할 것이다. 이는 분명 담론사의 큰 성과들 중 하나이지만, 특정한 영역을 분석하는 새로운 도구들의 발명이 그토록 과장되게 선전된 데에는 서구 문명이 비-서구 문명을 제압할 때의 상황, 물질적인 변형을 통해 부를 창출하려는 부르주아적 가치의 일반화를 비롯한 여러 상황이 관여되었다고 해야 하리라. 이 문제는 다른 맥락에서 상세히 다루어야 할 문제이거니와, 베르그송은 고전 역학 자체 내적인 문제점 즉 결정론의 문제점을 겨냥한다. 무한소미분을 통한 연속적 운동의 파악이라는 인상적인 성과에도 불구하고, 고전 역학의 체계는 시간의 공간화라는 지능의 본능을 한 치도 벗어나지 않는다. 고전 역학의 시간은 운동체의 궤적의 특정 순간들의 집합일 뿐, 생성하는 시간은 아니다. 이 시간은 어떤 등질적인 체계의 각 부분들 사이에서 성립하는 '동시성의 체계' 일 뿐, 우발적 질들의 탄생을 핵으로 하는 지속의 흐름은 아니다. "강 위에 띄엄띄엄 놓인 다리들이 그 아치들 밑을 흘러가고 있는 물과는 일치하지 않듯이, 과학은 생성의 유동적인 성격을 비켜간다."(EC, 338)

베르그송은 고전 역학적 체계를 부채의 비유를 통해 파악한다. 부채를 펼치기 전에 이미 그 안에는 그림이 다 그려져 있다. 이 체계에서 시간의 역할이란 다만 그 그림이 단번에가 아니라 차례대로 펼쳐지도록 하는 것뿐이다. 고전 역학에서의 시간의 역할이 그렇다. 나아가, 부채가 어떤 속도로 펼쳐지건, 아니 아예 한순간에 펼쳐지건, 심지어 부채를 펼친 상태에서 다시 거꾸로 접어도 그 안의 그림에는 하등의 변화가 없다. 마찬가지로 속도가 변해도, 아예 무한 속도가 되어도, 심지어 마이너스 속도가 되어도 고전 역학의 방정식에는 변화가 없다.[30] 베르그송은 이런 사유를 한 마디로 "모든 것이 주어졌

30) 수학적으로 볼 때, 이는 고전 역학의 공식들의 변수들이 모두 짝수의 지수로 되어 있기 때문이다. 고전 역학적인 결정론은 베르그송이 인용하고 있는 라플라스의 다음 말에 잘 나타나

다"(tout est donné)고 보는 사유로 파악한다. 앞에서 근대 과학이 시간을 독립변수로 삼은 것에 큰 의미를 부여했지만, 결국 고전 역학 체계에서 시간이란 흐름의 속도에 비상관적이라는 점에서 또 시간의 방향이 무의미하다는 점에서, 그야말로 완벽히 등질적이고 상대적인 것에 불과하다. 반대로 지속은 질적 생성 나아가 완전히 새로운 것의 창조의 선험적 조건이며, 매 순간순간—수학적 점과 혼동하지 않는 한에서의 순간들—이 의미를 가지는 절대적인 것이다.[31] 베르그송이 여러 곳에서 말했듯이, "우리는 설탕이 녹기를 기다려야 한다."[32] 요컨대 지속이란 결코 모든 것이 주어질 수 없게 만드는 시간인 것이다.

있다. "주어진 어떤 순간에 자연을 활성화하는 모든 힘들을 그리고 그것을 구성하고 있는 생명체들 각각의 상황을 인식한다고 가정된 지능은, 게다가 만일 그것[지능]이 이 소여들을 해석학(解析學)으로 풀 수 있을 정로로 거대한 것이라면, 우주의 가장 거대한 천체들로부터 가장 작은 원자들에 이르기까지의 운동들을 하나의 공식으로 잡아낼 수 있을 것이다. 그것에게는 그 어떤 불확실한 것도 없을 것이며, 그 눈 아래에는 미래가 과거와 마찬가지로 현전할 것이다."(EC, 38)

31) 여기에서 가장 예민한 문제는 시간의 이 '절대적인' 성격이 모든 사람들 위에 있는 어떤 것인지 아니면 사람과 사람, 아니 모든 존재자들 사이에서 상대적으로 나타나는 것인지 하는 문제이다. 누군가가 강둑에 앉아서 강물의 흐름, 새들의 비상, 사람들, 강아지들, 배들 등의 움직임을 바라본다고 하자. 지속은 초월적인 하나인가, 아니면 이 모든 존재들에 내재적으로 성립하는 하나인가? 이는 베르그송과 아인슈타인의 관계에 상관적인 문제로서, 들뢰즈는 여기에서 문제되는 것이 "시간이 하나인가 여럿인가의 물음이 아니라, 단일하고 보편적이고 비-인칭적인 시간(Time)에 고유한 다양체는 어떤 다양체인가?"라는 물음이라고 본다.(키스 안셀 피어슨, 『싹트는 생명』, 이정우 옮김, 산해, 2005, 67쪽) 베르그송의 시간은 주관적인 시간이 아니다. 하지만 그의 객관적인 시간은 모든 주관들이 형성하는 거대한 다양체를 떠나서는 의미를 상실하는 시간이다. 그것은 거대한 잠재적 다양체(virtual multiplicity)이다. 이 점은 앞으로의 논의 전체에 걸쳐 조금씩 드러날 것이다.

## 근대 철학의 결정론에 대한 비판

서구 근대 철학은 기계론적 세계관이 던진 파문을 철학적으로 어떻게 수습할 것인가를 둘러싸고서 전개되었다. 자연은 하나의 기계이다. 그렇다면 인간은? 신은? 새로운 모습으로 등장한 자연 안에서 인간이란 도대체 어떤 존재인가? 서구판 인물성동이론(人物性同異論)이 형성된 것이다. 여기에 서구 특유의 맥락, 즉 신학적 맥락이 가미되었다. 이런 식의 문제의식이 다름 아닌 기계론적 세계관의 창시자에게서 특히나 예민한 문제로서 나타난 것은 당연한 일이라 하겠다.

베르그송은 근대 철학의 중요한 한 분기점은 물리세계를 탐구하는 하나의 방법이었던 기계론을 존재론화해서 사물의 근본 법칙으로 실체화하려는 유혹이었다고 본다. 이 '보편적 기계론'은 다음과 같은 세계를 도래시켰다.

32) 베르그송에게 우주 안에서 일어나는 모든 부분적 운동들은 전체의-변화 즉 지속('전체-지속')의 단면들이다. 따라서, 부동의 단면들을 이어 붙인다고 운동-전체가 재생되는 것이 아니듯이, 부분적인 운동들의 총화를 표상해도 그것이 전체-지속의 창조적 진화와는 합치하지 않는다(제논의 역설은 바로 지속-전체를 추상공간 속의 닫힌 집합으로 표상해 놓고서 조작한 결과로 생겨난 것이다). 질적 변화와 무관한 부분적인 물리적 운동은 없는 것이다. "하지만[베르그송이 설탕이 녹기를 기다려야 한다고 했으나] 베르그송이 설탕을 저음으로써 용해가 빨라진다는 사실을 잊고 있는 듯이 보이는 것은 기이하다. 이것이 무엇을 뜻하는가? 바로 설탕 입자들을 분리시키고 그것들을 물속에 떠다니게 만드는 물리적 운동은 그 자체 […] 전체에 있어서의 변화를 [하나의 단면으로서] 표현한다는 것이다. 내가 잔 속을 젓는다면 설탕의 용해는 빨라지겠지만, 나는 또한 이제 이 젓는 행동까지 포함하는 전체를 변화시키고 있는 것이며, 가속된 운동은 전체의 변화를 계속해서 표현하고 있는 것이다."(IM, 19) IM = Gilles Deleuze, *Cinéma 1: l'image-mouvement*, Ed. de Minuit, 1983.

기계론의 본질적인 주장은 우주의 모든 점들[질점들] 사이의, 우주의 모든 순간들 사이의 수학적인 연계성[함수관계]에 대한 주장이기에, 기계론의 이성은 공간 속에서 병치되고(juxtaposé) 시간 속에서 계기하는 모든 것들이 응축되는 한 원리의 통일성 속에서 발견되어야 했다. 이때부터 사람들은 실재의 총체가 단번에 주어진 것으로 가정하게 되었다. 공간 속에 병치된 외관들의 상호적 결정은 참된 존재[실재]의 불가분성과 결부되었다. 그리고 시간 속에서 계기하는 현상들의 엄격한 결정론은 단지 모든 것이 영원한 것 속에 주어져 있다는 것을 표현할 뿐이었다.(EC, 348)

보편적 기계론의 이런 세계는 고대 철학의 세계와는 무척이나 달라 보이지만, 베르그송은 양 철학의 차이란 본질적이지 않다고 본다. 고대 철학(베르그송의 논의는 특히 아리스토텔레스를 염두에 두고 있는 듯하다)은 사물들의 생성에서 특권적인 점들—이상태들(the ideals)—에 주목했다. 그리고 그 특권적인 점들을 '본질'들로 포착했다. 사물들의 운동은 바로 이 본질의 실현을 축으로 이루어지는 것으로 이해되었다. 근대 철학—베르그송은 특히 17세기의 자연철학과 형이상학을 염두에 두고 있다—은 사물들의 특권적인 점들에가 아니라 어느 순간에서나 발견되는 법칙에 초점을 맞추었다. 전자가 질적으로 생성하는 생명체들의 본질에 주목한다면, 후자는 공간적으로 운동하는 물체들의 법칙에 주목했다. 베르그송의 눈으로 볼 때, 양자 모두 운동을 결정론적 구도에, 다만 한쪽은 목적론적 결정론 다른 한쪽은 기계론적 결정론의 구도에 복속시키고 있다.

하지만 물론 양자 사이에는 여러 가지 차이가 존재한다. 베르그송은 특히 데카르트가 날카로운 이원론에 빠지게 된 이유는 무엇일까를 묻는다. 고대 철학의 본질은 한 사물의 '뒤나미스'와 연계되며, 시간 속에서 성립하는 그것의 '생명'을 포착하고 있다. 하지만 근대 철학의 법칙은 필연적인 인과관계에 따라 움직이는 '기계'에 적합한 사유이다. 그것은 사물들이 드러내는 다른 질들은 무시한 채 오로지 그것들 사이의 양적 관계에만 주목한다. 또, 그렇게 함으로써 철저히 '관성'(inertia)의 존재로서 파악된 사물들은 반드시 외적인 동인을 요청하게 된다. 이때의 관성 개념은 '자기운동자'에서와 같은 내적인 운동이 아니라 철저히 외적인 운동에 의해서 뒷받침된다. 이렇게 되자 이제 이 모델에 잘 들어맞는 영역과 그렇지 않은 영역 사이에 날카로운 이분법을 세울 수밖에 없었다. 하지만 고대의 철학은 양과 질 사이에 그런 벽을 세우지 않았으며, 영혼과 신체 사이에도 그런 방벽을 세우지 않았다. 반면 기계론의 위세에 짓눌린 근대 철학자들은 이 두 항 사이에 '평행론'을 세우지 않을 수 없었다. 연장(extensio)과 사유(cogitatio)를 전적으로 다른 두 실재로 갈라놓은 후 그 둘을 관련시킬 방법은, 데카르트처럼 둘을 즉물적으로 잇거나 아니면 평행론을 제시하는 수밖에 없었을 것이다.

하지만 스피노자가 사유와 연장 사이에, 나아가 무한한 속성들 사이에 대등한 존재론적 위상을 부여했다면, 라이프니츠는 '유심론'의 입장을 취함으로써 연장이란 단지 부차적인 것으로 보았다는 점에 차이가 있다. 라이프니츠에게서 연장/신체란 한 모나드의 '관점'이 제약되게 만드는, 그 모나드가 신이 될 수 없게 만드는 어떤 장막 같은 것이다. 하지만 어느 경우가 되었든, 이들에게 모든 실재는 결국 신에게서 최종적으로 통합된다. 라이프니츠는 플라톤의 제작적 세계관을 물려받아 모나드들을 제작하는 신이라는 개념을 다듬어나갔다면,[33] 스피노자는 세계의 내재적 궁극으로서의 아리스토텔레스적 신 개념을 물려받아 세계 전체를 접힘과 펼쳐짐의 구도로 파악한다. 하지만 목적론적 구도는 파기된다. 아리스토텔레스에서 신은 모든 것들이 그것을 앙망하는 그래서 그리로 끌리는 궁극이지만, 스피노자에게서 신은 모든 것들이 그것의 표현인 궁극이다. 이들은 공히, 고대 철학으로의 회귀를 매개해, 데카르트에게서 균열되었던 세계를 새로운 방식으로 통합해서 이해하고자 했다. 하지만 어느 형태가 되었든, 플라톤·아리스토텔레스이건 데카르트·스피노자·라이프니츠이건, 베르그송은 이들 모두가 "모든 것이 주어졌다"는 대전제를 벗어나지는 않는다고 말한다.

> 근대 형이상학이 고대 형이상학에 대해 가지는 유사성이란 곧 양자 공히 하나의 완전한 과학(Science)을 […] 단적으로 완성된 그 무엇으로서 전제하고 있다는 점에 있다. 감각적인 것이 포함하는 실재

33) 플라톤의 경우 진실재는 처음부터 존재하며, 조물주가 코라를 설득해 그것을 투영하는 것이 핵심이지만, 라이프니츠의 경우 양상론—가능세계론—이 핵심이 되며, 신은 '가능성의 장'(regio possibilitatis)으로 이해된다. 제작적 세계관을 접어둔다면, 라이프니츠의 신은 '슈퍼컴퓨터'로 해석할 수 있다. 다음을 보라. 이정우, 『접힘과 펼쳐짐』(저작집 4, 그린비, 2012), 3부. 〈공각기동대〉의 인형사는 "나는 정보의 바다에서 태어난 생명체다"라고 주장하거니와, 라이프니츠에 대응시킬 경우 여기에서 '정보의 바다'는 신이며 '생명체'는 모나드이다.

성 전체는 이 과학에 합치할 것이다. 양자 모두에게 있어 실재 그리고 진리란 영원 속에 총체적으로 주어져 있다 해야 할 것이다. 두 형이상학은 공히 절대적 지속에 따라서 즉 절대적 지속의 근저에서 창조되는 실재라는 관념을 기피하고 있는 것이다.(EC, 353)

베르그송은 근대 형이상학의 이런 특성은 결국 근대 과학의 연장선상에서 형성된 것이지만, 역으로 근대 과학은 이 형이상학의 그늘을 벗어나지 못했노라고 말한다. 예컨대 심리생리학자가 뇌수 상태와 심리 상태 사이에 단지 상응성이 아니라 등가성이 있다고 주장할 때, 또는 초인적인 지능이 있다면 그는 뇌수 속에서 의식적 사건들을 읽어낼 수 있노라고 말할 때, 이는 17세기 형이상학의 메아리를 분명하게 표현하고 있는 것이다.[34] 유물론이라든가 부대현상론(épiphénoménisme) 같은 이론들은 17세기 형이상학의 존재론을 밑에 깔고 있으면서도, 이 형이상학이 노력했던 물-심(物-心)의 화해 같은 문제의식은 망각해버린 이론들이라 하겠다. 경험주의를 견지하는 베르그송은 여기에서 'physica'와 'metaphysica'가 거울처럼 서

34) 『물질과 기억』에서 베르그송은 뇌에 대한 기존 이론을 비판했다.(MM, 131 이하. MM = Bergson, *Matière et mémoire*, PUF, 1965) 뇌가 보존하는 기억은 습관-기억일 뿐이다. 순수기억은 물론 이미지-기억조차도 뇌에 갇혀 있지 않다. 뇌의 손상과 더불어 이 기억들이 사라지는 것처럼 보이는 것은 기억들이 뇌를 기구로 사용해서 활동하기 때문일 뿐이다. 수도꼭지가 막히면 물이 나오지 않는다. 그렇다고 물이 수도꼭지에 들어 있는 것은 아니다. 많은 실증과학자들이 베르그송의 순수기억 이야기를 듣고서 펄쩍 뛰었는데, 동북아의 기(氣)의 사유에 익숙해 있는 사람들에게는 너무나도 당연하게 느껴지는 이야기가 서구인들에게는 무척이나 낯선 주장이었던 것 같다. 이 대목은 21세기 심신론에서도 계속 논의되어야 할 핵심적인 논제들 중 하나이다.

로를 비추고 있다고 생각한다.

칸트 역시 실재 전체를 포괄하는 유일하고도 완벽한 과학의 존재를 믿었다. 그러나 그는 스피노자·라이프니츠와는 달리, 이런 과학을 근거 짓기 위해 형이상학적 존재로서의 '사유'를 찾지는 않았다. 그는 주어지는 것들을 구성하는 인간 이성의 '능력'이면 족했다. 물론 그의 이성은 아직은 구체적인 개인의 이성이 아니라 인류의 집합적 작업 아니 그 이상의 어떤 "형식적 신"(Dieu formel)에 가까운 무엇이었다. 하지만 모든 것이 이 형식적 신—'理性'—에 흡수되어 가지적이 되는 것은 아니다. 그 바깥에 실재는 엄존한다. 형식적 신이 흡수할 수 있는 인식질료는 기계론에 의해 추동되어 발전한 고전 역학적 세계일 뿐이다. 따라서 이 세계 바깥의 '물자체'는 어떻게 사유되어야 할까가 화두가 된다.[35] 칸트는 이 차원에 단언이 아니라 '요청'으로서의 영혼과 신, 그리고 현상계를 넘어서는 한에서의 세계-근본을 위치 짓는다. 우리는 칸트의 사유가 "부활한 데카르트주

35) 신과 영혼을 잠시 접어두었을 때, 데카르트에게 사물들의 물자체는 'res extensa'이다. 그러나 이렇게 함으로써 현상계는 플라톤에게서와 마찬가지로 환상이 되어버린다. 베르그송은 이런 구도는 물질 개념을 우리로부터 너무 멀리 놓는 것이라고 보며, 그 대척점에 있는 것이 "esse est percipi"를 주장한 버클리의 구도라 본다. 그러나 버클리는 물질을 우리 가까이로 너무 바싹 끌어당기는 바람에 그것을 아예 '관념'으로 만들어버렸다. 그러나 물질은 데카르트보다는 더 가까이에서 그러나 버클리보다는 더 멀리에서 이해되어야 할 그 무엇("이미지들의 총체")이다. 칸트는 경험론의 전통에 서면서도 근세 과학의 성공을 설명하기 위해 물자체와 현상을 갈라야 했지만, 즉 현상계에서의 보편적이고 필연적인 인식을 해명하면서 물자체의 차원은 인식의 타자로서 남겨두었지만, 베르그송은 근세 철학이 처음부터 데카르트와 버클리라는 양극을 오가지 않았다면 이런 비판철학이 요청되었을까 하고 의문을 표한다. 이상의 내용은 『물질과 기억』의 서론에 서술되어 있다.

의"임을 감지하게 된다.[36] 베르그송은 칸트가 인식질료를 이성, 정확히는 오성에 온전히 흡수되는 것으로 이해했음을 지적한다. 따라서 오성의 존재 그 자체는 주어진 것으로서 처음부터 확고하게 그 동일성을 부여받았다고 해야 한다. 그렇기 때문에 칸트는 이성의 성립 과정 자체는 문제시하지 않았던 것이다.

칸트에게서 세계는 이성에 복속되는 부분인 현상계와 그렇지 않은 부분인 본체계로 양분되며, 전자는 이성의 형식에 온전히 복속되는, 따라서 이성을 뒤흔든다거나 하는 일은 있을 수 없는 것으로 만들었고, 후자는 이성의 바깥에 존재하는 것으로 만들어버렸다. 하지만 베르그송이 볼 때, 이성 특히 오성의 형식은 단적으로 주어진 것이 아니라 고체들과의 긴긴 세월에 거친 투쟁을 통해 우리 내면에서 주조(鑄造)된 것이다. 그것은 세계에서의 고체적 실재들과 동근원적이다. 따라서 물자체의 세계란 알 수 없는 세계가 아니라 고체들을 모델로 해서 형성된 인간의 이성이 그 시야 바깥에서 놓쳐버리는 차원들일 뿐이다. 우리가 이성의 틀에 갇히지 않고서 세계를 볼 때, 세계로부터 우리에게 다가오는 감각적인 것들을 단지 인식질료(sense-data)로서만이 아니라, 다시 말해 고체를 모델로 해서 이루어진 '감성의 아프리오리한 형식'으로서의 시간을 통해서만이 아니라 지속 속

36) 데카르트의 경우 자연계는 기계론적으로 모두 설명 가능하다. 하지만 칸트의 경우 자연계 역시 그 근저는 불가지(不可知)의 영역이다. 그리고 이 불가지의 자연과 가지의(기계론적으로 설명 가능한) 자연 사이에 『판단력 비판』이 다룬 유기적인 자연이 놓인다. 신과 영혼만이 아니라 자연에서도 초월적 차원이 존재하며, 결국 자연은 초월적 차원(불가지의 차원), 유기적 차원, 기계적 차원으로 삼분된다. 이 점은 데카르트와는 상당히 다른 칸트의 면모이다.

에서 차이생성하는 것들로서 받아들일 때 우리는 돌연 우리의 틀을 벗어나는 실재의 어떤 편린과 마주치게 된다. 그때 우리는 이성적/오성적 인식이란 실재의 어떤 결과 이 결을 모델로 해서 형성된 우리의 어떤 결이 상호 적응해서 성립한 차원에 불과하다는 것을 깨닫게 된다. 그리고 그 결과는 다른 결들이 우리가 결코 근접할 수 없는 물자체의 세계가 아니라 단지 우리가 볼 수 있음에도 보지 못했던 지속의 차원들임을 깨닫게 된다.

칸트 이후에 헤겔 등의 철학자들이 칸트적인 이분법을 거부하고 "물자체"를 (칸트처럼 필연으로부터 자유로 갑자기 도약함으로써가 아니라) 존재론적으로 사유하고, 그 사유의 틀에 현상계를 안치시킴으로써 스피노자·라이프니츠의 형이상학을 잇는 또 하나의 위대한 형이상학 체계를 건설한 것은 사실이다. 독일 이념론자들은 이념, 즉 이데아의 근세적 판본을 중심으로 하는 존재론적 가설을 세워 칸트적 분열을 극복했으며, 이는 데카르트에 대해 스피노자·라이프니츠가 행했던 극복의 창조적인 반복이었다. 하지만 베르그송은 이들의 사유는, 분명 자연에 대한 보다 생생한 파악이라든가 칸트에서와는 다른 시간의 역할, 변증법적 과정의 역동성 등등은 중요한 진전이겠지만, 그들 자신들이 생각했던 것보다 훨씬 더 기계론을 닮아 있음을 지적한다. 독일 이념론자들은 근세에 등장한 기계론적 세계관과 투쟁했고 또 얼마간 성공을 거두었지만, 베르그송의 눈으로 본다면 이들 역시 "모든 것이 주어졌다"는 대전제(이는 '절대자'라는 개념에 응축되어 있다) 아래에서 여전히 기계론적인 목적론을 전개한 것뿐이다.

19세기 후반의 철학자들은 독일 이념론자들의 사변을 '실증적인' 형태로 변환시키고자 했으나, 베르그송은 이 실증적인 연구들을 지배했던 존재론은 사실상 독일 이념론자들이 구축했던 존재론의 그림자 아래에 있었노라고 말한다. 이 시대는 '진화'의 시대였으나 베르그송에게 이들이 말하는 진화는 진짜 진화가 아니었던 것이다. 예컨대 스펜서의 진화론은 이미 진화되어 있는 결과들에서 출발해 갈릴레오 이래의 기계론적 논리를 과거에 투사해 진화 과정 전체를 사후적으로 재구성한 것에 불과하다. 그것은 앞에서 언급한 조각그림 맞추기에 불과하며, 이 점에서 전-다윈적 진화론에 불과하다. 나아가 19세기의 실증주의 심리학, 생리학 등등도 이런 사유의 그림자 아래에서 움직였다고 할 수 있다. 베르그송은 이런 사후적 재구성을 넘어 실재 전체가 절대적인 새로움을 통해서 달라져 가는 과정, 지속 안에서 생성해 가는 실재의 굴곡을 찾아내고자 한다. 요컨대 그의 존재론은 근대적 결정론의 극복을 추동력으로 해서 성립했다고 할 수 있다.

지금까지 우리는 베르그송이 서구 학문이 시간의 진정한 본성을 어떻게 오해했는지에 대해 집요하게 비판해 온 궤적을 더듬어 보았다. 시간을 공간화하고자 했던, 그리고 부동의 단면들을 이어-붙여 운동을 재현코자 했던 제논의 파라독스로부터, 플라톤과 그 이래의 형상철학들, 고전 역학이 배태하고 있는 반(反)-지속의 세계관과 그것을 이은 다양한 과학적-철학적 시도들에 이르기까지, 베르그송은 학문의 역사 전체를 가로지르면서 지속 망각의 다양한 형태들을 비판한 것이다. 이제 지금까지의 존재론사적 논의를 총체적으로 정리하고, 그 끝에서 베르그송 자신의 지속 개념과 자유 개념을 다루어 본다. 이로써 베르그송 철학 자체에 본격적으로 진입한다. 소은의 논문 「베르그송에 있어서의 근원적 자유」는 이렇게 논의를 진행하는데 핵심적인 도움을 준다.

## 3절 · 플라톤에서 베르그송으로

### 자발성과 아페이론

소은은 논의의 도입부에서 『시론』[37] 3부의 모두를 인용하고 있는데, 이 구절은 베르그송의 사유의 정향을 매우 분명하게 드러내는 구절이다. 소은은 논의의 수준을 고대 철학으로까지 끌고 내려가 '플라톤에서 베르그송으로'의 존재론적 이행을 논한 후, 다시 인용된 구절로 돌아와 베르그송의 자유론을 해명하고 있다. 논의의 흐름을 좇아감으로써 우리는 소은 사유 자체의 핵심적인 구도를 이해할 수 있게 된다.

> 왜 자유의 문제가 자연에 대한 이 두 상반된 시스템, 즉 기계론과 역동론(dynamisme)을 제출했는지 이해하기는 어렵지 않다. 역동론은 의식에 의해 제공된 자발적 활동성(activité volontaire)의 관념에서 출발해 그것을 조금씩 비워 감으로써[규정성들을 하나씩 제거함으로써] 관성의 표상에 도달한다. 따라서 이 관점은 한편으로는 자

37) Henri Bergson, *Essai sur les donnéed immédiates de la conscience*, PUF, 1890. 이하 E 또는 『시론』으로 약함.

유로운 힘을 다른 한편으로는 법칙들에 의해 지배되는 물질을 어려움 없이 생각하게 된다. 그러나 기계론은 반대의 과정을 따른다. 이 입장은 그것이 종합하려 하는 물질들이 필연적인 법칙들(lois nécessaires)에 의해 지배된다고 가정하며, 그 결과 점차로 풍부해지는, 점점 식별해내기가 어렵게 되는, 외관상 점점 우발적이 되는 [물질들의] 조합들에 도달하게 된다. 결국 그것은 애초에 그것이 들어갔던 필연성의 좁은 원환으로부터 빠져나오지 못하게 된다.

자연에 대한 이 두 개념화를 심화시킴으로써 우리는 이 둘이 법칙과 그것이 지배하는 사실 사이의 관계들에 대해 매우 상이한 두 가설을 함축한다는 것을 볼 수 있다. 역동론자는, 그 시선을 보다 높이 들어 올림으로써, 법칙들의 제약을 크게 벗어던진 사실들을 접하고 있다고 믿는다. 그래서 그는 사실을 절대적 실재로 격상시키면서 법칙은 이 실재의 다소간 상징적인 표현일 뿐이라고 생각한다. 반대로 기계론자는 특정한 어떤 사실에서 그것을 말하자면 자신들의 교차점으로 삼고 있는 일련의 법칙들을 식별해낼 것이다. 이 가설하에서는 근본 실재가 되는 것은 곧 법칙이다.

이제 왜 한쪽은 사실을 다른 한쪽은 법칙을 상위의 실재로 간주하는가 하고 묻는다면, 내 생각에 우리는 기계론과 역동론이 "simplicité"라는 단어를 서로 크게 상이한 의미로 사용하고 있음을 알게 될 것이다. 한쪽에게 단순하다는 것은 그 결과들이 예측되는 나아가 계산되는 모든 원리들이다. 그래서 정의상 관성의 개념은 자유의 개념보다 더 단순하며, 등질적인 것이 이질적인 것보다, 추상적인 것이 구체적인 것보다 더 단순하다. 하지만 역동론은 개념들 사이에서 가장 공통된 질서를 수립하려 하기보다는 그것들 사이에 실재하는 연결고리들을 찾으려 한다. 그래서 종종 단순한 것으로 상정된 개념(기계론자가 원초적인 것으로 간주하는 개념)이 그것으로부터 파생된 것으로 보이는 보다 풍부한 여러 개념들의 융합——두 빛의 간섭에서 어둠이 생겨나듯이, 이 융합이 이것들을 중성화시켜 버리거니와——에 의해 얻어진 것이 된다. 이 새로운 관점에서 볼 경우, 자발성의 관념은 관성의 관념보다 훨씬 단순하다. 후자는 전자에 입각하지 않으면 이해될 수도 정의될 수도 없지만, 전자는 자체로서 충분하기 때문이다. 사실상 우리 각자는 […] 관성의 관념이 이 표상에 도입됨 없이도 자유로운 자발성(libre spontanéité)에 대한 (실재로서든 착각으로서든) 직접적인 느낌을 가진다. 하지만 물질의 관성을 정의하기 위해서는, 그것이 자체로써는 움직일 수도 정지할 수도 없다고, 모든 물체는 다른 힘이 개입하지 않는 한 계속 정지해 있거나 계속 움직일 것이라고 말할 것이다. 그리고 이 두 경우에 있어, 우리가 필연적으로 참조해야 할 것은 바로 활동성의 관념이다. 지금까지의 논의를 통해 우리는 왜 우리가 인간적인 활동에 대한 (구체적인 것과 추상적인 것, 단순한 것과 복잡한 것, 사실과 법칙의 관계를 이해할 수 있게 해 주는) 두 상반된 개념화에, 아프리오리한 방식으로, 도달하게 되는지를 이해할 수 있게 된다.(E, 105~106)

소은은 논의의 실마리로서 'alētheia' 개념을 잡고 있다. 학문은 진리를 추구한다고 할 때, 우선 물어야 할 것은 "진리란 무엇인가?"이다. 진리란 탈-은폐로서의 '알레테이아'이다. 탈-은폐란 사물의 진상이 그 자체로서 드러나는 것을 뜻한다. x에 대한 "티 에스티?"라는 물음은 탈-은폐된 진상으로서의 x에 대한 물음이다. "이 물음의 의미는 그 사물이 다른 사물이 아니라 그 사물로 존재케 하는 이유를 사물 자체에서 찾는바, 그렇게 되거나, 그렇게 나타나거나, 그렇게 사유되는 근거를 탐구하는 것이 아니라, 그것이 직접적으로, 즉 객관적으로 그렇게 성립하는 근거를 찾는 것이다."(「베르그송에 있어서의 근원적 자유」,[38] I, 183)

왜 이런 물음을 던지는가? 탐구 대상의 진상(眞相)이 현실에서 은폐되어 있다고 보기 때문이다. 한 사물의 진상이 은폐되어 있다는 것은 곧 그것이 '그 자체로서' 존재하지 못하고 타자들과의 관계 속에 들어 있음을 함축한다. 타자들과 관계 맺음으로써 x는 타자-화된다. 사물의 진상을 드러낸다는 것은 곧 그 사물이 타자-화되지 않는 극한점에서 드러난다는 것을 뜻하며, 이는 그 사물이 시간, 공간, 관점의 변화를 넘어서 그 자체로서 성립하는 지점이다. 결국 사물의 진상을 파악하려면, 그것을 세 가지 차원과 단절시켜야 한다. 첫째는 타자 일반으로서, 관계 속에 들어가 타자-화를 겪지 않아야 한다. 둘째로는 관계 맺음 일반으로서, 일체의 관계를 떠나야만 x는 x 자체로서 드러난다. 마지막으로 하나가 더 있다. 타자는 상대적 무이거니와, x는 절대적 무와도 단절해야 한다. 이때에만 x는 동일자로서 존재할 수 있고, 그 진상 속에서 파악될 수 있다. 동일자로서 존재함을 소

38) 이하 「근원적 자유」로 약함.

은은 다음과 같이 파악한다.

> 진상의 이면은 타자에 대한 절대상이다. 그리고 이것은 허무로 인하여 가능하다. 그러므로 본질[들] 사이에는 상호 해후가 없으며 상호 간섭이 없다. 상호 해후는 우연의 원인이며 상호 간섭은 비공존의 원인이다. 그런데[따라서] 존재[진상]에 속한 모든 것은 허무가 아닌 이상 본질로 화한다. 그리고 본질들은 허무를 통하여 서로 절대(絶對)하므로 서로 우연하지 않고 서로 간섭하지 않으므로 영원히 공존한다. 역으로[하지만] 영원에는 일자만 있지는 않으며, 다의 본질로서의 진상이 모조리 필연적으로 공존한다. 즉, 영원은 질과 양에 있어서 다(多)의 진상의 대명사이다. 영원에 있어서 다의 질의 진상은 양의 진상과 일치한다.(「근원적 자유」, I, 184~185)

한 사물의 진상이 드러나려면 그것이 타자들과 '절-대'해야 한다. 그런데 이런 절-대는 그 사물이 허무 속에 들어 있을 때 가능하다. 허무 속에 들어 있을 때에 타자에 의한 간섭으로부터 벗어날 수 있기 때문이다. 여기에서 소은이 '허무'라 한 것은 아무것도 없는 곳이 아니라 아무런 '영향'도 존재하지 않는 곳이다. 이 '허무'의 공간은 곧 이데아들이 존재하는 공간이다. 이 공간이 '허무한' 공간은 아니다. 거기에는 이데아들이 무수히 존재하기 때문이다. 하지만 이 이데아들 사이에는 어떤 물리적 관계도 없다. 오로지 논리적 관계만이 있을 뿐이다. 관계는 동일자와 타자가 어떤 식으로든 연속되어야 성립하기에, 이 공간은 철저하게 불연속적인 공간이다.

이 이데아계의 대척점에 아페이론이 존재한다. 아페이론이란 관계와 영향을 통해서 동일자들 사이의 경계가 허물어지는 과정의 극한을 형성한다. 아페이론 상태에서는 모든 형태의 이질성들이 무너지게 되고, 이데아계에서와는 대조적으로 모든 본질들이 몰락하게 된다. "모든 존재의 상호 타자화의 극한"으로서의 아페이론이 관계를 통한 타자-화의 선험적 조건이라고 할 수 있다. 아페이론은 질적으로 무규정성이며, 양적으로는 연속성이다. 그리고 운동이란 어떤 형태로든 타자-화의 과정을 전제하기에, 아페이론은 운동 성립의 선험적 조건이기도 하다.

> 이리하여 순수한 본질들의 남김 없는 공존의 대명사라고 단정된 영원과 모든 질들의 상호 간섭으로 인한 비공존화[불연속의 와해]의 연속적인 과정, 즉 모든 질의 무규정적 상태로 환원되는 과정은 데카르트의 해석기하학에서 성립하는 횡축과 종축[39]처럼 서로 방향을 달리한다. 그러므로 영원에서 성립하는 본질의 좌표는 비공존의 운동에서 성립하는 현실을 영원히 외면한다.(「근원적 자유」, I, 186)

소은은 이렇게 이데아계와 아페이론계를 대조시킨 후, '생명이란 무엇인가'에 대한 베르그송의 생각을 파악해 들어간다. 상식적으

---

39) 앞에서 논한 『정치가』에서의 씨줄과 날줄에 연결된다. 영원과 생성은 한 선분의 양끝으로 표상될 수도 있지만, 여기에서처럼 통약 불가능한(incommensurable) 두 축으로 표상될 수도 있다. 지금의 소은의 본지에 더 부합하는 것은 후자의 표상이다.

로 생각할 경우, 생명은 물질과 정신 사이에 위치한다. 지금의 구도로 본다면, 생명은 이데아계와 아페이론계 사이에 위치한다. 생명이란 영원한 이데아가 아니라 생성해 가는 존재이지만, 또한 아페이론으로 떨어져 무규정의 바다에로 환원되지도 않는다. 생명이란 "관계맺음 속에서 존재의 보존이 이루어지며 [타자들과의] 공존이 가능하고, 운동을 통하여 새로운 존재가 형성되고 다가 탄생하는 경우"에 성립한다. 다시 말해, 모든 것들이 관계 맺음을 통해서 타자-화를 겪지만 그렇다고 아페이론의 바다로 용해되어 들어가지는 않는, 각 개체들 사이에서의 구별과 공존이 성립하는 경우, 하지만 역으로 각 개체들이 이데아들처럼 공존하는 것이 아니라 서로 관계 맺으면서 다양한 새로운 존재들을 태어나게 하는 경우, 이런 경우가 곧 생명의 차원에 해당한다고 할 수 있다.

베르그송의 생명관은 이데아계와 생명의 관계보다는 생명과 아페이론의 관계에 초점을 맞추고 있다. 아페이론은 열역학의 언어로 엔트로피가 최대치에 달한 상태이다. 그것은 "다[多]가 무규정성 속에[속으로] 몰락한다는 관계 맺음의 필연적인 법칙"이다. 다시 말해 모든 개체성이 아페이론의 바다로 녹아들어 가버리게 되는 필연적인 법칙이다. 소은이 여기에서 쓰고 있는 '필연적인'이라는 말의 뉘앙스는 플라톤에서의 '아낭케'의 뉘앙스로 받아들여야 한다. 그것은 '어쩔 수 없는 것'이다. 하지만 지금의 맥락에서 이 '어쩔 수 없음'은 '물리 법칙'과 통한다. 엔트로피라는 물리 법칙에 따라 모든 물질이 아페이론 상태로 향해 가는 것은 어쩔 수 없는 물리적 필연인 것이다. 베르그송 자신이 엔트로피 법칙을 "모든 물리학 법칙들 중 가장 형이상학적인[보편적이고 근원적인] 것"이라 보았다. 생명이란 바로 이 엔트로피의 비탈길을 거슬러 올라가려는 노력이다. 따라서 생명체들에게는 이 필연적인 법칙에 역기능하는 다른 좌표가 요청된다. "관계 맺음과 운동 속에 존재가 형성되며 공존한다는 새로운 관계 맺음의 좌표"가 그것이다. 이 좌표는 필연성의 좌표에 대한 가능성의 좌표이다. 이는 필연성 속에서는 불가능한 무엇인가가 가능하게 되는 좌표이다. 한편으로는 필연성의 좌표에서 살아가지만, 다른 한편으로는 가능성의 좌표에서 살아가는 생명체는 필연성에 굴복하기도 하고 그것과 타협하기도 하며 또 그것을 극복하기도 하면서 살아간다. 이를 위해서는 이런 활동성의 근거가 그 자신 안에 내재해야만 한다. 이 근거가 곧 '자발성'이다.

이렇게 해서 두 개의 존재론적 좌표가 정립된다. 한 좌표에서 다자는 상호 무간섭적으로 공존하며, 이로써 영원의 좌표가 성립한다. 이는 다자 각각이 그 자체로서 존재하는 세계이며, 따라서 각각의 본질을 확고히 유지하는 세계이다. 다른 한 좌표에서는 모든 것이 상호 간섭하며 생성한다. 이는 모든 존재는 그 자체로서 존재하지 못하고 타자-화되지만, 자발성을 통해서 아페이론으로 떨어지지 않고 실존하는(exister) 세계이다. 소은은 자발성의 역기능이 이루어지는 과정을 시간으로 파악한다. 다시 말해, 시간이란 생명의 자발성에서 유래하는 반(反)아페이론적 역기능과 떼어 생각할 수 없는 것이 된다. 이런 세계에서는 이데아계에서 볼 수 있는 식의 다자의 공존은 있을 수 없다. 모든 것은 시간을 선험적 지평으로 해서 생성하기 때문이다. 이렇게 '영원의 상하'와 '지속의 상하'가 대비된다. 소은은 이를 '본질론'과 '양상론'이라는 개념들로 표현하기도 한다. '양상론'보다는 '관계론' 또는 '생성론'이 더 적절할 듯하다. 이하 '생성론'으로 표현한다.

본질론에서 고립된 본질들은 다자성을 구성하지만 이들은 오직 논리적 관계만을 맺는다. 논리적 관계가 아니라 현실적 관계를 맺으려면 필연적으로 물질성이라는 또 하나의 계기가 요청된다. 그리고 현실적 관계란 다자성과 관계가 동시에 성립해야 한다. A와 B가 고립해 있어도 관계가 성립하지 않으며, 아예 하나로 융합되어도(파르메니데스의 일자가 되든 아페이론이 되든) 관계는 성립하지 않는다.[40] 세계를 이해하려면 다자성과 운동은 동시에 전제되어야 한다. 운동 없는 다자성은 논리적 관계만이 존재하는 이데아계가 되며, 다자성 없는 운동은 아페이론이 되기 때문이다. 세계는 다자들과 그것들 사이의 관계들—다자들을 타자-화하는 관계들—에 입각할 때 비로소 이해된다. 그러나 본질론에서는 이런 타자-화를 방법적으로 멈추게 하고 각각의 동일자들이 공존하는 공간을 상정해야 한다. 그래야만 동일자들 사이의 법칙적 관계를 파악해서 다시 현실계로 내

40) "1과 1은 2를 구성하는 단위인데, 이 단위들이 고립되어 있는 한에서는 2를 구성할 수 없으며, 1과 1이 완전히 합하여 불가분의 하나가 되어도 2는 성립하지 않으므로, 이 단위들은 양자 어느 편도 아닌 단순한 관계 맺음에 머물러 있어야 한다. 그리하여 고립되지 않는 한에서만 2 자체에 참여할 수 있으며, 또한 불가분의 하나가 아닌 한 1과 1이 될 수 있다. 즉, 관계 맺음에 있어서 1과 1은 고립되지도 않고 동시에 완전히 통일되어 있지도 않음으로 인하여 부동(浮動)상태에 있게 되는데, 바로 이러한 이유 때문에 1과 1은 2가 되며 2는 다시 분할되어 1과 1로 나누어질 수 있고 또 다른 모든 수와 관계를 맺을 수 있는 수학적인 연산의 대상이 된다. 1이 더 많은 부분들로 나누어지는 까닭도 완전한 통일체가 아니며 가분적(可分的)인 연장성을 그 속에 함유하고 있기 때문이다."(「근원적 자유」, I, 188~189)

려갈 수 있기 때문이다. 이 공간은 곧 기하학적 공간이며, 때문에 과학적 사유의 일차적 과제는 세계를 기하학적 공간으로 환원해서 파악하는 것이다. 근대 자연과학은 이런 방식을 정교하게 개발해내었다. 이 기하학적 공간에서 모든 동일자들은 동시적으로 존재해야 한다. 그래야만 확고한 '공존'이 가능하기 때문이다. 본질들에 시간 지표가 있다면, 그것은 반드시 '동시성'이어야 한다. 이런 기초 위에서 예컨대 이데아'계'라든가 자연'법칙'이라든가 '구조'(구조주의의 맥락에서) 같은 표현들을 쓸 수 있다.

이렇게 본질론은 한 존재자를 그 고유한 내용과 타자-화의 과정 중에서 전자에 초점을 맞추어 파악한다. 이와 달리 베르그송은 전자의 차원을 '추상화'로서 이해하며, 후자의 과정에서만 성립하는 이차적인 차원으로 파악한다. 본질들은 존재론적으로 선행하는 것들이 아니라 생성하는 세계로부터 추상된 것으로서 이해된다. 그런데 이 추상화 개념은 추상하는 작인(作因)을 함축한다. 따라서 초점은 본질들이 아니라 그것들을 추상하는 활동성, 즉 자발성으로 옮겨진다.

> 무규정성[아페이론]은 본질의 자기동일성을 상실케 하는데, 텅 빈 공간은 본질의 자기동일성을 가능케 함을 특징으로 하므로, 이러한 공간은 본질을 무규정적인 것으로 환원시키는 능력에 역기능하는 능력의 소산임은 명백하다. 따라서 텅 빈 공간은 자발성의 소산임이 분명하다. 자발성은 관계 맺음에 있어서 무규정성의 기능에 대한 역기능으로서 성립하는바, 사물의 표면에서 무(無)에 접한 부분

을 배후의 관계 맺음으로부터 차단하여 자기동일성을 유지하도록 한다. 사물의 표면은 운동과 관계 맺음이 끝나는 곳이며 무에 접하며 따라서 본질에 참여한다. 관계 맺음에 있어서 운동의 반대 방향의 극한은 다(多)라고 이상에서 논하였거니와, 자발성은 다를 동시에 그 본질에 참여한 부분에 있어서 배후의 무규정성의 영향으로부터 보호하며 보존한다. 즉, 자발성은 다를 본질로 승화시켜 존재케 함으로써 자기 내부에서 그것들을 보존하는데, 이러한 자발성의 보존 능력을 베르그송은 기억이라 하며 동시성은 기억에서만 가능하다고 한다.(「근원적 자유」, I, 190~191)

아페이론은 사물들을 무규정의 상태로 끌어당긴다. 플라톤의 경우 이데아계와 아페이론은 현실세계를 끌어당기는 양극단이다. 때문에 이데아들의 공존을 가능케 하는 텅 빈 공간은 선험적으로 존재한다. 수학적 맥락에서 본다면, 에우클레이데스 기하학의 공간이 이것이다. 그러나 베르그송에게 이 공간은 자발성(인간의 활동성)이 아페이론에게 역기능하면서 본질들을 추상화하기 위해 설정하는 것이다. "사물의 표면에서 무(無)에 접한 부분을 배후의 관계 맺음으로부터 차단하여 자기동일성을 유지하도록" 한다는 것은 곧 한 사물을 타자와의 관계로부터 단절시켜 그 개체성을 추상한다는 것을 뜻한다. 즉, 개체들이 아페이론으로 화하는 경향을 차단하는 것을 뜻한다. 그리고 자발성은 이렇게 형성된 다자들=본질들을 자기 내부에, 즉 기억 속에 보존한다. 따라서 동시성은 기억에서만 가능하다. 현실에서 다자성은 흐르는 시간 속에서, 관계의 생성 속에서 변해 가기에, 다자들 자체 즉 아페이론의 바다로부터 건져낸 개체들이 동시적으로 공존할 수 있는 것은 현실에서가 아니라 추상공간 속에서이다. 즉, 기억에 있어서이다.[41] 결국 자발성은 아페이론으로 화하는 운동에 역-기능함으로써 생명의 시간을 성립시키지만, 다른 한편으로는 공존하는 다자들의 시간인 동시성(본질들의 동시성)을 성립시키기도 한다. 전자는 생명체가 '사는' 시간이지만, 후자는 생명체의 사유가 세계를 잠정적으로 멈추게 해서 보는 시간이다.

베르그송이 『시론』에서 다룬 핵심 주제는 자유의 문제였다. 그러나 논의의 기초로서 현실과 실재의 관계에 대한 존재론적 명료화가 요청된다. 소은은 이를 본질과 자발성이 현실과 맺는 관계에 대한 해명을 기반으로 풀어 나간다.

현실세계에 대한 본질주의적 설명들 중 하나는 기계론이다. 기계는 요소들의 조합으로 구성되며, 외부의 동인에 의해 작동된다. 소은은 원자론적 사유가 바로 이런 모델을 따르고 있다고 본다. 물론 외부의 동인을 상정하지 않는 기계론도 가능한데, 실제 데모크리토스의 원자론이 그렇다. 이런 기계론적 본질주의에는 우선 본질 자체가 직접 현실을 구성하는 경우가 있다. 세계 자체가 기계론적 성격을 띤 어떤 본질들로 구성되어 있다는 생각이다. 데모크리토스의 원자

---

41) 이것은 플라톤의 상기설과도 관련된다. 인간이 생전(生前)에 본 것으로 기억하는 이데아들이 공존하는 것은 바로 기억—일반적인 의미에서의 기억이 아니라 (레테 강의 물을 마심으로써 형성된) 선험적 기억—속이기 때문이다. 이런 생각은 데카르트의 '본유 관념들'로 이어진다. 그러나 베르그송이 볼 때 이 차원은 자발성의 활동을 통해 비로소 성립하는 것이다 (물론 베르그송에게도 선험적 기억의 이론이 존재하지만, 이는 다른 맥락에서이다).

론이 그 전형적인 경우이다. 또, 본질은 순수한 질이므로 양의 규정을 지닌 현실을 구성하기 위하여 본질이 공간적인 규정을 받아서 현실을 구성하는 경우도 있다. 이 경우는 기계론적으로 변용된 플라톤주의라 할 수 있고, 데카르트의 기계론이 그 전형적인 예이다. 그런데 소은은 이런 사유에서 두 가지 문제점을 읽어낸다.

첫째, 요소들의 관계가 성립하는 것 자체를 설명하기 어렵다. 요소들 각각은 그 자체로서 완전한 동일성인데, 그 동일성들이 타자들과 관계를 맺을 이유가 없는 것이다. 그래서 이 이유를 아예 세계의 외부에서 찾거나(예컨대 데카르트의 경우), 아니면 완전한 우연으로 보게 된다(예컨대 데모크리토스의 경우). 그래서 이런 생각은 관계 성립에 관련해 양극단으로 갈라지게 된다. 둘째, 왜 요소들이 모여 새로운 질서를 탄생시킬 수 있는지가 설명하기 어렵다. 요소들은 각각 즉자적 존재들이며 일정한 동일성을 갖추고 있다. 그렇지 않은 요소가 있다면, 그 요소는 더 하위의 요소들로 분석될 수 있다. 그렇다면 이 요소들이 조합된다 한들 그 각각의 동일성에 변화가 생길 수 없으며, 그들의 조합을 통해서 어떤 새로운 차원의 존재(entity)가 생겨날 리는 없는 것이다. 생명체는 물론이요 단순한 물리적 존재들을 설명하는 것조차 어렵게 되어버린다.[42]

본질주의의 또 하나의 형태는 본래적 형태의 플라톤주의이다. 이 경우 본질들(이데아들)은 현실과는 차원을 달리하는 것들로 이해된다. 각 본질은 즉자적 존재들이므로, 그것들 사이에는 오로지 논리적 관계만이 존재한다. 이 본질들이 구체적 관계를 맺기 위해서는 질료에 구현되어야 한다. 그러나 이 경우 본질들의 외연적 관계는 가려지게 되며, 때문에 이 현실화된 본질들은 에우클레이데스 기하학의 공간에 정위됨으로써 비로소 그 순수한 관계가 복원되는 존재라 할 수 있다. 변용된 플라톤주의는 이 방향으로 진행된다. "이러한 이론은 본질이 현실에서 변질하지 않고 질료 속에 성립할 수 있다는 가정에 의한 것이므로, 본질이 현실에 나타나면 변질하여 본질을 이탈하기 때문에, 본질이 직접적으로 현실을 구성하는 기본적인 단위가 되어야 한다는 가정 위에 서 있는 기계론과는 다르다."(「근원적 자유」, I, 194) 이데아들이 아페이론에 구현된다고 해서 그 본질 자체가 변하는 것은 아니다. 따라서 본질과 현실의 이원론은 유지된다. 그러나 기계론은 본질들(원자들, 'res extensa'들 등등)이 직접적으로 현실을 구성한다고 보며, 현실과 본질의 거리는 극소화된다. 어느 경우든, 본질주의적 설명은 존재의 기초 단위들로서의 본질들을 상정해 그것들 사이의 관련성을 통해 현상을 설명코자 하며, 위에서 지적한 두 가지 난점을 내포한다.

이 점들을 극복하기 위해서는 1) 본질들이 서로서로 맺는 과정

---

42) "기계의 부분은 불변치인 까닭에 불변치 이상의 것을 생산할 수 있는 잠재적 능력을 결여한다. 즉, 있는 것은 있고 없는 것은 없다는 이론이 기계론적 집합의 근저에 있으므로 가능성이 개입할 여지는 배제된다. 즉, 현재는 지금까지 있는 요인의 집합의 결과이며 부분이 계산 가능하면 전체도 계산 가능하므로 충족률이 완전히 타당하며 부분과 전체 사이에는 필연적 법칙이 성립한다. 이러한 기계론적 입장에서는 사실들은 그 요소들의 집합으로써 성립하므로, 집합을 규정하는 법칙의 통일된 전체가 되거나 그렇지 않으면 그 법칙들의 교차점이 된다. 그러므로 복잡한 사실이 단순한 사실에 비해 공통적인 측면을 노정하지 않으며 서로 우연적인 것으로 보이는 경우에도, 그 사실들을 성립시키는 법칙들은 모조리 필연성을 따르며 따라서 사실은 우연성의 외모에도 불구하고 완전히 필연성의 집합이다."(「근원적 자유」, I, 193)

(누층적 과정)에서 질적으로 새로운 존재들을 낳는다는 '창발'의 논리를 도입하거나, 2) 애초에 요소들이 정적 동일성을 갖춘 존재들이 아니라 매우 풍부한 잠재성을 온축(蘊蓄)하고 있었던 것으로 설정해야 한다. 오늘날 복잡계 과학과 들뢰즈 존재론으로 각각 대변되는 두 사유 모두 고전적인 기계론적 존재론을 멀리 탈피한 이론들이다. 베르그송의 존재론은 이런 현대적인 논리로 나아가는 문턱에 위치한다. 베르그송에게 본질들은 자발성에 의해 마름질되어 추상된 것들이며, 기호를 통해서 지시하게 되는 동일성들이다. 때문에 기호적인 조작을 통해 세계를 설명하려는 모든 분석적 사유는 그 아래에 자발성에 의한 마름질에 의해 개별자들이 추상되는 과정이 함축되어 있는 것이다. 바로 이 때문에 베르그송 존재론—베르그송 자신은 '형이상학'이라는 용어를 선호한다—의 목표는 "사물의 내용의 실재적인 연관성(filiation réelle)"을 찾는 것이 된다.[43]

소은이 '역동론'이라 부르고 있는 베르그송의 사유에서, 아페이론에 역기능하는 것은 영원한 본질들이 아니라 자발성이다. 영원한 본질들의 세계는 운동이 배제되어 있는, 다자성만이 존재하는 세계이다. 그러나 자발성의 활동은 운동을 내포하며, 아페이론과 자발성

43) "참된 경험주의는 시원적인 것 자체[실재]를 최대한 가까이에서 포착하고자 하며, 그것의 생명을 깊이 탐사하고, 그 영혼의 맥박을 일종의 정신적 청진(auscultation spirituelle)에 의해서 느끼고자 한다. 그리고 이 참된 경험주의야말로 바로 참된 형이상학이다."(Bergson, *La pensée et le mouvant*, p. 196) 여기에서 '시원적인 것 자체'란 지속을 뜻하며, 그것의 생명이란 지속이 내포하는 잠재성을, 영혼의 맥박이란 (아페이론에 역기능하는) 자발성이 내포하는 리듬으로 이해할 수 있다. 스기야마 나오키는 베르그송을 "경험을 청진(聽診)하는 이"로 풀이하고 있다.(杉山直樹,『ベルクソン：聴診する経験論』, 創文社, 2006)

의 투쟁을 통해서 다자성이 생성하게 된다. 그리고 다자는 타자화됨으로써 아페이론으로 하강하는 것이 아니라 서로 관계 맺음으로써 장을 형성한다. 이 관계 맺음을 가능케 하는 것은 기계론에서처럼 바깥에서 주어지는 것이 아니며, 또 플라톤주의에 있어서처럼 생성에 면역된 차원에서 성립하는 것도 아니다. 그것은 자발성이며 다자에 내재적으로 기능한다. 관계 맺음에 있어서 이렇게 내재적으로 작동하는 방식을 '자율성'이라 하며, 이는 곧 자체 조절의 능력이다. 이런 자율성에서 시간은 핵심적인 역할을 한다. 관계 맺음을 통해 지속하려는 생명체의 활동은 시간을 그 선험적 조건으로 이루어지며, '시간의 종합'을 그 존재론적 조건으로 하기 때문이다.[44] 바로 이런 이유 때문에 유기체들의 삶에는 항상 우발성이 동반되며, 이 점에서 자발성의 차원은 불변치를 단위로 해서 다자가 성립하는 기계론적 충족이유율과 대비되는 양상(modality)을 띠게 된다.

자발성이 이런 활동성을 띠기에, 자발적 생명체와 연관되는 무기물들은 순수 기계론적 법칙의 세계에 머물지 못하고 자발성의 상관 항이 된다. 그리고 "생의 세계의 내용은 그 일부분이 변하여도 전체가 만화경처럼 변하여 순간순간 그 내용이 다른 상황을 이루며 법칙적인 관계 맺음에서 성립할 수 없는 우연성으로 가득 차 있다."(「근원적 자유」, I, 196) 즉, 생명체의 작은 움직임만으로도 그 생

44) 들뢰즈는 시간의 종합이 의식적 차원과 무의식적 차원에만 그치는 것이 아니라, 유기체적 차원에서도 이해되어야 함을 잘 설명해 주었다.(DR, 99~100) DR = Deleuze, *Différence et répétition*, PUF, 1968.

명체에 상관적인 세계는 전체적으로 변화하며 이로 인해 세계에는 다양한 형태의 우연이 도래하게 된다.[45] 이 우연의 세계는 질적 변화의 세계이다. 본질들만이 존재하는 세계는 근본적인 형태의 질적 변화를 허용하지 않는 세계이다. 거기에서 질적 변화란 표면적인 현상에 불과하거나 아예 환상에 다름 아니다. 따라서 원칙적으로 우연도 성립하지 않는다. 본격적인 우연이나 심층적인 질적 변화는 본질들의 동일성 자체를 위협하기 때문이다. 반면 역동론의 관점에서 본다면, 본질이란 자발성이 물질과 부딪치는 과정에서 추상해낸 존재들이다. 소은은 다음과 같이 말한다.

> 역동론의 입장에서 보면 본질은 자발성의 기능에 의하여 세계의 표면에서 추상화된 것이다. 그런데 표면은 현실이 끝나는 곳이므로, 추상적인 공간 속에 병렬된 본질은 유기체를 중심으로 성립하는 세계 내용이 그 세계의 전체적인 연관성을 떠나 허무[텅 빈 공간] 속으로 흩어져 나가서 상호 연관성을 상실하여 소멸되려는 직전의 상태이거나 또는 자발성의 기능에 의하여 생기(生起)된 직후의 상태이다. 그러므로 추상적인 공간에서의 본질들의 병렬은 사물들의 내용의 최소한의 관계 맺음이며 또한 최초의 관계 맺음이다. 이렇게

45) 논의를 더 심층으로, 들뢰즈가 말하는 '내재면'(plan d'immanence) — 모든 이미지들의 무한한 전체 — 으로 끌고 내려갈 때, 이를 '비결정성의 중심' 개념에 연관시켜 볼 수 있다. "생명이미지들(images vivantes)은 '비결정성의 중심들'로서, 운동이미지들의 탈중심화된 우주에서 형성된다. […] 특별한 이미지로서의 생명이미지는 틀림없이 비결정성의 중심 즉/또는 검은-막(écran noir)이다."(IM, 92)

추상적인 공간은 구체적인 상황으로서의 세계로부터 자발성이 탈출해 나가는 한계점에서 성립하며, 그것 자체가 자발성의 소산이므로 자발성이 구체적인 세계 속으로 던져지기 이전의 상태로 초월하려는 통로로서의 의미가 있다.(「근원적 자유」, I, 196~197)

여기에서 소은은 본질주의에 대한 이중의 시선을 자신도 모르게 드러내고 있는 게 아닐까 싶다. 한편으로 본질들은 생명의 심오함에 비해 피상적인 것들이다. 본질들은 "현실의 표면에서 추상화된 것"들이며, 따라서 유기체의 삶이 이루어지는 역동적인 장에서의 복잡한 관계-망으로부터 떼내어져 단지 논리적인 관계들만이 성립하는 공간으로 추상된 것들이라 할 수 있다. 이 점에서 본질들은 분명 헤겔적 의미에서 '추상적인 것들'이다. 그러나 다른 한편, 본질들이란 유기체들이 "구체적인 상황으로서의 세계로부터 탈출해 나가는 한계점"에서 성립한다. 즉, 본질들이란 유기체들이 우연에 지배되는 삶으로부터 '탈출해' 다른 차원으로 나아갈 수 있는 문(門)이기도 하다. 다시 말해, "자발성이 구체적인 세계 속으로 던져지기 이전의 상태로 초월하려는 통로"인 것이다. 앞의 부분은 베르그송적이고, 뒤의 부분은 플라톤적이다. 소은의 사유는 대체적으로 '플라톤에서 베르그송으로'로 이해할 수 있지만, 이렇게 가끔씩은 '베르그송에서 플라톤으로'의 방향을 취하기도 한다. 인용된 구절은 두 측면이 동시에 들어 있는 대표적인 구절이다.

## 자유의 문제

이제 이상의 존재론적 해명을 기반으로 자유의 문제를 논할 수 있다. 이 논의 역시 본질주의의 입장과 역동론(생성존재론)의 입장을 대비시키면서 진행된다.

본질주의의 입장에서 자유란 무엇일까? 만일 자유라는 것이 한 존재가 규정성(특정한 방식으로 존재함)을 비켜가는 것이라면, 아니 규정성을 떠나서 '존재'할 수 있는 것은 없기에 특정한 규정성에 의해 고착되지 않는 것을 뜻한다면, 본질주의는 애초에 자유와 거리가 멀다고 해야 한다. 자유라는 개념에는 무엇인가의 꽉 찬 규정성을 비켜가는 무(결여로서의 무이든 잉여로서의 무이든),[46] 사물들의 존재방식을 굳세게 붙들고 있는 필연성을 비켜가는 우연, 세상을 빈틈없이 덮고 있는 기존의 규범(넓은 의미)을 비켜가는 자의성을 함축한다. 그러나 본질주의가 제압하려는 것은 다름 아닌 이런 것들이다. 본질주의에 입각한 대부분의 전통 사상에서 자유의 개념이 희박한 것은 이런 맥락에서 이해할 수 있다. 그러나 본질주의 역시 자신에 적절한 자유 개념을 가지고 있다. 그것은 각 사물의 본질의 구현이다. 본질이 존재한다고 해서 그것이 늘 구현되어 있는 것은 아니다. 본연지성은 기질지성에 의해 가려진다. 한 존재의 아레테는 그것의 뒤

---

46) 사실 양자는 똑같은 것이다. 규정성으로 채워지지 않은 결여로서의 무는 이미 차 있는 규정성 쪽에서 본다면 잉여이기 때문이다. 존재로 채워지지 않은 무=결여는 또한 동시에 기존 존재에 부가된 무=잉여이기도 하다.

나미스가 활짝 피어날 때에만 성립한다. 자유란 한 사물의 '존재'가 확보되는 것, 그것의 본질이 구현되는 것이다.[47] 만일 인간의 본질이 이성에 있다면, 인간의 자유는 이성을 활짝 꽃피우는 것이다.

이런 목적론적 구도에서 자유의 반대는 필연이 아니라 강제이다. 오히려 본질 개념은 필연 개념을 그 한 측면으로 내포하게 된다. 물론 이때의 필연은 객관적인 법칙성이 아니라 한 사물이 '가야 할 길'을 뜻한다. '아낭케'가 한 사물의 본질에 내포되어 있는 필연이기보다는, 오히려 외부적인 '어쩔 수 없는 것'으로 이해되는 것도 이런 맥락에서이다. 요컨대 자유는 본질의 구현이요, 그 대립물은 외부적 강제/장애이다. 따라서 본질주의적 자유란 한 존재가 외적 장애들을 극복해 가면서 자신의 본질을 활짝 피워내는 데에 있다. 인간의 경우 그의 본질, 다른 존재들과 그를 변별해 주는 핵심은 이성, 언어, 문화에 있다. 이성은 인간으로 하여금 사물들에 대해 심적 거리(mental distance)를 두고서 바라보게 해 준다. 달리 말해, 인간존재의 핵심적 특성은 행동의 사이사이에 숙고를 매개시킨다는 점에 있다. 문명의 가능근거이든 소외의 불행한 출발점이든, 인간은 타자와 접촉하고 서로 작용하기 전에 그것을 표상하는 존재이다. 마르크스도 지적했듯

47) "이러한 자유는 비단 인간에 있어서만 성립하는 것이 아니라 무생물에까지 확대될 수 있다. 가령 아리스토텔레스의 자연학의 경우에서처럼, 돌이 지상으로 하락하는 것이 돌의 본성에 적합한 운동이며, 위로 상승하는 운동이 외부의 힘에 의해 강제된 운동이라면 돌이 지상으로 하락하는 운동은 자유스러운 운동이다. 생물에 있어서도 사정은 동일하며, 모든 생물은 그 생물에 고유한 본질을 강제하는 외부의 힘에서 벗어남으로써 자유를 얻는다."(「근원적 자유」, I, 197)

이, 벌들은 인간보다 훨씬 능숙하게 자신들의 집을 짓지만 가장 서툰 건축가조차도 집을 짓기 전에 자신의 머릿속에서 우선 미래의 집을 표상해 본다는 점이 중요하다. 하지만 인간은 이런 정신적 능동성만으로 살지 못한다. 그는 언제나-이미 신체적 수동성의 흐름 속에 들어 있다. 인간의 삶이란 정신적 능동성과 신체적 수동성의 교직으로 이루어져 있다.

문명이란 무엇일까? 본질주의의 관점에서 본다면, 그것은 인간이 각종 장애들을 극복해 가면서 자신의 본질을 실현해 온 성과이다. 의·식·주라는 원초적 차원으로부터 정치를 핵으로 하는 '인간사회'의 구축, 그리고 각종 형태의 정신문화의 발달이 문명을 특징짓는다. 이 과정은 곧 행동들의 사이사이에 어떤 이론을 삽입시킬 것인가, 달리 말해 어떤 문명적 틀이 인간의 본성에 부합하는가에 대한 판단/선택의 과정이었다(소은의 논의는 추상적인/존재론적인 층위에서 진행되기에, 여기에서 인간은 일단은 한 덩어리로 취급되고 있다. 하지만 중요한 것은 '누가?'라는 물음일 것이다). 그런데 이런 "선택적인 결단은 미래에 대해서 계산 가능한 필연적 법칙의 체계가 없으면 무의미하다."(「근원적 자유」, I, 198) 인간이 장애들을 극복하고 자신의 본질을 실현해 간다는 것은 곧 미래를 스스로의 것으로 장악함으로써 '장래'로 만든다는 것을 뜻한다. 이것은 달리 말해 미래에 자신에게 부딪쳐 올 우발성을 과학적 인식을 통해서 제압해 나감을 뜻한다. 물론 이런 생각에는 우연의 심층은 필연이라는 합리주의적 낙관과 그것을 부차적인 것으로 보려는 존재론적 입장이 깔려 있다. 결국 문명이란 인간의 본질을 실현해 가는 과정이며, 이 실현은 바로 '인간의 본질'인 이성의 실현에 의해서만 가능하다. 이렇게 본다면, 이 입장에서 역사란 이성의 자기전개에 다름 아니다. 문명이란 이성의 자기실현이다.[48]

이런 종류의 사유에서는 인간의 감정 및 충동(전통적인 용어로는 '정'情과 '욕'欲, 즉 감정과 정욕)은 부정적인 위상을 부여받으며, 제어되어야 할 것들로 간주된다. 왜일까? 본질주의 철학에서 볼 때 이런 측면들은 이성의 정상적인 활동을 방해하는 요소들이기 때문이다. 그리고 정욕은 이성의 장애물이라 할 타자들을 가져옴으로써 이성의 활동을 막아버리기 때문이다. 따라서 내적으로도 이성을 방해하고 외적으로도 타자성을 도래시키는 정욕의 제어야말로 인간 본성의 실현에서 전제되는 중요한 측면이 된다. 본질주의의 입장은 이성의 타자들을 인정한다. 아니, 오히려 이성의 타자들이 더 강력할수록 이성의 힘은 더욱 빛난다. 그러나 이 사유에서 절대적 의미에서의 타자성들은 거부된다. 이런 타자성들이 인정될 경우 이성의 자기실현은 불가능해지기 때문이다. 바로 그렇기 때문에 본질주의 철학은 절대적 타자성을 제거하고자 하며, 정말 강력한 타자성을 만났을 때는 속절없이 무너지기도 한다. 하지만 시간을 열어두는 한에서, 시간이란 절대 생성이라는 점을 인정하는 한에서, 절대적 타자성을 만나

48) 물론 인간의 본질을 이성이 아닌 다른 것으로 보는 입장도 가능하다. 예컨대 인간의 성(性)을 리(理)로 보기보다 기(氣)로 보는 것도 가능하며(이는 이하 논의될 자발성의 입장과 통한다), 또 성을 리나 기 같은 존재론적 원리에 복속시키기보다는 왕수인(왕양명)처럼 순수 마음[心]으로 보는 입장도 가능하다. 각 경우에 인간 본성의 실현에 대한 논의도 물론 달라진다.

지 말라는 보장은 어디에도 없다. 때문에 본질주의 철학은 시간을 다 살아 보기도 전에 미리 절대 타자성들을 생각 안에서 제거하고 시작하는 사유이며, 이미 잠정적으로 완성되어 있는 각본을 들고서 시작하는 연극이라고 할 수 있다. "법칙에 따라서 행동하는 궁극적 목적은 본질을 구현하는 데 있는데, 본질론적 입장에서는 본질의 진상은 타자에 대한 영원한 무감동이므로 본질론적 입장에서 성립하는 자유의 극치는 모든 타자에 대한 영원한 무감동에서 성립한다."(「근원적 자유」, I, 198)

자발성의 철학은 본질주의와 달리 생성존재론을 바탕으로 한다. 이 사유에서 시간은 본질 실현의 터가 아니라, 오히려 어떤 본질도 영원할 수 없도록 무너뜨리는 힘이다. 하지만 생성에는 두 가지 방향이 있다. 하나는 질서들을 와해시키면서 궁극적으로는 와류(渦流) 상태를 지향하는 아페이론의 생성이다. 다른 하나는 새로운 질서들을 창조해내면서 궁극적으로는 절대적인 질적 풍요로움을 지향하는 생명의 생성이다. 양자는 공히 본질들의 세계를 와해시키면서 생성을 도래시키지만 그 방향은 양극으로 갈라진다. 본질주의에서 본질들은 애초에 주어지는 것으로 파악되며, 생성이란 장애물들에 가려진 이 본질들이 실현되는 과정이다. 그러나 자발성의 철학에서 본질들이란 자발성의 힘을 통해서 창조되는 것이며, 이러한 창조는 생성을 자신과 대극적인 방향으로 끌어가는 아페이론과의 투쟁을 통해서만 가능하다. 여기에서 아페이론은 결코 본질 실현의 들러리가 아니다. 아페이론은 생명과 더불어 세계의 궁극적 힘이며, 생명이 아페이론을 이겨내지 못한다면 도래하는 것은 카오스이다. 여기에는 어떤 선험적인 각본도 없다. 아페이론이 승리할 경우 생명은 실제 와해된다. 앞에서도 말했듯이, 베르그송의 생명은 미리 주어진 영원이라는 보장을 안고서 안온하게 살아갈 수 있는 자기동일자가 아니라, 끝도 없는 투쟁을 통해서 차이생성을 보듬음으로써 스스로의 동일성을 변화시켜 나가야 하는 자기차생자인 것이다.

이러한 세계에서 특정한 본질을 고집한다거나 특정한 이론체계에 고착되는 것은 오히려 매우 위험하다. 생명이란 차이생성을 소화해 가면서 스스로의 동일성을 계속 변이시켜 나가야만 하는 존재이고 그렇게 할 수 있는 능력이 자발성이라면, 어떤 동일성에의 고집/고착은 결국 생명을 위협하는 행위가 되기 때문이다.

> [···] 본질에 입각한 이론적 체계는 타성의 체계이므로 이를 따름은 자발성의 자기 상실을 의미하며, 이론적 체계를 따른다는 것은 타율이 된다. 그러므로 이론적 체계를 그 자체로서 따르지 않는 점이 본질론적 자유와 다르다. 그러므로 필연성 위에 서 있는 이론체계를 그 자체 때문에 선택하는 것은 자율을 포기하고 타율을 따르는 것을 의미하며, 그 이론이 정확하고 불변의 것일수록 그만큼 정확히 불변의 타율에 복종함을 뜻한다.(「근원적 자유」, I, 198~199)

이런 차이를 의미심장하게 함축하고 있는 개념은 '선택'이다. 본질주의에 있어 선택이란 무엇일까? 그것은 여러 선택지들 중 자신의 본질 구현을 가능케 하는 것을 남겨두고 방해가 되는 것들은 제거하는 과정이다. 선택이란 한 주체(개별 주체 또는 집단적 주체)가

'pro-blēma' 앞에 섰을 때 요청된다. 주체에게 문-제는 어떻게든 극복해야 할 'ob-jectum'이며, 선택해야 할 길들이다. 그러나 시간의 지도리 위에 선 본질주의적 주체에게 이 길들은 대등한 길들이 아니다. 그것들 중 오직 하나만이 그의 본질에 합치하며, 따라서 그의 성공 또는 생존은 그 길들 중 어떤 것이 자신의 본질에 합치하는가를 옳게 선택하느냐의 여부에 달리게 된다. 이 본질은 궁극적으로 하나이며, 따라서 본질주의적 주체는 어떤 문-제 앞에 서든 그 방향성은 일관되어야 한다. 이에 비해 자발성의 존재론에서 본질이란 자발성의 기능이 표현되는 방식이며, 따라서 자발성이 시간/차이생성과 투쟁하면서 생명을 이어가는 과정에서 발명해내는 틀/패러다임일 뿐이다. 그렇다면 선택의 의미도 현저히 달라진다. 본질주의에서 인간의 타자들은 인간이 자기를 실현해 나가는 과정에서 만나야 하는 존재들이며, 그 가치는 그것들이 인간본질의 실현에 도움을 주는가 장애가 되는가에 따라 판가름 난다. 반면 자발성의 사유에서 선택이란 어떤 특정한 시점에서 타자들과의 마주침이라는 상황이 가져오는 요청이며("선택은 동굴과 같은 자기 세계 내부에 폐쇄돼 있는 자발성이 자기 세계를 벗어나는 한계점에 위치할 때 성립한다"), 이때의 타자들의 가치는 그 시점의 맥락에 상관적이다. 때문에 선택이란 어떤 정해진 경로를 따라서 이루어지기보다는 각 맥락에서 발명되는 것이며, 특정한 이론에의 본질주의적 집착은 문자 그대로의 의미에서 치명적일 수 있다. 때문에 타자들은 그저 소거되어야 할 매개변수가 아니라 그 말의 진정한 의미에서의 타자들이다. 시간 속에서 산다는 것은 이런 진정한 의미에서의 타자들과 마주치게 됨을 뜻한다. 그래서 시간은 선택을 요구한다. 요컨대 인간에게, 더 넓게는 생명체들에게 시간은 타자들과의 마주침과 그 시점에서의 선택을 요구하는 선험적 지평이다.

자발성의 존재론에서 법칙성, 이념, 이론 등이 가지는 의미는 본질주의의 경우와는 다르다. 자발성은 어떤 이론으로도 완전히 객관화될 수 없다. 자발성은 차이생성의 세계를 살아야 하며, 항상 타자들과의 관계를 통해서 스스로를 만들어 가야 한다. 본질들이란 이런 과정에서 나타나는 잠정적인 패러다임일 뿐이다. 베르그송의 철학은 이런 자발성의 존재론에 입각해 있으며, 따라서 그의 자유 개념 및 선택 개념 또한 플라톤으로 대변되는 본질주의적 개념들과 대조를 이룬다. 플라톤에서 베르그송으로의 이런 이행은 서구 존재론의 역사에서 가장 핵심적인 이행이라 할 수 있다.

# 9장
# 생명의 약동

소은은 베르그송에 대한 구체적인 연구로서 앞 장에서 논의한 논문과 더불어 『창조적 진화』에 대한 강의록을 남기고 있다. 베르그송의 저서들 중 소은 이후에 특히 많은 관심의 대상이 되었던 것은 『물질과 기억』이다.[1] 아쉽게도 소은은 『물질과 기억』에 대한 논의는 남기고 있지 않다. 지금까지 분석해 놓은 존재론 자체가 결국 생명을 이해하기 위한 논리였거니와, 이제 이 존재론적 논변들을 토대로 『창조적 진화』에 대한 소은의 강의로 들어가 보자.[2]

---

1) 『시네마』를 비롯한 저서들에서 들뢰즈가 펼친 베르그송론의 영향도 이런 흐름에서 중요한 한 계기가 된 것으로 보인다. 일본 등에서 최근에 성립한 생명과학의 흥기도 이 저작을 새롭게 들여다볼 수 있는 환경을 조성하고 있다. 본 저작 이후 내가 전개할 존재론적 탐구는 이런 흐름의 연장선상에서 시도될 것이다.

2) 『창조적 진화』의 4장에서 베르그송은 철학사적 논의를 전개한다. 이 철학사적 논의는 소은의 강의록(『베르그송의 『창조적 진화』 강독』)에서는 422쪽 이하에 해당한다. 앞 장에서의 논의에서 이 부분을 이미 흡수해서 다루었다.

## 1절 · '생명' 개념에의 접근

소은의 강의는 『창조적 진화』, 53쪽에 대한 논의부터 시작된다. 그러나 베르그송이 그 앞부분에서 전개한 논의들, 특히 머리말의 내용을 일정 정도 분석해 놓을 필요가 있다.

> 생명 진화의 역사는, 아직은 불완전하기는 하지만, 지능(intelligence)이 척추동물 계열을 통해 인간에 이르는 선을 따라 발달해 온 모습을 엿볼 수 있게 해 준다. 이에 따르면 [지능의] 이해 능력은 행동 능력에 부가된 것으로서 나타나며, 생명체들의 의식은 주어진 생존 조건에 점점 더 정확하게, 점점 더 복잡하고 유연하게 적응하는 과정으로서 나타난다. 이로부터 다음과 같은 결론이 나오지 않을까. 즉, (좁은 의미에서의) 지능의 목적은 우리의 신체가 환경에 완벽하게 삽입되도록, 사물들 상호 간의 외적인 관계들을 표상하도록, 결국 물질을 사유하도록 하는 데 있다는 것. 결국 이 점이 이 시론의 결론들 중 하나가 될 것이다.(EC, 7)

형이상학자로서 베르그송의 목적은 진화에 대한 실증과학적 탐구를 행하는 것이 아니라, 진화라는 현상 전체를 놓고서 그 존재론적 의의를 밝혀내는 것이다. 베르그송의 철학이 지속의 존재론이라면,

생명의 지속이 구체적으로 전개된 '진화'라는 과정에 대한 분석은 그로서는 중요한 의미를 담고 있는 것일 수밖에 없다. 『시론』에서는 인간의식이, 『물질과 기억』에서는 기억이, 그리고 『창조적 진화』에서는 생명진화가 지속존재론을 실증할 수 있는 장으로서 논의된다.

베르그송이 그의 존재론적 진화론에서 밝혀내고자 하는 중요한 한 테제는 서구 전통 형이상학이 초월적인 방식으로 이해했던 '이성', 적어도 근대 이후 구체화된 합리적 이성—'지능'—은 생명진화라는 내재적 지평에서, 특히 척추동물의 행동이라는 토대 위에서 이해되어야 한다는 것이다. 행동 없이는 어떤 것도 없다. 태초에 행동이 있었다. 이 입장은 물론 생성존재론의 한 버전이라 할 것이다. 지능은 생명, 진화, 행동의 지평 위에서 이해되어야 하며, 의식 또한 초월적 방식으로가 아니라 생명체가 환경에 적응해 가는 과정에서 그것에 맞물려 진화해 온 것으로 이해되어야 한다. 베르그송의 반(反)플라톤적 구도가 명확히 드러나는 대목이다.

지능은 환경과 투쟁하는 과정에서 형성되고 변형되어 왔기에, 외적 환경의 형태를 내부화해 왔다고 할 수 있다. 특히 '호모 파베르'로서의 인간은 물리적 환경과 투쟁하면서 또 도구를 제작해 가면서 진화해 왔고, 그 과정에서 고체를 모델로 해서 사고하는 습관을 길러왔다. "인간 지능은 관성적인 대상들, 특히 고체들 사이에 놓일 때 안정감을 느끼며, 행동은 이들에게서 자신의 거점을 발견하고, 산업은 그 작업의 도구들을 발견한다." 인간이 그 동일성을 파악하고, 그 양적인 면을 측정하고, 그것을 변형시켜 마름질하고, 그것을 조작해 도구화할 수 있는 대상, 그것은 곧 고체이다. 여기에서 베르그송은 전통 형이상학과 극명하게 대조되는 생각을 제시한다: 전통 형이상학에서 중시해 온 이성(합리적 이성), 개념, 논리, 동일성 등은 어떤 초월적 가치들이 아니라, 생명체들 특히 인간이 고체들과 투쟁하면서 진화해 온 과정에서 그것들을 모델로 해서 형성된 결과물들이다. 고체와 부딪치면서 그것을 닮게 된 우리의 논리는 곧 '고체의 논리'(logique des solides)이다. 그리고 이 고체의 논리는 기하학에서 그 결정적인 모습을 드러낸다.[3] 이로부터 중요한 한 결론이 도출된다: '동일성' 개념을 근간으로 하는 고전적인 이성/합리성의 틀은 고체들의 세계, 물리적인 세계를 인식하는 데 적합하다. 왜냐하면 그것 자체가 바로 고체들과, 물리세계와 상호 작용하는 과정에서 형성된 틀이기 때문이다.

이 상황을 반대 방향에서 본다면 어떤 결론이 도출되는가? 우리의 합리적 이성은 생명을 이해하기에는 역부족이다. 합리적 이성 자체가 생명의 거대한 흐름에서 만들어내어진 한 결과, 생명 진화의 한 결이기 때문이다. 생명을 통해 이성을 이해할 수는 있어도, 이성이 생명을 온전히 이해할 수는 없다. 차이생성의 한 결이 동일성이지,

3) 이 점에서 기하학의 역사는 흥미롭다. 에우클레이데스 기하학의 성립 조건들이 완화되면서 다른 기하학들이 속속 개발되어 왔으며, 그 끝에서 만나게 되는 위상수학은 오직 특이점들을 통해서만 각각의 '도형들'이 구분되는 유체의 논리를 보여주기 때문이다. 어쩌면 수학의 역사는 절박한 생존의 압박하에서 자신의 정신을 고체들에 동화시켜야 했던 인간이 그런 압박에서 서서히 풀리면서, 자신 속에 처음부터 잠재했던 무궁한 정신적 잠재성을 발견해 온 역사가 아닐까? 그런 점에서 수학이란 우리에게 경험주의적/베르그송적 이해만으로는 해명되지 않는 그 이상의 차원을 열어주는 영역이라 해야 하지 않을까? '신족과 거인족의 투쟁'이 여전히 살아 있는 투쟁임을 확인할 수 있는 대목이다. 어쨌든 베르그송이 보기에, 당대의 생명 이해는 여전히 '고체의 논리'(고체의 기하학)에 사로잡혀 있었다.

동일성이 차이생성을 온전히 담아낼 수는 없다. 변이를 통해서 종들을 이해할 수는 있어도 종들이 변이를 다 담아낼 수는 없다. "차라리 부분이 전체와 같다든가, 결과가 원인을 다시 담아낼 수 있다든가, 해변에 밀려온 조약돌이 그것을 날라 온 파도의 모양새를 그릴 수 있노라고 강변하는 것이 나을 것이다." 베르그송이 볼 때 동일성, 모순, 차이, 유비, 유사성, 기계론, 목적론 등등, 전통 철학이 정련해 온 개념들을 통해서는 생명의 우발성, 가변성, 다양성을 담아낼 수 없다. 스펜서에게까지도 그 그림자를 던지고 있는 고전 시대의 "진화론"과 다윈 진화론의 차이는 '자연도태' 등을 논하기 이전에 우선 인식론적 장에서의 근본적인 차이를 내포한다. 생성존재론은 19세기에 이루어진 이 진화론적 사유와 이웃관계를 형성한다.

이런 맥락에서 베르그송은 진정으로 생명을 인식하기 위해서는 생명 진화에서의 우리의 이성의 결만이 아니라 다른 결들을 찾아내어 이 결들을 종합해야만 한다고 말한다. 이성의 틀을 끝없이 깨고 그 바깥으로 나가 생명 전체로 향해야 하는 것이다. 언어라는 것이 이성의 결에서 성립하는 것이라면, 생명의 진정한 인식을 위해서 우리는 언어의 바깥으로 나아갈 각오가 되어 있어야 한다. 하지만 베르그송의 이런 생각을 받아들인다고 해도, 우리가 사유의 결과를 나타내는 것은 결국 이성적인 언어를 통해서가 아닌가? 또, 사유의 성과를 논하고 흡수할 수 있는 것도 결국 학문세계의 제도적 장치 내에서가 아닌가? 바로 이런 이유 때문에 베르그송의 사유는 기존의 언어나 기존의 학문제도의 바깥으로 탈주해 나가는 성격이 강하다. 사실 베르그송 철학은, 어쩌면 독창적인 철학들은 다 그렇다고 해야 할지도 모르겠지만, '학문'이라는 틀 자체를 벗어나버리는 성격을 띤다.[4] 이는 베르그송 사유의 궁극 목표가 어떤 개념체계를 구축하는 데 있는 것이 아니라 생명 자체와 합일하고 그 합일에 따라 사는 것에 있기 때문이다. 물론 우선 중요한 것은 그런 벗어남이 이루어지는 그 경계선까지 가 보는 일이다. 베르그송에 있어 인식 이론(인식론)과 생명 이론(생명철학)의 결합이 중요한 것은 이런 맥락에서이다.

> 인식 이론을 동반하지 않는 생명 이론은 오성[지능]이 그것의 성격에 입각해 만들어내는 개념들을 그대로 받아들일 수밖에 없다. 이 경우 생명 이론은 인식 이론이 결정적이라고 생각하는 선재하는 틀들로 사실들을 가둘 수밖에 없다. 그렇게 함으로써 생명 이론은 실증과학에서는 필수적이라고 해야 할 간명한 기호체계를 얻을 수 있겠지만, 결국 생명 자체에 대한 직접적인 비전은 얻지 못한다. 반대로 지능을 생명의 일반적인 진화에 입각해 바꾸어 나가지 못하는 인식론은 인식의 틀들이 어떻게 형성되었는지도 또 우리가 그것들을 어떻게 확장하고 어떻게 극복해 나갈 수 있을지도 가르쳐 주지 못한다. 인식 이론과 생명 이론은 서로 단단히 결합되어야 하며, 상대방을 밀어 올려주는 상생의 관계를 맺어야 한다.(EC, 13~14)

4) 베르그송적인 직관을 공유하는 사유 갈래가 기성의 제도화된 학문세계와 불화를 빚을 수밖에 없는 것도 이 때문일 것이다. 그리고 베르그송 이후의 여러 창조적인 사유들이 베르그송 사유와 기성 학문의 경계선상에서 많은 유의미한 성과들을 일구어낼 수 있었던 것도 바로 이 때문일 것이다.

베르그송은 객관세계에 대한 지식에서 출발해 우리 자신을 '설명'하려는 사유가 아니라 우리 자신, 특히 우리에게 가장 고유한 차원이라 할 '의식'에 대한 성찰에서 시작한 사유이다. 그리고 그는 일반적인 과학과는 반대의 방향으로, 즉 의식의 차원에서 몸 그리고 몸에 상관적인 객관세계의 차원으로 나아간다. 『창조적 진화』는 『물질과 기억』에서 수행된 이런 작업을 객관세계의 끝까지 밀어붙여 우주 진화 전체를 논한다. 사실 의식→기억→생명의 과정은 상이한 차원으로의 이행이라기보다는 궁극적으로 하나인 차원을 보다 넓은 각도에서 조망한 것이라 볼 수 있다.[5] 『창조적 진화』의 의미는 이 과정의 궁극적 사유 대상인 '생명'으로까지 나아가 다시 그 지평에서 인간의 인식행위를 그리고 더 나아가 삶 일반을 해명코자 한 작품이라는 점에 있다.

이런 구도는 일반적인 학문적 작업의 구도와 판이하다. 학문적 사유는 우선 객관세계에 대해 그것은 '~하다'라는 결론을 내린다. 그리고 그 결론에 우리의 삶을 흡수시켜 이를 그 '~하다'라는 것의

5) 객관세계에 대한 인식을 그러한 인식을 행하는 존재에게까지 투영해 설명하는 일반적인 과학적 인식은 그것이 세계 전체에 대한 설명을 자임(自任)하는 순간 근본적인 오류를 범할 수밖에 없다. 왜냐하면 객관세계의 인식 자체는 세계에서 그 인식의 주체는 제외하고서 성립하는 인식이며, 이후의 투영은 원래의 상황 즉 인식 주체의 존재를 고려하지 않은 상황에 인식 주체를 집어넣어버린 것에 다름 아니기 때문이다. 그러나 진정한 객관성은 '객관'과 그 객관을 인식하는 '주관'을 포괄하는 객관이어야 한다. 그리고 사실 이 객관성은 인식 불가능한데 인식하는 주체는 인식의 매 순간 객관세계로부터 거리를 두면서 그 바깥으로 물러서기 때문이다. 베르그송의 사유는 일반적인 방식과는 정확히 반대로 오히려 인식 주체를 추상해서 다룬 후 그것을 포함하는 보다 넓은 차원들을 다루어 나가는, 학문의 역사에서 희귀한 경우라 할 수 있다.

한 경우로서 설명한다. 그러나 그러한 인식의 구도 자체는 사실 우리의 삶에서 나온 것이라는 사실, 그래서 삶에서 나온 인식의 시선과 그 시선이 읽어낸 객관세계의 '~함'은 사실 순환관계(존재론과 인식론의 순환관계)에 있음은 망각되는 경우가 많다. 그래서 앎이 삶에 흡수되는 것이 아니라 앎 속에서 삶이 스스로를 소외시켜버리는 것이다. 베르그송의 사유는 이와 정확히 대칭을 이룬다. 베르그송은 학문이 사용하는 그 인식 틀은 어디에서 나왔는지를 묻는다. 그리고 『창조적 진화』에 이르러 그 틀을 우주 진화 과정의 한 결로서 설명한다. 학문은 고유한 인식론을 가지고서 생명을 분석하지만, 그 인식론은 바로 생명 자체에서 배태된 것이기 때문이다. 바로 그렇기 때문에 그와 같은 분석은 역설을 드러내기에 이른다. 베르그송은 그러한 시도를 "해변에 밀려온 조약돌이 그것을 날라 온 파도의 모양새를 그릴 수 있노라고 강변하는 것"이라고 말한다. 그리고 또한 "인식 이론과 생명 이론은 서로 단단히 결합되어야 하며, 상대방을 밀어 올려주는 상생의 관계를 맺어야 한다"고 말한다.

## 2절 · 기계론과 목적론

베르그송이 우선 집중적으로 논하는 것은 기계론과 목적론의 대립이다.[6] 이 대립은 데카르트적 기계론의 여파로 생겨난 것으로서, 데카르트가 라플라스의 것과 하등 다를 바 없는 기계론 또는 결정론을 (신학적이고 형이상학적인 배경에 입각해서) 라플라스보다 훨씬 이전에 그리고 더 핵심적으로는 바로 생명의 영역에서 제창한 데에서 유래한다. 베르그송은 기계론적 설명의 본질은 미래와 과거를 현재의 함수로 계산할 수 있다고 간주한다는 점에 있다고 본다. "모든 것은 주어져 있다"는 것이다.[7] '기계론과 목적론' 문제는 데카르트의 이

6) 그러나 베르그송의 논의를 보다 심층적으로 들여다보면, 기계론과 목적론의 대립보다 더 중요한 것은 결정론과 우연론의 대립이다. 기계론과 목적론은 공히 결정론이며(물론 아주 강한 형태로부터 유연한 형태까지 여러 종류가 있다는 점을 염두에 두어야 할 것이다), 양자에 공히 대립하는 것이 우연론('contingency'를 사유의 핵으로 하는 인식론/존재론을 이렇게 부르자)이다. '기계론과 목적론'이라는 표면적 논의 아래에서 결정론과 우연론의 대립을 유심히 보아야 한다.

7) 베르그송은 라이프니츠의 목적론은 데카르트의 기계론이 거꾸로 선 것일 뿐이라고 생각한다. 여기에서도 과거, 현재, 미래의 흐름은 이미 설계된 계획의 실현일 뿐이다. 다만 기계론이 과거가 미래를 '밀고 가는' 구도라면, 목적론은 미래가 과거를 '끌어당기는' 구도라고 할 수 있다. 목적론은 좀 더 유연한 구도를 띨 수 있는데, 세계 자체의 목적론적 구도를 파기하고 각 개체들의 내재적 목적론에 스스로를 국한하는 길이다. 그러나 베르그송은 모든 목적론은 사실상 외적 목적일 뿐인데, 내재적 목적론 또한 각각의 부분들이 전체를 위해서 일하고 있다는 관념을 다만 보다 작은 범위에서 주장하고 있을 뿐이라고 보기 때문이다. 물론 개체가 가지는 응집성에 주목할 수도 있지만, 베르그송은 개체들의 경계는 매우 유동적인 것

프로젝트에 대한 비판과 역비판의 과정이다. 그러나 잊지 말아야 할 것은 지난 4세기에 걸친 논쟁을 통해서 기계론도 또 목적론도 예전의 형태가 아니게 되었다는 사실이다. 어떤 사람들(대개 인문학자들)은 어떤 사유가 기계론'이기 때문에' 무조건 폄하하고, 또 어떤 사람들(대개 자연과학자들)은 어떤 사유가 목적론 또는 생기론'이기 때문에' 무조건 폄하한다. 그러나 기계론도 목적론도 또 생기론도 서로와 투쟁하는 과정에서 계속 정교화되어 왔고, 나아가 투쟁하는 존재들이 흔히 그러듯이 상대방의 어떤 측면들을 자신에게로 끌어오기까지 해 왔다. 기계론이든 목적론이든 생기론이든 또 다른 관점이든, 사상사의 흐름 전체를 놓고서 지금 논의가 되고 있는 것이 언제 누구의 어떤 '~론'인지를 분명히 하면서 논의해야 선입견에 사로잡히지 않을 수 있다. 우선은 베르그송의 논의가 이루어지고 있는 19세기 말, 20세기 초의 시대에 우리를 놓아야 한다.

베르그송 사유의 기본 테제들 중 하나는 우리의 지능은 곧 우리의 행동, 멀리 보면 인간이라는 존재가 진화해 온 전 과정이 응축되어 있는 경향을 반영한다는 것이다. 우리의 행동은 어떤 목적을 설정함으로써 이루어진다. 그리스적 맥락에서의 '텔로스'는 그 기초적인 형태이다. 그리고 이 목적을 실현하기 위해서는 반드시 질료를 다루어야 하며, 인간은 그 질료를 다루는 과정에서 기계적인 운동인을

---

이며 각 개체는 사실상 모든 것들과 연결되어 있다고 본다.
그러나, 베르그송의 이런 논지가 옳은 것이라 해도, 개체 개념의 의미, 개체의 개체성의 문제 등은 좀 더 신중하게 다루어져야 한다고 생각한다. 다음을 보라. 이정우, 「'이-것'-되기로서의 주체-화」, 『무위인-되기』, 그린비, 근간.

익히게 된다. 나무를 잘라 가구를 만들 때, 인간은 어떤 형상을 하나의 목적으로 상정하며 그 목적을 실현하는 과정에서 나무라는 질료의 기계적 성질들을 간파해 가게 된다. 질료형상설은 인간의 이런 행동을 토대로 해서 형성된 존재론이라 할 수 있다. 문제는 인간이 이렇게 형성된 자신의 틀을 자연 자체에 적용할 때에 있다. 이때 자연에 대한 '제작' 모델이 성립한다. 인간은 나무 자체를 인식하려 하기보다는 가구에 대한 자신의 인식을 나무에 투영하고 있는 것이다. 나무가 내포하고 있는 생성은 이 과정에서 사라져버린다. 고전적인 철학들에서 시간이 그 자체로서 고려되고 있지 못한 것은 이 때문이다. 요컨대 베르그송은 생명에 대한 전통적인 이해들은 대개 인간중심적인 것이었다고 파악한다. 생명에 대한 진정한 인식은 인간의 조건을 넘어 이루어져야 한다. 베르그송은 인간을 통해 생명을 보기보다는 생명을 통해 인간을 보고자 한다.

생명에 대한 베르그송의 규정은 다음과 같다: 생명이란 그것이 생겨난 이래 발산하는 진화-선들 사이에 퍼져 있는 유일하고 동일한 약동의 연속이다(la vie, depuis ses origines, est la continuation d'un seul et même élan qui s'est partagé entre des lignes d'évolution divergentes).

그리고 진화에 대해 베르그송이 그리고 있는 전체적 이미지는 다음과 같다: 일련의 부가들—이는 그만큼의 창조들이기도 하다—에 의해 무엇인가가 커져 왔고, 무엇인가가 전개되어 왔다(Quelque chose a grandi, quelque chose s'est développé par une série d'additions qui ont été autant de créations).

매우 추상적인 규정들이기는 하나, 우선 이 규정들을 기억하자.

베르그송은 생명의 근원을 어떤 유일하고 동일한 약동에서 찾는다. 말하자면 생명철학적 '대폭발 이론'이라고 할까. 철학사적으로는 플로티노스에서의 '일자의 유출'과 유사한 이미지를 띤다. 그러나 한 번의 약동이 아니라 계속 이어지는 약동들이라는 점에도 주의해 두자. 또 하나, 중요한 것은 이런 약동이 하나의 선을 따라 이루어져 온 것이 아니라는 점이다. 생명은 '발산하는' 진화-선들 사이로 계속 퍼져 나간다. 그리고 결정적으로 중요한 것은 이 과정이 어떤 동일자에 들어 있던 가능성들이 펼쳐져 나오는 것에 그치지 않고, 그 과정에서 '절대적으로 새로운' 창조들을 동반한다는 사실이다. 그것은 단순한 전개가 아니라 계속되는 창조의 과정이다.[8] 요컨대 베르그송에게서 생명과 그 진화는 연속적이고 다질적이고 창조적이다. 결국 생명 = 지속인 것이다.

그렇다면 생명은 무엇으로 구성되어 있을까? 이에 대한 베르그송의 답은 '경향들'이다. 어떤 형이상학적 본질들도 아니고, 어떤 입

---

8) 수학에서 'addition'은 외부적인 부가의 뉘앙스를 띤다. "1+1 =2"가 성립하기 위해서는 '타일 깔기'에서와 같이 1과 1 사이가 떠서도 안 되고, 양자가 겹쳐져서도 안 된다. 공간에서의 정확한 'partes extra partes'가 성립해야 수학적 부가가 가능하다. 생명의 경우 문제는 부가가 아니라 창조이다. "밖에서 자극이 들어오면 속에서 반응(reaction)을 하는데, 반응의 근원이 뭐냐 하면 'même élan'이고, 거기서 나온대."(「강독 1」, V, 11) 수학의 정태적 세계와 생명의 동태적 세계가 뚜렷이 대비되고 있거니와, 생명체의 내부로부터의 역동성의 원천이 원초적 약동에 있다는 것, 나아가 더 중요하게는 이 생각을 양적 모델이 아니라(원초적 약동을 양적으로 이해할 경우, 시간이 가면서 그것은 고갈되어버릴 것이다) 질적 모델에 따라(약동은 기존의 전체에서 나뉘어 일어나는 것이 아니라 절대적 창조로서 계속 생성한다) 사유하고 있다. 즉, 원초적 약동은 시간 속에서 고갈되는 것이 아니라 그 자체 계속 생성해 간다. 생명체와 무기물의 핵심적인 차이는 전자의 '자발성'에 있다. 이 자발성을 플라톤은 '자기동일자'로 파악했지만, 이제 베르그송에 이르러 이는 '자기차생자'로 변환된다.

자들(세포, 분자 등등)도 아니며, 어떤 메커니즘들('~회로' 등)도 아니다. 생명을 구성하는 핵심 존재들(entities)에 대한 베르그송의 생각은 기존의 어떤 생각들과도 다르다. 그것은 통상적인 'entities'들을 아예 벗어나며, 베르그송의 사유가 시간의 사유라는 점을 극명하게 드러내 준다. 그에게 생명의 구성 "요소들"은 곧 경향들인 것이다. '경향'은 '사실'과 '본질'의 타협안이다. 경향은 본질은 아니지만 단순한 사실들의 집적도 아니다. 그것은 시간 속에서 일어나는 사실들이 보여주는 전체적 흐름이다. 그리스적 본질주의를 거부하는 베르그송이지만, 그에게도 사물들에는 일정한 경향이 있다는 점은 매우 중요하다. 경향은 시간이라는 지평 위에서만 성립하지만, 그 시간이 맹목적인 차이생성이기만 한 것이 아니라 일정한 흐름임을 드러낼 수 있도록 해 준다. 베르그송의 사유는 '실체적 구분', '형식적 구분', '양상적 구분' 등등에 더하여 '경향적 구분'이라는 중요한 개념적 장치를 제공한다. 나아가 베르그송에게 중요한 것은 이것이다: 생명에는 처음에는 공존할 수 있을지 몰라도 구체화되면서 점점 양립 불가능하게 되는 많은 경향들이 내재한다. 생명은 경향들의 잠재적 다양체(multiplicité virtuelle)이다. 그리고 이 다양체의 결들 즉 경향들은 시간의 흐름 속에서 분기(分岐)한다. 그럼에도 생명의 다양한 갈래들은 원초적 약동의 상태에서 공유했던 기억들을 여전히 내포하고 있다. 이 점은 베르그송의 사유 전체에 있어 매우 중요하다. 순전한 우연에 기초하는 기계론적 설명으로는 이런 공유를 설명할 길이 없기 때문이다.[9)] 베르그송에게서는 모든 생명체들이 이 원초적 약동을 공유한다는 점이 매우 중요하다.

베르그송의 이론은 이거야. 생명 현상은 기본적으로 내포(implication)[10]가 없어. 데미우르고스는 에이도스가 없으니까. 소위 뒤나미스야.[11] 가능적인 것으로 어떤 능력만 갖고 있는 것이지. 아무것도 미리 정해진 것이 없어. […] 생물의 처한 상황(situation)이란 것은 그때그때 변한단 말이야.[12] 장차 어디로 가야 한다, 어떻게 반응해서 어떻게 나가야 된다는 걸 알 수가 없는 것 아냐? […] 그러니까 어떤 생물이 먼저 어떤 길을 가고, 나중에 그 길의 그 측면에 붙어서 간 생명체도 있더라는 결론이 나오는 것 아냐.

그러니까 여기 논리는 무엇이냐 하면 말이야, 원초적 비약(élan originel)은 아무런 내포가 없다. 또 상황은 모조리 다르다. 그러니까 우연(accident)이래. 그러면 전부 우연적인 것인데 우연적인 것이 모

---

9) "발산하는 진화-선들 위에서 생명이 상이한 수단들을 통해 어떤 동일한 장치들을 만들어낸다는 사실을 수립할 수 있다면, 우리는 순수 기계론을 논박할 수 있고 반면에 합목적성(finalité)의 경우는 (적어도 우리가 그것을 이해하는 특수한 의미에서는) 어느 측면에서는 논증할 수 있다. 게다가 증명의 힘은 선별된 진화-선들이 발산하면 발산하는 그만큼 또 그것들 위에서 발견할 유사한 구조들의 복잡성이 크면 큰 그만큼 더욱 강화될 것이다."(EC, 100)

10) 소은은 'implication'이라는 말의 문자 그대로의 의미, 즉 한 존재의 내용이 그 안에 이미 접혀 있음의 뜻으로 사용하고 있다. 철학사적으로는 라이프니츠의 사상을 잘 표현해 주는 말이다.

11) "데미우르고스는 에이도스가 없다"는 말은 다소 압축적으로 표현된 말이다. 데미우르고스는 에이도스(형상)를 보고서 휠레(질료)를 빚은 존재이거니와, 소은의 말은 베르그송의 세계에서는 세계의 선험적 조건으로서의 에이도스가 전제되지 않는다는 뜻이다. 그렇다면 데미우르고스와 휠레가 남는데, 베르그송에게서 데미우르고스는 바로 생명 자체가 된다. 이때 결과하게 되는 세계의 핵심 성격은 바로 '뒤나미스'가 된다. 앞에서 자주 나왔던 'spontanéité'에 해당한다. 소은의 사유를 특히 잘 드러내고 있는 구절이다.

12) 베르그송의 사유를 앞으로는 찰스 다윈과, 뒤로는 사르트르와 이어 주는 개념이 '상황' 개념이다. 베르그송에게서 문제가 되는 것은 더 이상 인과-그물이나 추상적 공간이 아니라 '상황'이다.

조리 다 합해(sum) 가지고서 어떻게 동일한 것이 나올 수 있느냐는 이야기지. 나온다면 그건 도대체 확률이 어디 있느냐는 얘기지?[13) ] […] 속에서도 나올 수 있는 내포는 하나도 없고 밖에서도 하나도 안 주어지는데, 어째서 동일한 것이 나올 수 있느냐는 거야.(「강독 1」, V, 11~12)

소은은 이런 맥락에서 테오도어 아이머의 정향진화설을 기계론의 전형으로 본다. 기계론은 "동일한 것이 되풀이된다. 또, 동일한 것이 양적으로 계산할 수 있는 어떤 강도(intensity)를 갖고 나타날 수 있다"는 것을 핵심으로 한다. 정향진화설은 외적 환경과 유기체들 사이에 이런 인과관계를 적용한다. 그래서 외부 환경이 A라면 유기체들은 인과관계를 통해 그런 A의 결과로서 존재하게 된다. 소은은 여기에서 외부 환경을 일차적으로 '공간'으로 파악한다. 그리고 이 공간의 구조는 수학적으로 파악 가능하다. 따라서 유기체들 역시 이런 계산의 결과로서 존재하게 된다. 소은은 이렇게 아이머의 정향진화설을 물리적 결정론의 형태로 제시하고 있다. 그러나 사실 정향진화설은 라마르크적 측면도 함축한다고 해야 한다. 라마르크적인 나아가 중세적 뉘앙스를 띠고 있는 '완전성' 개념은 거부하지만, 아이머 역시 진화란 생명체들에 내재해 있는 메커니즘에 의해 선형적 흐

13) 앞으로 많이 설명되어야 하는 대목이다. 만일 세계의 근본 속성이 우연일 뿐이라면 지금 우리가 확인하고 있는 모든 동일성들, 질서들은 그야말로 '기적'이라고밖에는 달리 설명할 수 없다. 베르그송이 고전적인 목적론을 거부하면서도, 우주 전체의 어떤 경향성을 인정하는 이유가 여기에 있다.

름을 보이는 과정이라 보았기 때문이다. 이 때문에 아이머는 그의 『정향진화론에 관하여: 종 형성에 있어 자연선택의 무능함』(1898)에서 다윈의 자연선택론은 진화에서의 사소한 곁가지들만을 설명해 줄 뿐이며, 종들의 새로운 형성을 설명할 수 없다고 비판했다. 아이머의 진화론은 외적 환경에 의한 결정론을 주장하는 기계론인가, 아니면 생명체들에 내재해 있는 일방향적인 경향성을 역설하는 목적론인가?

베르그송은 정향진화론자들의 사유에서 양의성을 읽어낸다. 정향진화론자들은 진화를 주어진 외적 조건들이 제기한 '문제'에 대해 일정한 '해'로 응답하는(répliquer) 과정으로 제시한다. 이 점에서 진화란 자신에게 내재하는 어떤 일방향적인 경향을 꿋꿋하게 실현하려는 '노력'이다. 이것이 정향진화론의 뉘앙스에서의 '적응'(adaptation)이다. 그러나 베르그송은 정향진화론자들이 "목적론!"이라는 반론에 부딪칠 경우 이번에는 '적응'이라는 말의 두 번째 뉘앙스, 환경에 의해 주물처럼 찍히는 수동적 과정이라는 의미로 후퇴해버린다고 말한다. 아이머의 이론을 소은은 이 두 번째 맥락에서 이해하고 있는 것이며, 그러나 아이머의 이론에는 첫 번째 요소도 강하게 존재한다고 보아야 한다. 베르그송은 정향진화설의 두 번째 맥락에는 전혀 동의하지 않는다. 그러나 첫 번째 맥락은 베르그송의 사유와 일정 부분 수렴하며, 베르그송은 특히 진화 과정에서의 유사한 기관들이나 기능들의 출현을 핵심적인 논의거리로 삼아 이 맥락을 새롭게 논의한다. 이것이 앞에서 언급한, 기계론은 거부하지만 목적론은 일정한 변형을 통해서 발전시켜 나갈 수 있다고 한 베르그송의 입장을 재확인해 주는 대목이다. 이 때문에 어떤 교과서들에서는 베르그송의 생각을 아이머와 유사한 입장으로서 소개하고 있음을 볼 수 있다. 그러나 앞으로의 세심한 논의는 이런 소개가 매우 거친 것임을 확인해 줄 것이다.

만일 '적응'이라는 말을 수동적 의미로서 받아들인다면 우리는 이 말의 다윈적 뉘앙스 쪽으로 접근해 가게 된다. 다윈에게서 적응이란 우발적으로 변이한 유기체들이 특정한 환경에서 걸러내어지는 과정을 말하기 때문이다.[14] 베르그송은 다윈의 이론을 매우 간명하고 명료한 이론으로서 받아들인다. 그러나 유기체들의 우연적 변이들과 환경의 자연도태에 의한 걸러짐에 중점을 둔 다윈에 입각할 경우에도 '진화 과정에서의 유사한 기관들이나 기능들의 출현'을 설명하기는 어렵다는 것이 베르그송의 생각이다. 우연한 변이들 중 어떤 것들은 도태되고 어떤 것들은 살아남는다 할 때, 이 과정에서 어떻게 상이한 시공간에서 유사한, 나아가 순서까지 유사한 기관들과 기능들이 출현할 수 있을까? "원인들은 무한히 많고 결과는 무한히 복잡한데, 어떻게 이 우연한 그리고 우연한 순서로 나타난 원인들이 몇 번이고 동일한 결과에 도달했다고 가정할 수 있겠는가?"(EC, 57) 결

14) 소은은 라마르크와 다윈을 모두 '결정론자'들로 간주한다.(「강독 2」, V, 18) 그러나 우리는 '결정론'이라는 개념이 매우 상이한 형태의 이론들을 포함한다는 사실을 염두에 두어야 한다. 다윈은 라마르크에서 볼 수 있는 총체적 사유, 거시적인 결정론을 주장하지는 않는다. 다윈은 국소적으로 보면 결정론자이지만(베르나르가 지적했듯이, 사실 '과학'이라는 행위는 애초에 결정론을 전제한다. 그렇지 않으면 과학적 탐구를 할 이유도 목적도 없어져버린다), 거시적으로 보면 오히려 우연론자라 해야 할 것이다. 다윈에게서 과학적 필연성은 어디까지나 존재론적 우연성 위에서 성립한다.

국 철저한 기계론도 또 철저한 목적론도 또 철저한 우발론도 '진화 과정에서의 유사한 기관들이나 기능들의 출현'을 설명할 수 없다는 것이 베르그송의 생각이다.[15] 아이머와 다윈을 언급하면서 서론적인 논의를 꺼낸 베르그송은 이제 그가 초점을 맞추고 있는 이 '출현'의 문제를 하나의 구체적인 예 — 눈의 예 — 를 가지고서 본격적으로 논의하기 시작한다.[16]

---

15) 하나의 예로서 유성생식을 들 수 있다. 식물과 동물은 놀랍다 싶을 정도로 유사한 과정을 통해 유성생식을 한다. 그런데 이것이 '적응'의 결과일까? 유성생식의 유용성 자체가 명확하지 않고, 특히 식물의 경우는 일종의 "사치"라고도 할 수 있거니와, 도대체 어떤 외적 압력이 있어 (이에 대한 '적응'으로서) 이런 유사성이 생겨났을까? 원인들은 무한히 복잡한데, 어떻게 이렇게 유사한 결과가 도래했을까? 소은은 이 대목에 대해 "결정론은 예외를 낼 수가 없다. […] 예외라는 것은 언제 일어나는가. 두 개가 다른 방향으로 갔는데 동일한 것이 두 개의 다른 방향에서 나올 때 예외가 생긴다. 또는 두 개가 동일한 방향으로 갔는데 다른 것이 나올 경우 예외가 된다. […] 예외만 나오면 결정론이 다 파괴된다"고 언급하고 있다.(「강독 2」, V, 18) 베르그송의 우연론으로 보면 기계론도 목적론도 결정론인 것이다. 그러나 베르그송의 핵심 논지는 단지 우연론으로만 가는 것이 아니라, 오히려 근본적으로는 우연적 과정인데도 그 위에서 어떻게 '유사한 기관들이나 기능들의 출현'이 가능할까 하는 데 있다고 해야 할 것이다.

16) 앞으로의 논의 전개를 미리 대강 그려 둔다면, 베르그송의 논의는 기계론을 거부하면서(앞에서의 존재론적 논의들을 상기한다면, 이는 그의 기본적인 입장이라는 점을 쉽게 알 수 있다), 우연론에 가까이 접근한다. 그러나 베르그송은 근본적인 차원에서 생명의 우연성을 강조하면서도 생명 진화의 전체적 흐름에 있어 어떤 경향성들이 나타난다는 것 자체는 부정하지 않는다. 그의 목적은 이 경향들을 읽어내는 데 있으며, 이런 맥락에서 목적론에 접근한다. 그러나 생명의 우연성에 근간을 두는 베르그송은 전통적 목적론 또한 비판적으로 보며, 결과적으로 생명이 내포하고 있는 어떤 내재적이고 연속적인 경향과 그 경향이 현실화되는 과정에서 나타나는 각종 우연성들을 동시에 인정하는 방향으로 논의를 밀고 나간다.

## 3절·진화론의 진화: 눈의 예

'눈'이야말로 생명의 신비와 인간적 삶의 고유성에 많은 실마리를 던지는 기관이 아닐 수 없다. 눈의 문제가 매우 논쟁적인 소재일 수 있는 것은 한편으로 그것을 해결함으로써 다른 많은 문제들이 더불어 풀려 나가게 될 소재이기 때문이며, 다른 한편으로 이 소재야말로 목적론자들은 목적론자들대로 기계론자들은 기계론자들대로 각자의 설명에 자부심을 느끼는 소재이기 때문이기도 하다. 목적론자들은 말한다. 보라! 눈이야말로 자연이 장인적 방식으로 일한다는 증거가 아닌가. 눈처럼 정교한 기관이 어떻게 설계 없이 만들어질 수 있겠는가? 기계론자들은 말한다. 보라! 눈만큼 자연선택의 놀라운 힘을 보여주는 예가 또 어디에 있겠는가. 눈의 진화야말로 진화란 무엇인지를 정말 잘 보여주지 않는가?[17] 따라서 눈이라는 기관에 대한 다양한 견해들을 검토함으로써 우리는 '진화론의 진화'를 살펴볼 수 있고 그 가운데에서의 베르그송의 입장도 보다 분명히 확인할 수 있을 것이다.

---

17) 자연선택설이 '기계론'인지는 논쟁의 여지가 있다. 자연선택설이 진화를 일정한 '메커니즘'을 통해서 설명하는 한 기계론적이지만, 본래의 기계론이 함축하는 균일성, 인과성, 보편성 등이 전제되지는 않기 때문이다. 자연선택설을 기계론으로 보는 것은 이 말을 너무 넓게 쓰는 것일 수 있다.

눈이라는 기관이 좋은 소재가 될 수 있는 핵심적인 이유는 그것에 있어 '적응'의 대상이 무엇인지가 분명하기 때문이다. 바로 빛이다. 눈의 진화는 분명 빛에의 적응과 직결된다. 논의의 출발점을 기관이냐 기능이냐(보기 위해서 눈이 생겼는가, 아니면 눈이 생기는 바람에 '본다'는 것이 가능했는가?)로 잡으면 더 이상 나아가기 힘들다. 기관과 기능은 무한한 상호 작용을 통해 계속 발달해 왔을 것이다.[18] 이런 양자택일적 물음보다는 베르그송은 우선 기관 자체에 초점을 맞추어 논의를 진행한다.

베르그송은 논의의 구도를 다음과 같이 잡는다. 우선 눈의 진화를 1) 우연적이고 내적인 변이들의 누적을 통해 설명하는 입장과 2) 외적인 영향—본질적으로는 빛의 영향—에 입각해 설명하는 입장 그리고 3) 획득형질의 유전을 통해 설명하는 입장으로 대별해 다룬다. 이 세 입장의 한계를 각각 다룬 후, 그 세 입장의 한계를 넘어서면서 동시에 세 입장을 포용할 수 있는 대안을 제시한다.

1. 미소변이(la variation insensible)들의 누적. 미소변이설의 대표적인 인물은 다윈이다. 다윈 진화론의 요체는 우발적인 다양한 변이와 자연선택에 의한 생존/도태에 있다. 여기에서 핵심적인 것은 변이는 우연적이지만, 자연선택은 약한 뉘앙스에서 법칙적이라는 점이다. 변이 자체는 우연적이고 또 극히 다양하게 이루어지며, 종과 변종과

18) 사누키 마타오는 생명체들의 '형태'가 진화 과정에서 어떤 '기능'을 해 왔는지를, "왜 저 생명체는 저런 모양을 하고 있을까?"와 "저 생명체는 진화의 역사에서 왜 저런 과정을 겪었을까?"라는 두 물음을 잘 엮어서 인상 깊게 보여주었다.(佐貫亦男, 『進化の設計』, 講談社, 2009)

기형의 구분이 그토록 어려운 것은 이 때문이다.[19] 그리고 자연선택은 물리법칙처럼 강한 법칙은 아니지만, 유리한 변이의 개체들은 살아남고 불리한 변이의 개체들은 도태된다는 규칙성을 보여준다.[20] 진화의 시나리오가 생명체 자체에 내장되어 있다고 본 라마르크의 경우와는 달리, 다윈에게서는 생명체 자체가 유리한 쪽으로 변이되어 가는 것이 아니다. 변이 자체는 우발적이고 극히 다양하며, 거기에서 유리한 쪽의 '선택'을 가능케 하는 것은 환경이다. 다윈에게서의 '적응'은 인간적 의미에서의 적응이 아니라 환경에 의한 선택/도태인 것이다. 여기에서 문제가 되는 것은 '유리하다'는 개념이다. 유리하다는 것은 '우월하다'는 것과 다르다. 유리하다는 것은 어디까지나 생존 능력에서의 유리함을 가리킨다. 한 생명체가 다른 생명체보

19) 이케다 기요히코는 변이는 늘 어떤 시스템하에서 일어나고 그 시스템의 제약을 받기에 변이가 전적으로 우발적일 수 없다는 점을 역설한다. 이럴 경우 일정 시스템하에서의 변이들은 가능하지만, 그 시스템을 넘어서는 변이들은 불가능하다.(이케다 기요히코, 『굿바이 다윈』, 박성관 옮김, 그린비, 2009) 다윈 자신은 "실제 일어날 수 있는 변이의 양은 엄격히 제한된 것이라는 보편적인 생각은 하나의 가정에 불과하다"고 보았다.(찰스 다윈, 『종의 기원』, 송철용 옮김, 동서문화사, 2011, 100쪽) 신다윈주의와 구조주의생물학의 대결에 대해서는 앞으로 좀 더 많은 논의가 필요할 것이다. 한 가지 염두에 둘 것은 변이가 우연적으로 발생한다고 할 때도 사실 그 우연성은 매우 많은 필연성들이 조합된 결과일 수 있다는 점이다.

20) 다윈은 자연법칙들을 "우리에 의해 확인된 한에서의 사건들의 연쇄(sequence)"로 규정한다.(『종의 기원』, 97쪽) 영국 경험주의의 전통에 서 있다고 할 수 있다. 다윈은 생명체들과 '환경'의 관계를 중시했기에, "유리한 변이들은 살아남고 불리한 변이들은 도태된다"는 일반 원리 그리고 논의되고 있는 각각의 맥락/상황을 동시에 고려해서 주장을 진행한다. 더구나 그는 자연선택이 진화의 가장 중요한 동인일지는 몰라도 유일한 동인은 아님을 분명히 한 바 있다. 소은은 다윈의 진화론을 '기계론적'이라 보며 또 그의 사유를 다분히 물리학적인 성격의 것으로 보고 있지만, 오히려 다윈은 세계의 우연성과 변화 그리고 다양성을 중시하면서 논의를 펼쳤다고 보아야 한다.

다 전체적으로 봐서 우월하다=고등하다 해도(물론 매 경우 판단의 맥락/규준을 분명히 해야 할 것이다), 그 우월함=고등함이 반드시 그것의 생존 '능력' 일반과 직결되지는 않는다. 진화론에서의 우월함이란 곧 생존에서의 '유리함'일 뿐이다.[21]

생존의 열쇠를 쥐고 있는 것은 환경이다. 어떤 변이가 유리한가 불리한가는 곧 환경'에 대해서' 유리한/불리한 것이기 때문이다. 인위적인 사육의 경우 이 환경의 역할을 하는 것은 사육사들의 선택이다. 그러나 다윈은, 월리스와는 달리, 이 모델을 자연 자체에도 적용할 수 있다고 보았다. 마치 사육사들처럼, 환경은 그것에 유리한 것들을 살아남게 하고 불리한 것들을 도태되게 함으로써 '자연선택'을 행한다.[22] 그러나 다윈이 생명체들이란 그저 환경의 체에 의해 걸러지는 존재들에 불과하다고 본 것은 아니다. 진화는 생명체의 내적

---

21) 그러나 어느 결엔가 '유리하다'는 '우월하다'로 바뀌어버린다. "'자연'의 산물은 인간의 산물보다 훨씬 '더 진정한'(truer) 성질을 가진다는 것, 또 자연의 산물은 가장 복잡한 생활조건에 대해 끝없이 더욱 잘 적응하고 있고, 명백하게 훨씬 수준 높은 기능이라는 각인(the stamp of far higher workmanship)을 새기고 있다는 것을 엿볼 수 있지 않을까?"(『종의 기원』, 99쪽) '진화'가 은근슬쩍 '진보'가 되어버린다. 오늘날 일상어에서는, 주로 기업과 대중문화에 의해, 두 개념은 아예 동의어가 되어버렸다. 그러나 자연의 진화와 역사의 진보를 동일시하는 것은 곤란할 뿐만 아니라 위험한 생각이기도 하다.

22) "같은 종의 모든 개체가 전적으로 같은 형으로 생성되었다고 생각하는 사람은 아무도 없다. 이러한 개체적 차이는 우리에게 매우 중요하다./ 왜냐하면 그것은 자연선택을 위해, 인간이 사육재배 생물의 개체적 차이를 어떤 방향으로든 누적시킬 수 있는 것과 똑같은 누적 재료를 제공하기 때문이다."(『종의 기원』, 61~62쪽) 다윈에게서는 개체적 차이들의 생성 — 변이 — 과 그 차이생성의 누적 그리고 자연선택에 의한 (그러한 누적의) 방향성 형성이 핵심적이다. 여기에서 가장 중요한 문제는 좋은 변종들을 얻기 위해서 인간이 의도적으로 개체적 차이들을 누적시키는 과정과 자연 자체가 특정한 개체적 차이들을 "선택"하는/"도태"시키는 과정을 유사한 과정으로 볼 수 있는가 하는 것이다.

'의지'에 기인하는 것이 아닌 만큼이나, 외적 '환경' 즉 생명체들의 전적인 바깥으로서의 환경의 일방적인 작용에 의한 것도 아니다. 다윈에게 '환경'은 한 생명체 또는 종—보편자로서의 종이 아니라 개체군으로서의 종—이 타자들과 맺고 있는 관계들의 총체이다. 따라서 환경은 저 바깥에 존재하는 단일한 무엇이 아니라 매우 다양한 맥락에서 이해되어야 하는 개념으로서, 예컨대 피포식자들의 경우 포식자들 자체가 그들의 '환경'이라고 할 수 있다. 다윈에게서 가장 중요한 것은 생명체와 비-생명체의 관계가 아니라 결국 생명체와 생명체의 관계이다. 그에게 생존투쟁이란 사실 같은 종 내에서 가장 격렬하게 일어나는 것이었다.

그러나 이럴 경우 난점이 생겨난다. 환경이란 늘 변한다. 그렇다면 생존 능력의 기준 자체도 매우 가변적이라는 이야기이다. 갑자기 혹한이 닥치면 추위를 견뎌내는 것이 기준이 되겠지만, 새로운 종류의 병균이 생겨난다면 그 병균에 견딜 수 있는 것이 기준이 될 것이다. 그렇다면 진화의 과정에 대해서는 어떤 거대 서사도 불가능하다는 이야기가 된다. 아닌 게 아니라 다윈 자신이 거부한 것이 바로 라마르크적인 거대 서사이다. 달리 말하면, '생존 능력'이라는 개념 자체가 '점차 강화된다'는 뉘앙스를 전혀 배제한 매우 우연적인 무엇이 된다. 하지만 이럴 경우 '생존'이라는 개념 자체가 별 의미가 없게 되어버린다. 모든 '선택'이 외부적인 상황/맥락에 따라 이루어지고, 이루어진 선택 자체가 그저 단발적인 것일 뿐이라면, 진화에는 거대 서사는 물론이고 그 어떤 굵직한 서사도 불가능할 것이다. 이런 상황에서는 '~론' 자체가 불가능할 터인데, 더구나 타임머신을 타고 가서 일일이 확인하지 않는 한 분명한 실증이 불가능한 이 분야는 학문적 논의의 대상조차 되지 못할 것이다. 자연선택이란 곧 숱하게 다양한 개체들이 환경이라는 장에서 걸러지는 것인데, 장 자체가 가변적이라면 거기에 어떤 일정한 흐름이 있을 수 있겠는가?

그러나 진화에는, 결코 단순화해서는 안 된다는 점이 중요하지만, 분명 어떤 줄거리—적어도 굵직한 어떤 줄거리들—가 있다. 따라서 다윈의 '이론적 부담'은 극히 다양한 변이와 생존투쟁에 의한 도태 그리고 이 과정을 지배하는 자연선택이라는 원리만을 가지고서(물론 그가 다른 원리들을 배척한 것은 아니었지만) 어떻게 이런 줄거리들을 설명할 수 있는가에 두어지며, 베르그송이 다윈에 대해 논의하는 곳도 바로 이 지점이다.

눈이라는 기관은 극히 다양한 생명체들에 의해 공유되는 기관이며, 그 기능 또한 본질적으로는 상통한다. 눈의 진화는 우리로 하여금 '생명 진화'라는 말을 쓸 수 있게 해 주는 대표적인 경우들 중 하나이다. 다윈은 진화에서의 불연속적인 변이는 기형들만을 낳을 뿐이기에 새로운 종의 탄생은 어디까지나 자연선택에 의한 미소 변이들의 축적에 의한 것이라 보았다. 앞에서 지적했듯이, 이 생각은 '유리함'이란 특정한 상황에서의 유리함이기 때문에 '유리함'들이 축적되어 진화에서의 일정한 방향성을 형성하기가 어렵다는 난점을 안고 있다. 아울러 지금의 맥락에서는, 미소한 변이들이 왜 일정 방향으로 축적되어 눈 같은 기관을 낳는지는 이해하기가 어렵다. 극단적 우연론의 경우, '우연'이 그렇게 계속 쌓여 왔을 뿐이라고, 무슨 특별한 이유가 있다기보다 '결과적으로' 그렇게 된 것일 뿐이라고 답할 수밖에 없다. 그러나 진화의 의미심장한 발걸음은 여러 형질들이 일정하게 배치되어야만 이루어진다. 형질들의 조정(調整=coordination)이 있어야만 유리함이 성립하기 때문이다. 다윈은 급격한 변이는 불리하다고 생각했으나, 진화의 방향성 형성에는 이런 '조정'이 불가피하다는 점을 잘 알고 있었다. 이 때문에 그는 미소변이 a가 형성되고 거기에 b, c, …가 누적됨으로써 진화의 방향성이 이루어진다고 생각했다. 공간적인 조정이 아니라 시간적인 조정을 강조한 것이다. 그러나 베르그송은 자체로서는 우연적일 뿐인(유용성이 없는) 미소변이 a가 자연선택에 의해 보존될 이유도 없고, 또 생명계의 숱한 이질적인 계열들에서 a, b, c, … 의 누적 같은 일정한 순서가 발견될 이유도 찾기 어렵다고 본다. 요컨대 '우연적'이고 '미소한' 변이들의 누적을 통해서는 눈의 진화와 같은 진화에서의 큰 계열의 존재를 이해할 수 없다.[23]

다윈 이론의 난점은 다음 세 가지로 요약될 수 있다. 1) 변이는 변이한 생명체에게 대개는 유리하기보다는 불리하다. 환경에 적응하기가 어려운 것이다. 2) 또, 유리하다 해도 그 유리함이 세대를 건너 지속되기는 쉽지가 않다. 생식/유전 과정에서 보존되기 어려운 것이다. 3) 나아가, 진화 전체를 놓고서 볼 경우, 설사 이런 일반적 경향을

23) "다시 말하면 그것이 유능하니까 도태가 되지 않고 남았다는데, 그 유능성이라는 것은 언제 시작하냐 하면 상보적인(complémentaire) 부분이 나올 때 비로소 유능할 수 있다는 거야. 유능할 수 있을 때까지 어떻게 그것이 보존이(conserver) 됐겠느냐는 얘기야. […] 또 단순한 우연이라면 어떻게 해서 우연[히 변이한 형질들]이 조화(harmonize)되느냐는 것도 아까 처음에 나왔지? […] 예외적인 것이야."(「강독 2」, V, 25~26)

뚫고서 지속된다 해도 이런 과정들이 계속 쌓이기는, 더구나 그 쌓임의 순서까지 반복되기는 극히 어렵다. 베르그송의 핵심 논거도 이 점이다.

그러나 다윈의 자연선택설(『종의 기원』, 4장)에는 베르그송에게의 응답으로 이해할 수 있는 대목들이 여럿 존재한다. 1) 벌과 꽃의 관계에서 발견되듯이, 타가수정에 의한 변종들 사이의 교배—'교잡'(intercrossing)—가 오히려 강건한(vigour) 싹들을 낳곤 한다. 2) 성선택의 경우, 형질상의 변이 자체는 우발적이지만 암컷의 선택에 의해 결과적으로 뚜렷한 2차 성징으로 진화할 수 있다. 3) 도태/멸종의 메커니즘에 의해 자연선택에서의 방향성이 생길 수 있다. 4) 멸종과 맞물려 변이에서의 작은 차이가 (뿔이 짧은 소와 헤리퍼드 소, 경주용 말과 짐말의 분기에서처럼) 뚜렷한 '형질 분기'를 이룰 수 있으며, 이런 형질 분기를 통해서 진화에 방향성이 생길 수 있다. 현대 진화론이 말하는 '적응적 방산'(adaptive radiation)에 해당한다. 이 경우는 누적에 대한 증거라기보다는 분기에 의한 새 종의 발생에 대한 증거라 해야 할 것이다. 이런 논의들은 1), 2)에는 일정 정도 응답하고 있다고 보아야 한다. 그러나 3)에 응답하고 있다고 보기는 어렵다.

1-1. 돌연변이(la variation bruque)들의 수렴. 진화의 방향성에서 우발적이고 미소한 형질들의 시간적 조정이 이렇게 무리한 가설이라면, 두 번째로 검토해 보아야 할 가설은 형질들의 공간적 조정의 이론이다. 이는 곧 드 브리스 등이 주장한 돌연변이설이다.

돌연변이를 통해서 여러 형질들이 공간적으로 즉 동시에 조정되어 진화의 방향성이 성립한다 할 때, 미소한 변이들이 자연선택에 의해 일정한 순서로 축적된다는 설의 어려움은 극복된다. 하지만 이 경우에도 어려움은 마찬가지이다. 첫째, 그런 갑작스러운 변화가 생명체에 유리할 리가 없다는 점이다. 갑작스러운 변화는 환경에의 적응력을 떨어뜨려 도태되기 십상이다. 둘째, 아무리 돌연변이라 한들 단 한 번에 눈 같은 기관이 만들어진다는 것은 마법 같은 일이기에, 설사 어떤 돌연변이가 유리한 방향을 잡았다 해도 미소변이의 설에서와 똑같은 문제가 생긴다는 점이다. 횟수야 많이 줄어들겠지만, 여기에서도 여전히 일정한 순서에 따른 누적이 있어야 진화의 방향성이 성립할 수 있다. 두세 번까지야 '우연'에 호소한다지만 언제까지나 우연에만 호소할 수는 없는 일이다. 셋째, 하나의 진화 계열에서 이런 일이 일어나기도 어려운데, 어떻게 서로 상이한 계열들, 예컨대 연체동물과 척추동물에서 매우 유사한 순서의 누적이 일어날 수 있단 말인가? 베르그송은 이런 이유에서 돌연변이설도 어려움을 줄여주지는 못한다고 진단한다.

'상관성'(correlation) 개념도 사태를 호전시키지 못한다. 생명체에서의 한 형질의 변이는 다른 많은 형질들의 상관적 변이를 동반하며, 때문에 몇 번의 돌연변이로도 의미심장한 진화의 방향성을 이룰 수 있다는 생각이다. 물론 상관성은 생명체들에게서 발견되는 중요한 성격이다. 예컨대 몸이 하얗고 눈이 파란 고양이는 일반적으로 귀머거리이다. 그러나 베르그송은 이런 상관성은 그저 어떤 메커니즘의 결과일 뿐, 진화의 방향성을 가능케 하는 공간적 조정이 아님을 지적한다. 학자들에게서 '적응' 개념이 능동적 적응('주체성'의 진화) 개념과 수동적 적응(특정한 환경에서의 '생존') 개념에서 오락가락하듯이, '상관성' 개념도 단순한 복합적 변이의 의미와 "한 기관이 더 복잡한 조건들하에서도 기능하도록 유지되고, 나아가 완성되어 가는 방향으로 [다른 기관들과] 상호 조정되는" 적극적 의미 사이에서 오락가락한다고 할 수 있다. 이 점에서 '상관성'에 호소하는 것은 지금 제기된 문제에 대한 응답일 수 없다.

'공간적 조정' 개념에는 '조립'이라는 이미지가 각인되어 있다. 부분들이 조립되어 어떤 전체를 구성한다는 이미지이다. 이런 이미지는 장인이 부품들을 조립해서 무엇인가를 만들어내는 이미지이다. 이는 목적론적인 이미지이다. 반면 장인이 존재하지 않은 상황에서 어떤 부분들이 우연히 조정되어 하나의 조립된 전체가 만들어진다고 할 경우, 이는 기계론의 이미지이다. 전자는 플라톤에게서 발견된다. 플라톤은 생명을 '자기운동자'로 이해하면서도, 『티마이오스』에서는 조립의 개념("synistēmi")을 가지고 생명체를 설명한다. 그러나 "유기체는 전체를 통제하는(control) 어떤 능력에서 부분[들]이 나온다. […] 계란 배아 […] 속에 어떤 자기조절하는 기능이 있고, 그 기능이 […] 분화되어 어떤 것은 날개가 되고, 어떤 것은 위장이 되고, 어떤 것은 눈이 되고, 어떤 것은 간이 된다. 안에서 변화가 생긴다. 그리고 그때마다 순간순간 전부 상호 보충적인 관계가 있어 항상 조화가 되어 있다(harmonize[d]). […] 때문에 생명 현상에 대해서는 조립이라고 하지 않고 성숙한다, 성장한다는 특별한 말을 쓴다."(「강독 3」, V, 28~30) 이 점에서 플라톤의 외적 조화는 베르그송의 내적 조화에 의해 극복된다. 또, 후자의 경우 즉 기계론의 경우 "언제든지 되풀이되는 것이고 우연이란 것은 인정하지 않아야" 함에도, 말 그대로 '기계적 조립'이어야 함에도 왜 우연을 끌고 들어오는가가 문

제가 된다. 소은은 이 점에서 기계론적인 조정 개념 역시 모순에 봉착한다고 본다.[24]

2. 외적 영향(빛의 작용)의 각인. 내적이고 우연적인 변이들의 누적 즉 시간적 조정 또는 공간적 조정에 의한 진화가 눈의 진화에 대한 충분한 설명이 될 수 없다면, 다음에 생각해 볼 수 있는 것은 어떤 외적인 영향하에서 진화의 일정한 방향성 성립이 가능했다고 보는 관점이다. 이때의 외적인 영향이란 물론 태양빛의 영향이다. 태양빛은 전 지구의 생명체들에게 골고루 비친다. 이는 상이한 계열들에서의 진화의 공통적 측면들을 설명해 줄 수 있지 않을까? 게다가, 흑점 폭발 등에 의한 변화가 있긴 하지만, 태양의 영향은 매우 일정하며 이 일정함이 진화의 방향성에 대한 실마리를 줄 수 있지 않을까? 이로부터 진화의 '정향'(定向)에 대한 생각이 등장했다. 아이머의 '정향진화설'.

그러나 눈의 진화가 빛의 작용이 생명체에 각인됨으로써 가능했다고 보는 것은 원인-결과의 구조를 너무 단순하게 파악하는 것이다. 눈의 원초적 형태가 색소 얼룩이며, 이것이 빛이 생명체에 각인됨으로써 생겨났다고 보는 것은 일정 정도 가능하다. 그러나 생명체에서의 수동성과 능동성은 좀 더 세심하게 파악되어야 한다. 생명체는 환경에 의해 수동적으로 걸러내어지는 것만도 아니고 또 능동적으로 환경을 바꾸어 나갈 수 있는 것만도 아니다. 대부분의 경우

24) 사실 돌연변이설이 이런 형태의 기계론을 전제하고 있지는 않다. 오히려 돌연변이설 역시 우연성에 입각한 이론이며, 문제의 초점은 역시 우연성들의 조정과 누적에 있다고 해야 한다.

생명체는 처음에는 환경 변화에 어떤 식으로든 힘겹게 '적응'해야 한다. 그러나 시간이 가면서 생명체는 환경에 점차적으로 능동적으로 '적응'해 가며 나아가 환경을 바꾸어 나가기에 이른다. 따라서 '적응'이라는 말의 이 양면성에 주의해야 한다. 많은 논의들의 문제점은 이 말의 양면성에 대한 혼동에서 기인한다. "연설가가 처음에는 청중의 분위기를 따르다가 점차 그들을 이끈다고 해서, '따르다'와 '이끌다'를 동일시할 수 있는 것은 아니다." 능동성과 수동성의 어느 한 극으로 사태를 환원하는 것은 곤란하다. 능동성과 수동성을 항상 같이 고려해야 한다고 말하는 것만으로도 부족하다. 시간의 흐름에 따라서 수동성에서 능동성으로 가는 과정을 세심하게 고려해야만 하는 것이다. 이는 진화에 대한 베르그송의 매우 중요한 통찰이다. 그리고 진화 전체를 놓고 보면 생명체의 '주체성' 그 자체가 어떤 실체로서 고정적으로 주어지는 것이 아니라 긴 시간에 걸쳐 진화해 온 것이라 해야 할 것이다. 주체성을 강변하는 것도 사변적 논의로 치부하는 것도 곤란하다. 주체성과 객체성을 함께 고려해야 한다고 말하는 것만으로도 부족하다. 어디까지나 시간의 흐름을 주시하면서 양자의 관계 변화 추이를 파악해야 하는 것이다.[25] 이 점을 고려한다면, 정향진화

25) 따라서 "자연법칙 그 자체는 변화하는가?"라는 에밀 부트루의 물음에 대해 우리는 적어도 진화에 대해서는 '그렇다'고 답해야 한다. 또, 이 문제는 '차이'나 '특수성' 같은 문제들에 대해서도 시사점을 던져 준다. 예컨대 전통 철학에서 논의했던 '인물성동이론'(人物性同異論)이나 인간은 특수한 존재냐 아니냐 하는 문제 또한 논리적이고 추상적인 방식으로 대답할 성질의 것이 아니다. 이 또한 시간적으로 또 구체적인 방식으로 답해야 할 문제이며, 인간을 단순히 자연 차원으로 환원하는 것도 또 차이/특수성만을 고집하는 것도 (표면상 서로 대립하는 듯이 보이지만) 대답 자체가 시간적-구체적이지 않다는 점에서는 사실상 똑같다고 할 수 있다.

설은 매우 일면적인 이론이라 할 수 있겠다. 빛이 눈을 만들었다는 주장은 사진(색소 얼룩)에 지속적인 빛의 작용이 가해지면 언젠가는 사진기(눈)가 나올 수 있다고 말하는 것과 같다.

빛의 영향이 원인이 되어 눈이 진화해 왔다고 주장할 때, 이 '원인'이라는 말이 함축하는 복합적 의미를 세심하게 구분해야 한다. 흰 당구공을 쳐서 붉은 당구공을 맞힐 경우, 전자가 후자의 원인인 것은 '충격'(impulsion)을 준다는 의미에서이다. 이 경우 원인의 양과 질은 고스란히 결과의 양과 질로 이전된다. 반면 불꽃이 화약을 폭발시킬 경우, 전자가 후자의 원인인 것은 '촉발'(déclenchement)을 가져왔다는 의미에서이다. 이 경우 원인의 양과 질은 결과의 양과 질로 이전되지 않는다. 불꽃이 얼마나 크든 또 얼마나 강렬하든 화약은 자체의 양과 질에 따라 폭발한다. 이 두 경우에서의 원인-결과 관계는 전혀 다른 것이며 혼동해서는 곤란하다. 나아가 전축의 바늘이 레코드판에 닿음으로써 음악이 나올 때, 전자가 후자의 원인인 것은 '전개'(déroulement)를 가능케 했다는 의미에서이다. 이 경우 원인의 양은 결과의 양으로 이전되지만(음악은 바늘이 작동하는 동안만 나온다), 그 질(음악의 내용)은 바늘의 질과 하등의 관계가 없다. 만일 빛이 눈의 진화의 원인라고 한다면, 이때의 '원인'이라는 말은 촉발이나 전개일 수는 있어도 충격일 수는 없다. 달리 말해, 햇빛은 눈의 진화를 위한 '기회'일 수는 있어도 속속들이 원인일 수는 없다. 눈의 진화가 내포하는 생명(체) 내의 복잡한 변화를 빛이라는 외적 원인만을 가지고서 설명하려는 것 즉 당구공들의 경우처럼 설명하려는 것은 불꽃을 파악해서 폭약의 폭발을 설명하려 하거나, 전축의 바늘을 연구해서 연주되는 음악의 내용을 설명하려는 것과 같다.

결국 진화의 서로 다른 계열들에서 유사한 과정을 거쳐 유사한 결과가 나타난다는 것, 또 때로는 매우 다른 과정을 거쳤으면서도 결과적으로 유사한 결과가 나타난다는 것은 우연적 변이들의 축적에 의해서도 일정한 외적 원인의 지속적인 영향에 의해서도 설명되지 않는다. 그렇다면 이제 어떤 형태가 되었건 생명체 안에 이런 일정한 경향성이 내재해 있음을 인정하는 이론—신라마르크주의—으로 눈을 돌려야 할 것이다.

3. 의식적 추동("노력")의 유전. 이 입장은 생명의 진화를 우연적 변이나 외적 영향이 아니라 생명체들 자체에 내장되어 있는 어떤 본질적 경향을 통해 이해하려 한다는 점에서 앞의 입장들과 구분된다. 이 본질적 경향은 의식이나 의지 개념을 함축하는 '노력'의 개념으로 표현된다. 이 입장은 라마르크주의와 연관된다. 라마르크의 진화론은 생명의 진화를 주재하는 거대한 흐름(사실 "進化"라는 번역어는 라마르크의 이론에 딱 부합한다), 생명체에 내재해 있는 일방향적인 경향(말하자면 형이하학화된 '상향도'), '생명의 사다리'로 표현되는 위계(하등에서 고등으로의 피라미드적 구조)의 형태를 띤다. 물론 라마르크도 실제 진화의 복잡성을 알고 있었다. 유명한 '용불용설'이나 '획득형질의 유전'은 라마르크의 주(主)이론이 아니라 오히려 이 복잡성을 설명하기 위해 고안된 보조 이론들이다. 이 점에서 라마르크의 진화론에서는 환경이 중요한 역할을 한다. 사실 '환경'이라는 말 자체가 그에게서 현대적인 뉘앙스를 띠기 시작했다고 할 수 있다. 그러나 그에게서 환경은 진화의 방향을 결정하는 요인이 아니라 오

히려 진화의 '원래 방향'을 교란시켜 구불구불하게 만드는 요인이었다. 라마르크에게 생명이란 환경에 의해 결정되는 것이 아니라 환경을 뚫고 나가려는 집요한 노력이다.

라마르크 이론의 형이상학적 가정들을 벗겨내고 '노력'의 개념에 초점을 맞출 때, 즉 모든 생명체들이 가지는 본질적인 내적 노력에 주목할 때, 이 이론은 상식에 부합하는 면이 있다. 생명체가 살아남으려고, 특히 인간의 경우 더 나은 삶을 획득하려고 발버둥친다는 것은 상식적인 사실이다. 그리고 이런 경향이 진화에 어떤 일정한 방향성들과 유사성들을 낳을 수 있다는 것도 수긍할 수 있다. 이 점에서 이 이론은 베르그송의 요구에 부합한다. 그러나 이런 생각이 이론적인 차원에서 설득력을 얻으려면 '노력' 개념을 명료화할 것이 요청된다.

노력이 기관의 확대나 강화를 가져오는 것은 사실이지만, 기관의 복잡화를 가능케 한다는 것은 무리한 생각이다. 생명체들이 무엇인가를 보려고 애를 쓰는 과정을 통해서 눈이 진화했다고 말하는 것은 상상에 가까운 것이다. 또, 만에 하나 동물의 경우 이를 인정한다 해도 식물의 경우는 어떤가? 이 경우 '노력'이라는 말을 쓸 수 있을까? 여기에서 문제의 핵심은 '획득형질의 유전'이다. 노력에 의해서 획득한 형질이 당대에 그치지 않고 유전될 수 있을까? 인간의 문화세계에서는 획득된 문화가 역사를 통해 계승된다. 그러나 생명의 차원에서도 이런 일이 가능한가? 흔히 오해되고 있지만, 라마르크에서 진화의 추동력은 획득형질의 유전에 있지 않다. 오히려 획득형질의 유전은 진화의 시나리오를 복잡하게 만드는 요인이다. 획득형질의 유전에 크게 기댄 진화론자는 스펜서이다. 베르그송은 획득형질의 유전 문제야말로 당대의 각종 논의들의 매듭에 있는 문제이며, 어디까지나 경험을 통해서 확증되어야 할 문제로 진단한다. 그리고 당대의 여러 연구 성과들과 논쟁들을 종합하면서 획득형질의 유전 불가능성에 방점을 찍는다. 바이스만은 표현형과 유전형 사이에, "체질"과 "생식질" 사이에 '방벽'을 세움으로써 이런 생각을 확고히 했다.[26] 획득형질은 유전되지 않으며, 진화의 기본 동력은 어디까지나 '생식질'(오늘날의 유전자에 해당)에서의 변이 그리고 외적인 자연선택에 있을 뿐이다.

그러나 '방벽'을 무너뜨리고 체세포에서의 변화가 생식세포에 영향을 미치는 경우는 물론 존재한다. 여기에서 중요하고 미묘한 한 문제는 '형질'의 개념이다. 획득형질이라 할 때 형질이란 한 개체에게서 일어난 모든 변화를 가리키는가? "Character/characteristics"라는 말이 시사하듯이, 형질이란 모든 차이들이 아니라 특징적인 차이

---

26) 다윈은 라마르크로부터 획득형질의 유전 개념을 받아들였다. "다윈은 그렇게 많은 진화가 단순히 무작위적으로 이루어지는 변이의 누적에 의해서 일어나기에는 시간적으로 충분치 않다는 비판에 대답하기 위해서 그것(획득형질의 유전)을 더욱 강조하게 되었다."(찰스 다윈, 리처드 리키 엮음, 『종의 기원』, 박영목·김영수 옮김, 한길사, 1994, 72~73쪽) 그러나 획득형질의 유전이 인정되지 않는 한 다윈의 이론도 적지 않은 수정을 필요로 하게 되며, 다시 베르그송의 반론으로 되돌아오게 된다. 다른 한편, 바이스만의 생각과는 달리 체세포에서의 변화가 생식세포에서의 변화를 일으키는 경우들, 예컨대 알코올 중독도 논의되어 왔으며, 또 최근에는 보다 필연적이고 보편적인 획득형질 유전 현상들도 논의되고 있다. 예컨대 염기서열의 특정 부위에 달라붙는 메틸기($CH_3$)가 일부이지만 이전되어 '후성 유전'이 이루어진다. 이런 논의들은 아직 진화의 차원으로까지 확대되어 논의되고 있지는 않지만, '획득형질의 유전' 문제는 여전히 살아 움직이고 있는 문제인 것은 분명하다.

들을 가리킨다. 그렇다면 어디에서부터 형질로 간주할 수 있는가? 사실 어딘가에서 날카로운 선을 긋기는 쉽지 않다. 때문에 베르그송은 '일탈'의 유전과 '형질'의 유전을 구분한다. 우연히 일어난 변화의 유전과 노력의 성과에 따른 유전은 의미가 다르다. 전자는 생명체 내적인 우발적 변이들과는 달리 외적 변이들이라는 차이는 있지만 지금의 맥락에서는 의미가 없으며, 후자의 경우 눈의 발달과 같은 의미심장한 진화에 요인이 될 수 없다. 아울러 어떤 형질의 획득이 순수한 외적인 획득인지 내적 소질의 발현인지를 구분하는 것도 쉬운 일이 아니다. 획득형질의 유전에는 이런 개념적 문제들이 산적되어 있거니와, 어쨌든 베르그송은 획득형질의 유전이 진화에서의 방향성과 유사성을 설명할 수 없다고 본다.

지금까지의 논의를 정리해 보자. '미소변이의 누적'과 '돌연변이의 수렴'은 변이의 주요 원인이 배(胚)에 내재적이라고 본 점에서 옳다. 그러나 그 변이는 순수 우연적인 것이 아니라 생명체들에 내재하는 어떤 고유한 경향 즉 일정한 기간이 지나면 전반적으로 변화하려는 경향에 기인한다고 보아야 하며, 돌연변이는 이 점을 보여주었다. 그러나 돌연변이의 경우 역시 우연성에만 의존하는 한 진화에서의 방향성과 유사성을 설명하지 못한다. 그렇다면 생명이란 '외적 영향의 각인'에 의해서 일정한 방향으로 진화해 가는가? 진화의 역사 전체를 보면 어떤 줄거리가 있음은 사실이다. 그러나 그 이유를 물리-화학적인 메커니즘에 입각한 외부적 원인에만 돌릴 때, 진화가 띠는 복수적이고 불연속적이고 비결정론적인 측면들을 무시한 채 그것을 단일하고 연속적이고 결정론적으로 단순화해버리는 오류에 빠지게 된다.[27] 그렇다면 '의식적 추동의 유전'은 어떤가? 이 이론은 생명 진화의 원동력을 개체적 노력의 성과들의 유전에서 찾지만, 획득형질은 유전되지 않기 때문에 또한 진화에서의 방향성과 유사성을 설명하지 못한다. 그러나 이 이론은 생명 진화가 외적 영향의 산물이기만 한 것이 아니라 내적 추동력의 결과임을 주장하는 한에서 옳다. 그러나 이 추동력을 의식적 노력에서 찾는 일은 소용이 없으며, 만일 "노력"이라는 말을 쓴다면 그 말의 의미는 개체적-의식적 차원에서가 아니라 전(前)개체적-무의식적 차원에서 찾아야 할 것이다.

베르그송은 지금까지 검토한 이론들을 부정하기보다는 오히려 그 각각이 실재의 어떤 면들을 잘 보여준다고 생각한다. 그의 목표는 이 이론들을 각각의 관점에서 인정하면서, 그것들을 넘어 보다 존재론적인 성격을 띤 가설, 다시 말해 실재 전체를 개념적/이론적으로 밝혀주는 가설을 제시하는 것이다. 이는 칸트 식으로 말해, 곧 세 이론을 내삽(內揷)할 수 있는 허초점을 발견하는 일이다. 이 허초점은 다음 조건들을 충족시켜야 한다.

27) 그런데 '외적 영향의 각인'을 잘 설명해 주는 것이 다윈의 자연선택 이론이다. 앞의 각주 22에서 언급했듯이, 다윈은 자연선택설에 입각해서 진화에서의 방향성과 유사성을 어느 정도까지 잘 설명하고 있기 때문이다. 아이머의 정향진화설보다는 다윈의 자연선택설이 더 많은 지지를 받고 있는 현시점에서는 '외적 영향의 각인'이라는 요인을 자연선택에 무게중심을 두어 더 꼼꼼히 논의할 필요가 있을 것이다.

1. 진화의 원인을 외적 메커니즘들의 결과로만 볼 수 없으며, 생명체들 자체에 내재해 있는 어떤 경향에서 찾아야 한다.
2. 이 경향은 단지 순수 우연적으로 이루어지는 변이들을 통해서만 이해할 수는 없으며, 그 자체 어떤 내적 경향성을 띠고 있는 것으로 이해되어야 한다.
3. 이 경향성은 개체적-의식적 수준에서의 노력이 아니라 전개체적-무의식적 수준에서의 노력으로서 탐구되어야 한다.

결론적으로 베르그송에서 진화에서의 방향성과 유사성을 이해할 수 있게 해 주는 핵심 요인은 순수 우연적 변이도 순수 외적 영향도 또 의식적 노력도 아니다. 그것은 생명체에 내재해 있는 전개체적-무의식적 경향성이다. 베르그송은 이것을 '생명의 약동'(élan vital)이라고 표현한다.

## 4절·생명의 약동

> 긴 우회를 통해서 우리는 출발점—배(胚)들 사이에서 연결선의 역할을 하는 성체들을 매개로 해서 한 세대의 배들에서 다음 세대의 배들로 옮겨가는 '생명의 시원적 약동'[28]이라는 생각—으로 되돌아왔다. 진화의 선들에 분포되어 보존되는 이 약동은 변이들, 적어도 규칙적으로 이전되는, 차례로 부가되는, 새로운 종들을 창조하는 변이들의 심층적인 원인이다. 일반적으로 종들은, 공통된 시조에서 출발해 분기하기 시작했을 때, 진화를 계속함에 따라 분기를 강화한다(accentuer). 그렇지만, 공통의 약동이라는 가설을 전제할 경우, 그것들은 어떤 특정한 지점들에 이르러 동일하게 진화할 수 있고 또 그래야 한다. 이제 남은 일은 우리가 선택했던 바로 그 예—연체동물과 척추동물에 있어 눈의 형성—를 보다 정확한 방식으로 논하는 것이다. 그래야만 '시원적 약동'이라는 생각이 보다 명료해질 것이다.(EC, 88~89)

28) 2절에서 제시했던 다음 명제를 상기하자. "생명이란 그것이 생겨난 이래 발산하는 진화-선들 사이에 퍼져 있는 유일하고 동일한 약동의 연속이다." 이는 곧 방금 결론 내린 "생명체에 내재해 있는 어떤 전개체적-무의식적 경향성"에 다름 아니다.

베르그송은 논의의 실마리를 눈이라는 기관이 보여주는 대조적인 두 특성, 즉 '구조의 복잡성'과 '기능의 단순성'의 동시성에서 찾는다. 어떤 기관의 구조가 극히 복잡하면서 또한 그 기능은 극히 단순하다는 것은 무엇을 의미할까? 기계론은 빛의 직접적 작용이나 자연도태에 의해 기관의 점차적인 복잡화를 설명코자 한다. 이런 설명들은 진화의 어떤 국면들에 대해 중요한 통찰을 제공해 준다. 하지만 기관의 부분들 사이에서 성립하는 고도의 상관관계는 이런 식으로는 설명되지 않는다. 그래서 목적론자들은 처음부터 어떤 설계도를 가지고서 하는 조립, 즉 기능 전체에 맞추어 기관들이 조립되는 모델을 제시한다. 그러나 표면적인 대립을 넘어서 보면, 기계론적 설명과 목적론적 설명은 공통의 기반 위에서 움직이고 있다. 기관들의 복잡성과 기능의 단순성은 기능이라는 '전체'가 기관들이라는 '부분들'을 하나로 꿰고 있음을 뜻하고, 때문에 기계론은 어떤 외적인 메커니즘이 기관들을 축적시켜 그런 기능적 통일성을 결과하게 한다고 보고 목적론은 미리 설계되어 있는 기능에 맞추어 기관들이 조립된다고 본다. 따라서 양자 모두 생명이 작동하는 방식을 요소들의 '연합'과 '축적'으로 보고 있다. 양자 모두 제작적 세계관인 것이다. 그러나 베르그송은 생명이란 오히려 '분리'(dissociation)와 '양분'(dédoublement)에 의해 작동한다고 말한다.

무수히 많은 다자들이 어떤 하나의 기능을 위해서 조직되어 있다는 사실은 어떤 존재론적 이치를 함축하고 있을까? 기관들은 감각으로 파악되는 물질적인 것이며 기능은 이성에 의해서만 파악되는 비-물질적인 것이다. 이 비-물질적인 것을 단지 우발적 결과에 불과한 것으로 보는 것과 어떤 초월적인 설계도로 보는 것 양자를 모두 거부하면서 그 존재론적 의의를 파악할 수 있는 길은 없을까? 우선은 가장 추상적이고 일반적인 용어를 쓴다면, 베르그송은 생명의 본질을 물질들의 우발적 축적 결과도 또 어떤 설계도/목적 = 형상도 아닌 '힘'의 범주에서 파악한다. 생명이란 모종의 힘이며 그 힘의 작용/기능과 더불어 기관들이 조직된 것이며, 또 그 힘의 실현 과정에서 형상들이 성립한다고 할 수 있다. 화가가 붓으로 힘차게 일획(一劃)을 그었다고 하자. 그은 주체는 접어놓자. 먹의 파편들이나 농도, 종이 등등을 아무리 분석해도 거기에서 일획을 그었을 때 작용했던 힘이 보일 리는 없다. 생명의 본질은 그 일획의 힘 = 기화(氣化)에 있지 먹이나 붓, 종이 등등에 있는 것이 아니다. 물론 이 힘 = 기화는 먹, 붓, 종이 등등과 같은 물질-부분들을 통해서 나타난다. 그러나 이것들은 기화의 결과이지 기화 그 자체가 아니다. 이 물질-부분들이 기화의 결과이지 그 역이 아니라는 사실이 핵심이다. 마찬가지로 생명의 본질은 일획을 긋기 전에 그은 이가 생각한 형태에 있지 않다. 그은 이는 그저 예를 위해 도입한 존재이며(앞에서 데미우르고스를 생명 개념에 집어넣어버린 것을 상기하자), 이 의인적 존재를 접어놓았을 때 일획의 형태는 힘 = 기화의 결과일 뿐 미리 존재하는 설계도가 아니다. 베르그송에게서 '생명'이란 바로 이런 일획의 운동, 그 힘, 에네르기의 발현, 기화이다. 그리고 붓, 먹, 종이 등등은 그 힘이 구현되는 물질적 터이며(따라서 결과만 놓고 볼 때 그 일획은 마치 이 물질-부분들이 조립되어 형성된 것처럼 보인다), 결과적으로 나타나는 형태/형상은 기화의 결과이지 미리 존재하는 설계도가 아니다. 제주도의 만장굴이 아무리 많은 암석들로 구성되어 있어도 그것은 그 암석들이 축적되어 형성된 것이 아니다. 오히려 단 한 번의 거대한 힘이 지나간 자취들일 뿐이다. 또, 만장굴의 형태가 미리 주어져 그것이 '구현'된 것도 아니다. 그것은 거대한 힘이 물질적 터에 실현되면서 생겨난 결과일 뿐이다. 이것이 베르그송의 생명 개념의 대강의 이미지이다. 요컨대 생명은 물질도 아니고 형상도 아닌 힘/기화이며, 이것이 물질에서 실현되어 형상들을 낳는다.

우리의 예를 다시 생각해 보자. 베르그송에게 핵심적인 것은 '보다'라는 것, 생명에 내재해 있는 '보려고 하는 힘'이다. 그리고 권리상 이 '보다'라는 것은 지금까지 우리가 경험한 '봄'을 훨씬 초과하는, 앞으로 어떤 방식으로 실현될지 예측하기 힘든 잠재성이다. 그리고 이 잠재성이 실현되어 가는 과정이 진화 과정에서 다양한 수준으로 나타났던, 그리고 앞으로도 새롭게 진화해 갈 눈들이다. 봄을 설명하기 위해서는 눈이라는 기관에 대한 거의 무한히 복잡한 설명이 필요하지만, 봄 그 자체는 사실 극히 단순하고 일의적인 것이다. 봄이 진화해 온 과정을 물질의 우연한 조직화로써 설명하려면 극히 복잡하고 견강부회적인 메커니즘들이 요청되지만, 사실 그런 물질적 조직화는 봄이라는 힘이 실현되는 과정에서 나타난 결과들이다. 또, 이 과정을 제작 모델에 입각해 설명코자 하는 것도 생명의 과정에서 작동하는 우연성을 무시하고 눈을 그것의 설계도에 맞추어 부품들을 조립하는 과정으로 생각하는 것이다. 그러나 베르그송은 생명이란 부분들이 조립되어 하나의 기능을 가지는 어떤 전체로 합쳐지는 식으로가 아니라, 오히려 어떤 잠재성이 실현되면서 다양한 구체성들이 형성되는 과정—우연성이 중요한 역할을 하는 과정—으로 생각한다. 때문에 유기화된 기계의 부분들 즉 기관들은 인공적인 작업의 부분들과 상응하지 않는다. 앞의 만장굴의 예가 잘 보여주듯이, 이 기계의 물질성은 사용된 수단들의 총체를 나타내기보다는 차라리 극복된 장애들의 총체를 나타낸다. 다시 말해, 그것은 어떤 긍정적인 실재를 나타내는 것이 아니라 부정적인 무엇을 나타낸다. 그야말로 미미한 하나의 세포인 정자의 힘으로부터 고도로 복잡한 한 생명체가 생겨나는 과정을 생각해 보라. 눈이라는 기관 역시 이런 실현의 과정을 통해 진화해 오고 앞으로도 진화해 갈 것이다.[29]

우리 논의가 출발했던 지점, 즉 기관들의 거의 무한한 복잡성과 기능의 놀라운 단순성이라는 대조를 앞에 놓고 볼 때 눈 같은 기관의 형성은 거의 기적에 가깝다. 진화를 우연의 축적으로 보는 생각에 대한 찬반이 끊이지 않는 것은 이 때문이다. 그래서 차라리 이 과정 전체를 주도하는 어떤 설계도/목적이 제시되기도 한다. 그러나 잠재성 자체를 놓고 볼 때, 우리의 예에서는 '보다'라는 기능 자체를 놓고 볼 때, 사태는 단순한 것일 수도 있다. 기관들의 복잡성은 사실 이 기

29) 이 세 관점이 결코 화해 불가능한 것은 아니라고 생각해 볼 수도 있다. 진화 과정에서 우연적인 물질적 축적에 의해 그 결과로서 어떤 기능이 나타나는 경우도 개입할 수 있지 않을까? 모든 것을 이런 식으로만 설명하려는 관점을 비판하면서도 생명의 과정에는 이런 국면들이 개입할 수 있다고 보아야 할 것이다. 또, 진화 과정에서 일단 어떤 방향으로의 시동이 걸리면 그 방향을 극단에 이르기까지 계속 실현해 가려는 경향이 생명에 잠재해 있다는 것도 사실인 듯하다. 아울러, 이런 '경향'은 대개 어떤 설계도의 매개를 통해 이루어진다는 점도 현대 생물학에 의해 다양하게 밝혀지고 있다. 기계론적 관점과 생기론적 관점 그리고 목적론적 관점은 결코 화해할 수 없이 평행을 달리는 관점들이 아닐 수도 있다. 생명 진화의 이해는 이 세 관점 모두를 필요로 할지 모른다.

능이 실현되어 가는 과정에서 생겨난 물질적 흔적일 뿐이다. 이 기능 자체는 분리 불가능한 하나일 뿐이며, 부분들이 조립되어 형성되는 것도 아니고 미리 설계된 것도 아니다. 그것은 생명에 내장되어 있는 잠재성일 뿐이다. 다양한 지역들에서 그리고 긴긴 세월을 거치면서 그토록 무수히 많은 생명체들이 살아 왔지만, 어디에서나 '보다'라는 기능이 공통적으로 나타나는 것은 이 때문이다('보다'라는 기능은 특히 기본적인데, 동물들의 행동은 미래의 시간을 앞에 두고서 스스로의 행동의 가능성들/궤적들을 그려 보는 것이 필수적이기 때문이다). 눈들에서의 구체적인 차이들은 이 기능의 실현 과정에서 나타난 차이들일 뿐이다. 여기에서 우리는 물질의 조직화를 통해 유기체 등을 설명하려는 유물론과도 또 물질을 이끄는 형상의 존재를 통해 유기체 등을 설명하려는 형상철학과도 구분되는, 굳이 '실체'를 말한다면 힘/잠재성/'생명'을 그것으로 보는 제3의 존재론을 만나게 된다.[30]

그렇다면 이런 기능/잠재성은 어떤 연유에서 존재하게 되는가? 생명체의 기능/잠재성들의 총체는 결국 '살다'라는 기능/잠재성의 부분들이라 할 수 있다. 그리고, 베르그송의 생각에 따르면, 생명체가 산다는 것은 곧 무기물에 작용을 가해서 생존한다는 것을 뜻한다. 생명의 기능/잠재성은 생명이 함축하는 이런 근본적인 '필요' 또는 '능력'을 통해서 발생한다. 그러나 '살다'를 구성하는 기능들은 정해

---

30) 따라서 시간의 역할도 결정적인 것이 된다. 형상철학에서 시간은 형상이 구현되는 과정에 종속된다. 유물론에서 시간은 물질의 운동법칙에 종속된다. 그러나 베르그송적인 생성존재론에서는 시간은 존재의 가장 일차적인 요건이 된다.

져 있지 않다. 베르그송이 볼 때 '진화'라는 것의 핵심적인 의미는 바로 '살다'라는 이것이 내포하는 기능들이 하나씩 태어나 온 과정이다. 조류가 존재하기 이전에는 '날다'라는 기능(또는 사건)이 존재하지 않았다.[31] "진화란 무엇인가?"라는 어려운 물음에 대한 베르그송적 답변은 곧 '살다'가 내포하는 기능들이 우연적 축적이나 목적론적인 설계도를 통해서가 아니라 생명의 약동을 통해서 가능하게 — 현실성에 앞서 미리 존재하는 가능성이 아니라 시간의 그 자체 흐름 속에서 현실성과 동시에 태어나는 가능성 — 되어 온 과정이다. 그리고 하나의 약동이 어떤 구체적인 결과를 가져올지는 결정되어 있지 않다. 아니, 그 약동이 생명체들에게 도움이 될지 여부도 간단히 예측할 수는 없다.

베르그송의 이런 사유는 진화의 구체적인 어떤 현상들을 설명하려는 과학적 이론이 아니라 다양한 과학적 이론들의 이념/'허초점'으로서 기능할 수 있는 존재론적 가설이다. 따라서 그 유효성은 다양한 진화설들이 이 허초점으로 수렴해 가는가에 의해 판가름되어야 할 것이다. 베르그송 이후 20세기에 전개된 다양한 진화론을

31) 베르그송에게서는 획득된 '형질'은 유전하지 않아도 획득된 '기능'은 유전한다. '날다'라는 기능이 유전되지 않았다면 우발적으로 한 마리의 새가 나타날 수는 있었겠지만 조류는 생겨날 수 없었을 것이다. 물론 가장 중요한 유전은 바로 '살다'라는 기능의 유전이다. 생명체가 '살다'라는 기능을 유전받지 못했다면, 당연히 지금 지구상에는 생명체들이 존재하지 않을 것이다. "기능은 확실히 유전되고, 살려고 하는 기능은 유전시키려고 해. 이것이 기본이야. 우리가 유전시키려고 하는 것은 기억, 살려고 하는 기능에 대한 기억, 기능의 기억, 그것이 근본적인 기억이고, 그것은 진정한 의미에서 우리가 완전히 유전시키는 거고, [⋯]"(「강독 4」, V, 46)

놓고서 그의 존재론의 의의를 가늠해 보는 작업은 21세기 존재론의 중요한 한 테마를 형성하고 있다.

소은은 베르그송의 생명철학을 '하나'의 사유로서 파악하며('원초적 약동'이 이것이다) 이를 플라톤의 '여럿'의 사유와 대비시킨다.

> 생명 현상의 '기능'이란 것은 근본에서 언제든지 하나고, 그 하나 속에서, 하나에 의해서 나오고, 하나가 하나 속에서 형성되는데, 기계론이니 목적론이니 하는 것은 전부 부분의 집합이니까, 무슨 얘기냐면 그 내용이 각각 다른, 내포(implication)가 다른 부분이라는 것이지. 플라톤의 이데아론은 다원론이야. 문제는 거기에 있어, 일률적인 다(多)의 세계야. 요컨대 다원론이고, 하나라는 것은 데미우르고스에게만 있어. 데미우르고스는 하나이고, 이데아는 언제든지 다원적인 세계란 걸 알아둬야 돼. 그러니까 그 다원적인 요소를 아무리 모아도 어떻게 하나의 기능이 나오느냐, 이 문제야.(「강독 3」, V, 30. 인용자 강조)

플라톤의 이데아들은 탈-물질적 존재 요소들이며, 이 요소들은 상호간 불연속적이다. 이데아들 사이의 연속성은 이데아 차원 자체에서는 논리적 '코이노니아'이며, 현실세계에서는 아페이론=코라에의 구현을 통해 성립한다. 소은의 사유에 따르면, 플라톤이 데미우르고스를 설정한 것은 결국 이 다자들을 관계 맺게 하는 '하나'를 설정하기 위해서이다. 이 하나는 베르그송의 맥락에서는 곧 기능이다. 다자들이 관계 맺음으로써 '하나'가 성립하는 것이 아니라 '하나'의 힘의 실현이 다자들의 특정한 관계를 가져온다. 이런 해석은 플라톤을 철저히 탈구축한 해석이라 하겠다. 플라톤의 사유에서 데미우르고스는 이데아들의 설계도에 입각해 코라를 빚는 '장인'이다. 사물들은 기본적으로 '조립'의 결과물들이다. 베르그송에서 이런 구도는 단적으로 전복된다. 장인, 설계도, 재료, 조립 등의 개념들은 파기되며, 기능으로서의 생명이 물질에 실현되면서 형상들이 탄생하는 구도로 전환된다. '보다'라는 기능이 물질적 조건들에 입각에 실현되면서 각종 형태의 눈들이 진화해 가는 것이다.

제작적 세계관은 또한 표상적 세계관이기도 하다. 생명의 내부에서 기능들이 분화되어 나오는 과정은 전개체적-무의식적 과정이라고 했거니와, 이는 곧 이 과정이 비-표상적 과정임을 뜻한다. 제작적 세계에서는 표상이 필수적이다. 언급했듯이, 가장 서툰 건축가조차도 집을 짓기 전에 미리 여러 가지 표상들을 만들어 본다. 이는 곧 목적론적 세계이다. 그리고 여기에서는 미래의 시간을 앞당겨 표상해 놓은 완성품을 향해 부품들이 조립되어 간다는 점에서 비-우연적인 기계론이 함축되어 있기도 하다. "근원적 비약/원초적 약동"(élan originel) 개념, 또는 '충동'(impulsion) 개념[32]은 이런 비-표상적 비약을 함축하거니와, 이는 또한 생명의 근원이 외부에서의 어떤 작

---

32) 소은은 이 개념들과 더불어 "현대 심리학"의 개념으로서 '욕동'(drive) 개념을 들고 있는데, 이는 프로이트를 염두에 둔 언급으로 보인다. 프로이트의 욕동 개념은 베르그송의 약동 또는 충동처럼 비-표상적 개념이지만, 전자가 '죽음욕동'을 핵으로 한다면 후자는 '생명약동'을 핵으로 한다는 점에서 대조적이기도 하다. 양자의 비교는 라캉과 들뢰즈의 비교로 이어진다.

인(agent)에 의해서가 아니라 내부에 주어져 있음을 뜻하기도 한다. "동일한 근원으로부터"(d'un même origine), '근원의 공통성'(une communauté d'origine) 같은 표현들은 바로 이 내부성을 함축하는 표현들이다. 베르그송에게서 생명은 이렇게 외부적 작인에 의한 다자의 조립이 아니라 내부적 약동에 의한 일자의 실현으로서 이해된다.

베르그송의 관점에서 본다면 DNA를 비롯한 물질 조각들은 생명이 스스로를 실현해 나가는 과정에서 형성된 물질적 장치들이다. 생명의 핵심은 이 물질 조각들 자체가 아니라 그것들을 통해서 이어져 가는 지속적인(연속적이고 다질적이고 창조적인/발명적인) 약동이다. 이 지속적인 약동은 '기억'으로 불린다. 기억으로서의 생명은 물질적 우발성을 통해서 스스로를 실현해 간다.

> 제작자[데미우르고스]가 방황하는 원인(planōmenē aitia) 속으로 들어가려면 자기가 방황하는 것(planōmenē)이 돼야 해. 일차적으로 돼야 해. 수용자(hypodochē) 속으로, 타자 속으로 들어가야 해. 자기가 타자화되어야 해. […] 들어가지 않으면 항상 떨어져 있어. 기능의 대상과 기능은 항상 떨어져 있기 때문에 기능이 되지 않아. 일차 그 속으로 들어가야 되니까 기능이 자기 자신의 바깥으로 나간다는 것은 항상 자기 자신이 소외된다는 얘기야. 그러니까 거꾸로 소외되지 않는 측면이 항상 나와야 해. 그걸 뭐라고 말하느냐면 과거의 현재에서의 보존, 그게 기억이야. […] 기억은 항상 끊어지면 성립하지 않아. 항상 우리의 본래적인 생명 현상은 기억으로서만 있어. 속으로 들어가는 것. 요전에 'monter'(올라가다)라 했어. 맨 처음에.

'Descente'(하강)하고 'monter'야. 기억으로 가는 것은 'monter', 밑으로 소외되는 것은 'descente'.(「강독 3」, V, 35)

생명과 물질은 떨어져 존재할 수 없다. 물질 없는 생명은 그것이 실현될 구체적 터가 없는 순수 잠재력이고, 생명 없는 물질은 무기물로서만 존재할 수 있을 뿐 '신체'로서 존재할 수 없다.[33] 데미우르고스=생명이 기능하려면 코라라는 타자 안에 들어가 스스로로부터 소외되어야 한다. 그러나 물질 속에서 완전히 소외될 경우 생명은 소멸하게 된다. 생명이 물질과 한덩어리가 되어 작동하려면 물질 속에서의 완전한 소외를 극복하고 그 자체의 본질 즉 지속을 유지해야 한다. 생명의 이런 성격은 바로 '기억'으로서 나타난다. 기억을 통해 생명은 물질 조각들로의 온전히 분해를 극복할 수 있는 연속성을 보존하며(생명이란 DNA 등등이 아니라 그것들을 경유해서 이어지는 바의 것이다), 물질적 등질화를 극복할 수 있는 다질성을 유지하며 동시에 아예 새로운 형질들 등등을 발명해낸다. 진화란 바로 이런 창조/발명의 과정에 다름 아니다. 이런 과정은 등질성으로 하강해 가는 물질의 경향 즉 엔트로피의 법칙과 투쟁하는 'monter'의 과정이다. 생

33) 사실 존재하는 것은 생명체이고, '생명'과 '물질'은 형식적으로만 구분된다. 생화학을 비롯한 기계론적 담론은 물질에 관련해 확립된 지식을 기반으로 생명체 전체를 설명하고자 하며, 베르그송은 반대로 생명에 대한 존재론적 가설을 가지고서 생명체 전체를 설명코자 한다. 단, 전자는 일원론적 환원주의를 지향하지만 후자는 오히려 이원론을 지향한다는 점에 핵심적인 차이가 있다. 베르그송도 이원론을 넘어 일원론으로 향해 가지만, 이는 경험에 충실한 한에서만 추구된다. 이는 형이상학적 일원론이 아니며 환원주의는 더더욱 아니다.

명이란 "엔트로피의 비탈길을 거슬러 올라가려는 [전개체적-무의식적] 노력" 이외의 것이 아니다. 이 경향/힘이 바로 '생명 약동'이고, '근원적/시원적 약동'은 이 경향의 원초적 양상이다.[34]

---

34) 이것이 시간적 시원인지 논리적 근원인지가 베르그송에게서는 불분명하다. 베르그송 사유의 전체 성격으로 미루어 본다면 시원이라 해야 할 터이고, 이렇게 볼 경우 베르그송의 진화론은 앞에서 언급했듯이 생명세계에서의 대폭발 이론이라 할 수 있다. 그러나 그 시점이 언제인지 또 어떤 양상의 대폭발인지 역시 불분명하다. 사실 더 중요한 것으로, 베르그송의 존재론은 시원으로부터 점차 하강하는 존재론이 아니라 오히려 점차 상승하는 존재론이므로 '대폭발'이라는 표현이 어울리지 않을 수 있다. 그의 존재론은 아주 작은 차이만 생성했다 해도 그로부터 지속적인 창조를 통해 오늘날과 같은 세계가 생겨날 수 있음을 함축하기 때문이다. '대폭발'이라기보다 차라리 '섬광'이라 해야 할 것이다. 또, 만일 논리적인 근원이라고 한다면 이 존재론적 가설로부터 그의 이론 전체를 어떻게 연역할 수 있는가가 논의거리가 될 것이다.

## 5절 · 본능, 지능, 직관

베르그송에 관한 논의의 도입부에서 우리는 그의 사유가 생명철학적 인식론을 그 주요 요소로 포함하고 있음을 언급했다. 이는 곧 인간의 '인식'이라는 행위를 진화의 흐름 위에 놓고서 이해하려는 시도이다. 이 작업의 기초는 우선 인간이라는 존재가 진화의 전체 흐름에서 어떤 위치에 놓여 있는가를 파악하는 일이다. 이는 곧 'diairesis'를 통해 생명의 흐름 전체에서 인간의 갈래를 찾아내는 작업이다. 베르그송 생명철학을 놓고 본다면, 인간이란 생명에 잠재해 있던 갈래들 중 하나가 현실화된 것이다. 즉, 생명과 물질의 투쟁이 빚어낸 형상들 중 하나라 할 수 있다. 베르그송은 생명의 무수한 갈래들 중 인간에 이르는 갈래가 가장 큰 분화의 정도[35]를 이룩해 왔다고 본다.

35) 진화에 있어 어떤 생명 계열이 내포하는 기능들의 크기를 '분화의 정도'라고 부르기로 하자. 간단히는 '분화도'(degree of differentiation)이다. 이는 곧 한 생명 계열이 드러내는 활동상의 '차이들'의 정도이다. 그러나 높은 분화도가 낮은 분화도를 반드시 모두 포괄하는 것은 아니다. 인간은 두더지보다 높은 분화도를 가지지만 자신의 신체를 가지고서 '땅을 파다'라는 기능의 수준은 두더지보다 현저하게 낮다. 베르그송은 '고등' 생명체는 '하등' 생명체의 기능들을 포함하면서 거기에 더 많은 기능들을 가진다는 아리스토텔레스의 도식을 거부한다. 각 생명체-계열은 단지 서로 다른 방향들로 뻗어 간 갈래들일 뿐이다. 다만 어떤 갈래는 그 잠재성을 보다 활짝 펼치는가 하면, 어떤 갈래들은 일정 정도 진화하다가 마비되어 버린다고 할 수 있다.

생명에 있어 기능들은 잠재적으로는 공존할 수 있으나 현실적으로는 공존할 수 없다. 때문에 각 기능들 또는 기능들의 집합은 공가능한(compossible) 것들이 함께 하나의 현실적인 계열을 형성한다. 그러한 하나의 계열이 진화해 가는 과정에서 다시 현실적으로는 불공가능한 계열들이 형성되며, 시간이 흐르면서 이 계열들은 분기하게 된다. 마치 어린 시절 우리 마음속에서 공가능했던 여러 삶의 갈래들이 살아가면서 불공가능하게 되어 가듯이. 생명의 한 가는 갈래인 우리 각자는 그 숱한 갈래들 중 어느 한 갈래를 현실화해 가면서 살아가지만, 생명 전체의 맥락에서는 무수한 갈래들이 분기해 간다고 할 수 있다.[36] 예컨대 '사회생활을 하다'라는 기능에는 영장류적 경향과 막시류적 경향이 공존했으나, 진화 과정에서 두 갈래로 현실화되었다고 할 수 있다. 따라서 진화에서의 통일성은 목적론과는 반대로 미래의 어떤 수렴점에 있는 것이 아니라 출발점에 있었다고 할 수 있고, 미래는 끝없이 열려 가는 비결정성의 성격을 띤다고 할 수 있다. 그래서 베르그송은 인간의 조건을 탐색하면서 동시에 비-인간의 가능성을 사유한다.

36) 거듭 말하자면, 이런 구도를 마치 창고에 무수한 물품들이 저장되어 있다가 하나씩 바깥으로 꺼내지는 것으로 생각하면 곤란하다. '원초적 약동'은 생명의 근본 힘을 강조하는 것이지 그 안에 앞으로 생성할 모든 형상들이 내재되어 있음을 뜻하는 것이 아니다. '날다'라는 기능이 미리 존재하다가 현실화된 것이 아니라 계속되는 '약동'의 과정에서 이 기능이 탄생했다고 보아야 한다. 이런 과정이 곧 '창조적 진화'이다.

## 동물성이란 무엇인가

인간이라는 존재가 생명계 전체에서 동물이라는 굵직한 갈래에 속해 있는 것은 분명하다. 따라서 인간의 진화와 그것의 인식론적 함축을 다루는 이 장에서 우선 밝혀야 할 것은 생명철학적 맥락에서 볼 때 인간을 근저에서 기초 짓고 있다고 할 수 있는 동물성의 특징을 밝혀내는 일이다.[37)]

우선 식물과 동물이 생명계의 가장 굵직한 두 갈래를 형성하고 있으므로(미생물을 따로 분류해, 세 갈래로 볼 수 있고, 또 그 이상으로 세분할 수도 있다), 베르그송의 논의는 식물과 동물의 관계에 대한 논의로부터 시작한다.

소은이 소크라테스론에서 역설했듯이, 학문의 기초는 정의에 있다. 그러나 정의에 대한 정의 또한 다양하다. 고전적인 정의 개념은 유와 종차로 이루어지며, 이를 따를 경우 동물은 생물에 속하며 일정한 종차를 통해서 식물과 구분된다. 그러나 베르그송은 동물과 식물을 가르는 경계선은 분명하지 않음을 지적한다. A와 B의 구분에 외연적으로 접근할 경우, A에 속하는 것과 B에 속하는 것이 공간적으로 확연히 구분될 때('실체적 구분') 매끈한 정의가 성립한다. 그러나 극히 원초적인 방식으로이긴 하지만 동물에는 식물의 속성들

37) 소은의 강의록에서는 『창조적 진화』의 99~190쪽에 관한 논의가 빠져 있다. 즉, 2장에 대한 논의 전체가 빠져 있다고 할 수 있다(더구나 1장에 대한 논의 분량도 매우 적기 때문에, 소은의 강의록은 사실상 3장과 4장에 대한 내용만을 담고 있다고 할 수 있다). 그러나 우리 논의의 일관된 전개를 위해서 2장의 내용을 정리하고서 넘어가고자 한다.

이, 식물에는 동물의 속성들이 적지 않게 들어 있다. 다만 그 비율이 현저하게 다를 뿐이다. 식물과 동물의 외연적 구분이 쉽지 않은 것도 이 때문이다. 이 점에서 생명의 세계는 데모크리토스의 세계나 엠페도클레스의 세계보다는 아낙사고라스의 세계에 더 가깝다. 그러나 정의의 문제를 외연적 방식으로가 아니라 시간적 방식으로 생각해 보자. A의 생성과 B의 생성에 초점을 맞출 경우, 정의는 외연적/공간적 구분에 의해서가 아니라 각각이 시간 속에서 생성해 가는 경향 전반에 입각해서 제시될 수 있다. 즉, 정태적으로 어떤 속성들을 내포하느냐가 아니라 동태적으로 과연 어떤 속성들이 점차 강화되어 가는가—길게 볼 경우 어떻게 진화되어 가는가—에 초점을 맞출 경우, 식물과 동물을 구분할 수 있다.

베르그송은 이렇게 볼 경우 세 가지 점에서의 구분이 가능하다고 본다. 첫째, 영양섭취의 방식. 이 점에서 본다면 동물은 식물에 기생하는 존재라고 할 수 있다. 동물이란 식물이 이미 이루어 놓은 합성물들을 빼앗거나 그렇게 빼앗은 다른 동물들의 신체를 빼앗음으로써만 생존할 수 있는 존재이다. "짐승"이라는 말에는 이런 뉘앙스가 묻어 있다. 생물학적 맥락에서는 인간도 예외가 아니다. 둘째, 첫째 구분의 당연한 결과 아니면 원인으로서 동물은 운동한다. 플라톤이 행한, '자기운동자'에 의한 생명/영혼의 정의는 식물보다는 동물에 더 적합하다고 할 수 있다. 물론 '운동' 개념의 사용 맥락에 따라 다를 것이다. 셋째, 운동이라는 현상적 특징을 뒷받침해 주는 심층적 차원은 의식이다. 그리고 의식의 발달은 신경계의 발달과 궤를 같이한다. 신경계의 중추성은 퀴비에에 의해 이미 강조되었거니와, 신경계와 의식은 밀접한 관계를 띠면서 진화해 왔다.[38] 동물 세포와 식물 세포는 공통의 근원에서 나왔고 오늘날까지도 동물과 식물의 날카로운 구분은 쉽지 않지만,[39] 두 경향은 분화되어 갈라졌으며 계속 강화되어 갔다고 할 수 있다. 동물이 감성을 가지게 되었다면 식물은 빛에 대한 엽록소의 민감성을 가지게 되었고, 동물이 신경계를 가지게 되었다면 식물은 동화작용을 할 수 있게 된 것이다. 이렇게 볼 경우, 결국 동물은 영양섭취 방식과 운동성 그리고 의식을 그 기초적인 조건으로서 가진다고 할 수 있다.

그렇다면 생물학적으로 동물성을 어떻게 정의 내려야 할까? 베르그송에게 생명이란 물질의 세계에 비결정성(indéterminalité)을 도입하는 존재이다. 동물계는 이 비결정성을 보다 높은 정도로 획득한 진화 방향에서 성립했다. 그리고 이런 비결정성을 가능케 하는 생물학적 조건은 곧 감각기관과 운동기관의 체계 ―'감각운동계' = "système sensori-moteur"―를 떠받치는, 즉 감각계와 운동계

38) 베르그송은 '의식'의 개념을 매우 넓게 이해한다. 그리고 운동하는 존재들은 그만큼 의식을 가진다고 본다. 의식에 관련해 운동성은 신경계보다 더 핵심적이다. "어떤 동물에 뇌가 없으므로 의식도 없을 것이라고 말하는 것은 어떤 동물에 위가 없으므로 양분섭취 또한 불가능할 것이라고 말하는 것만큼이나 불합리한 것이다." 의식이 먼저인가 운동성이 먼저인가, 의식이 있으므로 운동하는 것인가 운동하기에 의식이 있는 것인가에 대해서는 순환적으로 답할 수밖에 없다고 본다.

39) 베르그송은 동물에는 식물성이 식물에는 동물성이 내재되어 있다고 본다. 그리고 동물에는 식물처럼 될 가능성이, 식물에는 동물처럼 될 가능성이 상존한다고 본다. 이것은 진화에서의 경향들은 자신과 양립 불가능한 것들이 아니면 그것들을 보존하려 하기 때문이다. 그리고 이 점은 또한 앞에서 우리가 초점을 맞추었던 '상이한 계열들에서의 유사한 기능들의 존재'를 가능케 하는 하나의 원리이기도 하다.(이상 EC, 115~121)

를 이어주는 신경계의 존재이다. 때문에 베르그송은 동물성을 "감각기관들과 운동기관들 사이에 뻗어 있는 신경계"로 정의한다. 동물은 에너지를 집약해 놓았다가 필요시 사용함으로써 살아가며, 이는 감각운동계와 신경계의 조직화를 통해 가능하다. 동물들의 신체 자체가 바로 이런 '조직화의 도안'을 실현시켜 놓은 것이라 하겠다. 동물들의 이런 신체는 그것이 비결정성을 가져오는 그만큼 더 발달되어 있으며, 이때 발달의 기준이 되는 것은 곧 감각운동계-신경계의 전체계이다. 때문에 베르그송은 동물들의 진화에서 '발달'을 이야기할 수 있다면, 그것은 곧 신경계의 발달이라고 말한다. 신경계의 발달이야말로 동물을 '선택'을 비롯한 비결정성의 보다 높은 차원으로 향하게 만든 흐름이라고 할 수 있다.

베르그송은 신경계 발달의 흐름에서의 핵심적인 두 갈래를 절지동물의 갈래와 척추동물의 갈래로 본다. 진화를 하나의 근원적 생명이 수많은 갈래들로 뻗어 가는 구도로 파악할 때, 각 가지들은 어느 지점/시점에서인가 그 한계에 도달하기도 하고 또 계속 뻗어 나가면서 갈라지기도 한다. 이런 구도에서 생명과 생명체들은 '기'(氣)와 '물'(物)의 관계와 유비적인 것으로서 파악된다. 그에게 생명체들은 생명이 지속하면서 그때그때 만들어내는 정거장들 같은 것으로 이해된다. 진화란 생명이 물질을 뚫고 나가면서 그때그때 타협안들=생명체들을 생성해 온 역사이다. 이 역사에서 극피동물과 연체동물은 그 한계에 이르렀고, 절지동물과 척추동물은 더 멀리 뻗어 나갔다. 극피동물과 연체동물은 먹잇감이 되지 않기 위해서 단단한 껍질들로 스스로를 둘러쌌고, 그 결과 진화의 추동력 즉 생명의 운동성을 상당히 상실해버렸다. 반면 절지동물과 척추동물은 좀 더 모험적인 길을 선택했고 그 결과 창조적 진화를 거듭했다. 이 두 길은 신경계가 진화해 온 길이기도 하다. 절지동물의 경우 곤충 특히 막시류(개미, 벌 등등)가 그 정점을 이루며, 척추동물의 경우 인류가 그 정점을 이룬다. 결국 진화에서의 가장 핵심적인 세 계열은 식물, 절지동물, 척추동물이 된다.[40] 이때 절지동물에게서 만개한 생명의 기능은 '본능'이며, 척추동물에게서 만개한 것은 '지능'이다.

식물성과 동물성이 날카롭게 구분되기 어렵다는 것, 식물성에는 동물성이 동물성에는 식물성이 어느 정도는 들어 있다는 것을 언급했거니와, 본능과 지능에 대해서도 같은 언급이 필요할 것이다. 본능과 지능 역시 '경향'의 관점에서 이해해야 한다. 그러나 베르그송은 각각을 그 순수한 형태에서 고찰할 때, 이 두 기능 사이의 핵심적인 차이들을 읽어낼 수 있다고 본다.

첫째, 본능이 유기적 도구들을 사용한다면 지능은 무기적 도구들을 사용한다. 유기적 도구들은 그것들을 사용하는 동물들의 신체와 함께 비교적 등질적인 장을 형성한다. 말하자면, 그것들은 동물

---

40) 아리스토텔레스의 식물적 영혼, 동물적 영혼, 이성적 영혼이라는 삼분법은 베르그송에 와서 좀 더 진화론적으로 재편되어 이해되고 있다고 할 수 있다. 또 하나 중요한 것으로, 베르그송은 뒤의 갈래가 앞의 갈래를 포함하면서 더 나아간 갈래로 보지 않는다는 점이다. "아리스토텔레스 이래 이어져 온, 대부분의 자연철학에 해악을 끼친 대표적인 오류는 식물적 생명, 본능적[동물적] 생명, 이성적 생명을 스스로를 전개해 온 하나의 동일한 경향이 계속되어 온 세 단계로서 본 것이다. 그러나 이 세 생명을 하나의 활동이 세 갈래로 나뉘어 뻗어감으로써 형성된 세 발산하는 방향들로서 보아야 한다. 이들 사이의 차이는 강도의 차이가 아니고, 더 일반적으로 말해 정도의 차이가 아니다. 그것은 본성의 차이이다."(EC, 136)

들의 신체를 확장한 것들로서 함께 조직면(plan d'organisation)을 이룬다고 할 수 있다. 바로 이 점에서 각 동물에게 해당 도구들을 사용하는 능력은 본능, 즉 본래적으로 주어진 능력이다. 이 점은 각 종들에게서도 확인되지만, 개미사회에서의 분업체계 같은 '동종이형'(polymorphism) 현상은 이 점을 하나의 종 내에서도 확인해 준다. 벌이 희생물의 신체 어느 곳에 침을 꽂을지 정확히 알고서 그것을 마비시키는 것에서 볼 수 있듯이, 본능은 유기적 차원에서 형성되어 있는 면 위에서 이루어진다. 때문에 그 면에서는 거의 신비에 가깝도록 정교하게 성립하지만, 다른 면에서는 전혀 의미를 가지지 못한다. 지능은 대조적이다. 지능은 무기적 도구들을 겨냥하기에, 거기에는 필연적으로 유기적 차원과 무기적 차원의 낯선 접촉이 개재한다. 때문에 지능은 처음에는 몹시 서투르다. 그러나 지능은 '표상'(대상으로부터의 심적인 거리두기), '추상화'(추상적 시공간에서의 표상), '일반화'(일반적 지평으로의 표상), '조작'(사물의 상상적 나아가 실제적 변형)을 비롯한 고도의 기능을 장착한 능력이며, 특유의 서투름을 그보다 더 놀라운 정교함으로 보완해 간다. 특히 지능은 '새로움'에로 열려 있다는 점에서 일정한 테두리에 닫혀 있는 본능과 성격을 크게 달리한다.

둘째, 본능은 무의식적이지만 지능은 의식적이다. 표상과 행동은 반비례한다. 표상은 대상으로부터의 거리두기이고 행동은 대상과의 직접적인 상호 작용이기 때문이다. 본능의 경우 표상은 제로에 수렴하고 행동은 완벽함에 수렴한다. 본능은 의식적 표상이 아니라 무의식적 행동을 지향한다. 그러나 여기에서 무의식은 의식-없음이라기보다 행동에 의해 가려진 의식이라고 해야 할 것이다. 그것은 행동하기 위해서는 접어두어야 하는 의식이다. 인간에게서도 마찬가지여서, 무엇인가를 신명나게 잘할 때 표상적 의식은 제로로 즉 '무아지경'으로 향한다.[41] 그래서 사람들은 무엇인가를 잘하다가도 표상이 개입하자마자 갑자기 서툴러지는 경우들을 경험한다. 반대로 지능은 그 특유의 기능을 발휘하려면 대상을 표상해야 하고, 그렇기 때문에 표상과 행동 사이의 상대적으로 큰 거리를 확보해야 한다. 그리고 대상의 정교한 인식에 도달하려면 숱한 시행착오와 지속적인 배움이 필수적이다. 지적인 활동은 대상과의 합일로부터 떨어져 나와 "영혼이 자기 자신을 찾아낸" 수준에 이르러야 하는 것이다. 이렇게 보면 그리스적 합리성은 인간 고유의 지능에 대한 최초의 빼어난 정식화였다고 해야 하리라. 물론 그리스적 합리성이 지능의 차원에 국한되지는 않는다. 지성 일반[42] 즉 이성적 차원의 발견이야말로 그리스적 합리성의 참의미라 해야 할 것이다. 그러나 좁은 의미의 합리성 즉 지능의 차원에 시선을 국한할 경우, 베르그송은 그것이 영원하고 본질적인 무엇이기보다는 진화의 과정에서 생겨난 한 갈래/하나

41) "생명체의 의식은 잠재적 활동과 실제 활동 사이의 산술적 차이로 정의될 수 있을 것이다. 그것은 표상과 행동 사이의 거리를 보여준다."(EC, 145. 인용자 강조)

42) 지능은 근대 철학의 '오성'(understanding, entendement, Verstand)에 해당하며, 좁은 의미에서의 합리적 이성에 상응한다. 지성은 도덕적 판단 등 보다 고차적인 능력을 포함하는 '이성'(reason, raison, Vernunfit)에 해당하며, 넓은 의미에서의 이성에 상응한다. 베르그송의 "intelligence"는 양자 모두를 포괄한다. 지금의 논의는 생물학과 인식론의 교집합에서 이루어지는 논의이기 때문에 '지능'으로 번역했다.

의 인식능력이라고 보고 있는 것이다.[43)]

셋째, 본능은 구체적이고 지능은 추상적이다. 지능의 놀라운 역능은 기본적으로 추상화 능력에서 기인한다. 지금 맥락에서 표상 개념을 매우 넓게 사용한다면, 이는 지각에서 상상으로 나아가 조작으로 진행하는 전 과정을 가리킬 수 있다. 사물들을 대상화해 지각하고, 의식 안에서 그것들을 변형하고, 그 결과를 다시 그 대상에 적용해 실제 그것을 변형하는 능력이 지능의 능력이다. 본능은 사물을 말 그대로 "具體的"으로 '인식'한다. 그것은 유기체와 유기체 또는 유기체의 연장으로서의 무기체가 하나의 '면' 위에서 종합될 수 있도록 해 준다. 그렇게 함으로써 생명의 놀라운 조화를 보여준다. 반면 지능은 추상적인 것들, 예컨대 사물들 사이의 관계, 그 형식적 특성, 그 기하학적 구조, 집합론적 일반성 등을 읽어낸다. 이런 능력을 공간적으로만 발휘하는 것이 아니다. 지능은 현재만을 지각하지 않는다. 그것은 시간에 "만일 ~라면"이라는 양상의 차원을 도입한다. 그렇게 함으로써 미래에서의 각종 변형들을 상상적으로 실현해 본다. 그리

43) 이것은 지능을 어디까지나 순수 인식의 맥락에서가 아니라 행동의 맥락에서 이해함을 뜻한다. 그리스의 제작적 세계관은 자체 내의 이해와는 달리 제작적 세계관의 전형으로 이해된다. 이는 곧 지능이 '고체의 논리'를 추구한다는 것, 기하학적 공간화에 몰두한다는 것, 시간을 공간화한다는 것 또는 운동성을 부동성으로 바꾸어 놓고서 사고한다는 것, 사물을 불연속화해서 즉 분석해서 이해하고 나아가 조작한다는 것, 질을 양으로 즉 다질성을 등질성으로 환원한다는 것, 사물들을 대상화하고 기호화한다는 것, 차이생성보다는 동일성에 주목한다는 것 등이 모두 이와 연관된다. 베르그송은 고대의 과학과 근대의 과학을 연속적으로 파악하는 데 중점을 두고 있지만 양자 사이에는 본질적인 차이들이 있으며, 베르그송의 지능론은 고대 과학보다는 근대 과학에 더 적절히 들어맞는다고 해야 할 것이다. 아울러 오늘날의 과학은 이상의 점들에 있어 적지 않은 변화를 겪고 있음도 유의해야 한다.

고 이런 작동은 시간의 측정, 미래의 예측, 문명의 방향성과 밀접히 엮여 있다. 본능에 있어 시간은 생명체들 안에 각인되어 있다. 연어들의 인상 깊은 여정은 그것들의 본능에 새겨져 있다. 그러나 인간의 시간은 가능성의 양상을 그 핵으로 한다.

이상의 분석에 입각해 베르그송은 중요한 점을 지적한다. 지능은 그 본성상 공간적이며(시간을 사유할 때에도 그것은 공간적으로 작동한다), 사물들의 변형을 핵심 목적으로 한다. 그리고 이 과정에서 세계와의 관계에 있어 다른 가능성들을 막아버린다. 반면 본능은 세계의 전체적 조화와 생명체들 사이의 연계성을 파괴하지 않는다. 그러나 본능은 행동할 뿐 표상하지는 않는다. 지능은 존재자들을 대상화하고 분석하고 조작하면서 그들과 함께 사는 법을, 합일할 수 있는 길을 잊어버린다. 본능은 존재자들과 함께 살 수 있지만 그 삶에 대해 사유할 수는 없다. 그렇다면 존재자들과 함께 살면서도 사유할 수 있는 길은 없는 것일까? 베르그송은 "있다"고 말한다. 그것은 곧 '직관'의 길이다. 베르그송의 직관은 깊은 철학적 함의를 담고 있지만, 우선은 지능보다는 본능과 연계해서 이해되는 개념으로서 제시된다.

> 지능은 무엇보다도 공간에서의 한 점을 다른 점에, 하나의 물질적 대상을 다른 하나의 물질적 대상에 연결시키는 능력이다. 그것은 모든 사물들에 적용되기는 하지만, 이는 각 사물들의 바깥에 머문다는 한계에 있어서이다. 그것은 심층적인 원인을 파악하기보다는 이것이 분산되어 병치된 결과만을 파악할 뿐이다. 배추벌레의 신경

계의 탄생으로 번역되는 힘이 무엇이건, 우리가 눈과 지능을 통해 가닿을 수 있는 것은 신경들의 병치, 신경중추들의 병치와 같은 것일 뿐이다. 결국 그것[힘]의 전적으로 외부적인 효과에 가닿을 뿐인 것이다. 반면 [배추벌레를 마비시키는] 조롱박벌은 분명 희생물의 어떤 측면만을, 그것이 관심을 가지고 있는 측면만을 잡아낼 것이다. 그러나 이 벌은 적어도 그 측면을 희생물의 안으로부터, 인지(connaissance) 과정과는 전혀 다른 과정 즉 우리 내면에서 감지되는 공감(sympathie divinatrice)이라 일컬어지는 것과 유사한 직관(intiution) 과정 — 표상되기보다는 체험되는 과정 — 에 의해서이다.(EC, 176~177)

베르그송에게 본능은 곧 공감의 능력이다. 그것은 대상과의 내면적 소통을 가능케 하는 능력이다. 그러나 이 능력은 자신이 하는 일을 반성하고 기호화하고 설명하지는 못한다. 이런 능력은 오히려 지능이다. 그러나 역으로 지능이 반성, 기호화, 설명을 행하면 본능을 통해 가능했던 공감은 사라져버린다. 이는 인상 깊은 작품을 창작해냈지만 스스로는 그 과정을 설명하지 못하는 예술가와 대상을 정교하게 분석하고 양화해서 설명하지만 그 대상을 말 그대로 '대상'으로서밖에는 인지하지 못하는 과학자의 관계와 어느 정도 유비적이다. 그렇다면 공감이 자신의 짝을 확장할 수 있고 또 스스로의 행위에 대해 반성할 수 있다면? 역으로 지능이 기호화의 차원을 넘어 대상 속으로 육박해 들어갈 수 있다면? 베르그송은 이런 맥락에서 직관을 정의한다.

> 직관이 우리를 인도해 가는 곳은 생명의 내부이며, 따라서 그것은 사심이 없어진, 스스로를 의식하는, 자신의 대상에 대해 반성할 수 있게 되고 그 결과를 끝없이 넓혀갈 수 있게 된 본능(l'instinct devenu désintéressé, conscient de lui-même, capable de réfréchir sur son objet et de l'élargir indéfiniment)이다.(EC, 178)

결국 베르그송은 직관을 본능의 편에서 정의하고 있다. 지능은 물질을 잘 인식하지만, 본능은 생명을 잘 인식하기 때문이다. 베르그송적 직관은 생명의 이해, 생명과의 합일을 지향한다는 점에서 지능보다 본능에 가깝다. 그러나 이 본능은 확장된 본능이다. 본능은 본래 서로 짝이 되는 존재들, 예컨대 배추벌레와 조롱박벌 사이에서만 성립한다. 조롱박벌이 달팽이를 마비시키지는 못한다. 그러나 직관은 확장된 본능으로서, 본능의 놀라운 능력을 보편적인 지평으로 확장해 가는 능력이다. 또, 직관은 무반성적인 본능을 넘어 스스로를 반성하면서 사유할 수 있게 된 본능이다. 그것은 깨어나 지능을 갖추게 된 본능이다. 나아가 직관은 그 능력을 자연에 의해 주어진 테두리를 넘어 확장해 가는 본능이다. 그것은 닫힘을 열고 열림을 지향해 가는, 새로운 능력들 자체를 계속 창조해 가는 본능이다. 이 점에서 베르그송의 철학이 지향하는 직관은 과학적 지능에 의해 보완된 예술적 본능이라고 할 수 있다. 직관이란 생명과 합일할 수 있었으나 그것과 거리를 둘 수 없어 그것을 사유할 수는 없었던 본능에 머물지 않고, 생명으로부터 거리를 둠으로써 그것을 사유할 수 있게 된, 그러나 그 때문에 생명의 주변만을 두들길 수 있는 지능을 포용하면서 다시 합일을 지향하는 능력이다. 베르그송의 철학은 바로 이 직관을 지향한다.

# 10장

# 생명이란 무엇인가: 진화의 의미

이제 지금까지의 논의들을 종합하면서 생명의 의미를 전반적으로 음미해 볼 수 있는 지점에 다다랐다. 이 내용은 『창조적 진화』의 3장에서 다루어져 있으며, 소은은 이 대목에 대한 상세한 강의를 남기고 있다. 이 대목은 플라톤에서 베르그송으로 가는 철학사의 선을 따라가면서 소은의 사유를 음미해 볼 수 있는 핵심적인 대목이다.

## 1절·베르그송 사유의 성격

우선 베르그송은 이 장의 모두에서 자신의 탐구가 띠고 있는 성격을 제시한다. 베르그송의 철학은 어떤 관점에서 사유하는가?

창조적이고 매력적인 사유들은 대개 특이점에서, 다양한 사유 갈래들이 교차하는 지점에서 이루어진다. 『창조적 진화』에서의 베르그송 사유의 매력은 인간의 합리적 사유능력 즉 오성/지능에 대한 분석이라는 인식론적 작업과 생명체가 시간 속에서 변이되어 온 역사 즉 진화론적 맥락이 그리고 여기에 더해 시간론을 비롯한 존재론적 사유가 얽혀 있다는 점에 있다. 특히 지능의 의의와 한계를 밝히고, 그로써 생명을 바라보는 관점을 일구어내고, 이런 기반 위에서 진화의 의의를 존재론적 수준에서 해명하는 것이 핵심이다. 우선 문제가 되는 것은 지능에 대한 이해이다. 베르그송은 자신의 작업을 심리학, 우주기원론, 형이상학과 구분한다. 베르그송은 이 사유들의 한계는 지능을 발생적으로 설명하기보다는 처음부터 전제하고 있다는 사실에 있다고 본다.

우선 심리학은 다른 동물들의 지능과 인간의 지능을 비교함으로써 지능의 메커니즘을 탐구한다. 비교심리학, 인지심리학은 지능의 발달 정도에 대한 전체 그림을 미리 그려 놓고서 그러한 정도를 측정할 수 있는 방식들을 만들어낸다. 역의 방향으로 생각한다면, 이는 또한 동물들의 지능을 순서대로 늘어놓으면서 그 정점에 인간 지능을 위치시키는 구도이기도 하다. 그러나 베르그송은 이런 식의 탐구가 지능의 '발생'을 추적하는 데에는 도움을 주지 못한다고 생각한다. 그것은 인간에게서 이룩된 높은 지능 수준을 사후적으로 과거에 투영해 지능 발달의 경로를 재구성하는 것이기 때문이다. 이 점은 스펜서 식의 진화론 = 우주기원론에서도 발견된다. 스펜서는 진화의 과정을 논하면서 지능의 발생을 설명한다고 했지만, 사실 그의 설명 자체가 이미 진화를 지능의 발달사로 구성해 놓고서 시작한다고 할 수 있다. 그것은 인간의 지능이 지향하는 공간적 사유 방식으로 진화를 구성해 놓고서 그로써 지능의 발생을 설명하고 있다고 믿는 것에 불과하다.

형이상학의 경우도 마찬가지이다. 여기에서 베르그송이 '형이상학'으로 지칭하는 것은 자연은 균일하며(uniform) 따라서 범-기하학화(pan-geometrization)의 방식을 통해 인식 가능하다는 생각이다. 이는 다름 아닌 근대 과학의 형이상학이다. 이런 입장에 따르면 유기물과 무기물 사이에는 복잡성의 정도, 강도에서의 차이 외에 다른 차이는 없다. 베르그송에서 '강도'는 질적인 차이들을 양적인 차이들로 환원시켜 측정의 대상으로 만들었을 때 성립하는 것이다. 이렇게 세계가 균일하고 기하학적으로 포착 가능하다면, 이는 곧 기하학을 그 장기로 아니 본성으로 하는 지능에 세계가 온전히 들어온다는 것을 뜻한다. 원칙적으로 세계는 인간의 지능에 의해 온전하게 표상된다. 따라서 남은 작업은 기하학으로 충분히 포착한 내용을 다른 영역으로 점차 확대해 가는 것일 뿐이다.[1] 베르그송이 늘 이야기하는 "모든 것이 주어졌다"(tout est donnée)의 형이상학이다.

이에 비해 베르그송에게서 세계는 궁극적으로는 'flux'이며, 더 중요하게는 열려 있다. 베르그송에게 '전체'는 일반적인 표상에서처럼 공간적인 궁극의 외연이 아니다. '전체'는 지속으로서 끝없이 열려 가는 것이며, 어디까지나 시간의 지평에서 표상되어야 한다. 다른 한편 생명체는 기억을 그 핵으로 하며, 여러 번 이야기했던 '자기 차이화'는 기억의 본질에 다름 아니다. 이는 물질과 생명을 등질화할 수 없는 핵심적인 이유들 중 하나이다. 이 점에서 베르그송의 세계는 범기하학화의 세계와 대조적이다. 소은은 이런 대조를 '능동성'과 '수동성'의 개념 쌍을 통해 정리한다.

> 수동성의 원인은 아페이론, 플라톤에서는 아페이론이고, 능동성의 원인은 작용자(agent)가 되고. 전혀 달라. 그러니까 이원론인데, 그러나 그것이 어[딘가에]서 맞부딪혀야 할 것은 사실 분명하거든. 부딪히지 않으면 또 곤란하지? 부딪힌 데서 실지 생물이 사는 것 아냐? 그러더라도 베르그송 입장은 다르단 말이야. 하나는 기억이 있고, 자발성(spontanéité)이 있고, 하나는 자발성이 없으니까. 다만 자

1) "따라서 이런 사변들의 근저에는 (서로 상관적이고 상보적인) 두 가지의 확신이 자리 잡고 있는바, 그 하나는 자연은 하나라는 것이며 다른 하나는 인간의 지능은 자연을 온전히 파악하는 것을 그 기능으로 한다는 것이다. 인식 능력이 경험의 총체에 공-외연적(coextensive)이라는 점이 전제되기에, 그것의 발생이라는 물음은 제기되지 않는다. 그것은 그저 주어진 것일 뿐이며, 인간은 지평선을 조망하기 위해 시야를 이용하듯이 그것을 이용하면 그만이다."(EC, 192)

발성이 없으면서도 어떻게 해서 자발성이 있는 것과 연결이 될 수 있느냐가 문제야. […] 베르그송은 바로 질[물질]이 능동자[생명]에 대해서 반발한다는 것과 또 하나는 도와준다는 것, 두 개를 가지고 나간단 말이야. […] 질이 우리의 능동성에 의해서 전부 잘라지고 어떤 정적인(static) 상태로 자기동일성(identity)을 갖고 나와야 될 때도 도와줘야 된단 말이야.[2] […] 지능에 의해서 물질은 이렇게 고체적인(solide) 것만 계속 나왔잖아?[3] 기하학적인 도식을 받아들일 수 있는 그런 경향성(tendency)을 가지고 있다고 나왔잖아? 그 경향성이 뭐냐 하면 도와준다는 얘기야, 요는. 그런 경향성이 있어. 경향성을 무시해버린다면, 방해한다면, 말하자면 나쁜 의미에서 플럭스 이론(flux theory)이야. 물질의 동일성이 성립하지 않는, 질이 성립하지 않는 플럭스 이론이야. 플럭스 이론은 두 개, 두 측면이 있단 말이야. 동일성이 드러나는 측면은 뭣이냐면 생명과 물질을 동시에 하나로 놓고 볼 적에 그 동일성, 그 능동자가 나온 데서 전부 다 우주가 지배됐다고 나온 데서만 연결된 측면이란 말이야.(「강독 5」, V, 54~55)

『티마이오스』에서 문제가 되었던 것은 이데아와 코라라는 두 타자가 어떻게 관계 맺는가 하는 것이었다. 여기에서 문제가 되고 있

---

2) 이 문장은 "질이 우리의 능동성에 의해서 전부 잘라지고 어떤 정적인(static) 상태로 자기동일성(identity)을 갖고 나올 때가 바로 우리를 도와주는 경우란 말이야"로 읽는 것이 좋다.

3) "고체적인 것으로서만 파악되었잖아?"로 읽는 것이 좋다.

는 것은 생명체와 물체, 근본적으로는 생명과 물질이라는 두 타자의 관계 맺음이다. 바로 『티마이오스』에 관련해 제기되었던 문제를 잇고 있는 것이다. 소은은 이를 능동성과 수동성이라는 개념 쌍으로 파악한다. 생명체는 능동성을 가지고서 물체(매우 넓은 의미)에 부딪치며 그로부터 일정한 형태(넓은 의미)들을 만들어낸다. 이 점은 특히 대상에 스스로를 합일시키는 본능의 경우보다 처음에는 서툴지만 계속 정교해지는 형태 창조 능력을 보이는 지능에서 두드러진다. 그러나 이 과정에서 지능은 스스로가 그로부터 나왔고 여전히 그것의 지배를 받는 차원 즉 잠재성의 차원, 기억의 차원, 자발성의 차원을 망각하고 대상들이 모두 스스로의 기하학적 그물 속으로 포획되어 들어오리라는 인식론적 착각 즉 선험적 착각(transcendental illusion)에 빠진다. 지능은 생명에게서 나왔으나 스스로가 생명을 포획할 수 있노라고 큰소리를 치고 있는 것이다. 마치 해변에 밀려온 조약돌이 그것을 날라 온 파도의 모양새를 그릴 수 있노라고 강변하듯이.

그러나 지능의 형태 구성적 능력을 무시하고 생명의 "흐름"만을 역설하는 것은 "나쁜 의미에서의 플럭스 이론"이다. 생성만을 강조하는 게으른 생성존재론은 기존의 본질주의들의 한계를 지적하는 데에는 강점이 있지만, 보다 적극적이고 구체적인 사유의 결실을 맺지는 못한다. 여기에서 '적극적'이란 체계의 한계를 지적하는 데 그치기보다 더 나은 체계로의 방향을 제시하는 것을 뜻하며, '구체적'이란 생성, 흐름만을 역설하기보다 생성, 흐름에서의 분절들에도 세심히 주의하면서 논의하는 것을 뜻한다.[4] 소은은 물질에서 두 측면을 변별한다. 하나는 자발성에 저항하는 측면이고 다른 하나는 그것에 복속하는 측면이다. 이때 복속하는 물질은 다름 아니라 지능에 복속하는 것이다. 지능은 물질의 이 측면을 기하학적 분석을 통해 정교하게 파악한다. 그러나 어느 순간 반전이 일어난다. 자신의 정교한 분석 능력에 도취된 이중의 착각에 빠진다. 한편으로 자신의 말을 잘 듣는 물질에 대해 그것이 지능에 온전히 포섭된다고 생각하게 되고, 다른 한편으로 스스로가 자발성의 총체이며 스스로가 모든 것을 인식할 수 있다고 믿는다. 전자로부터 '자연의 제일성(齊一性)'이라는 생각이 나오고, 후자로부터 '지능의 총체적 인식 능력'에 대한 생각이 나온다. 따라서 이 이중의 착각으로부터 벗어나려면, 한편으로 물질 아니 좀 더 적절하게는 세계의 다른 측면(연속성, 다질성, 창조성)을 깨달아야 하며, 다른 한편으로는 지능을 넘어 이 다른 측면을 인식할 수 있는 또 다른 인식 능력을 깨달아야 한다. 전자가 지속이라는 존재론적 테마이고, 후자가 직관이라는 인식론적 테마이다. 요컨대 지능과 그것이 파악하는 세계의 테두리에서 벗어나 세계의 더 넓은 차원과 그것을 인식할 수 있는 우리의 다른 능력을 깨달아야만 하는 것이다.

그렇다면 이런 물음이 제기된다. 지능을 넘어서는 것 역시 지능

4) "기하학주의, 공간화한 철학들이 베르그송을 반-지성주의라 하지. [⋯] 사실은 베르그송 철학을 읽으면 서양 합리주의의 극한을 가는 철학이야. 최대한도로 팽창시켜 보자는 철학입니다, 사실은. 모든 것이 변치[變置]다, 그러더라도 여기서 동일성이 어떻게 드러나느냐를 찾아 가지고 그 속에서 모든 것을 전부 합리화해 보자는 철학이니까. 사실은 정반대로 합리적인 사상의 극한치로 한번 몰고 가 보자는 철학이야. 과거의 철학은 그렇지 않지. 아리스토텔레스나 그냥 조그마해. 우리 이성 속에 다 들어가."(「강독 5」, V, 61~62)

을 통해서만 가능한 것이 아닌가? 지능은 언어를 통해서 구사되는데, 언어를 넘어서는 것 역시 언어를 통해서만 가능한 것이 아닌가? 그러나 베르그송은 이런 식의 물음은 결국 우리를 일정한 원환 안에 가두어 놓을 뿐임을 지적한다. 이는 수영을 배우기 위해서는 우선 수영을 알아야 한다는 논법과도 같다. 중요한 것은 물속으로 들어가서 서툴게나마 수영을 하면서 수영을 알아가는 것이다. 어떤 창조적 사유도 일정한 도약을 필요로 하며, 물속으로 뛰어들지 않는 사람에게는 수영을 잘하는 날 또한 영원히 오지 않을 것이다. 걷는 것만을 모델로 수영을 알려고 하면 끝내 알 수가 없다. 수영을 함으로써 걷는 것과 수영하는 것의 관련성도 조금씩 깨달을 수 있을 것이다. 지능과 직관은 단적으로 연속적인 것도 아니고 단적으로 불연속적인 것도 아니다. 지능의 테두리를 넘어서 도약해야 직관으로 나아갈 수 있으나, 그 과정을 통해서 지능의 범위 또한 넓어진다. 따라서 직관과 지능은 이중의 관계를 맺는다. 한편으로 양자는 서로 대조적인 능력으로서 각각 실재의 반쪽씩을 맡는다. 그러나 다른 한편, 직관은 지능을 다른 차원으로 인도해서 그것의 외연을 확장하도록 해 준다.[5] 지

5) 소은은 이 두 가지 측면 중 전자의 측면으로 해석의 가닥을 잡는다. "그러면 우리는 형이상학적 공간에 서 있는 것을 어떻게 설명하느냐? 못해. 못하면서도 우리는 얘기를 하거든. 이를테면 정적(static)으로. 거기[공간]에 말하자면 접촉되는 부분에 관해서만, 거기에 반영시켜서. 그러니까 형이상학은 플라톤이나 베르그송이나 아리스토텔레스나, 좌우간 운동이나 정지를 논하는 사람은 다 똑같이, 운동과 정지를 초월하는 어떤 공간에, 어떤 기능 속에 들어가지 않으면 운동과 정지를 동시에 이야기하지 못해. […] 그러면 그것이 지금 베르그송 철학을 가지고 얘기가 되느냐? 안 돼. 그런 공간 속에서 정지에다 환원시키느냐, 운동에다 환원시키느냐는 문제만 갖고서 베르그송이 할 수 있는 얘기지, 동시에 둘을 파악하는 것은 아니야! 우리의 지성(intelligence) = 지능 갖곤 안 돼."(「강독 5」, V, 66) 그러나 지능의 공

능을 대변하는 것이 과학이고 직관을 대변하는 것이 형이상학이라면, 이런 관계는 곧 'physica'와 'meta-physica'의 관계 즉 과학과 형이상학의 관계이기도 하다.

구키 슈조는 근대 프랑스의 철학을 실증주의적인 종합의 철학, 인식론적인 비판의 철학, 형이상학적인 반성의 철학으로 삼분해 보았거니와, 이는 프랑스 철학만이 아니라 근대 이후 철학이 걸어간 세 길을 잘 보여준다. 세 길은 각각 과학의 종합, 과학의 비판, 과학의 초월의 길이다. 본래 순수 학문 전체를 뜻했던 철학(philosophia)은 근대 이후 여러 학문들이 분기해 나가면서 스스로를 계속 새롭게 정립해 나갈 필요에 봉착한다. 이는 한 개별 학문의 정체성 문제가 아니라 학문의 세계 전체의 구도의 문제이기도 했다. 철학이 "비판적이고 종합적인 학문", "메타학문"이라는 점에 대해서는 대부분의 사람

---

간과 직관의 공간을 동시에 추구하는 것이 아니라 직관이 새로운 길을 열어젖히고 지능이 새로운 언어의 창출을 통해 그 길을 구체화하는 과정은 가능하다. 실제 과학사가 이를 실증한다고 할 수 있다. 바람직한 것은 우선은 지능과 직관의 차이를 분명히 깨닫고, 그 후 학문—상투적인 학문의 테두리를 초월하는 학문—의 역사 나아가 진화의 역사 전체를 놓고서 둘의 역할을 조명하고, 앞으로도 직관의 이끎에 따라 지능의 확장이 계속되는 것일 것이다. 그러나 소은에게서도 후자의 측면은 함축되어 있다. "베르그송 입장에서는 형이상학하고 과학은 정반대로 간대. 왜냐하면 과학이란 것은 지성이 분리(dissociation)되어 나가는 과정에서 성립하는 것이고 형이상학은 분리하는 것이 아니라 반대로 그 분리를 통일해 주는 근거로 들어가야 돼. 그 근거가 무엇이냐? 근원적 비약(élan originel)이야. 말하자면 분리되면 공간화되고, 과학은 따라서 공간에서 성립하고, 철학(philosophie)은 공간 자체를 성립시킨 능동성(activity), 생의 비약(élan vital), 자발성으로 들어가야 된단 말이야. 반대란 말이다."(「강독 5」, V, 69) 표면적으로는 과학과 형이상학이 대비되고 있지만, "그 분리를 통일해 주는 근거로", "공간 자체를 성립시킨" 같은 표현들은 과학과 형이상학이 한편으로는 대비를 이루고 있지만, 다른 한편으로는 'physica'와 'meta-physica'의 관계를 맺고 있음을 함축하고 있기도 하다.

들이 동의하지만, 각 시대, 각 문화에서 메타적 사유의 구체적인 내용은 계속 달라진다. 예컨대 중세 서구 사회는 기독교사회였고, 때문에 '신 존재 증명'이 대표적인 메타적 사유들 중 하나였다. 신 존재가 증명되지 않는 기독교사회란 철학적 근거가 없는 곳이 될 수밖에 없었기 때문이다. 또, 불교와 도교를 껴안으면서도 유교를 재건해야 했던 조선사회에서의 메타적 사유는 곧 성리학적 정초였다. 그렇다면 근대 서구사회에 있어 메타적 사유란 무엇인가? 그것이 무엇이건 학문이 분화되어 과학의 체계가 형성되어 가던 시대에 요청되는 메타적 사유는 과학과의 관련하에서 정의되어야 했다. 이로부터 과학의 종합이냐 정초냐 초월이냐 라는 세 가지의 길이 갈라졌다고 할 수 있다. 세 길이 복잡하게 얽혀 있다는 것은 말할 필요도 없지만, 무게중심을 어디에다 두느냐에 따라 각 철학의 성격은 상당히 달라진다. 종합의 길은 콩트, 스펜서를 비롯한 실증주의자들에게서 잘 나타나며, 비판의 길은 칸트와 칸트주의자들에게서, 초월의 길은 멘느 드 비랑에서 베르그송에 이르는 '정신주의'(spiritualisme)에서 잘 나타난다.[6]

베르그송 자신은 과학과 철학의 관계를 논하면서, 특히 칸트의 철학 개념을 겨냥해 논의를 펼친다. 베르그송은 칸트 식의 '선험철학'(Transzendentalphilosophie)의 이념이 가지는 문제점은 철학이 경험적 인식은 전적으로 과학에 맡기고 스스로를 오로지 인식의 '형식'만을 다루는 학문으로 규정한다는 점에 있다고 본다. 이럴 경우

6) 九鬼周諷, 『프랑스 철학 강의』, 이정우 옮김, 교보문고, 1992.

철학의 세계 인식은 경험과학의 성과들을 결코 넘어설 수 없으며, 철학의 역할은 이미 이루어진 행위를 개념적으로 '정당화'하는 것에 그치게 된다. 철학은 "quid facti"의 차원을 "quid juris"의 차원으로 사후 승인할 수 있을 뿐이며, 종국에는 일종의 "서기국"의 역할로 전락할 것이다. 소은의 다음 지적은 매우 중요하다.

> 법칙이 먼저 있는 것이 아니라, "en faits distincts"(구별되는 사실들)로 끊을 적에 어떻게 끊느냐에 따라 법칙이 달라져. 끊을 때 따라가는 선에 따라서 법칙은 달라진다. […] 그러니까 완전히 유명론적(nominalistique)이야. 법칙이 먼저 있는 것이 아니야. 법칙은 무엇이냐? 요컨대 끊어진 두 개의 사물 사이의 일정한 관계야. 대단히 중요해. 그럼 어떻게 끊느냐? 벌써 그 끊는 방식에 따라서 법칙의 성격이 달라진다는 것이고.(「강독 5」, V, 72)

모든 과학적 탐구는 일정한 대상화를 출발점으로 한다. 사람, 건물 등의 현실적 개체들이든, 수요와 공급, 사회의 불안과 안정 같은 추상적 존재들이든, 혈압, 당 수치, 코티졸 분비량 같은 양화된 존재들이든, DNA, 뉴트리노 같은 미시적 존재들이든 또는 은하계, 안드로메다 성운 같은 거시적 존재들이든,… 모든 과학들은 일정한 존재론적 분절을 출발점으로 해서 성립한다. 만일 철학이 세계 탐구의 내용은 과학에게 맡겨 두고, 그 성과를 사후적으로 즉 인식론적으로 정당화하는, 그 가능근거를 밝혀내는 작업에 몰두한다면, 철학은 과학이 의식적으로 또 적지 않은 경우 무의식적으로 채택한 존재론적 분절을 사후적으로 정당화하는 작업 이상이 되지는 못한다. 그것은 마치 비평가가 예술가의 창작이 끝난 후 그것을 사후적으로 정당화/평가하는 작업과도 같다. 실제 "Kritik" = "critique"는 '비판'이자 '비평'이다. 과학의 존재론적 분절과 다른 분절을 찾아가고,[7] 다른 형태의 사유와 삶을 찾아가는 것이 철학인 것이다. 베르그송의 작업은 인식의 가능조건을 밝히는 것이 아니라, 그 조건을 넘어서는 데에 있다. 그것은 기존 경험의 선험적 정당화가 아니라 새로운 경험의 직관적 체화를 지향한다. 그것은 인간의 삶의 조건들("the human")을 밝혀내는 작업이 아니라 인간을 넘어설 수 있는 지평들("the post-human")을 찾아가는 행위이다. 철학은 '필연적인 조건'을 밝히는 행위가 아니라 '가능한 탈주'를 지향한다.[8]

---

7) 다른 한편, 새로운 존재론적 분절을 창조해내는 것은 궁극적으로 생명의 자발성에서 유래한다. 앞에서 물질이 생명에 부딪치는 대목과 따르는 대목을 언급했거니와, 물질에 분절을 도입하는 것, 그리고 새로운 분절들을 만들어내 가는 것은 생명과 물질의 투쟁의 중요한 한 국면이다. 아울러, '분절'은 물질을 "자르는"(découper) 것과 직결되며, 아래에서 논할 기하학의 문제와 연계된다.

8) 그러나 칸트에게 공정하고자 한다면, 그 자신 이런 한계를 넘어서 즉 당대의 물리과학을 '순수이성 비판'으로 정당화하는 데 그치지 않고 그 차원으로 환원될 수 없는 다른 차원을 '실천이성 비판'으로 사유했다고 해야 한다. 그리고 두 차원의 괴리를 메우기 위해 '판단력 비판'으로 그의 사유를 완성했다고 할 수 있다. 그는 물질 차원을 단순히 철학 전체로 확장한 것이 아니라 물질 차원, 정신 차원, 그리고 그 사이의 생명 차원을 총체적으로 사유했다고 해야 한다. 그러나 그의 사유가 선험철학, 즉 가능조건의 명료화라는 성격을 띤다는 것은 분명하다. 하지만 이 작업은 베르그송의 작업과 양립 불가능한 것은 아니지 않을까? 가능조건의 초월을 지향하기 위해서도 우선 그 가능조건을 선험철학적으로 명료화해야 하지 않겠는가? 칸트와 베르그송의 보다 중요한 차이는 칸트가 이 가능조건을 그 논리적 구조에 있어 명료화하고자 했다면, 베르그송은 진화의 도상에서 그 가능조건이 발생되어 나온 과정을 밝히고자 했다는 점에 있다고 해야 할 것이다.

이것은 환원주의와 통일과학이 지향하는 '종합'과는 다른 형태의 '종합'을 지향하는 것이기도 하다. 지능은 자신의 틀에 잘 들어맞는—이미 보았듯이 이는 당연한 것인데, 진화의 도정에서 물질과 조응하면서 형성된 것이 지능이기 때문이다—물질에 대해 이룬 인식을 생명의 영역으로 확장해 환원주의와 통일과학을 지향한다. 이에 비해 베르그송 고유의 의미에서의 형이상학은 "지능 고유의 형식들과 습관들에서 빠져나와, 실용적 쓰임새의 저편에서 생명체를 탐구하는 것"이다. 그러나 베르그송은 환원주의를 부정하지 않는다. 아니, 과학이 자신의 성격에 충실하려면 환원주의를 취하는 것은 당연하다. 생화학(biochemistry) 같은 과학의 눈부신 발달이 이를 웅변한다. 베르그송이 비판하는 것은 이런 환원주의가 생명의 차원을 모두 소진시키리라는 생각이다. 과학은 물질세계에서 이룩한 성과를 생명으로, 나아가 정신, 역사, 문화 등의 영역으로까지 확장할 수 있다. 문제는 이런 길이 존재의 모든 영역을 소진시키리라고 보는 생각이다. 지능의 확장은 물질세계로부터 멀어져 갈수록 그에 비례해 점차 추상적이고 조잡하게 된다. 오늘날 복잡계 이론을 비롯한 물리과학의 틀로 생명, 문화, 정치 등등을 "설명"하겠다고 나설 때 나타나는 저 조잡함을 보라! 베르그송은 이렇게 하는 것을 부정하는 것이 아니라 그것으로 생명(과 다른 차원들)이 소진되었다고 생각하는 오류를 비판하는 것이다. 베르그송에게 생명 이해는 지능/과학의 방향과 직관/형이상학의 방향 모두에서 성립하며, 두 길의 통일—"인위적인 통일이 아니라 […] 내적이고 생생한 참된 통일"—을 모색하고 있는 것이다. 한 길이 다른 길을 부정하는 통일이 아니라, 두 길이 서로의 장점을 인정하면서 이루어지는 통일, 들뢰즈/가타리의 표현으로 "통합이 아닌 결합"을 모색하는 것이다. 이때 우리는 지능의 차원을 넘어 지성의 차원에까지 도달할 수 있을 것이고, 거기에서 윤리, 정치, 종교, 예술 등과의 대화도 시작할 수 있을 것이다.

## 2절 · 생명과 물질의 투쟁

이제 베르그송에게서 지능과 직관, 과학과 형이상학의 접점을 이루는 곳, 이곳의 존재론적 구도, 즉 생명과 물질의 투쟁을 좀 더 구체화할 시점에 도래했다. 데미우르고스와 이데아계가 통합되어 생명이 되는 베르그송의 구도에서, 이데아계와 코라라는 타자들의 관계 맺음이라는 문제는 생명과 물질의 관계 맺음이라는 문제로 전환된다. 그리고 이미 보았듯이, 이 관계는 논리적인 구도에서 논의되기보다는 시간 축에 있어 특히 진화론을 배경으로 다루어진다. 아울러 생명과 물질의 투쟁은 구체적인 맥락에서는 생명체들이 물체들과 투쟁하면서 진화해 온 과정 전체를 가리키며, 지능과 본능에 대한 인식론적 분석도 이 과정에 위치지어지게 됨을 보았다. 이제 이런 논의의 존재론적 기저를 이루는 생명과 물질의 투쟁을 논의할 단계이다.

베르그송의 사유는 현대에 일반화되어 있는 자연과학적 사유와 대조를 이룬다. 일반적인 과학적 사유는 객관세계에서 관련 현상들을 설명해 줄 수 있다고 생각하는 어떤 존재들(entities)을 파악한다. 그리고 그것들로부터 출발해 현상들을 설명한다. 이 경우 생명은 물질을 통해서 설명되고, 정신은 생명을 통해서 설명된다. 베르그송의 사유는 반대의 방향을 취한다. 그는 정신에서 출발하는 입장을 취한다. 베르그송에게서 정신은 생명의 가장 고도의 형태이며, 양자 사이에는 불연속이 없다. 따라서 일반적인 과학이 물질→생명→정신의 방향을 취한다면, 베르그송은 정신=생명→물질의 방향을 취한다. 그러나 보다 핵심적인 것은 베르그송에게서는 물질이 생명에 의해 '설명'되는 것은 아니라는 점이다. 물질성과 정신성=생명성은 타자의 관계이다. 따라서 그의 사유는 단지 자연과학적 환원주의의 방향을 뒤집은 것이 아니다. 중요한 점은 생명과 물질은 두 타자들로서 취급되며, 생명이 물질을 설명해 주는 것이 아니라 물질에 부딪쳐서 살아가는 존재로서 이해된다는 점이다. 물질이 생명에 의해 설명되는 것도 아니고 생명이 물질에 의해 설명되는 것도 아니다. 이 점에서 베르그송의 철학은 이원론적이다. 따라서 '설명'되어야 할 것은 물질과 생명이라는 두 타자가 부딪치는 그곳에서 벌어지는 일들이다.

베르그송은 『시론』에서 순수 정신을, 달리 말해 정신에 대한 순수 경험을 논했다. 그의 이런 시도는 당대의 후설, 제임스 등의 노력과도 통하는 것이었다. 거기에서 그는 순수 지속을, 즉 공간적 분절을 허하지 않는 순수 연속성, 등질화/양화를 거부하는 순수 다질성, 그리고 기존의 것의 재배치가 아닌 순수 창조성의 세계를 보았다. 『물질과 기억』은 신체를 가진 정신을, 그리고 더 넓게 말해 (신체가 물질과 맞물려 있는 점에서) 물질이라는 타자와 부딪치는 정신을 논했다. 그러나 여기에서 분절은 대상과 주체 사이나 물질과 주체 사이에 그어지지 않는다. 오히려 물질성과 정신성 사이에 그어진다. 여기에서 물질성은 일반적인 의미에서의 물리세계를 뜻하지 않는다. 물질세계(이미지들의 총체)와 신체, 나아가 정신의 어떤 측면들까지도 맞물려서 성립하는, 물질세계라기보다는 차라리 지각의 세계라 할 차원이 물질성이며, 정신은 의식(과 무의식) 전체가 아니라 기억이 활동하는 차원에서의 정신차원이다. 베르그송의 이런 분절은 일반적인 분절과 매우 달라 주의를 요한다. 『창조적 진화』에 들어와 베르그송은 이 문제를 물질과 생명의 투쟁이라는 구도로 이어간다. 여기에서도 진정한 분절은 생명과 물질 사이에 그어지기보다는 오히려 생명에서의 지능적 부분과 물질에서 지능에 복속되는 부분이 맞물려 형성되는 물질성 = 지능성과 생명에서 생명 자체를 인식해 들어가는 본능과 직관 사이에 그어진다. 그리고 이 구도하에서 일차적으로 논의되어야 할 것은 생명과 물질이 부딪치는 국면에서 이루어지는 지능성-물질성 차원의 형성 과정이다.

우선 정신/생명의 차원과 물질의 차원의 대조로부터 논의가 시작된다. 베르그송은 정신과 신체를 대비시키지 않는다. 거듭 말하지만, 그의 이원론은 정신과 신체의 이원론이 아니라 정신성 = 기억과 물질성-지능성 사이의 이원론이다. 여기에서 중요한 개념 쌍은 응축과 이완이다. 정신이 최대한 응축(tension)을 행할 때 정신은 자기 자신으로서 존재하지만, 스스로를 최대한 이완(détente)에 맡길 때 물질성의 차원으로 늘어진다(이 구도는 『물질과 기억』의 핵심 구도이다). 따라서 베르그송에게서는 정신과 물질은 동일한가, 완전히 상이한가, 전자가 후자에 종속되는가 등등 이른바 '심신이론'(mind-body problem)의 논제들은 그다지 중요하지 않다. 순수 정신으로부터 물질성으로 끝없이 이완되어 타자화되는 정신에 이르기까지 문제는 정도상의 문제이며, 우리 자신이 어떻게 사느냐의 문제이기 때문이다. 소은의 분석에 따르면, 여기에서도 중요한 것은 능동성과 수동성이다.

생명/정신의 능동성은 "과거를 현재에 집어넣는 방향"이고, 수동성은 "집어넣는 작용이 없어지고 과거로 흘러가는 대로 내버려두는" 방향이다. 물론 능동성은 행위를 통해 나타나며, 행위는 미래를 지향한다. 따라서 능동성은 현재와 과거 그리고 미래가 응축되는 곳에서 성립한다. 소은은 이런 능동성의 심층적인 가능근거는 생명 그 자체 즉 '시원적 도약'에 있음을 지적한다.

> 그러니까 지금 미래를 현재화시키는 작용은 행위이고, 그것이 작용할 때 과거의 기억을 되몰아서 전부 미래로 끌어가는데, 그렇게 끌고 가는 데 앞장서 있는 것이 무엇이냐 하면 근원적 비약의 근원이야. 거기서부터 현재가 'originate'(원천으로부터 나온다)[한다고] 해. […] 자기 존재, 'existence'(존재)가 나와. 현재가 주어져. […] 미래로 가려면 과거를 전부 흡수해서 기억을 넣어 미래로 끌고 들어가는데, 미래로 가는 대신에 만약 우리가 이완해 봐라. 흘러가는 대로 내버려둬 보자. […] 과(過)-거(去). 지나가더라. […] 과거는 수동성의 양상이다. 가는 대로 둔다. 그러나 과거를 거역한다면, 거역하기 위해서는 기억을 가져와야 된다. 따라가지 않아. 그러니까 그것은 수동성이 아니라 능동성(activity)이다. […] 수동성이 불가역적이기 때문에 능동성에 자발성을 놓는다. […] 헤라클레이토스 같으면 수동성으로 가는데 가만 내버려둬도 돌아온대. 수동성이 도로 능동성으로 된대, 가만히 놓아두어도. 베르그송은 그렇지 않아. 수동성은 수동성으로 가버려. 불가역적이야. 그러니까 운동의 원천은 수동성과 다른 것에서 구해야 된다. 능동성의 원천은 다르다는 것이 나와.

물질과 다르다, 물질과 반대의 기능을 가지고 있는 것, 그게 자발성 이야.(「강독 6」, V, 95~96)

생명과 물질의 투쟁이라는 구도가 잘 나타나 있다. 그렇다면 이제 다루어야 할 것은 두 타자가 '투쟁'하는 그 장면이다. 두 타자의 만남은 양자의 접촉 지점에서 이루어진다. 그리고 두 존재는 각각 자체의 끝에서, 타자와 부딪쳐서 어떤 형태로는 그 타자에 의해 스스로에 대해서 타자화되는 과정을 통해서 관계 맺는다. 생명이 물질과 만날 때 생명은 자체의 끄트머리에서 물질과 소통할 수 있는 측면을 통해 그것과 소통한다. 이 측면이 지능이다. 반대로 보아, 물질은 지능에 의해 다루어질 수 있는 측면, 생명에 따르는 측면에서 생명과 부딪친다. 생명과 물질은 이렇게 지능성과 물질성이 두드러지는 측면에서 부딪치게 되고, 그로써 생명은 지능을 발달시키고 물질은 지능 발달에 부합하는 그만큼 정복되어 왔다고 할 수 있다.

생명이 그것에 따르는, 정확히는 지능에 따르는 물질과 접촉할 때 이루어지는 원초적인 작용은 '분할하는 것'(sectionner/entamer)이다. 물질은 플럭스이다. 지능은 플럭스로서의 물질을 분할한다. 물질-플럭스는 불연속적인 분할이 가능하고, 하나의 재료 내에서는 등질적이며, 거기에서 어떤 결정적인 창조가 일어나지 않는다. 생명체라면 분할하면 죽을 것이고, 매우 다질적이며, 인식·행동·감정의 모든 면에서 창조적이다. 때문에 지능은 물질-플럭스에서 편안함을 느낀다. "물질이 정신[지능]에게 보다 분명한 표상을 제공하자마자, 정신은 극히 편안함을 느끼게 되고 공간 속에서 아주 자연스럽게 돌아다닌다."(EC, 203) 물질이 지능에게 그토록 편안하게 느껴지는 것은 그것이 공간적으로 표상 가능하기 때문이다. 공간적인 한에서 그것은 분할 가능하고, 등질적이며, 비-창조적이다. 그것은 공간적 합동을 통해서 동일성을 제공하며, 동일성의 반복적 확인을 통해서 표상된다(re-presented). 물론 이것은 순수 이론적 분석이다. 실재하는 것은 순수공간이 아니라 '연장'(étendue)이기 때문이다. 그러나 지능은 스스로의 기하학적 능력에 복속하는 한에서의 물질만을 표상한다.

베르그송은 이 관계를 다음과 같이 말한다. "정신[지능]이 순수공간에 대해 가지는 표상은 이 운동이 도달할 종착점의 도식일 뿐이다."(La représentation qu'il forme de l'espace pure n'est que le *schéma* du terme où ce mouvement aboutirait) 이 구절은 어떻게 이해되어야 하는가? 소은은 다음과 같이 논변한다.

> 요컨대 동일성이 둘 있단 말이야. "A는 A다" 하고. 그러면 끊어진 "A는 A다"가 이렇게 합해서 나오느냐, 이 문제야.[9] […] 과거 논리학은 항(terme)에서 출발하니까. 끊어야 항이니까. 경계(horos)야, 이게.

9) 다음과 같이 새겨야 한다. "요컨대 생명의 동일성과 물질의 동일성이 둘 있단 말이야. 'A는 A다', 즉 '생명은 생명이다', '물질은 물질이다' 하고. 그러면 서로 불연속적인 두 동일성이 어떻게 관계 맺을 수 있느냐, 이 문제야."

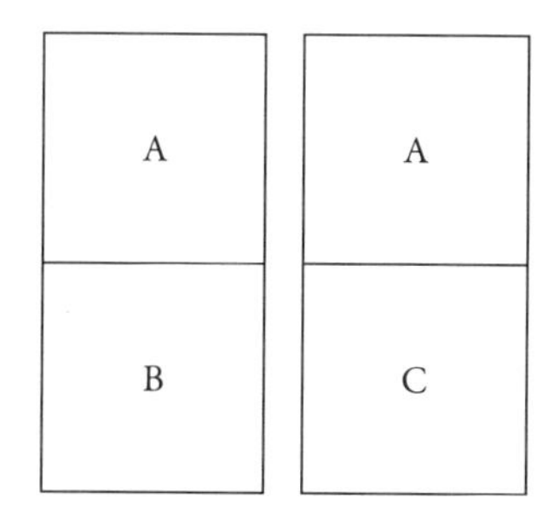


이것은 하나로 될 수 있다는 애기야.[10] […] B, C 이 두 개가 개별자인 한에서 같다고 할 때에는 동일률이라고 하지 않아. 대응한다(correspondre)고 하지. […] 집합론에서는 그 단위(unit)가 개별자인 한에서 서로 관계를 맺을 때를 말해.[11] 그런데 동일률은 개별자인 한에서가 아니라, 이 개별자를 떼어버리고 A, 이것만 봐. 떨어져 나갈 수 있다고 가정할 때만 A가 여기서 반복한다는 애기를 한다, 그 말이야.[12] 떨어져 나가서 하나가 될 수 있다는 말이야. 그러면, 이럴 때에는 희랍어로는 "kath'hauto"(자체적인 것)라 그래. 이것[B와 C]은 "tauton"이라 그러고. 되풀이된다는 거야.[13] […] 지금 이 중간

10) 두 A가 같기 때문에 A와 A가 합해져 하나가 되어야 한다. 라이프니츠의 '식별 불가능자 동일성의 원리'와 같다.

11) 집합 A의 요소들과 B의 요소들이 일-대-일 대응함을 말한다. '개별자'란 하나의 대상 또는 집합을 말한다.

12) A가 A로부터 떨어져 나갔다가 양자가 동일하다는 것이 확인되어 다시 A로 합해질 때 동일률이 성립한다. "A = A"라 말하기 위해서도 A를 두 번 써야 한다는 것.

13) A = A의 확인은 어디까지나 논리적 확인이지만, B = C의 확인은 〈B의 현존〉→〈B의 부재와 C의 현존〉→〈B와 C의 대응의 확인〉(C가 B의 반복이라는 것의 확인)이라는 과정이 필요하다. 즉, 시간에서의 불연속과 연속이 계속 이어질 때에만 반복이 성립한다.

[아래 그림에서의 가운데 세로줄]이란 말이야. 시간에서는 어떻게 되느냐면 연속이 돼야 해.

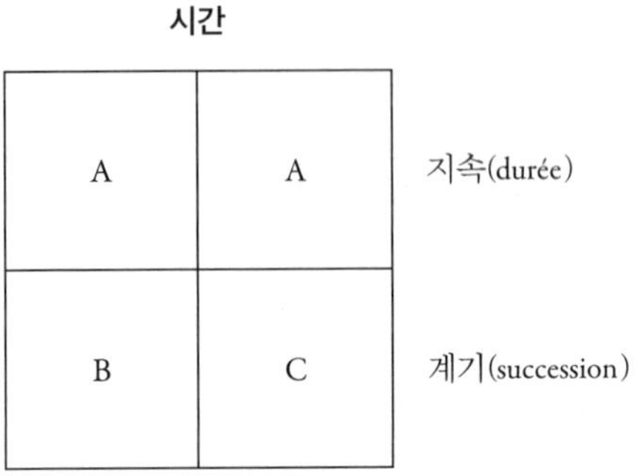

**시간**

| | | |
|---|---|---|
| A | A | 지속(durée) |
| B | C | 계기(succession) |

연속이 되니까 시간에서는 A는 하나고 B, C[는 둘이지만 이어져서 하나]가 돼.[14] […] 그렇지 않으면 시간이 잘라지게? […] 이것은 공간화된 시간이지? 이것을 주의해야 돼. 뉴턴 물리학적인 공간화된 시간에서 이 도식이 성립한단 말이야.[15] 그러면 이 타자화한 것[B, C]하고 이것[A]과의 관계가 무엇이냐? […] 이것이 타자화될 때는[16] 수동성(passivité)이라고 하고, 타자화시키지 않을 때는[17] 능동

---

14) 동일성 A가 동일성을 유지하면서 A로서 '지속'된다면, 그것이 관계 맺는 타자들 B, C는 '계기'하면서 이어진다. 지금의 맥락에서 생명 A의 동일성—사실상 자기차생자로서의 동일성—이 '지속'한다면, 그것이 관계 맺으면서 이어가는 타자들은 '계기'한다고 할 수 있다. 양 계열의 관계가 문제의 핵심이다.

15) B와 C처럼 시간을 분할해서 다시 붙여 이해하는 것은 A의 시야 아래에 B와 C를 공간적으로 정돈할 때 성립한다. 이는 반드시 뉴턴 물리학의 공간만이 아니라 시간을 분할하고, 그 분할한 시간 내에서의 어떤 존재자의 현존을 생각할 때면 항상 성립하는 구도라 할 수 있다.

성(activité)이라 해. 거꾸로 가. 그러면 이 지속에서, 이 A에서 어떻게 이것이 나오느냐, 이 문제야. […] 기능은, 지속은 항상 타자에 대한 기능이야. 그러니까 지속이 암묵적(implicite)으로 확장성(extension)을 갖고 있다는 것은, 시간상으로 보면 계기성을 가지고 있다는 얘기야.(「강독 6」, V, 99~101)[18]

비버가 돌과 나무, 진흙, 풀 등등을 모아서 집을 지을 때, 비버의 지속과 돌, 나무, 진흙, 풀의 계기는 서로 맞물려 진행된다. 비버가 시

---

16) A가 B, C와 맞물리면서 타자화되는 것을 말한다.

17) A가 B, C와 맞물리면서도 A라는 자기동일성을 잃지 않는 것을 말한다.

18) 생명의 지속이 타자성으로서의 분할된 물질들을 접해 타자화되면서도 자기동일성을 잃지 않으면서 확장됨을 말한다. '시간의 세 가지 종합'에 관련된다.
「강독 6」, V, 101쪽과 104쪽에서 소은은 'extension'을 달리 해석하고 있고, 이 대목에 대해 애매한 것 같다고 말하고 있다. 방금처럼 'extension'을 지속이 현재, 과거, 미래로 확장되면서 특수성들을 포괄한다고 볼 수 있지만, 생명 안에 '함축되어 있는' 외연으로 볼 수도 있다. 달리 말해 생명/정신이 최대한 '이완'할 때 즉 물질로 가까이 갈 때 발휘될 수 있는 기능으로 볼 수도 있다. 이럴 경우 'extension'은 지능 자체가 보유한 잠재적 기하학을 뜻한다고 볼 수 있으며, 이 잠재적 기하학이 물질과 부딪치면서 구체화되어 간다고 말할 수 있다. 베르그송의 원문만 놓고 본다면, 이 해석이 보다 타당하다. 베르그송은 "extension possible"이라는 말로 잠재적인 기하학을 표현하고 있다.
두 갈래 해석을 이렇게 종합해 보자. 기능은 그 안에 잠재적 기하학을 담고 있다(물론 이것은 물체들과의 오랜 투쟁의 결과로서 형성된 것이다). 그렇기에 물질과 만나 그 기능을 발휘한다. 그러나 그런 발휘의 연속체는 지능을 자신의 한 기능-갈래로 포함하는 더 큰 맥락에서의 기능 즉 생명 자체의 연속성 = 지속(첫 번째 해석-갈래에서의 'extension') 내에 포함된다고 할 수 있다. 이렇게 종합할 경우 두 'extension'은 전혀 다른 두 의미로 사용된다고 할 수 있다. 한 의미는 지능에 함축되어 있는 기하학적 공간을 뜻하고, 다른 한 의미는 생명-전체의 활동의 확장성을 뜻한다고 할 수 있다. 그러나 큰 'extension'은 작은 'extension'을 포괄하는데, 지능의 기하학적 기능은 그 자체 생명의 확장성—시간의 세 가지 종합에 입각한 자기차생(self-differentiating) 운동—의 한 부분이기 때문이다.

간표를 짤 수 있다면, 여러 타자들이 계기하는 공간화된 시간을 구성할 것이다. 생명과 물질의 투쟁은 이렇게 지속의 시간과 계기의 시간이, 자기차생자의 동일성과 분할된 플럭스의 동일성이 맞물려 성립한다. "지속에 확장성이 암묵적으로 들어 있다"는 것은 "물질과 기능(function)[19]은 공통치로 속에 연속성을 지니고 있다"는 것이 된다. 정확히 말하면, 기능의 연속성(지속)과 물질의 연속성(계기)은 맞물려 있다. 따라서 문제의 핵심은 "기능의 연속성이 어떻게 해서 공간의 연속성으로 돌아오느냐" 하는 것이다. 달리 표현한다면, 생명체의 지속적 활동이 그에 상관적으로 계기하는 물체들의 계기적 연속성에 어떻게 맞물리는가? 하는 것이다.

> 가령 A가 B에 대해서 기능을 한다고 할 때에는 운동을 해야 되는데, A가 여기[B에] 올 때까지 시간이 걸리지만 그때까지 A가 동일성(identity)을 가져야만 기능이라고 해. 여기 왔을 때 A′로 변할 수도 있고, A″로 변할 수도 있어. 그때는 변화라고 하지, 기능이라고 하지 않아. […] 변화와 기능은 달라. […] 순수 지속(durée pure)은 […] 기능 그 자체의 연속성이야. 어떤 특별한 기능은 질(quality)에 의해서 분화(dissociation)되는 기능이지만,[20] 기능 그 자체를 연속하려고 하는 것, 거기서 순수 지속이 성립해. […] 만약에 기능 그

---

19) 소은은 생명/생명체의 활동을 '기능'이라 표현한다.

20) 예컨대 손은 특정한 크기, 형태, 경도 등등의 '질'에 따라 특정하게 분화된 기능이다. 한 개체를 두고서 생각해도 마찬가지이다.

자체가 연속한다는 것이 성립하지 않는다면 특수한 A, B, C의 하나하나의 질의 차원에서 성립하는 기능도 성립하지 않는다는 게 베르그송의 입장이야. […] [아리스토텔레스의 경우에는] 질에 기능이 따라가,[21] [그러나 베르그송의 경우는] 기능에 질이 따라가.[22] 그러니까 기능 중에서도 진정한 기능은 질에 따라가는 기능이 아니라, 얽매여 있는 기능이 아니라, 모든 질 자신을 벗어나서 기능하는 기능, 기능 그 자체를 지속하려는 기능, 그것이 진정한 기능이야. 그것이 순수 기능(fonction pure)이야. 조건 없는 기능. […] 베르그송에서는 그 기능 속에서만 A의 기능, B의 기능, 특수한 기능, 질과 관계된 기능이 모조리 성립해. 그게 통일해 줘. 그 속에서 분화되어서 A라고 하는 기능, B라고 하는 기능이 나온다. 이것이 진화(evolution)의 사상이란 말이야.(「강독 6」, V, 101~102)

물질-플럭스가 어떻게 분할되는가의 문제는 결국 생명의 시간이 물질의 공간에 어떻게 들어오느냐의 문제이다. 지능의 시간은 곧 '공간화된 시간'이라는 테제는 베르그송 존재론의 기초이거니와, 이 대목은 바로 생명에서의 지능 측면이 물질에서의 공간 측면과 어떻게 맞물리게 되는가의 문제에 연관된다. 소은은 다음과 같은 도식을 제시한다.

---

21) 아리스토텔레스에서 뒤나미스는 이미 일정한 방식으로 형성되어 있는 질(에이도스) 내에서 작동된다.

22) "기능의 질에 따라가"로 되어 있으나 위와 같이 고쳤다.

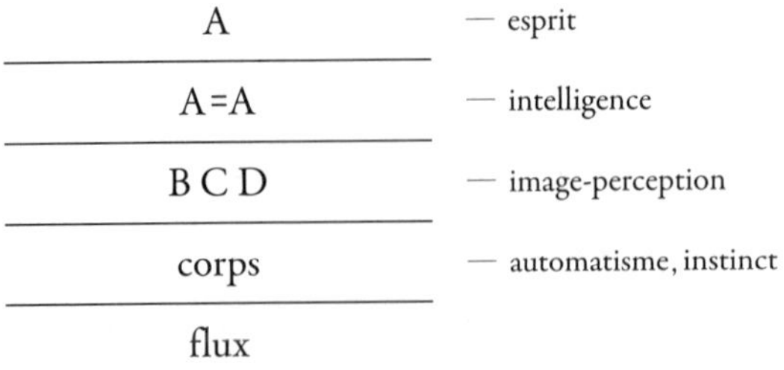

| A | — esprit |
|---|---|
| A=A | — intelligence |
| B C D | — image-perception |
| corps | — automatisme, instinct |
| flux | |

'Esprit'는 헬라어 'psychē'의 뉘앙스를 이어받고 있으며, 생명 또는 정신—정기와 신기로서의 '精神'—이라고 할 수 있다. 정신이 물질-플럭스에 부딪치는 차원은 신체의 차원이다. 만일 신체가 물질-플럭스와 또는 다른 신체와 거리를 두지 않은 채 행동할 경우 본능이 성립한다. 소은은 이를 자동적인 행동으로 파악한다. 구체적인 행동으로 나아가지 않고 플럭스와 닿고서 다시 안쪽으로 들어올 때 이미지-지각이 성립한다. 『물질과 기억』에서 논의되었듯이, 지각은 가능적 행동이라고 할 수 있다. 지능은 반성적이다. 그것은 대상으로부터의 거리-둠을 특징으로 한다. 그리고 대상에서 '관계', 특히 "동일한 것에 동일한 것을 연결시키는 작용"이다.[23] 지능은 가능적 관계, 기하학적 구도, '도식'을 가지고서 대상으로 내려가며, 이 도식

23) 이는 반복에 의한 동일성의 추상화라 부를 수 있을 과정에 의해 가능해진다. "지금 일순간에 나에게 정신이 주어지는 것은 '직관'이라 그래. 한순간에 주어지는 것은 『시론』에서 'un acte d'esprit'(정신의 한 작용)이라고 해. 'Un acte d'esprit'는 나의 현재에서 나의 기능하고 대상이 직접적으로 관계를 맺고 있단 말이야. 그런데 시간이 가버리면 그 기능은 사라졌어. 그리고 다시 나타나는 것은 기능에 결부된 대상만 분리되어서 다시 나타나. 그걸 표상이라고 해."(「강독 7」, V, 117~118)

을 투영해 대상을 파악한다. 그리고 그러한 파악에 입각해 물질-플럭스를 분할한다. 지능이 물질을 파악하는 것은 그것의 플럭스라는 성격을 뺄 때 가능해진다. 질과 운동이 빠진 물질이 드러내는 공간성(spatialité)을 파악하는 것이 지능의 기능이다.[24] 지각-이미지의 차원은 혼란스럽고 때문에 지능은 이 질과 운동의 차원을 거두어내고 '명석하고 판명한' 것들만 파악하고자 한다. "하나의 동일한 과정이 물질과 지능을 그 양자를 포괄하는 원단에서 동시에 재단해내었음에 틀림없다."(EC, 200) 이렇게 물질을 파악한 지능은 그 자신의 본성이 바로 물질과의 투쟁에서 형성된 것임을 잊은 채 희희낙락한다. 그러고서 한편으로 자신을 포함하고 있는 정신을 감히 스스로와 동

---

24) 이때 표상이 작동하거니와, 이 표상 개념은 지각, 기억, 상상의 기능을 모두 포괄하는 것으로서 이해해야 할 것이다. 즉 표상은 물질-플럭스에서 특정한 부분을 오려내어 지각하며, 그렇게 지각한 것들을 의식 속에 모아서 기억하며, 그렇게 기억한 지각물들(percepts)을 자유롭게 조작해서 갖가지 기하학적 형상들(figures)로 상상한다. 지능의 표상작용은 이 세 과정을 모두 포괄하는 것으로 이해되어야 한다.
아울러 베르그송의 이런 입장에 따르면, 자연법칙은 물질에 대한 가정으로서 이해된다. "그러니까 'A는 A다'가 지능의 기본적인 법칙인데, 이것을 물질, 우주에다 넣으면[적용시키면] 운동이 들어갔기 때문에, 물리학이 되면 실지로 운동이 있단 말이야[그래서 정확히 들어맞지 않아]. 그렇지 않으면 [물리학이 아니라] 기하학 되게? 요컨대 법칙이라는 것은 무엇이냐면 가정(hypothesis)이야. 다시 말하면 그런 방향으로[동일률이 성립하는 방향으로] 가는 정점이 법칙이라는 얘기지. 그것이 진정으로 일어난다는 것은 아니야. 질적으로 극한치는 빈 공간뿐이고, 조금이라도 운동이 들어가면 빈 공간에는 가지 않고, 그러니까 그 방향으로 간다는 얘기야. 그러니까 가정이야. 엄밀히 말하면 모든 게 실지 없음에도 불구하고 하는 얘기란 말이야[법칙 그 자체가 플라톤적 실재성을 가지는 것은 아니라는 얘기야]. 그러니까 폐쇄되면(closed) 어떠냐? 폐쇄되면 공간을 이렇게 딱 고립되면[고립시키면](isolate) 떼어내버린단 말이야[하나의 '계=system'을 분절한다는 말이야]. 그 말은 무슨 얘기냐면 외부의 영향을 받지 않는다는 얘기지? 플럭스가 들어가지 않는다. 그러니까 그[플럭스] 속에 있는 상대적인(relative) 것[계]이 독립되어서 불변치의 어떤 것으로 나올 수 있다는 소리야. 그러니까 인과관계고 무엇이고 그런 것은 폐쇄된 세계에서만 성립한다는 얘기야."(「강독 7」, V, 143)

일시하고, 또 세계 전체를 자신의 틀로서 파악 가능하다고 착각한다.

학문의 역사에서 본다면, 근세 철학자들이 제1 성질들과 제2 성질들을 구분코자 한 것은 바로 이런 지능의 본성을 반영한 것이라고 할 수 있다. 삶의 차원은 물질성과 정신성이 뒤얽힌 차원이다. 지능은 표상을 통해 이 뒤얽힘을 풀어서 대상화와 주체화를 도래시킨다. 바로 이것이 앞에서 논의했던 "영혼이 자기 자신을 되찾는 것"이다. 고대 철학자들과 근대 철학자들이 이성에 부여했던 신성한 성격을 베르그송은 결국 인간 지능이 내포하고 있는 성격일 뿐인 것으로서 파악한다.[25] 지능의 본성이란 사실상 진화의 여정에서의 신경계의 발달에 힘입고 있는 것이며, 신경계의 발달이 지능의 길을 본능의 길과 갈라서게 만들었다고 할 수 있다.

신경계통은 왕조라 했지? 국가와 같다고 했잖아, 통치한다고. 또, 신경계통은 뭐라 그랬냐면 중앙전화국이라고 했지? 중앙전신국.

---

25) 이 점에서 소은은 베르그송이 공간을 객관적 실재로서 보기보다는 지능의 기능에 상관적으로 성립하는 것으로 본 것으로 해석한다. 실재하는 것은 물질-플럭스이다. 그러나 지능은 물질-플럭스와 부딪치면서 공간 개념을 사유하기에 공간 개념이 "허구는 아니다." 공간에 대한 여러 가지 기하학들이 성립하는 것도 지능의 기능과 연계시켜 이해해야 할 문제이다. 물리세계를 기하학으로 환원시킬 경우 물질-플럭스를 'partes extra partes'의 공간으로 환원시키게 된다. 그러나 이는 물질-플럭스에 대한 지능의 한 투사라 해야 한다. 다른 한편, 물리적 성질을 감안하면서 물질-플럭스를 기하학으로 환원시킬 경우 '질점'(mass-point)과 같은 개념이 성립한다. 이렇게 물리세계에 대한 기하학적 파악은 지능의 기능에 상대적이다. 원자 개념 같은 경우도 지능의 이미지를 미시세계에 투사한 것이라고 할 수 있다. 이 점에서 패러데이의 전자기학이나 양자역학 같은 과학은 물질-플럭스의 심층에 더욱 깊이 다가선 경우라 할 수 있다.

다시 말하면 이 A 하나, 정신이 말하자면 거기에 해당하는[관련하는] 신체적 기구란 말이야. 그러니까 지금 바깥으로 나가도 항상 자기반성적으로 나가지, 직선적으로 나가지 않아. 자기반성하면서 나가. 그러니까 기억이 있으면 말이야, 직관된 것이 기억에서는 보존된대. […] 지능 내부도 전부 기억입니다. 기억 속에서는 두 가지 이상의 것이 보존이 돼. 두 가지 이상이 보존이 되면 거기서 동시성이 나오고 거기서 공간이 생겨. 그래서 『시론』에서 동시성은 공간으로 간다고 해. 그런데 반성(réfléchir)에 의해서 시간이 반성되면 공간이 나온다는 얘기야. 시간이 반성이 돼. 시간은 현재뿐이고 과거는 지나가버렸어. 과거의 내용을 반성해서 객관화(objectiver)하고 동시에 여기다[지능에] 놓고 나가면 거기서 동시성(simultanéité)이 나와. […] 끌어 들여와. 속으로 끌어 들여오는 것은 반성에 의해서야. […] 지능이 반성하면 그 속에 있는 질은 다 빠져버리고 행위의 지속성이 반사(réflexe)되어 나와. 그러면 표상화된 지속, 공간화된 지속이 나와. 이걸 기억 속으로 놓고 나가면 순수공간이 돼. 그러니까 베르그송에서 순수공간은 기능에 내재해(inné). 밖에 따로 있는 것이 아니라, 기능에 내재해. 그런데 그것이 자각이 되지 않더라도 나갈 때는 그 느낌(sentiment)을 암묵적(implicite)으로 갖고 있다는 거야. 내재돼 있는데 그것이 실지로 언제 나타나느냐? 그것은 물질을 거쳐서 더 외부의 타자성을 자꾸 또 쪼개고, 또 쪼개고, 또 쪼개고, 극한치로 가려고 할 적에 나온다는 얘기지. 운동성(mobilité)을 극한치로 발견할 때.(「강독 7」, V, 120~121)

지능은 정신=생명의 외화된 기능이다. 여기에서 정신은 물질 쪽으로 가장 멀리 나아간 상황을 맞아 스스로로부터 소외된다. 지속과 직관의 존재론은 결국 이 자기 소외로부터 정신을 다시 찾으려는 노력에 다름 아니다. 분할된 시간으로부터 연속적인 시간으로, 등질화된 시간으로부터 다질적인 시간, 그 요소들이 상호-침투하는 시간, 그리고 결정론적으로 파악된 시간으로부터 창조의 시간으로의 회귀이다. 요컨대 물질-플럭스와의 투쟁 과정에서 순수공간을 사유하는 지능의 차원을 매개해 다시금 정신-전체로 회귀하는 운동이다. 이것이 베르그송적 의미에서의 '형이상학'이다.[26]

베르그송 사유의 이런 의의를 확인해 볼 수 있는 시금석들 중 하나는 그것을 칸트의 사유와 비교해 보는 것이다. 특히 지금 맥락에서 공간론적 비교는 흥미롭다.

칸트에게 공간은 "감성의 아프리오리한 형식"이다. 그것은 세계에서 발견되는 객관적 실재가 아니라 인식 주체가 감각자료들

26) 자연과학 특히 물리학과 형이상학은 두 가지 절대에 닿는다. 물리학은 물질-플럭스를 끝까지 추적해 거기에서 물질-플럭스의 심층 공간을 읽어내 간다. 형이상학은 반대의 극으로 끝까지 회귀해 거기에서 생명-정신의 본질을 발견해낸다. 그러나 물질-플럭스를 추적해 들어가면 갈수록 우리가 거기에서 읽어내는 공간이 계속 복잡해진다면 어찌할 것인가? 플럭스를 수학화하기 위해 등질적 공간과는 판이한, 텐서방정식은 물론이고 그보다 더 복잡한 수학들을 계속 개발해내야만 한다면. 아니면 반대 방향으로 생각해, 그러한 수학이 인간의 정신에서(원한다면 뇌에서) 끄집어내어지는 것이라면, 정신의 저편과 물질의 저편에서, 더 핵심적으로는 그 사이에서 어떤 일이 벌어지고 있는 것일까? 이 문제는 베르그송을 넘어서 21세기 존재론이 해결해야 할 한 화두이다. 한 가지 분명한 것은 물질-플럭스의 극으로 가면서 우리가 만나는 공간은 등질공간이 아니라 오히려 점점 더 복잡해지는 공간이라는 점이다. 그리고 지능 역시 단지 시공간을 등질화하는 기능인 것은 아니라는 점이다. 이 대목이 베르그송 철학을 수정해 나가면서 새로운 지평을 열어 가야 할 중요한 한 지점이다.

(Mannigfaltigkeit)을 정리하는(co-ordinate) 틀이다. 이 점에서 칸트의 공간론은 베르그송의 그것과의 비교를 허한다. 베르그송에서도 공간이란 단적인 실재가 아니라 지능이 물질-플럭스와 부딪칠 때 가지고 가는 어떤 틀이기 때문이다. 칸트에서 중요한 것은 공간이 '감성'의 아프리오리한 형식이라는 점이다. 지각의 단계 자체에서 이 틀이 작동한다. 따라서 칸트로서는 지각을 재료로 인식을 가능케 해 주는 틀, 즉 지능=오성(Verstand)의 틀이 별도로 요청된다. 즉, 칸트의 사유 구도는 오성의 공간 구성과 그것을 통한 물질-플럭스의 파악이 아니라 감성의 공간 구성=투사와 그 결과의 오성적 구성이라는 구도이다. 그렇기 때문에 인식 주체는 이 아프리오리한 틀을 건너뛰어 사물 자체의 공간을 파악할 수 없다. 인식 주체가 이미 갖추고 있는 틀로 들어온 현상을 구성할 수 있을 뿐이다. 그렇기 때문에 그의 인식론은 주-객의 지속적인 상호 작용을 해명하기보다는, 아프리오리한 형식으로서의 공간의 구성을 간단히 논한 후 그 결과에 대한 오성의 구성 과정에 모든 노력을 경주한다고 할 수 있다. 이 구도는 그의 사유에서 주체가 세계와 맺는 관계를 매우 단조롭고 일방적으로 만들고 있다고 하겠다. 단조롭다는 것은 주-객의 상호 작용이 결핍되어 있음을 말하고, 일방적이라는 것은 주체가 세계를 일방적으로 구성하는 것으로 보고 있음을 말한다.

더 나아가 칸트의 인식론은 이런 공간 개념에 깊이 침윤되어 구성되고 있다. 칸트는 공간의 위치에 대해서는 라이프니츠의 입장을 따랐지만, 공간의 성격에 관해서는 뉴턴을 따랐다. 감성의 경험-독립적인 틀인 공간은 에우클레이데스 공간이다. 문제는 칸트가 이 공간을 인식 주체의 선험적 조건으로 못 박았다는 것이고, 또 하나 (역시 감성의 경험-독립적인 형식인) 시간을 공간과 유비적인 방식으로 파악했다는 점이다. 더 나아가, 오성에 대한 이론 역시 이런 공간론의 성격에 의해 깊숙이 침윤되어 있다는 점이다. 칸트는 이런 식의 공간 개념을 선험적 조건으로 만들었기 때문에, 그 공간의 성격에서 유래하는 결과가 필연적으로 선험적 변증론의 이율배반으로서 나타난다. "공간은 무한하다", "공간은 유한하다"라는 이율배반은 사실상 에우클레이데스적 공간 개념에서 연역된 것이라고 해야 한다. 실재에 대해 이미 감성의 경험-독립적 차단막을 쳤기 때문에 그 저쪽은 권리상 인식할 수가 없고, 그 저쪽으로 그 차단막의 성격으로부터 연역된 가설을 던졌을 때 그 이율배반은 당연히 그 차단막의 성격 자체로부터 유래한 것일 수밖에 없다. 베르그송은 이 차단막을 'deus ex machina'로 혹평한다.(E, 206) 정신 = 생명이 물질과의 투쟁 과정을 통해 만들어낸 틀이 정신 = 생명 자체의 틀로 군림하고, 그 과정에서 세계와 주체 사이에는 막이 드리워지게 된 것이다. 베르그송의 관점에서 보면, 이는 생명의 자기 소외의 전형적인 예라고 할 수 있다.

이미 논했듯이, 베르그송은 공간을 즉자적으로 존재하는 단적인 객관적 존재로도 또 칸트처럼 인식 주체의 틀로도 보지 않는다. 공간이란 생명과 물질의 투쟁 과정에서 주체가 구성해내는 틀이며 물질-플럭스에 적용해 가면서 가설/가정으로서 발견해내는 틀이다. 때문에 중요한 것은 공간을 생명과 물질의 상호 작용, 그것도 극히 오랜 시간에 걸쳐 지속되어 온 진화의 과정이라는 맥락에서 보아야 한다는 점이다. 베르그송도 소은도 이 과정에 대해 다소 경험주의적 설명으로 기우는 면이 있다. 그러나 지능의 공간 창출은 처음에는 경험에서 시작했을지라도 끝없이 새로운 차원으로 도약한다고 보아야 하며, 더욱 놀랍게는 그런 창조적인 구성이 때로 물질-플럭스에서 준-물리적 실재로서 발견되기도 한다는 점이다. 그러나 어쨌든 베르그송의 칸트 비판에서 중요한 것은 지능과 물질-플럭스의 상호 작용이고, 이는 칸트처럼 공간의 틀을, 더 나아가 오성의 틀 자체를 고착적으로 파악하는 경향을 벗어난다고 하겠다.

> 미개인 인식 속에는 칸트와 같은 인식 구조가 있냐? 없다는 것이지. [⋯] 그런 구조가 아닌 인식 구조도 있더라는 얘기 아냐? [⋯] 다른 미개인이나 어린애들의 인식 구조에 그런 것 있더냐? 그러면 만약 미개인의 인식 구조하고 칸트의 인식 구조하고 같다면 무엇이냐? 다른 점을 자꾸 빼 나가야지? 그러면 베르그송 입장에서는 표상(representation)이 있다는 점에서는 같지. 그런데 그런 인식이 있고 표상이 있어야만 인식이 되느냐? 베르그송에서는 그렇게 되지 않지? 표상이 없는 인식도 있더라. 가령 미생물이라든지, DNA 정보 미생물학, 본능 같은 것, 거기에 어디 표상이 있더냐? [⋯] 그러면 그 공통치는 무엇이냐 하면 베르그송 입장에서 본다면 요컨대 그것은 기억이야. 그 기억이 표상적 기억이냐 그렇지 않은 기억이냐의 차이만 있지 전부 기억이라는 거야.(「강독 8」, V, 158~159)

지능이 행하는 표상적 인식은 기억이 행하는 방대한 인식의 한 국면에 불과하다는 것이다. DNA에 의한 유전, 새들이나 물고기들의 운행, 미개인·어린이 등 일반적으로 인식론에서 배제되는 존재들의 인식 등등 방대한 인식 데이터들을 존재론적으로 설명해 주는 것은 표상이 아니라 기억인 것이다. 베르그송은 기존의 인식론이 공간 이론이나 질료 이론 같은 정적인 구도를 취하고 있으며("tabula rasa"의 이론 등이 대표적이다), 인식을 관조적 모델에 따라 이해했다고 비판한다. 인식을 생명철학적 구도에서 이해하는 베르그송에게 인식이란 생명/정신의 능동성/자발성을 떠나서는 이해할 수 없는 것이며, 지능의 표상이 정신 전체를 대변할 수는 없다고 해야 한다.[27]

칸트적 이율배반은 표상/지능을 정신 자체와 동일시한 데에서 온다고 했거니와, 사실 베르그송의 존재론도 일견 이율배반적이다. 생명의 상승운동과 물질의 하강운동의 이율배반. 베르그송 존재론에서 자발성이 가지는 의미는 그것으로 인해 모순이 극복되고 지속이 가능해진다는 점에 있다. 생명은 물질을 극복하고 스스로의 동일성을 유지한다. 그러나 생명의 자발성은 타자를 단번에 극복하는 종교

27) "외부에서 지각의 대상이 들어오는데, 우리 능동성이라는 것은 정적으로 보자면 우리의 신체의 구조요, 신체의 한계선상에서 인식의 한계가 딱 정해진다고 봐야 하지만, 베르그송에서는 이것은 하나의 한계이고 그것을 넘어서서 외부 대상으로 활동성(activity)이 간다는 거야. 우리 행동의 대상은 저 책상이고, 저 책상에서 따로 저 책상을 인식하지, 우리 눈이나 이런 데서 보는 것이 아니야. 나갈 적에 어떻게 가냐 하면 기억을 갖고 나가. 기억을 갖고 나가니까 저 문으로 본다면 저 문에서 우리를 촉발할 무엇인가가 들어와서 다시 저리로 되쏘아 붙이는데, 무엇을 갖고 나가냐 하면 기억을 갖고 나가. 그럼으로써 과거의, 다시 말하면 최초로 지각(perception)해졌던[지각된] 것 이상의 것이 저기서 주어져. […] 주어지고, 또 주어짐으로써 거기서 정적으로 가만히 있는 것이 아니라, 저것도 하나의 기능이니까 그것이 또 우리에게 들어와. 들어올 적에 아까 말한 바와 같이 기억이 덧붙여진 것이 들어와서 우리는 또 거기에다가 주의를 할 적에, 지각할 적에 또 다른 기억을 덧붙이고 나가. 그러니까 자꾸 왔다 갔다 하는데 거기서 상호 작용이 이루어진다[는 것이지]."(「강독 8」, V, 163~164)

적 원리가 아니다. 나아가 타자성을 궁극적으로는 자신의 바깥에 머물게 하는 "kath'hauto"의 성격을 가진 원리도 아니다. 스스로에 대해 비한정적(indefinite) 성격을 가진 타자와 끝없이 상호 작용하면서 스스로도 타자-화해 가는 동일성이다. 즉, 동일성과 차이의 차이를 만들어 가면서 스스로도 차이-화해 감으로써 그 동일성을 이어가는 존재이다. 이로써 자기차생자는 칸트적 이율배반을 넘어선다.

그러나 이 생명과 물질의 투쟁에는 어떤 아프리오리한 시나리오도 없다. 자발성의 이런 능력/의의가 물질과의 투쟁을 통해서 동일성과 차이의 차이를 만들어 간다 해도, 그것은 안온하게 자신의 동일성을 보장받은 자기동일적 존재가 아니다. 생명과 물질의 투쟁은 절대적인 시간 즉 지속의 차원에서 이루어지며, 그에 대한 파악 역시 어떤 아프리오리한 인식론에 의해서가 아니라 진화론과 혼연일체가 되어 있는 인식론을 통해서만 실증적으로 해명되어 갈 뿐이다. 칸트 인식론의 경우 이런 '검증'이란 성립하지 않는다. 인식의 가능조건 자체가 처음부터 못 박아져 있기 때문이다. 정해야 할 것은 대상이 주체를 따르느냐, 주체가 대상에 따르느냐, 아니면 양자 사이에 모종의 예정조화가 있느냐를 정하는 것뿐이다. 칸트는 전자를 택하면서 주체에 따르지 않는 대상의 차원을 물자체로 놓음으로써 자신의 인식론을 짰다. 이것은 인식의 차원을 지능=오성의 표상작용을 모델로 짠 결과라고 하겠다. 칸트의 주체가 대상을 대상으로서 구성하는 존재라면, 베르그송의 주체는 스스로의 자발성을 통해 대상=타자와 끝없이 투쟁하면서 진화해 가는 존재라 할 수 있다.

## 3절 · 서구적 합리주의의 끝에서

이제 지금까지의 논의를 보다 과학철학적인(épistémologique) 방식으로 보완하고, 그 위에서 베르그송이 서구적 합리주의를 넘어 나아가는 대목을 확인해 보기로 하자.

서구적 합리주의가 수학을 떠나서는 논의될 수 없음은 분명하다. 그렇다면 베르그송의 인식론에서 수학은 어떤 의미를 가지는가? 베르그송은 수학을 지능의 자리에 위치 짓지 않는다. 수학은 지능의 끄트머리로부터 정신의 중핵에 이르기까지, 응축과 이완의 숱한 정도에 걸쳐 성립한다.

수학 특히 기하학은 추상공간을 분절하는 것을 기초로 하며, 이 점에서 전형적인 지능적 행위이다. 본능이 특정한 대상/유기체와의 공감을 기초로 그것과 합일하는 경향을 띤다면, 지능은 그런 능력이 없는 대신 대상──'하나의 대상'을 분절하는 것 자체가 지능이라는 기능의 출발점이거니와──을 임의적으로 분절해서 조작해 볼 수 있는 능력을 발휘한다. 시간적 측면에서 이 점은 보다 명확히 드러난다. 본능은 생명체 내부에 각인되어 있는 생체리듬으로써 발휘되고 기억에 입각한 시간의 리듬을 통해 작동하지만, 수학은 시간을 빼버리거나, 아니면 등질화된 시간/공간화된 시간인 한에서 한 변항으로서 취급할 뿐이다. 수학이 공간을 취급함에 있어서의 정밀함과 시간을 취급함에 있어서의 조박함은 대조적이다. 그러나 고도의 수학적 창조의 과정은 이완된 지능이 아니라 응축된 정신에서 이루어진다. 르네 톰이 말했듯이, 수학적 창조의 시간에는 수학자 자신에게도 스스로가 무엇을 하고 있는지 명확하게 보이지 않는 법이다. 사실 모든 창조의 시간은 이완된 현실성의 시간이 아니라 응축된 잠재성의 시간이다. 이미 완성되어 학생들이 입시를 위해 푸는 수학은 이런 정신이 감소(diminution)를 겪음으로써 도달하는 차원에서 성립하는 수학이라 할 것이다.[28] 그러나 베르그송은 수학 특히 기하학은 언제나 공간성 또는 물질성을 지향하는 성격을 띤다는 점에서 역시 지능의 성격이 강하다고 본다. 그리고 이런 수학을 모델로 하는 서구의 합리주의는 따라서 지능이 함축하는 능력과 한계를 함축하게 된다고 판단한다.

수학이 가지는 힘은 그 연역의 능력에 있다. 데카르트는 바로 이 사실 위에 근대 학문을 새롭게 정초하고자 했었다. 이 능력에서 그는 '명석하고 판명한'(clair et distinct) 인식의 가능성을 보았기 때문이다. 그러나 베르그송의 구도에서 보면, 명석하고 판명한 것은 바로 정신의 중심부에서 가장 멀어진 곳에서 즉 순수공간에서 가장 잘 성

---

28) 소은은 '감소' 같은 표현 때문에 베르그송을 플로티노스와 같은 일원론자로 보는 것에 반대한다. 베르그송에게서 물질이란 '결여'가 아니라 어디까지나 타자이다. 그리고 우리는 물질의 총체를 알 수도 없다. "베르그송은 원칙으로 보면 3원론이야. […] 운동의 수동성하고 능동성 그리고 질하고. 요컨대 에이도스[질]하고 작용인(agent)[생명]하고 아페이론이야. 베르그송은 에이도스의 객관성만 없애버렸어."(「강독 8」, V, 188) 베르그송에게서 형태들(넓은 의미)은 생명과 물질의 투쟁이 빚어내는 결과들이다. 이렇게 볼 경우 베르그송의 사유는 이원론적이다.

립한다. 메논의 시동이 잘 보여주었듯이, 기하학적 추론/연역은 노예 소년에게도 가능하다. 그것은 기하학이 순수공간에서 이루어지며 정신의 끄트머리로 이완된 지능이 가장 편안함을 느끼는 곳이기 때문이다. 앞에서 지능이 이런 편안함으로부터 과잉된 자신감을 얻어 스스로를 정신 자체와 동일시하고, 세계를 범-기하학적으로 파악 가능한 것으로 착각하게 됨을 논했다. 베르그송의 시선으로 보면, 데카르트나 칸트의 사유는 이런 선험적 착각의 전형을 보여준다고 하겠다.

바로 그렇기 때문에 데카르트적인 방법을 기하학, 천문학, 역학, 광학 등에 적용했을 때 맺는 결실들을 다른 영역들에서는 기대하기 힘들게 된다. 물질의 영역에서 생명의 영역으로, 다시 정신의 영역으로, 그리고 역사와 문화의 영역으로 나아가면서 기하학적 연역은 점차 좌초하게 되고, 외면상 성공한 듯이 보이는 경우에도 존재론적 눈길로 유심히 보면 점차 조잡해지는 것을 확인할 수 있다. 좀 더 원리적으로 생각해 보면, 공간적 연역의 사유는 시간이 더 깊이 개입하는 영역에 이르면 이를수록 점점 더 조잡해진다. 연역은 순수공간, 또는 등질적인 공간에서의 지능의 작동을 모델로 해서 만들어진 방법이기 때문이다.

이것은 귀납의 경우도 마찬가지이다. 귀납은 이미 주어진 시간에서 얻은 결과를 아직 오지 않은 시간으로 외삽하는 것이기 때문이다. 여기에서도 연속성, 등질성, 비-창조성/비-결정성이라는 비-지속의 성질들이 전제되어 있음은 물론이다. 귀납에는 앞에서도 중요하게 다루었던 '기하학적 합동'의 논리가 전제되어 있다. "오늘의 계가 어제의 그것에 중첩될 수 있으려면, 어제의 계가 오늘의 계를 기다렸어야 하고 또 시간이 멈춤으로써 두 계 각각의 전체가 동시적이어야 한다. 이런 일은 바로 기하학에서, 오직 기하학에서만 일어나는 일이다."(EC, 216~217) 이런 논리는 기하학적 크기들이 서로 합동되듯이, 질들 또한 합동될 수 있다는 가정하에서 움직인다. 생명체들의 삶 자체가 이런 귀납의 논리를 요구하거니와, 귀납 논리학은 이 등질화의 구도를 극단화한 것이라고 할 수 있다. 이는 곧 반복의 논리이다. 물론 이는 이런 식의 환원이 '불가능하다'는 것을 말하는 것은 아니다. 그런 조작은 언제라도 가능한데, 왜냐하면 물질 아래에는 항상 공간이 깔려 있기 때문이다("l'espace qui sous-tend la matière"). 중요한 것은 그런 조작에서 빠져나가는 '차이'이다. 지속은 분할 불가능한 것이 아니라, 분할할 경우 질적인 변화를 겪는 것이다.

베르그송에게서도 반복은 중요한 역할을 한다. 그러나 그에게서 반복은 기하학적 합동의 논리와는 판이하다. 베르그송에게서의 반복은 기능의 반복이다. "개나 사람이나 미개인이나 다른 모든 동물들의 눈이 왜 똑같은가? 요컨대 그때 반응이 같다는 얘기지? 왜냐? 빛 속에서 외부에 대해 동일한 어떤 반응을 해야 하기 때문에 그렇게 나온 것이지. 동일한 물질적인 구조 때문에 나온 것은 아니라는 거야. 전부 동일한 반응의 표현이라는 것이지. 그러니까 동일한 반응을 하게 되면, 아하 이것이 동일한 반응을 해서 외부 사물에 대한 작용을 인식을 했다는 것이 비로소 검증적으로 정의되니까."(「강독 9」, V, 198~199) 이미 논했듯이, 진정으로 반복되는 것은 눈이 아니라 '보다'라는 기능이다. 이 기능의 실현을 위한 물질적 현실화는 매 경우 다르지만, 그 모두가 '보다'라는 기능을 구현하기 위한 것이라는 점은 똑같다. 진정으로 반복되는 것은 명사로 표현되는 '것'이 아니라 동사로 표현되는 '보다' 자체이다. 이 점에서 베르그송적 귀납이라는 것이 존재한다면, 그것은 현상적인 유사성에 입각한 피상적인 귀납이 아니라 기능에 입각한 심층적 귀납일 것이다.

논의를 물리학으로 옮겨 보자. 근대성이 도래한 이후 학문의 역사에서 반복적으로 나타난 한 경향은 '물리학적 환원주의'이다. 수학적 물리학 그리고 이 담론을 모델로 해서 이루어지는 과학들은 변항들의 선택, 변항들 사이의 함수관계의 파악, 함수 값의 대입을 통한 예측을 핵심으로 한다. 질점 개념이 매우 잘 보여주듯이, 변항들의 선택은 수학적 과학의 출발점이다. '대상'의 획정(劃定), 가장 흔하게는 '계'의 획정 자체가 하나의 선택이며, 그 계에서 초점을 맞출 변항들의 선택이 핵심이다. 모든 변항들은 시간에 따라 변하는 항이며, 이 변항들 사이에 미분방정식 등으로 표현되는 함수관계를 포착하는 것이 중요하다. 그리고 이미 정립된 함수에 함수 값들을 대입함으로써 예측이 이루어진다. 베르그송은 이런 식의 작업이 '실재'에 대한 '객관적인' 파악이라고 생각하지 않는다. 그렇다고 그것이 허구적인 것도 아니다. 이런 대상 인식은 대상과 변항의 선택에 의해 세계를 일정 관점에서 마름질한 것이고, 그렇게 마름질한 면(plan) 내에서는 사물의 실재에 다가서는 작업이 될 수 있다.[29] 문제는 한 면에서 성립하는 구도를 다른 면들에 투영할 때 발생한다. 예컨대 물리세계에서 성립하는 등질성을 앞서 나열했던 다른 영역들에 투영할 때 결과는 점차 은유적으로 되어간다. 물론 어떤 영역의 면도 다른 영역들로 투영될 수 있다. 시를 가지고서 물리세계를 파악할 수도 있다. 그러나 모든 파악은 결국 그것이 설정한 면으로의 환원에 의해 이루어진다는 점을 망각할 때 앞에서 논의했던 사이비 존재론이 도래한다고 할 수 있다.

베르그송의 눈길로 보면, 플라톤의 세계는 지능의 이런 성격을 존재론적으로 외삽한 것이다. 플라톤의 이데아계는 아페이론을 떨쳐버린 세계, 시뮬라크르의 대척점에 존재하는 세계이다. 에우클레이데스 기하학은 아페이론으로부터 논리적 공간으로 넘어가는 경계선에서 성립한다. 그것은 운동성과 물질성을 떨어버렸지만, 아직 순수 이데아에 도달하지 못한 영역에서 성립한다. 반대 방향에서 본다면, 이데아계는 순수 형태와 크기의 세계로 내려옴으로써 기하학의 세계로 화하고, 이 세계는 다시 물질성과 운동성의 세계로 내려옴으로써 현실세계로 화한다. 이로써 'parousia'의 구도가 성립한다. 이 구도는 수학적 물리학의 세계를 실재론적으로 해석했을 때의 존재론을 보여준다. 베르그송은 다른 구도로 나아간다.

> 그러니까 [플라톤과 달리] 여기 또 자발성도 마찬가지야. 맨 처음 위에 'kath'hauto', 즉자적인 것에 해당하는 것으로서 자발성. "A는 A다"에 해당하는 것은 [이데아계가 아니라] 지속. [⋯] 이제 지속

---

29) 더구나 하나의 담론 내에서도 면의 변혁이 이루어질 수 있다. 주로 근대 과학을 놓고서 작업했던 베르그송은 그의 말년에 발달한 양자역학, 그리고 이 과학을 토대로 인식론적 작업에 착수한 바슐라르에 대해 공감을 표현한 바 있다. 물질-파 개념의 창안자인 루이 드 브로이는 베르그송에게 경도된 물리학자였다.

이 점점 이완해서 물질로 가고 그 다음에 공간이 아페이론하고 같이 합해져버려. […] 그러니까 비-연장적인 것에서 연장적인 것으로 간다. 그런데 그 연장적인 것이 몇 개 있느냐, 그 말이야. 가령 플라톤 입장에서 보면 에이도스의 'kath'hauto'도 비-연장적이야. 그러나 [베르그송이 볼 때] 그것은 진정한 비-연장적인 것이 아니라는 거야. 왜냐? 에이도스가 여러 개 있으니까. 여러 개 있으니까 그건 다(多)의 세계 아니냐. 그러니까 연장적인 것을 가정해야만 되는 것이다. 그런데 우주에 운동의 원인은 하나밖에 있을 수 없어, 서로 엉키니까['상호 침투'하니까]. 완전히 비-연장적인 것은 거기[élan originel]서만 성립한다는 것이 베르그송의 이론이야.(「강독 9」, V, 207)

지능 특유의 환원주의는 '질서'의 개념에 대한 선험적 착각과 밀접한 관련이 있다. 지능의 문법과 그것이 포착하는 세계의 합리성을 '본래적인 것'이라고 생각하는 사람들은 이러한 질서 바깥을 무질서=카오스로서 이해한다. 본래적인 것은 코스모스이고 그 바깥은 카오스이다. 예컨대 플라톤은 이데아계를 본래적인 것으로 보았고, 그것이 온전히 구현되지 않는 이유를 아페이론에서 찾았다. 이데아계를 거부하는 또는 불가지로 보는 칸트는 인간의 의식 일반을 갖춘 질서를 본래적인 것으로 보고, 아직 그 질서로 구성되지 않은 무질서를 감각적 잡다(雜多)로 보았다. 이렇게 볼 때, 무질서란 질서의 '부재'이다.

그런데 '부재'란 무엇일까? 이미 여러 곳에서 다루었지만, 부재 즉 현존의 '부정'이란 사실 현존에 대한 주관의 기대와 실망을 표현한다. 존재하는 것은 운문이나 산문이다. 그러나 주관은 운문을 보고서 산문의 부재라 표상하고, 산문을 보고서 운문의 부재를 표상한다. 또, 혹자는 운문도 산문도 아닌 '무'를 생각하고서는 운문과 산문이 무를 극복하고서 생겨났다고 생각한다. 그러나 실존하는 것은 운문이거나 산문이며, 양자 모두의 부재란 상상의 산물이자 내용 없는 언어일 뿐이다.

> 일반적으로 실재는 그것이 우리의 사고를 만족시키는 바로 그만큼 정돈된 것이다. 따라서 질서란 주체와 객체 사이의 어떤 일치이다. 그것은 사물들 속에서 스스로를 재발견한 정신이다. 그러나 이미 말했듯이, 정신은 두 상반된 방향으로 움직인다. 때로 그것은 스스로의 자연적인 방향으로 나아간다. 이때 그것은 응축의 형식하에서의 진보, 연속적인 창조, 자유로운 활동성이다. 그러나 다른 한편 방향을 뒤집었을 때 특히 그 역방향의 끝까지 갔을 때, 그것은 연장에, 서로 외적인 요소들 사이의 필연적인 상호 결정에, 그리고 마침내는 기하학적 메커니즘에 도달한다.(EC, 224. 인용자 강조)

베르그송의 사유는 빈약한 것들을 가지고서 풍부한 것을 설명하는 사유가 아니라, 풍부한 것을 가지고서 빈약한 것들을 설명하는 사유이다. 그것은 예컨대 원자들을 조합해서 유기체를 설명하는 사유가 아니라 유기체에서 무엇을 어떻게 덜어냄으로써 원자 같은 존재들이 상정(想定)되는가를 해명하는 사유이다. 그것은 지능과 그 산물에서 출발해 정신을 이해하는 사유가 아니라, 정신이 어떻게 이완해서 지능의 방향으로 가는가를 이해하려는 사유이다.

질서란 인식 주체가 사물에서 느끼는 편안함이고, 이 편안함은 주체가 사물에 투영한 것과 사물이 그것에 반응한 것의 일치가 가져다주는 편안함이다. 지능과 그 대상의 질서와 본능과 그 대상의 질서는 완벽하게 상반된다. 지능은 본능의 질서에서 혼란스러움을 느낄 것이고, 본능은 지능의 질서에서 생경함을 느낄 것이다. 지능은 물질성을 지향하고 물질적 질서, 더 나아가 기하학적 질서에서 편안함을 느낀다. 수학이 물질차원에 잘 적용되는 것은 이 때문이고, 역사상 뛰어난 수학자가 물리학적인 시도를 행한 경우가 많은 것도 이 때문이다. 그러나 정신은 지능과 공-외연적이지 않다. 정신은 생명의 질서를 파악할 수 있는 능력을 포함한다. 그러나 지능은 비-기하학적 차원에서 생명의 질서를 깨닫는 것이 아니라 무질서를 읽어낸다. 물론 생명의 질서에도 기하학적 질서는 포함되어 있다. 때문에 지능은 생명체에게서 기하학적 질서를 읽어내고 기뻐하며 환원주의에 매료된다. 그러나 바로 그때 동일성의 그물 바깥으로 빠져나가는 차이생성은 놓치고 만다. 생명에 내재되어 있는 근본적 연속성, 다질성, 창조성은, 요컨대 동일성에 항상 동반되는 '약동'은 배제되는 것이다. 그리고 그런 "무질서"는 질서의 테두리에 묻어 있는, 살짝 털어내면 되는 '오차' 정도로 파악한다. 그러나 진화의 과정 전체를 끌어 온 것은 사실 이 차이생성들이다. 생명체들을 공간 축에 놓고서 그 동일성에 초점을 맞추어 탐구하는 것은 가능하고 또 바람직하다. 그러나 생명을 시간 축에 놓고 그 차이생성에 초점을 맞추어 사유할 때에만 지능과 동일성의 테두리를 넘어 정신 전체에 드러난 생명의 차이생성(진화, 약동)을 직관할 수 있다.

두 질서가 교차할 때 하나의 질서에서 본 필연은 다른 질서에서 본 우연이 된다. 룰렛의 어느 수에 돈을 걸었는데 구슬이 거기에 멈추었을 때 또는 길을 걸어가던 나에게 위에서 기왓장이 떨어졌을 때, 의도의 질서에서 사태를 본 나에게 이 사건들은 행운이거나 불운이다. 그러나 기계적 인과의 관점에서 사태를 보는 누군가에게는 두 경우 모두 물리적 인과의 결과이다. 두 질서가 교차할 때 한 질서는 다른 질서에 대해서 '우연적'인 것 — 쿠르노적 의미에서의 'hasard' — 으로 보인다. 그러나 각각의 질서는 각각에 있어 필연/질서를 내포한다. 소은은 'contingence' 개념을 분석한다.

> 나전어로 'cum-'은 '함께'(together)이고, '-tingence'라는 것은 '접촉'(touch)이야. 그래서 영어로 'contact'(접촉), 나전어로 'contingentia'야. 그러니까 아리스토텔레스는 뭐라고 하느냐면, 두 개의 사물들이 하나의 한계를 가지고 있다고 말해. 이 'contingence'라고 하는 것은 굉장히 중요해. 접촉이니 하는 말도 쓰는데, 요컨대 두 개의 사물이 하나의 한계를 가지는 것이야. 그러니까 완전히 떨어져 있다면 우연이 되지 않아. 또 들어와서 관계를 맺으면 우연이라고 하지 않아. […] 그러니까 두 개의 사물이 하나의 한계를 가지고 있는 거야. […] A가 될 수도 있고 B가 될 수도 있어. […] 우연을 A에서도 논할 수 있고, B에서도 논할 수 있고. […] [A와 B 양자가] 어떤 깊은 속에서 내면적으로 무슨 함축(implication)의 관계를 맺고 있

다면 우연이 되지 않는단 말이야. 두 개의 사물이 관계를 맺을 수도 있고 떨어질 수도 있고, 그 중간 상태가 우연이야.[30] […] A가 있기 때문에 꼭 B가 나온다는 말은 쉽게 말하면 A와 B가 연속되어 있다는 말이야. […] 두 개의 사물의 관계를 끊어버릴 수가 없다. 그러면 그 관계가 논리적 연관(logical connection)이냐, 물리적인 연관이냐,

---

30) 절대적 우연/우발성은 존재와 무 사이에서 성립한다. 존재와 무는 절대 불연속을 이루지만 또한 항상 짝으로서 존재하며, 오로지 절대적 우발성의 관계만을 맺는다. 이런 파르메니데스적 세계를 극복할 수 있게 해 주는 것은 아페이론이다. "존재와 무를 놓고 생각할 수 있는 것은 존재와 무를 동시에 놓을 수 있는 어떤 차원이 형성돼야지? 그 차원이란 존재와 무를 집어삼켜. 그런 측면에서 보면 아페이론이 먼저야. […] 타자성, 아페이론이란 것은 하나의 순간에서부터 무제한한 과거로의 연속성을 지니고 있다. 그 사이에서 성립한다. 그래서 순간에서 보면 창조요, 존재가 동일성이 드러날 때는 자발성이요, 무제한한 시간의 연속성이 가능하다고 볼 때 동일성이 드러나면 진화라 그래. 지속이라 그래."(「강독 11」, V, 247) "모순된 것이 공존할 때에는 우연이 나와. 그러면 어째 이상해. 모순되면 하나만 있지, 어째서 다른 것이 공존하느냐? 그것은 모순율하고는 반대라는 문제지? 그러니까 우연은 모순으로 가는 과정이요, 모순이 깨지는 과정이야. […] 그러면 왜 그런 것을 우연이라고 하냐? 존재는 그 자체로서 그것이 깨질 수 없는 것 아냐? 그럼에도 불구하고 어째서 그것이 무에 의해서 깨지냐? 깨진다면 그건 우연이야. 모순이야. 그러니까 또 다른 말로 하면 깨질 수 있다는 것은 우연을 통해서 존재의 운동이 깨질 수 있다는 얘기야. […] 우연은 배타적인(exclusive) 모순관계에 있는 두 개의 사물이 동시에 성립할 때 성립한다. 그러니까 존재와 무가 동시에 성립할 때 존재와 무의 관계를 우연이라고 그러는데, 그러면 어째서 존재의 우연이라고 그러냐? 존재는 무가 될 수 없고 존재는 남아 있어야 하는데, 무가 나오니까, 무가 나왔다면 존재가 깨졌다는 얘기 아니냐. 다시 말해서, 깨진다는 것은 모순을 통해 깨진다는 얘기다. 그러니까 존재와 무를 우연이라고 보면 모순으로 가거나, 그렇지 않으면 모순이 사라지는 관계에서만, 과정에서만 성립한다. 극한치에서는 성립하지 않아. 무나 존재는 어떤 하나만 나오지. 그러니까 그런 관계에 있는 과정에서 성립하는 우연적인 관계가 모순관계에서 점점 연속적으로 깨질 때만 성립한다. 연속성이 들어가버려. 그러니까 이런 하나만 있는 존재에 대해서는 이런 얘기 못한다는 거야. 그런 존재를 우리가 초월적인 존재라 그래. 모든 차이, 구별을 초월해. 거기다 집어넣을 수 없어. 사실 자발성도 어떤 한 점에서 거기에 접촉이 돼. 그러니까 무의식의 세계야. 나의 주체성의 근본은 무의식의 세계야. 이게 흘러가. 나중에 언제든지 그런 것 없이는 설명이 되지 않더라는 거지. 우리 자발성을 놓고 나가지 않으면 안 되겠더라, 생물이나 여러 가지 설명이 안 되더라, 그것뿐이지?"(「강독 11」, V, 248~249)

인과론적 연관이냐 하는 여러 가지 범주가 나오는 거고, [반대로 우연의 경우는] 두 개가 이렇게 하나의 한계에서 부딪혀야지. 끊어서 떨어지면 우연이라고 하지 않아.(「강독 10」, V, 222~224)

다음 그림을 보면서 생각해 보자.(「강독 11」, V, 242)

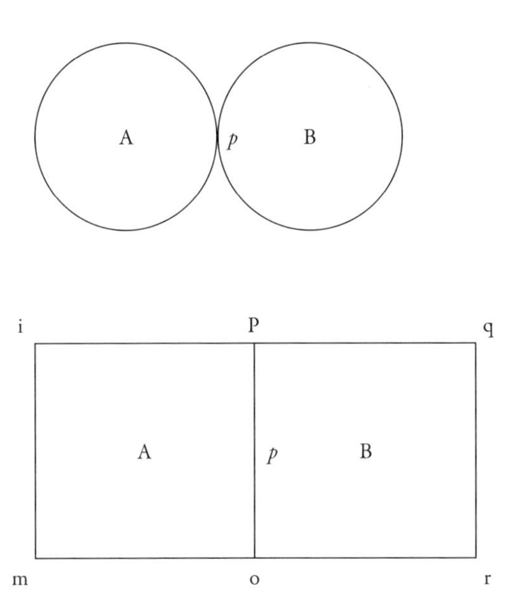


두 원이 접해 있을 때 그 접점은 A에 속하는 것일까, B에 속하는 것일까? A에 속한다고 할 경우, B는 점 하나가 빠진 원이 되어버린다. B에 속한다고 할 경우, A는 점 하나가 빠진 원이 되어버린다. 그렇다면 *P*는 A와 B에 동시에 속하는 것일까? 하나의 점이 어떻게 두 원에 동시에 속할 수 있는가? 현재 접해 있지만 A와 B는 별개의 존

재이고, 하나의 점 *P*가 A에 속하면서 동시에 B에 속한다는 것은 있을 수 없다. 그렇다면 *P*는 A에 속하는 것도 아니고 B에 속하는 것도 아닌가? 그럴 경우, 원 A와 원 B 모두 점 하나가 빠져버려 아예 원이 될 수 없게 되어버린다. 이는 아래 그림처럼 두 개의 사격형의 경우에서도 마찬가지이다. 그렇다면 이 점/선 *P*는 어떤 존재인가?

> *P*가 일정한 형태로 움직이면 A(의 한 부분)가 될 수 있단 얘기고, B가 또 일정한 형태로 움직이면 B(의 한 부분)의 형태로도 될 수 있단 얘기지. *P*가 현재 A와 동시에 B는 아니잖아? […] B도 될 수 있고 A도 될 수 있다, 그것뿐이야. […] 그러면 만약에 [*P*가] A가 된다고 가정하면 그때 B는 아닐 것이요, B가 된다고 가정하면 [그때는] A는 아닐 것이요. 양자택일로 되어버리지? 그러니까 우연[우발성]이라는 것은 뭐야? 이 그림에서 A도 될 수 있고 B도 될 수 있고, 이것이 우연이야. 'Contingence'라는 것은 A가 될 수도 있고, B가 될 수도 있고. 지금 현재 다 됐단 얘기가 아냐.(「강독 11」, V, 245. 인용자 강조)

아리스토텔레스의 경우 이런 우연성의 문제가 심각하게 제기되지 않는다. 부동의 원동자를 향해 가는 우주의 운동은 세계를 일원적으로 조정하기 때문이다. 흔히 아리스토텔레스는 형상을 초월적으로 본 플라톤과 달리 형상을 질료에 내재화했다고 이야기된다. 그러나 사태는 반대가 아닐까? 오히려 질료가 형상에 내재화된 것이 아닌가. 부동의 원동자로 향하는 형상들에 포획된 질료는 "형상을 그리워한다", 궁극적으로는 부동의 원동자를. 이로써 타자성과 우발성은 추수되며, 단지 예외라는 뉘앙스나 비-본질적이라는 뉘앙스에서의 우연(tychē/ananchē)으로서 다루어진다.

플라톤의 경우 이미 논했듯이 아페이론과 이데아 상호간의 타자성은 그의 사유 전체에서 핵심적인 논제이다. 흔히 플라톤은 형상을 질료로부터 독립시켜 초월적으로 실체화했다고 (아리스토텔레스 이래 비난의 뉘앙스가 섞인) 평가를 받아 왔지만, 사태를 다른 각도에서 볼 수도 있다. 플라톤이야말로 오히려 질료와 형상 사이의 타자성, 즉 우발적인 접촉의 문제를 예민하게 사유했다고 해야 할 것이다. 소은 역시 "플라톤처럼 둘로 놓고 나가면 제일 처음부터 문제가 해결되지 않는다"고 말하지만, 사실 플라톤의 이원론이 존재론적으로 더 예리한 문제를 던지고 있다고 보아야 할 것이다.[31]

베르그송의 경우도 이원론적이다. 생명(이데아들을 잠재적으로 내포하는 데미우르고스)과 물질의 투쟁이 현실적 이데아들 즉 개별자들(넓은 의미)을 낳는—'리'를 잠재적으로 내포하는 '기'로부터 물(物)들이 생성하는—그의 세계 역시 타자성과 우연성이 핵심적인 세계이다. 베르그송은 지능 위주의 환원주의를 비판한다. 지능에

31) 이는 현대적 맥락에서도 음미해 볼 만한 문제이다. 자연주의나 물리적 환원주의처럼 역사를 자연으로 당겨 일원화하려는 사유나 문화 상대주의, 역사주의나 사회적 구성주의처럼 자연을 역사로 당겨 일원화하려는 사유 모두 문제를 노정한다. 자연과 역사의 타자성과 그 우발적 접촉을 치열하게 사유하지 않을 거라면, 차라리 둘 중 하나의 영역을 고유하게 연구하는 것이 더 낫다고 해야 할 것이다. 자연과 역사는 그 어디에선가 만나 존재/세계의 일원성을 이루고 있을지도 모른다. 그러나 그 경지를 정확히 인식하기 위해서도 우선은 양자 각각을 분명하게 인식해야 할 것이다.

게 무질서인 것은 사실상 생명의 질서일 뿐이며, 이때 무질서는 생명을 직관할 수 없는 지능의 무능을 표현하고 있는 말일 뿐이다. 또, 두 질서 모두가 존재하지 않는 상태를 가정해 논하는 경우도 비판한다. 양 질서 모두가 없는 상태 또는 (애초에 두 질서를 구분하지 않은 채) 하나의 질서를 생각하고 그것이 "없다면" 하고 떠올린 상태란 그저 상상해 본 것에 불과하며, 그때 우리는 사실상 양 질서 사이를 오락가락하고 있는 것이다. 그것은 논리적/개념적 조작이거나 상상일 뿐, 베르그송적 뉘앙스에서의 '리얼한' 것이 아니다.

생명의 질서가 있고 물질의 질서가 있다. 물질의 질서를 찾는 사람에게 생명의 질서는 무질서일 뿐이다. 그리고 생명의 질서를 찾는 사람에게는 물질의 질서는 생명적 질서의 부재일 뿐이다. 양자가 온전히 떨어져 있다면 복잡한 문제는 생기지 않는다. 이는 앞의 그림에서 *P*가 문제가 되지 않는 경우이다. 그러나 세계는 물질과 생명의 상마(相摩)를 통해 생성하며 양자는 분리되어 있지 않다. 그러나 양자는 하나로 융해될 수도 없다. 연속성 속에서 융해될 경우 거기에서 우발성은 증발하고 필연만이 지배하게 된다.[32] 이런 방향으로 나아가는 것이 지능의 환원주의이다. 예컨대 유전자 환원주의에서 삶의 극히 중요한 우발성들이 증발되어버리는 것은 이런 이치이다. 이는 앞의 그림에서 *P*가 존재하지 않는 경우이다. 이런 경우의 극한, 어떤

32) "존재는 언제든지 부정의 밖에 있어. 속으로 들어가지 못해. 그러니까 우연은 [⋯] 일자와 타자야. 타자가 속으로 들어가면 안 돼. 그러니까 우연은 존재와 무의 관계인데, 그 차이(difference)인데, 그것이 완전히 떨어져 있는 것이 아니라는 것이지."(「강독 11」, V, 246~247)

*P*도 존재하지 않는 경우는 바로 '순수공간'(espace vide)이다. 자연과학적 환원주의가 흔히 '범-기하학화'의 방식을 띠는 것은 바로 이 때문이다. 양자의 경우 모두에서 타자성은 증발되며, 타자성과 우연성이 야기하는 문제들은 손쉽게 처리되어버린다. 헤겔이 매우 역동적인 방식으로이긴 하지만 정신으로 물질을 흡수해 그 타자성을 용해시켜버렸다면, (소은은 '이데올로기'로 폄하하지만) 마르크스는 이 타자성과 물질에 역점을 두어 좀 더 심층적으로 고투했다고 할 수 있다. 반면, 정신을 물질에 흡수해버림으로써 오히려 타자성의 문제를 손쉽게 처리해버린 것은 유물변증법이었다. 베르그송의 이원론은 이 타자성과 우연성을 붙들고서 누구보다도 신중하게 사유한 경우에 속한다.

## 4절 · '생명'이란 무엇인가

이제 "생명이란 무엇인가?"라는 근본 물음에 대한 베르그송의 대답을 최종적으로 정리할 때가 되었다. 베르그송은 생명을 때로 "더 좋은 말이 없어서" 의식(conscience)이라 부르고, 생명에 관한 것을 논하면서 '심리학적인'(psychologique)이라는 말을 쓰기도 한다. 이런 용어법은 그에 대한 오해를 부추기기도 했다. 베르그송에게서는 생명과 의식/정신 사이의 단절 같은 것은 없으며, 또 그가 말하는 "psychologique"는 헬라스 사유에서의 "psychē"의 연장선상에서 이해되는 한에서의 '심리학적인'—차라리 '영혼론적인'—것을 뜻한다. 덧붙여 말해 때로 베르그송은 '유심론자'(spiritualist)라 불리거니와, 이 말은 베르그송이 정신 위주의 사유를 펼친다는 것을 뜻할 수는 있어도 그가 물질을 라이프니츠에게서와 같이 단지 정신이 '최소화된 것'으로 본다거나 헤겔에서와 같이 단지 정신이 '소외된 것'으로 보는 입장을 뜻할 수는 없다는 점이다. 베르그송에게서 물질이란 정신의 타자성으로서 엄연히 객관적으로 실재하며,[33] 그의 사유 전체가 '생명과 물질의 투쟁'이라는 구도를 띤다는 점이 중요하다.

그러나 베르그송이 생명의 다층적인 활동—생명의 '동일성'은 순수 동일률이 적용되는 동일성이 아니라 차이생성, 그것도 절대적 새로움/차이의 생성을 포함하는 동일성, 이 점에서 모순을 내부에서 소화해 나가는 존재인 한에서의 동일성이다—에 있어 그 최고 상층부/핵심에서 즉 '정신'(esprit)에서 출발하며, 정신으로부터 물질로 나아가 그 우발적 접속의 면을 사유한 것은 분명하다. 앞에서 언급했듯이, 복잡한 것에서 '덜어내어' 단순한 것들을 사유하는 철학이지 단순한 것들을 '조합시켜서' 복잡한 것들을 사유하는 철학이 아닌 것이다. 이 점에서 그의 사유는 복잡계 과학이나 들뢰즈의 철학과 다르다. 복잡계 과학/들뢰즈의 존재론은 '창발'을 그 핵으로 하는, 최종 실체나 *dx*로부터 논의되는 사유이기 때문이다.[34] 논의의 여지가 있지만, 들뢰즈의 사유를 베르그송에 비해 "유물론적"이라고 말할 수 있는 것도 이 때문이다. 이에 비해 베르그송의 사유는 오히려 생명의 최고 발현태인 '의식'에서 출발해(『시론』), 의식의 중핵인 '기억'이

33) 사실 물질 '입장'에서 본다면, 정신이 물질의 타자성이다. 그러나 정신은 자발적/능동적 존재이고 물질은 관성적/수동적 존재라는 점에서, 베르그송은 정신 위주의 사유를 펼친다. 조심할 것은 정신과 물질이 데카르트에서처럼 단적인 이원론의 형식으로 주어지는 것이 아니라는 점이다. 정신과 물질은 시간 속에서 점차 분리되어 왔을 뿐이며(따라서 '시원'에서는 궁극적인 일자만이 존재한다), 그 관계 또한 어떤 일정한 법칙성에 따라서가 아니라 시간 속에서 계속 변해 왔다고 할 수 있다. 따라서 그의 사유는 유물론도 아니고 유심론("관념론")도 아니며, 실체주의적인 형태의 이원론도 아니다. 베르그송의 관점에서는 이런 식의 모든 논의들이 지속의 관점에서가 아니라 비-지속의 관점에서의 논의들일 뿐이기 때문이다. 베르그송에서는 "유물론이냐 관념론이냐?" 하는 식의 이 모든 논의들은 애초에 잘못 제기된 물음이며, 모든 철학적 논의는 오직 시간에 입각해서, 진화에 입각해서 논의될 수 있을 뿐이다.

34) 복잡계 과학과 들뢰즈 사이에는 큰 친연성이 있지만(복잡계 과학이 구체화되기 이전에, 들뢰즈는 이미 『차이와 반복』에서, 특히 4~5장에서 그 얼개를 그리고 있다), 현대 자연과학이 추구하는 최종 실체/물질에 대한 탐구(현 단계에서는 이른바 "초-끈", "나노" 등에 대한 논의들)와 들뢰즈의 사유 사이에도 중요한 차이가 있다. 생성존재론에 충실한 들뢰즈는 최종 실체/물질 같은 것은 애초에 언급하지 않으며, 궁극적으로 모든 *x*는 *dx*라는 존재론에 입각한 사유를 펼치기 때문이다.

물질성이라는 타자성과 맺는 관계를 논하고(『물질과 기억』), 더 나아가 '생명' 일반이 물질과 투쟁해 오면서 오늘날에 이른 거대 서사를 논한 후(『창조적 진화』), 그 끝에서 의식/기억/생명이 내포하는 주요 가치인 도덕과 종교의 가능성을 논했다고 할 수 있다(『도덕과 종교의 두 원천』).

베르그송에게서 의식/정신 = 기억 = 생명이란 무엇인가?[35] 그것은 지속의 최상태이다. 생명이란 불연속으로 끊어지면서 공간 속으로 타자화되지 않는 집요한 연속성이며, 끊임없이 새로운 형태들(넓은 의미)을 창조해낼 수 있는 질적 다양성의 원천이며, 이 우주에 절대적으로 새로운 어떤 것들을 도래시킬 수 있는 창조의 원천이다. 생명체들은 바로 이런 생명이 물질과 상마하는 과정을 통해서 탄생하는 '형태'(eidos)들이다.

그러나 베르그송은 우리가 자신의 중핵인 이 생명/정신에 충실하기보다는 오히려 그것이 이완된 차원, 물질성과 지각·행동과 언어의 차원에 머문다고 말한다. 왜일까? 그것은 바로 정신의 일부인 지능의 기능이 본능의 기능을 압도하면서, 직관으로 나아갈 수 있는 우리의 잠재력을 가려버리기 때문이다. 왜 그럴까? 우리는 눈에 보이지도 않고 손으로 만질 수도 없는 것들보다는 바로 우리의 눈앞에서 보이는, 손을 뻗어 만질 수 있는, 객관적으로 실재하는—'존재

35) '의식'과 '정신'은 때로 동의어로 쓰이지만, 달리 쓰일 때도 많다. 이 경우 '정신'은 생명 일반과 같은 외연의 것을 지칭하지만, 의식은 정신의 범위 중에서도 특히 최고 차원/최-심층 차원을 가리킨다.

감'을 느낄 수 있는—것들에게서 편안함을 느끼기 때문이다. 사물들과 함께 행동할 때 '살아 있음'을 느끼기 때문이다. 언어로, 그것도 공간적으로 표현된 언어로 객관세계를 표현할 때 편안함을 느끼기 때문이다(복잡한 사태를 그래프로 그렸을 때 우리의 정신이 얼마나 편안해지는가를 생각해 보라). 그러나 개별화되어 존재하는 '것'들을 넘어, 공간과 지각의 차원을 넘어 시간과 생명의 연속성 전체를 직관하기는, 종류별로 명석-판명하게 정리되어 있는 것들을 넘어서서 순수 질들이 상호 침투하는 질적 다양체를 직관하기는, 더 나아가 단지 거대 동일성 내에서의 이합집산이 아니라 절대적 차이가 생성하는 '열린 우주'를 직관하기는 얼마나 어려운가! 이것은 이미 생성해 우리 앞에 펼쳐져 있는 것들(le tout fait)로부터 마음의 눈을 돌려 생성하고 있는 차원(le se faisant)을 직관하려는 노력이 필요한 문제이다.

이런 이유 때문에 베르그송은 『파이드로스』의 언어관에 공감한다. 직관은 언어로 온전히 표현될 수 없다. 왜 그럴까? 그것은 우리가 사용하는 언어 자체가 지능적 성격을 띠기 때문이다. 그래서 직관을 언어로 표현한다는 것은 정신의 중핵으로부터 지능 쪽으로, 생명과 물질이 투쟁하면서 만들어진, '고체의 논리학'을 기초로 하는 일상 언어로 내려온다는 것을 의미한다. 그러나 물론 이 차원에서의 변증법(플라톤적 뉘앙스)은 필요하다. 새로운 '인식'이란 고독한 천재의 내면에서 이루어지는 것이지만, 그것이 '인식'으로서 인정받으려면 사회적 장에서, 대화를 통해서, 언어로 표현되어, 게다가 일정한 제도적 장치를 경유해서 인정받아야 하기 때문이다(또, 천재의 내면적 깨달음 자체도 사실은 이미 존재하는 에피스테메='인식론적 장'에서 이루어지는 것이지, 순전히 개인적인 통찰을 통해서만 이루어지는 것이 아니기 때문이다). 이런 과정을 통해서 본래의 직관은 어떤 형태로든 김이 빠지고 왜곡되기 마련이다. 그러나 이러한 과정이 부정적이기만 한 것은 아니다. 변증법을 통해서 새로운 인식은 공유될 수 있고, 언어로 정식화될 수 있고, 사회적 장에 편입될 수 있기 때문이다. 그 가능조건은 바로 누군가의 직관을 공감할 수 있는, 우리 누구나 갖추고 있는 능력 때문이다. 이 능력은 어디에서 오는 것일까? 플라톤의 상기설에서 그것은 애초에 우리가 공유한 이데아 인식을 통해서 가능하지만, 베르그송에게서 그것은 '시원적 약동'을 통해서 가능하다. 스토아 식으로 말해, 우리 모두는 근원적 불의 조각들이기 때문이다. 이런 가능조건을 통해서 우리는 대화할 수 있고, 함께 진리를 추구할 수 있다. 또, 이 과정에서 직관이 왜곡되기만 하는 것이 아니라 오히려 보완되고 숙성해 갈 수도 있다. 따라서 진리는 언어 그 자체가 아니라 그 언어가 가리키고 있는 직관에 있다. 우리가 베르그송의 저작을 읽으면서 그의 직관에 공감할 수 있듯이. 중요한 것은 직관과 변증법 사이를 계속 오가는 것이다.

베르그송은 철학적-과학적 진리 추구 외에도 정신의 이런 약동과 이완을 보여주는 두 가지 예를 더 들고 있다. 새로운 무엇인가를 만들어내는 인간의 '작품 활동'과 윤리의 새로운 차원을 여는 '의지적 행위'가 그것이다. 모든 창조적인 작품들은 정신의 약동=직관을 담고 있다. 그러나 그 직관이 '작품'으로서 성립하려면 필히 언어나 소리, 선, 색채, 몸짓, …으로 즉 일정한 형태(넓은 의미)로 표현되어야 한다. 이 경우 역시 중요한 것은 직관과 변증법의 왕복운동이다.

또, 새로운 가치, 윤리, 삶을 창조해내는 인간의 의지적 행위 역시 정신의 약동을 통해 생성하지만, 그것이 사회적 지평에서 공유되고 나아가 제도화될 때에만 우리의 삶에 실질적인 힘을 행사할 수 있게 된다. 그러나 이 과정에서 본래의 직관이 왜곡되고 상처를 받고 엉뚱한 방향으로 감을 역사는 무수히 확인시켜 준다. 이때에도 역시 정신의 직관과 사회적 틀 사이를 끝없이 왕래하면서, 새로운 가치/윤리를 구체화해 나갈 수밖에 없다. 이 모든 것이 정신이 그 자신의 일부이지만 또한 그 자신을 덮어버리려 하는 지능성/물질성과의 투쟁을 통해서 이루어 나가는 열어-감이다.

이제 이런 정신=생명의 성격을 좀 더 우주론적인 방식으로 음미해 보자. 이미 논했듯이 "모든 것이 주어졌다"는 전제 아래에서 제기된 각종 형이상학들, 절대/실체/실재/…가 "단번에 완전히"(une fois pour toutes) 주어졌다는 형이상학들—때로는 과학의 외관을 띠고서 제시되곤 하는 형이상학들—은 베르그송의 지속적인 비판 대상이다. 이런 형이상학들이 포기되었을 때 나타나는 것이 세계에서 일정한 대상 특히 하나의 계를 추상해내어 연구하는 방식이다. 그러나 문제는 특정한 대상/계에 행한 연구를 걸핏하면 우주 전체로 투사하는 경향이다. 이런 경향들은 단지 외연적인 무책임한 확장에 문제가 있는 것이 아니다. 그런 투사는 또한 우주 '전체'에 대한 정적인 개념을 전제하고 있다. "우주는 완성되어 있는 것이 아니라 끊임없이 만들어져 가고 있다."(EC, 242) 그러나 이때에도 우리는 이 "끊임없이 만들어져 가고" 있는 것에 대해 자주 공간적 이미지를 투사해서 이해하고 한다. 우리는 "전체"라는 개념 자체에 대해 생각을 전환할 필요가 있다. 전체는 공간적으로만이 아니라 시간적으로 이해되어야 한다. "열린 전체"에 대해 말할 때조차도 우리는 흔히 공간의 끝의 이미지를 떠올린다. 하지만 시간의 끝의 이미지를 떠올려 보자. 전체는 공간적으로 '확장'되고 있을 뿐만 아니라 시간적으로 생성되고 있다. 누군가가, 설사 그가 아주 작은 골방에서 작업하고 있다 해도, 전에 없던 어떤 학문적·문화적·윤리적 행위를 통해 무엇인가를 창조하고 있을 때 전체는 열려-가고 있는 것이다. "우주의 지속은 그 안 어디에선가 일어날 수 있는 창조의 폭과 다른 것이 아니다."(EC, 339) 열린 전체란 공간적으로 확장되어 가는 우주만을 뜻하는 것이 아니라 시간적으로 발명되어 가는 우주/세계를 뜻하기도 한다. '전체'를 지속의 관점에서 사유해야 한다는 것은 베르그송의 가장 위대한 통찰/가르침들 중 하나이다.

> 많은 철학자들이 전체는 주어지지 않았고 주어질 수도 없다는 점을 이미 지적해 왔다. 그러나 그들은 이로부터 전체는 사실상 의미 없는 개념일 뿐이라는 결론을 끌어냈을 뿐이다. 베르그송의 결론은 이와 매우 다르다. 전체가 주어질 수 없다면 그것은 바로 전체가 '열린 것'(l'Ouvert)이기 때문이며, 그것의 본질이 끊임없이 변하는 데에 또는 어떤 새로운 것을 솟아오르게 만드는 데에 요컨대 지속하는 데에 있기 때문이다.(IM, 19~20)

우리는 베르그송/들뢰즈를 따라 세 가지 사유 구도를 구분할 수 있다.

1. 공간적 구획, 즉 '계'를 놓고서 사유하는 구도.
2. 여러 계들 사이의 '관계'를 놓고서 사유하는, 그 관계들의 '운동'을 사유하는 구도.
3. 전체 즉 항상 열려-가는 '지속하는 전체'를 사유하는 구도.

이런 존재론적 성찰을 열역학에 관련시켜 음미해 보자. 베르그송은 열역학 제1 법칙과 제2 법칙의 인식론적 위상은 같지 않음을 지적한다. 열역학 제1 법칙은 사실 열린 우주에서는 성립하지 않는다. 역사적 과정에 대해서는 상세한 조사가 필요하거니와, 그것은 '질량 보존의 법칙'을 우주 전체로 투사한, 화학적 실험의 결과를 우주 전체로 투사한 생각일 것이다. 그러나 화학 실험은 폐쇄된 계에서 이루어지지만, 실제 우주는 열린 우주이다. 따라서 '에네르기 보존의 법칙'은 일정한 폐쇄계(closed system)에서 성립한다고 보아야 한다. 그러나 이 경우에도 사실 한 계 내에 매우 상이한 성격의 에네르기들이 공존할 수 있다. 이 경우 에네르기 보존의 법칙의 추상성은 더욱 크게 느껴진다. 때문에 베르그송은 이 "법칙"은 규약의 비중이 큰 법칙이며, 양적 보존보다는 차라리 질적 평형 — 물론 여기에는 가역성이 전제되어 있고, 완벽한 가역성은 공간에서만 성립하기에 이미 공간의 이미지가 투영되어 있다고 할 수 있다 — 을 언표하고 있는 법칙이라고 본다. 다시 말해, 계 전체의 본성보다는 오히려 계 내의 부분들 사이에서 성립하는 평형관계를 언표하는 법칙으로 본다. 이와 달리 제2 법칙은 "모든 물리학 법칙들 중에서 가장 형이상학적인 법칙"이다. 그것은 기호와 측정을 도입하지 않고도 또 어떤 규약을 떠나서도 경험적으로 확인되는, 우주의 가장 기본적인 법칙이기 때문이다. 사실 이런 경험적 관찰을 우주에 대한 형이상학적 원리로 승격시킬 수 있을지는 더 생각해 보아야 하겠지만, 베르그송은 최초의 에네르기가 폭발해 점차 약화되어 가는 과정으로 우주를 파악한다. 이런 일방향적인 우주 이해의 타당성은 검토의 대상이거니와, 우선은 이 구도 자체에서 오는 문제를 생각해 보자.

핵심적인 것은 이 근본 에네르기가 어디에서 오고, 그것의 전용성(轉用性 = mutabilité)의 하락은 우주를 어디로 이끌고 가는가 하는 것이다. 세 가지의 가설이 가능하다. 1) 현재 알고 있는 우주와는 다른 어떤 우주에서 왔을 가능성. 그러나 이는 문제의 어려움을 단지 좀 유보시킨 대안일 뿐이다. 2) 에네르기의 전용성은 무한하며, 그로써 서로 이행할 수 있는 세계들 또한 무제한적이다. 따라서 우주의 시원도 종말도 예견할 수 없다는 생각. 사실 이 생각은 증명할 수도 논박할 수도 없는 생각이다. 또, '우주'의 무한성이 물질/에네르기의 무한성과 정확히 같은 것인가도 문젯거리가 될 수 있다. 3) 우주의 영겁회귀라는 가설. 볼츠만의 계산에 의하면, 이 가설은 수학적으로 개연성이 매우 낮다. 베르그송은 이 문제가 공간적으로는 또 실체주의적으로는 해결될 수 없다고 본다.

베르그송은 기능주의의 입장에 서서("사물들이 존재하는 것이 아니다. 오직 활동들[actions]만이 존재한다"), 연장(ex-tension)을 응축(tension)이 이완된 것으로 본다. 그리고 이 응축의 최상태를 생명=정신으로 파악한다. 따라서 응축된 생명이 이완되는 것은 생명에 응축되어 있던 잠재적 형상들이 일정한 외연을 띠면서 이완되는 것이다. 그리고 물질성 쪽으로 갈수록 이런 이완이 거세져 형상들은 점차 형태가-와해되어(se défait) 간다. 그러나 베르그송의 이런 생각은 다시 "생명=정신의 기원은 도대체 어디에 있는가?"라는 물음을 가져온다. 베르그송은 정작 이 물음에 대해서는 명시적인 대답을 제시하지 않는다. 한 가지 분명한 것은, 이런 세계관에 입각할 때 물질성은 어떤 사면(斜面)을 따라 흘러 내려오는 이미지로서 이해된다는 점이다. 그렇다면 그 반대의 운동, 즉 이완의 운동을 거슬러서 이루어지는 형태-형성적인(se fait) 운동은 무엇일까? 바로 생명의 운동이다. 때문에 베르그송은 생명을 물질이 굴러떨어지는 사면=엔트로피의 사면을 거슬러서 올라가려는 노력(un effort pour remonter la pente que la matière descend)으로서, 달리 표현해 형태-와해적 운동을 가로질러/거슬러 형태-형성적으로 운동하는 실재(une réalité qui se fait à travers qui se défait)로 정의한다. 그것은 형태-와해의 운동을 거슬러 올라가는 형태-형성의 운동이며, 생명의 잠재성이 물질성과 타협해서 만들어내는 형태-형성적 운동이다.[36] 세계는 해체(décomposition)와 조성(composition)의 갈마-듦이며, 식물의 광합성과 동물에서의 신경계 발달이 조성의 핵심적인 예를 보여준다. 이렇게 엠페도클레스의 통찰과 쉬지포스의 신화는 새로운 뉘앙스를 획득한다.

베르그송은 물리학적인 맥락에서는 결국 하강운동이 상승운동

36) 이것은 네겐트로피(negentropy)의 형성을 통해 엔트로피를 극복하려는 노력이며, 달리 말해 특정한 정보체계=코드의 창출을 통해 특정한 질서를 창출해내려는 노력이기도 하다. "Information"이라는 말을 우리의 맥락에서 해석해 볼 수도 있다. 그것은 물질=카오스를 특정한 'form'='eidos'로 집어넣어 일정한 질서를 만들어내는 것이다.

을 소진시킬 것이라고 본다. 엔트로피의 법칙이 승리하리라는 것이다. 사실 개체의 '죽음'이라는 것도 이 엔트로피의 하강운동에 저항하기 위해 만들어낸 전략일지 모른다. 그러나 다른 한편, 이런 생각과는 다소 모순적으로 들리거니와, 그는 시원적 약동—그 '유래'는 알기 힘들지만 우리 정신의 약동을 느끼기만 하면 그 '존재'는 분명하게 알 수 있는 약동—의 능동성을 역설하면서, 이 생명의 역능을 신(神)으로 정의할 수 있을 가능성을 언급하기도 한다. 이 신은 "DEUS sive NATURA"의 신이며, "무한한 생명이며 활동성/창조이고 자유이다." 이 신은 곧 형상들을 잠재적으로 = 점선으로 내장한 데미우르고스이기도 하다. 그리고 이 신 = 생명이 물질과 타협해서 만들어내는 것이 유기체들인 것이다.

이 내용을 좀 더 분석해 보자. 가장 기초적인 문제들 중 하나는 "물질은 왜 운동하는가?" 하는 것이다. 소은에 따르면, 물질이 운동하는 것은 그것이 비-한정적이기(indefinite) 때문이다. 앞에서 말한 "운동성의 이면은 결핍"이라는 지적과 비교해 볼 만하다. '페라스'가 주어져 있지 않은 이상 물질/아페이론은 운동한다. 코라가 무수히 많은 '질'(에이도스)들을 받아들일 수 있는 것은 그것이 무-한정적이기 때문이다. 페라스가 없다는 것은 연속적임을 말하며, 운동은 이 연속성을 타고서 이루어진다. 에이도스들 자체는 불연속이지만, 코라의 연속성 속에 구현됨으로써 물리적인 연속성으로 들어간다. 이 것이 지금까지 말한 '이완'이기도 하다. 그러나 베르그송에서 에이도스들은 "kath'hauto"로서 존재하는 것들이 아니라, 생명이 물질과 투쟁해서 만들어내는 개별성들이다. 그것들은 물질의 힘이 더 셀 때 더욱더 이완되며 결국 해체된다. 데미우르고스가 코라를 "설득해" 거기에 (에이도스들 자체는 그대로 놔둔 채) 에이도스들을 각인하는 것이 아니라, 데미우르고스와 코라의 투쟁을 통해서 데미우르고스에 내장되어 있는 잠재적 에이도스들이 현실화되는 것이다. 어느 경우건 거기에는 물질과의 섞임이 없이는 모든 과정이 일어나지 않는다.

> 물질이라는 것이 무엇이냐? 여기서 물질성은 해체되는데 그 해체라는 것이 어디서부터 시작하느냐? […] 순간적인 자발성이 바로 끝나면 거기서부터 해체가 시작해. […] 그러면 순간적인 자발성이 끝나는 순간, 그 다음에 물질만 있느냐면 그런 것이 아니라, 무생물만 있는 것이 아니라, 우리의 사고니 지능이니 이미지니 신체도 전부 다 거기서 연장성, 연속성을 지니고 성립하거든. 거기서 동일성을 갖는 것이 지속[정신]이야. 연속성에서 자기동일성을 갖는 것이 지속이란 말이야. 그러면 지속의 이면은 무엇이냐면 해체되는 것이고 거기서는 물질성이 성립해야 할 것 아니냐는 문제가 생겨. 그러면 물질성은 무생물에만 국한된 것이 아니라, 생명 현상의 어느 이면들에서도 생기는 것이 아니냐고 인정해야지? […] 그렇지 않으면 기능이 어떻게 연장이 되느냐는 문제가 생겨. 그리고 또 거꾸로는 물질에는 말이야, 해체(défait)만 되는 것이 아니라, 물질 자신에도 이루어지는(se fait) 것이 없다면 어떻게 해서 우리 유기체가 그것에 결합할 수 있느냐는 문제가 생겨. […] [물질의] 연속성은 두 가지 측면이 있다고 봐야 돼. 하나는 그것이 자발성과 동일성을 받아들이는 측면이 있고, 하나는 해체되는 측면이 있어. 왜냐? 비-한정적

인 것은 왜 비-한정적이냐 하면 해체되는 측면도 받아들일 수 있고 반대로 이루어지는[조성되는] 것을 받아들일 수도 있기 때문이야. 방황하는 원인도 그냥 방황한다는 의미는 아니야. 설득을 당할 수 있다는 의미에서, 또는 설득당하지 않을 수도 있고, 그 양자를 왔다 갔다 해. 그러니까 그것은 설득을 받을 수도 있어. […] 우연, 가능성이라는 게 항상 한 방향으로만 가면 가능성이라 하지 않아. 반대되는(contrary) 것으로 갈 수도 있다는 것이 항상 들어 있어. 지금 만약 물질의 세계, 무생물의 세계는 맨 해체만 있고 이루어짐[조성]은 없냐? 그렇지 않으면 물질의 세계에도 이루어짐이 있느냐? 있다면 그것은 우리 생명 현상의 힘과 연계가 돼야 할 텐데, 그것이 어떤 관계에 있느냐의 문제야.(「강독 13」, V, 291~293)

결국 물질에서 생명을 받아들이는 측면과 받아들이지 않는 측면이 구분되며, 후자는 생명체의 '대상'이 되는 물질인 반면 전자는 생명이 그것과 혼융되어 유기체를 탄생시키는 물질, 생명이 "엔트로피의 사면을 거슬러 올라가면서" 조직해내는 물질이다. 결국 생명체는 후자의 물질과 타협해 자신(유기체)을 만들어 가고, 전자의 물질과 타협해 생활/문명을 만들어 간다고 할 수 있다. 아리스토텔레스의 경우, 형상이 질료의 무-규정성을 다스려 일정한 방향—궁극적으로는 부동의 원동자를 향하는 방향—으로 끌고 가는 낙관적 세계이다. 플라톤의 경우, 데미우르고스는 질료를 "설득해" 그것에 형상을 각인해야만 세계가 이루어지지만 형상계 자체는 즉자적으로 항존한다. 베르그송의 경우 생명은 물질과 더불어서만 스스로를 구현해 나갈 수 있으며, 물질과 하나가 되어 생명체들을 만들고 물질을 조작해 생활/문명을 만들어 나간다.

베르그송은 생명을 '순수 의식'(pure conscience), 더 낫게는 '초-의식'(supra-conscience) 즉 '순수 창조적 현실태/능동태/활동성'(pure activité créatrice)이라 말한다. 아리스토텔레스와 중세 철학에서 순수 현실태는 순수 형상 즉 신이며, 절대 자족적 존재이다. 플라톤에게서 순수 현실태는 이데아계이다. 그러나 베르그송에게서 순수 현실태는 생명이며, 이 생명은 영원한 자기동일적 실재가 아니라 오히려 거대한 (들뢰즈적 뉘앙스에서의) 잠재성이다. 그것은 무한한 활동성이며, 갖가지 차이들을 만들어낼 수 있는 능동태이다.[37] 결국 생명이란 시간 속으로 들어가서 시간을 초월하는 것이다. 그것은 물질성 및 운동성과 맞물려 있는 시간성을 초월해 있는 존재가 아니라 그 속으로 들어가야 하는 존재이다. 그리고 그 속에서 엔트로피의 법칙과 싸우면서 시간을 극복해 가는 존재이다. 어떤 면에서, 일견 시간에 굴복하

37) "아리스토텔레스의 일자 같은 것은 영원히 정지해 있지만, 요컨대 그것이 동일성의 극한치, 'kath'hauto'가 즉자적으로 모순율과 합치는 데야. 존재의 비-모순성이 다다르는 곳인데, […] 만약에 거기까지 간다면 베르그송에게서 그것은 '자발성'이고, 자발성은 필연에서 주어지는 것이 아니라 우연의 극한치에서 주어진다고 요전에 내가 설명했잖아. 자발성은 존재의 자기모순성이 넘어선[극복된] 곳인데, 그것은 우연의 극한치, 비결정성이라고 말했잖아. 그렇기 때문에 아리스토텔레스 같으면 미래가 딱 정해져 있지만 여기서는 미래가 정해져 있지 않아. 열려 있어. 미래는 이 순간부터 열려 있어. 그렇더라도 동일성 문제는 나와. 동일성 문제는 또 다르니까. 기억, 지속이라는 것은 요컨대 일종의 동일성이니까, 그것이 추상되지 않으면 어떻게 동일성이라는 말을 쓸 수 있느냐는 문제가 나와. 그것에 대해 쓴 비판의 책이 있어. 다만 베르그송에서는 추상적인 것은 아니야. 어려운 문제야. 순수 지속이라는 것은 구체적인 것이고 그때그때 다른 것인데, 추상적인 것하고 전혀 반대로 가는데 […]"(「강독 13」, V, 302) 생명이란 자기차생자라 했던 앞에서의 논의를 상기해 볼 필요가 있다.

는 듯이 보이는 개체의 죽음도 사실 생명 자체의 초월을 위해서 선택 된 길일지도 모른다.

## 5절 · '진화'의 의미

이제 베르그송의 사유를 최종적으로 정리하면서 '진화'라는 것의 존재론적 의의가 무엇인지를 생각해 보자. 이것은 곧 '생명의 약동'의 의미를 좀 더 분명히 하는 작업이다.

생명의 약동은 '창조하려는 힘'을 그 본질로 한다. 이 창조에의 '의지'는 초월자의 그것도 아니고 인간적인 그것도 아니다. 그것은 차이를 생성하려는 '시원적 약동'이다. 그러나 생명의 약동은 물질의 힘과 투쟁함으로써만 일정한 차이생성을 이룰 수 있다. 이 점에서 베르그송의 세계는 그 대체적 이미지에서 음-양 이원론의 구도와 유사하다. "강유상마"와 물질과 생명의 투쟁. 이런 투쟁은 시간을 그 선험적 조건으로 해서 이루어진다. 그리고 그 실질적 과정 전체가 곧 "진화"이다.[38]

이 진화의 과정에 예정된 경로는 없었다. 그러나 진화의 과정을 전체적으로 살펴볼 때 생명체의 복잡성이 점차 증가되어 온 것은 사실이다. 신경계를 중심으로 한 감각-운동계는 그 정점에 위치한다.

---

38) '진화'(進化)라는 번역어는 19세기적 거대 담론, 발전사관의 이미지가 짙게 묻어 있다. 베르그송은 비-결정론의 입장에서 이런 서사를 거부한다. 그러나 지금까지 이루어진 진화의 결과를 전반적으로 검토해 볼 때 거기에서 일정한 방향성과 의미를 읽어낼 수 없는 것은 아니다. 그렇지 않다면 진화'론' 같은 것은 애초에 불가능할 것이다.

생명계는 크게 식물계와 동물계로 분할되어 전개되었는데, 그 이유는 무엇일까? 생명의 일차적인 본질이 그 지속성에 있다면, 실마리는 물론 생존의 방식에 있다고 보아야 한다. 그리고 생존의 방식에서 핵심적인 것은 에네르기를 어떻게 축적하고 가동시키느냐에 있을 것이다. 식물은 태양, 물, 공기만으로 에네르기를 합성하는 길을 택하는 대신, 감각-운동계로의 길은 가지 않았다. 동물은 식물이나 다른 동물에게서 에네르기를 취하는 길을 택했고, 이를 위해 고도의 감각-운동계를 발달시켜 갔다. 동물은 삶에서의 장애물들이 많을수록 그것들의 극복을 위해 감각-운동계 특히 신경계를 고도로 발달시켜야 했다고 할 수 있다. '생명의 약동'이란 전체로서는 이런 투쟁에서의 근본 원동력을 그리고 세부적으로는 생명의 지속을 위해 장애물들을 뚫고서 나가는 생명체들의 노력을 가리킨다.[39]

이 투쟁의 아프리오리한 설계도 같은 것은 없었다. 때문에 베르그송은 진화는 기본적으로 우연적인 것이라고 생각한다. 베르그송은 진화에서 필연적인 것은 두 가지가 있다고 본다. 하나는 어떤 형태로든 에너지가 축적되어야 생명의 지속이 가능하다는 것, 다른 하

39) 베르그송은 생명의 약동은 유한하고(언젠가는 엔트로피의 법칙에 복종해야 하고) 단 한번 결정적으로 주어졌을 뿐이라고 말한다.(EC, 254) 그러나 진화의 역사는 진화의 법칙 그 자체의 변형의 역사이다. 생명의 약동이 단 한번 주어진 것이 우주의 초기조건일지 몰라도, 시간 속에서 약동 자체(그 횟수, 크기, 강도 등등)도 변해 간다고 보는 것이 오히려 베르그송 사유에 충실한 이해일 것이다. 또 베르그송은 엔트로피의 법칙을 형이상학적 법칙이라고까지 말하지만, 이 또한 우주를 등질화해 바라보는 시선을 함축한다고 해야 한다. 베르그송의 경험주의 형이상학에 또는 지속의 형이상학에 충실한다면, 이 또한 경험을 통해서만 확증해 나갈 수 있는 문제이다.

나는 생명(특히 동물)의 근본 속성인 비결정성/자유가 물질에 더 잘 구현되는 방향으로 이 에너지가 사용되는 것. 이외의 것들은 모두 우발적이며, 그때그때의 상황에 따라 진행되었다. 생명이 그 에너지원으로서 탄소를 이용한 것과 그 조형적 토대로서 질소를 사용한 것도, 개별 동물들이 어떤 특정한 감각-운동계를 갖추게 된 것도, 인간이라는 존재가 출현한 것도 세부적으로는 필연적이겠지만 궁극적으로는 우연적이다. 생명이란 네겐트로피를 창조해낼 수 있는 능력이 존재하는 어느 곳에서나 가능하며(따라서 우주에는 생명체가 존재하는 매우 많은 별들이 있을 것이다), 그러나 그 구체적 진화 형태들은 모두 다를 수밖에 없는 것이다. 그것은 극히 유사한 시심(詩心)을 가진 두 시인이 그러나 매우 다른 단어들, 구절들, 운율들로 그것을 구체화하는 것과도 같다.

이 진화의 과정들은 개별화의 과정이기도 하다. 즉, 생명과 물질의 투쟁이 개체들을 만들어내는 과정이기도 하다. 이것을 베르그송은 "물질의 형상적 발생"(la genèse idéale de la matière)이라고 부른다.[40] 생명은 단일한 존재이면서도 그 안에 숱한 경향들 또는 잠재적

40) 여기에서 "idéale"는 '관념적'이 아니다. '관념적'이라는 용어는 근대 인식론에 있어 "마음을 구성하는 관념들의", "주체의 관념들의 작동이 대상들의 객관적 작동보다 우선하는" 등을 뜻한다. '물질의 형상적(形相的) 발생'은 생명이 물질을 뚫고 지나가면서 개별자들을 만들어내는 과정을 뜻한다. 이는 곧 생명에 내재해 있는 잠재적 형상들이 물질에 구현되면서 개별자들(구체적 형상들)을 만들어내는 과정이다('형상' 개념의 위상이 달라졌음에 주목하자). 이렇게 본다면 "de la matière"에서의 "de"는 주격 조사가 아니라 '~을 가지고서'를 뜻한다고 보아야 한다. 즉, "la genèse idéale de la matière"는 생명이 물질을 뚫고 지나가면서 또는 물질을 재료로 해서 그것에 내재하고 있던 잠재적 형상들을 구체화(embody)해 가는 것을 뜻한다.

형상들을 내포하고 있다. 이 점에서 생명은 복수적인 통일성 또는 단일한 복수성이며, 모순율을 뛰어넘는 존재이다. 생명이란 거대 다양체이고, 진화란 이 다양체의 영토화와 탈영토화의 과정이라고 할 수 있다. 생명이란 "거대한 잠재성이며 무수한 경향들의 얽힘(empiètement)"이다. 이 경향들/잠재적 형상들은 생명이 물질과 투쟁하는 과정에서 서로 외화(外化)되며, 공간성을 부여받으면서 현실화된다. 이것이 개체화의 과정이다. 우리에게 보이는 것은 생명체들이지만, '생명' 자체를 이해하려면 이들 너머에서 경향들을 읽어내야 하고 숱한 경향들의 잠재성의 차원으로까지 육박해 들어가야 한다. 물론 이런 인식은 지속의 존재론과 직관의 인식론을 필요로 한다.

> 공간에서는 운동이 없고 운동은 사물을 연결시키는데, 공간에서는 운동이 없으니까 연결이 풀어지고 그 속에 들어 있는 내용[잠재성]이 전부 풀어져 나오는 것이야. 공간에서 이루어져. 그것을 분석[분화]이라고 하지. 분석되어서 나와. 그러면 물질 속에 들어 있는 내용은 질(quality), 성격(character)이야. 성격이 이렇게 딱딱 떨어져 나와. 그것이 지금 공간에서 떨어져 나오는데, 거기에 부딪친다는 말이야. [시를 쓸 경우] 언어는 공간화된 것이야. 언어는 공간화되어 있고 공간 속에 부딪히기 때문에 감정(sentiment)이 분열되어서 나온다. 생명(vie)도 마찬가지이다. 쉽게 말하면 기능[생명]을 받아들이는 타자[물질]가 공간적인 측면이 있어서 거기에 질이 있고 그 질 때문에 분열되어 나온다[41]는 애기야.(「강독 15」, V, 357)

아리스토텔레스나 라이프니츠같이 개체의 존재론적 위상을 존중한 철학자들이 있는가 하면, 개체를 원자들의 집합이나 보편자의 예화(例化 = instantiation) 등으로 본 환원주의적 철학자들이 있다. 이런 구도에서 본다면 베르그송의 사유 역시 환원주의의 구도를 띤다. 그에게 개체들은 생명과 물질의 투쟁의 결과로서 생겨나며, 따라서 근본적으로 우연적인 존재이다. 베르그송의 영향을 많이 받은 실존주의자들이 그로부터 벗어나는 대목도 이 대목이다. 그러나 다른 한편 베르그송에게는 개념이 아닌 지각을 통해 사물들의 섬세한 질들(미세 질들)에 충실하려는 측면 또한 존재한다. 또, 경우에 따라서는 미시적인 미세 질들(예컨대 파동 등)에 주목하기도 한다. 그리고 그의 지속 개념 자체가 이런 입장을 함축하고 있다고 할 수 있다. 베르그송 사유의 이 두 측면을 모두 시야에 넣을 필요가 있다. 그러나 이 후자의 경우 베르그송의 사유는 극히 미시적이어서, 역시 개체들의 존재론적 위상은 낮아진다. 결국 베르그송 사유는 어떤 맥락에서는 너무나 거대하고 어떤 맥락에서는 너무나 미시적이어서, 그 중간 차

41) 이는 오해를 줄 수 있는 표현이다. '질'들은 물질 안이 아니라 생명 안에 잠재성으로서 들어 있고, 물질을 만나 구현된다고 해야 한다. 물론 물질도 그 구현 과정에서 일정한 역할을 한다. 위와 같이 표현할 경우 잠재적 형상들은 물질 안에 들어 있고 생명은 그것들이 발현하도록 해 주는 에너지원일 뿐이라는 뉘앙스가 되어버린다. 다음 대목이 보다 정확하다. "윤구병: 물질 자체가 어떤 에이도스적인 측면이 있어서 각각 다른 영향을 줘서 생명을 개나 소로 나누는 것이 아니라, 뒤나미스[생명] 자체에 개로 나뉘려는 요소도 있고 소로 나뉘려는 요소도 있다는 얘기거든요. 박홍규: 그렇지, 그러니까 뒤나미스란 말이야. 요전에도 나왔어. 두 개로 볼 수 있다. 왜 나누어졌냐? 하나는 물질의 다양성 때문에 나누어진 것이요, 하나는 뒤나미스 속에 여러 가지로 나누어질 수 있는 능력을 지니고 있었다. […] 두 가지로 봐야 해."(「강독 15」, V, 367)

원은 중요하게 다루어지지 않는다고 할 수 있다.

이것은 베르그송에게 중요한 것은 존재 즉 '개체'들이 아니라 생성 즉 개체'화'(individu*ation*)의 과정이기 때문이다. 그에게 개체들과 집합체들 사이의 관계는 원자론이나 집합론 등의 사유들로 재단하기 힘든 매우 역동적인 관계이다. 수/기하에서의 개체화는 단위들 및 공간적 위치에 의해 이루어진다. 그것은 완벽한 'partes extra partes'의 변별성이다. 물체에서의 개체화는 공간적 외연과 물리적 성질들에 의해서 이루어진다. 그것들의 충돌은 여러 가지 물리학적-존재론적 문제들을 불러일으킨다. 상식적 개체들의 개체화는 예컨대 아리스토텔레스의 '본질'(개체의 형상)에 의해 가능해진다. 이 'tode ti'의 개체성은 물론 극히 복잡한 존재론적 해명을 요구한다. 이런 유형의 개체성들은 기본적으로 지능에 의해 파악되는 개체성들이다. 그러나 생명에서의 개체화 논리는 이와 크게 다르다.

> 이것이 쪼개진다는 것[생명이 분화한다는/개체화한다는 것]은 아까도 말한 바와 같이 뒤나미스이고 그것이 수동적인(passive) 과정이야. 그런 의미에서는 인과법칙과 같이 물리적 법칙에 따라가. 또 수의 법칙에도 따라가. 그러나 그것은 물질의 입장[관점]에서 봐서 그런 것이고, 생명의 입장에서 볼 때는 어떤 해석을 해야 되냐면 말이야, 쪼개진 것이 좋기[유리하기] 때문에 쪼개져. […] 쪼개져서 그것이 합해 갖고 자기 자신을 통합을 해서 협력을 해서 자기 자신의 생명력의 동일성을 유지하는 데 도움이 되기 때문에 쪼개지고 도움이 되는 방식으로 쪼개져. 비약[약동], 생명력은 하나거든. 하나니

까 쪼개져서 흩어져버린다면 죽는 것밖에 나오지 않아. 그것이 반드시 결합해야(s'associer) 해. 결합하는데, 결합을 하는 데에 유리한 방식으로 쪼개진단 말이야. 그러니까 이것은 결합하는 것을 가정하고 쪼개져. 결합하지 않아도 좋다, 결합하지 못하도록 쪼개진다는 것은 생명 현상의 쪼개지는 방식이 아니야. 수나 물질 같은 것은 쪼개져서 결합하든 하지 않든 상관이 없어. 그러나 생명은 안 돼. […] 빨리 쪼개진다는 것은 무슨 얘기야? 생명의 입장에서 보면? 빨리 장애물을 극복한다는 소리야. 가령 눈이 생기고 팔이 생겼다, 발이 생겼다, 이거 다 쪼개지는 건데, 빨리 발이 생겼다, 손이 나오지 않으면 곤란하잖아. 장애물을 빨리 극복했다는 소리야. […] 이것이 생명 현상에서 개체화(individuation)의 원칙이야. […] 생명 현상에서 그냥 수동적으로 쪼개지는 것이 아니라, 물질에 응용을 해서 오히려 자기에게 유리한 것으로 전환시켜. 전환시켜서 장애물을 극복해 갖고 자기의 동일성[자기차이화하는 동일성]을 유지하기 위해서 쪼개는 것 아냐?(「강독 15」, V, 362~364)

생명에 대해 내렸던 정의, 즉 '자기차생자' 개념이 잘 정리되어 있다. 그러나 구체적인 맥락으로 들어갈 경우, 자기차이화의 몇 가지 맥락을 구분해야 한다. 좁은 의미의 '분화'와 '개체화'는 구분된다. 분화는 한 개체 내에서 이루어질 수 있다. 예컨대 '날개'라는 차이가 생성했을 때 그 전의 개체들은 자체 내에서 분화한 것이다. 그러나 한 개체 — 물론 베르그송은 개체에 실체성을 부여하는 것을 비판하지만 — 가 분화했을 때 그 차이는 개체에 통합되지만, 개체'들'

이 분화했을 경우 그 개체들이 꼭 자신의 종을 따라 함께 움직이라는 보장은 없다(인간의 경우는 특히 그렇다). '분화'가 때로 개체-내의 차이생성을 가리키기도 하고 또 때로 개체들의 생성=증식을 가리키기도 한다는 점을 염두에 두어야 한다. 게다가 '분화'라는 말은 진화에서의 종들의 생성을 가리키기도 한다. 위의 인용문은 첫 번째의 미시적 맥락과 세 번째의 거시적 맥락에서는 직관적으로 이해되고, 또 서로 상관적이다. 그러나 두 번째 경우는 복잡하다.

이는 일자와 다자의 문제이다. 플라톤에게서 이 문제는 이데아와 그것을 '모방'하려는 다자 사이의 관계로서 파악된다. 그리고 일자와 다자를 매개해 주는 것은 아페이론이다. 베르그송의 경우 이는 '시원적 약동'이라는 생명=일자와 생명체들이라는 다자 사이의 관계이다.[42] 그리고 이 경우 역시 양자를 매개해 주는 것은 물질이다.

베르그송은 생명의 논리는 부분들이 모여 전체를 이루는 논리가 아니라 전체가 부분들로서 분절/분할하는 논리라고 본다. 이때 분할된 개체들은 다시 본래의 전체로 결합하려는 성향을 띤다. 이는 '자기차생자'로서의 생명의 근본 성격이다. 그러나 개체들과 단일체의 경우는 어떨까? 한 개체 내에서의 분화는 물론 그 개체=단일체로 통합된다. 그러나 분할된 개체들이 단일체로 회귀하는 것에는 여러 양태들이 있다. 군체(群體)들에서처럼 다자와 일자의 경계가 유동적인 경우들이 전형적인 예이다. 개미나 벌처럼 특히 분업이

---

42) 베르그송의 생명은 플라톤의 이데아들보다 일원적이다. 이데아들은 불연속적인 다자를 구성하지만, 베르그송의 일자는 근본적인 일자성을 유지하기 때문이다.

발달한 종들에서는 개체들의 구분은 명확하되, 그 전체는 마치 그것이 하나의 몸인 것처럼, 각 개미/벌 집단이 한 신체의 어느 부위를 맡고 있는 듯이 활동한다. 인간의 세계 역시 마찬가지이지만, 여기에서는 개체들의 일탈이 점차 늘어나고 부위들 역시 한없이 증가·복잡화한다. 그리고 다자는 서로 적대의 관계를 맺음으로써 스스로 본래의 일자를 무너뜨리기도 한다. 자유주의, 사회주의, 전체주의의 정치적 대립도 궁극적으로는 이 문제와 연관된다. 생명은 본래의 일자성, 각 맥락에서의 일자성(생명의 갈래들의 일자성)이 내포하는 구심력과 생명-갈래들의 끝없는 갈라짐, 각 갈래 내에서의 부위들, 개체들이 내포하는 원심력의 밀고 당기는 과정을 보여준다. 이는 생명 자체가 단일한 복수성, 복수적인 단일성, 즉 거대한 다양체이기 때문이다. 분할된 물체들은 공간 속에서 불연속적인 다자를 형성할 뿐이다. 그러나 생명의 분할은, 한 가족에서의 사랑/단결과 미움/일탈이 구체적으로 보여주듯이, 다원성과 단일성 사이의 밀고-당기는 과정이다.[43] 생명의 본질은 자기차이화이다. '자기'라는 구심력과 '차이화'라는 원심력의 상마이다.

생명에서의 구심력은 '의식'에서 가장 잘 드러난다. 베르그송은

---

43) "생명 현상의 개체성이 되든지 다수성이 되든지 요컨대 그때그때 자기한테 좋은, 뭐랄까 유리한 방식을 취하고 싶은 것인데, 어느 경우에나 생명 현상은 자기의 동일성을 유지하려고 하는 것이니까, 딱 하나 못 박아서 개체성에서만 성립한다, 혹은 결합에서만 성립한다고 해 버리면 곤란해. 왜냐하면 이건 가능성의 세계니까. 가능성의 세계니까 이쪽으로 가지만, 그러나 나중에 자기한테 불리하면 저쪽으로 갈 수도 있다는 조건을 항상 가지고 있어야 한다는 거야. 그러니까 결정적이지 않아. 이렇게도 갈 수 있고 저렇게도 갈 수 있다는 어떤 능력을 항상 보유하고 있어야 해. 이건 뒤나미스니까."(「강독 16」, V, 377)

생명의 시원을 의식에서 찾는다. 물론 이때의 의식이 인간의 의식은 아니며, 한 개인의 의식은 더더욱 아니다. 그러나 개인의 의식이나 나아가 인간의 의식 일반을 탐사할 경우, 의식 — 초의식(supra-conscience) — 으로서의 생명의 본성을 이해할 수 있는 것은 사실이다.[44] 이 "의식"은 대자적 존재 즉 스스로에-대해서 존재할 수 있는, '반성'을 그 속성으로 하는, 엔트로피의 사면을 거슬러 올라가는 역기능을 행하는 존재이다. 아울러 '의식'은 뒤나미스이다. 때문에 '의식'의 성장은 선택을 해야 하는 상황 및 신경계의 발달과 밀접한 상관을 가진다.

> 반성할 적에 그 반성이라고 하는 것이 필연적으로 이루어진다면 의식이라고 하지 않아. 요컨대 그것이 이루어질 수도 있고 이루어지지 않을 수도 있어. 역기능하는 것이니까 불가능한 것이 이루어지는 것이기 때문에. 또 그리고 갈 수도 있고 가지 않을 수도 있어. 그럼에도 불구하고 어떻게 해서 그곳[이루어지는 곳]으로 가느냐? 그것이 결국 자동적(automatic)으로 이루어지는 것이 아니라 선택적으로 갈 적에 의식이라고 한다. 항상 선택하고 맞먹어 들어가. 그러니까 컴퓨터나 기계같이 자동적인 것은 의식이 없어. 왜냐하면 자체 선택이 없으니까. […] 능동성이나 동일성을 가졌다면 벌써 그것

---

44) 앞에서 "psychologique"라는 용어의 오해받을 가능성을 언급했지만, 베르그송 사유에서 "conscience"라는 용어도 주의를 요한다. 이 용어 역시 일상적인 의미에서의 의식이 아니라 생명을 가리킨다.

이 역기능해서 자기동일성을 유지할 수 있는, 다시 말해서 과거의 현재[에서]의 보존이 벌써 있다고 가정해야만 할 것 아니냐. 있다고 가정할 때, [역기능을 통해 엔트로피 법칙에 대해] 반대균형(counter-balance)을 잡은 의식을 우리가 무의식이나 본능이라고 한다. 모든 능동성의 기본에는 그것이 딱 들어 있어. 그런데 그 능동성의 기능이 자꾸 분화해서(dissociate) 여러 가지로 나누어질 때 그것이 모조리 다 본능으로 되느냐? 그 말은 또 선택의 층이 많아지더라. 그럴 적에 거기에 의식이 잠을 깬다. 잠을 깬다는 것, 의식이 무엇이냐면 요컨대 행위의 주체자 및 그것에 관한 어떤 동일성의 받아들임이야.(「강독 16」, V, 379)

본능은 과거를 온축하고 있다. 플라톤은 상기설로 이를 설명하려고 했으나, 베르그송의 경우는 기억을 통해서 설명한다. 엔트로피 법칙에 비추어 본다면, 이는 불가능한 것을 가능한 것으로 전화시킨 과정 전체이다. 이 점에서 '의식'의 본성은 창조에 있다.[45] 생명체는 자신의 바깥에 주목해서 행동을 하며, 그러나 시간 속에서 이어지는 행동들은 스스로에게로 거두어 자기차이화를 행한다. 이 과정에서 언제나 특정한 '상황'에 처하게 되며, 그 상황은 선택을 강요한다. 이

45) "에우클레이데스 기하학 같은 법칙이 따로 있잖느냐. 그것은 항상 공간적인 사고방식, 공간적인 우주의 법칙이 딱 고립되어(isolate) 있다는 입장인 것이고, 이것은 안 돼[생명은 그렇지 않아]. 이것은 이루어지냐 이루어지지 않느냐를 봐야 안다는 소리야. 봐야 아니까 창조야. 돼 봐야 안다는 얘기야. 그때그때 돼 봐야 아니까 창조지. 영원히 어떤 동일성이 어디 있어 가지고 법칙이 나오는 것이 아니야. 플라톤처럼 모방하고, 그런 것이 아니야."(「강독 16」, V, 380)

런 과정을 통해서 생명체는 단순한 취사선택을 넘어 새로운 길들을 만들어내게 된다. 생명/생명체가 대자적 존재이고, 잠재성을 내포하는 존재이고, 창조하는 존재인 것은 이 때문이다. 스스로로부터 외화되고 다시 되돌아오는 생명(/주체)의 이런 논리는 헤겔에 의해 정교하게 사유된 바 있다. 그러나 소은은 헤겔의 사유는 결정론이고, 따라서 그가 해명한 대자적 존재는 뒤나미스의 측면과 창조의 측면이 결여되어 있다고 본다. 헤겔의 사유에서도 뒤나미스의 측면과 창조의 측면은 충분히 다루어져 있다고 해야 할 것이다. 오히려 양자 사이의 핵심적인 차이는 이 과정의 궁극적인 '열림'과 절대적인 생성으로서의 '차이'에 존재한다고 해야 할 것이다.

앞에서 논한 개체화의 문제도 이런 맥락에서 정교화할 수 있다. 결국 베르그송에게서 개체성이란 외부적으로 나타나는 개체성—신체의 개체성—보다는 보이지 않는 기능으로서의 개체성이다. 개체성의 식별 근거는 결국 행동의 계열이 (물리적 '반사'가 아닌) 주체적 반성을 통해서 거두어들여지는 것, 반성에 의해서 이루어지는 행동의 동일성(정확히는 자기차이화)이다. 이것은 곧 능동성의 동일성이기도 하다. 물론 이 기능은 물질의 차원에 구현됨으로써만 구체화된다. 이렇게 생명/의식의 동일성이 공간적으로 구현된 것이 바로 한 생명체의 신체이다. 신체를 통해서 한 생명체의 공간적 동일성이 유지된다. 그러나 더 중요한 것은 시간적 동일성이다. 생명/의식의 역기능이란 결국 흘러간 현재를 다시 거두어들여 기억으로서 보존하고, 다시 이 기억을 안고서 외부로 나가 무엇인가를 창조한다는 것을 뜻하기 때문이다. 자기차생자로서의 생명/의식 개념에서 기억이 핵심적인 것은 이런 맥락에서이다. 여기에서도 우리는 지속 개념을 재음미하게 된다. 생명/의식이란 결국 엔트로피 법칙에 의한 해체에 저항하는 연속성이며, 기억을 통해 경험의 축적, 입체화, 다질화를 이룸이며, 이런 기반 위에서 이루어지는 창조적 능력/기능에 다름 아니라고 할 수 있다.

때문에 베르그송은 기억 나아가 생명/정신을 뇌라는 특정한 기관에 가두어 이해하려는 것을 비판한다. 물론 베르그송에게서도 신경계의 발달은 진화, 특히 인간 진화의 핵심에 속한다("신경계의 발달이 의식의 발달을 지배한다는 것은 명백하다"). 특히 감각계와 운동계가 교차하는 곳에 위치하는 뇌는 극히 중요하며, 생명/의식의 복잡화가 뇌의 복잡화와 비례하는 것 또한 명백하다. 더 나아가 모든 심리적 현상들은 대뇌피질의 메커니즘을 작동시킨다. 이런 현상들은 사람들로 하여금 마치 뇌수로부터 의식이 흘러나오는 것처럼 느끼게 만든다. 생명/정신이 뇌수를 통해서 흘러나오는 것이지, 뇌수가 생명/정신을 만들어서 내보내는 것이 아니다. 그러나 정신이 뇌수를 매개해서 외부와 관계 맺는 것은 분명하다. 결과를 놓고 볼 때, 뇌수와 정신은 상응한다. 베르그송은 생명체의 선택의 폭은 뇌의 구조(의 복잡성)과 정신의 활동성/능동성(의 강도)에 의해 형성된다고 본다. 그러나 결과의 너머로 들어가 볼 때, 정신은 뇌를 넘쳐흐르는 무엇이다. '신체'는 정신이 세계로 외화될 때 그 첨병의 역할을 하거니와, 그 신체의 조절은 '감각-운동계'를 제어하는 '신경계'를 통해서 제어된다. 그리고 신경계의 중심에는 뇌가 있다. 따라서 뇌는 정신이 세계와 관계를 맺을 때 일종의 센트럴타워의 역할을 한다. 유명한 거꾸로 선 원추의 이미지에서 뇌는 바로 원추의 뾰족한 끝에 상응한다. 칼의 이미지로 비유할 수도 있을 것이다. 정확히는 그 끝은 신체이고, 더 넓게 보아 신체, 감각-운동계, 신경계, 뇌로 이루어진 첨단—막-시작되는-행동(action naissante)의 장소—이라 해야 할 것이다.[46)]

결국 뇌는 생명/신체가 물질과 투쟁하는 과정에서 만들어낸 가장 정교한 센트럴타워이다. 따라서 원숭이와 인간의 센트럴타워가 비슷하다고 해서 그 정신이 유사하리라 추측한다거나, 인간 중에 천재의 뇌가 범인의 뇌와 크게 다를 것이라고 생각한다거나, 뇌의 구조를 연구해서 거기에서 정신을 "발견"하리라 생각한다거나 하는 식의 이야기들은 심각한 존재론적 오류를 담고 있다고 하겠다. 하지만 센트럴타워의 재료, 크기, 장치, 조직, 작동 메커니즘, …에 따라서 정신의 활동성/능동성이 발휘되는 방식 또한 달라지리라는 것 또한 틀림없는 사실이다. 어떤 종의 뇌가 발달한 정도가 그 정신 발달

---

46) "베르그송의 가설은 기본적으로 물질은 플럭스이기 때문에 정신 현상, 의식 현상이 거기에 저장되지 않는다는 이론이야. 원자론을 취하든지 플럭스 이론을 취하든지 의식이 물질 속에 저장된다는 얘기는 성립하지 않아. 원자는 속에 빽빽이 들어서서 아무것도 못 들어간다는 얘기고. 들어간다면 그것은 물질로 취급한 것이니까, 또 플럭스이고 플럭스는 망각의 원인이니까 다 흘러내리는 원인이니까 들어가지 않는다는 얘기지. […] 어째서 거울에서 받아들일 때는 인식이라고 하지 않고, 우리 사람이 받아들일 때는 인식이라고 하느냐는 문제가 나와. […] 받아들이는 것은 언제든지 뒤나미스가 받아들여. 이렇게도 되고 저렇게도 될 수 있는 것, […] 받아들여서 동일성을 유지하지 않는다면 인식이라고 하지 않는다는 거야. 다시 말하면, 인식한 결과는 기억으로 남아야만 인식이라고 해. 기억은 동일성을 유지하니까. […] 이런 물질 속에 물건이 들어오면 어떻게 되느냐? 동일성이 유지되지 않더라. […] 동일성이 인식되지 않고 다 흘러가버리더라. 뇌수 속에 무슨 놈의 기억이 들어가 있어? 물질 그 자체로서는 다 플럭스인데, 흘러가버리지."(「강독 16」, V, 290~292)

의 정도와 비례하리라는 짐작은 틀린 것이 아니다. 그러나 뇌가 정신을 만들어낸다거나, 뇌를 연구하면 정신을 다 알 수 있으리라 생각한다거나, 한 인간을 다른 측면들을 도외시하고서 뇌 분석 결과로서 규정하려 한다거나, "자유의지는 환상이다"라고 허세를 떤다거나, 심지어 범죄자, 유색인종, 빈곤층, … 등의 뇌는 열등하더라는 극우 이데올로기를 떠벌린다거나, 오늘날 이미 곳곳에서 볼 수 있듯이 "신경경영학", "신경마케팅", … 같이 '신경~' 운운하면서 뇌 장사에 열을 올리는 이 모든 짓들은 존재론적 무지에서 비롯된 것들이라 해야 할 것이다. 흔히 이런 경향에 대해서 "유전만이 아니라 환경도 고려해야 한다"고 하면서 생물학적 결정론/실체주의를 비판하지만, 그리고 이런 비판은 물론 옳은 비판이지만(그러나 "환경"이라는 말 자체가 극히 추상적인 발상에서 온 것임에 유의해야 한다), 더 나아가 '정신'이라는 것을 한 생명체 내부가 아닌 좀 더 관계론적으로 이해하려는 긍정적인 논의들도 많이 나오고 있지만, 이와 더불어 베르그송적 존재론의 가르침을 음미하는 것 또한 중요하다. 결국 세 차원이 함께 고려되어야, 인간에 대한 편협하지 않은 이해가 가능하다.

1. 생명/정신/의식의 존재론적 위상, 그 지속과 능동성에 대한 철학적 이해.
2. 생명과 물질의 투쟁이 빚어낸 (뇌를 포함한) 생명체/신체의 구조에 대한 자연과학적 이해.
3. 언어, 역사, 문화 등 그 고유의 차원에서 살아가는 인간에 대한 사회과학적-문화적 이해.

1과 3을 배제한 채 2에 몰두해 거기에서 온갖 과잉된 결론들을 이끌어내고 정치나 경제/경영 등등에 그릇되게 써먹는 풍조는 단호히 비판되어야 할 것이다.

베르그송은 두뇌(일정한 문턱을 넘어선 센트럴타워)·언어(의식의 비-물질적 신체)·사회(인간 고유의 삶이 펼쳐지는 장)라는 인간의 두드러진 차원은 결국 생명/정신/의식이 어떤 일정한 문턱을 넘어감으로써 가능했던 세 차원이라고 본다. 인간이 진화의 '완결'이자 '목적'이라는 말은 이런 특수한 의미에서만 성립한다고 하겠다. 인간은 진화의 궁극이 아니다. 아리스토텔레스와 달리 식물→동물→인간의 위계를 인정하지 않는, 진화를 경향들의 분산으로 보는 베르그송의 입장에서 보면, 진화에 어떤 궁극이 존재할 수가 없다. 설사 인간에까지 도달한 갈래에만 초점을 맞춘다 해도 인간이라는 이 존재가 꼭 나와야만 했던 필연도 없으며, 또 인간이 나왔다고 해도 꼭 지금 이 형태가 되어야 할 이유도 없었다. 그러나 인간이 생명 진화에 있어 어떤 결정적인 문턱을 넘어선 존재이고, 진화의 첨단에서 '산다'는 것의 새로운 의미들을 창출하고 있는 존재라는 것은 분명하다. 바로 그렇기 때문에 인간을/삶을 만들어 갈 수 있는 것은 바로 인간 자신이다. 베르그송은 "인간"에 대한 어떤 모범답안보다는 오히려 '초-인'(sur-homme)의 가치를 지향한다. 물론 이 개념 역시 '자기-차이화'라는 베르그송적 생명 개념에 입각해 이해되어야 할 것이다.

그러나 인류는 지능을 끝없이 발달시키는 과정에서 본능을 상실해버렸다. 그리고 초-인은커녕 생존 자체가 위태위태한 지경에 이르렀다. 그렇다고 지능을 포기할 수는 없고 포기할 필요도 없다.

지능(두뇌, 언어, 사회를 포함)을 가진 독특한 존재로서 잃어버린 본능을 찾아서 형이상학적 노력을 기울일 때, 인류는 직관에 의한 지속의 인식에 도달할 수 있다. 이는 지금처럼 지능만을 통해서 자연과 관계 맺기보다 직관을 통해 전혀 새롭게 관계 맺을 수 있는 가능성의 모색이기도 하다. 우리의 인격과 자유, 인간이라는 존재의 의미와 기원 그리고 운명을 가꾸어 나갈 수 있는 것은 인간이 생명 전체와 화합하는 길이다. 이 길은 지능을 통해서 시작되고 (본능의 회복을 통한) 직관을 통해 완성될 수 있다. 우리에게 필요한 것은 편협한 지능이 아니라 이런 포용적인 지성인 것이다. 이런 포용적인 지성이야말로 철학적 지성, 진정한 의미에서의 '사유'일 것이다.

# 결론

소은에게 존재론이란 과학사적으로 실증되어야 할 메타과학이라고 할 수 있다. 존재론의 데이터는 곧 과학의 탐구 결과들 전체이다. 존재론은 이 결과를 가장 종합적이고 근본적으로 성찰해 존재론적 가설을 제시하는 작업이다. 그러나 과학의 데이터는 계속 변해 간다. 따라서 과학적 탐구의 결과가 전반적으로 변혁을 이룰 때, 존재론의 역사 또한 새로운 단계로 접어들게 된다. 각각의 시대에는 각각의 존재론이 창조되는 것이다. 이 과정이 존재론사를 형성한다. 소은은 서양과학 전체의 역사를 놓고서 이런 존재론사의 흐름을 분석했다. 그 결과로서 플라톤의 존재론과 베르그송의 존재론을 그 대표적인 그리고 대조적인 존재론으로서 읽어내었다.

그러나 소은의 존재론 개념은 지나치게 엄밀해 존재론이 할 수 있고 또 해야 할 작업의 지평을 충분히 넓게 잡지 못하고 있는 것이 아닐까? 존재론은 삶에 대한, 좁혀 말해 인간의 경험 전반에 대한 가장 포괄적이고 근본적인 개념화로 이해되어야 하지 않을까? 어찌 과학적 경험만이 경험일 수 있겠는가? 오히려 맥락에 따라서는 과학기술이 세계에 대한 심각한 왜곡일 수도 있다. 소은의 사유는 18세기 계몽사상 이래 이어져 온 한 갈래인 과학주의에 물들어 있는 듯하다. 철학은 과학적 경험만이 아니라 정치적 경험, 예술적 경험 등을 모두 포괄하는 경험 일반에 대한 성찰이어야 한다. 소은이 '철학'과 '사상' 사이에 그은 선은 다분히 자의적인 것이며, 우리는 어떤 철학/사상(text)이든 그것의 맥락(context)을 주시하면서 그것에 대해 논해야 할 것이다. 이것이 소은의 '서구 존재론사'를 확장해 가야 하는 핵심적인 이유이다. 소은의 존재론 개념에 충실할 경우, 동북아의 유·불·도 전통을 비롯한 다른 종류의 철학들은 배제되거나 그저 '전-과학적' 사유들로서 간주될 수밖에 없기 때문이다. 우리는 존재론에 대해 보다 넓은 개념을 가져야 하며, 그런 근거 위에서 '서구 존재론사'가 아닌 세계 존재론사(더 넓게는 세계 철학사)를 탐구할 수 있다. 그러나 이 세계 존재론사의 탐구는 바로 소은의 사유를 자양분으로 할 때에만 일정한 사유 수준을 넘어서 이루어질 수 있음 또한 분명하다. 20세기 이래 우리의 사유는 '서구 존재론'이라는 높은 봉우리를 넘으려는 고투의 역사이기도 했으며, 이 과정에서 소은만큼 빼어난 발걸음을 남긴 인물은 없기 때문이다.

철학'사'를 읽어내기 위해 노력하는 것은 결국 철학을 하기 위한 것이다. 소은의 철학사적 작업을 논하는 것은 결국 그것을 우리의 철학함의 자양분으로 삼기 위한 것이어야 할 것이다. 소은의 사유를 이어 우리 자신의 존재론적 사유를 펼치는 것이 핵심이며, 이 사유는 베르그송-소은의 사유를 계승·극복하는 것이어야 한다.

이러한 비판적 계승을 위한 방법론상의/스타일상의 과제는 수학과 철학의 상감(象嵌)이다. 여기에서의 상감은 둘이 용해되어 완전한 하나로 되는 것을 뜻하기보다는 양자가 교직되면서 어떤 제3의 사유가 펼쳐짐을 뜻한다. 즉, 수소와 산소가 결합해 물이라는 전혀 다른 통일체가 되는 경우가 아니라 나무와 돌이 잘 어울려 하나의 아름다운 정원을 만드는 것과 같은 경우에 해당한다. 나무는 나무고 돌은 돌이다. 나무가 돌을 대신할 수 없고, 돌이 나무를 대신할 수 없다. 그러나 두 이질적 존재가 서로 엮이어 그 하나만으로는 불가능한 또 다른 경지를 만들어내는 것은 가능하고 또 바람직하다(이 구도는 수학과 철학의 관계에서만 해당하는 것이 아니라, 다른 모든 경우들에도 해당할 것이다). 21세기 존재론은 수학에 철학을 상감하거나 철학에 수학을 상감하는 방식으로 이루어질 때 새로운 경지를 개척할 수 있을 것이다. 먼산 김상일의 사유는 그 한 경지를 보여주고 있다.

베르그송에게서 수학과 철학은 대비적인 관계를 맺는다. 물론 베르그송은 자신의 사유를 "질적인 미적분"이라고 했으며, 근대 무한소 미분과 그의 지속철학은 깊은 상관성을 띤다. 그러나 베르그송은 이 맥락을 발전시키지 못했으며, 그의 사유 전반의 구도는 수학적 합리성과 형이상학적 초-합리성이 대비되는 이원적인 성격을 유지했다. 우리가 이어받을 부분은 오히려 앞의 일원론적 구도이다. 이 구도란 곧 생성의 존재론과 변화의 수학을 엮어-짜는 길이다. 여기에서 변화의 수학이란 곧 해석학—"연속적 변화의 수학"(위키피디아)—이다. 제논의 파라독사에서 실마리를 열어 라이프니츠에 의해 근대적으로 개념화된 이후 오늘날에까지 이르는 해석학의 전통은 생성존재론과 그 맥을 같이한다. 해석학은 생성존재론의 개념들을 더욱 정밀하게 정련하는 데 도움을 줄 것이며, 생성존재론은 해석학의 통찰들을 보다 넓은 지평으로 가져가는 데 도움을 줄 것이다. 궁극적으로는 생성존재론과 해석학을 엮어-짬으로써 우리는 생성과 변화의 사유를 더욱더 정교화해 나갈 수 있다. 그리고 이런 과정에서 '특이성'의 이론은 특히 중요한 위상을 띤다고 할 수 있다. 이런 탐구의 단초는 들뢰즈의 『차이와 반복』 4장에 주어져 있으며(『의미의 논리』, 『천의 고원』, 『주름』, 『시네마』, 『철학이란 무엇인가?』 등에서도 유사한 맥락을 찾을 수 있다), 이 대목을 발전시켜 나가는 것이 21세기 존재론의 한 갈래를 이룰 것이다.

수학과의 연관성에 있어 또 하나의 핵심은 곧 다양체론이다. 리만에 의해 개발된 다양체(manifold)의 수학은 베르그송의 '질적 다양체' 개념과 들뢰즈의 '잠재적 다양체' 개념으로 이어졌다. 다양체론은 수학과 존재론에 있어 하나와 여럿에 관련된, 플라톤에서 헤겔에 이르는 사유들을 극복한 중요한 성과라 할 수 있다. 특히 들뢰즈와 가타리는 『천의 고원』에서 이 사유를 실천철학적 맥락으로까지 확장함으로써 또 하나의 중요한 이정표를 마련했다고 할 수 있다. 다양체 개념은 수학적-존재론적 맥락을 넘어 또한 개체와 공동체의 화해라는, 정치철학에서의 오랜 숙원을 풀어줄 열쇠를 제공했다고 할 수 있다. 리만 다양체론의 이런 존재론적-정치철학적 확장을 계속 이어받아 발전시켜 나가는 것 또한 21세기 존재론(과 실천철학)의 핵심 문제라고 할 수 있다. 철학을 해석학 및 다양체론과 상감해 새로운 사유를 창조해 나가는 것은 베르그송-소은 사유의 한계를 극

복해 나아갈 중요한 한 방식이다.[1]

서구 존재론사에 대한 소은의 독해는 우리에게 특히 '생명'을 사유하는 법을 가르쳐 주었다고 생각한다. 물론 생명의 개념은 물질, 우연/우발성, 시간과 공간, 질서/법칙성, 자유, 행위, … 등의 개념들과 얽혀 거대한 문제-장을 형성한다. 소은의 생명철학을 이어갈 수 있는 세 가지 맥락을 짚어 보자.

소은이 '플라톤에서 베르그송으로' 이어지는 사유의 길 위에서 독해해낸 생명의 철학을 이어 발전시키기 위해서는 세 가지 갈래의 사유를 결합시킬 필요가 있다. 하나는 영미 계통의 과학 서적들이 보여주는 속류 유물론적 생명관에 대항할 수 있는 베르그송 이래의 생명철학이고, 또 하나는 지난 반세기 동안 비약적인 발전을 이룬 생명과학의 흡수이며,[2] 마지막 하나는 동북아의 전통 철학인 기학(氣學)이다. 이 세 갈래 사유가 합류하는 지점에서 생명존재론이 다듬어진다면, 그런 이론적 기반 위에서 보다 현실적인 연구들(환경철학, 생명윤리, 인간의 새로운 이해, 문화에 대한 반성 등등)도 시도될 수 있을 것이다.

---

1) 해석학 및 다양체론과 더불어 현대 철학과 핵심적인 관계를 맺고 있는 것은 집합론이다. 집합론은 현대 사상에 심대한 영향을 끼쳤으며, 앞에서 언급했듯이(5장, 3절) 플라톤과 직결된다(아울러 칸트, 리만, 칸토어 세 사람이 공히 쓰고 있는 'Mannigfaltigkeit' 개념에서의 차이를 음미해 보는 것도 중요하다). 그리고 이 집합론을 토대로 현대 플라톤주의를 전개한 인물은 알랭 바디우이다. 이 점에서 생성존재론의 입장에서 알랭 바디우는 대표적인 '존경할 만한 적'이라고 할 수 있다.

2) 군지 페기오-유키오(郡司ペギオ幸夫)의 『생명 이론』(박철은 옮김, 그린비, 2006)이 하나의 출발점이 될 수 있다.

나아가 자연철학으로서의 생명철학을 형이상학으로서의 사건의 철학으로 발전시켜 나가는 것이 중요하다. 사건의 철학은 생성존재론의 여러 형태들을 잇고 있으면서도 새로운 단계를 열어 갈 철학이라고 할 수 있다. 사건의 철학은 플라톤적인 본질주의와 베르그송적인 지속철학을 화해시키는 한 방법일 수 있다. 베르그송의 존재론에는 흐름의 계기만이 아니라 질적 다양체의 계기와 창조의 계기가 함께 깃들어 있다. 그러나 베르그송은 19세기적 결정론의 비판에 주안점을 두고서 그의 사유를 전개했으며, 생성존재론을 '사건의 철학'으로서 전개하지는 못했다. 화이트헤드, 하이데거, 들뢰즈, 데이비드슨 등 여러 철학자들이 생성존재론을 사건의 철학으로서 전환시켜 발전시켰다. 수학과의 연계성에서 볼 때도 해석학에서의 특이성 이론은 곧 수학적 형태의 사건의 존재론이라 할 수 있으며, '다양체' 개념 역시 들뢰즈/가타리의 사유에 비추었을 때 하나의 사건으로서의 의미를 띤다. 아울러 생명과학/생명철학의 맥락에서도 사건은 심대한 의미를 띤다. 생명의 미시적 생성(발생)에서 거시적 생성(진화)에 이르기까지 다양한 형태의 생성들을 사건의 철학으로 접근하는 것은 기존의 접근들(예컨대 유전형에 입각해 표현형을 해명하는 접근 등)과는 다른, 생물학적 생성의 '메커니즘'을 해명하는 것과는 다른 성격의 사유를 함축한다. 또, 이런 의미는 사유 자체의 역사, 철학사의 해명에도 마찬가지로 적용된다. 철학사는 곧 사유의 사건들의 역사이기 때문이다. 이렇게 사건의 철학은 다른 모든 작업들이 그리로 수렴하는, 현대 존재론의 핵심 패러다임이라고 할 수 있을 것이다.

생성을 지속이 아니라 사건으로 해명해 나가는 탐구의 핵심적인 변별점은 그것이 '의미'와의 관련성을 그 필수 요건으로 한다는 점에 있다. 이는 곧 사건의 철학은 자연주의에 함몰되기보다는 자연과 문화의 접면에서 사유한다는 점을 뜻한다. 베르그송의 철학은 지속과 생명의 철학이며 전체적으로 볼 때 다분히 자연주의의 성격을 띠고 있다. 사건은 우주론적 사건, 진화론적 사건 등 자연적 사건들과 역사적 사건, 철학적 사건, 예술적 사건 등 문화적 사건들을 모두 포용할 수 있다. 특히 자연과 문화의 접면에서 의미와 맞물리면서, 그리고 행위와 맞물리면서 논의를 전개할 수 있게 해 준다는 점은 사건의 철학의 두드러진 장점이다(우리는 이를 역학의 맥락에서 강조했다). 이 점은 앞에서 소은의 존재론 개념의 협소함에 대한 지적, 그리고 존재론은 인간의 모든 경험들의 선험적 근간을 해명해 주어야 한다는 지적과 맞물린다. 이런 과제는 지속의 철학보다는 사건의 철학을 통해서 수행될 수 있는 것이다. 이것이 베르그송-소은의 사유를 비판적으로 계승할 수 있는 길이며, 생명의 자연철학을 사건의 형이상학으로 발전시켜 나갈 이유이다.

생명의 자연철학 및 사건의 형이상학을 이어 마지막으로 세 번째의 주제로 생성존재론과 사건의 철학을 토대로 논할 수 있는 실천철학이 있다. 우리는 이를 '타자-되기의 윤리학'이라 부를 수 있다.

이 윤리학은 어떤 동일성을 제시하는 윤리학이 아니라, 생성과 사건을 기초로 하는 '되기'의 윤리학이다. 이 맥락에서 'Werden'의 뉘앙스는 바뀐다. 존재론에서의 생성(과 사건)은 윤리학에서의 되기로 이행한다. 이제 문제가 되는 것은 '자기차이화'가 아니라 '자기타자화'이다. 그러나 생성/되기의 강조만으로 윤리학이 성립하지는 않는다. 생성/되기를 기반으로 한다 해도, 윤리학은 그 명확한 지향점을 요구한다. 모든 동일자들을 탈-구축한 데리다가 정의는 탈-구축할 수 없다고 한 것도 이 때문이다. 우리 역시 윤리학의 지향점은 타자, 소수자가 되어야 한다고 보며, 핵심은 타자를 위한 윤리학이 아니라 자신이 타자-되기를 행하는 윤리학이라고 생각한다. 타자-되기의 윤리학은 자기타자화의 윤리학이다.

생명/삶이 내포하는 핵심적인 윤리적 문제는 고통이다. 생명/삶의 존재론적 개념 쌍은 죽음이고 윤리학적 개념 쌍은 고통이다. 죽음과 고통은 언제나-이미 생명/삶 자체 내에 내포되어 있다. 그러나 죽음과 고통이 누구에게나 평등하게 적용되지는 않는다. 개인적인 상황이나 우연성들을 접어둔다면, 결국 죽음과 고통은 타자들/소수자들에게 떨어진다. 소수자들은 죽음과 고통의 번개가 떨어지는 곳에 위치하기 때문이다. 그래서 생성의 윤리학은 결국 소수자의 윤리학이어야 하며, 생명이 정치적인 심지어 경제적인 문제가 되어버린 오늘날 생명철학은 결국 소수자 윤리학이 되어야 하는 것이다. 푸코의 생명정치론을 매개해서, 소수자 윤리학은 우리가 소은에게서 배운 생명철학의 귀결점이 되어야 한다. 소은은 자신의 존재론적 사유를 윤리학적 지평으로 확대해 갈 시간을 가지지 못했다. 세상을 떠나기 얼마 전에 소은은 『도덕과 종교의 두 원천』에 대한 연구 의지를 표명한 바 있다. 이는 그가 윤리학적 성찰로 나아가려 했다는 것을 말해 주지만, 안타깝게도 이 계획은 실현되지 못했다. 이런 유지(遺志)의 실현이 오늘날 우리에게 주어진 절실한 과제일 것이다.

# 참고문헌


구키 슈조, 『프랑스 철학 강의』, 이정우 옮김, 교보문고, 1992.

군지 페기오-유키오, 『생명 이론』, 박철은 옮김, 그린비, 2006.

다윈, 찰스, 『종의 기원』, 송철용 옮김, 동서문화사, 2011.

박홍규, 『박홍규 전집』, 전5권, 민음사, 2007.

베르낭, 장-피에르, 『그리스 사유의 기원』, 김재홍 옮김, 자유사상사, 1993.

이정우, 『객관적 선험철학 시론』, 그린비, 2011.

______, 『세계철학사 1』, 길, 2011.

______, 『개념-뿌리들』, 그린비, 2012.

______, 『접힘과 펼쳐짐』, 그린비, 2012.

이케다 기요히코, 『굿바이 다윈』, 박성관 옮김, 그린비, 2009.

콘퍼드, 프랜시스, 『종교에서 철학으로』, 남경희 옮김, 이화여자대학교출판부, 1995.

피어슨, 키스 안셀, 『싹트는 생명』, 이정우 옮김, 산해, 2005.

川瀬雅也, 『經驗のアルケオロ−』, 勁草書房, 2010.

杉山直樹, 『ベルクソン, 聽診する經驗論』, 創文社, 2006.

Bachelard, *La philosophie du non*, PUF, 1940.

Bergson, Henri, *L'évolution créatrice*, PUF, 1907.

______, *La pensée et le mouvant*, PUF, 1934.

______, *Matière et mémoire*, PUF, 1965.

______, *Essai sur les données immédiates de la conscience*, PUF, 1890.

Burnet, John, *Early Greek Philosophy*, Adamant Media Corporation, 2005.

Deleuze, Gilles, *Bergsonisme*, PUF, 1966.

______, *Différence et répétition*, PUF, 1968.

______, *Cinéma 1: l'image-mouvement*, Ed. de Minuit, 1983.

Nietzsche, Friedrich, *Kritische Studiensausgabe*, herausgegeben von Giorgio Colli und Mazzino Montinari, de Gruyter, 1999.

Platon, *Oeuvres complètes*, Les Belles Lettres, 2002.

# 개념 색인

# 인물 색인

# 소은 박홍규의 간략한 연보

소은 박홍규는 1919년 6월 1일 전남 광주시 서창면 서창리에서 출생했다. 1934년 중앙중학교에 입학해 수학했으며, 그 후 일본으로 건너가 1937년 일본 와세다대학 제1고등학교에 입학해 수학했다.

그 후 학문에 뜻을 두게 되었고, 인문학은 어학 실력을 바탕으로 한다는 신념 아래 1937년 일본 아테네 프랑세 불어과(수학 기간 2년), 1939년 일본 상지대학 독어과(수학 기간 2년)에서 어학 실력을 다졌고, 1940년에는 와세다대학 영문과에 입학해 영문학을 수학하기도 했다.

1941년, 와세다대학 철학과에 입학해 철학을 공부했으며, 고대 철학에 관심을 가져 같은 해 아테네 프랑세 희랍어과, 라틴어과에 들어가 서양 고전어에 천착했다(수학 기간 3년 7개월). 1943년에 와세다대학 철학과를 졸업하고, 같은 대학 법학부 연구실 조교를 맡았다.

이후 한국 땅으로 건너와 1945년에 경성대학 예과 조교수, 이듬해에는 서울대학교 문리과대학 전임강사가 되었으며, 그 후에도 줄곧 1948년부터 서울대학교 문리과대학 조교수, 1954년부터 서울대학교 문리과대학 부교수, 1975년부터 서울대학교 인문대학 교수로 재직하며 강의에 힘을 쏟았다.

평생 학문 바깥으로는 곁눈질조차 하지 않았던 소은은 1984년 정년퇴임에 이를 때까지 많은 후학들을 양성해 냈고, 한국에서의 서양고전철학 연구와 프랑스 철학 연구의 초석을 닦았다. 또한 퇴임 후에도 서울대학교 철학과 명예교수로서 계속해서 제자들과 함께했고, 1986년에는 한국 서양고전학회를 창립해 이사로서 활동했다.

1994년 별세한 소은 박홍규는 국내 서양고전철학 및 프랑스 철학의 토대를 굳건히 세우고, 수많은 뛰어난 제자들을 길러 낸, 20세기 한국 철학의 대표자들 중 한 명으로 손꼽힌다.